DICTIONNAIRE DES VINS, BIÈRES & SPIRITUEUX DU MONDE

LANGUES POUR TOUS • *B*USINESS *M*ANAGEMENT *S*ERIES
Collection dirigée par
Jean-Pierre Berman, Michel Marcheteau, Michel Savio

Anglais

- Dictionnaire de l'anglais économique, commercial et financier
- Business and Economics (L'anglais économique et commercial)
- Vendre en anglais
- Marketing et publicité en anglais
- L'anglais Juridique
- Dictionnaire de l'anglais juridique
- La communication scientifique en anglais
- Dictionnaire de l'environnement et du développement durable

Espagnol

- Dictionnaire de l'espagnol économique, commercial et financier
- L'espagnol économique et commercial

ISBN : 2-266-13958-4

DICTIONNAIRE DES VINS, BIÈRES & SPIRITUEUX DU MONDE

Édition Bilingue
français-anglais / anglais-français

par

Claude CHAPUIS
Professeur à l'École Supérieure de Commerce de Dijon-Bourgogne
Chargé de cours à l'Institut de la Vigne et du Vin Jules Guyot de l'Université de Dijon

Peter DUNN
Responsable du Pôle Langues et Cultures de l'École Supérieure de Commerce de Dijon-Bourgogne

BMS

Les auteurs

Claude CHAPUIS

Né en Bourgogne dans une famille de vignerons, Claude Chapuis a exercé le métier de vigneron d'abord dans le domaine familial à Aloxe Corton, puis en Australie, en Californie et en Nouvelle Zélande. Après avoir obtenu une Licence d'anglais en France et une Maîtrise en Sciences de l'éducation aux Etats-Unis, il étudie en Angleterre l'Internet et les nouvelles technologies avant d'enseigner l'anglais dans le *Mastère de Commerce international des Vins et Spiritueux* de l'**Ecole Supérieure de Commerce de Dijon.** Il est l'auteur de très nombreux articles et de plusieurs ouvrages sur le vin (*Vigneron en Bourgogne,* chez Robert Laffont, 1980 ; *Corton, Le Grand Bernard des Vins de France,* Editions Jacques Legrand, 1989 ; *L'Esprit du Vin* , chez Timée, 2005), etc.

Peter DUNN

Né en Angleterre en 1947, Peter DUNN s'installe à Dijon en 1971 où il obtient le diplôme de *Technicien œnologue.* Il est également diplômé du *Wine and Spirits Education Trust* de Londres.
Il est actuellement Responsable du Pôle *Langues et Cultures* de l'**Ecole Supérieure de Commerce de Dijon** où il enseigne dans le *Mastère de Commerce international des Vins et Spiritueux.*
Président et animateur d'un club d'œnophiles, il est traducteur spécialisé dans le domaine du vin, (articles, sites web, etc).

Remerciements / *Acknowledgrents*

- Berry Bros & Rudd – *Wine Merchants* – Londres/*London (California, Chile and South Africa maps)*
- Le domaine Chapuis – Aloxe Corton – France
- M. Gérard Allemandou – Restaurant *La Cagouille* – Paris XIVe
- M. Paul Jambon-Chanrion – Pavillon de Chavannes – Quincié-en-Beaujolais
- Les Caves de l'Amiral Mouchez – Paris XIIIe
- La Muse Vin – Paris XIe
- Les Crus du Soleil – Paris XIVe
- Brasserie l'Écran d'Italie – Paris XIIIe
- Académie de la bière – Paris Ve

■ Dessins et cartes : Laurent Berman
■ Crédits photos : JPL

Sommaire – *Contents*

introduction

- Cet ouvrage s'adresse à toutes celles et à tous ceux qui veulent maîtriser le vocabulaire de la vigne et du vin, de la bière et des spiritueux en français et en anglais. S'il est vrai que pendant très longtemps le vin a beaucoup parlé la langue de Molière et que la bière et les spiritueux ont souvent parlé la langue de Shakespeare, l'irruption des pays anglophones du nouveau monde sur la scène viticole et la passion toujours croissante des francophones pour les bières et les whiskies ont remis en question cet état de fait.

- Aujourd'hui, beaucoup de conférences, de communications et de publications se font en anglais. A l'heure de la mondialisation, redoutée par certains, accueillie avec enthousiasme par d'autres, les **professionnels**, qu'ils soient vignerons, producteurs de pommes ou d'orge, tonneliers, brasseurs, distillateurs, négociants, courtiers, acheteurs en grandes surfaces, sommeliers, restaurateurs, secrétaires ou journalistes, étudiants en viticulture, œnologie, tourisme, hôtellerie ou techniques de vente ainsi que les **amateurs** qui veulent découvrir le domaine des vins, des bières et des spiritueux ou approfondir leurs connaissances, tous pourront faire une vendange fructueuse dans ce dictionnaire.

- Le champ lexical couvert dans cet ouvrage qui n'est sans doute pas aussi exhaustif que ses auteurs le souhaitent, regroupe le vocabulaire de la **géologie**, de l'**ampélographie**, de la **viticulture**, de l'**œnologie**, de la **tonnellerie**, de la **brasserie**, de la **distillation**, de la **dégustation**, de la **commercialisation** et de la **législation**. Et comme le vin, la bière et les spiritueux sont des produits à forte valeur culturelle, les références à l'histoire et aux beaux arts ne sont pas oubliées!

Conseils d'utilisation

- Dans ce dictionnaire, les mots classés par ordre alphabétique sont suivis d'une indication de leur nature: *n* pour nom, *nm* pour nom masculin, *nf* pour nom féminin, *nmpl* pour nom masculin pluriel, *nfpl* pour nom féminin pluriel, *v* pour verbe, *adj* pour adjectif, *adv* pour adverbe.

- Un certain nombre de mots ne sont pas suivis de leur traduction, soit parce qu'il s'agit de noms propres jugés indispensables à la connaissance de l'univers des vins, bières et spiritueux par les auteurs, soit parce qu'ils sont tellement représentatifs de la culture de leur pays d'origine qu'ils sont intraduisibles.

- Les vocables étrangers au français et à l'anglais apparaissent en italiques. Dans le cas des substantifs allemands, la grammaire allemande a été respectée, de sorte qu'on ne s'étonnera pas que les substantifs germaniques commencent par une lettre majuscule.

- Dans le texte définissant les mots, certains termes sont imprimés en **caractères gras** : ces caractères renvoient à des définitions figurant dans cet ouvrage. Le renvoi à des annexes ou des cartes est signalé par une flèche : → *p.*

- Dans ce dictionnaire, des illustrations accompagnent les mots tantôt dans la partie française, tantôt dans la partie anglaise. Le lecteur est invité à se reporter dans la partie de l'ouvrage où elles figurent.

FRANÇAIS-ANGLAIS
FRENCH-ENGLISH

A

AB
Abréviation d'"agriculture biologique." Cette mention figure sur les bouteilles de vins produits à partir de raisins cultivés sans engrais chimiques, ni herbicides, ni pesticides.

Abbaye *nf* ***abbey***
Terme utilisé de plus en plus couramment pour désigner une famille de bières belges qui cherchent volontairement à créer une confusion avec les fameuses bières Trappistes. Elles sont souvent brassées par des multinationales sous des licences de monastères n'ayant aucune tradition brassicole. Les plus connues sont Affligem, Grimbergen et Leffe.

abbocato *adj* ***abbocato***
Terme italien désignant un vin légèrement doux.

Aberlour *n*
Whisky single malt produit par la distillerie Aberlour Glenlivet (Speyside dans les **Highlands**.) L'Aberlour est une boisson très agréable et riche qui se prend après un repas.

abocado *adj*
Terme espagnol désignant un vin légèrement doux en raison de sa teneur en sucres résiduels.

abrastol *nm* ***abrastol***
Antiseptique dont l'usage est aujourd'hui interdit en œnologie.

abricot *nm* ***apricot***
Arôme pouvant se révéler lors de la dégustation d'un vin, notamment dans les vins issus du cépage viognier et aussi dans certains vins liquoreux comme le Sauternes ou le Monbazillac.

Abruzzes *n pl* ***Abruzzo***
Région viticole italienne située à la même latitude que le Latium (région de Rome) mais du côté de l'Adriatique. Les appellations les plus connues sont le **montepulciano** d'**Abruzzo** (rouge) et le trebbiano d'Abruzzo (blanc.)

absinthe *nf* ***absinth***
Liqueur alcoolique de couleur vert clair, aromatisée avec l'absinthe, plante poussant dans des lieux incultes, et l'anis. Appelée « fée verte » par les poètes du XIXe Siècle, cette liqueur prisée par Verlaine et dont Zola dénonçait les effets, fut interdite car elle était considérée comme nocive pour les nerfs. Aujourd'hui, débarrassée de ses éléments toxiques, elle est à nouveau commercialisée.

Les robinets laissent tomber l'eau goutte à goutte sur un sucre posé sur la cuillère. L'eau sucrée passe à travers les trous et tombe sur l'absinthe qui prend une couleur verte.

abstème *nm* ***teetotaller (US), wowser (Australie)***
Personne qui se prive volontairement de vin.

acacia *nm* ***acacia***

Arôme pouvant se révéler à la dégustation d'un vin blanc, le Meursault par exemple, ainsi que le cognac.

acaricide *nm* ***acaricide***
Produit chimique employé pour détruire les acariens.

acarien *nm* ***bug***
Parasite de la vigne appartenant à la famille des arachnides. Les **araignées rouges** et **jaunes** sont des parasites faisant partie de cette famille.

acariose *nf acariosis*
Maladie de la vigne qui se manifeste par le ralentissement et même l'arrêt de la croissance causés par des acariens comme l'**araignée rouge** ou l'**araignée jaune**.

accessible *adj* ***accessible***
Qualificatif appliqué à un vin qui se boit facilement et offre un plaisir immédiat.

accise *nf* ***excise***
Impôt indirect sur les vins et les alcools.

accompagnement *nm* ***accompaniment***
Association d'un mets et d'un vin. Exemple : le vin rouge est un bon accompagnement pour la viande de bœuf.

accompagner *v* ***to accompany***
Ce terme est utilisé pour les associations de vin et de nourriture. Les connaisseurs disent qu'il faut choisir le mets pour accompagner un vin et non le vin pour accompagner un mets.

accolage *nm* ***tying down***
Fixation des jeunes pousses de vigne sur un support (espalier, échalas, fil de fer) à l'aide de paille, d'agrafes ou d'attaches.

accrocheur *adj* ***sinewy***
Terme de dégustation s'appliquant à un vin **vigoureux**, le plus souvent blanc, n'ayant pas encore atteint son **équilibre**.

acerbe *adj* ***acid***
Se dit d'un goût très amer.

acescence *nf* ***acescence***
Quantité excessive d'acide acétique dans le vin, souvent due à une trop forte exposition à l'air. Goût de vinaigre que l'on peut trouver dans le vin lors de la dégustation.

acétal *nm* ***acetal***
Nom générique de corps obtenus par l'action des **aldéhydes** sur les alcools.

acétaldéhyde *nm* ***acetaldehide***
Aldéhyde contribuant à la complexité d'un vin. Elément constitutif du bouquet du **Xérès**.

acétate *nm* ***acetate***
Sel de l'acide acétique.

acétification *nf* ***acetification***
Conversion en acide ou en vinaigre.

acétifier *v* ***to acetify***
Convertir en vinaigre

acétique (acide) *adj* ***acetic***
Acide du vinaigre (CH3COCH3), liquide corrosif, incolore, d'odeur suffocante, provenant de l'oxydation de l'alcool éthylique. Cet acide

accolage

volatil est toujours présent dans le vin en faible quantité. Si les bactéries acétiques se développent librement, le vin tourne au vinaigre.

acetobacter *nm* ***acetobacter***
Bactérie responsable de la piqûre du vin.

acétoïne *nf* ***acetoin***
Arôme beurré pouvant se révéler lors de la dégustation.

acétone *nf* ***acetone***
Arôme incisif mais légèrement sucré, rappelant le solvant dont on se sert pour enlever le vernis à ongles. C'est l'arôme de **bonbon anglais** caractéristique du **Beaujolais nouveau**.

acide *nm* ***acid***
Tout corps capable de libérer des ions hydrogène (H+) qui donne un sel avec une base. Les acides sont des composants essentiels du vin. On trouve de **l'acide malique**, de l'**acide lactique**, de l'**acide tartrique**...

acide *adj* ***acid***
Piquant au goût.

acidifier *v* ***to acidify, to add acid***
Action consistant à ajouter de l'**acide tartrique** à un vin lors de la **fermentation alcoolique**.

acidité *nf* ***acidity***
Caractère acide du vin, lui donnant sa fraîcheur et du goût à condition qu'il y ait un bon **équilibre** avec les tanins et l'alcool. L'acidité joue un rôle important dans la longévité d'un vin. Des vins comme le **Champagne**, le **Vinho Verde** ou le **Saar-Ruwer** ont une acidité naturelle très agréable.

acidité fixe *nf* ***fixed acidity, fixed acids***
Acidité naturelle du raisin donnée par des acides comme l'**acide malique**, l'**acide tartrique**...

acidité totale *nf* ***total acidity***
Somme de l'**acidité fixe** et de l'**acidité volatile** d'un vin. Teneur d'un vin en acides fixes et volatils.

acidité volatile *nf* ***volatile acidity***
Acidité causée par des acides gras pouvant être modifiés comme l'**acide acétique**, l'acide butyrique... A la dégustation, les vins contenant de l'acidité volatile sont troubles et ils se caractérisent par leur aigreur.

acidulé *adj* ***tart***
Légèrement acide.

acquit *nm* ***excise permit***
Document officiel français accompagnant les expéditions de vins ou de spiritueux dont les taxes intérieures n'ont pas été payées. Le terme exact est *acquit à caution.*

acre *nf* ***acre***
Unité de surface anglaise et américaine équivalant à environ 0,4 ha.

âcre *adj* ***harsh***
Irritant au goût.

adega *nf* ***adega***
Mot portugais signifiant chai ou entreprise viticole.

Adelaïde *n* ***Adelaid***
Ville d'Australie Méridionale qui a donné son nom à la région viticole la plus vaste d'Australie. La vallée de **Barossa** fait partie de cette région. Les vins des collines plus fraîches situées à l'Est d'Adelaïde (Adelaide Hills) rencontrent de plus en plus les faveurs du public. *Voir carte → p. 335.*

adventice *adj* ***adventitious***
Qualifie les plantes qui croissent sur un terrain cultivé sans y avoir été semées. Le vigneron cherche à éliminer les plantes adventices telles que les chardons, le liseron ou le mouron, qui poussent dans le vignoble.

aération *nf* ***aeration***
Exposition du vin à l'air.

aérobie *adj et nm* ***aerobic*** *adj* ***aerobe*** *n*
Se dit de ferments qui se développe à l'air : **fleur**, **piqûre**.

affinage *nm* ***bottle-maturing, bottle maturation***
Maturation supplémentaire du vin en bouteilles avant sa mise en vente.

affinage *nm* ***blending***
Pour les eaux-de-vie, par exemple, le Cognac, l'affinage est une opération synonyme d'**assemblage** ou **coupage**.

affleurement *nm* ***outcrop***
Partie de couches géologiques qui apparaît à l'air libre.

affranchir *v* ***to clean***
Nettoyer des fûts ou des récipients vinaires à la vapeur ou à l'eau bouillante pour éviter les mauvais goûts causés par des attaques bactériennes.

affranchissement *nm* ***cleansing***
Nettoyage des fûts ou des récipients vinaires pour éviter les mauvais goûts causés par les attaques bactériennes.

Afrique du Sud *nf* ***South Africa***
Pays viticole où la viticulture a été établie à partir de 1650. Les Huguenots qui s'exilèrent à la suite de la révocation de l'édit de Nantes (1685) ont contribué au développement de la viticulture sud-africaine. (*Voir* **Franschhoek**.) Les meilleures régions de production sont situées dans la région côtière au climat tempéré, près de la ville du Cap : **Constantia**, **Stellenbosch**, **Paarl**, **Tulbagh**, **Worcester**… L'Afrique du Sud produit deux fois plus de vin blanc que de vin rouge. Les cépages les plus cultivés sont le **chenin blanc**, appelé **steen**, le **chardonnay** et le **sauvignon blanc** ainsi que le **cabernet sauvignon**, la **syrah**, le **cinsault** et le **pinotage**. L'Afrique du Sud s'est dotée d'un système d'Appellations Contrôlées en 1973. **South Africa**, *carte → p. 491.*

agacer *v* ***to irritate***
Pour un vin trop acide ou trop tannique : causer une sensation désagréable aux gencives.

âge *nm* ***age***
L'âge d'un vin est le temps écoulé entre la vendange et le moment où l'on en parle.

agglutiner, agglutiner (s') *v* ***to agglutinate***
Coller fortement une chose à une autre.

agrafe *nf* ***staple***
1- Lamelle métallique recourbée servant à attacher la vigne (*voir* : **accolage**) ; 2- Lamelle métallique recourbée servant à retenir le premier bouchon d'une bouteille de vin effervescent avant le dégorgement et le bouchage final.

agréable *adj* ***pleasant***
Terme de dégustation s'appliquant à un vin correct, sans défaut.

agrément *nm* ***approval***
Autorisation officielle accordée à un vin de porter l'appellation qu'il revendique après dégustation par une commission. Le certificat d'agrément est délivré par l'INAO.

aigü *adj* ***sharp***
Terme de dégustation s'appliquant à un vin très acide.

agressif *adj* ***unripe, unharmonious***
Se dit d'un vin très acide ou d'un cognac **alcooleux** donnant une impression désagréable à la dégustation.

agrumes *nm pl* ***citrus***
Arômes de citron ou de pamplemousse susceptibles de se révéler à la dégustation, notamment de vins blancs acides.

agueusie *nf* ***loss of the sense of taste***
Absence totale ou partielle de sensibilité gustative.

Ahr *n*
Région viticole la plus septentrionale d'Allemagne, paradoxalement plus connue pour ses vins rouges que pour ses vins blancs. En fait, la vallée de l'Ahr, très profonde, protégée par les collines du haut Eifel, bénéficie d'unmicroclimat où le **Spätburgunder** (pinot noir) et le **Portugieser** s'épanouissent et donnent des vins tendres et vigoureux.

aigre *adj* ***sour, harsh***
Se dit d'une saveur acide désagréable à l'odorat ou au goût.

aigre-doux *adj* ***sweet-sour***
D'un goût à la fois acide et sucré, en général caractéristique d'un vin malade.

aigrelet *adj* ***sourish***
Légèrement aigre.

aigreur *nf* ***acerbity***
Sensation désagréable causée par un goût aigre.

Ail *nm* ***garlic***
A la dégustation, une odeur d'ail est désagréable. Elle est due à la présence de sulfure d'éthyle dans le vin.

aimable *adj* ***pleasant***
Terme de dégustation s'appliquant à un vin **charmant** et **équilibré**.

aire *nf* ***area***
Une aire d'appellation est un **terroir** ayant droit à l'appellation.

aire délimitée *nf* ***delimited area***
Portion d'une aire d'appellation découpée selon les données du **cadastre**.

aire géographique ***geographical area***
Portion d'une aire d'appellation découpée selon des critères de géographie physique ou des limites administratives. L'aire géographique est moins précise et moins détaillée que l'aire délimitée.

airelle *nf* ***bilberry (GB), blueberry (US)***
Arôme fruité pouvant se revéler à la dégustation d'un vin rouge.

airén *nm* ***airén***
Cépage blanc très présent en Espagne, principalement dans la région viticole de la **Mancha**. Lorsque l'on recourt à des techniques de vinification modernes, l'airén peut donner des vins légers, frais et fruités. Lorsque le vin est sans caractère, on le distille. Un certain pourcentage d'airén est aussi utilisé dans la vinification de certains vins rouges de la région de **Valdapeñas**.

Ajaccio *n* ***Ajaccio***
Appellation comprenant les vins provenant des collines situées autour d'Ajaccio, à l'Ouest de la Corse.

ajouter *v* ***to add***
Selon le cas, un vigneron peut ajouter du **SO2**, des **tanins**, de l'**acide tartrique** ou du **sucre** au **moût**.

akvavit *voir* ***aquavit***

alambic *nm* ***still***
Appareil servant à la distillation, notamment celle des spiritueux. L'alambic fonctionne selon la procédure suivante : le liquide contenant de l'alcool est chauffé, les vapeurs d'alcool s'élèvent jusqu'au **chapiteau** et passent dans un conduit pour aboutir au **serpentin** où elles se condensent. Il existe différents types d'alambic, l'alambic charentais, l'alambic continu ; l'alambic de Coffee, l'alambic charentais...

alambic de Coffey *nm* ***coffee still***
Alambic inventé par Coffee en 1830. Il consiste en deux colonnes : le **rectificateur** et l'**analyseur**. On utilise ce type d'alambic pour la distillation des spiritueux.

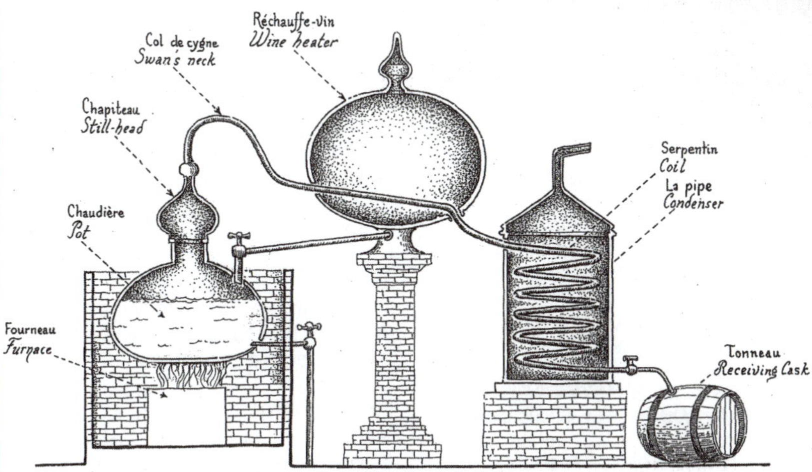

alambic charentais

à la vôtre ! à la bonne vôtre ! *adv* ***cheers !***
Formule prononcée à des fins de convivialité avant de boire.

albana *nm* ***albana***
Cépage blanc cultivé notamment en Romagne, région viticole italienne où il a obtenu l'appellation DOCG d'Albana di Romagna.

albarino *nm* ***albarino***
Cépage blanc cultivé dans la région viticole de Galice, en Espagne.

albariza *n* ***albariza***
Sol de couleur blanche réfléchissant donc bien la lumière du soleil, riche en chaux et retenant bien l'humidité sur lequel s'épanouissent les vignes de **Xérès** (Jerez.)

albumine *nf albumen*
« Blanc d'œuf », produit utilisé pour le **collage** d'un vin.

alcalin *adj* ***alkaline***
Se dit d'unmilieu riche en ions sodium (Na) et potassium (K).

alcoogène *adj* ***alcoogenic ?***
Adjectif appliqué aux levures ayant la faculté d'élaborer de l'alcool.

alcool *nm* ***alcohol***
Liquide produit par la distillation du vin et par extension des boissons et jus fermentés.

alcoolat *nm* ***alcoholate***
Résultat d'une distillation de l'alcool sur une substance aromatique.

alcoolémie *nf* ***presence of alcohol in the blood***
Présence d'alcool dans le sang.

alcooleux *adj* ***hot, alcoholic***
Terme de dégustation qualifiant un vin déséquilibré par un excès d'alcool.

alcoolique *adj* ***alcoholic***
Qui contient de l'alcool.

alcoolique *nm, nf* ***alcoholic***
Personne qui boit de l'alcool avec excès.

alcoolisé *adj* ***alcoholized***
Auquel on a ajouté de l'alcool.

alcooliser *v* ***to alcoholize***
Ajouter de l'alcool.

alcooliser (s') *v to get drunk*
S'enivrer.

alcoolisme *nm* ***alcoholism***
Maladie due à un abus des boissons alcooliques entraînant des troubles physiologiques et psychiques.

alcoomètre *nm* ***alcoholmeter***
Appareil servant à mesurer la teneur en alcool des vins ou spiritueux.

alcoométrie *nf* ***alcoholmetry***
Ensemble des procédés employés pour la détermination de la richesse en alcool des liqueurs spiritueuses et des vins.

alcoo-pop *nm* ***RTD, Ready to drink***
Breuvage sucré, alcoolisé, pétillant, rafraîchissant, le plus souvent élaboré à partir de vodka. Les alcoo-pops, qui titrent 5,5°, s'adressent essentiellement aux 15-22 ans des USA, du Royaume Uni, d'Australie et de Hollande.

alcootest *nm* ***breathalyser (GB), drunkometer (US)***
Appareil permettant d'évaluer l'imprégnation éthylique d'une personne par la mesure de la teneur en alcool de l'air expiré.

aldéhyde *nm* ***aldehyde, abréviation de Alcool dehydrogenatum***
Stade intermédiaire entre un alcool et un acide apparaissant durant l'oxydation d'un alcool. Les aldéhydes jouent un rôle important dans le vin, notamment en ce qui concerne le **bouquet**, ainsi que dans le cognac et les eaux de vie.

ale *nf* ***ale***
Terme générique désignant une bière anglaise légère, très houblonnée faite à partir de **malt** par **fermentation haute**.

Algarve (RD) *nf* ***Algarve***
Région du Sud du Portugal bénéficiant d'une appellation contrôlée (RD). Elle produit des vins rouges et des vins blancs.

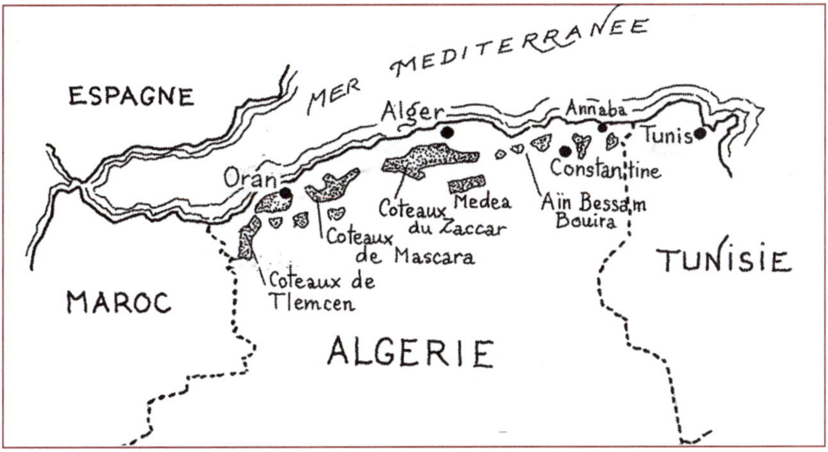

Algérie *nf* ***Algeria***
Ce pays d'Afrique du Nord eut un vignoble prospère lors de sa colonisation par les Français. Certains vins étaient classés VDQS. Depuis l'indépendance en 1962, sa production viticole a, certes, considérablement diminué mais la vigne est encore beaucoup cultivée dans les régions d'Oran (coteaux de Tlemcem, Monts de Tessala, coteaux de Mascara) et d'Alger (coteaux du Zaccar, Dahra, Médéa, Aïn-Bessem-Bouïra). Les vins blancs sont faits avec le cépage **Ugni blanc** et les vins rouges avec l'**Alicante bouschet**, le **grenache**, le **cinsault**, le **cabernet**... Les vignerons algériens utilisent aussi des cépages blancs locaux comme le Tizourine et le Farranah. L'objectif prioritaire reste l'exportation car, pour des raisons religieuses, la consommation de vin est très réduite. L'Algérie s'oriente vers une politique de qualité.

algue *nf* ***seaweed***
Plante aquatique marine parfois utilisée par les adeptes de la viticulture biologique dans la lutte contre la pourriture du raisin. Des arômes d'algue peuvent parfois se révéler à la dégustation.

alicante Bouschet *nm* ***alicante Bouschet***
Cépage hybride très productif et très coloré mis au point par Louis et Henri Bouschet en 1866. Il s'agit d'un **croisement** entre le **grenache** et le petit bouschet.

Alicante (DO) *n* ***Alicante***
Région du Sud-Est de l'Espagne produisant des vins rouges corsés et des vins rosés. Elle bénéficie d'une appellation (DO).

aligoté *nm* ***aligoté***
Cépage blanc mi-fin, originaire de Bourgogne. Il est vigoureux et productif et donne un vin de couleur pâle, agréable, sec et léger avec une bonne acidité.

Allemagne *nf* ***Germany***
Pays viticole européen au climat assez frais produisant surtout des vins blancs. Ce pays produit en majorité du **müller-thurgau**, du **riesling** et du **sylvaner**. Le vignoble allemand s'étend sur les rives du Rhin et de ses affluents, depuis les rives du lac de Constance jusqu'à Bonn. La production est répartie selon deux niveaux de qualification : le premier concerne l'origine géographique. L'Allemagne viticole est composée de 13 régions ou **Bereich** subdivisées en **Grosslagen** qui regroupent plusieurs **Einzellagen.** Le second niveau de classification concerne la teneur en sucre des moûts qui reflète la maturité des raisins. On distingue trois catégories : le **Tafelwein**, vin de table provenant des raisins les moins mûrs, le **Landwein** qui est l'équivalent des vins de pays français et le **Qualitätswein,** vin de qualité se répartissant entre **QbA** et **QmP**. Les **QbA** constituant l'échelon de base et les **QmP** l'échelon supérieur. Pour ces derniers, la **chaptalisation** est interdite. Les différents **QmP** sont, par ordre de qualité croissante **Kabinett**, **Spätlese**,

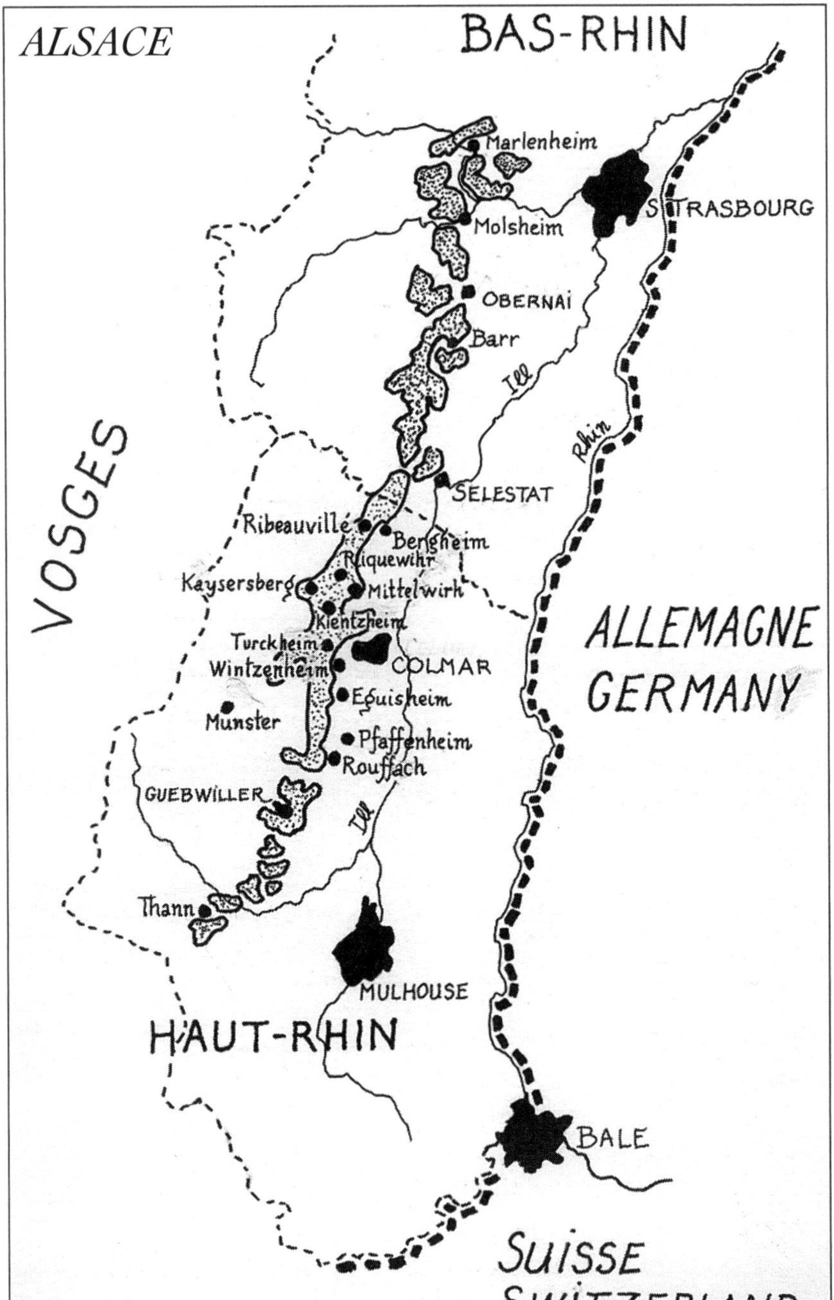
ALSACE
BAS-RHIN
Marlenheim
STRASBOURG
Molsheim
OBERNAI
Barr
Ill
Rhin
VOSGES
SELESTAT
Ribeauvillé
Bergheim
Riquewihr
Kaysersberg
Mittelwihr
Kientzheim
ALLEMAGNE
GERMANY
Turckheim
Wintzenheim
COLMAR
Eguisheim
Munster
Pfaffenheim
Rouffach
GUEBWILLER
Ill
Thann
MULHOUSE
HAUT-RHIN
BALE
SUISSE
SWITZERLAND

Auslese, **Beerenauslese**, **Trockenbeeren-auslese** (TBA) et **Eiswein**. → *p. 388.*

Allier *n*
Département français connu pour ses chênes très recherchés en tonnellerie, surtout pour les vins rouges corsés.

allonger *v* ***to dilute, to add water***
Pratique illégale consistant à diluer un vin ou à le couper avec de l'eau.

alluvions *nf pl* ***alluvia***
Dépôts de sédiments souvent riches abandonnés par un cours d'eau. Les alluvions récentes, trop fertiles, ne sont pas favorables à la culture de la vigne.

Aloxe-Corton *n*
Village au Nord de la Côte de Beaune produisant un grand cru rouge (Corton) et un grand cru blanc (Corton Charlemagne.) L'empereur **Charlemagne** posséda un clos de 2,5 hectares dans ce village.

Alsace *nf*
Région viticole à l'Est de la France produisant des vins aromatiques, secs et fruités, habituellement vendus sous leur nom de cépage (eg **riesling**, **gewürztraminer**...) La ville de Colmar peut être considérée comme la capitale des vins d'Alsace. Les bouteilles de cette région, appelées **flûtes d'Alsace** se distinguent par leur forme effilée. Les vins d'Alsace sont mis en bouteilles dans la région de production.

Altbier *nf*
Terme allemand signifiant "bière vieille", utilisé à l'origine pour désigner un type de bière brassé dans la région de Düsseldorf. L'*Altbier* était ainsi nommée parce qu'elle était brassée de manière traditionnelle (avant le XIXe siècle) : **fermentation haute** puis stockage en cave fraîche.

altération *nf* ***spoilage***
Maladie ou accident pouvant détériorer la qualité d'un vin.

altesse *nf* ***altesse***
Cépage blanc que l'on trouve surtout en Savoie. Ce cépage peu productif donne un vin fin, sec et aromatique. On fait également des vins effervescents avec l'altesse. Ce cépage est aussi connu sous le nom de **roussette**.

altise *nf* ***grape flea beetle***
Coléoptère se nourrissant de feuilles de vigne qui ressemblent à de fines dentelles après son passage. On lutte contre l'altise en injectant de l'insecticide.

alvarino *nm* ***alvarinho***
Cépage blanc de la région viticole productrice de **vinho verde** au Portugal, située entre les fleuves **Minho** et **Douro**. En Galice, région espagnole voisine, il est connu sous le nom d'albarino.

amabile *adj*
Terme italien désignant un vin plus sucré que l'***abbocato***.

amaigri *adj* ***thin, tired***
Se dit d'un vin qui a perdu de son acidité et de son alcool.

amande *nf* ***almond***
Arôme de fruit sec pouvant se révéler à la dégustation d'un vin, chardonnay ou vin du Jura. Lorsque cet arôme est discret, il est très agréable.

amande amère *nf* ***bitter almond***
Odeur émanant d'un vin mal **collé**. Un vin avec des arômes d'amandes amères est généralement buvable mais il vaut mieux s'abstenir de le commercialiser.

amande grillée *nf* ***grilled almond***
Arôme pouvant se révéler à la dégustation d'un vin blanc de grande qualité.

amande verte *nf* ***green almond***
Arôme avec une légère tonalité florale pouvant se révéler à la dégustation d'un vin blanc.

amandier *nm* ***almond tree***
Arôme floral de l'amandier en fleurs, assez miellé, différent de l'arôme d'amande.

amarone *n*
Mot italien désignant un style de vin produit dans l'aire DOC de **Valpolicella** à partir de raisins disposés sur des plateaux et séchés pendant trois mois ou plus. Les cépages utilisés sont le corvinone, le molinara et le rondinella.

Ambassadeur *nm* ***Ambassadeur***
Apéritif français, à base de vin et au goût d'orange, se caractérisant par son équilibre entre douceur et amertume.

ambre *nm* ***amber***
Dans un vin, souvent âgé, odeur animale agréable lorsqu'elle est discrète.

ambré *adj* ***amber-colored, amber-yellow***
Couleur d'un vin blanc évolué, se rapprochant du doré.

amélioration *nf* ***improvement, upgrading***
Correction de l'état des **moûts** par l'adjonction de **sucre**, d'**acide tartrique**...

amendement *nm* ***enrichment***
Substance incorporée au sol pour en modifier la constitution physique et le rendre plus propice à la viticulture.

amer / amère *adj* ***bitter***
Caractère de ce qui produit au goût une sensation désagréable.

américaniste *nm* ***Americanist***
Partisan du greffage des plants français sur des porte-greffes américains lors de la crise **phylloxérique**. Les américanistes étaient opposés aux **sulfuristes**, partisans du traitement de la vigne au **sulfure de carbone.**

Amérique du Nord *nf* ***North America***
Continent viticole surtout grâce à la production des Etats-Unis mais le Canada s'est mis à produire du vin dans les provinces d'Ontario et de Colombie Britannique.

Amérique du Sud *nf* ***South America***
Continent dans lequel les Espagnols ont introduit la viticulture lors de la colonisation. L'**Argentine** et le **Chili** sont les deux pays les plus représentatifs de la viticulture sud-américaine. *Voir carte → p. 355.*

amertume *nf* ***amertume***
Maladie du vin se manifestant par l'apparition d'un dépôt puis par la transformation du vin en vinaigre.

aminé *adj* ***amino***
Se dit des acides contenus dans le moût, constituants fondamentaux des protéines.

Amontillado *n* ***Amontillado***
Vin muté espagnol du type Xérès dont le vieillissement a été prolongé de façon naturelle. L'Amontillado est en général sec. *La Barrique d'Amontillado* est une des histoires extraordinaires d'Edgar Poe.

ampélidacées, ampélidées *nf pl* ***ampelidae***
Famille dont la vigne est le type. Le terme **ampélidées** est celui qui est couramment utilisé aujourd'hui.

ampélographe *nm* ***ampélographer***
Personne spécialisée dans l'étude scientifique de la vigne.

ampélographie *nf* ***ampelography***
Etude scientifique de la vigne. L'ampélographie s'intéresse beaucoup à la classification des cépages. Livre consacré à la vigne. L'*Ampélographie* de Viala et Vermorel publiée de 1901 à 1909 est un ouvrage classique qui fait encore référence.

ampélologie *nf* ***ampelology***
Etude ou enseignement des sciences de la vigne.

ampélothérapie *nf* ***ampelotherapy***
Utilisation des vertus thérapeutiques du raisin pour le traitement de maladies.

amphore *nf* ***amphora***
Vase antique en terre cuite ou parfois en pierre, à deux anses et à pied étroit qui servait dans l'Antiquité à conserver le vin ou l'huile.

ample *adj* ***rich, fleshy***
Se dit d'un vin **corsé** qui a une bonne acidité.

amylique *adj* ***amylic***
Arôme de ferments, de banane, de bonbon anglais, assez fugace que l'on trouve dans les vins jeunes.

ananas *nm* ***pineapple***
Arôme fruité pouvant se révéler à la dégustation d'un vin blanc.

anaérobie *adj* et *nm* **anaerobic** *adj* **anaerobe** *n*
Se dit de ferments qui se développent sans le contact de l'air : **tourne**, **graisse**, **amertume**.

analyse organoleptique *nf* ***organoleptic analysis***
Evaluation sensorielle d'un vin ou d'un autre produit (cognac, eau de vie) par des dégustateurs.

Anbaugebiet *nm*
En Allemagne, ce terme désigne une région viticole. Exemple : l'Anbaugebiet Mosel-Saar-Ruwer. Chaque Anbaugebiet est divisé en secteurs appelés **Bereich.** Tous les vins **QbA** doivent mentionner le nom de leur Anbaugebiet sur l'étiquette.

anchois *nm* ***anchovy***
Arôme pouvant se révéler à la dégustation d'un vin.

anémique *adj* ***lean, thin***
Se dit d'un vin manquant de corps et de couleur.

aneth *nm* ***dill***
Arôme végétal surtout présent dans les vins blancs jeunes. Synonymes de fenouil.

angélique *nf* ***angelica***
Arôme épicé et musqué pouvant se révéler à la dégustation de grands vins blancs liquoreux.

anges (part des —) *nm pl* ***angels's-hare***
Expression utilisée à **Cognac** pour désigner l'alcool qui s'évapore des fûts pendant le vieillissement de l'eau-de-vie.

Angleterre *nf* ***England***
Pays d'Europe dans lequel les Romains ont introduit la viticulture qui a prospéré jusqu'au Moyen-Âge. Depuis les années 1950, la viticulture anglaise connaît un renouveau dans le Sud du pays. Cette renaissance donnera-t-elle tort au chansonnier Pierre Dupont qui chantait : *Bon français, quand je bois mon verre / Plein de son vin couleur de feu / Je songe, en remerciant Dieu, / Qu'ils n'en ont pas / Dans l'Angleterre...* Les vignobles anglais sont essentiellement plantés au sud d'une ligne Birmingham-Norwich, avec une concentration sur les côtes est et sud (Suffolk, Kent, Sussex.) En raison de son climat, l'Angleterre produit surtout des vins blancs. Les cépages cultivés sont, pour la plupart, originaires d'Allemagne. Il s'agit très souvent de **croisements** qui permettent à la vigne de résister dans les zones septentrionales. Parmi eux, on peut citer le **Müller-Thurgau**, le **seyval blanc**, le **reichensteiner** et l'**ortega blanc**. L'Angleterre produit en outre un peu de vin rouge à partir du **pinot noir** et du **cabernet sauvignon** (très rare.) Depuis 1991, le Royaume Uni produit des **VQPRD**. La production de vin reste très modeste si on la compare à la consommation du Royaume Uni qui importe des bouteilles de France, Italie, Allemagne, Australie, Bulgarie, Chili. Ce pays est aussi connu pour sa production de bière (**ale**) et de **gin**.

anguillule *nf* ***eelworm, root borer***
Nématode perçant les racines et formant des nœuds qui ressemblent à ceux du phylloxéra. C'est pourquoi le choix du **porte-greffe** s'avère crucial si l'on veut éviter les attaques d'anguillules. Sinon, il faut désinfecter le sol avec des **fumigants**.

anguleux *adj* ***sharp, acid***
Se dit d'un vin (ou d'un produit) assez acide, **acerbe**.

Anheuser-Busch *n*
5e entreprise agro-alimentaire mondiale et premier brasseur, Anheuser-Busch est établi à Saint-Louis (USA.) Ses critiques reprochent à cette entreprise présente dans 80 pays la standardisation de la bière.

anhydride *nm* ***anhydride***
Oxyde acide.

anhydride sulfureux *nm* ***sulphur dioxide***
Formule chimique : SO2. L'anhydride sulfureux est un gaz obtenu en brûlant des **mèches**

soufrées mais il existe aussi sous forme liquide et sous forme de tablettes. Le soufre sert à stériliser le vin. Cet antiseptique est diffusé sur les raisins pour contenir une fermentation précoce et dans le vin en cours de fermentation. Il assure le bon état sanitaire du vin sans en altérer les arômes ni le goût lorsqu'il est injecté à faibles doses. Bien que son usage soit parfois controversé, surtout lorsqu'il est utilisé à doses massives, ce produit connu depuis l'Antiquité reste irremplaçable. Aux USA, la législation impose la mention *contains sulfite* sur les étiquettes.

animal *nm* ***animal***
Arôme puissant surtout présent dans les vins rouges vieux. Des arômes animaux peuvent dérouter des dégustateurs novices. Mais ils sont aussi caractéristiques de certains vins comme le **Corton-Renardes** ainsi nommé en raison de son caractère **foxé**.

anis *nm* ***anise***
Plante aromatique originaire d'Orient dont on extrait une essence servant à parfumer certaines boissons alcoolisées.

anisé *adj* ***anise flavored***
Qui révèle des arômes d'anis à la dégustation.

anisette *nf* ***anisette***
Liqueur au goût d'anis. Selon la légende, un voyageur de retour des Indes en aurait confié la recette à une jeune femme bordelaise, Marie Brizard.

Anjou AOC *nm*
Anjou. Région viticole de la vallée de la Loire correspondant en gros au département du Maine et Loire. L'Anjou produit des vins frais et légers et beaucoup de rosés. Les vins rouges de **Saumur-Champigny** et les vins blancs moelleux aux arômes de miel des **coteaux du Layon** (affluent de la Loire) sont les plus connus. *(Voir Loire)*

ano *n*
Mot portugais signifiant "année."

año *n*
Mot espagnol signifiant "année."

anormal *adj* ***abnormal, unusual***
Se dit d'un vin au goût bizarre.

anosmie *nf* ***Loss of the sense of smell***
Absence totale ou partielle de la sensibilité olfactive.

anthocyane *nf* ***anthocyan, anthocyanins***
Ce vocable, le plus souvent employé au pluriel, désigne des composés **phénoliques** contenus dans la peau du raisin et donnant au vin sa couleur.

anticlinal *nm* ***anticline***
Pli convexe affectant une série de couches géologiques, la convexité étant tournée vers le haut.

Antilles *nf pl* ***West Indies***
Îles de la mer des Caraïbes dans lesquelles on produit du **rhum** (Jamaïque, Martinique...).

anthracnose *nf* ***anthracnosis***
Maladie **cryptogamique** de la vigne caractérisée par l'apparition de taches noires et de lésions sur les feuilles.

A.O.C. *nf* ***A.O.C. – Registered Designation of Origin.***
Abréviation d'Appellation d'Origine Contrôlée, système de classification des vins mis en place en 1935 pour tenter de résoudre la grave crise de mévente qui sévissait alors. Des règles très strictes fondées sur les usages locaux, loyaux et constants furent édictées. Elles concernent des facteurs naturels tels que la délimitation de l'aire de production et l'encépagement ainsi que des facteurs humains tels que les méthodes de culture, la densité de plantation, le rendement maximum, le degré alcoolique naturel minimum, les méthodes de vinification et d'élevage, la dégustation d'agrément... Le système des AOC a connu un grand succès mais face à la concurrence grandissante des autres pays viticoles, il n'apparaît plus comme un horizon indépassable. Les AOC se sont multipliées et ce système complexe mais logique n'est pas toujours bien compris par les consommateurs.

AOP *nf* ***AOP, Protected Designation of Origin***
Abréviation d'Appellation d'Origine Protégée. Appellation d'origine réglementée par la legislation communautaire européenne ne

concernant toutefois pas le vin et les eaux-de-vie rattachés à la catégorie des **VQPRD**.

aoûtement *nm* ***lignification***
Maturation des **sarments** commençant au mois d'Août. Les sarments emmagasinent les produits refusés par les raisins et durcissent.

appellation *nf* ***appellation***
Désignation géographique officielle.

appellation d'origine *nf* ***Appellation of origin, designation of origin***
Selon le code français de la consommation, "constitue une appellation d'origine, la dénomination d'un pays, d'une région ou d'une localité servant à désigner un produit qui en est originaire et dont la qualité ou les caractères sont dus au milieu géographique comprenant des facteurs naturels et des facteurs humains."

apéritif *nm* ***apéritif***
En France, boisson le plus souvent alcoolisée que l'on prend avant le repas.

apogée *nm* ***peak***
Epanouissement maximum d'un vin ou d'un-produit.

apoplexie *nf* ***apoplexy, esca***
Maladie de la vigne causée par un champignon microscopique qui pénètre dans le bois, y libérant un **enzyme** qui se déplace avec la sève et tue le cep. L'arséniate de soude donne des résultats dans la lutte contre cette maladie foudroyante aussi appelée **esca.**

âpre *adj* ***rasping***
Rugueux au palais, tannique.

Apremont *n*
Village de Savoie producteur de vins blancs délicats.

aptien *nm* ***aptian***
Étage du crétacé inférieur. Les calcaires de l'aptien encadrent les terroirs de **Maury**.

apyrène *adj* ***seedless***
Se dit d'un raisin ne renfermant pas de pépin.

aquavit ou **akvavit** *nf* ***aquavit, akvavit***
Mot suédois venant du latin « eau de vie. » Eau de vie de grain ou de pomme de terre, aromatisée par l'adjonction de substances végétales diverses.

aqueux *adj* ***aqueous, watery, flat***
Se dit d'un vin qui paraît dilué, peu alcoolique, par exemple parce que le rendement était trop élevé ou qu'il a beaucoup plu pendant les vendanges.

arak *nm* ***arak***
Alcool du Moyen-Orient (Syrie, Liban) et d'Asie Centrale, généralement anisé, fait à partir de raisin, de grain ou de dattes.

aramon *nm* ***aramon***
Cépage rouge très productif donnant des vins ordinaires. Il est encore cultivé en Californie et dans le Midi de la France.

araignée *nf* ***spider***
Redoutées par les vignerons, les **araignées rouges** (panocnychus ulmi) et les **araignées jaunes** (eotétranychus carpini) sont de minuscules **acariens** qui, en proliférant, infligent de nombreuses piqûres aux feuilles et de ce fait, affaiblissent la végétation et perturbent la maturité des raisins.

Arbois *n*
Village ayant donné son nom à la région viticole la plus connue du **Jura** produisant non seulement des vins blancs, rouges et rosés mais aussi le **vin jaune**.

arbois *nm*
Cépage blanc du Val de Loire et non pas du Jura !

Ardbeg *n*
Whisky **single malt** distillé à Port Ellen dans l'île d'**Islay.** Il exhale de forts arômes de **tourbe**. *(Voir A/F Scotland)*

Ardèche *nf*
Département situé au Sud de Lyon, sur la rive droite du Rhône. Le cru **Saint-Joseph** est situé dans ce département, les **Côtes du Vivarais** bénéficie d'une AOC et depuis une vingtaine d'années, la région d'Alba produit d'excellents chardonnays.

Ardmore *n*
Whisky **single malt** du **Speyside,** en Ecosse. Il se caractérise par son goût de **tourbe** assez fort. → **Écosse**

ardoise *nf* ***slate***
Sol convenant au cépage **riesling**. On trouve l'ardoise dans la vallée de la Moselle.

are *nm* ***are***
Unité de surface équivalant à 100 m^2.

arène *nm* ***arene***
Adjectif : arenaceous. Sol contenant une forte proportion de particules de sable.

aréomètre *nm* ***areometer, mustimeter***
Instrument également appelé mustimètre servant à mesurer le poids spécifique d'un mélange.

Argentine *nf* ***Argentina***
Gros pays producteur fournissant surtout le marché sud-américain. Les provinces de **Mendoza** et de San Juan au pied de la Cordilière des Andes, à la frontière du Chili, fournissent l'essentiel de la production viticole de l'Argentine. Bien que ce pays soit le 4e producteur mondial, il consomme l'essentiel de sa production. Les vins d'Argentine n'ont pas une grande réputation de qualité et ce pays obtient de meilleurs résultats avec les vins rouges qu'avec les blancs. Les vins les meilleurs, proviennent, comme on peut s'y attendre, des coteaux. Il faut toutefois noter que l'on constate actuellement en Argentine une certaine désaffection pour les vins de table au profit des vins de qualité. Le volume des vins vinifiés à la cave de Giol est l'un des plus importants au monde. Les cépages les plus cultivés sont le criolla introduit par les Jésuites et le cereza, cépages rouges à gros rendements mais on trouve aussi le **cabernet sauvignon**, le **merlot**, le **malbec**, le **tampranillo**. Pour les blancs, on trouve le **riesling**, le **chardonnay**, l'**ugni blanc**, le **sémillon**. En 1973, la province de Mendoza s'est dotée d'une loi sur les appellations d'origine. **South America**, *carte* → *p. 355.*

argile *nf* ***clay***
Roche sédimentaire imperméable. Il apparaît qu'un sol argileux favorise le vieillissement d'un vin.

argovien *nm* ***argovian***
Dénomination d'une partie de l'oxfordien, étage du jurassique supérieur. Les marnes de l'argovien sont fréquentes dans les Côtes de Beaune.

aristoloche *nf* ***herbaceous aroma***
Arôme herbacé caractéristique d'un cabernet-sauvignon jeune. Cet arôme s'estompe avec le temps pour donner place à des arômes de poivron vert puis de tabac.

Armagnac *nm* ***Armagnac***
Région du Sud-Ouest de la France célèbre pour ses eaux-de-vie vendues dans des flacons plats et arrondis appelés bouteilles basques ou « basquaises. » Le meilleur Armagnac est produit sur des sols sablonneux.

arika *nm* ***arika***
Alcool d'Asie Centrale provenant de la distillation du lait de jument fermenté.

Arlay *n*
Village viticole du Jura. Le domaine du Château d'Arlay, l'un des plus anciens de France est célèbre pour ses **vins de paille**.

armoire à vins *nf* ***cupboard, wine cupboard***
Unité de stockage des bouteilles utilisée par les amateurs qui ne possèdent pas de cave. La température et l'hygrométrie optimales sont maintenues automatiquement. *(Photo)*

armoise *nf* ***wormwood***
Odeur végétale d'**absinthe** caractéristique des vins moisis.

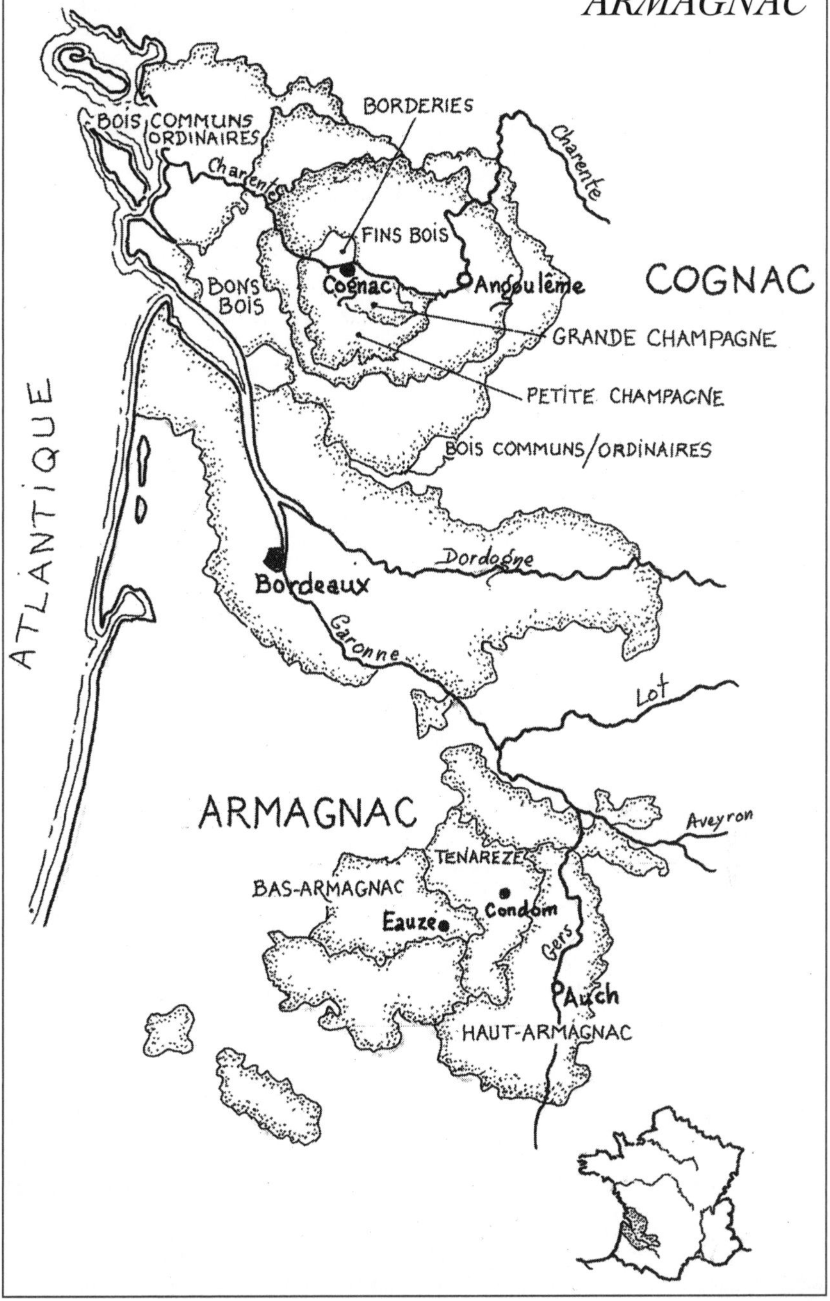
BORDERIES
BOIS COMMUNS ORDINAIRES
Charente
Charente
FINS BOIS
COGNAC
BONS BOIS
Cognac
Angoulême
GRANDE CHAMPAGNE
PETITE CHAMPAGNE
BOIS COMMUNS/ORDINAIRES
ATLANTIQUE
Dordogne
Bordeaux
Garonne
Lot
ARMAGNAC
Aveyron
TENAREZE
BAS-ARMAGNAC
Condom
Eauze
Gers
Auch
HAUT-ARMAGNAC

aromatique *adj* ***aromatic***
Qui dégage un parfum. Le **muscat** est un cépage très aromatique. (*Voir* **cépage aromatique**)

arôme *nm* ***aroma***
Odeur s'exhalant d'un vin jeune ou d'un cognac. Attention à ne pas confondre ce terme avec **bouquet**. On distingue les **arômes primaires**, les **arômes secondaires** et les **arômes** tertiaires.

arôme primaire ou **arôme variétal** *nm* ***primary aroma***
Arôme de raisins mûrs se manifestant dans les vins jeunes.

arôme secondaire *nm*
Arôme provenant de la fermentation alcoolique.

arôme tertiaire *nm* ***tertiary aroma***
Arôme se développant à mesure que le vin ou le cognac vieillit. Les arômes tertiaires peuvent être l'expression du cépage (exemple : le **sauvignon blanc**), de l'**appellation** (exemple : la souplesse d'un **Volnay**) ou du **terroir** (exemple la fermeté du **Corton**).

arrachage *nm* ***pulling out***
Enlèvement des vieux ceps et extraction du maximum de racines en vue d'une replantation.

arrière-goût *nm* ***aftertaste***
Goût laissé dans la bouche après qu'un vin a été avalé. N.B. Le mot français est souvent employé dans un sens plus négatif que sa traduction anglaise.

arrondir (s') *v* ***to become round, well-balanced, mellow***
A propos d'un vin : perdre son **astringence**, devenir plus souple. Synonyme : s'assouplir.

artichaut *nm* ***artichoke***
Arôme plutôt désagréable pouvant se révéler à la dégustation d'un vin.

assemblage *nm* ***blending***
En Champagne, opération consistant à mélanger des vins provenant de différents vignobles : L'assemblage des **vins de base** constituera la cuvée finale. En Bordelais, ce terme désigne le mélange de cuves ou de barriques contenant des vins issus de cépages différents, il s'applique également au cognac.

aspect *nm* ***aspect***
Terme employé pour décrire l'apparence d'un vin lors de la dégustation.

asperge *nf* ***asparagus***
Arôme végétal, pas nécessairement désagréable, pouvant se révéler à la dégustation de certains vins blancs.

aspérités *nf pl* ***harshness***
Caractère très **astringent** d'un vin. Dans leur jeunesse, les vins rouges de longue garde présentent beaucoup d'aspérités.

assoupli *adj* ***softened***
Se dit d'un vin rendu souple et rond par le vieillissement.

assouplir (s') *v* ***to become round, mellow, supple***
A propos d'un vin : perdre son astringence, devenir plus souple, plus agréable. Synonyme : s'arrondir.

aspersion *nf* ***aspersion***
Méthode de lutte contre les gels de printemps consistant à asperger d'eau les bourgeons pour qu'ils puissent être protégés par la glace qui se formera autour d'eux.

Asti *n*
Ville d'Italie célèbre pour l'Asti **Spumante**, vin blanc mousseux souvent doux.

astringence *nf* ***astringency***
Apreté due aux acide et aux tannins, souvent un signe que le vin ou le cognac vieillira bien.

astringent *adj* ***astringent, puckery***
Prenant aux gencives, souvent chargé en tannin.

aszù *nm* ***aszù***
Terme hongrois synonyme de **botrytisé**. Les raisins atteints de botrytis cinerea sont recroquevillés et leur teneur en sucre est très élevée. Le célèbre vin de dessert **tokay** aszù est fait avec le cépage **furmint** botrytisé.

atomiseur *nm* ***atomizer***
Appareil à injecter équipé d'un moteur.

atmosphère *nf* ***atmosphere***
Unité de pression atmosphérique correspondant à 1 kg / cm2. La pression d'un vin **effervescent** peut s'élever à 6 atmosphères, ce qui justifie les précautions à prendre quand on débouche une bouteille de Champagne.

atramentaire *adj* ***inky***
Se dit d'une odeur désagréable rappelant l'encre.

attachage *nm* ***fastening, tying down***
Fixation du **sarment** sur le fil inférieur du **palissage**. Ce travail de printemps s'effectue à l'aide de petits fils de fer ou d'agrafes.

attaque *nf* ***attack***
Première impression que donne le vin en bouche.

attardant (s') *adj* ***lingering, persistent***
Se dit d'un vin dont le goût continue à s'exprimer après avoir été avalé ou recraché.

attrayant *adj* ***pleasant***
Se dit d'un vin agréable, séduisant.

Aube *nf*
Département viticole situé entre Dijon, au Sud, et Reims, au Nord. Il constitue l'une des 5 régions productrices de la Champagne et il est le plus méridional des 5. Le village de l'Aube le plus connu est Les Riceys, célèbre pour ses vins rosés.

aubépine *nf* ***hawthorn***
Arôme floral très **suave** pouvant se révéler à la dégustation d'un vin blanc sec jeune. L'arôme d'aubépine est caractéristique d'un **Meursault** jeune.

aubin *nm*
Cépage blanc de Lorraine.

aubuis *nf* ***aubuis***
En Touraine, sol argilo-calcaire pierreux.

Auchentoshan *n*
Au sens strict de cette dénomination, il s'agit d'unmalt whisky des **Lowlands**, même si la distillerie utilise de l'eau venant du Nord de la limite des **Highlands**. Ce whisky est léger, doux et moelleux au goût, peut-être en raison des trois distillations qu'il subit, ce qui revêt un caractère exceptionnel en Ecosse. *(Voir anglais/français New Zeland)*

Auckland *n*
La plus grande ville de Nouvelle Zélande est aussi le berceau de la viticulture de ce pays. Si l'importance de cette région tend à diminuer, les grandes entreprises vinicoles néo-zélandaises y ont presque toutes leur siège social. La vallée de Huapai-Kumeu produit de bons vins issus des cépages **chardonnay**, **sauvignon blanc** et **cabernet**. *(Voir A/F New Zeland)*

Aude *nf*
Département méditerranéen dont le chef-lieu est Narbonne. Gros producteur de vins dont les meilleurs sont récoltés dans les **Corbières** (AOC.)

Ausbruch *nm* ***Ausbruch***
Mot allemand désignant un type de vin autrichien plus sucré qu'un ***Beerenauslese*** mais moins sucré qu'un ***Trockenbeerenauslese.***

Auslese *nf*
Mot allemand signifiant littéralement « vendange choisie. » Les vins d'Auslese sont de qualité supérieure à celle de la ***Spätlese*** mais inférieure à celle de la ***Beerenauslese***. Le vin est fait avec des raisins cueillis tardivement et contenant beaucoup de sucre naturel parce qu'ils sont **botrytisés**.

Ausone (Château) *n*
Célèbre Premier cru rouge de la commune de **Saint Emilion**, ainsi appelé en l'honneur du poète latin Ausone, né à Bordeaux. Superficie : 7 hectares. Il donne des vins aromatiques, puissants, tanniques et de longue garde.

austère *adj* ***austere***
Vin sans qualité excessive. Cet adjectif peut aussi s'appliquer à un vin jeune qui ne s'est pas encore ouvert. Synonymes : sévère, raide.

Australie *nf* ***Australia***
Pays viticole très dynamique où la culture de la vigne est restreinte par un ensoleillement très fort et la sécheresse. En raison du climat régulier, les producteurs australiens considèrent que chaque année est bonne pour le vin. Les principales régions viticoles sont l'Australie

méridionale (vallée de **Barossa**,) la **Nouvelles Galles du Sud** (vallée de la **Hunter**) et l'état de **Victoria**. Les meilleurs vins sont produits dans les régions les plus méridionales et sur les coteaux. (Coteaux d'**Adelaïde**, **Coonewara**, **Margaret River**...) Une grande partie des vins australiens est produit par de grandes sociétés telles que BRL Hardy (groupe Constellation,) South Australian breweries. Quant à la marque la plus connue, Jacob's Creek, elle appartient au groupe Pernod-Ricard. Les principaux cépages sont la **syrah**, le **cabernet sauvignon** et le **grenache** pour les rouges, le **riesling**, le **sémillon** et le **chardonnay** pour les blancs. Les vins effervescents connaissent une faveur grandissante auprès des consommateurs. Certains vignobles se sont dotés d'une législation appelée "certified appellation wine" qui fait un peu penser aux AOC françaises. Les Australiens sont, en outre de grands amateurs de bière et il existe d'importantes brasseries dans le pays. Les bières Foster et Swan ont une forte notoriété. **Australia**, *carte → p. 335.*

Australie Méridionale *nf* ***South Australia***
Le plus important état viticole d'Australie. La vallée de **Barossa** et **Coonewara** sont deux zones de production très célèbres et les collines d'**Adelaïde** (Adelaide Hills) produisent d'excellents vins sur des coteaux plus frais. Cette région cultive avec succès les cépages **syrah** (shiraz) **riesling** et **cabernet sauvignon**.

Australie Occidentale *nf* ***Western Australia***
La viticulture s'est d'abord établie dans la vallée de la Swan, près de Perth et cet état a longtemps produit des vins **mutés** de style **porto**. Aujourd'hui, la région de Margaret River, au climat plus tempéré, connaît les faveurs du public. Les cépages bordelais et le **chardonnay** qui y sont cultivés donnent des vins appréciés.

authentique *adj* ***genuine, authentic***
Vin ou cognac sans artifices, conforme aux caractéristiques de son appellation et fait selon les méthodes légales.

autoclave *nm* ***autoclave***
Récipient à fermeture hermétique utilisé pour produire des vins effervescents selon la méthode **Charmat**, par exemple pour l'**Asti spumante**.

autolysat *nm* ***autolysate***
Produit de l'autolyse.

autolyse *nf* ***Autolysis***
Décomposition des cellules de levures mortes par leurs propres **enzymes** entraînant l'accroissement de l'action des bactéries. L'effet d'autolyse est en général jugé indésirable sauf pour les vins élevés **sur lies** et pour les vins **effervescents**. En effet, l'autolyse contribue au caractère complexe et à la finesse d'un vin comme le Champagne.

autolytique *adj* ***autolytic***
Terme appliqué à l'odeur de fleur d'acacia caractéristique d'un vin effervescent de style **brut** qui vient d'être **dégorgé**.

Autriche *nf* ***Austria***
Pays au relief très varié produisant une grande diversité de raisins. Si le vignoble autrichien connut un passage à vide entre le XVIe et le XVIIIe siècle en raison de la concurrence de la bière, il s'est beaucoup développé au siècle des Lumières et a trouvé des débouchés dans le vaste empire autrichien. Aujourd'hui, les principales régions viticoles sont la Basse Autriche, le Burgenland, la Styrie et le petit vignoble de Vienne. La réglementation concernant les vins autrichiens est inspirée de la législation allemande. Les vins blancs, légers, frais, pétillants ou fruités prédominent. Les meilleurs vins sont faits avec le **riesling** et le **traminer**. Toutefois, le cépage autrichien par excellence est le grüner **veltliner** qui est cultivé dans toutes les régions viticoles à l'exception de la Styrie et qui donne des vins frais, équilibrés, fruités et épicés à boire jeunes.

auvernat *nm* ***auvernat***
Cépage. L'auvernat blanc est synonyme de **chardonnay**, l'auvernat gris, synonyme de **pinot meunier**, l'auvernat noir, synonyme de **pinot noir**.

auxerrois *nm* ***auxerrois***
Cépage blanc produisant des vins acides et alcooliques. On le trouve surtout en Alsace et en Afrique du Sud. En Alsace, il peut être coupé avec d'autres cépages nobles pour obtenir de l'***Edelzwicker.***

Auxey-Duresses *n* ***AOC***
Village de la Côte de Beaune produisant des vins dont le style rappelle ceux de **Volnay** (rouge) et de **Meursault** (blanc).

auxiliaire *nm* ***pest predator***
Prédateur se nourrissant d'**acariens phytophages**, d'œufs ou de larves. La présence d'auxiliaires comme les **typhlodromes** permet de diminuer le recours aux pesticides.

A.V.A. *n*
Abréviation de ***"American Viticultural area,"***
La version américaine édulcorée du système des appellations contrôlées mise en place en 1978. Ce système qui existe depuis 1983 comprend 145 aires viticoles, dont certaines très petites comme Cole Ranch (60 hectares) et d'autres très vastes (Ohio River Valley : 7000 hectares.) Un vin qui porte le nom d'une AVA doit contenir unminimum de 85 % de raisins provenant de la régionmentionnée sur l'étiquette. Les méthodes de culture et de vinification ne sont toutefois pas contrôlées. L'indication géographique viticole est réglementée par le Bureau de l'Alcool, du Tabac et des Armes à Feu (**BATF**).

aveugle (dégustation à l') *adj* ***blind (tasting)***
Se dit de la dégustation de vins (ou d'autres produits tels que le cognac, eaux de vie, etc.) rendus anonymes. Il s'agit pour les dégustateurs de déterminer les caractéristiques des vins présentés et si possible de les identifier.

aviné *adj* ***inebriated***
En état d'ivresse.

aviner *v* ***to soak in wine***
Rincer un tonneau ou un verre avec du vin pour lui donner le goût de ce breuvage.

Avizes *n*
Village de Champagne produisant un des meilleurs **Côte des blancs**.

avoine *nf* ***oats***
Céréale dont les grains peuvent être utilisés comme ingrédients pour le **mash** de certaines bières et de certains **whiskies** ou **whiskeys**.

à votre santé ! ***Cheers !***
Formule prononcée à des fins de convivialité avant de boire.

Ay *n*
Village de Champagne situé près d'Epernay produisant d'excellents raisins rouges.

azote *nm* ***nitrogen***
Gaz neutre utilisé pour conserver le vin à l'abri de l'air dans le but d'empêcher l'oxydation. Dans les bars où l'on sert le vin au verre, le vin versé de la bouteille est remplacé par de l'azote afin d'empêcher l'oxydation du restant du contenu.

B

bacchanale *nf* ***bacchanal, drunken orgy***
Débauche bruyante, orgie. Au pluriel, ce terme désigne les fêtes romaines de Bacchus marquées par la débauche ou le crime.

bachique *adj* ***bacchic***
Relatif au vin. Une chanson bachique est une chanson à boire. La poésie bachique célèbre les plaisirs du vin et de la vie.

Bacchus *n*
Dieu romain du vin. Le dieu grec Dionysos fut adopté sous ce nom par les Romains.

bacchus *nm* ***bacchus***
Cépage allemand issu d'un croisement entre le **sylvaner x Riesling** et le **Müller-Thurgau**. Autrefois, il était utilisé dans les **assemblages** donnant le *Liebfraumilch.*

back-blend *nm* ***back blend***
Terme anglais appliqué à l'addition de jus de raisinfrais non fermenté à un vin fermenté pour apporter à ce dernier de la fraîcheur et du fruité.

baco *nm* ***baco***
Hybride mis au point par le Landais Maurice Baco lors de la crise **phylloxérique**. Ce plant direct très productif donnait des vins légers, aigrelets et de mauvaise conservation. Sa plantation est aujourd'hui interdite. Toutefois, le baco blanc 22 A est un des cépages classés de l'appellation **Armagnac**.

bactéricide *adj* ***bactericidal***
Qui tue les bactéries. Entre autres propriétés, le vin est bactéricide. C'est pourquoi, il fut longtemps employé comme médicament à des époques où l'eau était impropre à la consommation.

bactérie *nf* ***bacterium (pluriel : bacteria)***
Micro-organisme unicellulaire naturellement présent dans les vins et les bières. Pas forcément nocives, les bactéries jouent souvent un rôle dans l'évolution et le vieillissement de ces boissons.

badiane *nf* ***star anise***
Arôme épicé d'anis étoilé pouvant se révéler à la dégustation d'un vin blanc.

baga *nm* ***baga***
Cépage rouge portugais donnant des vins de bonne garde.

bag-in-box *nm* ***bag in box***
Sac en matière plastique muni d'un robinet et contenu dans une boîte en carton servant au conditionnement des vins de consommation courante. Ce type de conditionnement a été mis au point par les producteurs australiens. Synonyme : **cubitainer**, **cubi**.

bague *nf* ***ring***
Partie renflée du goulot de la bouteille. La bague assure à la bouteille une résistance à la pression du bouchon.

bague couronne *nf* ***crown ring***
Bague d'un col de bouteille de **Champagne** nécessaire si un bouchon couronne est utilisé pour la **prise de mousse**.

baguette *nf* ***(fruit-bearing) cane***
On sélectionne la (les) baguettes(s) au moment de la **taille** en laissant un certain nombre d'**yeux**, qui deviendront au printemps des bourgeons. Le nombre d'yeux est strictement lié au rendement potentiel et souvent déterminé par la réglementation.

baie *nm* ***berry***
Pour le raisin, une grappe est composée d'un certain nombre de baies. Les baies d'autres fruits peuvent être utilisées dans l'élaboration de certaines liqueurs (crème de cassis, par exemple), ou comme aromates dans la fabrication d'apéritifs ou de spiritueux.

baies sauvages *nf pl* ***wild berries***
Arômes fruités de mûres, de groseilles sauvages pouvant se révéler à la dégustation d'un vin rouge jeune.

bajocien *nm* et *adj* ***bajocian***
Etage de l'ère secondaire compris entre – 170 millions et – 164 millions d'années.

ballonge (ou balonge ou bélonge) *nf* ***small vat***
En Bourgogne, petite cuve de réception du **moût** que l'on place sous le pressoir.

balsamique *adj* ***balsamic***
Qui a l'arôme boisé et résineux du baume. Les grands vins rouges du Bordelais, les vins **moelleux** et les cognacs peuvent receler des arômes balsamiques. Ces **arômes tertiaires** sont accentués par l'élevage enfûts de chêne.

ballon *nm* **souffler dans le ~** ***to undergo a breath(alyser) test***;
Ballon que les automobilistes doivent gonfler à la bouche. Si la limite légale d'alcool (0,5 g) dans le sang est dépassée, le ballon change de couleur.

verre ~ ***brandy glass, wine glass used for red Burgundies particularly***

Balthazar *nm*
Grande bouteille utilisée en Champagne, dont la contenance équivaut à 16 bouteilles classiques, soit 12 litres. → **bouteille**

Balvenie *n*
Malt whisky aromatique produit dans le **Speyside** en Ecosse.

ban (de vendange) *nm* ***ban de vendange, vintage permit***
En France, la date officielle du début des vendanges fixée par arrêté préfectoral pour chaque région ou partie de région. Adaptation administrative d'un vieux droit féodal qui permettait au seigneur de vendanger au moment optimum. Aujourd'hui, le souci de l'administration est que les raisins ne soient pas cueillis trop tôt. Les contrevenants s'exposent à perdre le bénéfice de l'appellation.

banal *adj* ***banal, ordinary***
Se dit d'un vin sans personnalité, manquant d'originalité.

banane *nf* ***banana***
Arôme fruité pouvant se révéler à la dégustation d'un **vin de primeur** rouge ou blanc. Il est généralement dû à une fermentation à basse température, fermentation dite aromatique, à la mode dans les années 1980. Cet arôme est assez proche de celui du **bonbon anglais**. Par ailleurs, des cépages comme le **chardonnay**, la **syrah** et le **gamay** sont prédisposés aux arômes de banane.

Bandol *n*
AOC s'appliquant à des vins rouges, blancs et rosés produits au Nord-Ouest de Toulon, dans le Var (Provence.) Les rouges à base de **mourvèdre**, **grenache**, **cinsault**, **carignan**, **syrah** sont des vins de garde. *Voir carte → p. 212.*

Banyuls *n*
AOC dont bénéficient les **vins doux naturels** produits sur les terrasses schisteuses des Albères (Pyrénées Orientales.) L'appellation Banyuls grand cru est donnée à ceux des vins dont le pourcentage de **grenache** s'élève à au moins 75 %. Les Banyuls ont un nez complexe et sont puissants et généreux.

baptiser *v* ***to add water***
Terme populaire. Ajouter de l'eau à un vin. Pratique insupportable pour les amateurs. Napoléon baptisait son Chambertin, ce qui en dit long sur ses qualités de dégustateur !

Barbaresco *n*
DOCG du Piémont (Italie). Le Barbaresco est issu du **nebbiolo**, le plus grand cépage italien. Il doit vieillir au moins deux ans. C'est un vin fin et **féminin**.

barbarossa *nm* ***barbarossa***
Cépage rouge surtout cultivé en Corse du sud.

Barbaroux *nm* ***barbaroux***
Cépage rouge du Midi de la France.

bar à vin *nm* ***wine bar***
Etablissement où le service des vins est mis en valeur par rapport au service des plats. L'éventail des crus proposés est en général très large et les clients peuvent déguster du vin au verre.

barbera *nm* ***barbera***
Cépage rouge italien très productif mais pouvant donner des vins riches et savoureux.

Bardolino *n*
DOC de Vénétie (Italie). Vins rouges et rosés secs et légers.

Barolo *n*
DOCG du Piémont (Italie) Vin rouge fait à partir du cépage **nebbiolo**. Les meilleurs barolo ont beaucoup de puissance tout en étant d'une finesse surprenante.

Barossa (Valley) *nf* ***vallée de la Barossa***
Région viticole de l'état d'**Australie Méridionale** au Nord-Ouest de la ville d'**Adelaide**. Cette région au climat torride assure la plus importante production de vins de cépage de l'état. On y produit plus de vin blanc que de rouge. Le **riesling** y est beaucoup cultivé et les meilleurs vins sont faits avec les raisins récoltés sur les coteaux. → **Australia**

barrica *nf*
Mot espagnol désignant une barrique d'une contenance d'environ 225 litres.

Barre *nf* ***line***
Lors de l'élaboration de vins effervescents, il s'agit du dépôt fin, accidentel qui adhère à la paroi de la bouteille au moment de la prise de mousse.

barrique *nf* ***barrel, cask, butt (made of oak)***
Le tonneau de référence dans le Bordelais, ayant une contenance de 225 litres.

Barsac *n*
AOC. Le Barsac est un vin moelleux produit sur la rive gauche de la Garonne. Les vins de la commune de Barsac peuvent porter l'appellation Barsac ou Sauternes.

Bas-Armagnac *n*
AOC. Eau-de-vie produite dans la partie Ouest de l'Armagnac.

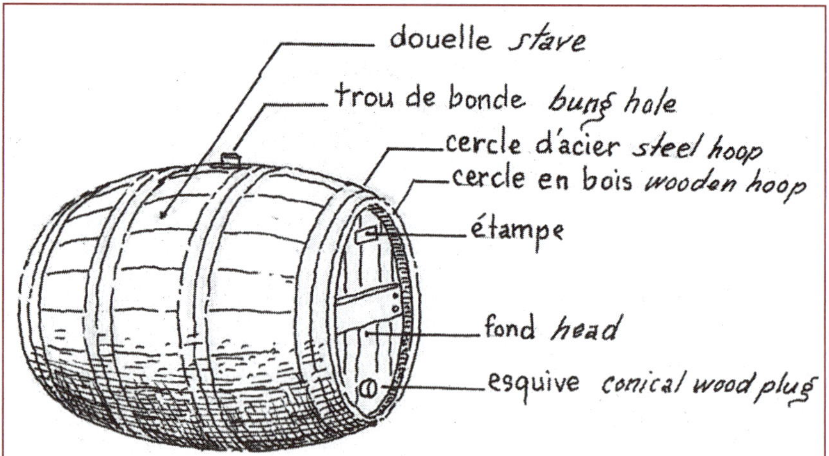

bas vins *nm pl* ***low vines***
Ce terme désigne les résidus de **dégorgement** dans la vinification des vins effervescents. Synonyme : marc de dégorgement.

bas vins *nm pl* ***low wines***
Produit de la première distillation dans le procédé de l'**alambic** à feu nu (**pot still.**) Il contient de l'alcool, des constituants secondaires et un peu d'eau. Les bas vins sont distillés avec la **tête** (**foreshots**) et la **queue** (**feints**) de la distillation.

base *nf* ***(vin de ~) base wine***
Vin **tranquille** élaboré en Champagne et en d'autres régions et pays, destiné à être transformé en un vin **effervescent** (Champagne, crémant, etc.)

basilic *nm* ***basil***
Arôme épicé pouvant se révéler à la dégustation de certains vins, surtout ceux de Haute-Provence (coteaux du Ventoux, Vaison-la-Romaine…).

Bass *n*
Célèbre brasserie anglaise fondée en 1777 à Burton-on-Trent *(voir Burtonisation.)* Son logo, un triangle rouge fut la première marque déposée anglaise (1er Janvier 1876.) Ce triangle est un peu l'équivalent du ***Cordon rouge*** figurant sur les étiquettes du Champagne ***Mumm***. Sur le tableau *le bar des folies Bergères* qu'Edouard Manet peignit en 1882, le triangle rouge de Bass figure sur une bouteille de bière posée sur le comptoir.

basse (fermentation —)
Voir **fermentation basse**.

Bâtard-Montrachet *n*
AOC. Grand cru blanc produit sur les communes de **Puligny-Montrachet** et de **Chassagne-Montrachet**, en Bourgogne. Ce vin corsé aux arômes de miel est considéré comme l'un des plus grands vins blancs. Superficie : 11,87 hectares.

bâtonnage *nm* ***stirring***
Remuage du vin dans le tonneau à l'aide d'un bâton une ou deux fois par semaine afin de remettre les **lies** en **suspension** et d'éviter ainsi l'oxydation.

battance *nf* ***surface sealing***
Sensibilité du sol à la dégradation de sa structure superficielle par les intempéries.

battu *adj* ***tired***
Se dit d'un vin très fatigué, notamment après un voyage.

Baumé *n*
Échelle de densité du sucre des **moûts** de raisin portant le nom du scientifique français qui l'a mise au point en 1770. Le degré Baumé est donné par le **mustimètre** mais n'a qu'une valeur approximative et n'est pas reconnu pour les transactions.

bavard *adj* ***eloquent***
Se dit d'un vin qui a des caractéristiques bien marquées et qui permet donc aux dégustateurs de s'exprimer facilement à son sujet.

Bavière *nf* ***Bavaria***
En allemand "Bayern." Land du sud de l'Allemagne dans lequel on trouve plus de la moitié des brasseries allemandes. La consommation de bière dans cette région dépasse la moyenne nationale.

BDA *nm* ***BDA***
Abréviation de **black dead arm** (Voir ce mot).

Béarn *nm*
AOC. Région viticole des Pyrénées françaises comprenant les aires d'appellation **Jurançon** et **Madiran** ainsi que la région de Salies-Bellocq. Le Béarn est surtout rouge mais il y a aussi du rosé et un peu de blanc.

Beaujolais *n*
Région vinicole au nord de Lyon (France), produisant essentiellement du vin rouge. À tort ou à raison, le Beaujolais est souvent considéré comme faisant partie de la Bourgogne vitivinicole. À tort, parce que la majeure partie des vins vient du département du Rhône, rattaché administrativement à la région Rhône-Alpes. En plus, le sous-sol volcanique des contreforts du Massif Central est plutôt hostile au pinot Noir, cépage emblématique des grands vins de Bourgogne : le Beaujolais est le pays du **gamay** par excellence. Mais peut-être à raison, car de très importants volumes de Beaujolais sont commercialisés chaque année par les négociants de Beaune. Et il ne faut pas oublier que **Saint-Amour**, l'un des 10 crus du Beaujolais, est situé en **Saône-et-Loire** (Bourgogne). *Voir carte → p. 34.*

BEAUJOLAIS

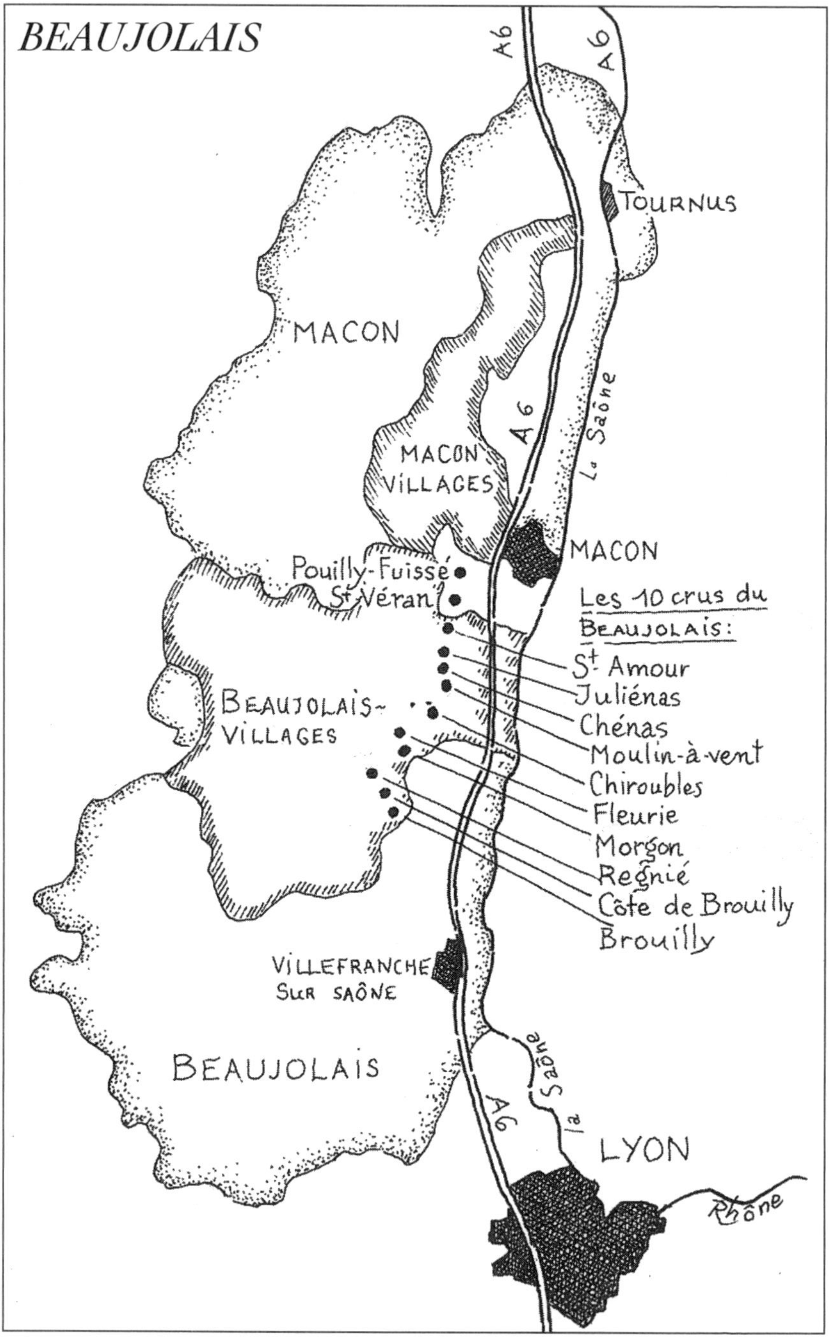
A6
A6
TOURNUS
MACON
A6
La Saône
MACON VILLAGES
MACON
Pouilly-Fuissé
St Véran
Les 10 crus du Beaujolais:
St Amour
Juliénas
Chénas
Moulin-à-vent
Chiroubles
Fleurie
Morgon
Regnié
Côte de Brouilly
Brouilly
BEAUJOLAIS-VILLAGES
VILLEFRANCHE SUR SAÔNE
BEAUJOLAIS
A6
la Saône
LYON
Rhône

Beaujolais nouveau *nm* ***Beaujolais Nouveau***
Sans aucun doute, le plus populaire des **vins nouveaux** qui peuvent être vendus à partir de 0 heure le troisième jeudi de Novembre. Pendant les années 1970 et 1980, en particulier, "le Beaujolais Nouveau est arrivé" est devenu un véritable rituel à travers le monde et a inspiré un roman à l'écrivain René Fallet. Aujourd'hui, ce produit a perdu de sa popularité et beaucoup le rendent responsable de la relative mévente des excellents **crus** du Beaujolais.

Beaujolais Primeur *nm* ***Beaujolais Primeur***
Beaujolais nouveau pouvant être vendu à compter du troisième jeudi de novembre, 0 heure, mais ne pouvant plus être expédié après le 31 janvier de l'année suivante. Les deux termes Beaujolais primeur et Beaujolais nouveau ont tendances à être confondus et utilisés sans discrimination. Ces produits sont des vins de comptoir, fruités et légers, issus habituellement de la **macération carbonique**, ce qui leur confère des arômes de **bonbon anglais** ou de fruits exotiques, comme la banane ou le kiwi.

Beaumes-de-Venise *n*
Village du Vaucluse produisant un excellent **vin doux naturel** à base de **muscat à petits grains** et un **Côtes du Rhône village** typique.

Beaune *n*
Ville de Bourgogne, qui sans en être la vraie capitale, peut néanmoins prétendre au titre de « capitale du Bourgogne », c'est-à-dire du vin. Outre ses magnifiques hospices, avec leur vente annuelle aux enchères, Beaune est connue pour ses vins rouges. **Côte de ~** Une succession de collines à pente relativement douce, qui s'étendent de Ladoix, au nord, jusqu'à Santenay, au sud, produisant des vins rouges et blancs qui sont parmi les meilleurs de Bourgogne. L'appellation **Côte-de-Beaune-Villages** peut être portée par les vins rouges d'appellation Village provenant des communes suivantes : **Auxey-Duresses**, **Blagny**, **Chassagne-Montrachet**, **Chorey-les-Beaune**, **Ladoix**, **Maranges**, **Meursault**, **Monthélie**, **Pernand-Vergelesses**, **Puligny-Montrachet**, **Saint-Aubin**, **Saint-Romain**, **Santenay** et **Savigny-les-Beaune**. **Hautes-Côtes de ~** : *(nf pl)* AOC régionale. L'appellation régionale Hautes Côtes de Beaune est une région distinguée par son aire de production sur des coteaux parallèles à ceux de la Côte de Beaune et comprenant 22 communes de Côte d'Or et 7 de Saône et Loire. Cette région produit des vins rouges (**pinot**) et des vins blancs (**chardonnay**.) → *p. 43.*

Beerenaulese *nf*
Mot allemand désignant une catégorie de vins QmP élaborés à partir de raisins **botrytisés**, et qui se situe entre ***Auslese*** et ***Trockenbeerenauslese.*** Les vins de Beerenauslese ont plus de finesse et d'élégance que tout autre vin intensément sucré, à l'exception peut-être de l'**Eiswein**.

Belgique *nf* ***Belgium***
Pays connu pour la qualité et la diversité de ses bières, **bière blanche** (**witbier**,) **bières d'abbaye**, **dubbel**, **Gueuze**, **Kriek**, **Lambic**, **Pale Ale** etc… La Belgique est aussi un pays traditionnellement amateur de vins depuis l'époque où les Flandres faisaient partie du Duché de Bourgogne à la fin du XIVe siècle et au XVe siècle jusqu'à la mort de Charles le Téméraire en 1777. → *p. 324.*

Bellet *n*
AOC. Vignoble situé sur des coteaux derrière la ville de Nice. Vins rouges (faits notamment avec le cépage **rolle**), blancs et rosés. Les vins de Bellet se distinguent par leur parfum exceptionnel.

bellon, belon *nm* ***small vat***
Petite cuve de réception du **moût** que l'on place sous le pressoir en Champagne. Ce récipient est appelé **ballonge** en Bourgogne.

bénaton *nm* ***grape basket***
Sorte de panier de vendangeur en osier porté sur l'épaule, qui était courant dans les vignobles de la Côte de Nuits.

Benne, benne à vendange *nf* ***hopper, gondola***
Sorte de grosse caisse servant au transport des raisins et pouvant être basculée au-dessus de la trémie du fouloir ou du pressoir, de sorte que les raisins arrivent intacts à la cuverie.

bentonite *nm* ***bentonite***
Argile colloïdale découverte à Fort Benton, Wyoming, utilisée dans la **stabilisation** des **moûts** et le **collage** des vins blancs. Elle fait précipiter les protéines en particulier.

benzol *nm* ***benzol***
Goût de vernis.

béquillou *nm* ***"béquillou" straddler***
Type d'enjambeur qui opère à cheval sur trois rangs de vigne au lieu de deux pour les enjambeurs classiques. La roue avant et la roue arrière sont alignées dans le même rang alors que le tracteur est en appui sur deux roues latérales dans les rangs voisins à droite et à gauche. Ce système assure une bonne stabilité à l'enjambeur sur les coteaux en dévers.

Bereich *nm*
Subdivision d'une région viticole allemande.

bergamote *nf* ***bergamote orange***
Arôme d'agrume peu commun pouvant toutefois se révéler à la dégustation d'un vin blanc, notamment d'un grand **Meursault**.

Bergerac *n*
AOC. Vins rouges, rosés et blancs produits dans le Sud-Ouest du département de la Dordogne à partir des mêmes cépages que ceux du Bordelais.

bernache *nm* ***rough wine***
Nom donné au vin **bourru**, vin jeune, non clarifié dans le **Val de Loire**.

Besserat de Bellefon *n*
Maison de Champagne fondée à Ay en 1843, la première à se spécialiser dans le Champagne crémant.

beurot *nm* ***beurot***
Autre nom du **pinot gris**. Cépage d'origine bourguignonne, ainsi nommé en raison de la robe de bure des moines **cisterciens** qui le cultivaient. Il est maintenant interdit dans sa région natale.

beurre *nm* ***butter***
Arôme agréable pouvant se révéler à la dégustation de certains vins blancs, de **chardonnay** notamment.

Beychevelle (Château)
AOC. 4e cru classé. Grand château situé sur la commune de **Saint-Julien**. Vins rouges assez corsés à l'élégante charpente tannique.

bianco *adj*
En espagnol et en italien, cet adjectif signifie "blanc."

bidule *nm* ***bidule***
Si le terme bidule désigne un objet quelconque dans le langage populaire, il a un sens bien précis en **Champagne** : c'est l'opercule qui sert d'obturateur, assurant ainsi l'étanchéité entre la capsule de tirage et le goulot de la bouteille lors de la **prise de mousse**.

Bienvenues-Bâtard-Montrachet
AOC. Grand cru blanc de la commune de **Puligny-Montrachet**. Vins fermes aux arômes riches. Superficie : 3,69 hectares.

bière *nf* ***beer***
Plus ancienne des boissons alcoolisées, la bière résulte d'une fermentation de céréales **maltées** (orge, surtout), le houblon lui conférant son goût amer. Le volume d'alcool se situe habituellement aux alentours de 4 ou 5 %. Des arômes de bière (arômes fermentaires) peuvent se révéler à la dégustation de vins jeunes. Ils sont assez fréquents dans les vins blancs suisses (**fendant**.)

bière blanche *nf* ***white beer***
Bière, originaire de Louvain, en Belgique, élaborée à partir de froment. Elle est de couleur pâle, trouble, mousseuse et ses arômes et ses saveurs sont plutôt discrets. Elle est souvent brassée avec des écorces d'orange amère, de la coriandre ou du cumin.

bière blonde
Voir **blonde.**

bière bock (*ou* **bok**) *nf* ***bock (bok) beer***
Bière forte et **brune**, originaire d'Allemagne.

bière brune *nf*
Voir **brune.**

bières d'abbaye *nf pl v*
Voir **abbaye.** *Voir carte → p. 324.*

bière de bruyère *nf* ***heather ale***
L'une des bières les plus anciennes des îles britanniques, Son origine remonterait à 200 ans avant Jésus-Christ. Récemment, elle a été reproduite à des fins commerciales à partir d'une vieille recette et la bruyère est l'un de ses principaux ingrédients.

bière de garde *nf*
Bière artisanale française **brune** ou **blonde** aussi appelée bière de Paris. Elle est tradi-

tionnellement conditionnée en bouteilles fermées avec des bouchons de liège et gardée de plusieurs mois à plusieurs années pour atténuer sa saveur. Elle est moins fruitée que les bières de Belgique ou du nord de la France.

bière de Mars *nf*
Bière **haute** française brassée à partir des meilleurs orges d'été et houblons d'automne. Sa fermentation est lente et on la buvait autrefois pour célébrer l'arrivée du printemps. La bière de mars est forte et corsée tout en ayant une saveur **ronde**.

bière de Paris *nf*
Voir **bière de garde.**

Billecart-Salmon *n*
Maison de Champagne fondée en 1818 produisant des vins de grande qualité à Mareuil-sur-Ay. Sa spécialité est le Champagne rosé qu'elle vinifie depuis 1830.

biodynamie *nf biodynamy*
Méthode de culture de la vigne fondée sur les idées exposées en 1924 par Rudolf Steiner, buveur d'eau ! La biodynamie se caractérise par le respect de l'influence des planètes sur le cycle biologique de la vigne et le rejet de l'utilisation de produits chimiques. Elle vise à régénérer les sols par la dynamisation du compost. Des producteurs renommés ont recours à cette méthode de culture avec des résultats probants.

biologique *adj* ***organic***
Pratique viticole visant à respecter les sols, interdisant l'utilisation de produits de synthèse mais permettant l'utilisation d'un certain nombre de produits comme le soufre ou le sulfate de cuivre. Le seul vin vraiment biologique étant le vinaigre, les étiquettes portent la mention : *"vin issu de raisins de l'agriculture biologique."* Toutefois, pour que cette mention puisse figurer sur l'étiquette, un organisme officiellement agréé sur le territoire national doit accorder une certification. Le logo **AB** garantit le respect du règlement de 1991 de l'Union Européenne. Le mot *biologique* revêt une valeur marketing indéniable.

biscuité *adj* ***with biscuit aromas (GB) with cookie aromas (US)***
Qualificatif appliqué à un Champagne de qualité arrivé à maturité, surtout s'il est fait avec du **pinot noir**.

bistrot *nm* ***bistro, café***
Débit de boissons.

bistrot à vin *nm* ***wine bar***
Débit de boissons spécialisé dans le service des vins.

bistrouille *nf* ***plonk***
Mot familier. Mauvais vin trafiqué par le marchand.

bitartrate de potassium *nm* ***bitartrate of potassium***
Il se manifeste sous forme de petits cristaux se déposant au fond des bouteilles. Ce produit qui n'affecte en rien la qualité du vin est composé d'**acide tartrique** et de potassium. Il est le résultat d'une précipitation consécutive au refroidissement du vin.

bitter *nf* ***bitter***
Ale britannique fortement **houblonnée** et conditionnée en fûts. Elle n'est pas aussi amère que son nom le laisse entendre. Cette bière de couleur bronze à rouge cuivré est très populaire dans les pubs anglais.

bitume *nm* ***bitumen***
Arôme goudronné pouvant se révéler à la dégustation de vieux vins rouges au caractère complexe.

biture *nf* ***booze-up, bender***
Terme populaire synonyme d'ivresse

biturer (se) ***to get drunk***
Terme populaire synonyme de se saouler.

B.I.V.B. Bureau interprofessionnel des Vins de Bourgogne
Organisme regroupant les professionnels de la vigne et du vin de la région Bourgogne, le BIVB a son siège à Beaune.

black dead arm *nm* ***black dead arm***
Maladie cryptogamique entraînant un dépérissement de la vigne. Depuis l'interdiction de l'arsénite de soude jugé cancérigène, le vigneron est assez démuni contre le black dead arm. Il lui faut trouver des moyens prophylactiques pour lutter contre les dégâts causés par cette maladie.

black-rot *nf* ***Black-rot***
Pourriture noire. Maladie cryptogamique de la vigne originaire d'Amérique. Des taches grises mouchetées de noir apparaissent sur les organes verts de la vigne, les raisins se rident, se fanent et brunissent. On traite traditionnellement cette maladie avec des produits **fongicides**.

Black Spanish *nm*
Cépage hybride provenant d'un croisement entre la *vitis vinifera* et la *vitis aestivalis.* Jadis populaire à **Madère** où il était connu sous le nom de *jaquet*, il est réapparu aujourd'hui dans le Texas. Comme son nom l'indique, les raisins sont colorés mais aussi très sucrés.

Black velvet *nm*
Cette boisson qui n'est pas destinée aux gens trop délicats se compose pour moitié de **Guinness** et pour moitié de **Champagne**.

Blagny *n*
AOC. Petit village de la Côte de Beaune situé entre **Meursault** et **Puligny-Montrachet**. Ses vins rouges peuvent bénéficier de l'appellation **Blagny** ou **Côte de Beaune-Villages**. Ses vins blancs portent l'appellation **Meursault** ou **Puligny-Montrachet** selon leur lieu de production.

blanc *adj* ***white***

blanc de blancs *nm* ***Blanc de blancs***
Ce terme, qui n'a aucune valeur réglementaire, désigne un vin effervescent élaboré exclusivement à partir de raisins blancs. Pour le Champagne, cela signifie un vin issu du cépage **Chardonnay**.

blanc de noirs *nm* ***Blanc de noirs***
Voir ci-dessus. Dans ce cas, les cépages utilisés sont exclusivement noirs, ce qui signifie pour le Champagne, le **pinot noir** et/ou le **pinot meunier**.

blanc d'œuf *nm* ***egg-white, albumen***
Les blancs d'œuf peuvent être utilisés pour le **collage** des vins rouges mais leur usage est de moins en moins recommandé.

blanc fumé *nm* ***blanc fumé***
Autre nom du **sauvignon blanc** dans la région de **Pouilly-sur-Loire** et de **Sancerre**.

blanche *adj f* ***white***
Aussi appelée **witbier**, la bière blanche est fabriquée avec du froment. D'apparence, elle est pâle, trouble et mousseuse. Des épices tels que le cumin et la coriandre peuvent être utilisés pour sa fabrication.

Blanquette (de Limoux) *nf*
AOC donnée à des vins effervescents produits à l'Ouest du département de l'Aude sur des coteaux **marneux** à partir des cépages **mauzac** (appelé localement blanquette,) **chenin** et **chardonnay**.

Blaye (Premières Côtes de) *n*
AOC. Vins blancs secs et surtout vins rouges produits dans la région de Blaye en Gironde, sur la rive droite de l'estuaire de la Gironde. Les rouges se caractérisent par des arômes de **sous-bois** et une bonne **structure** tannique. Ils s'assouplissent assez vite. → *p. 41.*

blé mûr *nm* ***ripe wheat***
Arôme pouvant se révéler à la dégustation de certains vins de Champagne vinifiés avec du **chardonnay** notamment.

Blenheim *n*
Ville de la province de **Marlborough** au Nord-est de l'Ile du Sud en Nouvelle Zélande. On produit des vins blancs près de Blenheim à partir des cépages **chardonnay**, **riesling** et **sauvignon**.

blend(ed) *nm* ***blend***
Se dit d'un whisky issu de l'assemblage de **whisky malt** et de **whisky « grain »**. Ce mélange est très apprécié pour sa légèreté en goût.

Bloody Mary *nm* ***Bloody Mary***
Cocktail composé d'une mesure de vodka, d'un peu de sauce Worcester et d'un peu de jus de citron auquel on ajoute du jus de tomate.

blonde (bière) *adj* ***lager***
Bière de couleur claire ayant fermenté deux semaines, puis subi deux autres semaines de **fermentation secondaire** et un à six mois de cuve de garde avant d'être fortement chargée de gaz carbonique.

Blue Nun *nm*
Vin mousseux allemand fait en **cuve close** par Liebfraumilch.

blush *nm*
Terme américain signifiant vin **rosé**. Ce terme peut aussi qualifier un vin bon marché.

boal *nm* ***bual***
Voir **bual**.

BOB *n*
Terme anglais. Abréviation de **B**uyers's **O**wn **B**rand, c'est-à-dire "marque d'acheteur."

bobal *nm* ***bobal***
Cépage rouge espagnol donnant des vins colorés et robustes. Le bobal est assez répandu dans la Manche.

bock *nf* ***bock***
Bière "nutritive" consommée à l'origine par les moines qui jeunaient pour compenser l'absence de nourritures solides. Il s'agit en Allemagne d'une bière **maltée brune**, brassée en hiver et consommée au printemps. Aux USA, la bock est une bière plus claire et un peu plus légère que son homologue allemande.

bock *nm* ***beer-glass***
Enfrance, le mot bock désigne un verre à bière d'une contenance de 12,5 centilitres utilisé pour la **bière-pression.**

Bocksbeutel *n* ***bocksbeutel***
Mot allemand désignant une bouteille ronde, utilisée surtout dans la région de Franconie (Franken), Allemagne.

bodega *nf* ***(espagnol) cellar, winery, wine producer***
Endroit où l'on stocke le vin en Espagne. Par extension, ce terme désigne aussi un marchand de vin et une entreprise viticole.

boire *v* ***to drink***
Avaler un liquide.

bois *nm* ***wood***
Arôme pouvant se révéler à la dégustation d'un vin et pouvant être agréable ou désagréable selon le cas.

Bois Communs *n*
Avec Bois Ordinaires, il s'agit d'une des zones de production du Cognac les plus éloignées de la Grande et de la Petite Champagne, produisant des eaux de vie de moins bonne qualité.

bois de cèdre *nm* ***cedar wood***
Terme appliqué au bouquet d'un vin fermenté dans le bois, non pas de cèdre mais de chêne ! Ce bouquet est assez caractéristique des vins de **syrahs australiennes**.

Bois Ordinaires *n*
Avec Bois Communs, il s'agit d'une des zones de production du Cognac les plus éloignées de la Grande et de la Petite Champagne, produisant des eaux de vie rustiques, marquées par le tanin. *Voir carte → p. 25.*

boisé *adj* ***woody***
Terme utilisé pour décrire le nez d'un vin marqué par son élevage enfût de chêne. Cet arôme, qui peut être un atout lorsqu'il est relativement discret, devient un défaut dès lors qu'il est trop dominant. C'est évidemment le travail du vinificateur de trouver le bon dosage entre fûts neufs et fûts d'un ou deux ans, et parfois entre les différentes origines de chêne.

boisson *nm* ***drink, beverage***
Tout liquide que l'on boit. Ce terme signifie souvent liquide alcoolisé.

Bollinger *n*
Fondée en 1829, Bollinger est l'une des très grandes maisons de Champagne, propriétaire d'un vaste domaine situé dans quelques unes des meilleures aires de production. Beaucoup de **vins de base** sont fermentés en tonneaux de chêne. Dans les films d'espionnage, James Bond se montre amateur de Bollinger **millésimé**.

bonarda *nm* ***bonarda***
cépage rouge très populaire dans le **Piedmont** italien avant la crise phylloxérique. Aujourd'hui, il effectue son retour sur la scène viticole en Argentine.

bonbon anglais *nm* ***pear-drop***
Arôme typique des vins issus de la **macération carbonique**, comme le **Beaujolais nouveau**.

bonbonne *nf* ***demi-john***
Grosse bouteille de verre ou de grès. On peut se servir de bonbonnes pour donner un vieillissement oxydatif à des vins doux naturels comme le **Banyuls** ou le **Maury**.

bonde *nf* ***bung***
Le bouchon, en quelque sorte, du tonneau. Très important si on veut empêcher l'air d'y entrer et d'oxyder le vin ou la bière qu'il contient.

bonifier (se) *v* ***to improve***
Devenir meilleur. Que le vin se bonifie en vieillissant, tel est le souhait des vignerons et des amateurs.

bonne chauffe *nf*
Terme utilisé dans la région de Cognac pour décrire la deuxième distillation qui permettra d'obtenir une eau de vie apte à être conservée pour la consommation.

Bonnes-Mares *n*
AOC. Grand cru rouge provenant d'une parcelle de 15 hectares située sur les communes de **Morey-Saint-Denis** et **Chambolle-Musigny**. Les Bonnes-Mares sont des vins colorés, charpentés et de longue garde.

Bonnezeaux *n*
AOC. Vin blanc, doux, moelleux et fruité des coteaux du **Layon** produit dans la commune de Thouarcé.

Bons Bois *n*
Une des sept zones délimitées de la région de **Cognac**. Elle forme un cercle autour de la zone qui s'appelle **Fins Bois.** Ses Cognacs sont agréables avec parfois un goût marqué par le terroir. *(Voir carte p. 25)*

botrytis cinerea *nm*
Maladie cryptogamique affectant la vigne et provoquant, selon les conditions météorologiques, de la **pourriture grise** ou **noble**. Cette dernière est à l'origine des vins qu'on appelle « **botrytisés** ». La pourriture recouvre les raisins sans en abîmer la peau, ce qui permet au jus de s'évaporer lentement et aux sucres de se concentrer. Les vins produits sont ainsi très moelleux (**Sauternes**, **Coteaux du Layon**, etc.)

bootlegger *nm* ***bootlegger***
Fabricant ou distillateur d'alcool de contrebande pendant la prohibition (1919-1933) aux USA. On donnait ce nom aux traficants parce qu'ils dissimulaient les bouteilles dans les jambes de leurs bottes.

Bordeaux *n*
Ville du sud-ouest de la France, qui a donné son nom à une région vinicole dont les vins sont parmi les meilleurs de France et du monde.

bordée *nf* ***binge***
être en bordée, tirer une bordée sont des expressions populaires signifiant faire la tournée des bistrots.

Bordelais, -aise *adj* ***(le) Bordelais*** *n*
Grande région viticole d'Aquitaine autour de Bordeaux.

Borderies *n*
Une des sept zones délimitées de la région de Cognac, située au nord-ouest de la **Grande Champagne** et qui produit des eaux-de-vie de grande qualité ayant la particularité de vieillir vite. **Cognac** → *p. 25.*

bouchage *nm* ***corking***
Action de boucher, de fermer une bouteille avec un bouchon.

bouchalès *nm* ***bouchales***
Cépage rouge du Sud-Ouest de la France donnant des vins colorés et acides.

bouche *nf* ***mouth***
Dans une dégustation, on parle couramment des sensations olfactives « en bouche » par opposition à celles détectées « au nez. » On distingue 1- l'**attaque** qui correspond aux premières impressions données par le vin, 2-le milieu de bouche qui permet d'apprécier la structure générale du vin, 3- la fin de bouche qui permet d'apprécier la persistance du vin ou du cognac.

bouchon *nm* ***cork, stopper, cap, top***
Le bouchon de liège reste la référence pour les vins de qualité, mais devient de plus en plus un facteur de cherté dans le prix de revient d'une bouteille de vin.

bouchonné *adj* ***corked***
Un vin qui, lorsqu'on l'ouvre et le sert, sent le bouchon.

bouéchage *nm* ***hoeing***
Terme utilisé en en Bourgogne, synonyme de **piochage**, bêchage. A l'aide d'une binette appelée **fessou**, le vigneron dégage le cep

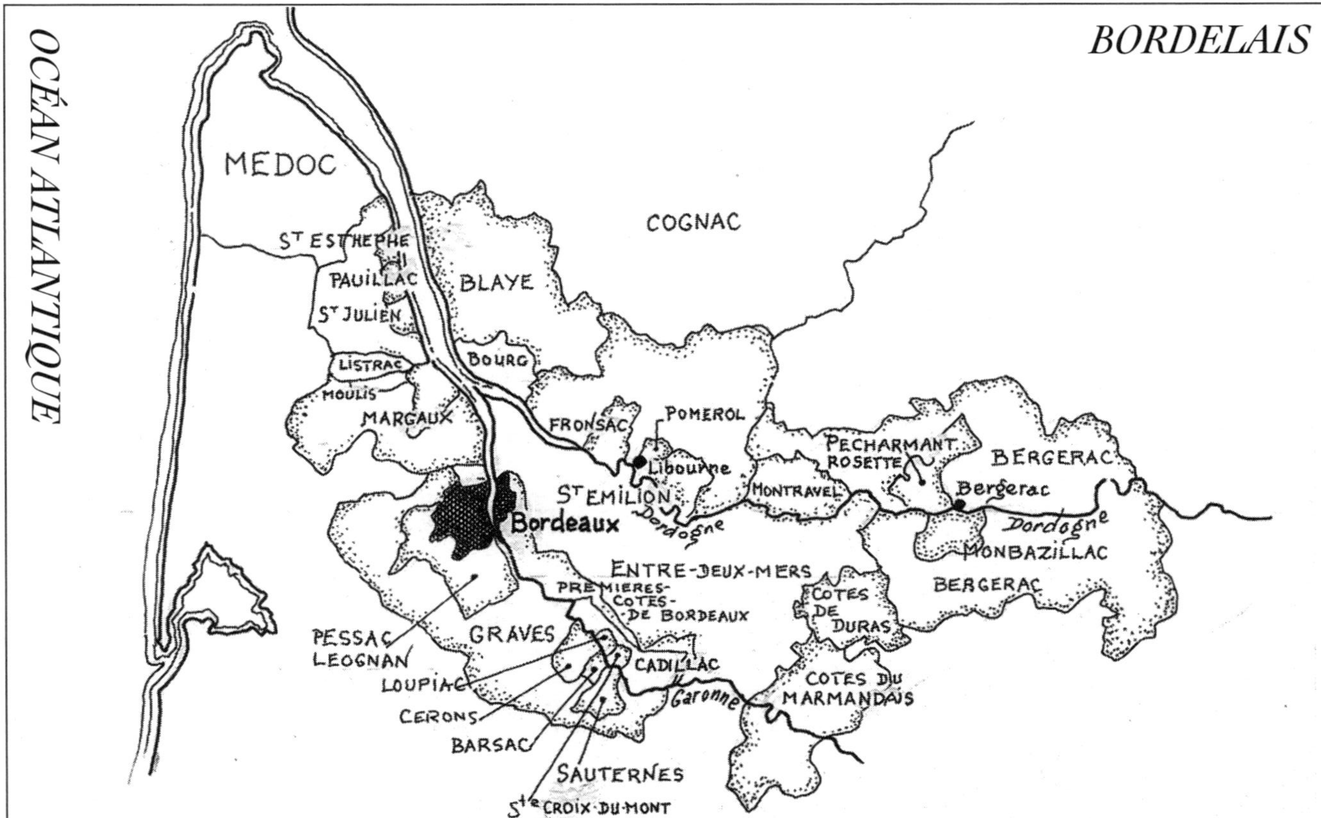
BORDELAIS
OCÉAN ATLANTIQUE
MEDOC
COGNAC
ST ESTHEPHE
PAUILLAC
BLAYE
ST JULIEN
LISTRAC
BOURG
MOULIS
MARGAUX
FRONSAC
POMEROL
Libourne
PECHARMANT
ROSETTE
BERGERAC
Bergerac
ST EMILION
MONTRAVEL
Dordogne
Bordeaux
MONBAZILLAC
ENTRE-DEUX-MERS
PREMIERES-COTES-DE BORDEAUX
COTES DE DURAS
BERGERAC
PESSAC LEOGNAN
GRAVES
CADILLAC
LOUPIAC
COTES DU MARMANDAIS
Garonne
CERONS
BARSAC
SAUTERNES
Ste CROIX·DU·MONT

pour enlever les racines qui poussent sur la **soudure** de la greffe au printemps.

bouge *nm* ***bulge***
Partie renflée d'un tonneau.

bougie *nf* ***candle***
Arôme pouvant se révéler à la dégustation d'un vin jeune.

bougnat *nm café proprietor*
Terme familier désignant les charbonniers-marchands de vins de Paris de la fin du XIXe Siècle à la fin des années 1960.

bouilleur de cru *nm* ***home distiller***
En France, ce terme désigne un propriétaire ayant le droit de distiller son propre **marc** ou ses propres fruits. Depuis 1960, au grand dam des vignerons, ce privilège n'est plus transmissible de génération en génération.

bouillie bordelaise *nf* ***Bordeaux mixture***
Il s'agit d'une préparation à base de sulfate de cuivre et de chaux, utilisée en viticulture pour traiter contre le **mildiou** et l'**oïdium**. L'application de bouillie bordelaise fut expérimentée pour la première fois dans la lutte contre le mildiou au Château **Ducru-Beaucaillou**, dans la commune de **Saint-Julien** (**Médoc**.)

bouquet *nm* ***bouquet, nose***
Attention, les puristes vous diront que ce mot ne s'utilise que pour un vin qui a déjà développé des **arômes tertiaires**. En anglais, par contre, son sens est plutôt générique pour parler du nez d'un vin.

bouqueté *adj* ***fragrant, aromatic, pungent***
Se dit d'un vin au bouquet prononcé.

bourbes *nf pl* ***solid particles in suspension in the must, sediment in the must***
Impuretés présentes dans le **moût** avant la fermentation. On les élimine en pratiquant le **débourbage**.

Bourbon *nm*
Whiskey américain, qui porte le nom du comté de **Bourbon** (Kentucky), distillé à partir d'un « **mash** » fermenté composé d'au moins 51 % de maïs.

bourboulenc *nm* ***bourboulenc***
Cépage blanc assez acide, surtout cultivé dans le Sud des Côtes du Rhône et dans le Languedoc-Roussillon.

bourdieu *nm* ***estate***
Dans le Bordelais, ce terme désigne une exploitation viticole comprenant vignes et bâtiments.

Bourg (Côtes de) *n*
AOC. Vins rouges et blancs produits sur les collines de Bourg, au confluent de la Garonne et de la Dordogne. Le Côtes de Bourg rouge est un vin corsé et tannique de bonne garde. Les blancs sont soit des vins **moelleux** aromatiques soit des vins secs, nerveux et racés. *(Voir carte p. 41 Bordeaux)*

bourgeon *nm* ***bud***
Organe hivernal formé d'ébauches de feuilles qui éclôt au printemps en rejetant sa **bourre**.

Bourgogne *nf* ***Burgundy***
Région administrative du centre-est de la France, dont la capitale est Dijon, célèbre pour sa moutarde. Elle est composée de quatre départements – **Côte d'Or**, **Saône-et-Loire**, **Yonne** et Nièvre – dont seuls les trois premiers produisent des vins de Bourgogne. En effet, les quelques vignobles qui existent dans la Nièvre (autour de **Pouilly-sur-Loire**) sont classés avec ceux de la Loire. Même si la Bourgogne est plutôt connue pour ses vins rouges – en anglais, « Burgundy » est devenu un terme générique pour les vins rouges corsés – d'un point de vue purement statistique, les vins rouges sont devenus minoritaires dans la région.

Bourgueil *n*
AOC de la **Touraine** occidentale (Val de Loire). Les vins de Bourgueil, rouges et rosés, issus des cépages **cabernet franc** et **cabernet sauvignon** sont des vins aromatiques et fruités.

bourguignon, -onne *adj* ***Burgundian, of/from Burgundy***
De Bourgogne. En Bourgogne, le mot *bourguignon* désignait familièrement le soleil, grand allié des vignerons. Exemple : "il tape, le bourguignon !"

bourre *nf* ***down, floss***
Sorte de duvet qui couvre le bourgeon.

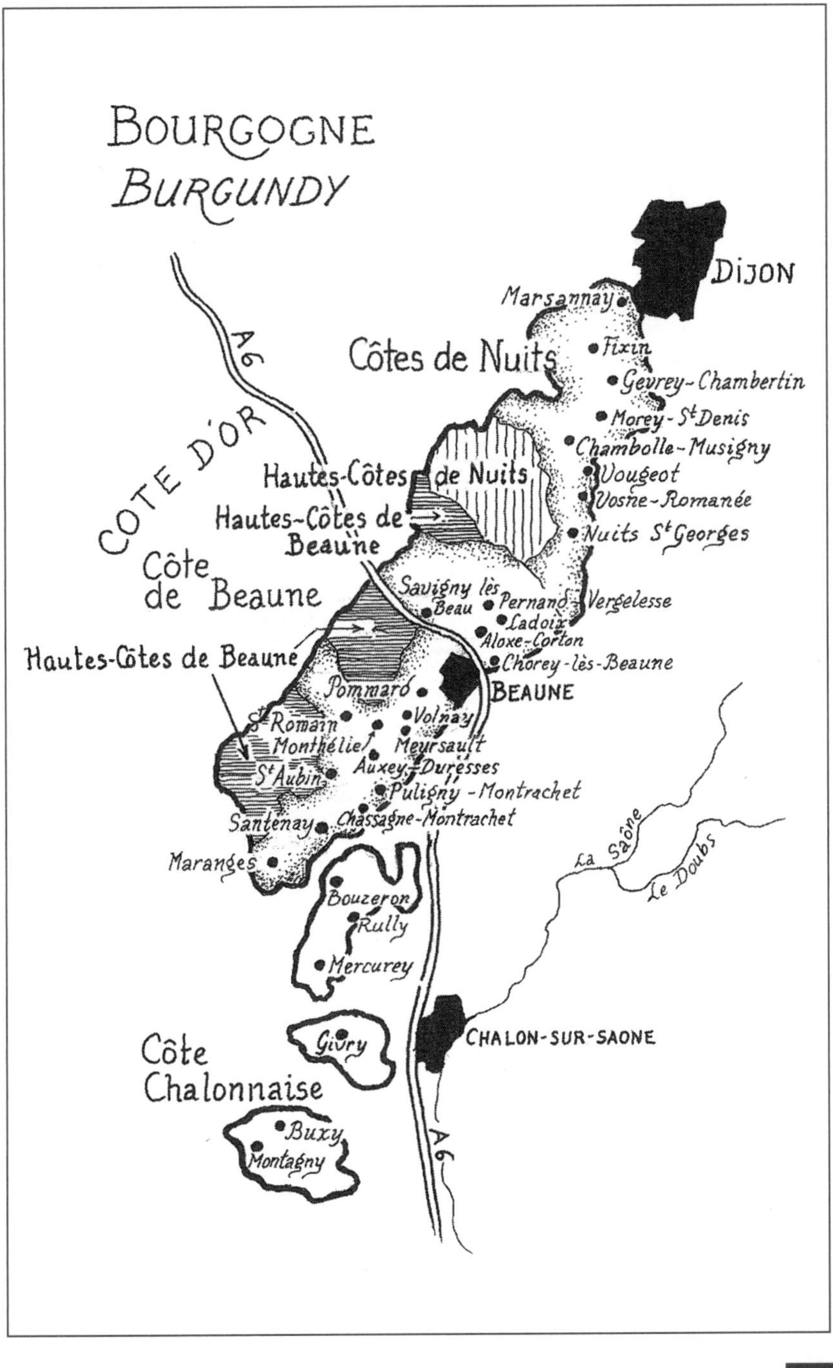
BOURGOGNE
BURGUNDY
DIJON
Marsannay
Fixin
Côtes de Nuits
Gevrey-Chambertin
Morey-St Denis
Chambolle-Musigny
Vougeot
Vosne-Romanée
Nuits St Georges
A6
COTE D'OR
Hautes-Côtes de Nuits
Hautes-Côtes de Beaune
Côte de Beaune
Savigny lès Beau
Pernand-Vergelesse
Ladoix
Aloxe-Corton
Chorey-lès-Beaune
Hautes-Côtes de Beaune
BEAUNE
Pommard
Volnay
St Romain
Monthélie
Meursault
Auxey-Duresses
St Aubin
Puligny-Montrachet
Santenay
Chassagne-Montrachet
Maranges
La Saône
Le Doubs
Bouzeron
Rully
Mercurey
CHALON-SUR-SAONE
Givry
Côte Chalonnaise
Buxy
Montagny
A6

bourré *adj (argot)* ***drunk ; pissed, plastered***
Terme argotique synonyme d'ivre.

bourru *adj* ***rough***
Cet adjectif est utilise pour décrire un vin qui n'est pas encore complètement fermenté et qui n'a pas été débarrassé de ses **lies**. Certains villages vinicoles français organisent fin septembre ou début octobre une fête du vin bourru.

bousinage *nm* ***charring, toasting***
Action de chauffer l'intérieur d'un tonneau en cours de fabrication pour faciliter le **cintrage** du bois.

bouteille *nf* ***bottle***
Récipient en verre à goulot étroit servant à contenir le vin utilisé à partir du XVIIe Siècle et dont l'usage s'est généralisé au XIXe Siècle avec l'apparition de formes propres à chaque région viticole. → *p. 45.*

bouture *nf* ***cutting***
Jeune pousse prélevée sur une plante et qui, mise en terre, se munit de racines adventives et est à l'origine d'un nouveau pied. Jusqu'à la crise **phylloxérique**, la vigne était régénérée par un sorte de bouturage appelée **provignage**.

bouvreu *nm* ***second crop clusters***
Vocable champenois appliqué à une petite grappe tardive et n'étant, de ce fait, pas arrivée à maturité, située sur le haut des rameaux. Synonymes : **verjus**, **conscrit**.

Bouzeron *n*
AOC. L'excellent Bourgogne-Aligoté de Bouzeron produit dans la Côte Chalonnaise a été promu au rang d'AOC communale.

Bouzy *n*
Village situé dans la **Montagne de Reims** en Champagne. Bouzy est célèbre pour ses vins rouges tranquilles faits avec du pinot noir, qui portent l'appellation AOC Coteaux champenois. Le Bouzy est parfois utilisé pour colorer le Champagne rosé.

Bowmore *n*
Whisky **single malt** de l'Isle of Islay dont les arômes de **tourbe** sont plutôt discrets pour un produit de cette région.

brachet *nm* ***brachet***
Voir **braquet**.

branco *adj*
Adjectif portugais signifiant "blanc."

brandevin *nm* ***wine brandy***
Terme assez désuet synonyme d'eau-de-vie de vin.

brandevinier *nm* ***wine brandy seller***
Personne qui vend du brandevin à la troupe.

brandevinier *nm* ***home-distiller***
Personne qui fabrique de l'eau-de-vie.

braquet *nm* ***braquet***
Cépage rouge de Provence donnant des vins de grande qualité à Bellet.

brassage *nm* ***brewing***
Action de fabriquer de la bière.

brassage *nm* ***mixing, stirring up***
Harmonisation d'une cuvée obtenue en mélangeant les vins provenant de cuves différentes.

brasser *v* ***to brew***
Préparer la bière en opérant le mélange du **malt** avec l'eau.

brasserie *nf* ***brewery***
Lieu où l'on fabrique la bière.

brasserie *nf* ***brewing industry***
Industrie de la bière.

brasserie *nf* ***brasserie, restaurant***
Restaurant où l'on sert des boissons et des repas froids ou préparés rapidement.

brasseur *nm* ***brewer***
Personne qui fabrique de la bière et la vend en gros.

brassicole *adj* ***brewing, bear***
Relatif à la bière.

brassin *nm* ***beer vat***
Cuve à bière.

brassin *nm* ***vatful***
Quantité de bière qu'une cuve contient.

Bordeaux
Bourgogne
Burgundy
Côtes du Rhône
Alsace
Champagne
Jura
Loire
Provence

Château de La Brède

Brède (Château de La —)
Domaine viticole bordelais des **Graves** produisant des vins blancs. Le philosophe Montesquieu (1689-1755) en fut le propriétaire.

brenner *nm* ***brenner***
Cette maladie cryptogamique, aussi appelée **rougeot parasitaire**, frappe les vignes cultivées dans les régions fraîches : des taches livides apparaissent sur les feuilles et s'étendent rapidement. Les feuilles peuvent se dessécher et tomber prématurément, entraînant un affaiblissement des ceps. Il faut lutter préventivement contre cette maladie avec des **fongicides** qui empêchent la pénétration du champignon dans les organes.

Brésil *nm* ***Brasil***
La vigne a été introduite par les Portugais dans ce très vaste pays au XVIe siècle mais elle a eu de la difficulté à s'adapter au climat chaud et humide Aujourd'hui, l'encépagement est constitué en majeure partie de plants **hybrides** résistants (***vitis labrusca***) Toutefois, on trouve de plus en plus de cépages européens : **riesling** et **sémillon** pour les blancs, **cabernet franc**, **merlot** et **gamay** pour les rouges et les rosés. La vigne est surtout cultivée dans l'état de Rio Grande Sul et aussi dans l'état de Sao Paulo. → *p. 355.*

breton *n* ***breton***
Nom donné au **cabernet franc** dans la vallée de la Loire.

breuvage *nm* ***beverage, drink***
Synonyme de boisson souvent employé dans un sens péjoratif.

brillance *nf* ***brilliance***
Eclat lumineux, reflet du vin dans le verre, nuances de couleur du vin dans le verre. S'applique aussi au cognac.

brillant *adj* ***brilliant***
Se dit d'un vin clair et limpide jetant de la lumière.

brindezingue *nf* ***booze-up***
Terme populaire significant fête bien arrosée.

bringue *nf* ***booze-up, drinking party***
faire la bringue (terme populaire) manger, boire, s'amuser en joyeuse compagnie.

brioche *nf* ***brioche, bun***
Arôme pouvant se révéler à la dégustation de certains vins, de Champagne notamment.

Brix *n*
Echelle de densité du sucre des moûts de raisin utilisée, entre autres, aux Etats-Unis. Cette échelle porte le nom du savant allemand AFW Brix.

broc *nm* ***jug***
Récipient haut à col resserré, muni d'un bec évasé et d'une anse pour le remplissage de tonneaux, le transport ou le service du vin.

brocol *nm* ***brocol***
Autre nom du **fer-servadou**, cépage de **Gaillac**.

brouette (à sarments) ***barrow***
Petit tombereau à main à une roue et deux brancards. Le corps de la brouette est fait avec une moitié de gros bidon d'essence percé de trous qui permettent l'écoulement des cendres des sarments coupés lors de la taille et brûlés au fur et à mesure.

brouillard *nm* ***fog***
Amas de gouttelettes d'eau en suspension dans l'air et formant un nuage près du sol. Le brouillard est peu apprécié par les vignerons car il peut favoriser le développement de la pourriture mais la **pourriture noble** ne gêne pas les vignerons du **Sauternais**. Au contraire !

brouillé *adj* ***blurred***
Qualificatif appliqué à un vin trouble.

brouillis *nm* ***foreshots***
Liquide titrant environ 24°, résultant d'une première distillation. Le brouillis est distillé une seconde fois dans un alambic à ***repasse***, on parle de double distillation (type charentaise).

Brouilly *n*
AOC. L'un des 10 crus de Beaujolais. Le nom de Brouilly vient de Brulius, lieutenant romain qui s'installa dans ce lieu. Vins rouges très fruités provenant du Beaujolais, au pied du Mont Brouilly.

broussin *nm* ***crown-gall***
Maladie de la vigne d'origine bactérienne se manifestant par une excroissance tumorale sur le cep qui tue les tissus situés au-dessus d'elle. Dans les vignobles contaminés, il faut bien désinfecter les outils de **taille**, supprimer et brûler les parties tumorales.

brown ale *nf*
Bière anglaise fabriquée avec une eau moins dure que celle utilisée pour la **pale ale**. Elle est de couleur brun foncé, assez douce et modérément alcoolisée. Aux USA, elle est plus **houblonnée**.

broyeur *nm* ***pruned shoot shredder***
Appareil monté sur le tracteur et servant à déchiqueter les sarments coupés au moment de la **taille** et à les répandre sur le sol. Beaucoup de vignerons préfèrent brûler les sarments pour ne pas mettre en terre des bois pouvant être atteints de maladie.

brûlage *nm* ***toast***
Synonyme de chauffe. Action de chauffer l'intérieur d'un tonneau en cours de fabrication pour faciliter le **cintrage** du bois. Cette technique modifie aussi la chimie interne du tonneau et permet de libérer plus facilement la **vanilline**.

brûlant *adj* ***burning, giving a warm sensation***
Se dit d'un vin riche en alcool.

brûlé *adj* ***burnt, toasted***
Arôme **empyreumatique** pouvant se révéler à la dégustation d'un vin.

brûlot *nf* ***sugar lump flambeed with brandy***
Eau-de-vie flambée avec du sucre.

brume *nf* ***mist***
Trouble de l'atmosphère caractéristique des matins d'automne. Quand un beau soleil succède aux brumes matinales dans le **Sauternais**, la **pourriture noble** se développe.

brune (bière) *adj* ***ale***
Bière de couleur foncée, pas très amère et assez faiblement alcoolisée. Autrefois populaire au Royaume Uni, ce type de bière semble connaître aujourd'hui les faveurs des brasseurs nord-américains.

Brunello di Montalcino *n*
DOCG. Vin rouge de **Toscane** considéré comme l'un des plus prestigieux d'Italie. Ce

vin très fruité et très tannique doit vieillir pendant au moins dix ans.

brunissement *nm* ***browning***
Coloration brunâtre que prend la robe d'un vin due à l'oxydation des composés **phénoliques** caractéristique des vins vieux. Parallèlement, les arômes évoluent vers des notes de cuit, de confitures.

brunissure *nf* ***burnish***
Maladie de la vigne causée par une récolte trop abondante et une **taille** insuffisante. Les feuilles se recouvrent d'une peau brune et tombent.

brut *adj* ***brut, very dry***
Appliqué au Champagne et aux vins effervescents, ce terme indique que le vin est très sec parce qu'il ne contient que peu ou pas du tout de liqueur de dosage. Sa teneur en sucres résiduels est inférieure à 15 grammes par litre.

bruyère *nf* ***heather***
Arôme floral ou végétal frais pouvant se révéler à la dégustation de certains vins blancs. Et les arômes de bruyère sont aussi, souvent, associés au whisky écossais des **Highlands.**

Bual *nm* ***bual***
Cépage du **Madère**. Ce nom est aussi donné à un type de Madère relativement épais et aromatique.

buccal *adj* ***oral***
Concernant les saveurs perçues par la bouche.

Bucelas *n*
RD. Petit vignoble situé au Sud de Lisbonne. Seuls les vins blancs (cépages arinto et Cercial) bénéficient de la **RD**.

Buck'sFizz *nm*
Boisson composée de 50 % de jus glacé d'oranges fraîches et de 50 % de Champagne.

Bud *nf*
Appellation familière de la bière Budweiser.

Budweiser *nf*
Le géant américain **Anheuser-Busch** et une brasserie tchèque beaucoup plus modeste revendiquent la marque Budweiser. La brasserie tchèque est originaire de la ville de Ceské Budejovice, en Bohême et le nom de Budweiser est devenu un terme générique pour les **bières blondes** brassées dans cette région. Anheuser-Busch a déposé cette marque 20 ans avant la brasserie tchèque. Les amateurs de bière trancheront ce débat.

Bugey *n*
VDQS. Dans cette région du département de l'Ain, la vigne pousse sur des sols calcaires et marneux. Les vins rouges, rosés, blancs et **pétillants** ressemblent assez à ceux de la Savoie, région voisine.

buis *nm* ***boxwood***
Arôme pouvant se révéler à la dégustation d'un **sauvignon**.

Bulgarie *nf* ***Bulgaria***
Pays viticole d'Europe de l'Est. La tradition viticole très ancienne de ce pays a été interrompue pendant les cinq siècles d'occupation musulmane (1397-1878.) Fournisseur des pays du bloc soviétique après la 2e guerre mondiale, la Bulgarie est devenue exportatrice et les **cabernet sauvignon** de ce pays font concurrence à ceux de Bordeaux sur les marchés internationaux. La vigne est cultivée dans toutes les parties du pays et les cépages d'origine française sont très présents (**cabernet sauvignon**, **merlot**, **chardonnay**) mais on trouve aussi beaucoup de cépages locaux (misket, dimiat pour les blancs, mavrud, pamid, gamza ou kadarka pour les rouges.) La qualité des vins de Bulgarie progresse depuis la chute du communisme.

bulle *nf* ***bubble***
Globule de gaz carbonique s'élevant à la surface d'un vin effervescent. Lors de l'examen visuel préludant à la dégustation, la finesse, l'abondance et la durée des bulles sont un bon indicateur de la qualité du vin offert.

burtonisation *nf* ***burtonisation***
Procédé consistant à ajouter des sels minéraux à l'eau utilisée pour brasser la bière dans le but de la rendre aussi dure que celle de **Burton-on-Trent**.

Burton-on-Trent *n*
Ville des Midlands dans le royaume Uni dont l'eau a la réputation d'être celle qui convient le mieux à la fabrication de la bière.

buttage *nm* ***hilling-up, ridging***
Tâche qui consiste à remonter la terre (former une butte) autour d'un pied de vigne pour préparer l'ameublissement du sol par les gelées d'hiver et protéger le cep contre le gel. Ce travail doit être effectué avant les grands froids.

butter *vb* ***to ridge, to hill up***
Procéder au **buttage** de la vigne.

buvable *adj* ***drinkable***
Que l'on peut boire, passable comme boisson. Se dit d'un vin sans prétention aucune.

buvette *nf* ***refreshment room***
Petit débit de boisson dans un théâtre, une gare, une kermesse...

Buzet *n*
AOC comprenant essentiellement des vins rouges du Lot et Garonne produits entre Agen et Marmande, sur la rive gauche de la Garonne. Vins charnus et tanniques.

Byrrh *nm* ***byrrh***
Marque d'apéritif français obtenu en ajoutant de l'eau-de-vie à du vin épicé à la **quinine**.

C

cabane *nf*
Voir **cabotte**.

cabernet *nm* ***cabernet***
Cépage noble donnant de grands vins rouges. Le plus célèbre est le **cabernet – sauvignon** qui se caractérise par l'intensité de sa couleur, ses arômes de cèdre ou de cassis, ses tannins et son acidité. Ce cépage bordelais est aussi cultivé avec succès au Chili, en Californie et en Australie. On rencontre le **cabernet franc**, assez semblable au **cabernet – sauvignon** dans le **Médoc** et dans la vallée de la Loire.

cabotte (ou **cabote** ou **cadole**) *nf* ***hut***
En Bourgogne, cabane de pierre construite par les vignerons au milieu des vignes. Elle servait d'abri contre la pluie ou la grêle et c'est aussi là que les gens prenaient leur casse-croûte ou leur repas et buvaient quand ils étaient trop loin de la maison. Les cabottes, qui sont maintenant considérées comme faisant partie du patrimoine viticole, sont de plus en plus protégées.

cachère, **cascher** *adj* ***kosher***
Voir **kascher**.

cachet *nm* ***character, style***
Un vin qui a du cachet est un vin dont les qualités spécifiques le distinguent des autres.

cacheter *v* ***to seal***
Recouvrir de cire le **goulot** d'une bouteille.

cachou *nm* ***cachou***
Arôme ressemblant à la réglisse pouvant se révéler à la dégustation d'un vin rouge bien évolué.

cadastre *nm* ***cadaster, cadastral survey***
Documents permettant la détermination des propriétés foncières.

Cadillac *nm*
AOC. Région du Sud-Ouest de la France produisant des Bordeaux blancs, sémillon et sauvignon blanc.

Cabotte

café *nm* ***coffee***
Arôme de haute qualité pouvant se révéler à la dégustation de grands vins rouges à leur **apogée**.

cageot *nm* ***small crate***
Petit panier en bois pouvant servir au transport des raisins. Il permet de garder les raisins intacts.

cagette *nf* ***small crate***
Petit panier en matière plastique dans lequel les vendangeurs mettent les raisins. La cagette présente l'avantage de garder la vendange intacte.

Cahors *n*
AOC. Vins rouges produits sur un **causse marneux**, c'est-à-dire sur des terrasses calcaires graveleuses. Les vins de Cahors sont des vins de garde charpentés élaborés principalement à partir du cépage "**auxerrois**," en fait le **côt**.

Cairanne *n*
commune viticole des Côtes du Rhône produisant des vins rouges et blancs robustes.

caisse *nf* ***case, crate***
Ce mot désigne un coffre ou bien son contenu : douze bouteilles de 75 centilitres. Autrefois, les caisses étaient en bois. Aujourd'hui, elles sont en carton.

cal *nm* ***callus***
Amas de cellulose gélifiée qui, en hiver, obstrue les tubes criblés de la vigne.

Calabre *nf* ***Calabre***
Province viticole du Sud de l'Italie produisant des vins corsés sur des sols volcaniques.

calcaire *nm* ***limestone***
Roche sédimentaire formée principalement par du carbonate de calcium. Les terres calcaires de Bourgogne donnent des vins alcooliques et bouquetés ; on trouve également des sols calcaires en Champagne et en Charente.

calcaire *adj* ***chalky, calcareous***
Qui contient de la chaux.

calice *nm* ***head***
partie creuse d'un verre qui reçoit le liquide.

calice *nm* ***footed glass***
Verre ayant la forme du vase sacré dans lequel le prêtre verse le vin de messe. Ce type de verre est considéré comme idéal pour la dégustation de bières à l'arôme prononcé, notamment d'**ales** belges, car il emprisonne le parfum au niveau du col. En outre, une tenue du calice par le pied conserve la bière fraîche plus longtemps.

Californie *nf* ***California***
Principal état américain producteur de vin. Le Nord de l'état avec les vallées de **Napa** et de **Sonoma** produit les vins les plus renommés des USA. En outre, la région Centre-Nord (Monterey, Santa Cruz, Santa Clara et Livermore) et la vallée d'Edna produisent des vins d'appellation **AVA**. La grande vallée centrale (San Joaquim) produit des vins plus quelconques et le Sud de l'état (**Santa Barbara**) s'est aussi mis à la viticulture. *Voir carte → p. 319.*

callosité *nf* ***callosity***
Epaississement d'un sarment.

calvados *nm* ***calvados***
Eau de vie de pomme obtenue par la distillation du **cidre**. Le calvados est produit en Normandie et porte le nom d'un des départements composant cette région.

Camarlet *nm* ***camarlet***
Cépage blanc de **Jurançon**.

camomille *nf* ***camomile tea***
Arôme floral pouvant se révéler à la dégustation de vins blancs jeunes.

campagne *nf* ***1- year 2- campaign***
1- Activité viti-vinicole d'une durée d'un an et commençant à la fin des vendanges. 2- Entreprise d'une durée déterminée ayant un but promotionnel ou publicitaire.

Campanie *nf* ***Campania***
Province du Sud de l'Italie dont la capitale est Naples. Le *Lacrima Christi* (vin blanc) est un des vins de Campanie les plus célèbres.

Campari *nm* ***Campari***
Liqueur amère parfumée aux herbes et à l'écorce d'orange, fabriquée par la maison Campari de Milan. Elle peut être utilisée dans les **cocktails** ou se boire avec un zeste de citron.

Campbeltown *n*
Ville de l'Argyllshire, à l'Ouest de l'Ecosse, sur le **Mull of Kintyre**, qui a donné son nom à une

catégorie de **malt whisky**, plus pour des raisons historiques (32 distilleries au siècle dernier) que contemporaines (deux distilleries seulement : Glen Scotia et Springbank.)

camphre *nm* ***camphor***
Arôme épicé pouvant se révéler à la dégustation de certains vins produits dans les pays méditerranéens.

CAMRA *n*
Sigle anglais : **Cam**paignfor **R**eal **A**le.
Association britannique de défense des **bières brunes** (**ales**) authentiques, celles qui sont fabriquées par de petites brasseries et non à l'échelle industrielle.

Canada *nm* ***Canada***
Pays ayant longtemps produit des vins issus de cépages **hybrides**. La culture de **vitis vinifera** s'est développée récemment avec des résultats encourageants. Les régions productrices sont situées près des chutes du Niagara et en Colombie Britannique (vallée de l'Okanagan.) En raison de son climat, le Canada produit des **vins de glace** intéressants. Le Canada est aussi connu pour son **whisky** : le Canadian whisky et le Canadian rye whisky jouissent d'une bonne notoriété.

cancoine *nm* ***cockchafer (GB) June bug (US) garden chafer (Canada)***
Nom familier donné au hanneton dont la larve était jadis une prédatrice redoutée des jeunes plantations de vigne.

canette *nf* ***small bottle of beer, beer can***
Petite bouteille de bière.

canneberge *nf* ***cranberry***
Arôme de petit fruit rouge à goût acidulé pouvant se révéler à la dégustation d'un vin rouge, notamment le **pinot** de Bourgogne.

cannelle *nf* ***cinnamon***
Arôme épicé pouvant se révéler à la dégustation de certains vins blancs très vieux ainsi que dans les vins des Côtes du Rhône faits avec de la **syrah**.

cannelle *nf* ***spigot***
Robinet fixé à une cuve ou un tonneau.

Canon-Fronsac *n*
AOC. Le vin de Fronsac est produit près de Libourne, sur la rive droite de la Dordogne. C'est un vin rouge charpenté, charnu et de longue garde.

Cantemerle (Château) *n*
AOC. Château du **Médoc** produisant un cinquième cru classé d'une très grande finesse.

cantina *nf* ***cantina***
En Italie, ce terme désigne une entreprise viticole.

cantina sociale *nf* ***cantina sociale***
En Italie, ce terme désigne une coopérative de producteurs de vins.

caoutchouc *nm* ***rubber***
Arôme pouvant se révéler à la dégustation d'un vin. L'odeur de caoutchouc n'est pas nécessairement désagréable et n'exprime pas la mauvaise qualité d'un vin. Au contraire même, tant qu'elle reste discrète.

Cap *nm* ***Cape***
Région viticole d'Afrique du Sud. Dans la province du Cap, la vigne est cultivée près de la côte (**Stellenbosch**, **Paarl**, **Constantia**...) et dans la région de **Little Karoo** (Worcester, Robertson, Oudtshorn... *Voir carte → p. 491.*

Cap Corse *nm* ***Cap Corse***
Apéritif corse à base de **quinquina**, de **gentiane** et d'orange amère.

capiteux *adj* ***heady, high in alcohol***
Chaleureux et riche en alcool.

capsule *nf* ***foil, cap, capsule***
Coiffe de métal ou de matière plastique recouvrant ou fermant le **goulot** d'une bouteille.

capsule à vis *nf* ***screw-cap, screw-top***
Système de bouchage d'une bouteille consistant en un bouchon de métal léger recouvrant le **goulot**. On ouvre la bouteille en dévissant la capsule. Ce système de bouchage s'applique aux vins de consommation courante et a l'avantage d'éviter le risque de goût de bouchon.

capsule-congé *nf* ***capsule-congé***
Document fiscal apposé sur la capsule de la bouteille. La capsule-congé permet le transport des bouteilles en toute légalité.

capsule-couronne *nf* ***crown-cap***
Comme son nom l'indique, cette capsule métallique "couronne" le goulot des bouteilles de bière, par exemple. Ce type de capsule est aussi utilisé pour boucher les bouteilles de Champagne pendant la phase de **prise de mousse**.

capsule de bouchage *nf* ***crown and seal***

capsule de surbouchage *nf* ***sealing cap, cap seal***

capsuler *v* ***to cap on, to put a cap***
Recouvrir le **goulot** d'une bouteille d'une capsule.

capsuleuse *nf* ***capping machine, capsuling machine***
Machine recouvrant les **goulots** de bouteille d'une capsule.

capucine *nf* ***nasturtium***
Arôme floral pouvant se révéler à la dégustation d'un vin.

caque *nf* ***grape basket***
En Champagne, grand panier large et profond contenant 60 à 80 kilos de raisins.

caractère (avoir du —) *nm* ***character***
Se dit d'un vin présentant des caractéristiques nettes et distinctives.

caractéristique *adj* ***characteristic***
Présentant le style et le caractère d'un cépage, d'un lieu ou d'une année. Mot assez vague permettant d'éluder un commentaire précis.

carafe (vin de —) *nf* ***carafe, wine by the carafe***
Vin tiré du fût et servi dans une carafe. Les vins de carafe sont en général des vins légers de petites appellations.

carafe, carafe de décantation *nf* ***decanter, carafe***
Récipient en verre transparent permettant aux amateurs d'apprécier la couleur du vin. On utilise la carafe pour les vins **décantés**.

caramel *nm* ***caramel***
Arôme ou goût médiocre pouvant se révéler à la dégustation d'un vin trop âgé ou même parfois, oxydé. Par ailleurs, le caramel est un colorant autorisé, par exemple dans la coloration de l'eau-de-vie.

caramel dur *nm* ***butterscotch***
Arôme ou goût médiocre pouvant se révéler à la dégustation d'un vin trop vieux.

caramel mou au lait *nm* ***toffee***
Arôme ou goût médiocre pouvant se révéler à la dégustation d'un vin trop vieux.

caramélisation *nf* ***caramelization***
Addition de caramel, substance inodore, à l'eau de vie pour lui donner une couleur ambrée.

carbonique (gaz) *adj* ***carbon dioxide. CO^2***
Sous l'effet des levures, le sucre contenu dans le raisin se transforme en alcool et dégage du gaz carbonique. Si l'on garde ce gaz dans le liquide, on obtient un breuvage mousseux : vin effervescent, bière ou cidre.

cardamome *nf* ***cardamom***
Arôme épicé, poivré pouvant se révéler à la dégustation d'un vin rouge, par exemple de **Rioja**, de **Barolo**...

Cardhu *n*
Whisky single malt du **Speyside**.

caressant *adj* ***flattering, smooth***
Se dit d'un vin fondu, sans aspérité mais pas nécessairement de grande classe.

carignan *nm* ***carignan***
Cépage rouge très productif cultivé surtout dans le Sud de la France et les pays au climat chaud. Il donne des vins de table et de dessert capiteux et robustes.

carmenère *nm* ***carmenère***
Cépage rouge, variante du cabernet. Il donne des vins astringents et on le trouve au Chili mais il est peu répandu dans le monde.

carmin, carminé *adj* ***carmine red***
Couleur rouge vif pouvant caractériser la robe d'un vin.

caroube *nf* ***carob***
Arôme grillé rappelant le chocolat, pouvant se révéler à la dégustation d'un vin.

carte *nf* ***map***
Figuration sur un plan des phénomènes géographiques, géologiques ou autres. Exemple : *la carte du vignoble.*

carte des vins *nf* ***wine list***
Au restaurant, liste des vins proposés pour accompagner le repas.

Carthagène *nm* ***mistelle***
Moût frais **muté** avec de l'eau-de-vie avant fermentation. Ce nom est appliqué aux **mistelles** du Sud de la France.

carton *nm* ***crate***
Emballage de carton contenant en général 6 ou 12 bouteilles.

caséine *nf* ***casein***
Substance protéique employée pour la **clarification** des vins blancs et leur protection contre la **madérisation**.

casier *nm* ***bin, rack***
Meuble garni de cases servant à placer les bouteilles.

casse *nf* ***casses, breakdown***
Maladie d'ordre diastasique ou chimique se caractérisant par un trouble et une modification de la couleur. On distingue la *casse oxydasique* (brune,) causée par l'oxydation des anthocyanes lorsque la vendange est atteinte de pourriture grise, la *casse ferrique* (bleue et blanche) provoquée par une trop forte teneur en fer, la *casse protéique* affectant les vins blancs en bouteilles mais devenue très rare et la *casse cuivreuse* due à un accident chimique et se développant à l'abri de l'air.

cassis *nm* ***black currant, cassis***
Arbuste produisant des baies noires dont on fait une liqueur. Ce mot désigne aussi la liqueur faite avec des baies de cassis. En Bourgogne, Dijon avec les marques Lejay-Lagoutte, Lhéritier-Guyot, Gabriel Boudier, Briotet et Nuits Saint-Georges, avec les marques Védrenne et Jouanet s'enorgueillissent de leur production de cassis.

cassis *nm* ***black currant, cassis***
Arôme fruité caractéristique des pinots noirs jeunes produits sur des sols calcaires.

Cassis *n*
AOC. Petite ville méditerranéenne à l'est de Marseille sans doute plus connue pour ses vins blancs que ses rouges ou ses rosés. Les blancs élaborés à partir d'**ugni blanc** et de **sauvignon blanc** ont un nez qui rappelle les plantes aromatiques poussant dans la campagne environnante. → *p. 212.*

catawba *nm* ***catawba***
Ce cépage n'est pas un *vinifera* mais est un hybride de ***vitis vinifera*** et de l'espèce américaine ***vitis labrusca***. On peut encore le trouver dans certaines régions de l'est des USA mais mieux vaut l'éviter !

caudalie *nf* ***caudalie***
unité de mesure de la persistance d'un vin. Une caudalie dure une seconde. La **persistance** d'un grand vin rouge peut représenter une vingtaine de caudalies.

Cava *nm* ***cava***
DO. En Espagne, ce terme, qui, en français signifie "cave," désigne un vin effervescent élaboré selon la **méthode champenoise**. Les cépages utilisés sont généralement le **macabeo**, le parellado le xarello et aussi le **chardonnay**. Près de 90 % des Cava sont produits en Catalogne.

cavaillon *nm* ***balk***
Bande de terre que la charrue vigneronne n'atteint pas entre deux pieds de vignes alignés.

cave *nf* ***cellar***
Local, généralement en sous-sol, dans lequel on entrepose le vin. Ce terme peut aussi désigner une boutique où on vend des vins.

caveau *nm* ***tasting cellar***
Petite cave. Local servant à la dégustation et à la vente de vins.

Caveau (le) *nm*
Société bachique fondée à Paris entre 1720 et 1730 par des artistes bons vivants. Les membres qui se réunissaient autour d'une table bien garnie devaient faire preuve d'esprit. Celui qui ne faisait pas rire l'assemblée était condamné à boire un verre d'eau. A travers plusieurs avatars, cette société se perpétua jusqu'à la veille de la seconde guerre mondiale.

caviste *nm* ***1- cellarman. 2- wine shop, liquor store***
1- Employé qui s'occupe des vins dans une cave. 2- Professionnel du vin qui distribue des bouteilles au détail dans les villes.

cédrat *nm* ***citron***
Arôme d'agrume pouvant se révéler à la dégustation d'un vin liquoreux.

cédratine *nf* ***cedratine***
Boisson alcoolisée corse faite avec des **cédrats**.

cèdre *nm* ***cedar***
Arôme boisé pouvant se révéler à la dégustation de certains vins rouges notamment ceux qui sont faits avec le **cabernet sauvignon**, ainsi que de certains cognacs.

cellier *nm* ***storeroom***
Local bas et frais où l'on entrepose le vin.

cellule *nf* ***cell***
Unité biologique comprenant le cytoplasme qui contient le noyau, des mytochondries et des vacuoles et entouré d'une membrane.

Celsius *n* ***Celsius***
Echelle thermométrique centésimale selon laquelle 0° représente la température de fusion de la glace et 100° la température d'ébullition de l'eau. Le physicien suédois Celsius créa cette échelle en 1742.

cénesthésique *adj* ***coenesthesic***
Qui concerne l'ensemble des sensations. Un dégustateur néophyte a une approche cénesthésique de la dégustation car il manque d'expérience et de vocabulaire pour exprimer ses sensations visuelles, olfactives et gustatives.

centrifugation *nf* ***centrifugation, centrifuging***
Clarification du vin par l'utilisation de la force centrifuge. Ce procédé permet l'élimination des particules indésirables du **moût** ou du vin.

centrifugeuse *nf* ***centrifuge***
Appareil qui effectue la centrifugation.

cep *nm* ***stock, vinestock***
Pied de vigne.

cépage *nm* ***varietal, grape variety, cultivar***
Mot employé pour désigner la variété de vigne ou de raisin. Cette variété comprend un ensemble d'individus ayant en commun des caractères morphologiques suffisamment proches pour les désigner sous le même nom. Les cépages ont été regroupés par familles ou groupes de cépages. Par exemple, la famille des **noiriens** regroupe le **pinot noir**, le **chardonnay**, le **melon**, le **gamay**... Selon la législation française, chaque région a sa liste de cépages autorisés. *(Voir liste annexe p. 292)*

cépage (vin de —) *nm* ***varietal wine***
Vin désigné par le nom de cépage dont il est issu. En Alsace, les vins portent le nom de leur cépage. Ex **riesling**.

cépage aromatique *nm* ***aromatic grape variety, aromatic cultivar***
Cépages tels que le **gewürztraminer**, le **sauvignon blanc** ou le **muscat** donnant des vins aromatiques en raison de leurs composants riches en **terpènes**.

cépage neutre *nm* ***neutral grape variety, neutral cultivar***
Le cépage neutre est l'opposé du cépage aromatique en ce sens qu'il donne des vins de faible qualité. Toutefois, l'aligoté, le sémillon et même le chardonnay peuvent aussi être considérés comme des cépages neutres et c'est le terroir qui leur permet de s'exprimer pleinement et de donner des vins de qualité. Un cépage neutre peut donc être aussi un **cépage noble**. Des cépages neutres comme l'**ugni blanc** et la **folle blanche**, lorsqu'ils sont distillés donnent d'excellentes eaux-de-vie. De leur côté, les cépages neutres utilisés pour la production de vins effervescents donnent des vins fins de type brut parce que leurs caractéristiques sont mises en valeur par les effets subtils d'arômes de bouteille, d'**autolyse** et de **maturation**.

cépage noble *nm* ***noble grape variety, noble cultivar***
Ce terme s'applique aux cépages reconnus les meilleurs, par exemple le **riesling**, le **pinot noir** ou le **cabernet sauvignon** par opposition aux cépages mineurs.

cercle *nm* ***hoop***
Anneau de châtaignier entourant un tonneau afin de lui permettre de rouler sur le sol sans abîmer les **douelles**.

cerclage *nm* ***hooping***
Action de garnir l'extérieur d'un tonneau de cercles de châtaignier afin de pouvoir le faire rouler sur le sol sans abîmer les **douelles**.

Cerdon *n*
VDQS. Vin du Bugey. En plus des vins **tranquilles** rouges, blancs et rosés, Cerdon produit des vins **effervescents** rosés portant l'appellation Vin du Bugey-Cerdon pétillant.

cerise *nf* ***cherry***
Arôme pouvant se révéler à la dégustation de certains vins comme le **Morgon** jeune ou les **pinots**.

cerise *nf* ***cherry***
Cerise se dit "***kriek***" en flamand. La cerise est utilisée en Belgique pour aromatiser les bières du type **lambic**.

cerise noire *nf* ***black cherry***
Arôme fruité pouvant se révéler à la dégustation de vins rouges de garde.

Cérons *n*
AOC. Vins blancs **moelleux** de la rive gauche de la Garonne (Graves). Les rouges et les blancs secs de cette région ont droit à l'appellation **Graves**.

certificat d'agrément *nm* ***certificate of approval***
En France, autorisation officielle accordée à un producteur de bénéficier de l'appellation **AOC** ou **VDQS**. Ce certificat est accordé après une analyse œnologique et une dégustation du vin par une commission.

césar *nm* ***cesar***
Cépage rouge coloré de l'**Yonne** où il est utilisé pour la production des vins d'**Irancy**.

cétone *nf* ***cetone***
Arôme désagréable pouvant se révéler à la dégustation d'un vin, ou d'un cognac. Dans le meilleur des cas, cette odeur disparaît quand le vin est aéré.

cétrofructose *nm* ***cetrofructose***
Oxydation du **fructose** de raisins pourris donnant un goût de moisi au vin.

Chablis *n*
A.O.C. **Chardonnay** sec produit avec les raisins cultivés sur les collines de calcaire **kimmeridgien** avoisinant la ville de Chablis, au Nord de la Bourgogne. Les Grands Crus ont des arômes délicats d'acacia, sont longs en bouche et peuvent se garder une douzaine d'années.

chai *nm* ***cellar, wine storehouse***
Lieu où sont emmagasinés les vins en fûts et les eaux-de-vie. Le chai est construit au-dessus de la surface du sol.

chailles *nf pl* ***gravel***
Vocable sous lequel les bourguignons désignent les cailloux de leurs terres à vignes

pierreuses. Ce mot venant du latin "calculus" s'est transformé en "chail" dans le Français dialectal de l'Ouest, avant d'être adopté par les Bourguignons. Les lieux-dits *Chaillots* et *Caillerets* que l'on trouve dans plusieurs villages témoignent de la présence de sols caillouteux. Les Bordelais quant à eux ont des sols de **graves** !

chair *nf* ***flesh***
Synonyme de **rondeur**, **gras** d'un vin en bouche.

chaleur *nf* ***high alcohol content***
caractère chaleureux d'un vin rouge assez fortement alcoolisé.

chaleureux *adj* ***warm***
Cet adjectif s'applique à un vin bien alcoolisé.

Chalonnais *nm* côte chalonnaise *nf*
En Bourgogne, chaîne de coteaux prolongeant la Côte de Beaune produisant du pinot noir et du **chardonnay**. **Rully**, **Mercurey**, **Givry** et **Montagny** sont les principales appellations de cette région.

Chambertin *nm*
AOC. Le nom de "Chambertin" viendrait de "champ de Bertin." Bertin, paysan avisé qui possédait un champ situé à côté du clos des moines de l'Abbaye de Bèze se dit que s'il était planté en vigne, son champ donnerait des vins qui pourraient égaler la qualité de ceux de ses voisins. L'histoire n'a pas démenti son pronostic ! Le Chambertin, grand cru de la commune de Gevrey en Côte de Nuits, est l'un des plus grands vins rouges du monde. Il donne des vins colorés, aromatiques et puissants.

Chambertin-Clos de Bèze *n*
AOC. Grand cru de Gevrey-Chambertin (15 hectares.) Ce clos, le plus ancien connu en Bourgogne avait été donné par le duc Amalgaire aux moines de l'Abbaye de Bèze en 640. Il produit de grands vins rouges corsés et très fins.

Chambolle - Musigny
Village bourguignon de la Côte de Nuits produisant des vins rouges délicats et élégants.

chambré *adj* ***at room temperature***
Se dit d'un vin servi à la température ambiante. 17 ou 18° C semble être la température optimum pour un vin chambré. (Au XIXe et au début du XXe Siècle, les chambres étaient moins chauffées qu'aujourd'hui.)

chambre froide *nf* ***cold room***
local réfrigéré où le **moût** de vendanges chaudes est refroidi afin de le débourber. Avant la mise en bouteilles, le vin peut aussi séjourner en chambre froide afin de faire **précipiter** le **tartre**.

chambrer (faire chambrer) ***to bring to room temperature***
Amener le vin rouge provenant d'une cave fraîche (12°C) à une température ambiante d'environ 17°C.

Chambertin

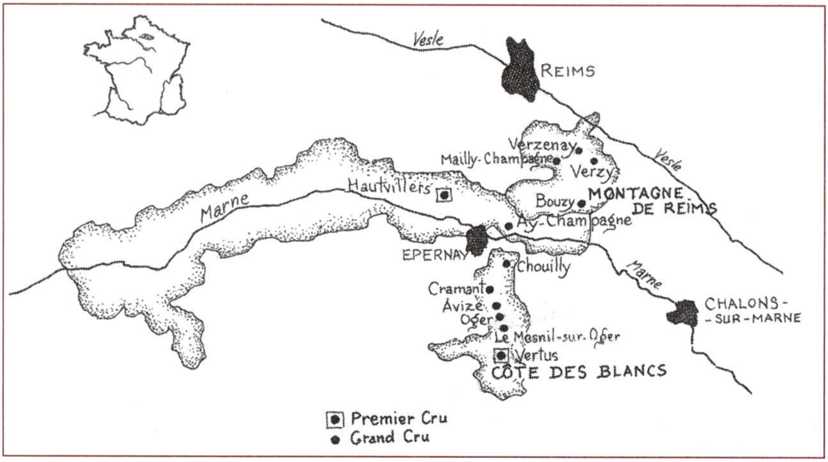

Champagne *nf* ***Champagne***
Région viticole du Nord-Est de la France couvrant principalement les départements de la Marne (80 %) de l'Aube. ainsi qu'une petite partie de la Seine et Marne, de l'Aisne et de la Haute Marne. Egalement région de Cognac : Grande et Petite champagne. **Cognac** *(Voir carte → p. 25.*

champagne *nm* ***Champagne***
Vin blanc effervescent très estimé produit en Champagne. L'élaboration du champagne se fait selon des règles très strictes.

champagnisation *nf* ***champagnization***
Préparation des vins suivant la méthode utilisée en Champagne. Toutefois, la mention m*éthode champenoise* est interdite sur les étiquettes.

champagniser *v* ***to champagnize***
Préparer à la manière du Champagne.

champignon *nm* ***fungus****, pl* ***fungi***
Parasite végétal déterminant des maladies cryptogamiques comme le **mildiou**, l'**oïdium** ou la **pourriture grise**. Par ailleurs, certains vins rouges évolués peuvent dégager des arômes de champignons.

chanteau *nm* ***chanteau***
Dans la région de Cognac, ce terme désigne le tonneau d'où l'on tire l'eau-de-vie utilisée pour l'**ouillage**.

chantepleure *nf* ***funnel***
Entonnoir à long tuyau servant à remplir les tonneaux.

chantepleure *nf* ***faucet***
Robinet de tonneau mis **en perce**.

chantepleure *nf* ***thief***
Nom donné à la **pipette** dans certaines régions de France, notamment la Bourgogne.

chapeau *nm* ***cap***
Croûte solide formée par les peaux, les rafles et les pépins de raisins flottant sur le **moût** lors de la fermentation.

chapeau flottant *nm* ***floating cap***
Croûte formée par les pellicules de raisins soulevées par le gaz carbonique, qui flotte à la surface de la cuve.

chapeau immergé nm ***immersed cap***
Croûte formée par les pellicules de raisins remise en contact avec le jus.

Chapelle-Chambertin *n*
AOC. Grand cru de Gevrey-Chambertin d'une superficie de 5,5 hectares. L'un des vins les plus délicats de Gevrey tout en étant charnu et viril.

chapelet *nm*
Succession de fines bulles de gaz carbonique s'élevant à la verticale dans une **flûte** remplie de vin effervescent. Synonyme : **cordon**.

chapiteau *nm* ***still-head***
Partie supérieure d'un alambic ayant la forme d'une cloche. Elle recueille les vapeurs avant qu'elles n'entrent dans le **col de cygne**.

chaptalisation *nf* ***chaptalization***
Adjonction de sucre au **moût** de raisin pour élever le degré alcoolique du vin. Technique préconisée par le chimiste Chaptal au début du XIXe siècle et réglementée par la loi. Le producteur qui veut chaptaliser son vin doit faire une déclaration préalable à la direction générale des impôts.

charançon *nm* ***weevil***
Coléoptère rongeant les bourgeons pendant la nuit. On lutte contre le charançon par injection d'insecticide.

charbon de bois *nm* ***charcoal***
Il peut être utilisé comme matériau de filtrage comme c'est le cas pour le **whiskey** du Tennessee.

chardon *nm* ***thistle***
Plante à tige et feuilles épineuses que le vigneron doit arracher plusieurs fois par an.

chardonnay *nm* ***chardonnay***
Cépage blanc originaire de Bourgogne où il est le seul cépage autorisé pour les grands vins d'appellation. On le cultive aussi en Champagne. Depuis les années 1960, le chardonnay a essaimé à travers le monde et est presque devenu synonyme de vin blanc en Californie. Dans le meilleur des cas, il donne des vins riches, bien équilibrés, aromatiques et longs en bouche mais s'il n'a pas trouvé son terroir, il peut être assez plat.

Chardonne (Jacques)
Ecrivain français né dans une famille de producteurs de Cognac (Boutelleau.) Dans son roman *Les Destinées Sentimentales* et dans son livre de souvenirs *Le Bonheur de Barbezieux*, il évoque le vignoble charentais dans la première moitié du XXe siècle.

Charente
Département français producteur de cognac.

charge *nf* ***load***
Nombre de raisins poussant sur un pied de vigne, conditionné par la taille. C'est pourquoi il est souvent recommandé de pratiquer une **taille** courte afin que la charge ne soit pas trop élevée et que la qualité ne souffre pas.

chargé *adj* ***sugared, sugary***
Se dit d'un vin trop riche en sucre, épais, lourd et peu équilibré. Terme de dégustation négatif.

Charlemagne *n*
Charles 1er le Grand (742-814,) roi des Francs puis empereur d'Occident a promu la viticulture dans ses *Capitulaires*. En 775, il a fait don de son clos d'**Aloxe-Corton** (environ 2,5 hectares) à l'Abbaye Saint-Andoche de Saulieu. Aujourd'hui, le nom de Charlemagne s'applique à la partie sud-est du coteau de **Corton**.

charmant *adj* ***pleasant***
Qualificatif pouvant être appliqué à un vin agréable mais cet adjectif ne s'emploie en général pas pour un grand vin.

Charmat *n*
Eugène Charmat est un inventeur qui mit au point la technique d'élaboration des vins effervescents en **cuve close** en 1907. *(Voir cette expression)*

charmeur *adj* ***pleasant***
Se dit d'un vin agréable à déguster, séduisant, pas nécessairement de grande classe.

charnu *adj* ***fleshy, meaty***
Ce qualificatif s'applique à un vin plein de fruit, fortement corsé et riche en tanin. Synonyme : vin qui a de la **mâche**.

charpente *nf* ***structure***
Structure tannique d'un vin ou un cognac. La charpente qualifie un vin de fort caractère.

charpenté *adj* ***well-structured***
Ce qualificatif s'applique en général à des vins rouges bien constitués, très robustes et peut parfois s'appliquer aussi aux grands vins blancs de Bourgogne, ainsi qu'à des cognac.

Chartreuse *nf* ***Chartreuse***
Liqueur aromatique à base d'herbes fabriquée depuis des siècles par les moines de la Grande Chartreuse, dans les Alpes françaises. Les plantes utilisées constituent un remarquable digestif, au sens littéral du terme. Il existe deux types de Chartreuse, la verte, la plus forte qui titre 55° et la jaune qui titre 43°.

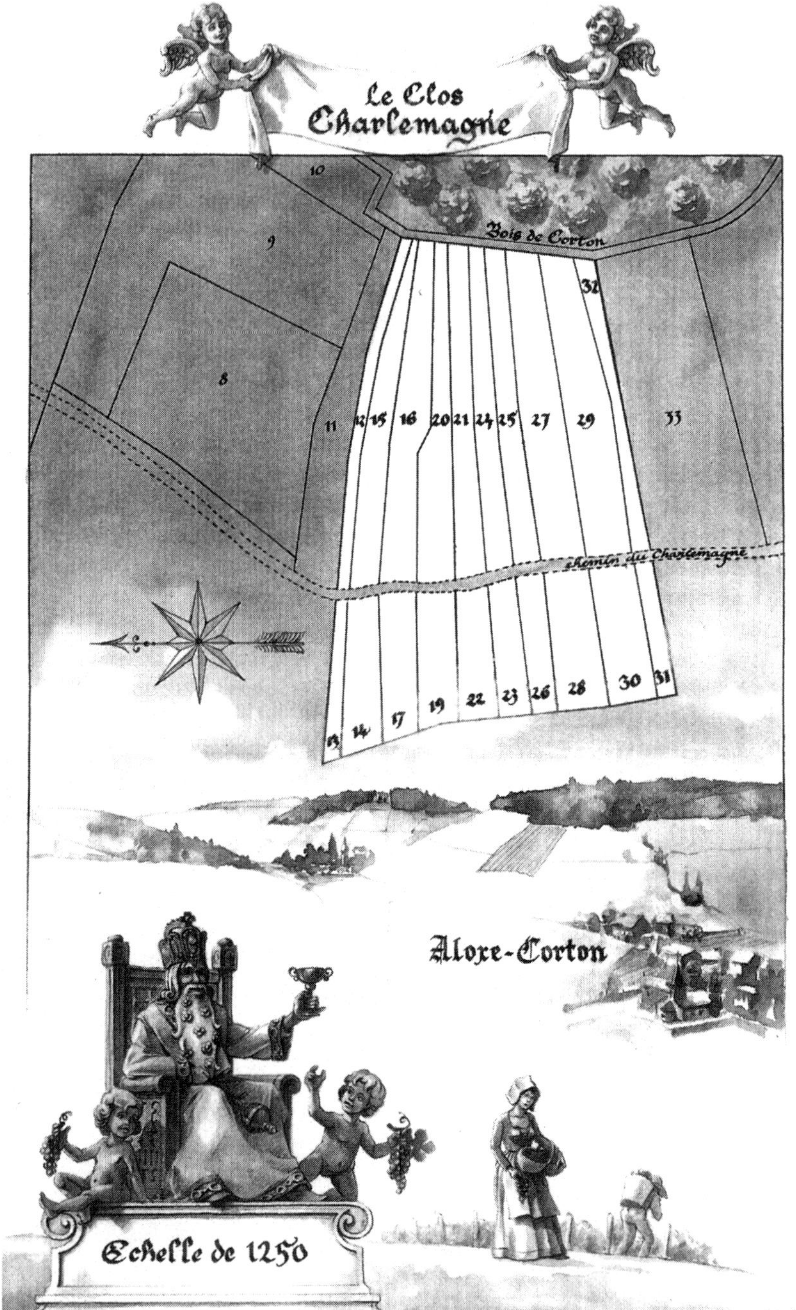
Le Clos Charlemagne
10
9
8
Bois de Corton
32
11
12
15
16
20
21
24
25
27
29
33
chemin du Charlemagne
13
14
17
19
22
23
26
28
30
31
Aloxe-Corton
Echelle de 1250

Chartrons (les) *nm pl*
Célèbre quartier de Bordeaux où les négociants s'installèrent à partir des XVIIe et XVIIIe siècle. Le quartier des Chartrons est devenu synonyme de *commerce des vins bordelais* et évoque un univers bourgeois quelque peu mythique souvent décrit par les journalistes et les écrivains, notamment François Mauriac dans son roman *Préséances*.

Chassagne-Montrachet *n*
Village de Bourgogne (Côte de Beaune) célèbre pour ses vins blancs secs et amples ainsi que des vins rouges de bonne garde.

chasse *nf* ***punch***
Outil sur lequel le tonnelier tape avec son **maillet** pour ajuster des **cercles** de tonneau.

chasselas *nm* ***chasselas***
Raisin de table européen. Vinifié, il donne des vins légers au bouquet délicat mais qui ne se gardent pas. Le **fendant** suisse et le Gutedel allemand sont élaborés à partir de chasselas.

Chasse-Spleen *nm*
Magie d'un beau nom qui charme les amateurs de vin et de la poésie de Baudelaire ! Le Chasse-Spleen est un excellent cru bourgeois produit à **Moulis** dans le **Haut Médoc**.

chasseur de souris *nm* ***mouser***
Définition officielle de la mission du chat employé dans de nombreuses **distilleries** pour éliminer les souris.

châtaigne *nf* ***chestnut***
Arôme fruité pouvant se révéler à la dégustation de vins blancs jeunes.

châtaignier *nm* ***chestnut tree, chestnut wood***
Bois dont on peut faire des tonneaux mais qui n'apporte rien au vin. Les tonneliers préfèrent réserver le bois de châtaignier pour les **cercles** de tonneau.

château *nm* ***château***
Unité de production autonome disposant de vignes et de locaux nécessaires à l'élaboration du vin. Ce terme est surtout utilisé en Bordelais et ne désigne pas nécessairement une propriété sur laquelle est construite un château. *Attention à ne pas traduire château en anglais par castle !*

Château-Chalon
AOC. **Vin jaune** du **Jura** élaboré à partir du cépage **savagnin**. Ce vin aux arômes de noix peut se garder très longtemps.

Château-Grillet *n*
AOC ayant la particularité de ne recouvrir qu'un seul domaine. Produit au Nord de la vallée du Rhône près de **Condrieu**, le Château-Grillet est un vin blanc sec, capiteux, harmonieux et plein. Le cépage utilisé est le **viognier**.

Châteauneuf-du-Pape *nm*
Vignoble situé sur la rive gauche du Rhône entre Avignon et Orange. Il tire son nom de l'ancien palais des papes qui se fournissaient en vins dans la région. Au cours de la nuit, les sols pierreux de Châteauneuf restituent la chaleur emmagasinée pendant la journée. Les vins rouges sont chauds et épicés et les blancs, secs, amples et vifs.

chatoyant *adj* ***glistening***
Qui a des reflets brillants.

chaud *adj* ***warm, hot***
Cet adjectif s'applique à un vin fortement alcoolisé.

chaudière *nf* ***boiler***
Partie de l'alambic consistant en un grand récipient métallique chauffé à feu nu dans lequel on met le produit à distiller.

chauffage *nm* ***heating***
Action de chauffer le **moût** froid afin de faire démarrer la fermentation alcoolique.

chauffe *nf* ***barrel heating, toasting***
Etape de la fabrication d'un tonneau au cours de laquelle le tonnelier fait brûler des copeaux au milieu du fût. Cette technique modifie la chimie interne du bois et facilite la libération de la vanilline. Selon le cas, la chauffe est d'intensité faible, moyenne ou forte et affecte le goût du vin contenu dans le tonneau. → *p. 504.*

chauffe légère ***light toast***

chauffe moyenne ***medium toast***

chauffe forte ***heavy toast***

chauffe-moût *nm* ***must heating apparatus***

Appareil permettant de chauffer brièvement la vendange pour détruire les **oxydases**, enzymes qui risqueraient d'activer l'oxydation.

chaufferette *nf* ***warmer, smudge pot***
Petit réchaud dans lequel onmet de la braise ou du pétrole pour réchauffer l'atmosphère au printemps quand le gel menace. Traditionnellement, les chaufferettes sont beaucoup utilisée dans le **Chablisien**.

chaussage *nm* ***hilling up***
Action d'amener de la terre autour des ceps avant l'hiver afin de les protéger contre le gel. Synonyme : **buttage**.

chef de cave *nm* ***cellar master***
Personne responsable de la vinification d'un domaine.

chef de culture *nm* ***vineyard manager***
Personne responsable des travaux de viticulture d'un domaine. Ce terme est beaucoup utilisé en Champagne.

Chénas *n*
L'une des 10 AOC du Beaujolais. D'après la légende, Chénas doit son nom à une forêt de chênes qui, autrefois, recouvrait ses collines. Vins aromatiques assez corsés. *(Voir p. 34).*

chêne *nm* ***oak***
Bois servant à la fabrication des tonneaux. Le chêne apporte des tannins au vin. **Chêne neuf :** new oak. Le goût de chêne neuf est apprécié par certains dégustateurs mais ses détracteurs lui reprochent de masquer la platitude d'un vin.

chêne-liège *nm* ***cork-oak***
Espèce de chêne méditerranéenfournissant le liège que l'on détache par larges plaques tous les dix ans. Les bouchons sont découpés dans ces plaques.

chenille *nf* ***caterpillar***
Larve du papillon, se nourrissant de végétaux, et de ce fait très nuisible à la vigne.

chenin blanc *nm* ***chenin blanc, steen***
Cépage prédominant dans la basse vallée de la Loire (**Vouvray**, **Touraine**, **Anjou**.) On le trouve aussi aux USA, en Afrique du Sud et en Australie. A la dégustation, il se caractérise par ses arômes de cire et son acidité agréable.

cherry brandy *nm* ***cherry brandy***
Eau-de-vie obtenue par distillation du jus de cerises fermenté.

chétif *adj* ***thin, meager***
Se dit d'un vin trop léger, manquant de structure.

Cheval Blanc (Château) *n*
AOC. Premier grand cru classé de **Saint-Emilion**. Vins de très grande qualité, souples et vigoureux.

chèvre *nf* ***spigot***
En Bourgogne, ce terme désigne une double cannelle en bois mise en prise directe au bas du tonneau pour la mise du vin en bouteilles.

chèvrefeuille *nm* ***honeysuckle***
Arôme pouvant se révéler à la dégustation d'un vin blanc tant qu'il reste frais et ne s'oxyde pas.

Chianti *nm*
DOC et DOCG de Toscane (Italie.) Le Chianti était traditionnellement un vin rouge vendu dans des bouteilles paillées. Depuis sa promotion au rang de DOCG, il est devenu un vin à la belle robe rubis, aux arômes de cerise et moyennement corsé. Les meilleurs Chianti sont vendus sous les étiquettes *Chianti Classico, Chianti Rufina et Chianti Colli Fiorentini* qui indiquent leur origine géographique. Les cépages utilisés sont le **sangiovese** et un peu le **trebbiano** et le **cabernet** (pas plus de 10 %.)

chien mouillé *nm* ***wet dog***
Arôme désagréable pouvant se révéler à la dégustation de certains vins, surtout les blancs.

Chili *nm* ***Chile***
Pays d'Amérique du Sud produisant les meilleurs vins de cette partie du monde. La politique qualitative préconisée par Silvestre Ochagavia, *"père de la viticulture chilienne"* a porté ses fruits et les exportations de ce pays ont connu une progression spectaculaire. Le Chili a l'avantage de bénéficier de vignobles épargnés par le phylloxéra, de sorte que la plupart des vignes chiliennes sont **franches de pied**. A l'exception du cépage rouge Pais, très présent dans ce pays, les cépages d'origine européenne recommandés par Ocha-

gavia (**muscat**, **sémillon**, **sauvignon blanc**, **chardonnay**, **riesling** pour les vins blancs, **cabernet sauvignon**, **cabernet franc**, **merlot**, **malbec**, **verdot** pour les vins rouges.) se sont adaptés avec succès au terroir sud-américain. Ce pays produit des cabernet de classe internationale. Les vignobles les plus importants sont situés au Sud de Santiago. En outre, le Chili produit un **pisco** qui est une eau-de-vie blanche, aromatique, obtenue par distillation de vins faits avec le cépage **muscat**. *Voir carte → p. 359.*

Chine *nf* ***China***
Pays de très ancienne tradition viticole. Comme en Europe, les moines ont contribué à la propagation de la vigne en Chine. Les négociants français et allemands développèrent la viticulture dans la région de Shantung au début du XXe siècle. Cette région est toujours considérée comme celle qui a le meilleur potentiel viticole mais la viticulture chinoise est encore en devenir. Les principaux cépages cultivés sont des des cépages européens tels que le **cabernet sauvignon**, le **merlot**, le **chardonnay**, le **riesling**, le **muscat**... Des techniciens français, allemands, italiens et australiens apportent leur contribution depuis les années 1980. Si les Chinois boivent très rarement du vin, leurs produits trouvent des débouchés à l'export. La Chine est aussi connue pour ses **brasseries** – la marque Tsing Tao est appréciée par les amateurs – et ses alcools de riz. Signalons en outre les "vins" faits avec 30 % de raisins, de l'eau, de l'alcool, du sucre et des substances aromatiques mais il n'est pas besoin d'être grand clerc pour dire que leurs perspectives à l'export sont nulles.

Chinon *n*
AOC. Ville natale de l'écrivain **Rabelais**, apprécié par les amateurs de vin. Les sociétés bachiques se recommandent souvent de lui ! Les vins rouges de Chinon, produits en **Touraine** sur la rive gauche de la Loire et sur les rives de la Vienne sont un peu tanniques et d'assez bonne garde. Il existe aussi des Chinon blancs et des Chinon rosés. *Voir carte → p. 156.*

Chiroubles *n*
AOC. L'un des 10 crus du Beaujolais. Le vin de Chiroubles est considéré comme le plus féminin du Beaujolais.

chlorose *nf* ***chlorosis***, **chlorose ferrique** *nf* ***chlorosis from iron deficiency***
Maladie de la vigne due à un excès de calcium dans le sol empêchant l'assimilation du fer. Elle se manifeste par la disparition partielle de la chlorophylle dans les feuilles de la vigne, entraînant leur jaunissement. On la combat en ajoutant du fer à la terre.

chocolat *nm* ***chocolate***
Arôme pouvant se révéler à la dégustation de vins rouges évolués et de **vins doux naturels**.

chopine *nf* ***bottle of wine, pint***
Petite bouteille de vin d'une contenance d'environ un demi-litre.

chou *nm* ***cabbage***
Odeur végétale désagréable pouvant se manifester lors de la dégustation d'un vin vinifié dans de mauvaises conditions d'hygiène.

chromatographie *nf* ***chromatography***
Procédé d'analyse permettant de vérifier la présence de certains acides organiques dans le vin.

chromatographie en phase gazeuse *nf* ***gas chromatography***
Une des méthode de chromatographie permettant d'isoler et d'identifier les constituants du vin.

chromatographie sur papier *nf* ***chromatography on paper***
Méthode consistant à mettre une goutte de vin sur du papier absorbant. Sous l'effet d'un solvant, la tache du vin à analyser se partage entre ses différents constituants qui prennent différentes couleurs.

Chypre *nf* ***Cyprus***
Ile méditerranéenne de très ancienne de très ancienne tradition viticole, puisque la plantation de la vigne remonterait à 2000 ans avant J.-C. Le "Commanderie de Saint Jean," vin cypriote le plus célèbre est un vin doux de dessert élevé en **solera.** Le nom de ce vin rappelle l'installation de ce vignoble par les Templiers. Les vignes sont surtout plantées au centre et au sud de l'île. Les cépages les plus connus sont le mavron pour les vins rouges, mais aussi le **cabernet sauvignon**, le **grenache**. Le **muscat** est utilisé pour les blancs.

ciboulette *nf* ***chives***
Arôme végétal délicat pouvant se révéler à la dégustation de certains vins blancs.

cicadelle *nf* ***grapevine leafhopper, scaphoïdeus titanus***
Insecte vecteur de la **flavescence dorée** qui provoque une **nécrose** de la vigne. La contamination du phytoplasme, agent pathogène, est assurée par les larves et par les cicadelles adultes. Quand la flavescence dorée est détectée dans un vignoble, la lutte s'engage collectivement. Des traitements par voie aérienne et des arrachages prophylactiques sont effectués.

cicadelle des grillures
Voir **cicadelle verte**.

cicadelle pruineuse *nf* ***bloom leafhopper, metcalfa pruinosa***
Insecte ravageur originaire d'Amérique (Nord et Sud) qui apparut dans le vignoble italien en 1979 et dans les Bouches du Rhône en 1986. Il dépose un miellat sur les organes qu'il colonise, ce qui favorise le développement d'un champignon : la fumagine qui attire d'autres insectes. Il n'existe pas vraiment de moyen de lutter contre cet insecte.

cicadelle verte ou **cicadelle des grillures** *nf* ***green leafhopper, empoasca flavescens***
Insecte piqueur se nourrissant de la sève des nervures des feuilles en été. Si le nombre de cicadelles vertes est trop élevé, les feuilles brunissent et se dessèchent, ce qui entraîne une diminution de la maturation des raisins. On lutte contre les cicadelles vertes en injectant un produit insecticide sur les feuilles.

cidre *nm* ***cider***
Breuvage produit par la fermentation du jus de pomme. Historiquement, cette boisson est associée à la Normandie et à l'Angleterre. Parfois, certains **vins jaunes** peuvent présenter des arômes de cidre.

cigares (boîte de —) *nm pl* ***cigars, cigar-box***
Terme de dégustation employé pour qualifier le bouquet complexe d'un Bordeaux rouge vieilli enfût de chêne, ou d'un cognac.

cigarier *nm*
Coléoptère nuisible dont la larve s'attaque à la vigne. Le vigneron le détruit en injectant de l'insecticide.

ciment *nm* ***cement***
Matière pulvérulente formant avec l'eau et du sable une pâte plastique qui durcit en séchant. Ce matériau est utilisé dans la construction de cuves de fermentation. Attention, lorsque les règles d'hygiène ne sont pas respectées dans l'entretien de ce matériel vinaire, le vin peut avoir des arômes désagréables.

cinsault *nm* ***cinsault***
Cépage rouge du Midi de la France caractérisé par son caractère corsé et sa chaleur.

cintrage *nm* ***bending***
En tonnellerie, action de donner une courbure aux **douelles** d'un tonneau à l'aide du feu avant de le **cercler**.

cintrer *adj* ***to bend, to curve***
Terme de tonnellerie signifiant donner une courbure à un fût.

cire *nf* ***wax***
Composition de gomme, laque et de térébenthine pour cacheter les bouteilles. A l'époque où la vente des vins en bouteilles était peu répandue, il était d'usage de recouvrir le **goulot** de cire fondue jaune pour les vins blancs, rouge pour les vins rouges et de la laisser sécher. Aujourd'hui, la **capsule** a remplacé le cachet de cire.

cire d'abeille *nf* ***beeswax***
Arôme de grande classe pouvant se révéler à la dégustation d'un vin blanc **moelleux** du type **Sauternes**, **Monbazillac** ou **Tokay** mais aussi de vins blancs secs comme le **Quart de Chaume**, le **Montrachet** ou le **Meursault** ; de même pour un cognac.

Cisterciens *nm pl* ***Cistercians***
Moines appartenant à un ordre fondé à Cîteaux, à une quinzaine de kilomètres au sud de Dijon. Les Cisterciens reçurent en donation le **Clos de Vougeot** et l'exploitèrent pendant plus de 600 ans. En accord avec leur devise *Sous la croix et la charrue,* ils développèrent un cépage qui allait devenir le **pinot noir**. A Pontigny, non loin de Chablis, ils développè-

rent le **chardonnay**. Selon la règle cistercienne *"Prière et Travail,"* les moines qui travaillaient dans le vignoble n'avaient pas le droit de boire du vin. On espère qu'ils désobéirent !

Cîteaux *n*
Abbaye bénédictine bourguignonne fondée en 1098 dans des marécages où poussaient des *cistelles* (roseaux.) L'ordre de Cîteaux joua un grand rôle dans le développement de la viticulture.

citrique *adj* ***citric***
L'acide citrique est faiblement présent dans le **moût**.

citron *nm* ***lemon***
Arôme pouvant se révéler de façon subtile à la dégustation d'un vin blanc qui a gardé une certaine acidité et donc de la fraîcheur.

citron vert *nm* ***lime***
Arôme fruité caractéristique des vins australiens faits avec du riesling ou du sémillon.

citronnelle *nf* ***citronella***
Arôme floral pouvant se révéler à la dégustation de certains vins blancs secs.

civette *nf* ***civet-cat***
Arôme animal pouvant se révéler à la dégustation d'un vin rouge resté longtemps sur ses **lies**. Cet arôme se manifeste assez souvent dans les vins rouges de la **Côte de Nuits** quand ils sont évolués ainsi que dans les **Saint-Emilion** et les **Saint-Estèphe**.

claie *nf* ***wicker rack***
Panneau en osier ou caisse à claire-voie sur lequel le vigneron fait sécher les raisins qui serviront à faire du **vin de paille**.

clair *adj* ***clear, limpid***
Qualité d'un vin franc. Synonyme de **limpide**. Cet adjectif est souvent employé pour qualifier un **moût** ou un vin débarrassé de ses **bourbes**. **Tirer au clair** : mettre du vin en bouteilles quand il a bien reposé.

clairet *adj* ***pale red***
Adjectif appliqué à des vins rouges légers de couleur pâle.

clairette *nf* ***clairette***
Cépage blanc originaire du Midi de la France. Ce cépage, riche en sucre, donne des vins souvent secs et assez lourds.

Clairette de Die *nf* ***clairette***
AOC. Vin demi-mousseux d'un jaune doré produit dans la région de Die (Drôme.) La clairette de Die qui peut être produite dans 32 communes est vinifiée avec les cépages **clairette** qui apporte de la fraîcheur au vin et **muscat à petits grains** qui apporte des arômes fruités.

claret *nm* ***claret***
Nom donné par les Anglais au Bordeaux rouge.

clarification *nf* ***clarifying, clarification***
Opération ayant pour but de donner une belle **limpidité** au vin. On peut procéder à cette opération par centrifugation, **soutirage**, **collage** et / ou **filtrage**.

clarifier *v* ***to clarify***
Eliminer les particules en suspension dans le vin afin de le rendre limpide. On peut procéder par **centrifugation**, **soutirage**, **collage** et / ou **filtrage**.

classement *nm* ***ranking, classification***
Hiérarchisation des vins. *(voir annexe p. 302).*

classico *adj*
La mention "classico" figurant sur les étiquettes de vins italiens signifie qu'il s'agit de vins provenant des meilleurs **terroirs** d'une région.

classification *nf* ***classification***
Répartition par catégories selon des critères précis. Exemples : d'après la classification de l'Union Européenne, les vins font partie des catégories suivantes : **vins de table**, **vins de pays**, **VDQS** et **AOC**. Le Bordelais, la Bourgogne et la Champagne ont leur système de classification des appellations contrôlées.

classique *adj* ***classic***
Se dit de vins possédant les caractéristiques de leurs types et de leurs origines.

clavelin *nm* ***clavelin***
Bouteille typique des **vins jaunes** du Jura, d'une contenance de 62 centilitres.

clayette *nf* ***crate***
Petite claie.

clevner ou *klevner nm* ***clevner***
Nom donné au vinfait avec du **pinot blanc** en Alsace et en Allemagne. De l'**auxerrois** peut y être ajouté.

climat *nm* ***climat, parcel of vineyard***
En Bourgogne, nom d'une parcelle ou d'un lieu-dit cadastré.

clinton *nm* ***clinton***
Cépage américain de fort rendement surtout cultivé pour son utilisation comme **porte-greffe**.

clone *nm* ***clone***
Ensemble des organismes végétaux provenant de la reproduction asexuée d'unmême individu végétal. Ensemble des ceps obtenus d'une même souche mère. Tous les ceps d'un même clone présentent des qualités identiques. La **sélection clonale** consiste à retenir les meilleurs pieds selon des critères tels que la résistance aux maladies ou le rendement pour faire une plantation homogène.

clos *nm* ***clos, walled vineyard***
Vigne seigneuriale, ducale ou monastique entourée d'au moins trois murs au Moyen-Age. Bien que beaucoup de ces propriétés aient aujourd'hui perdu leurs murs, elles bénéficient encore du nom de clos et désignent quelques uns des meilleurs vignobles bourguignons. Par exemple : **Clos de Vougeot**, **Clos de Tart**, **Clos de Bèze**.

Clos de la Roche *nm*
AOC. Grand cru rouge de **Morey-Saint-Denis** (Côte de Nuits.) Ce climat de 17 hectares donne des vins de garde puissants et à la texture soyeuse.

Clos des Lambrays *nm*
AOC. Grand cru rouge de **Morey-Saint-Denis** (8,80 hectares.) Vins puissants et bouquetés.

Clos de Tart *nm*
AOC. Grand cru rouge de **Morey-Saint-Denis** (7,53 hectares.) Fait unique en Bourgogne, ce clos n'a jamais été divisé. Il a appartenu aux cisterciennes de l'Abbaye de Tart du début du XIIe siècle jusqu'à la révolution française. Il donne des vins colorés, aux arômes de violette, corsés, puissants et de très longue garde.

Clos de Vougeot *nm*
AOC. Grand cru rouge de la Côte de Nuits (50,60 hectares.) Ce domaine a été constitué et mis en valeur par les moines de **Citeaux** à partir du XIIe Siècle. Le cépage **pinot** y a trouvé droit de cité. Confisqué comme bien national à la révolution française, le Clos de Vougeot est aujourd'hui divisé entre 80 propriétaires. Les meilleurs Clos de Vougeot ont une texture fruitée et soyeuse, ils sont équilibrés, fins et élégants. Depuis la fin de la deuxième guerre mondiale, le château du Clos de Vougeot est le siège de la confrérie des **Chevaliers du Tastevin**.

Clos de Vougeot

Clos Saint-Denis *nm*
AOC. Grand cru rouge de **Morey-Saint-Denis** (Côte de Nuits.) 6,60 hectares. Ce vin puissant et fruité aux arômes de réglisse a donné son nom au village.

clou de girofle *nm* ***clove***
Arôme épicé, assez fort, qui peut se révéler à la dégustation de certains vins rouges du Sud de la vallée du Rhône, du Roussillon ou d'Espagne.

Cloudy Bay *n*
Domaine viticole de la région de **Marlborough**, en Nouvelle Zélande produisant un **chardonnay** de renommée mondiale.

coccinelle *nf* ***lady bird***
Insecte auxiliaire de la vigne se nourrissant de pucerons.

cochelet *nm* ***cochelet, end of vintage celebration***
Fête qui termine les vendanges en Champagne.

cochenille *nf* ***scale-insect***
Puceron nuisible à la vigne

cochylis *nf* ***cochylis moth***
Papillon dont la larve s'attaque aux grappes de raisin. Jadis, cette chenille était un des ennemis les plus redoutables de la vigne et elle était combattue avec de l'arsenic ou de la nicotine.

cocktail *nm* ***cocktail***
Mélange composé d'au moins un spiritueux et de sirop, servi glacé à l'apéritif. Les cocktails ont vu le jour aux USA. Ce mot s'écrit parfois coquetèle enfrançais et peut prendre des connotations de snobisme. Les cocktails sont souvent servis lors de réceptions ou de vernissages et l'écrivain Jean Cocteau, friand de ces manifestations, avait été surnommé Jean Cocktail.

cocuy *nm* ***coquy***
Liqueur vénézuélienne à base de sabila, plante du désert.

Codex œnologique *nm* ***oenological codex (GB) enological codex (US)***
Index des textes officiels concernant les produits utilisés en œnologie et les méthodes commerciales autorisées. Le codex a été établi par **l'OIV** (Office International du Vin.)

cœur de chausse *nm* ***middle part of the distillation, heart***
Dans la région de **Cognac**, le cœur désigne la phase centrale de la distillation. Seul le Cognac élaboré lors de cette phase est conservé. Les **têtes** et les **queues**. *(Voir ces mots)* sont rejetées.

Coffey *nm* ***coffey***
Inventeur irlandais qui donna son nom à un appareil de distillation continue. Le type d'**alambic** qu'il mit au point permet de produire le **whisky** à grande échelle. *(Voir Coffey partie anglaise)*

Cognac *nm* ***Cognac***
Eau-de-vie de vin fabriquée à Cognac et dans la région. Le vignoble de Cognac comprend 6 crus, zones de production qui bénéficient chacune d'une AOC : **Grande Champagne**, **Petite Champagne**, **Borderies**, **Fins Bois**, **Bons Bois** et **Bois Ordinaires**. *(Voir ces noms et cartes.)* Le Cognac est produit en très grande majorité à partir du cépage **Ugni-blanc**, appelé également **Saint-Emilion**. Le Cognac titre 40°. *Voir carte Armagnac* → *p. 25.*

cohobation *nf* ***cohobation***
Opération consistant à repasser un **distillat** dans l'**alambic** afin d'augmenter sa teneur en alcool.

cohober *v* ***to cohobe***
Repasser un **distillat** dans l'**alambic** afin d'augmenter sa teneur en alcool.

coing *nm* ***quince***
Arôme fruité pouvant se révéler à la dégustation d'un vin blanc liquoreux ou d'un vin blanc sec vieux.

Cointreau *nm* ***Cointreau***
Marque de liqueur fabriquée à partir d'écorces d'orange par la famille Cointreau d'Angers.

col *nm* ***neck***
Partie supérieure de la bouteille à l'intérieur duquel se trouve le bouchon.

col *nm* ***bottle***
Terme sous lequel on désigne les bouteilles dans l'établissement de statistiques ou parfois en langage marketing.

col-de-cygne *nm* ***swan neck tap (GB) swan neck faucet (US)***
Dans un alambic, tuyau recourbé qui canalise les vapeurs vers le **serpentin**.

coléoptère *nm* ***coleopteran, beetle***
Insecte à métamorphoses complètes, pourvu de pièces buccales broyeuses et d'ailes postérieures pliantes protégées au repos par une paire d'élytres cornés. Jadis, les **hannetons** étaient des coléoptères redoutés par les vignerons. Aujourd'hui, l'**altise** et le **cigarier** représentent un danger potentiel.

Colette *n*
Femme de lettres française (1873-1954) D'origine bourguignonne, elle fut propriétaire d'un vignoble dans le Midi et écrivit sur le vin avec précision et sensualité.

Colheita *nm* ***Colheita***
Porto tawny résultant d'un assemblage de vins **mutés** de la même année mais provenant de différents domaines.

collage *nm* ***fining***
Clarification du vin par précipitation des particules solides en suspension à l'aide de substances protéiques telles que l'**albumine**, la **gélatine** ou la **caséine**. Dans certains pays, on utilise une substance minérale comme la **bentonite**.

coller *v* ***to fine***
Clarifier un vin en précipitant les particules solides en suspension à l'aide d'une substance protéique ou minérale.

Collioure *n*
AOC. *(Voir carte)* Petit village de pêche sur la Côte Méditerranéenne, près de la frontière espagnole. Les vins rouges de Collioure sont cultivés dans l'aire d'appellation **Banyuls** et se caractérisent par leur couleur sombre, leurs arômes expressifs et leur puissance. Les cépages **grenache** (60 %,) **mourvèdre**, **carignan**, **syrah** et **cinsault** sont cultivés à Collioure.

colloïdal *adj* ***colloidal***
Qui concerne un produit de la même nature que la **gélatine**.

colloïde *nm* ***colloid***
Nom donné à toute substance qui est de la nature de la colle de **gélatine.** Les colloïdes du vin proviennent de la polymérisation des **pectines**, des **tanins**, des **anthocyanes** et sont éliminés par **filtration**.

colombard *nm* ***colombard***
Cépage cultivé en Charente et Armagnac. Il donne des vins maigres, acides qui conviennent bien pour la distillation du **Cognac** et de l'**Armagnac** mais il tend à être abandonné au profit de **l'ugni-blanc**. Ce cépage s'est bien adapté en Californie et en Afrique du Sud. Aux USA, on parle même de "colombard français."

Colombie *nf* ***Colombia***
Pays d'Amérique du Sud produisant des raisins de table et un peu de vin.

colle *nf* ***fining agent***
En général, protéine naturelle qui entraîne par précipitation les particules responsables du trouble d'un vin. Les substances protéiques utilisées comme colles sont l'**albumine**, la **gélatine** ou la **caséine** mais certains producteurs recourent à des substances minérales comme la **bentonite**.

collerette *nf* ***neck label***
Petite étiquette collée sur le **goulot** de la bouteille. Le millésime du vin figure souvent sur la collerette.

colorant *nm* ***colouring agent (GB) coloring agent (US)***
Substance permettant de donner de la couleur à un vin. Le recours aux colorants est strictement illégal en œnologie mais il peut se pratiquer lors de l'élaboration d'eaux-de-vie. Le caramel est alors utilisé.

coloré *adj* ***brightly coloured (GB) brightly colored (US)***
Se dit d'un vin à la robe intense.

combe *nf* ***dale, coomb***
Nom donné en Bourgogne à une petite vallée située entre deux collines de la Côte.

commissionnaire *nm* ***agent, wine broker***
Personne achetant du vin pour le compte d'un acheteur. Il est rémunéré à la commission.

commun *adj* ***common, mundane***
Sans grand caractère. Indigne d'un grand vin.

communale (appellation —) *adj* ***village (appellation)***
Appellation d'origine attribuée à certains vignobles situés sur le territoire d'une ou plusieurs communes. Exemples : **Chinon**, **Saint-Emilion**, **Aloxe-Corton**...

complet *adj* ***balanced***
Equilibré, présentant un ensemble harmonieux de caractères : fruité, acidité, tanin, corps, longueur...

complexe *adj* ***complex, deep in structure***
Se dit d'un vin offrant une palette étendue d'arômes et de goûts.

complexité *nf* ***complexity***
Caractère d'un vin complexe. En général, un grand vin présente de la complexité lorsqu'il arrive à maturité.

comporte *nf* ***tub, vat***
Terme utilisé dans le Sud de la France pour désigner un récipient dans lequel on verse les raisins contenus dans les **hottes** ou les **paniers** et servant pour le transport de la vendange au **chai**.

composé *nm* ***compound***
Substance élaborée à partir de deux éléments ou plus.

compost *nm* ***compost***
Mélange de résidus organiques, de chaux et de terre qui se transforme en terreau par fermentation. Les méthodes de **viticulture biologique** et **raisonnée** prônent l'utilisation de compost comme engrais.

compote *nf* ***stewed fruit***
Goût pouvant se révéler à la dégustation d'un vin évolué ou d'un cognac.

compte d'âge *nm*
Age d'une eau-de-vie calculé selon un barême : 0 pour une eau-de-vie de 0 à 12 mois, 1 (12-24 mois) 2 (24-36 mois) etc. : essentiel pour la définition de la qualité.

concassage *nm* ***milling***
Terme utilisé pour désigner la première étape du **brassage** ou de la **distillation**, au cours duquel le **malt** est concassé pour se transformer en **grist**.

concassé *adj* ***ground***
Broyé en fragments grossiers. Le **malt** concassé est utilisé pour la fabrication de **bière** ou de **whisky**.

concentration *nf* ***concentration***
Technique préconisée par le chimiste beaunois De Vergnette-Lamotte au XIXe siècle. Elle consiste à éliminer de l'eau contenue dans le **moût** par congélation pour faire augmenter le degré alcoolique : l'eau se transforme en glaçons que l'on rejette. D'autres œnologues ont recouru à la concentration par la chaleur. Aujourd'hui, la technique de l'**osmose inverse** permet d'atteindre le même but. Mais des méthodes tout à fait naturelles comme la **saignée**, la cueillette du raisin après une gelée (pour l'**Eiswein**) ou le **passerillage** ont pour résultat une grande concentration du vin.

concentré *adj* ***concentrated***
Se dit d'un vin à la forte intensité aromatique.

concord *nm*
Cépage productif de la famille **vitis labrusca**, cultivé dans l'Est des USA et surtout dans l'état de New York. Il porte d'ailleurs le nom de la ville de Concord dans le Massachusetts. Le concord donne des vins médiocres au goût **foxé** et ses raisins sucrés de couleur bleue permettent de faire de bonnes confitures.

condenser *v* ***to condense***
Liquéfier un gaz par refroidissement.

condenseur *nm* ***condenser***
Partie d'un alambic dans laquelle les vapeurs alcooliques sont refroidies et ainsi condensées pour obtenir des spiritueux.

Condrieu *n*
AOC. Commune des Côtes du Rhône célèbre pour ses vins blancs secs et bouquetés.

Conduite (de la vigne) *nf* ***trellising, training of vines on wires***
Façon de diriger la croissance de la vigne et de la contrôler avec des piquets et des fils de fer. La conduite de la vigne varie selon les différentes régions viticoles.

confit *adj* ***crystallised***
Arôme de fruits très mûrs caractéristique des vins liquoreux, et des cognacs.

confiture *nf* ***jam, jammy aroma***
Arôme fruité pouvant se révéler à la dégustation de vins faits avec une vendange très mûre ; de même pour les cognacs.

confrérie *nf* ***brotherhood***
Association inspirée des confréries médiévales agissant pour la promotion d'une appellation ou d'une région viticole. Les membres des confréries portent des costumes historiques et procèdent à des cérémonies d'intronisation pour les impétrants. La Confrérie vineuse la plus célèbre est sans doute celle des Chevaliers du Tastevin, fondée à Nuits Saint Georges pendant les années 1930. Aujourd'hui, elle tient 17 chapitres annuels au château du Clos de Vougeot et organise le **Tastevinage** des vins ainsi que la **Saint-Vincent Tournante.**

confusion sexuelle *nf* ***sexual confusion***
Méthode de lutte biotechnique contre la **cochylis** et l'**eudémis**. Elle consiste à perturber l'accouplement des papillons en les mettant en présence d'une quantité élevée de **phéromones**. Désorientés, les mâles ne trouvent pas les femelles.

congé *nm* ***bond, permit***
Autorisation donnée par le fisc de transporter des boissons alcoolisées soumises à un droit de circulation.

congélation *nf* ***deep freezing***
Technique œnologique consistant à éliminer une partie de l'eau continue dans un **moût** afin de le concentrer. Cette pratique n'est légale que pour les vins de table.

conquet *nm* ***hopper, receiving bin***
Ce terme désigne une sorte de réservoir en forme de pyramide tronquée et renversée servant à recueillir les raisins destinés à être foulés ou pressés. Syn : **trémie.**

connaisseur *nm* ***connoisseur***
Personne qui connaît bien les vins et est capable de les identifier et de les juger, expert. Dans son *Dictionnaire du Diable,* l'humoriste américain Ambrose Bierce illustra le mot connaisseur de la façon suivante : "un vieil amateur de vin ayant été écrasé dans un accident de chemin de fer, on lui versa du vin sur les lèvres pour le ranimer. "Pauillac 1873," murmura-t-il, puis il expira.

Constellation Brands *n*
Cette entreprise établie à New York est le deuxième producteur mondial de vin. Elle distribue aussi de la bière et des spiritueux et a des opérations aux USA, au Royaume Uni et en Australie.

conteneur *nm* ***container***
Caisse de dimensions normalisées pour le transport des vins ou des spiritueux. Souvent, les conteneurs sont réfrigérés pour le transport maritime dans les mers chaudes.

Coonawarra *n*
Région productrice la plus méridionale de l'état d'Australie Méridionale. La présence de nappes phréatiques peu profondes et le climat relativement frais contribuent à la production de **cabernet sauvignon** de qualité. Cette région englobe des zones de production située au Nord du secteur portant le nom de Coonawarra. *Voir carte → p. 335.*

conscrits *nm pl* ***second crop clusters***
Vocable bourguignon désignant les raisins sortis des bourgeons adventices et poussant après une gelée. Raisins encore un peu verts cueillis après la vendange et mélangés au dernier pressurage pour faire de la boite (ou bouète,) breuvage âpre des vignerons pauvres. Synonyme : **verjus**.

conservateur *nm* ***preservative***
Produit qui assure la conservation d'une denrée alimentaire. Son emploi est strictement réglementé. En œnologie, l'**anhydride sulfureux** est un conservateur qui empêche l'oxydation du vin et les attaques bactériennes.

conservation *nf* ***preservation***
Ensemble des pratiques œnologiques assurant un bon vieillissement au vin.

consistant *adj*
Se dit d'un vin bien équilibré, ferme, qui a de la matière.

Constantia *n*
Vin réputé de la région du Cap en Afrique du Sud qui fut servi à Napoléon en exil à Sainte-Hélène et apprécié par le poète Baudelaire.

constitué *adj* ***structured***
Un vin bien constitué est un vin équilibré, qui a du corps et un bon potentiel de garde.

consume *nf (wine or spirit) lost by evaporation*
Partie du vin ou de l'eau-de-vie qui s'est évaporée lors de l'**élevage**.

contour *nm headland*
Terme employé en Bourgogne comme synonyme de **tournière**. Surface située à l'extrémité d'une parcelle de vigne que le viticulteur réserve pour pouvoir tourner ses instruments de culture.

contre-étiquette *nf back label*
Etiquette collée sur la bouteille au dos de l'étiquette réglementaire et apportant des informations supplémentaires au consommateur (température de dégustation, accompagnement de plats, histoire du domaine, conseils pour la conservation...) La contre-étiquette, qui vient sans doute du **Nouveau Monde**, permet aux consommateurs de se faire une idée des vins exposés sur les rayons anonymes des super-marchés.

coopérative *nf wine co-op, winegrowers' co-op*
Centre vinificateur où les droits de chacun à la gestion sont pris en compte et où les profits sont répartis entre les associés au prorata de leur activité.

copeaux *nm chips, shavings*
Parcelles de chêne. Dans certains pays, les producteurs mettent des copeaux dans les cuves pour donner, à moindre coût, un goût de chêne semblable à celui des fûts à leurs vins. Les critiques de cette méthode parlent de vins "polochon," (les copeaux étant conditionnés dans des sacs dont la forme fait penser à des polochons !) Cette pratique est interdite par l'Union Européenne.

copita *nf*
Verre à **Xérès** au pied court et à la forme en **tulipe** utilisé pour boire le **single malt**.

Corbières *nf pl*
AOC. Région viticole du **Languedoc**, au Sud de la France. Dans le département de l'Aude, en pays Cathare, les producteurs font des vins rouges vigoureux et de longue garde. Les cépages cultivés dans les Corbières sont le **carignan**, le **grenache**, la **syrah**, le **mouvèdre**, le **cinsault**. Cette région produit aussi un peu de vin blanc issu des cépages **grenache blanc**, **bourboulenc**, **macabeu**... *Voir carte → p. 151.*

cordial *nm cordial*
breuvage sucré composé d'alcool et de fruits ou de substances aromatiques censé être fortifiant.

cordon *nm cordon*
1- Mode de conduite de la vigne consistant à fixer seulement un ou deux sarments sur le fil de fer inférieur du palissage après la taille. Quand on pratique la taille dite **cordon de Royat**, on laisse un seul sarment sur le côté. Il est ensuite attaché au fil et croît parallèlement au sol. 2- Dégagement vertical et continu de bulles dans une flûte remplie de vin effervescent.

coriandre *nf coriander*
Odeur fortement aromatique pouvant se révéler à la dégustation d'un vin. En outre, la coriandre est utilisée pour la fabrication de **bière blanche** (**witbier**.)

Cornas *n*
AOC. Vins rouges produits sur des terrasses, dans la commune de Cornas (Ardèche.) Vins charpentés de couleur intense.

corps *nm body*
Poids du vin en bouche dû à sa teneur en alcool et ses tannins. Les vins de régions chaudes ont tendance à avoir plus de corps que ceux des régions froides.

Corse *nf Corsica*
Département français au climat très propice à la viticulture produisant surtout des vins de pays et aussi un excellent **muscat** du Cap Corse.

corsé *adj full-bodied*
Se dit d'un vin à forte teneur en alcool (supérieure à 13°.)

Corton *nm*
AOC. Unique grand cru rouge de la Côte de Beaune caractérisé par sa fermeté, son élégance et sa finesse. Le nom de Corton est en général suivi de celui de la parcelle : eg *Corton-Les Perrières, Corton-Le Clos-du-Roi.* Le **Corton-Charlemagne** est un grand cru blanc vigoureux, élégant aux arômes de pierre à fusil. Il doit son nom à l'empereur Charlemagne qui posséda un clos de 2,5 hectares sur le coteau de Corton et qu'il légua à l'Abbaye Saint-Andoche de Saulieu en 775. *→ p. 60.*

Côte de Brouilly

cortonner *v to "corton"*
Se dit d'un Corton jeune qui manifeste une dureté caractéristique avant de s'assouplir après un séjour de plusieurs années en bouteille.

cos *nm cos*
Ce terme bordelais signifie "colline de cailloux."

Cos d'Estournel *n*
AOC. 2° Grand Cru classé du Bordelais (**Saint-Estèphe**). Vin rouge de grande classe, riche, savoureux et corsé. Le château lui-même ressemble à un palais oriental.

Costières-de-Nîmes *n*
AOC. Vins rouges, blancs et rosés produits sur les coteaux du département du **Gard**. Rouges fruités et bien structurés, blancs secs, frais et vifs.

cot *nm cot*
Autre nom du cépage **malbec**.

côte *nf côte, slopes, hillside*
Flanc de colline. Eg *Côte de Beaune, Côte de Nuits, Côtes du Rhône. Attention à ne pas traduire ce mot par Coast !*

Côte Chalonnaise *nf*
Région bourguignonne s'étendant de Chagny à Saint Vallerin. Cette région comporte quatre appellations principales : **Rully**, **Mercurey**, **Givry** et **Montagny**. Elle produit des vins rouges équilibrés et aromatiques. Les vins blancs, légers et fruités au Nord, bouquetés au sud sont de bonne facture. Le village de **Bouzeron** produit l'un des meilleurs **aligoté** et depuis le XIXe siècle, **Rully** est connu pour ses **crémants**.

Côte de Brouilly *nf*
AOC. L'un des 10 crus du Beaujolais, caractérisé par des vins rouges fruités et savoureux.

Côte de Beaune-Villages
AOC. Cette appellation est réservée aux vins rouges de 16 communes de la Côte de Beaune. Les vins caractéristiques de cette région sont fruités et tendres.

Côte de Nuits-Villages *nm*
AOC. Cette appellation concerne les vins produits dans les communes de **Fixin**, Brochon, Premeaux-Prissey, Comblanchien et Corgoloin. Cette région produit surtout des vins rouges fermes et fruités.

Côte des Blancs *nf*
Cette zone de production champenoise est ainsi nommée parce qu'on y cultive presque exclusivement du **chardonnay**. Les meilleurs vignobles, situés entre Cramant et Mesnil-sur-Oger donnent des vins blancs délicats et savoureux qui sont très appréciés lors de l'**assemblage** des **cuvées** de Champagne.

Côte d'Or *nf*
Département bourguignon producteur de grands vins rouges (**Côte de Nuits** et **Côte de**

Beaune) et de grands vins blancs (**Côte de Beaune**.) Ce département aurait été ainsi nommé non pas en raison de la couleur des feuilles en automne, ou du **chardonnay**, ni même de l'or que les vignobles étaient censés rapporter mais de l'orientation des coteaux vers l'est (Côte d'Orient...)

Côte Rotie *nf*
AOC qui tire son nom du fait que les terrasses de la rive droite du Rhône à l'extrémité Nord de la région sont littéralement rôties par le soleil. Vins rouges (**syrah**) de grande classe. Voir *Côtes du Rhône* → *p. 74.*

Côtes Canon-Fronsac *nf*
AOC. Vins du Bordelais, région de Libourne. Vins corsés, de couleur profonde, fruités et de bonne longueur.

Côtes de Blaye *nf pl*
Voir **Blaye**.

Côtes de Bourg *nf pl*
Voir **Bourg**.

Côtes de Buzet *nf pl*
AOC. Vins rouges du Sud-Ouest produits dans le Lot-et-Garonne entre Agen et Marmande à partir de cépages du Bordelais. Vins charnus et tanniques. Il existe aussi des Côtes de Buzet blancs et rosés.

Côtes de Duras *nf pl*
Voir **Duras**.

Côtes de la Malepère *nf pl*
VDQS. Vins rouges et rosés produits au Sud-Ouest de Carcassonne à partir de cépages tels que le **merlot**, le **malbec**, le **cinsault** ou le **grenache**. Vins colorés et corsés.

Côtes de Provence *nf pl*
AOC. Vins produits dans le Var et les Bouches-du-Rhône. Cette région est connue pour ses rosés d'assez faible acidité mais on y fait aussi de bons vins rouges fruités et des blancs secs et tendres.

Côtes de Saint-Mont *nf pl*
AOC. Appellation située dans le Pays de l'**Armagnac**. Vins rouges bien colorés et assez étoffés, vins blancs secs et fruités, vins rosés secs et tendres.

Côtes de Toul *nf pl*
VDQS. Jadis, le vignoble de Lorraine était florissant. Les Côtes de Toul produisent surtout des vins rosés (gris de Toul) faits avec du **gamay**, du **pinot meunier** et/ou du **pinot noir**. Le gris de Toul est délicieux quand il est jeune. La région produit aussi des vins rouges (pinot) aux arômes de cerise et un peu de vin blanc (aligoté, auxerrois.)

Côtes du Brulhois *nf pl*
VDQS. Vins du Sud-Ouest de la France (Gers, Tarn-et-Garonne, Lot-et-Garonne.) Vins rouges du style bordelais mais un peu rustiques. Vins rosés frais.

Côtes du Frontonnais *nf pl*
AOC. Vins produits à l'Ouest de **Gaillac**. Vins rouges fruités et corsés, vins rosés fruités.

Côtes du Jura *nf pl*
AOC. Appellation régionale concernant les vins produits dans le Jura, à l'Est de la France *(voir carte.)* Vins rouges fruités élaborés avec les cépages **poulsard**, **trousseau**, **pinot noir** et **pinot gris**. Vins blancs secs (**savagnin**, **chardonnay**.) Vins rosés fruités. Cette appellation peut s'appliquer aussi au **vin jaune** et au **vin de paille**.

Côtes du Lubéron *nf pl*
AOC. Vins rouges, rosés et blancs produits dans le Vaucluse au Sud-Est d'Avignon. Vins rouges colorés et fruités élaborés à partir de **grenache**, **syrah**, **mourvèdre**, **cinsault**, **carignan**. Cette région produit aussi des vins blancs et rosés.

Côtes du Marmandais *nf pl*
AOC. Vins rouges, rosés et blancs produits dans la région de Marmande (Lot-et-Garonne.) Les rouges, qui imitent les Bordeaux, sont frais et nets et les blancs secs et tendres.

Côtes du Rhône *nf pl*
AOC. Vaste vignoble s'étendant sur une longueur de 200 kilomètres, de Vienne en Avignon. Les Côtes du Rhône comprennent deux régions bien distinctes : le Nord et le Sud. Dans la première, avec des vignobles en terrasses au climat relativement frais, les vins rouges, faits avec de la **syrah**, sont colorés et corsés. On fait aussi des vins blancs, notamment avec le cépage **viognier** dans la région

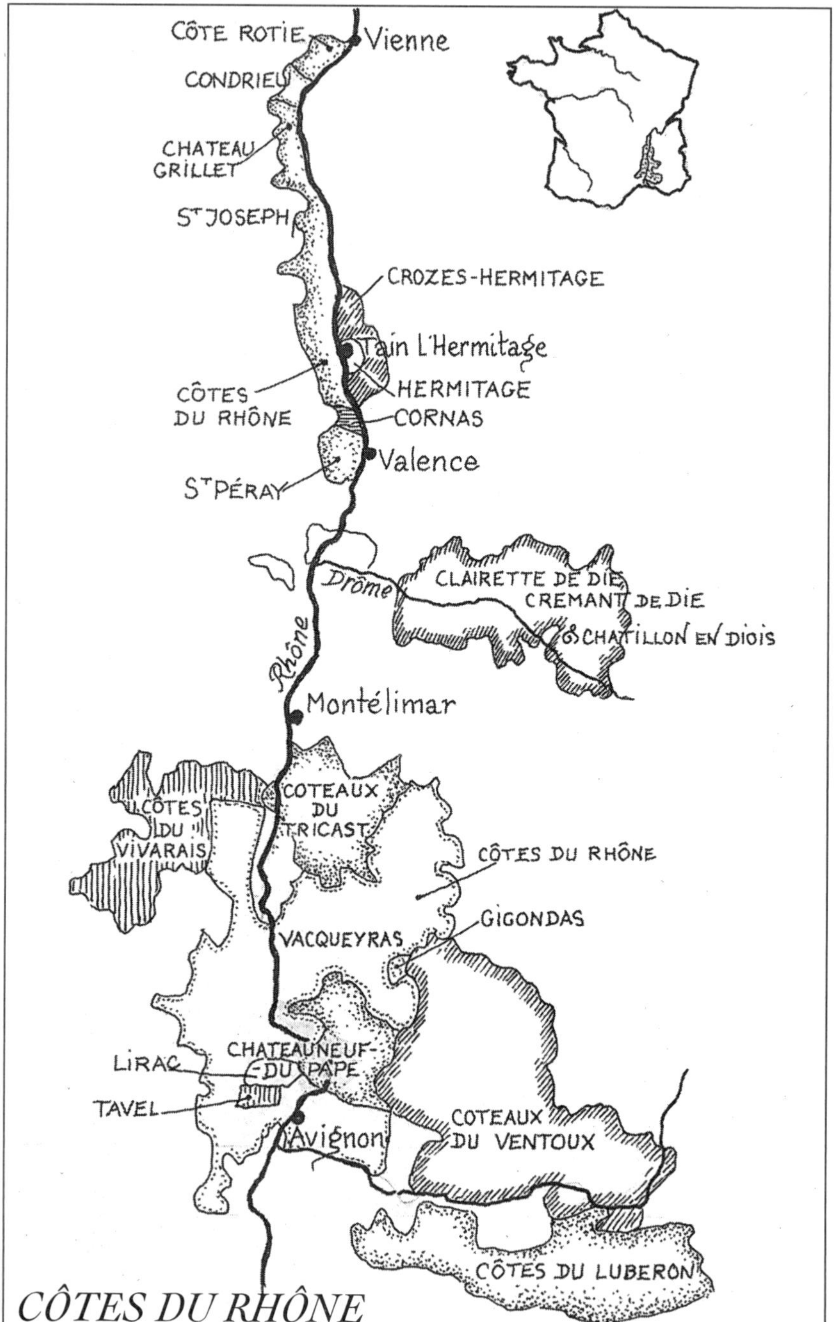
CÔTE ROTIE
Vienne
CONDRIEU
CHATEAU GRILLET
ST JOSEPH
CROZES-HERMITAGE
Tain L'Hermitage
CÔTES DU RHÔNE
HERMITAGE
CORNAS
Valence
ST PÉRAY
Drôme
CLAIRETTE DE DIE
CREMANT DE DIE
CHATILLON EN DIOIS
Rhône
Montélimar
CÔTES DU VIVARAIS
COTEAUX DU TRICAST
CÔTES DU RHÔNE
GIGONDAS
VACQUEYRAS
CHATEAUNEUF-DU PAPE
LIRAC
TAVEL
Avignon
COTEAUX DU VENTOUX
CÔTES DU LUBERON
CÔTES DU RHÔNE

de Condrieu. Au Sud, le vignoble est beaucoup plus étendu puisqu'il produit près de 90 % des Côtes du Rhône. Cette région se caractérise par ses sols caillouteux et son climat méditerranéens. Pour faire leurs vins, les producteurs ont le choix entre 23 cépages dont le **grenache**, le **carignan**, le **cinsault**, le **mourvèdre**... On produit surtout des vins rouges souples et ronds. *(Voir carte)*

Côtes du Roussillon *nf pl*
AOC. Vins rouges, rosés et blancs produits dans les Pyrénées Orientales et le Sud-Est de l'Aude. Cette région qui se libère de plus en plus de son image négative produit des vins rouges à la belle robe et au bouquet fruité. On y trouve aussi des blancs frais et des rosés secs. **Côtes du Roussillon-Villages** : AOC concernant les vins rouges de 25 communes.

Côtes du Ventoux *nf pl*
AOC. Les vins rouges, rosés et blancs produits sur les sols calcaires de la région du Mont Ventoux, dans le Vaucluse, sont plus légers que les vins des Côtes du Rhône. Les rouges sont frais, coulants et fruités.

Côtes du Vivarais *nf pl*
VDQS. Vins produits en Ardèche, sur la rive droite du Rhône. Les rouges sont légers et gouleyants. On y trouve aussi des blancs et des rosés.

coteau *nm* ***slope, hill***
Versant d'une colline.

Coteaux d'Aix-en-Provence *nm pl*
AOC. Vaste appellation consistant en vins rouges de garde, blancs secs et fruités et rosés secs et légers

Coteaux champenois *nm pl*
AOC. Vins **tranquilles** rouges et blancs produits en Champagne.

Coteaux du Giennois *nm pl*
VDQS. Vins rouges et blancs de la région de Cosne-sur-Loire.

Coteaux du Languedoc *nm pl*
AOC. Vins rouges et rosés produits dans trois départements : le Gard, l'Hérault et l'Aude avec une dominante des cépages **carignan** et **cinsault**. Qualité très constante.

Coteaux du Layon *nm pl*
AOC. Vins provenant des coteaux d'un petit affluent de la Loire. Dans les endroits les plus favorables, le raisin est parfois atteint par la **pourriture noble**. Les Coteaux du Layon sont réputés pour leurs vins blancs **moelleux**.

Coteaux du Lyonnais *nm pl*
AOC (depuis 1984). Région voisine du **Beaujolais**, souvent confondue avec elle et produisant le même type de vins.

Coteaux du Tricastin *nm pl*
AOC (depuis 1973.) Région du sud de la vallée du Rhône donnant des vins rouges colorés, riches et poivrés (surtout avec le cépage **syrah**) et aussi un peu de blancs et de rosés.

cottis *nm* ***cottis***
Stade évolué de la chlorose ferrique se manifestant par le rabougrissement des rameaux et le dessèchement des feuilles. Si aucune lutte n'est entreprise, les ceps risquent de crever l'année suivante.

Couchois *nm*
AOC. Région viticole située à l'Ouest de la **Côte Chalonnaise** produisant sur cinq communes autour de Couches des Bourgogne rouges colorés et robustes ainsi que des Bourgogne blancs secs et nets.

coulant *adj* ***pleasant, supple***
Flatteur au palais, souple.

coule (vin de —) *nf* ***free run heads***
Vin fait avec le premier jus de raisin qui sort du pressoir.

coulée *nf* ***dripping ?***
Flux de liquide sortant de l'alambic. Les alambics à **coulée continue** produisent en continu de l'eau-de-vie titrant de 52° à 70°. Des autres alambics s'écoulent d'abord les **têtes** puis le **cœur** et enfin les queues. Seuls les coeurs sont conservés pour obtenir une eau-de-vie de qualité.

Coulée de Serrant *n*
AOC. Célèbre vin d'**Anjou** élaboré dans la commune de **Savennières**. Vins fins et élégants (chenin blanc.)

couleuse *nf* ***leakage***
Suintement du vin par le bouchon de la bouteille provoquant le contact de l'air avec le vin et favorisant l'**oxydation**, d'où un risque d'**altération**.

coulure *nf* ***coulure***
Fécondation incomplète de la fleur sous l'effet du froid, ce qui a pour effet de diminuer le volume de la récolte.

coupage *nm* ***blending***
Opération consistant à mélanger des vins d'origines différentes ou de cépages différents afin d'obtenir un produit équilibré et à la qualité suivie.

coupe *nf* ***cup***
Verre à pied plus large que profond. Autrefois, il était d'usage de boire le Champagne servi dans des coupes, mais c'était une erreur et la **flûte** est le verre le mieux adapté à cette dégustation.

coupe-bourgeon *nm* ***twin cutter***
Terme générique désignant des **ravageurs**, **coléoptères** adultes ou **chenilles** de papillons, qui s'attaquent à la vigne. On lutte contre les coupe-bourgeons par injection d'insecticides.

courant *adj* ***common***
Un vin de *consommation courante* est un vin de table.

courbu *nm* ***courbu***
Cépage blanc donnant des vins à la fois floraux et fruités. Ce cépage se trouve surtout dans les Pyrénées, dans le **Jurançon** notamment.

courbure *nf* ***bending***
En tonnellerie, action de donner une forme arrondie aux **douelles** d'un tonneau à l'aide du feu avant de le **cercler**.

couronne *nf* ***crown***
Cercle formé par le dégagement des bulles dans une **flûte** remplie de vin **effervescent**.

courson *nm* ***spur, renewal spur***
Petite branche à fruits **taillée** à deux yeux d'où naîtront les branches de remplacement de la vigne pour l'année suivante.

court *adj* ***short***
Adjectif appliqué à un vin de saveur faible et surtout fugace.

courtage *nm* ***brokerage***
Rémunération du **courtier** consistant en un pourcentage du droit d'achat de vin chez un propriétaire et vendu à un **négociant**. Par extension, ce terme en est venu à désigner aussi la fonction de courtier.

courtier, courtier de campagne *nm* ***wine broker***
Personne qui sert d'intermédiaire entre le producteur de vins et l'acheteur. Le courtier enregistre la demande du **négociant** et essaie d'y répondre en lui proposant des **échantillons** de vins sélectionnés à la propriété. Comme le courtier achète des vins très jeunes, il doit avoir un excellent sens du goût.

court noué *nm* ***fan leaf***
Maladie **virale** de la vigne caractérisée par de nombreuses anomalies de végétation qui entraînent le dépérissement des ceps.

cracher *v* ***to spit out***
Rejeter le vin que l'on a dans la bouche. Un dégustateur qui veut émettre un jugement précis des vins qu'il déguste doit les recracher.

crachoir *nm* ***spittoon***
Récipient dans lequel les dégustateurs recrachent les vins qu'ils n'ont pas avalés.

Cragganmore *n*
Whisky single malt du **Speyside** en Ecosse. Distingué et complexe.

craie *nf* ***chalk***
Type de sol calcaire composé de bicarbonate de chaux qui est une pierre tendre. Les cépages de **Champagne** et des **Charente** s'épanouissent sur des sols composés de craie.

crapaud (œil de —) ***big bubble, toad eye***
Grosse bulle dans des vins effervescent. On dit souvent que plus les bulles sont fines et persistantes, plus le vin effervescent est de qualité.

cratère *nm* ***crater***
Dans l'Antiquité, ce terme désignait un vase à deux anses en forme de coupe dans lequel on mêlait l'eau et le vin. Le cratère de Vix datant d'environ 500 ans avant Jésus-Christ, est le plus grand vase de bronze antique qui nous soit parvenu. Il fut découvert à Vix, près de Châtillon-sur-Seine (Côte d'Or) en 1953. Ce cratère avait été offert à une princesse gauloise et sur son rebord, on a trouvé des vases à puiser et à boire.

crayeux *adj* ***chalky***
Se dit d'un sol qui contient de la craie.

cream ale *nf*
Pale ale américaine dorée, douce et corsée, brassée à partir de **malt** et de **houblon**.

cream sherry ***nm cream sherry***
On emploie parfois le terme "Xérès crème" pour désigner cet assemblage de sherrys *oloroso* très doux et de couleur assez foncée. Il est servi enfin de repas plutôt que comme apéritif.

crémant *nm* ***crémant, sparkling wine***
AOC. Vin effervescent portant une appellation d'origine. Le crémant est fait avec des raisins blancs et noirs selon la méthode champenoise. Les régions viticoles qui peuvent prétendre à l'appellation crémant sont les suivantes : **Alsace**, **Bordeaux**, **Bourgogne**, **Die**, **Jura**, **Limoux et Loire**.

crème *nf* ***crème***
Terme s'appliquant aux liqueurs sucrées élaborées à partir de fruits, grains ou feuilles : cassis, mandarine, cerise, ananas, orange, prunelle, chocolat, rose, vanille, violette…

crème de tête *nf* ***crème de tête, richest noble rotted wine***
Terme désignant le meilleur vin fait avec des raisins atteints de **pourriture noble** issus du tout premier **tri**. En Champagne, ce terme désigne le premier jus de pressurage donnant des **moûts** de grande qualité.

crémeux *adj* ***creamy***
Se dit d'un vin **onctueux**, **moelleux**, dont la consistance fait penser à la crème.

créosote *nf* ***creosote***
Arôme de goudron de bois, de suie, pouvant se révéler à la dégustation d'un vin rouge vieux, notamment fait avec du **pinot noir** bien mûr.

Crépy *n*
AOC. Petit village de **Savoie** au sud-est du Lac Léman. Le style de ses vins blancs faits à partir du cépage **chasselas** ressemble à celui de ses voisins suisses.

creux *adj* ***lacking in body***
Se dit d'un vin manquant d'une réelle saveur en bouche parce qu'il manque de corps, de fruit ou d'acidité.

criadera *nf* ***criadera***
Terme espagnol désignant les rangées de tonneaux de Xérès placées au-dessus de la première appelée **solera**. → p. 489.

crianza *nf* ***Crianza***
Terme espagnol appliqué à un vin de la **Rioja** de deux ans qui a passé au moins un an enfût.

Crimée *nf* ***Crimea***
Région viticole de l'Ukraine ayant jadis fait partie de la Russie. En 1894, le prince Voronzof avait fait construire la cave de Massandra dans cette province qui produisait alors beaucoup de vins de dessert. Au début du XXe siècle, le Français Pallas donna une nouvelle impulsion au vignoble de Crimée. Aujourd'hui, cette région est encore connue pour ses vins **vinés** mais aussi pour ses vins rouges généreux (**grenache**) ses blancs (**sylvaner**, **aligoté**) et ses vins effervescents élaborés en **cuve close** selon la méthode **Charmat**.

Criots-Bâtard-Montrachet *n*
AOC. Grand cru de **Chassagne-Montrachet** (1,57 ha.) Vin de couleur plus pâle que les

autres grands crus du secteur Montrachet, très parfumé.

cristallin *adj* ***crystal-clear***
Très clair, très limpide.

cristallin *adj* ***crystalline***
Les roches cristallines se sont formées en profondeur par cristallisation à l'état solide. Ce terme est souvent utilisé pour décrire le **granite**.

Croatie *nf* ***Croatia***
Pays de l'ancienne République Fédérative de Yougoslavie dont le vignoble est situé le long de la côte adriatique et à l'intérieur du pays, en gros, le long de la vallée du Danube. Souvent cultivé en terrasses, le vignoble de la vallée du Danube planté en **riesling italien**, **pinot blanc**, **sauvignon** donne des vins blancs secs et fruités. Le long de la mer adriatique, le climat méditerranéenfavorise la production de vins rouges et rosés riches en alcool. Ces vins sont élaborés à partir de cépages locaux tels que le **prokupac** mais aussi de cépages français comme le **cabernet sauvignon**, le **merlot** ou le **grenache**.

croisement *nm* ***crossing, cross-breeding, hybridization***
Mode de multiplication végétative de la vigne consistant à hybrider deux ou plusieurs cépages de la même **espèce** alors que l'**hybride** est un croisement entre deux cépages ou plus appartenant à des espèces différentes. Ex : le **Müller-Thurgau** est un **croisement** entre le **riesling** et le **sylvaner**.

croupi (odeur de —) *adj* ***stagnant***
Odeur qui rappelle celle fétide des eaux stagnantes dans lesquelles pullulent des micro-organismes.

Crozes-Hermitages *n*
AOC. Vignoble assez étendu (environ 800 hectares) situé sur des coteaux du département de la Drôme sur la rive gauche du Rhône. Vins rouges (**syrah**) colorés et corsés. Quelques vins blancs secs et riches. → *p. 74.*

cru *adj* ***raw***
Se dit d'un vin trop jeune, vert.

cru *nm* ***growth, cru***
Zône délimitée sur laquelle on produit un vin particulier. Vignoble de grande qualité.

cru bourgeois *nm* ***cru bourgeois***
Cru non classé du **Bordelais**.

cru classé *nm* ***classed, classified growth***
Vin d'**appellation contrôlée** provenant d'un vignoble officiellement classé.

cryoconcentration *nf* ***cryoconcentration***
Technique permettant d'obtenir la concentration des raisins par le froid de façon à recréer artificiellement les conditions de production de l'**Eiswein**.

cryoextraction *nf* ***cryo-extraction***
Technique de concentration du **moût** par congélation légale seulement pour les vins ordinaires et les vins d'appellation liquoreux. Avant d'être pressés, les raisins sont mis en chambre froide et les raisins moins riches en sucre se congèlent. Seuls les raisins dont la concentration en sucre est plus élevée donneront leur jus au pressurage. La cryo-extraction, qui ne doit pas être confondue avec la congélation, recrée en fait artificiellement les conditions de production de l'**Eiswein**.

cryogénie *nf* ***cryogenic***
Production de basses températures.

cryolevures *nf* ***low-temperature yeast***
Levures pouvant supporter le froid. Elles sont utilisées pour déclencher les fermentations à basse température.

cryo-sélection *nf* ***cryo-selection***
Sélection des **baies** de raisin les plus riches en sucre par congélation de la vendange en chambre froide.

cryovinification *nf* ***cryo-vinification***
Vinification comprenant des phases de soumission du **moût** et du vin au froid à des fins de **débourbage** et de **clarification**.

cryptogame *nm* ***cryptogam***
Végétal n'ayant ni fleur, ni fruit, ni graine. En viticulture, les cryptogames sont les champignons qui causent les maladies de la vigne comme le **mildiou**, l'**oïdium** ou la **pourriture grise**.

cryptogamique *adj* ***cryptogamic***
Concernant les maladies causées par des champignons comme le **mildiou**, l'**oïdium** ou le **botrytis**.

cubi *nm* ***winebox, bag-in-box***
Terme familier désignant un cubitainer

cubitainer *nm* ***winebox, bag-in-box***
Récipient de forme cubique enmatière plastique pouvant contenir de 5 à 33 litres. Il consiste en une poche de plastique renfermée dans une enveloppe en carton. Le cubitainer est utilisé pour la commercialisation du vin en vrac aux particuliers. En raison de la porosité de la paroi à l'air, mieux vaut limiter son usage au transport et s'abstenir de laisser le vin séjourner trop longtemps dans ce type de récipient.

cucurbite *nf* ***pot***
Partie inférieure de la chaudière d'un alambic.

cuir *nm* ***leather***
Arôme pouvant se révéler à la dégustation d'un vin rouge évolué riche en tanin, et d'un cognac.

cuir frais *nm* ***fresh leather***
Arôme pouvant se révéler à la dégustation d'un vin rouge tannique du Bordelais, et d'un cognac. Synonyme : *maroquin.*

cuir de Russie *nm* ***Russian leather***
Arôme pouvant se révéler à la dégustation d'un vieux Corton ou d'un vieux Nuits-Saint-Georges, et d'un cognac.

cuit *adj* ***fortified***
Un vin cuit est un vin auquel on a ajouté de l'alcool. (Ce terme familier est un peu dévalorisant. Il vaut mieux parler d'un **vin muté**.)

cuit *adj* ***cooked***
L'expression " goût de cuit" est peu flatteuse. Elle désigne un vin dont les raisins ont été brûlés par le soleil ou qui a fermenté à une température trop élevée.

cuite *nf* ***booze-up, bender***
Mot familier désignant un état d'ébriété.

cuivre *nm* ***copper***
Métal dont le sulfate est utilisé dans la lutte contre les maladies **cryptogamiques** de la vigne. Quand la teneur en cuivre du vin est excessive, le risque de **casse cuivrique** augmente et un goût de cuivre se manifeste à la dégustation. Les alambics charentais traditionnels sont tout en cuivre car ce métal joue le rôle de catalyseur et ne modifie pas le goût des alcools.

cuivré *adj* ***copper-coloured (GB), copper-colored (US)***
Ce terme peut désigner la couleur de la robe de certains vins. On peut distinguer entre des nuances **cuivre rouge** (red copper) et **cuivre doré** (yellow copper)

culot *nm* ***bottom***
Partie inférieure d'une bouteille.

cul-sec *nm* ***bottoms up !***
Expression populaire. Faire cul-sec ou boire cul-sec signifie boire d'un trait et s'applique plus à la vodka qu'au vin.

culture in vitro *nf* ***in vitro culture***
culture expérimentale réalisée en laboratoire dans des conditions d'aseptie pour éviter le risque de contamination **virale**. L'avantage de cette culture est qu'elle permet la production d'un très grand nombre de **clones**.

culture de couverture *nf* ***Cover crop***
culture de plantes entre les rangs de vigne pour réduire les risques d'érosion et accroître le volume de matières organiques dans le sol.

cumin *nm* ***caraway***
Arôme épicé pouvant se révéler à la dégustation d'un vin. En outre, le cumin peut être utilisé pour la fabrication de **bière blanche** (**witbier**.)

cuprique *adj* ***cupric***
Relatif au cuivre. Ex. : les vignerons procèdent à des traitements cupriques pour enrayer le **mildiou**.

curaçao *nm* ***curaçao***
Liqueur à base d'écorces d'oranges. Au début, elle fut fabriquée par les Hollandais sur l'île de Curaçao, au large du Vénézuéla.

curieux *adj* ***surprising***
Pour un dégustateur, un vin curieux est un vin qui surprend par ses caractéristiques inhabituelles.

cuvaison *nf* ***vatting, fermenting time***

Phase de la fermentation au cours de laquelle le jus est maintenu au contact des peaux de raisin.

cuve *nf* ***vat, tank***
Grand réservoir servant pour la fermentation des vins.
cuveau *nm* ***small vat, tub***
Petite cuve.

cuve autopigeante *nf* ***autovinifier, autofermenter***
Cuve équipée d'un système de **pigeage** automatique. Les producteurs de grands vins évitent toutefois de recourir à la cuve autopigeante.

cuve close *nf* ***pressure tank***
Cuve scellée servant à l'élaboration en vrac de vins effervescents généralement vendus bon marché. La **seconde fermentation** qui se déroule dans une cuve fermée permet une production industrielle. La cuve close fut inventée en 1907 par Eugène **Charmat** qui a donné son nom à ce procédé.

cuvée *nf* ***vatful***
Contenu d'une cuve à vin.

cuvée *nf* ***cuvée***
Vin provenant d'une même parcelle de vigne.

cuvée *nf* ***blending***
En Champagne, ce mot désigne un mélange ou une partie déterminée du vin en stock.

cuver *v* ***to macerate, to ferment***
Séjourner dans une cuve, fermenter dans une cuve.

cuver son vin *v* ***to sleep it off***
Expression argotique signifiant dormir après avir trop bu.

cuverie *nf* ***vat-house, vat room, wine storehouse***
Bâtiment abritant les cuves de fermentation.

cycle végétatif *nm* ***vegetative cycle, growth cycle***
Stades successifs de la vie de la vigne de son éveil au début du printemps à sa période de **dormance** à la fin de l'automne.

cynorhodon *nm* ***rosehip***
Fruit de l'églantier pouvant être utilisé pour faire du sirop ou même de la liqueur.

D

DAA *nm*
Abréviation de document administratif d'accompagnement. Autorisation administrative permettant la circulation de vins et de spiritueux dans la Communauté Européenne.

Dalwhinne *n*
Whisky single malt écossais produit dans le Nord des **Highlands**. Le Dalwhinne est léger et aromatique.

dame-jeanne ***demijohn***
Autrefois, cette grosse **bouteille** de grès ou de verre, le plus souvent entourée d'osier, servait à la conservation et au transport de vins ou de spiritueux. → *p.368.*

Dão *n*
DOC. Région viticole portugaise au sol granitique surtout connue pour ses vins rouges durs et secs issus du cépage **touriga nacional** qui sont considérés comme les vins "classiques" du Portugal. Cette région, assez vaste, située entre Porto et Lisbonne, recèle un excellent potentiel. *(Voir carte Portugal)*

Davis *n*
Ville universitaire située à l'Ouest de Sacramento, la capitale de l'état de Californie. Le campus de Davis, qui appartient à la prestigieuse université de Californie, est connu pour son département de viticulture et d'œnologie. C'est là que des recherches de pointe ont été menées dans les domaines des **degrés-jours, des sommations de températures**, **la roue des arômes** etc.

débit *nm* ***flow, outflow***
Volume de vin écoulé pendant une unité de temps. ex : *le débit d'une pompe.*

débit de boisson *nm* ***bar, licensed house***
Etablissement où l'on vend des boissons à consommer sur place.

déblocage *nm* ***release***
Autorisation administrative de mise en vente de vins ou de spiritueux mis en réserve dans le but de régulariser les cours.

déboisement *nm* ***deforestation***
Opération d'arrachage des arbres préludant à l'extension d'un vignoble ou à sa création.

débonder *v* ***to remove the bung***
Ôter la **bonde** d'un tonneau.

débouchage *nm* ***uncorking***
Action consistant à ôter le **bouchon** d'une bouteille.

déboucher *v* ***to uncork***
Ôter le **bouchon**.

débourbage *nm* ***racking of the must, settling of the must***
Premier **soutirage** ayant pour but de séparer le vin clair des **bourbes** qui s'amassent au fond des récipients. Le débourbage est pratiqué avant la fermentation des vins blancs et après la vinification des vins rouges.

débourber *v* ***to let the must settle***
Eliminer les **bourbes** contenues dans le **moût**.

débourrement *nm* ***budburst, budbreak***
Epanouissement des bourgeons sous l'influence d'une température supérieure à 10°C et de l'humidité : les bourgeons s'ouvrent et rejettent leur **bourre**.

débroussaillement *nm* ***clearing***
Action de débroussailler.

débroussailler *v* ***to clear the ground***
Effectuer un travail préparatoire à la plantation d'une vigne en débarrassant le terrain de ses broussailles.

débuttage *nm* ***ploughing down***
Travail consistant à dégager les **ceps** de la terre qui les recouvrait. Ce labour répartit et aère le sol désagrégé par le froid de l'hiver.

décantage *nm* **décantation** *nf* ***decanting***
Action de décanter.

décanter *v* ***to decant***
Verser du vin se sa bouteille d'origine dans une autre bouteille afin de le séparer de son **dépôt** ou de l'aérer.

décanteur *nm* ***decanter***
Appareil servant à **décanter** un vin.

décapsulage *nm* ***taking the top off***
Action d'enlever la **capsule**.

décapsuler *v* ***to take the top off***
Retirer la **capsule** d'une bouteille.

décapsuleur *nm* ***bottle-opener***
Petit outil de métal servant à enlever les **capsules** des bouteilles.

décavaillonnage *nm* ***ploughing between the rows of vine***
Piochage de la bande de terre située entre les **ceps**.

décavaillonner *v* ***to plough between the rows of vine***
Piocher la bande de terre située entre les **ceps** de vigne.

décavaillonneuse *nf* ***French plough***
Charrue permettant de labourer la bande de terre située entre les **ceps** de vigne.

décevant *adj* ***disappointing***
Se dit d'un vin qui n'est pas à la hauteur des espérances qu'on a mises en lui.

décharné *adj* ***lean, lacking in flesh***
Caractéristique d'un vin très maigre.

déchaussage *nm* ***ploughing down (GB,) plowing down (US)***
Action de dégager les ceps de la terre qui les recouvrait. Cette tâche de printemps répartit et aère le sol désagrégé par le froid de l'hiver et permet la destruction des mauvaises herbes naissantes. Synonyme : **débuttage**.

déclaration de récolte *nf* ***grape-harvest declaration***
Document sur lequel le producteur déclare le volume de la récolte.

déclassement *nm* ***declassification***
Rétrogradation d'un vin dans la hiérarchie des appellations d'origine contrôlée. Le producteur peut décider le **déclassement** ou le repli de son vin s'il juge qu'il ne satisfait pas aux exigences qualitatives et organoleptiques attendues de son rang et de son terroir. Ce faisant, il espère maintenir la réputation de son domaine.

déclin *nm* ***decline***
Baisse de la qualité d'un vin après un certain âge.

décliner *v* ***to decline***
Se dit d'un vin dont la qualité diminue après un certain âge.

décoloration *nf* ***to take the colour out, to discolour (GB), to take the color out, to discolor (US)***
Opération ayant pour but de rendre plus claire la **robe** d'un vin blanc. Cette pratique est courante en Italie et aussi en Champagne lorsque le **moût** présente des reflets rosés.

décoloré *adj* ***which has lost its colour (GB), which has lost its color (US)***
Se dit d'un vin qui a perdu sa couleur.

décuvage *nm* ***devatting***
Action de tirer le vin d'une cuve et de transférer le **marc** constitué de peaux, de pépins et de jus dans le pressoir lorsque la fermentation est terminée.

décuver *v* ***to draw off***
Triage du vin contenu dans une cuve et transfert du **marc** dans le pressoir après la fermentation alcoolique.

défaut *nm* ***flaw, shortcoming***
Imperfection qualitative. Un dégustateur se montre toujours vigilant à l'égard des défauts possibles d'un vin tout en souhaitant ne pas en trouver.

défectueux *adj* ***flawed***
Se dit d'un vin altéré ou d'un cognac, souffrant de graves défauts.

déferrage *nm* ***removal of excess iron***
Action d'enlever l'excès de fer contenu dans le vin.

défonçage *nm* ***trench ploughing (GB) trench plowing (US)***
Preparation du sol en vue d'une plantation ou d'une replantation. Ce travail s'effectue à l'aide d'une charrue spéciale qui s'enfonce dans le sol à une profondeur de 40 ou 50 cm et a pour but d'enlever les vieux **ceps** et les vieilles racines, d'ameublir le sol, de nettoyer et d'épierrer le terrain.

défoncer *v* ***to deep-plough (GB), to deep-plow (US)***
Pratiquer le défonçage.

défonceuse *nf* ***trench plough (GB), trench plow (US)***
Charrue tirée par un treuil ou un tracteur servant au défonçage.

défraîchi *adj* ***worn, faded***
Se dit d'un vin qui a perdu sa couleur, sa fraîcheur et sa structure.

défrichage *nm* **défrichement** *nm* ***clearing***
Action de défricher.

défricher *v* ***to clear the land, to clear the undergrowth (from the land)***
Rendre un terrain inculte propre à la culture.

dégénérescences infectieuses *nf pl* ***degeneration***
Ensemble de maladies de la vigne causées par des virus. La dégénérescence la plus répandue en Bourgogne est le **court-noué**. Le seul moyen de lutter contre cette dégénérescence est d'arracher la vigne, de désinfecter et d'assainir le sol et de le replanter avec des plants sains.

dégorgement *nm* ***disgorging, disgorgement***
Tâche consistant à éliminer le **dépôt** des bouteilles de Champagne et d'autres vins **effervescents**.

dégorger *v* ***to disgorge***
Éliminer le **dépôt** des bouteilles de vins **effervescents** vinifiés selon la **méthode champenoise**.

degré *nm* ***degree***
En œnologie, le sens de ce mot varie enfonction des adjectifs qui lui sont accolés.

degré alcoométrique centésimal (GL) *nm* ***alcoholic degree***
unité de titre alcoométrique équivalant au degré de l'échelle centésimale de **Gay-Lussac** dans laquelle le titre alcoométrique de l'eau pure est 0 et celui de l'alcool absolu 100.

degré Balling *nm* ***Balling degree***
Système d'évaluation de la teneur en sucre du raisin utilisé en **Afrique du Sud**.

degré Baumé *nm* ***Baumé degree***
Unité servant à mesurer la concentration d'un vin d'après sa **densité**. Cette unité est utilisée en **France**, en **Australie**...

degré Brix *nm* ***Brix degree***
Système d'évaluation de la teneur en sucre du raisin utilisé aux **USA**.

degré Oechsle *nm* ***Oechsle degree***
Système d'évaluation de la teneur en sucre du raisin pour les catégories de vin de pays comme l'**Allemagne**, l'**Autriche** ou la **Suisse**.

degrés-jours *nm pl* ***degree days***
Résultat de la multiplication de la température moyenne diurne supérieure à 10°C pendant la croissance de la vigne par le nombre de jours correspondant à la période de végétation. Ex. : pour 180 jours à 16° de moyenne diurne, le nombre de degrés-jours est 180 x (16 – 10) = 1080. Le chiffre de 1000 est considéré comme minimum pour une bonne qualité. Dans le Bordelais, il est de l'ordre de 1350.

dégustateur *nm* **dégustatrice** *nf* ***wine taster***
Personne dégustant les vins et les spiritueux.

dégustation *nf* ***tasting***
Jugement des qualités et des caractéristiques d'un vin ou d'un spiritueux par le goût et l'odorat.

dégustation à l'aveugle *nf* ***blind tasting***
Dégustation au cours de laquelle l'étiquette des vins est masquée avant d'être révélée au dégustateur. Les dégustations de concours se déroulent à l'aveugle.

dégustation horizontale *nf* ***horizontal tasting***
Dégustation de plusieurs appellations ou crus différents de la même année.

dégustation verticale *nf* ***vertical tasting***
Dégustation d'un même cru ou d'une même appellation d'années différentes.

déguster *v* ***to taste***
Apprécier les qualités d'un vin ou d'un spiritueux.

dégustoir *nm* ***tasting room***
Salle dans laquelle la dégustation est pratiquée le plus souvent à des fins professionnelles.

délestage *nm* ***delestage***
Technique visant à l'homogénéisation du **moût** dans la cuve. La totalité du liquide est pompée dans une autre cuve et y séjourne quelque temps avant d'être retransférée dans la première. Le **chapeau** remonte alors au travers du jus.

délectable *adj* ***delicious, delightful***
Terme de dégustation appliqué à une boisson très agréable.

délectation *nf* ***delight, delectation***
Plaisir procuré par une boisson au goût très agréable.

délecter (se) *v* ***to relish***
Prendre un vif plaisir.

délicat *adj* ***tender, subtle***
Se dit des qualités discrètes qui contribuent au charme d'un vin.

délicatesse *nf* ***delicacy***
Caractère délicat d'un vin.

délicieux *adj* ***delicious, delightful***
Terme de dégustation flatteur utilisé pour décrire un vin (souvent doux) ou une autre boisson qui provoque un plaisir presque sensuel chez le dégustateur.

délimitation *nf* ***demarcation***
Fixation des limites d'une zone d'appellation.

.délimité *adj* ***delimited***
Adjectif utilisé pour décrire une aire géographique dont les limites ont été déterminées selon certains critères géologiques ou **topographiques**. L'aire délimitée doit produire des vins aux caractéristiques homogènes, cf ***VDQS*** *(Vin Délimité de Qualité Supérieure.)*

demerara *nm* ***demerara***
Rhum jeune au goût prononcé, produit en Guyane à partir des résidus de la fabrication du sucre.

demi *nm* ***half pint***
Unité de mesure utilisée pour la **bière**. Légalement, le demi de bière servi à la **pression** contient 25 cl en France.

demi-bouteille *nf* ***half-bottle***
Petite bouteille d'une contenance de 37,5 cl.

demi-muid *nm* ***big barrel, puncheon***
Grand foudre d'une contenance variable : deux **pièces** (456 litres) en Bourgogne, 600 litres en Champagne…

demi-queue *nf* ***big barrel***
En Bourgogne, la demi-queue équivaut à une **pièce**, c'est-à-dire 228 litres mais sa contenance est variable selon les régions.

demi-sec *adj* ***semi-dry***
Sur une étiquette de Champagne, ce mot désigne un vin assez sucré contenant entre 33 et 50 grammes de **sucre résiduel** par litre.

démontage *nm* ***pre-pruning***
Dans les régions tempérées, **taille** préparatoire. A l'aide d'un gros sécateur, le vigneron coupe la branche à fruits de l'année et supprime, sur le bas de la **souche**, les **sarments** inutiles.

démonter *v* ***to pre-prune***
Effectuer les travaux préparatoires à la **taille**.

dénaturé *adj* ***denaturated***
Se dit d'un alcool rendu impropre à la consommation parce qu'on y a ajouté certaines substances.

dénomination *nf* ***name***
Nom sous lequel un vin est connu.

dense *adj* ***concentrated***
Se dit d'un vin à la robe intense et aux arômes puissants et complexes.

densimètre *nm* ***densimetre***
Appareil fonctionnant sur le principe d'Archimède et servant à mesurer la densité du moût de raisin. Syn. : **aréomètre**, **mustimètre**.

densité *nf* ***density***
Qualité de ce qui est dense.

densité de plantation *nf* ***density of planting***
Nombre de pieds de vigne plantés par hectare.

densité des moûts *nf* ***must density***
Teneur en sucre des raisins exprimée en degrés **Baumé** en France, en degrés **Oechsle** en Allemagne, en Autriche et en Suisse, en degrés **Brix** aux USA et en degrés **Balling** en Afrique du Sud.

dentelle (vin de —) *nf* ***very delicate wine***
Se dit d'un vin fin et délicat.

départ cave *nm* ***ex-cellar***
Clause d'exportation dans laquelle l'acheteur paie tout le transport du vin et les frais de douane.

dépassement *nm* ***excess***
Volume de vin supérieur au rendement légal.

déposer *v* ***to deposit***
Former un **dépôt** au fond de la bouteille.

dépôt ***deposit, sediment***
Sédimentation au fond de la bouteille causée par la chute des tanins et des **pigments** du vin. On peut éliminer le dépôt en faisant **décanter** le vin. Le dépôt des vins effervescents est systématiquement éliminé par les opérations de **remuage** et de **dégorgement**.

dépotage *nm* ***racking off, drawing off***
Action de vider une cuve (synonyme : **décuvage**).

dépoter *v* ***to rack off, to draw off***
Vider une cuve. (Synonyme : **décuver**).

dépouillé *adj* ***stripped***
Se dit d'un vin qui a perdu ses particules en suspension.

dérive *nf* ***drift***
Toute dérivation de leur trajectoire normale des goutelettes ou particules d'un produit antiparasitaire du fait de courants d'air ou de turbulences diverses. Les dérives risquent de remettre en cause les traitements par hélicoptère en raison de la pollution dont elles sont responsables.

dérogation *nf* ***dispensation***
Permission administrative de se soustraire à une règle obligatoire.

désacidification *nf* ***de-acidifying***
Opération consistant à ôter l'acidité d'un vin. Cette opération n'est pas sans danger pour la qualité d'un vin.

désaltérant *adj* ***thirst-quenching***
Propre à désaltérer.

désaltérer *v* ***to quench somebody's thirst***
Faire cesser la soif.

désaltérer (se) *v* ***to quench one's thirst***
Faire cesser sa soif en buvant.

descente (avoir une bonne —) ***really knock it back***
Expression populaire signifiant être capable de beaucoup boire.

déséquilibré *adj* ***unbalanced***
Se dit d'un vin dont les différentes sensations gustatives manquent d'harmonie.

désherbant *nm* ***weed-killer***
Produit chimique détruisant les mauvaises herbes.

désherbage *nm* ***weeding***
Action de désherber par injection de produits **herbicides** qui, soit empêchent les herbes de pousser dans les rangs, soit les font faner quand elles sont déjà poussées. La seconde méthode est souvent employée dans les vignobles de coteau car elle évite les descentes de terre par temps d'orage.

désherber ***to weed***
Supprimer les mauvaises herbes.

désinfectant *nm* ***disinfectant***
Produit propre à désinfecter. L'**anhydride sulfureux**, (SO2) utilisé depuis l'Antiquité, est considéré comme le désinfectant indispensable à toute bonne vinification.

désinfecter *v* ***to disinfect***
Neutraliser les bactéries d'un vin par l'action d'un antiseptique.

desséché *adj* ***dried out***
Se dit d'un vin rouge trop acide et trop tannique, manquant de **chair** et de **gras**.

dessert (vin de —) *nm* ***dessert (wine)***
Terme générique désignant un vin sucré ou **muté** traditionnellement servi avec le dessert. Toutefois, la tendance, aujourd'hui, est de servir des vins plus secs, souvent effervescents pour accompagner cette partie finale du repas.

dessication *nf* ***dessication***
Dessèchement du raisin lors du **passerillage.** Cette opération, naturelle ou artificielle, sert à produire soit des vins doux (**vendanges tardives**, **vin de paille**) soit des raisins secs.

dessous (de bouteille, de verre) *nm* ***coaster***
Petit disque de bois, de carton, de verre que l'on met sous les bouteilles pour protéger la nappe.

destinataire *nm / nf* ***consignee***
Personne à qui s'adresse un envoi.

détartrage *nm* ***tartar removing operation***
Action d'enlever le **tartre** présent sur les parois internes d'une cuve ou d'un tonneau.

détartrer *v* ***to remove tartrate from***
Enlever le **tartre** présent sur les parois internes d'une **cuve** ou d'un tonneau.

détreillage *nm* ***bottle removal***
En Champagne, ce terme signifie enlever les bouteilles empilées sur **lattes**.

développé *adj* ***developed***
Se dit d'un vin qui a suffisamment vieilli pour que ses arômes puissent s'exprimer pleinement.

développement durable *nm* ***sustainable development***
Mesure dans laquelle les objectifs de l'action de l'aide à l'agriculture peuvent continuer à être réalisés après la fin de l'aide, le développement durable répond aux besoins du présent sans compromettre la capacité des générations futures à répondre aux leurs.

dévers *nm* ***slope, inclination***
Différence de niveau entre deux **rangs** de vigne voisins.

dextrane *nm* ***dextran***
Substance **colloïdale**, **mucilage**, entrant dans la composition du vin et jouant un rôle important dans sa **clarification**.

dextrogyre *adj* ***dextro-rotatory***
Qui fait tourner à droite le plan de polarisation de la lumière. Le **glucose** est dextrogyre.

Dézaley *n*
Célèbre vin blanc suisse de Lavaux, dans le canton de Vaud. Des moines **cisterciens** sont à l'origine du développement de cette appellation.

diacétyle *nm* ***diacetyl***
Composant **volatile** du vin auquel il confère des arômes beurrés et des arômes de noisette.

Diageo *n*
Un des leaders mondiaux dans le domaine des vins et spiritueux. Ce groupe établi à Londres possède des distilleries et commercialise des whiskies, brasse et distribue des bières, produit et vend des vins. Il est présent dans 180 pays.

diamond [Moore's Diamond] *nm* ***Moore's diamond***
Cépage **hybride** américain jadis beaucoup utilisé pour faire du vin mais surtout utilisé aujourd'hui comme raisin de table.

diana *nm* ***diana***
Raisin **hybride** assez répandu dans l'Ohio et l'état de New York.

diaphane *adj* ***translucent***
Se dit d'un vin blanc dépourvu de couleur.

diastase *nf* ***diastase***
Synonyme de **enzyme**.

diatomées *nf pl* ***diatoms***
Algues unicellulaires entourées d'une coque siliceuse que l'on utilise pour la filtration des vins. Le lac Myvatn, en Islande recèle un riche gisement de diatomées.

dicarboxylique *adj* ***dicarboxylic***

Die *n*
Commune de la Drôme connue pour son vin blanc **pétillant**, la **Clairette de Die**.

digestif *nm* ***liqueur, brandy***
Spiritueux servi après un repas.

Dijon *n*
Capitale de la Bourgogne (région), alors que Beaune, sa rivale historique revendique le titre de capitale du Bourgogne (vin.) Enfait, Dijon est plus souvent associée à la moutarde, *(moutarde de Dijon* à la ***crème de cassis*** et au **Kir**. L'Université de Dijon s'enorgueillit de l'*Institut dela Vigne et du Vin Jules Guyot* et le *Groupe Ecole Supérieure de Commerce de Dijon-Bourgogne* offre un excellent mastère du commerce des vins et spiritueux.

dionysiaque *adj* ***Dionysian***
Relatif à Dionysos.

Dionysos *n* ***Dionysus***
Dieu grec du vin et du théâtre. La mythologie lui attribue l'introduction de la vigne en Grèce.

dipsomanie *nf* ***dipsomania***
Besoin irrésistible et intermittent de boire des boissons alcoolisées. Synonyme d'**alcoolisme**.

direct *adj* ***direct***
Cet adjectif, souvent utilisé comme nom, désigne les plants directs ou producteurs directs, c'est à dire des plants américains ou hybrides qui pouvaient être plantés directement, sans recourir au **greffage**. Les plants directs étaient populaires en France entre les deux guerres mondiales, parce qu'ils donnaient des rendements abondants servant à la consommation personnelle des producteurs. Les plants directs ont quasiment disparu aujourd'hui.

directe (vente) *adj* ***direct (sale)***
Méthode de vente de la propriété au consommateur, sans recourir à des intermédiaires.

dilué *adj* ***washy***
Se dit d'un vin manquant de fruité, faible en alcool et en acidité. Terme de dégustation très négatif, employé également pour le cognac.

discret *adj* ***reticent, closed-in***
Se dit d'un vin ou d'un cognac qui ne séduit pas d'emblée et dont les qualités ne se révèlent pas.

disque *nm* ***disc (GB) disk (US)***
Surface du vin dans le verre. Lors de son examen visuel, le dégustateur observe la couleur des bords du disque.

dissolution *nf* ***dissolution***
Action de dissoudre une substance.

dissoudre *v* ***to dissolve***
Amener un corps solide ou gazeux à former un mélange homogène avec un liquide.

distillat *nm* ***distillate***
Ce qui a été **distillé** par opposition au liquide qui est resté dans l'**alambic**.

distillateur *nm*, **distillatrice** *nf* ***distiller***
Personne qui fabrique de l'eau-de-vie ou des liqueurs par **distillation**.

distillation *nf* ***distillation***
Opération consistant à vaporiser partiellement un liquide et à condenser les vapeurs pour les séparer. La distillation du vin donne de l'eau-de-vie. → *p. 371.*

distiller *v* ***to distill***
Séparer les constituants les plus volatils d'un-mélange en les transformant en vapeurs puis en recondensant celles-ci par refroidissement.

distillerie *nf* ***distillery***
Usine où l'on distille les produits agricoles (betteraves, fruits etc.).

distingué *adj* ***distinguished***
Se dit d'un vin et de spiritueux de belle allure, racé, harmonieux, équilibré.

Dizy *n*
Commune de Champagne produisant un Champagne Premier Cru.

DO *nf* ***DO***
Denominacion de Origen. Equivalent espagnol de l'AOC, un peu moins précise que son homologue française, garantissant l'authenticité du vin. La DO concerne plus de 60 % du vignoble espagnol. La **DOCa**, Denominacion de Origen Calificada, donne au vin un statut supérieur.

DOC *nf* ***DOC***
Denominazione di Origine Controllata. Equivalent italien des AOC créé en 1963 mais ne constituant pas toujours une garantie de qualité. La ***DOCG***, Denominazione di Origine Controllata, aux normes plus rigoureuses, constitue la catégorie supérieure des DO.

doble pasta
Mention que l'on trouve sur les étiquettes de vin espagnol, s'appliquant aux vins rouges qui ont macéré avec une proportion de pellicules deux fois supérieure à la normale.

dodine *nf* ***stirring stick***
Bâton servant au **bâtonnage** du vin

Doktor *nm* ***Doktor***
Célèbre **riesling** de **Moselle** produit sur les coteaux très ensoleillés de Bernkastel. Il se caractérise par sa finesse et la profondeur de ses saveurs.

dolce *adj*
Adjectif italien signifiant doux. Ce terme est souvent appliqué aux **vins de dessert.**

Dolcetto *nm* ***dolcetto***
Cépage italien de couleur rouge cultivé notamment dans le **Piedmont** et donnant des vins secs.

Dôle *n*
Vin rouge suisse produit dans le Valais consistant en un coupage entre du **pinot noir** (minimum 51 %) et du **gamay**.

doler *v* ***to plane down***
Amincir, aplanir les **douelles** d'un tonneau avec un instrument tranchant

dolium *pl* ***dolia*** *nm* ***dolium***
Grande jarre de terre cuite à l'intérieur revêtu de poix, dont les Romains se servaient pour mettre le **moût** en fermentation.

doloire *nf* ***adze***
Outil tranchant dont se sert le tonnelier ou le « doleur » pour aplanir le bois des tonneaux.

domaine *nm* ***estate***
Propriété viticole. Ce terme s'emploie surtout dans l'expression *mise en bouteilles au domaine.*

Dom Pérignon
Bénédictin (1639-1715) à qui est attribuée l'amélioration de la vinification du **Champagne** à l'abbaye de Hautvillers. Longtemps, on lui a attribué l'invention du Champagne mais aujourd'hui, le plus grand mérite qu'on lui reconnaît, c'est d'avoir été le pionnier de l'**assemblage**. Il a aussi préconisé l'emploi de bouchons de liège au lieu de chevilles de bois pour boucher les bouteilles. En reconnaissance de ses mérites, la maison **Moët et Chandon** a créé une cuvée de prestige qui porte son nom.

dop brandy *n*
Eau-de-vie de **marc** sud-africaine jadis populaire mais pas pour sa qualité.

doré *adj* ***golden, gold colored***
Belle couleur jaune d'un vin blanc.

dormance *nf* ***dormancy***
Phase du cycle végétatif de la vigne au cours de laquelle les conditions climatiques (les froids de l'hiver) empêchent temporairement son développement.

Dortmunder Export *n*
Bière blonde brassée à l'origine dans la région de Dortmund, en Allemagne. Elle est riche et bien équilibrée : ni trop sèche ni trop douce.

dosage d'expédition *nf* ***dosage of liqueur after disgorging***
Addition de sirop de sucre au Champagne et autres vins mousseux avant le bouchage final et l'expédition des bouteilles. La dose de sucre ajoutée à ce stade détermine le style du Champagne élaboré : ***brut, demi-sec,*** etc.

double Guyot *nm* ***double Guyot***
Méthode de taille consistant, comme son nom l'indique, en une version doublée de la taille **Guyot** simple. Le vigneron laisse deux branches à fruits et deux **coursons** sur chaque **cep**.

douceâtre *adj* ***sweetish***
Caractéristique d'un vin déséquilibré en raison d'un excès de sucre et d'un manque d'acidité.

douceur *nf* ***sweetness***
Saveur d'un vin, douce au palais.

doucereux *adj* ***sweetish, sugary***
D'une odeur fade, désagréable due à un excès de sucre et un manque d'acidité. Ce terme est plus négatif que *douceâtre.*

douelle *nf* ***stave***
Synonyme de **douve**. L'une des planches longues et courbées, disposées en rond, formant le corps d'un tonneau et tenant ensemble grâce à des **cercles**. En général, le corps d'un tonneau est constitué de 28 à 32 douelles.

douelle de fond *nf* ***head-stave***
L'une des 12 à 16 planches utilisées pour former le fond d'un tonneau. Synonyme : fonçaille.

Douro *nm* ***Douro***
Fleuve portugais qui joua longtemps un rôle primordial dans le commerce du Porto. La Vallée du Douro est une région viticole portugaise située au Nord du pays. Le Porto est produit dans trois zones de cette vallée : Cima Corgo, Baixo Corgo et Haut Douro. En aval de ce fleuve, la région littorale, **Douro Litoral**, produit du **vinho verde**. → *p.459.*

douve *nf* ***stave***
Pièce de bois longitudinale servant à former le corps d'un tonneau. Synonyme : **douelle**.

douil *nm* ***harvesting bin***
Vaisseau servant au transport du vin au pressoir

dousico *nm* ***dousico***
breuvage grec au goût anisé.

Doloire

douteux *adj* ***dubious***
Se dit d'un vin dont l'évolution et la conservation sont sujettes à des inquiétudes. Un vin de couleur **douteuse** est un vin dont la **robe** manque d'éclat et de **brillance**.

doux *adj* ***sweet***
Se dit d'un vin au goût sucré comme le **Sauternes**.

doux (Vin doux) ***must juice***
Moût de raisins en cours de fermentation.

doux (vin doux naturel), VDN *nm* ***vin doux naturel***
Vin produit par addition d'alcool au cours de la fermentation. Terme quelque peu tombé en désuétude.

draff *nm* ***draff***
Résidu solide restant au fond d'une cuve après la fermentation du grain servant à faire le **whisky**.

drain *nm* ***drain***
Conduit souterrain pour l'épuisement et l'écoulement d'un terrain trop humide.

drainage *nm* ***drainage***
Opération consistant à faciliter, à l'aide de **drains**, l'écoulement des eaux dans des terrains trop humides.

drainer *v* ***to drain***
Débarrasser un sol de son excès d'eau au moyen de **drains**. Une viticulture de qualité exige des sols bien drainés.

dram *nm* ***dram***
Gobelet cylindrique à fond épais pour boire du whisky.

drambuie *nf* ***drambuie***
Liqueur écossaise composée de **scotch**, d'herbes aromatiques et de miel très populaire aux USA.

drapeau *nm* ***drapeau, heat exchanger***
Appareil plongé dans une cuve, à travers lequel on fait circuler de l'eau froide ou de l'eau chaude selon que l'on veut refroidir ou réchauffer les **moûts**.

drèche *nf* ***spent grains***
Résidu solide obtenu en fin de brassage par filtration du **moût** constitué par les enveloppes de l'orge.

droit *adj* ***frank***
Terme de dégustation synonyme de ***franc*** mais moins souvent utilisé que ce dernier. Cet adjectif s'applique à un vin ne présentant pas de défaut.

droit de bouchon *nm* ***corkage fee. BYO (bring your own)***
Somme perçue par un restaurant sur l'ouverture d'une bouteille apportée par un client.

drosophile *nf* ***fruit fly***
Insecte de l'ordre des diptères, appelé aussi *mouche du vinaigre.* De grandes quantités de drosophiles volètent au-dessus des cuves en fermentation.

dry *adj* ***dry***
Qualificatif appliqué à un vin effervescent contenant entre 17 et 35 grammes de sucres résiduels.

dubbel *nf* ***dubbel***
Sans doute en raison de sa densité qui était le double de celle des autres bières médiévales, cette **ale** belge au goût malté a été ainsi nommée. La dubbel se caractérise par sa belle robe brun-rouge et son caractère douceâtre et boisé.

Dubonnet *nm*
Apéritif rouge foncé fait avec un **vin doux naturel**, des écorces amères et du **quinquina**. Très populaire en France après la 2° guerre mondiale grâce au slogan publicitaire "Dubo, du bon, Dubonnet..." peint dans les couloirs du métro parisien.

Ducru-Beaucaillou (Château) *n*
A.O.C. Célèbre château du Bordelais (Saint-Julien) produisant un excellent vin souple et **charnu**. C'est dans ce domaine que fut expérimentée la **bouillie bordelaise** dans la lutte contre le **mildiou**.

Dufftown *n*
Whisky single malt écossais du **Speyside.** Léger et floral.

dunder *nm* ***dunder***
Lie de canne à sucre utilisée pour provoquer la fermentation du rhum.

dunkel *n*
En allemand, dunkel signifie "sombre." Il s'agit d'une bière brune de **fermentation basse** présentant une multitude de saveurs. C'est une spécialité du sud de l'Allemagne.

dur *adj* ***hard, lacking suppleness***
Se dit d'un vin ayant trop de tannins ; adjectif employé aussi pour le cognac.

duras *nm* ***duras***
Cépage rouge, coloré, du Sud-Ouest de la France (région de **Gaillac**) au bon potentiel de garde.

Duras (Côtes de —) *nf pl*
AOC. Vignoble du Sud-Ouest de la France (Lot et Garonne) produisant des vins rouges légers, des vins blancs vifs et secs ainsi que des vins blancs moelleux et des vins rosés.

duriff *nm* ***duriff***
Nom californien de la **petite syrah**.

dutchess *nf* ***dutchess***
Vigne **hybride** américaine mise au point dans le comté de Dutchess (NY) donnant des vins secs et légers.

duvet *nm* ***down***
Synonyme de **bourre**.

duveteux *adj* ***velvety***
Se dit d'un vin qui présente des sensations tactiles de finesse et de subtilité.

E

eau-de-vie *nf* ***brandy***
Tout alcool produit par distillation de vin, de **marc**, de **cidre**, de fruits, de grain, de pommes de terre... Le mot celtique ***uishe beatha***, qui a la même signification, a donné le mot **whisky**.

eau-de-vie blanche *nf* ***fruit brandy***
Alcool dit blanc, en fait incolore, obtenu par la distillation de fruits.

ébène *nf* ***ebony***
Couleur d'un vin rouge très sombre, presque noir.

ébouillantage *nm* ***scalding***
Technique consistant à arroser la vigne d'eau bouillante en hiver pour tuer des insectes. Au XIXe Siècle, Benoît Raclet a été le pionnier de cette pratique pour lutter contre la **pyrale** qui ravageait le vignoble maconnais.

éboulis *nm* ***scree slope***
Accumulation de cailloux au pied d'un relief. Les éboulis constituent d'excellents supports pour le vignoble.

ébourgeonnage *nm* ***desuckering, de-budding***
Travail de printemps consistant à supprimer à la main des **gourmands**, pousses parasites poussant sur le vieux bois. Comme elles ne sont pas fructifères, elles nuisent au bon développement de la branche à fruits.

ébourgeonner *v* ***to desucker, to disbud***
Supprimer à la main les **gourmands** qui poussent sur le vieux bois.

ébranchage *nm* ***lopping off***
Action d'ébrancher la vigne.

ébrancher *v* ***to lop off***
Couper des branches à la cisaille.

ébriété *nf* ***intoxication***
Etat d'une personne ivre.

ébulliomètre *nm* ***ebulliometre***
Appareil servant à mesurer la teneur en alcool des vins et spiritueux.

ébulliométrie *nf* ***ebulliometry***
Mesure de la teneur en alcool des vins et spiritueux.

ébullioscope *nm* ***ebulliometre***
Appareil servant à mesurer la teneur en alcool des vins et spiritueux.

ébullioscopie *nf* ***ebulliometry***
Mesure de la teneur en alcool des vins et spiritueux.

écart de température *nm* ***differences in temperature***
Différence entre la plus haute température diurne et la plus basse température nocturne. Plus cette différence est élevée, plus le raisin conserve son acidité.

écartement de plantation *nm* ***spacing***
Distance séparant deux **ceps** voisins dans une vigne.

échalas *nm* ***pole***
Piquet soutenant la vigne.

échangeur de température *nm* ***heat exchanger***
Appareil servant à chauffer ou à refroidir un **moût** lors de la vinification.

échangeur d'ions *nm* ***ion exchanger***
Procédé moderne de filtration utilisant des résines synthétiques.

échanson *nm* ***cupbearer***
Officier qui servait à boire à un grand personnage. Par extension, personne qui sert à boire.

échantillon *nm* ***sample***
Petite bouteille dans laquelle un **courtier de campagne** prélève le vin qu'il veut proposer à un acheteur.

échantillonner *v* ***to sample***
Prélever des raisins avant la vendange pour déterminer le degré de maturité d'une vigne

échaudage *nm* ***scalding***
Action d'échauder. Verser de l'eau bouillante sur les pieds de vigne pour les débarrasser des parasites réfugiés sous l'écorce. Vers 1830, Benoît Raclet expérimenta cette méthode contre la **pyrale** dans le Mâconnais. Synonyme : **ébouillantage**.

échauder *v* ***to scald***
Asperger la vigne avec de l'eau bouillante pour tuer les insectes parasites. Synonyme : **ébouillanter**.

échelle Winkler *nf* ***Winkler scale***
Echelle de classification des climats de Californie établie par Winkler et Amerine. Elle permet d'établir quel cépage est le plus adapté à une région donnée.

Echézeaux *nm pl*
AOC. Grand Cru rouge de la Côte de Nuits à la saveur fine et parfumée. Les **Grands Echézeaux**. Tout près du Clos de Vougeot sont des vins fins et complexes aux arômes de violette.

écimage *nm* ***topping***
Opération consistant à tailler l'extrémité des **pampres** qui en croissant absorbent une partie des matières nutritives destinées aux raisins. Synonyme : **rognage**.

écimer *v* ***to top***
Rognage de l'extrémité des **pampres**.

éclaircir *v* ***to thin out***
Eliminer des raisins avant la **véraison** pour limiter le rendement de la vigne. Synonyme : pratiquer la vendange verte.

éclaircissage *nm* ***thinning out***
Technique de maîtrise de la production en vue de favoriser la maturation des raisins. Cette tâche, appelée également vendange verte, ne devrait être qu'un pis-aller. Elle doit être pratiquée peu de temps avant la véraison et consiste à éliminer 30 % des raisins.

éclat *nm* ***brilliance***
Qualité d'un vin ou d'un cognac alliant vivacité, fraîcheur et fruité.

éclatant *adj* ***bright***
Adjectif décrivant la brillance d'un vin, ou d'un cognac.

éclore *v* ***to burst***
S'ouvrir, en parlant des bourgeons.

éclosion *nf* ***bursting, blooming***
Action d'éclore. Ce terme peut aussi s'appliquer à la manifestation d'un arôme de fruits mûrs dans un bouquet très évolué.

écluser *v* ***to knock back***
Terme populaire signifiant boire sans retenue.

écœurant *adj* ***disgusting, cloying***
Terme de dégustation désignant un vin médiocre au caractère sirupeux.

écorce *nf* ***bark***
Odeur proche du **boisé** pouvant se révéler à la dégustation d'un vin.

Ecosse *nf* ***Scotland***
Dans l'esprit des amateurs, l'Ecosse est synonyme de **whisky**. Ses **malts** des **Highlands**, des **Lowlands** et des îles, produits de grande classe, connaissent une popularité croissante dans le monde. Il ne faut pas non plus oublier que ce pays a une longue tradition de **brassage** de la **bière** avec très peu de **houblon** ou même sans houblon du tout. Que le whisky ait été inventé par les Ecossais ou les Irlandais ne nous paraît pas très important, c'est la qualité du produit qui compte. De la même façon que les Français ont développé leurs eaux-de-vie (Cognac et Armagnac) en distillant le vin, Les Ecossais (ou les Irlandais) ont développé le whisky en distillant la bière. → *p. 482.*

écosystème *nm* ***ecosystem***
Ensemble des êtres vivants d'un même milieu et des éléments non vivants qui leur sont liés vitalement. **L'écosystème de la qualité** permet de définir la **typicité** d'un vin par rapport à son terroir en tenant compte du **sol** et du **sous-sol**, du **climat** et du **micro-climat**, du **cépage** et des pratiques du vigneron.

écoulage *nm*
Opération consistant à laisser couler le **vin de goutte** après la **cuvaison** de raisins rouges.

écouvillon *nm* ***bottle-brush***
Brosse longue et étroite montée sur un manche et servant à nettoyer les bouteilles.

écrivain *nm* ***grape rootworm***
Autre nom de l'**eumolpe**. Cet insecte aussi appelé ***gribouri***, était responsable du dessèchement et de la défoliation de la vigne. Il se nourrit de feuilles en les ourlant de traits discontinus à la manière d'un écrivain qui gribouille une feuille de papier. La **bouillie bordelaise** a permis d'enrayer ce fléau à la fin du XIXe Siècle.

écume *nf* ***froth***
Mousse blanchâtre qui se forme au-dessus de la **bière** quand elle a été agitée.

édaphique *adj* ***edaphic***
Qualificatif appliqué aux caractéristiques du sol en tant que biotope, c'est-à-dire à une petite aire géographique correspondant à un groupement d'êtres vivants soumis à des conditions relativement constantes ou cycliques.

Edelfäule *nf* ***Edelfaüle***
Terme allemand signifiant **pourriture noble**

edelzwicker *nm* ***edelzwicker***
Mot alsacien signifiant mélange noble. Assemblage composé de deux cépages nobles, en général le **pinot blanc** et le **sylvaner** avec, selon les années des proportions variables d'autres cépages aromatiques.

Eden Valley *n*
Petite région viticole d'Australie Méridionale produisant des vins de qualité non loin de la vallée de **Barossa** et des coteaux d'**Adelaïde**.

edes *adj*
Terme hongrois signifiant "doux."

édulcoré *adj* ***sweetened***
Se dit d'une boisson adoucie par l'addition de sucre.

effervescent *adj* ***sparkling***
Se dit d'un vin pétillant dont l'**effervescence** est due à la présence de gaz carbonique dans la bouteille. Les meilleurs vins effervescents sont faits selon la **méthode champenoise**. D'autres sont faits selon le procédé **Charmat** de fermentation en cuve close et de mise en bouteilles sous pression.

effet de serre *n m* ***greenhouse effect***
Réchauffement de l'atmosphère dû aux rejets de gaz carbonique. L'effet de serre a des conséquences en viticulture puisque des régions considérées trop froides pour certains cépages connaissent aujourd'hui le succès avec ces cépages. Exemple : le **pinot noir** en Allemagne.

effeuillage *nm* ***thinning***
Tâche consistant à enlever les feuilles poussant à la hauteur des raisins lorsqu'ils arrivent en fin de maturation. Cette opération permet une meilleure aération des grappes et réduit les risques de **pourriture grise**. De plus, elle facilite la cueillette manuelle des raisins mais cette pratique est trop récente pour que d'éventuels effets secondaires soient connus.

effeuiller *v* ***to thin out the leaves***
Pratiquer l'effeuillage.

effeuilles *nf pl* ***tying down (the fruit-cane)***
Nom sous lequel les vignerons suisses désignent l'**accolage.**

effluents *nm* ***effluents***
Eaux de ruissellement chargées de déchets de la vinification tels que les **lies**. La pollution par les effluents viticoles est un problème auquel les producteurs sont de plus en plus sensibilisés.

Eger *n*
Ville hongroise située entre la capitale, Budapest, et Tokay. On y produit l'**Egri Bikaver** et aussi des vins blancs.

églantine *nf* ***wild rose, dog-rose***
Arôme floral pouvant se révéler à la dégustation d'un vin léger et très fin.

égouttage *nm* ***draining, straining***
Récupération d'un certain pourcentage du moût avant le pressurage pour faciliter ce dernier.

égouttoir à bouteilles *nm* ***bottle-tree, dryingt rack***
Casier servant à faire égoutter les bouteilles.

égrapper *v* ***to destem, to destalk***
Ejecter les **rafles** des raisins après leur séparation des peaux et du jus. Le terme **érafler** est plus exact.

égrappoir *nm* ***destemmer, destalker***
Machine servant à érafler les raisins lorsqu'ils arrivent à la cuverie. Synonyme : ***érafloir.***

Egri Bikavér *nm*
Vin hongrois dont le nom signifie "sang de taureau d'Eger." Sa robuste charpente et son ardente saveur ont contribué à la légende de ce vin rouge vinifié à partir du cépage kadarka.

Einzellage *nf*
Terme allemand désignant le nom d'un vignoble, subdivision du cru ou ***Grosslage,*** lui-même étant une subdivision de la région ou ***Bereich***. L'Allemagne compte 2600 Einzelllagen.

Eiswein *nm* ***eiswein***
Vin de glace élaboré à partir de raisins de préférence atteints de pourriture noble cueillis gelés et pressés immédiatement. On trouve des Eiswein en Allemagne, en Autriche et même au Canada, toujours à des prix élevés. Dans le système **QmP**, l'Eiswein se situe entre le ***Beerenauslese*** et le ***Trockenbeerenauslese*** avec des teneurs en sucre allant de 110 à 128° sur l'échelle d'**Oechsle**.

éjetonnage *nm* ***desuckering***
Vocable bourguignon désignant le travail qui consiste à enlever à la main les **gourmands** qui poussent sur les ceps. Synonymes : **épamprage**, **ébourgeonnage**.

EKU (Erste Kulmbacher Unionbräuerei)
Célèbre brasserie située dans la ville de Kulmbach en **Bavière**.

élaborer *v* ***to make wine, to vinify***
Ce mot est employé par les professionnels du vin comme synonyme de vinifier ; s'emploie également pour le cognac.

élagage *nm* ***trimming***
Action de dépouiller une vigne de ses branches inutiles. Terme assez général, peu employé par les professionnels.

élaguer *v* ***to trim***
Dépouiller une vigne de ses branches inutiles.

elbing *nm* ***elbing***
Cépage blanc originaire d'Allemagne. Très productif, il donne des vins acides et est beaucoup utilisé pour la production de vins effervescents (**Sekt**.)

électrophorèse *nf* ***electrophoresis***
Méthode de séparation de constituants des solutions **colloïdales**, utilisant l'action d'un champ électrique sur les **micelles** chargées électriquement.

électrolyse *nf* ***electrolysis***
Décomposition d'une substance par le passage d'un courant électrique.

élégance *nf* ***elegance, style***
Caractéristique d'un vin ou d'un cognac ayant du style et de la finesse, pouvant être délicat.

élégant *adj* ***elegant***
Se dit d'un vin ou d'un cognac ayant du style et de la finesse, pouvant être délicat.

élevage *nm* ***ageing, maturing, tending***
Opération ayant pour but l'amélioration et la conservation des vins. Ce terme désigne les soins par lesquels l'éleveur aide la nature à développer les facultés originales d'un vin afin d'obtenir les caractères les plus typiques et la meilleure qualité possible.

élevage en bouteille *nm* ***ageing in bottles***
Passage obligatoire pour la maturation et le vieillissement des vins de qualité.

élevage sous bois *nm* ***maturing in oak***
Temps passé par le vin ou le cognac en fût avant sa mise en bouteilles.

élevage sur lie *nm* ***maturing on the lees***
Elevage du vin sans élimination des **lies** fines dans le but de lui apporter de la fraîcheur et d'accroître la richesse de son expression aromatique.

élever *v* ***to age, to mature, to tend***
Apporter des soins au vin ou au cognac pour l'améliorer et le conserver le mieux possible dans le respect de sa **typicité.**

éleveur *nm* ***maturer***
Personne chargée d'élever un vin. Ce mot est souvent inséparable de **négociant**.

émail *nm* ***enamel***
Substance vitreuse dont certains récipients vinaires sont recouverts.

embaumé *adj* ***balmy, embalmed***
Parfumé, qui sent bon, qui répand une odeur agréable.

embaumer *v* ***to give out (a fragrance)***
Répandre une odeur agréable, sentir bon.

embouteillage *nf* ***bottling***
Opération de mise en bouteilles des vins ou spiritueux.

embouteiller *v* ***to bottle***
Mettre en bouteilles.

embouteilleuse *nf* ***bottling machine***
Machine servant à mettre le vin en bouteilles.

éméché *adj* ***tipsy***
Légèrement ivre.

émeraude *nf* ***emerald green***
Couleur très vive désignant les reflets verts très lumineux que peut avoir la robe d'un vin, d'un **chardonnay** du **Mâconnais** notamment.

émietter *v* ***to break the cap***
Réduire en fragments le **marc** écrasé par le pressoir afin de faciliter l'extraction de jus lors de la pressée suivante.

Emilie-Romagne *nf* ***Emilia Romagna***
Vaste région viticole du centre-est de l'Italie produisant beaucoup de vins, rouges et blancs à partir de cépages tels que le **lambrusco**, le **trebbiano** et l'**albana**.

emmarer *v* ***to stock banels***
Mettre des tonneaux sur des **marres**, c'est-à-dire deux poutres parallèles posées à terre qui leur évitent le contact avec le sol de la cave.

émondage *nm* ***trimming***
Travail consistant à couper les branches inutiles d'une vigne. Terme général peu employé par les professionnels qui lui préfèrent le mot **rognage.**

émonder *v* ***to trim***
Couper les branches inutiles d'une vigne. Terme général peu employé par les professionnels qui préfèrent dire **rogner.**

émoustiller *v* ***to exhilarate***
Exciter à la gaieté. Exemple : le bon vin émoustille les convives.

empiler *v* ***to stack***
Mettre en piles. Terme surtout employé pour les bouteilles.

empyreumatique *adj* ***empyreumatic, fiery***
Se dit d'une saveur ou d'une odeur âcre de brûlé, de cuit ou de fumé. Cet adjectif s'applique par exemple, aux arômes de tabac, d'amande grillée, de pain grillé, de café. Cette odeur ou cette saveur est plutôt un signe de qualité.

encarrassage *nm* ***stacking of barrels***
Dans le **Bordelais**, ce terme désigne l'empilement de tonneaux en plusieurs rangées.

encaver *v* ***to store in the cellar***
Mettre du vin en cave.

encaveur *nm* ***cellarman***
Personne mettant le vin en cave. Terme surtout utilisé en **Suisse**. Ailleurs, on dit plutôt **négociant.**

encens *nm* ***incense***
Arôme agréable et subtil pouvant se révéler à la dégustation.

encépagement *nm* ***grape varieties planted***
Ensemble des **cépages** cultivés dans une zone de production déterminée. Ce mot s'applique aussi aux cépages cultivés dans un domaine.

enchanteur *adj* ***suave***
Se dit d'un vin agréable, charmeur, que l'on apprécie.

encollage *nm* ***glueing***
Phase de l'étiquetage au cours de laquelle l'**étiquette** est enduite de colle.

encolleuse *nf* ***sticking machine***
Machine servant à enduire les étiquettes de colle.

encre *nf* ***ink***
1- Préparation colorée servant à l'impression des étiquettes. L'utilisation de plomb dans l'encre est interdite par la loi 2- Couleur opaque de la robe d'un vin.

encré *adj*
Se dit de la couleur opaque de la robe d'un vin.

endothérapique *adj* ***systemic***
Se dit d'un produit phytosanitaire diffusé par la sève dans tout le végétal. Synonyme : **systémique.**

engrais *nm* ***fertilizer***
Produit incorporé au sol pour en maintenir ou en accroître la fertilité. L'usage des engrais est plutôt limité en viticulture.

enherbement *nm* ***grass cover***
Pratique consistant à faire pousser de l'herbe entre les rangs de vigne pour retenir le sol en cas d'orages.

enherber *v* ***to cover with grass***
Faire pousser de l'herbe entre les rangs pour retenir le sol en cas d'orages.

enivrant *adj* ***intoxicating***
Qui enivre, qui produit l'ivresse.

enivrer (s') *v* ***to get drunk***
Devenir ivre.

enjambeur *nm* ***straddler, over the Row tractor***
Tracteur viticole inventé à la fin des années 1950 pour la culture des vignes à plantation étroite. Le tracteur "enjambe" les rangs et permet de **labourer**, d'**injecter** des produits chimiques, de **rogner** et même de **vendanger**. → *p. 264.*

enlèvement *nm* ***removal***
Moment où une commande de vin ou de spiritueux est chargée au chai pour être livrée à l'acheteur.

enraciné *adj* ***rooted, deeply rooted***
Fixé profondément par les racines.

enrichissement *nm* ***enrichment***
Accroissement du volume alcoométrique du vin par l'adjonction de sucre dans le moût au début de la vinification.

enroulement *nm* ***leafroll, grapevine leafroll associated virus***
Maladie **virale** affectant la vigne. Elle se manifeste en été par l'enroulement des feuilles, de la base des rameaux à leur extrémité. Les limbes jaunissent et épaississent. Cette maladie est transmise par les bois lors de la multiplication végétative et aussi par des **cochenilles**. Une vigne plantée avec des plants malades ne peut être soignée et la lutte ne peut être que préventive : il faut planter des plants sains dans un sol sain.

ensemencement *nm* ***seeding***
Action de mettre des **levures de culture** dans le **moût** pour déclencher la fermentation alcoolique.

ensemencer *v* ***to seed***
Mettre des levures de culture dans le **moût** pour déclencher la fermentation alcoolique.

ensoleillement *nm* ***sunshine hours***
Laps de temps pendant lequel un lieu est ensoleillé.

entartrer (s') *v* ***to become coated with tartar***
Encrasser de **tartre**. Le vin provoque l'entartrage des cuves et des récipients vinaires en déposant une couche de **tartre** sur les parois.

entomophage *nm* ***entomophagite***
Auxiliaire se nourrissant d'insectes et d'autres **ravageurs** comme les **acariens**.

entonnage *nm* ***filling (the barrels)***
Mise du vin en **tonneaux** à l'aide d'un gros entonnoir.

entonner *v* ***to fill (the barrel, the tank)***
Mettre le vin dans un grand récipient vinaire à l'aide d'un gros entonnoir.

entonnoir *nm* ***funnel***
Ustensile enforme de cône, servant à transvaser le vin, par exemple lors du **soutirage.**

entre-cœur *nm* ***side shoots***
Rameaux secondaires formant des pousses réduites dont la croissance n'est pas obligatoire.

entre-nœuds *nm* ***internode***
Espace entre deux **nœuds** sur un **rameau.**

Entre-Deux-Mers *n*
Région située entre la Garonne et la Dordogne produisant des vins blancs fruités et légers. L'AOC est réservée aux vins blancs secs vinifiés à partir des mêmes cépages que les autres vins blancs du Bordelais (**sauvignon**, **sémillon**, **muscadelle**...). Dans la région de l'Entre-Deux-mers, on trouve aussi d'autres appellations et un nombre croissant de vins rouges.

entreillage *nm* ***horizontal storage***
Au cours de l'élaboration des vins effervescents, l'entreillage consiste à empiler les bouteilles ayant reçu de la liqueur de tirage. Chaque rangée est séparée des autres par une **latte** de bois.

entreposer *v* ***to store***
Stocker provisoirement des marchandises dans un local.

entrepôt *nm* ***warehouse***
Magasin où l'on met des marchandises en dépôt pour un temps limité.

entrepôt sous douane *nm* ***bonded warehouse***
Lieu où les produits alcolisés sont stockés en attendant d'être dédouanés.

entretien *nm* ***maintenance***
Action de tenir du matériel en bon état de marche. Le vigneron effectue généralement ses travaux d'entretien du matériel vinaire en été avant les vendanges. Les travaux d'entretien concernant les murs qui servent à lutter contre l'érosion, ont lieu en hiver.

environnement *nm* ***environment***
Milieu dans lequel un organisme fonctionne comprenant la terre, l'eau, l'air, les ressources naturelles, la flore, la faune et l'homme et leur interaction.

enzymage *nm* ***enzyme addition***
Action d'ajouter des **enzymes.**

enzymatique *adj* ***enzymatic***
Relatif aux enzymes, qui se fait par les **enzymes**.

enzyme *nf* ***enzyme***
Catalyseur de nature protéique jouant un rôle spécifique dans le processus de la fermentation.

épais *adj* ***soupy***
Se dit d'un vin lourd ou pâteux, trop chargé en sucre.

épamprage *nm* ***desuckering***
Suppression à la main des **gourmands** qui poussent sur le vieux bois d'un cep. Synonymes : **ébourgeonnage**, **évasivage**, **éjetonnage**.

épamprer *v* ***to desucker***
Travail de printemps consistant à supprimer à la main les **gourmands** poussant sur le vieux bois d'un pied de vigne. Synonymes : **ébourgeonner**, **évasiver**, **éjetonner**.

épanoui *adj* ***open, in full bloom, fully developed***
Se dit d'un vin arrivé à son **apogée** quand il est bien ouvert et que ses tanins sont bien-**fondus**.

épaule *nm* ***shoulder***
Partie évasée de la bouteille, sous le **goulot**.

Epernay *n*
L'une des deux capitales du **Champagne** (avec Reims.) Dans cette ville située dans la vallée de la Marne, on trouve plusieurs grandes maisons de Champagne comme **Moët et Chandon**. *Carte* **Champagne**, → *p. 58.*

épice *nm* ***spice***
Substance aromatique d'origine végétale.

épicé *adj* ***spicy***
Terme de dégustation qualifiant des arômes **boisés** ou complexes. Le cépage **Gewürztraminer** a des arômes naturellement épicés.

épicurien (ne) *adj* et *n* ***epicurean***
En philosophie, disciple d'Epicure. Ce terme s'applique à une personne qui recherche le plaisir et est devenu synonyme d'***hédoniste*** et de ***bon vivant***.

épierrage *nm* ***stone-picking***
Tâche consistant à ôter les pierres d'un terrain avant de planter ou de replanter de la vigne.

épinard *nm* ***spinach***
Arôme pouvant se révéler à la dégustation d'un vin.

époxyde *nm* ***epoxy***
Fonction constituée par la liaison de deux atomes voisins d'une chaîne carbonée à un même atome d'oxygène extérieur à la chaîne.

époxyde (résine) *adj* ***epoxy resin***
Matière plastique obtenue par polycondensation.

éprouvette *nf* ***test tube***
Tube de verre fermé à l'une des extrémités et dans lequel on effectue des expériences

équilibre *nm* ***balance***
Harmonie entre le fruité, l'acidité, l'alcool et les tanins d'un vin ; s'emploie aussi pour un cognac.

équilibré *adj* ***well-balanced***
Se dit d'un vin présentant une harmonie heureuse entre le fruité, l'acidité, l'alcool et les tannins ; de même d'un cognac.

équipement *nm* ***facilities***
Infrastructure, ensemble du matériel dont dispose un domaine.

éraflage *nm* ***destemming, destalking***
Séparation des **grains** de raisin et des **rafles** avant de **fouler** le fruit et de mettre le **moût** dans une cuve de fermentation parce que les tannins des rafles rendraient le vin âpre.

Erdbeergeist *nm*
Eau-de-vie de fruit allemande faite avec des fraises (Erdbeeren).

érinose *nf* ***bud-mite disease***
Maladie de la vigne causée par des insectes microscopiques provoquant des cloques sur les feuilles, les fleurs et les raisins. Cette maladie se combat par injection de **pesticides**.

erlenmeyer *nm* ***erlenmeyer flask***
Fiole conique à fond plat surmontée d'un col cylindrique, parfois munie d'un bouchon, et utilisée en laboratoire.

éroder *v* ***to erode***
Ronger sous l'effet d'une action physique.

éroder (s') *v* ***to become eroded***
S'user par frottement, généralement sous l'action de l'eau.

érosion *nf* ***erosion***
Ensemble de phénomènes d'altération du relief sous l'effet d'une action physique. L'eau est un grand facteur d'érosion du vignoble de coteau.

esca *nf* ***esca, black measles***
Maladie **cryptogamique** de la vigne pouvant se manifester sous une forme lente (**nécroses** entraînant la mort de la **souche** au bout de quelques années) soit sous forme d'apoplexie (dessèchement brutal et mort des souches pendant les chaleurs d'été.) L'interdiction de l'arsénite de soude, jugé cancérogène laisse les vignerons démunis face à l'esca. Il leur faut trouver des moyens prophylactiques capables d'enrayer les dégâts causés par cette maladie considérée comme la plus ancienne de la vigne.

Espagne *nf* ***Spain***
Pays méditerranéen producteur de vins très variés et possédant la plus grande superficie viticole du monde. Depuis les années 1970, ce pays est passé d'une production de masse à une production de qualité et ses vins connaissent une progression spectaculaire sur la scène internationale. Le Sud est réputé depuis longtemps pour le **Xérès** mais les autres régions connaissent la réussite avec des vins tranquilles et des vins mousseux (**cava** de Catalogne.) La **Rioja** est au centre de cette renaissance et d'excellents vins rouges sont aussi produits dans la **Ribera del Duero** et en **Navarre**. Les autres régions sont la **Galice**, le **Pays Basque**, la **Castille-Léon**, la **vallée du Duero**, l'**Aragon**, la **Catalogne**, la **Manche**, l'**Estramadure**, la région de **Valence**, la **Murcie**, la région de **Malaga** et celle de **Montilla-Mores**. Parmi les principaux cépages, il convient de citer le **bobal**, le **garnacha**, le **graciano**, le **monastrell** et le **tampranillo** pour les rouges, l'**albarino**, le **macabeo**, le **palomino**, le **pedro-Jimenez** et le **verdlho** pour les blancs. En 2003, l'Espagne a révisé son système d'appellations d'origine contrôlées. Elle fait distinction les vins de table sans origine précise (***vino de mesa***) et les vins de table provenant d'une région spécifique (***vino de mesa con indicacion geografica.***) Les Espagnols ont créé un nouvel échelon : celui des ***VCIG, vinos de calidad con indicacion geografica*** qui correspondent aux vins de pays français. Les ***vinos con denominacion de origen (DO)*** correspondent aux vins AOC français. Les ***vinos con denominacion de***

ESPAGNE/SPAIN

origen calificada (DOC) appartiennent à la catégorie supérieure. Les ***VP (vinos de pago)*** sont les vins issus d'une seule parcelle dans une région reconnue.

espalier *nm* ***1- fruit-wall 2- espalier (pruning)***
1- Rangée de vigne appuyée contre un mur ou un treillage 2- type de **taille**.

espèce *nf* ***species***
Groupe de végétaux ayant des caractéristiques semblables.

esprit *nm* ***spirit***
eau-de-vie titrant 88,5°. L'esprit est utilisé pour faire la **liqueur de dosage** nécessaire à l'élaboration des vins **effervescents**.

espumante *adj*
Mot portugais signifiant "**effervescent**."

espumoso *adj*
Mot espagnol signifiant "**effervescent**."

esquive *nf* ***conical wooden plug***
Bouchon de tonneau en bois, de forme conique.

essence *nf* ***extract, essential oil***
Extrait, sécrétion, concentré de plantes. Concentré par **distillation**.

est *nm* ***east***
Orientation très favorable des vignobles de coteau en Alsace et en Bourgogne car le soleil matinal réchauffe la terre et sèche la rosée.

Est ! Est ! Est ! *n*
Vin italien produit dans le Latium. Son nom complet est : Est ! Est ! Est ! Di Montefiascone DOC. Il n'est pas interdit de penser que son principal attrait réside dans son nom.

estaminet *nm* ***small inn***
Terme d'origine wallonne désignant un cabaret où l'on buvait vin et bière et où l'on fumait.

esters *nm* ***esters***
Composés à l'odeur douce et fruitée se formant au cours de la **fermentation** et de la **maturation** d'un vin et d'un cognac. Ils contribuent à la qualité des arômes et du bouquet.

estérification *nf* ***conversion of alcohol to ester***
Dégagement d'esters.

estragon *nm* ***tarragon***
Arôme pouvant se révéler lors de la dégustation d'un vin.

estufa *nm* ***estufa***
Grosse étuve dans laquelle le vin de **Madère** est chauffé (mot portugais).

estufagem *nm* ***estufagem***
Procédé de chauffage du vin de **Madère** (mot portugais).

eszencia *n*
Dans la vinification du **Tokay**, l'eszencia est le jus de goutte des raisins **botrytisés** (***aszù.***) Il peut être fermenté séparément pour produire un vin très rare et très cher.

étain *nm* ***pewter***
Métal blanc, relativement léger et très malléable. Il était beaucoup utilisé pour la fabrication de **tastevins** et de coupes

étampage *nm* ***cork-marking***
Impression du nom d'un producteur sur un bouchon.

Etats-Unis d'Amérique *nm pl* ***United States of America***
Pays du nouveau monde où la production de vins s'est beaucoup développée à tel point que si l'on en croit une boutade, on y fait du vin dans tous les états sauf l'Alaska. La **Californie** est la région viticole la plus célèbre. → *p. 349.*

étanche *adj* ***water tight***
Qui retient bien les fluides et ne les laisse pas s'écouler

étanchéité *nf* ***tightness***
Qualité de ce qui est étanche. Avant de mettre du **moût** dans une cuve en bois, il faut s'assurer de l'étanchéité de celle-ci.

étancher (sa soif) *v* ***to quench one's thirst***
Apaiser sa soif en buvant.

état de surface du sol *nm* ***soil surface crust***
Composition et organisation du sol. En viticulture, l'état de surface du sol comprend l'en-

semble des composants physico-chimiques et biologiques jusqu'à une profondeur de 10 centimètres ainsi que les matières organiques visibles : touffes d'herbe, **sarments**, feuilles.

éthanol *nm* ***ethanol***
Autre nom de l'alcool éthylique. Un des principaux constituants du vin. Selon le type de vin, il peut y avoir de 72 à 120 grammes d'éthanol dans un litre.

éthyle *nm* ***ethyl***
Caractéristique de l'alcool éthylique et dérivés.

éthylène *nm* ***ethylene***
Arôme de pétrole pouvant se révéler à la dégustation.

éthylisme *nm* ***alcoholism***
Mot synonyme **d'alcoolisme**.

étiquetage *nm* ***labelling***
Action de poser des **étiquettes** sur des bouteilles.

étiqueter *v* ***to label***
Coller des **étiquettes** sur des bouteilles

étiqueteuse *nf* ***labelling machine***
Machine servant à étiqueter les bouteilles.

étiquette *nf* ***label***
"Carte d'identité du vin." Permettant d'authentifier une bouteille et d'informer le consommateur. Les mentions figurant sur l'étiquette sont réglementées.

étoffé *adj* ***ample, full***
Se dit d'un vin qui a de réelles qualités gustatives (ampleur, structure, soyeux) et qui est bien conservé.

Etoile (l') *n*
AOC. Village viticole du **Jura** ainsi nommé en raison des nombreux fossiles en forme d'étoiles que l'on peut trouver dans les pierres calcaires des vignes. Ses vins blancs figurent incontestablement parmi les meilleurs de la région.

étranger *adj*
Se dit d'une odeur ou d'un goût anormal d'un vin. Le goût étranger est en général transmis par le matériel vinaire mal entretenu ou un bouchon défectueux.

étrier (boire le coup de l'—) *nm* ***(to have) one for the road***
Dernier verre que l'on boit avant de monter à cheval et par extension, avant de se quitter.

étriqué *adj* ***weak, meagre***
Se dit d'un vin présentant bien peu de qualités à la dégustation.

étuveuse *nf* ***steamer***
Appareil servant à l'étuvage, par exemple pour la stérilisation d'un tonneau.

eucalyptus *nm* ***eucalyptus***
Arôme végétal pouvant se révéler à la dégustation d'un vin rouge de Provence ou d'un blanc sec.

eudémis *adj* ***eudemis***
Lépidoptère appartenant au groupe des **tordeuses**. L'eudémis est un papillon dont les **chenilles** dévorent les boutons floraux de la grappe au printemps ou attaquent les grains de raisin en été, surtout dans les vignobles du bassin méditerranéen. On peut lutter contre l'eudémis par l'injection des **pesticides** mais on recourt aussi à la **confusion sexuelle** (technique de piégeage), plus respectueuse de l'environnement.

eulia *nm* ***eulia***
Lépidoptère appartenant au groupe des **tordeuses**. L'eulia est une petite tordeuse dont les **chenilles** attaquent superficiellement les raisins, propageant ainsi la **pourriture grise**. On lutte contre l'eulia en même temps que contre la **cochylis** et l'**eudémis** par des traitements **insecticides**.

eumolpe *nm* ***western grape rootworm***
Cet insecte a causé bien des ravages au Moyen-Âge en faisant dessécher et tomber les feuilles de vigne. La **bouillie bordelaise** a permis de s'en débarrasser à la fin du XIXe siècle.

eutypiose *nf* ***eutypiosis***
Maladie **cryptogamique** de la vigne encore mal connue causant le dépérissement des ceps. L'infection est causée par l'eutypine, toxine du champignon et le cep résiste de manière variable, selon la sensibilité du cépage. Peu présente en Champagne et en Alsace, cette maladie affecte l'**ugni blanc** en Charente, le **chenin blanc** dans la vallée de la Loire, le

cabernet sauvignon dans le Médoc, le **cinsault** dans le Midi et le **gamay** dans le Beaujolais. Les vignerons essaient de se prémunir contre l'*eutypiose* en prenant des mesures prophylactiques car, à l'heure actuelle, l'eutypiose est une maladie qui ne se soigne pas.

euvites *n* ***euvites***
Sous-genre du genre **vitis** qui comprend 60 espèces différentes parmi lesquels on trouve ***vitis vinifera, labrusca, rupestris...***

évaporation *nf* ***evaporation***
Transformation sans ébullition d'un liquide en vapeur. La **part des anges** est le volume de Cognac qui s'échappe des tonneaux et qui est donc perdu.

évaporer (s') *v* ***evaporate***
Se transformer en vapeur par évaporation.

évasivage *nm* ***desuckering***
Synonyme bourguignon d'***ébourgeonnage***. Suppression manuelle des **gourmands**, pousses parasites se développant sur le vieux bois d'un pied de vigne.

évasiver *v* ***to desucker***
Supprimer manuellement les **gourmands**, pousses parasites se développant sur le vieux bois d'un pied de vigne.

évent *nm* ***musty taste***
Altération d'un vin dû à son oxydation. Ses arômes deviennent très discrets et son goût fade et plat.

éventé *adj* ***musty***
Se dit d'un vin qui a été sur-oxydé en bouteille ou en tonneau ; de même d'un cognac.

évolué *adj* ***well-developed***
Se dit d'un vin sur lequel le temps a fait son effet. On dit qu'un vin a bien ou mal évolué. Une couleur *évoluée* se caractérise par ses reflets bruns, orangés, **pelure d'oignon** pour un vin rouge, dorés, ocres, ambrés pour un vin blanc.

évoluer *v* ***to develop***
Se modifier avec le temps.

évolution *nf* ***development***
Effet du vieillissement sur la couleur, les arômes et les saveurs d'un vin.

examen *nm* ***examination***
Observation attentive d'un vin ou d'un cognac en prélude à sa dégustation.

excellent *adj* ***excellent***
Se dit d'un vin ou d'un spiritueux qui présente toutes les qualités gustatives qu'on peut en attendre.

exceptionnel *adj* ***outstanding***
Se dit d'un vin qui se distingue des autres par ses qualités supérieures.

excoriose *nf* ***excoriosis***
Maladie **cryptogamique** de la vigne se manifestant par l'apparition de taches brunes à la base des jeunes rameaux qui deviennent cassants. Cette maladie, anciennement présente en France est devenue assez rare grâce à l'action efficace de produits **fongicides**.

excroissance *nf* ***excrescence***
Bourrelet pouvant apparaître sur une branche de vigne.

exécrable *adj* ***extremely bad***
Se dit d'un vin qui présente tous les défauts à la dégustation.

exhaler *v* ***to give off***
Répandre des odeurs dans l'atmosphère.

exondé *adj* ***emerged***
Se dit d'un territoire qui n'est pas recouvert par les eaux.

expédition (liqueur d'~)
Mélange de vieux vin et de sucre de canne ajouté au vin entre le **dégorgement** et le bouchage lors de l'élaboration de vins **effervescents** selon la **méthode champenoise**

exploitant *nm* ***vintner, wine grower***
Professionnel mettant en valeur un domaine sans nécessairement en être le propriétaire.

exploitation *nf* ***estate***
Mot synonyme de ***domaine viticole***.

exploiter *v* ***to cultivate, to tend***
Faire valoir (un domaine viticole).

exposition *nf* ***1- aspect 2- exhibition***
1- Orientation, situation par rapport au soleil. Exemple : les vignobles d'Alsace et de

Bourgogne ont une exposition à l'Est, de sorte que le soleil matinal sèche la rosée nocturne et les réchauffe dès son lever. 2- Présentation au public de ses produits dans un salon ou une foire.

expressif *adj* ***expressive, vivid***
Se dit d'un vin qui manifeste ses qualités. Synonyme : ***généreux***.

expression *nf* ***expression***
Manifestation des caractéristiques d'un vin.

exprimer (s') *v* ***to express***
Pour un vin : révéler ses qualités.

exquis *adj* ***delicious***
Se dit d'un vin de très grande qualité.

extra brut *adj*
Terme appliqué à des vins **effervescents** contenant de 0 à 6 grammes de sucres résiduels. Les effervescents extra bruts sont en général très secs mais ils ne doivent jamais être austères si le vin est bien équilibré.

extra sec *adj* ***extra dry***
Se dit du style d'un vin **effervescent** titrant 12 à 20 grammes **de sucres résiduels** et ayant, de ce fait, un caractère très sec à demi-sec.

extra vieux *adj* ***X O***
S'emploie souvent pour désigner un **Cognac**, le plus vieux que l'on puisse trouver sur le marché.

extraction *nf* ***extraction***
Action d'extraire les différentes matières contenues dans la peau des raisins (couleur, tanins...) lors de la fermentation.

extraction à chaud *nf* ***heat extraction***
Technique de vinification ayant pour but d'extraire le maximum de couleur des raisins par chauffage du moût.

extraire *v* ***to extract***
Faire sortir les différentes matières contenues dans la peau des raisins (couleur, tannins...).

extrait sec *nm* ***dry extract***
Ensemble des substances qui ne se volatilisent pas, quelle que soit la température ou la pression. L'extrait sec s'exprime en g/l.

extraordinaire *adj* ***exceptional***
Se dit d'un vin qui présente les qualités les plus remarquables, et de ce fait, inhabituelles.

exubérant *adj* ***exuberant***
Se dit d'un vin qui révèle des qualités de façon excessive.

F

façon *nf* ***cultivation, hoeing***
Labour pouvant être effectué à la pioche ou au tracteur par le vigneron pour se débarrasser des mauvaises herbes et aérer le sol, en vertu de l'adage selon lequel *un binage vaut deux arrosages*. Le vigneron consciencieux et respectueux de l'environnement préfère les façons aux herbicides.

factice *adj* ***dummy***
Faux, imité. Adjectif appliqué à des vins qui ne sont pas issus de la fermentation de raisins. Synonyme : **frelaté**.

facture *nf* ***invoice***
Note détaillée de produits vendus.

facturer *v* ***to invoice***
Etablir une facture.

fade *adj* ***insipid***
Se dit d'un vin insipide, manquant d'acidité et plus généralement de caractère.

fagot *nm* ***bundle***
Faisceau constitué de **sarments** coupés lors de la **taille**.

Fahrenheit *adj*
Echelle de température inventée par le physicien allemand D.G. Fahrenheit, encore utilisée aux USA. L'eau gèle à 32°F et bout à 212°F.
→ *p. 319.*

faible *adj* ***weak, feeble***
Se dit d'un vin très léger, manquant d'alcool, dépourvu de corps et de couleur. Qualificatif nettement plus négatif que **léger**. Couleur **faible** : de couleur pâle, peu accentuée.

faille *adj* ***fault***
Fracture affectant un ensemble de couches géologiques superposées et aboutissant à deux blocs déplacés l'un par rapport à l'autre.

faisandé *adj* ***gamey***
Se dit d'un arôme de gibier présent dans des vins rouges très évolués, des **pinots noirs** par exemple mais aussi des **syrahs**.

fait *adj* ***matured, developed***
Se dit d'un vin à son apogée.

falaise *nf* ***cliff***
Talus rocheux raide.

Falerne *nf* ***Falerno***
Les vins de Falerne étaient les plus célèbres de l'Antiquité Romaine. Ils étaient produits sur les flancs du Mont Massico, à mi-chemin entre Rome et Naples.

falsification *nf* ***tampering***
Modification du vin par des procédés illicites. Par exemple, l'utilisation de colorants est une falsification.

fameux *adj* ***great***
Se dit d'un vin ou d'un cognac supérieur, remarquable en son genre.

fané *adj* ***faded***
Se dit d'un vin ou d'un cognac qui a perdu sa couleur et sa brillance.

faner (se) *v* ***to fade***
Perdre de sa fraîcheur et de son éclat.

Faro *nm* ***Faro***
Lambic belge à la robe jaune brun servie à la pression dans la région de Bruxelles. Lors de sa seconde fermentation, du sucre candi est ajouté à cette bière, si bien qu'elle a un goût légèrement douceâtre.

Fassle *nm* ***small barrel***
Petit tonnelet de 5 litres auquel les Allemands boivent comme à une gourde.

fatigué *adj* ***tired***
Se dit d'un vin qui a perdu sa fraîcheur.

Faugères *n*
AOC. Appellation portée par 7 communes de

l'Hérault productrices de vins rouges et rosés faits avec les cépages **cinsault**, **carignan**, **grenache**... Vins généreux au nez épicé.

fausset *nm* ***1- hole 2- spigot, faucet***
1- Trou ménagé dans la face plate d'un tonneau afin de permettre le **soutirage** ou tout simplement de goûter le vin. 2- Ce terme désigne aussi la cheville de bois dont on se sert pour boucher ce trou.

fauve *adj* ***tawny***
D'une couleur tirant sur le roux. Un vin blanc à la robe fauve est le plus souvent vieux ou oxydé.

faux goût *nm* ***off-taste***
Impression négative lors de la dégustation d'un vin dont la vinification, l'**élevage**, la mise en bouteille a été peu soignée, introduisant de ce fait un corps étranger. Le seul fait de servir un vin dans un verre sale peut lui donner un faux goût.

fécondation *nf* ***pollination***
Stade du cycle biologique de la vigne au cours duquel à la suite de la **floraison**, l'ovaire reste nu tandis que les organes mâles se disposent en rayon autour de lui.

Federweiss *nm* ***new wine***
Nom sous lequel les Allemands désignent le vin nouveau ("blanc comme une plume d'oiseau").

feints *nm* ***feints***
Résidu de la seconde distillation du **malt** utilisé pour faire le **Scotch**.

féminin *adj* ***feminine***
Terme subjectif pour caractériser un vin plus marqué par sa grâce et ses qualités délicates que par sa force et sa puissance. Attention ! Si vous estimez que le **Volnay** est féminin et que le **Vosne-Romanée** est masculin, votre opinion risque aujourd'hui de passer pour politiquement incorrecte !

fendant *nm* ***fendant***
Vin blanc suisse fait avec du **chasselas**.

fendoir *nm* ***chopper, cleaver***
Outil de tonnelier servant à fendre les **merrains**.

fendre *v* ***to split***
Couper dans le sens de la longueur.

fenouil *nm* ***fennel***
Arôme végétal pouvant se révéler à la dégustation d'un vin (mais cet arôme se rencontre rarement.)

fer *nm* ***fer-servadou***
Voir **fer-servadou**.

fermage *nm* ***tenant farming***
Mode de faire-valoir d'une exploitation viticole dans lequel l'exploitant n'ayant pas la propriété du sol, verse un loyer au propriétaire.

fermage *nm* ***farming rent***
Loyer payé par l'exploitant à son propriétaire.

ferme *adj* ***firm, solid***
Se dit d'un vin corsé, riche en tanins et en acidité.

fermé *adj* ***closed***
Se dit d'un vin trop jeune qui ne s'exprime pas de façon flatteuse au cours de son examen olfactif.

ferment *nm* ***yeast, bacteria***
Agent permettant la fermentation de matières organiques. Certains ferments provoquent la **fermentation alcoolique**, d'autres la **fermentation malolactique** mais d'autres encore peuvent être responsables de maladies du vin comme la **piqûre**. Un vin peut avoir un **goût de ferment** quand il est trop jeune, mal fini. Cette expression est synonyme de **goût de levures**.

fermentation (alcoolique) *nf* ***fermentation***
Transformation du moût en vin déclenchée par l'action des levures. Au cours de ce processus, les molécules de sucre se convertissent en deux parties à peu près égales d'alcool et de gaz carbonique.

fermentation à basse tempéture *nf* ***low temperature fermentation***
Méthode de fermentation dans laquelle le **moût** est maintenu à une température assez basse dans le but de donner de la fraîcheur et du fruité au vin.

fermentation basse *nf* ***bottom fermentation***
Pour les bières **blondes,** les bières de type

lager, les brasseurs ont adopté la méthode dite de fermentation basse. Ils abaissent la température du **moût** dans les cuves à 5°C avant d'incorporer la **souche de levures**. Comme les levures ont pour effet d'élever la température, les brasseurs continuent de refroidir les cuves. Les levures agissent plus lentement et plus longtemps. La fermentation basse s'effectue en cuves fermées pendant dix à quinze jours. Les levures tombent au fond de la cuve et sont éliminées. Les bières obtenues ont un goût sec car tous les sucres ont été transformés durant la fermentation.

fermentation bloquée *nf* ***stopped fermentation***
Arrêt de la fermentation dû à la mort des levures, une température trop haute, un taux de sucre trop élevé...

fermentation haute *nf* ***top fermentation***
Méthode de fermentation de la bière à l'air libre. Le moût est refroidi à une température de 15 à 20° C puis les levures sont ajoutées. La fermentation haute s'effectue plus rapidement que la **fermentation basse**, elle est plus intense et la température peut atteindre 25°C. La fermentation s'achève au bout de trois à sept jours. Il reste une quantité infime de sucre non fermenté. Les levures remontent à la surface et sont éliminées.

fermentation malolactique *nf* ***malolactic fermentation***
Transformation de l'acide **malique**, dur, en acide **lactique** plus souple et en gaz carbonique.

fermentation secondaire *nf* ***secondary fermentation***
Nom souvent donné improprement à la fermentation **malolactique**. Cette seconde fermentation est indispensable pour les vins rouges mais facultative pour les blancs et les rosés.

fermenter *v* ***to ferment***
être en fermentation.

fermentescible *adj* ***fermentable***
Qui a la faculté de fermenter.

fermeté *nf* ***firmness***
Caractéristique d'un vin corsé, riche en tanins et d'une bonne acidité.

Fernet Branca *n*
Apéritif italien parfumé avec des racines, des écorces et des herbes. De goût assez amer, il est apprécié par les gens qui ont fait des excès d'alcool...

ferrique (casse) *adj* ***iron casse***
Maladie du vin d'ordre chimique.

ferrocyanure *nm* ***ferrocyanide***
Sel complexe formé par l'union de cyanure ferreux et d'un cyanure alcalin. Il servait au **collage** du vin. Il est aussi appelé *Bleu de Prusse*.

ferromètre *nm* ***ferrometer***

fer-servadou *nm* ***fer-servadou***
Cépage rouge du Sud-ouest de la France donnant des vins légers.

fertile *adj* ***rich, fertile***
Se dit d'une terre qui produit beaucoup.

fertiliser *v* ***to fertilize, to manure***
Rendre fertile par l'adjonction d'engrais.

fessou *nm* ***hoe***
Vocable bourguignon désignant une houe pleine utilisée pour enlever les mauvaises herbes qui poussent autour des ceps et les racines qui poussent sur le **greffon** à la **soudure** de la greffe. Cette houe est appelée *fossoir* dans d'autres régions.

Festbier *nm*
Mot qualifiant les bières allemandes, en général blondes, brassées et bues à l'occasion de fêtes telles que Noël ou Pâques.

fétide *adj* ***fetid, stinking***
Se dit d'une odeur forte et répugnante.

fétuque *nf* ***fescue***
Graminacée fourragère vivace que le vigneron utilise pour l'**enherbement** de ses vignes.

feu (avoir du) *nm* ***fiery***
Se dit d'un vin qui a beaucoup de force et de puissance.

feuillage *nm* ***foliage, leaves***
Ensemble des feuilles d'une vigne.

feuillaison *nf* ***leafing***
Apparition des feuilles sur les pieds de vigne au printemps.

feuille *nf* ***leaf (pl : leaves)***
Organe végétal chlorophyllien. Les feuilles exercent une fonction respiratoire et nutritive. Grâce à la lumière solaire, elles transforment la sève en éléments nécessaires aux raisins. Le mot **feuille** peut aussi s'employer dans le sens d'année dans la vie d'une jeune vigne. Une vigne de 3 ans en est au stade de la troisième feuille.

feuillette *nf* ***barrel***
Tonneau ayant la contenance d'une demi-pièce : 114 litres en Côte d'Or, 132 litres à Chablis, 108 litres dans le Beaujolais et le Mâconnais.

feuillard *nm* ***(metal) hoop***
Bande de fer utilisée par le tonnelier lors de la finition d'un tonneau pour remplacer les cercles provisoires. Il enfonce les **cercles** de feuillard en tapant sur la **chasse** avec son **maillet**.

fiano *nm* ***fiano***
Cépage blanc, distingué, peu prolifique du Sud de l'Italie.

fiasco *nm* ***flask***
Vocable italien (en français : *fiasque, nf*) : Bouteille de vin à col long et à large panse clissée utilisée en Italie, surtout pour le **Chianti**.

fiche de dégustation *nf* ***tasting card***
Fiche utilisée par les dégustateurs pour leurs commentaires sur les vins qu'ils dégustent.

Fieuzal (Château de) *n*
AOC. Cru classé. Château du Bordelais sur la commune de Léognan dans les **Graves**. Vins rouges de couleur profonde, corsés et très fins.

fiévreux *adj* ***with a touch of acescence, with a touch of vinegar smell***
Se dit d'un vin qui a une pointe d'**acescence**.

Figeac (Chateau) *n*
AOC. Premier grand cru classé. Château bordelais situé sur la commune de **Saint-Emilion** et produisant des vins rouges riches, concentrés et très fruités.

figue *nf* ***fig***
Arôme de fruit sec pouvant se révéler à la dégustation d'un vin souvent fait avec des raisins surmaturés ou un peu flétris. Cet arôme se rencontre aussi dans des vieux Porto.

filant *adj* ***oily, ropy***
Se dit d'un vin atteint de la maladie de la **graisse**.

fil de fer *nm* ***wire***
Métal finement étiré servant au **palissage** de la vigne. Le fil de fer galvanisé est souvent remplacé par le fil d'acier inoxydable qui réduit les risques de **casse ferrique** dans le vin produit avec les raisins cueillis à la machine.

filer *v* ***to become oily, ropy***
Le vin *file* quand il est atteint par la maladie de la **graisse** qui lui donne une consistance huileuse et le rend imbuvable.

Filhot (Château) *n*
AOC. 2° cru classé. Château du **Sauternais** produisant des vins blancs assez secs et alcoolisés.

filiforme *adj* ***lively***
Se dit d'un vin ayant de la finesse et de la nervosité mais manquant de corps.

fillette *nf* ***Anjou half-bottle***
Demi-bouteille de vin. Vocable employé surtout dans l'Anjou. Dans le roman de Balzac *Eugénie Grandet*, les seuls accès d'émotion du père Grandet sont ceux où il s'adresse à sa fille Eugénie en l'appelant "fifille," mais en fait, ils sont subordonnés à son idée fixe : sa profession de vigneron et le profit qu'il en tire.

film *nm* ***film***
Voile **colloïdal** en suspension dans le vin. C'est un signe de mauvais augure : le vin est sans doute malade..

filtration *nf* (ou **filtrage** *nm*) ***filtration, filtering***
Procédé de **clarification** du vin qui consiste à le faire passer à travers un filtre. Les bienfaits de la **filtration** sont contestés pour les

meilleurs vins qui seraient privés d'une partie de leurs qualités.

filtre *nm* ***filter***
Appareil à travers lequel on fait passer le vin ou le cognac pour le débarrasser des impuretés solides qu'il contient.

filtrer *v* ***to filter***
Faire passer le vin à travers un filtre.

fin *adj* ***fine, delicate***
Se dit d'un vin subtil et délicat. Sur une carte de vins, la mention **vins fins** n'a qu'une valeur publicitaire. Elle ne revêt aucun caractère qualitatif ni juridique particulier.

finage *nm* ***vineyard area***
Synonyme de lieu-dit.

finale *nf* ***final, finish***
Goût que l'on conserve sur la langue après avoir avalé ou recraché le vin.

fin de bouche *nf* ***end of mouth***
Impression laissée par le vin avant d'être avalé ou recraché. Exemple : "j'aime assez ce vin-mais je le trouve asséchant en fin de bouche."

fine *nf* ***brandy***
Eau-de-vie de faite avec la **distillation** du vin ou des **lies** du vin.

fine Champagne *nf* ***Fine Champagne***
Eau-de-vie provenant des meilleurs secteurs de la région de **Cognac** aux sols crayeux.

finesse *nf* ***finesse, subtlety***
Qualité du vin difficile à décrire. Elle associe la grâce, la délicatesse, la race et la distinction.

Finger Lakes *n*
AVA. Région viticole du Nord de l'état de New York productrice de vins blancs.

fino *n* ***fino (the driest kind of sherry)***
Le type de **Xérès** le plus sec. Dans le tonneau, le **flor**, fin voile de levures, protège le vin contre l'oxydation et lui conserve sa couleur pâle. Le Xérès fino est très sec car il n'est presque pas enrichi. Il titre environ 15°.

fiole *nf* ***phial, flask***
Petit flacon de verre.

Fior d'Alpi *nf* ***Fior d'Alpi***
Liqueur italienne sucrée, de couleur jaune, vendue dans des bouteilles hautes et étroites.

firkin *nm* ***firkin***
Tonneau de bière anglais contenant environ 41 litres.

Fitou *n*
AOC. Région viticole du Sud de la France aux vins colorés et puissants faits notamment avec du **grenache** et du **Carignan**.

fixe *adj* ***fixed (fixed acidity)***
Un acide fixe ne peut être éliminé par distillation. Le principal acide fixe d'un vin est l'**acide tartrique** qui lui donne une âpreté agréable.

Fixin *n*
AOC. Commune bourguignonne de la Côte de Nuits produisant des vins rouges fermes et tanniques.

flacon *nm* ***bottle***
Bouteille de verre. Les amateurs de bon vin se garderont bien d'appliquer le conseil du poète Alfred de Musset : "Qu'importe le flacon, pourvu qu'on ait l'ivresse !"

flagon *nm* ***big bottle***
Grosse bouteille trapue.

flambage *nm* ***charring***
Exposer l'intérieur d'un tonneau à la flamme. Cette technique élimine les impuretés du bois modifie sa chimie interne et libère la **vanilline**. L'association de bois neuf et de flambage en profondeur confère au **bourbon** ses arômes caractéristiques de caramel, miel et vanille.

Flandres (les) *nf pl* ***Flanders***
Région côtière bordant la Mer du Nord. Les Flandres s'étendent du Nord-est de la France à la Belgique, jusqu'à Anvers. Cette région est traditionnellement connue pour ses brasseries qui ont été les premières à utiliser le **houblon** pour donner un goût amer à la bière. Cet usage flamand s'est ensuite imposé en Angleterre.

Flaschengärung *nf*
Terme allemand signifiant qu'un **Sekt** a fermenté en bouteille mais pas nécessairement selon la **méthode champenoise**.

Flaschengärung nach dem traditionellen Verfahren *nf*
Terme allemand signifiant qu'un **Sekt** a fermenté en bouteille selon la **méthode traditionnelle**.

flash-pasteurisation *nf* ***flash pasteurization***
Pasteurisation produite en quelques secondes par des températures élevées, de l'ordre de 95°C pendant quelques secondes.

flatteur *adj* ***pleasant***
Se dit d'un vin qui plaît, d'un vin agréable à déguster.

flavescence dorée *nf* ***flavescence, grapevine yellows***
Maladie **virale** de la vigne véhiculée par une **cicadelle vectrice** ou la présence de matériel végétal porteur de l'agent pathogène. La vigne ne donne pas de raisins, les sarments n'**aoûtent** pas et le feuillage se colore en jaune. Cette maladie doit être déclarée aux services de la Protection des Végétaux. Pour enrayer cette maladie, il faut détruire les cicadelles. Un traitement collectif par voie aérienne est obligatoire, il faut procéder à un arrachage prophylactique et replanter des pieds de vigne sains.

flaveur *nf* ***flavour (GB), flavor (US)***
Vieux mot français en usage au XVIe siècle, synonyme de saveur. Aujourd'hui, flaveur nous revient via l'anglais et signifie "ensemble de sensations perçues lors de la dégustation", c'est-à-dire l'odeur, le goût, l'astringence...

flavones *nm pl* ***flavons***
Flavonoïdes de couleur jaune pâle présents dans les pellicules de raisins blancs.

flavonoïdes *nf pl* ***flavonoids***
Composés **phénoliques** du vin. On trouve les flavonoïdes (flavonols, flavanonols et flavones) dans les peaux de raisins.

flavonols *nm* ***flavonols***
Flavonoïdes présents dans les peaux de raisins rouges et de raisins blancs.

fléau *nm* ***scourge***
Calamité frappant le vignoble. La gelée et la grêle sont deux grands fléaux.

flegme *nm* ***product of the first distillation***
Alcool brut de faible degré obtenu par distillation de liquides alcoolisés. Le flegme est appelé *brouillis* dans la région de Cognac.

fleur *nf* ***flower***
La fleur de la vigne éclôt à la fin du printemps lorsque les boutons s'ouvrent, que la corolle se détache de sa base et est repoussée vers le haut par les étamines. Lorsque la fleur est *passée*, des petites **baies** vertes apparaissent. Elles deviendront des raisins. L'arôme « fleur de vigne » est presque du cognac.

fleur *nf* ***mycoderms***
Maladie du vin : une pellicule se forme à la surface du liquide au contact de l'air. Elle se compose de **mycodermes**, autrement dit de moisissures. Le vin devient plat et éventé.

fleuri *adj* ***floral***
Se dit d'un vin, généralement jeune, dont la saveur évoque celle des fleurs. On trouve aussi des arômes floraux dans de jeunes vins mousseux. Ils sont précurseurs d'arômes plus pleins, plus profonds et plus fruités.

Fleurie *n*
AOC. L'un des 10 crus du Beaujolais donnant des vins de style frais, floral et parfumé.

floc de Gascogne *nm*
Mistelle élaborée avec un tiers d'**Armagnac** et deux tiers de **moût** de raisins blancs ou rouges du sud-ouest de la France.

floconneux *adj* ***flocculent***
Se dit d'un vin troublé par des matières **colloïdales** en *suspension.*

flor *nm* ***film yeast (sherry)***
Ce mot espagnol qui signifie "fleur" désigne le voile de levures blanches qui se forme naturellement à la surface des **Xérès** lors de son élevage en fûts partiellement remplis.

floraison *nf* ***flowering***
Période au cours de laquelle la vigne est enfleur.

floral *adj* ***floral***
Cet adjectif qualifie les arômes de vins. Les *arômes floraux* caractérisent surtout des vins encore assez jeunes.

florifère *adj* ***flower-bearing***
Qui porte des fleurs.

flou *adj* ***fuzzy***
Se dit d'un vin qui manque de **limpidité**.

fluet *adj* ***thin***
Se dit d'un vin léger, ayant peu de corps.

fluide *adj* ***fluid***
Se dit d'un vin assez acide et manquant de gras.

flûte *nf* ***1- flute-glass, champagne glass 2- Alsace bottle***
1- Verre à pied étroit et haut utilisé pour boire du Champagne et des vins effervescents. Sa forme élancée permet de retenir les **bulles**.
2- Bouteille longue et mince de couleur verte et sans **culot** utilisée pour loger les vins d'Alsace.
→ *p. 45 et 275.*

foin *nm* ***hay***
Arôme transitoire se révélant souvent à la dégustation de vins rouges en phase de déclin.

foire aux vins *nf* ***wine promotion***
Grande vente promotionnelle de vins organisée rituellement à l'époque des vendanges dans les grandes surfaces françaises.

folle blanche *nf* ***folle blanche***
Cépage produisant des vins blancs assez ordinaires mais des eaux-de-vie de qualité. Autrefois, ce cépage était beaucoup cultivé dans la région de **Cognac**.

folletage *nm* ***drying out***
Maladie physiologique de la vigne se caractérisant par un dessèchement partiel ou total du feuillage de certaines souches. Cette maladie qui frappe surtout les régions méditerranéennes se déclenche quand des vents desséchants succèdent à des pluies et causent une rupture de l'alimentation en eau dans les vaisseaux du bois.

fonçaille, fonçure *nf* ***head (of barrel)***
Partie plate aux deux extrémités d'un tonneau.

foncé *adj* ***dark***
Qualifie la robe sombre d'un vin rouge.

fond *nm* ***head (of barrel)***
Partie plate à chacune des extrémités d'un tonneau

fondre (se) *v* ***to melt away***
Appliqué à la dégustation, ce mot désigne un vin dont l'alcool, les tanins, l'acidité sont en harmonie et donnent au vin un caractère coulant.

fondu *adj* ***harmonious, mellow, well-matured***
Se dit d'un vin dont les éléments : acidité, tanins, alcool se fondent et lui donnent une certaine harmonie.

fongicide *nm / adj* ***fungicide***
Se dit d'un produit chimique propre à tuer des champignons microscopiques. Exemple : la **bouillie bordelaise** a été longtemps été utilisée comme **fongicide**.

fontaine *nf* ***tap, faucet, fountain***
Robinet de cuivre utilisé lorsque l'on met les tonneaux en **perce**.

Forbiddenfruit *nm* ***Forbiddenfruit***
Liqueur américaine faite à base de shaddock (agrume) infusé dans de l'eau-de-vie.

forçage *nm* ***forcing (of the grafts)***

foreshots *n* ***foreshots***
Premier alcool recueilli dans l'**alambic** lors de la distillation de grain.

formation *nf* ***training, vocational training***
Education, instruction.

Forster Jesuitengarten *n*
Vin très célèbre du Palatinat.

Forster Kirchenstück *n*
Vin du Palatinat remarquable pour sa qualité.

formulaire *nm* ***form***
Imprimé administratif sur lequel figurent les questions auxquelles l'intéressé doit répondre.

fort *adj* ***strong***
Se dit d'un vin dont la teneur en alcool est élevée.

fossé *nm* ***ditch***
Dépression de forme allongée située entre deux failles, dont le fond est généralement plat. Exemple : le fossé de la plaine d'**Alsace**.

fosses nasales *nf pl* ***nasal fossae***
Cavités du nez.

fossoir *nm* ***hoe***
Voir **fessou**.

foudre *nm* ***big cask, tank***
Fût de grande capacité dans lequel on fait vieillir le vin ou le cognac.

fougère *nf* ***bracken***
Arôme discret et un peu sévère pouvant se révéler lors de la dégustation d'un vin, notamment le blanc de **Puligny-Montrachet** dont il est caractéristique.

fougueux *adj* ***which has character***
Se dit d'un vin qui a du caractère, des caractéristiques nettes et marquées.

foulage *nm* ***crushing***
Opération consistant à faire éclater les raisins sans écraser les pépins et les **rafles**.

foule (en —) *nf* ***vine-layering plantation***
Plantation du vignoble par **provignage** donnant une impression de désordre, par opposition à la plantation du vignoble **en ligne**, c'est-à-dire le long de rangs.

fouler *v* ***to crush***
Faire éclater les raisins sans écraser les pépins et les **rafles**.

fouloir *nm* ***crusher***
Machine servant à fouler les raisins qui passent entre deux cylindres.

fourrure *nf* ***animal, fur***
Odeur fauve plus qu'arôme pouvant se révéler lors de la dégustation d'un vin vieux.

foxé *adj* ***foxy***
Se dit d'un vin dont les arômes rappellent la fourrure mouillée.

fox-grape *nf* ***oxe***
Vigne sauvage *(vitis labrusca)* poussant au Nord-Est des Etats-Unis. Le cépage **Concord** est le plus connu des Fox-grapes.

fracture *nf* ***fracture***
Rupture ou cassure dans les formations géologiques.

fragrance *nf* ***fragrance***
Odeur agréable.

fraîcheur *nf* ***1- coolness, chilliness 2- freshness***
1- Léger froid. 2- Qualité légèrement acide, coulante d'un vin agréable au palais.

frais *adj* ***1- cool 2- fresh***
1- Qui provoque une sensation de froid léger
2- Se dit d'un vin qui a conserve le fruit et le meilleur des qualités d'un vin jeune.

fraise *nf* ***strawberry***
Arôme fruité pouvant se révéler lors de la dégustation d'un vin. On peut trouver des arômes de fraise dans le **Porto** ou le **Banyuls** mais aussi dans des vins rouges classiques tels que les **Côtes de Nuits** ou les **Barbaresco**.

framboise *nf* ***raspberry***
Arôme pouvant se révéler lors de la dégustation d'un vin. On rencontre souvent des arômes de framboise quand on déguste des vins rouges jeunes, des **pinots noirs** notamment.

framboise *nf* ***framboise***
lambic belge au parfum de framboise.

franc *adj* ***frank, clean***
Se dit d'un vin ou d'un cognac qui n'a aucune autre saveur que celle qu'on doit y trouver. Vin sans faux goût.

franc de pied *adj* ***non grafted vine***
Se dit d'une vigne non greffée. Avant la **crise phylloxérique**, les vignes étaient plantées franches de pied.

France *nf* ***France***
Pays de climat tempéré produisant des vins caractérisés par leur qualité et leur variété. On y trouve des vins rouges très célèbres comme ceux de **Bordeaux** et de **Bourgogne**, des grands vins blancs comme ceux de **Bourgogne**, le vin **effervescent** le plus connu : le **Champagne**, des **vins doux naturels**, des eaux-de-vie comme le **Cognac** et l'**Armagnac**. Les principales régions productrices de vin sont le **Bordelais**, la **Bourgogne**, la **Champagne**, l'**Alsace**, les **Côtes du Rhône**, le **Midi**, le **Val de Loire**. En 1935, la France s'est dotée d'un système d'Appellations d'Origine Contrôlée.

FRANCE

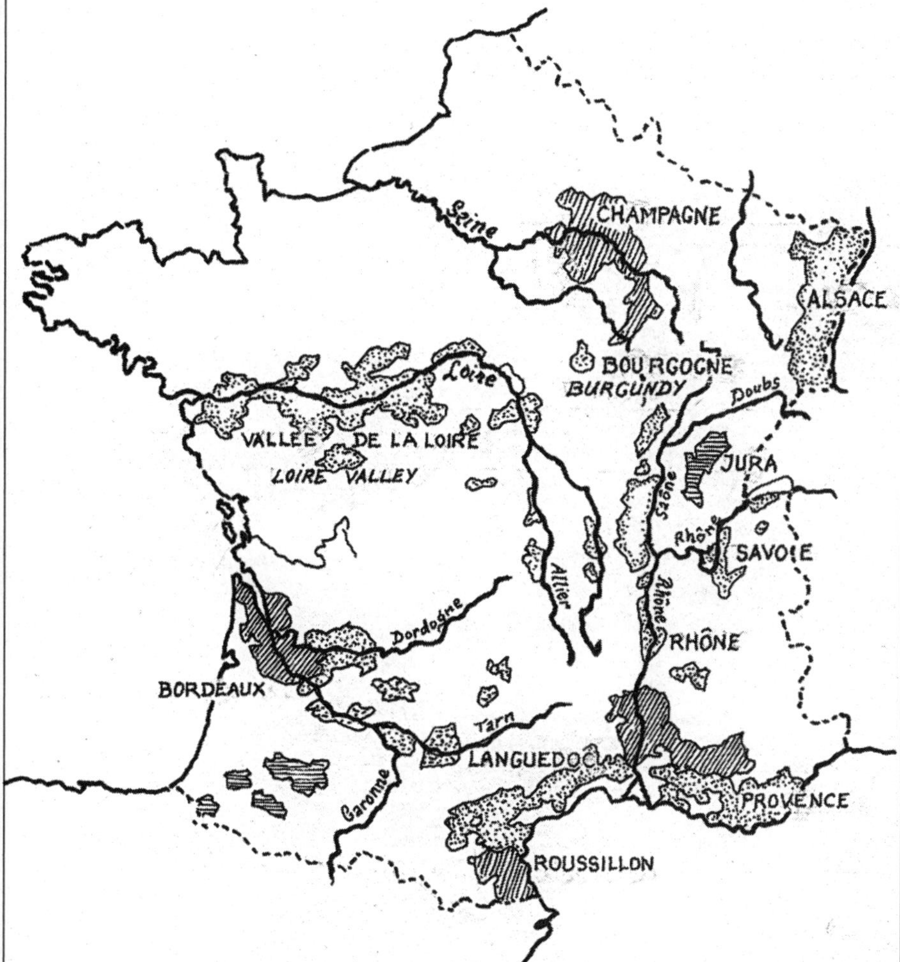
CHAMPAGNE
Seine
ALSACE
BOURGOGNE
BURGUNDY
Loire
Doubs
VALLÉE DE LA LOIRE
LOIRE VALLEY
JURA
Saône
Rhône
SAVOIE
Allier
Dordogne
Rhône
RHÔNE
BORDEAUX
Tarn
LANGUEDOC
Garonne
PROVENCE
ROUSSILLON

franche *adj f* ***frank***
Se dit de la robe d'un vin qui se caractérise par sa netteté, sa brillance et le fait qu'elle n'est pas altérée.

franco *adv* ***carriage paid***
Sans frais pour le destinataire. Exemple : expédier des cartons de bouteilles franco de port.

Franconie *nf* ***Franconia***
Région viticole du centre de l'Allemagne au climat continental produisant de bons **sylvaner. Würtzburg**, la capitale de la Franconie, est renommée pour sa bière.

frange (du disque) *nf* ***fringe***
Bordure du **disque** formé par la surface d'un vin dans un verre.

Franschhoek *n*
Vignoble sud-africain fondé après la révocation de l'édit de Nantes par les Huguenots français à l'extrémité de vallée de Groot Drakenstein, près de Paarl. D'abord appelée *le quartier français*, cette enclave porte aujourd'hui le nom de Franschhoek ("coin des Français".) Les descendants des Huguenots portent encore des noms français : De Villiers, Marais, Fouché, Joubert, Malherbe, Fourie… Il en va de même du nom des domaines : Bourgogne, La Provence, L'Ormarins, Picardie, La Dauphine, La Motte…

frappé *adj* ***chilled***
Se dit d'une boisson rafraîchie sans être glacée.

Frascati *n*
DOC. Vin italien produit dans le Latium. Les vins de Frascati, souvent secs et légers sont élaborés avec les cépages **trebbiano** et **malvasia** mais on trouve aussi parfois des vins demi-doux, **moëlleux** ou **spumanti**.

fraude *nf* ***fraud***
Acte de mauvaise foi commis dans le but de tromper autrui.

frauder ***to defraud, to cheat***
Se rendre coupable de fraude.

fraudeur *nm* ***swindler***
Personne qui fraude.

frauduleux *adj* ***fraudulent***
entaché de fraude. Exemple : le **mouillage** est une pratique frauduleuse.

fredonia *nm* ***fredonia***
Cépage américain rouge de bon rendement.

freisa *nf* ***freisa***
Cépage rouge du **Piedmont** italien. Les producteurs piedmontais lui ont récemment donné un coup de jeune en en faisant de savoureux vins secs.

French paradox *nm* ***French paradox***
Expression née à la suite de l'émission "Sixty Minutes" diffusée en 1991 par la télévision américaine liant le faible taux de maladies coronariennes du Sud-Ouest de la France à la consommation de vin rouge contenant des anti-oxydants. Diverses études scientifiques réalisées à l'échelon international montrent que la consommation modérée de vin, de graisses polyinsaturées et un bon équilibre alimentaire contribuent à l'explication du paradoxe français.

frelaté *adj* ***adulterated***
Se dit d'un vin ou d'un alcool corrompu, falsifié, trafiqué.

frelater *v* ***to adulterate***
Falsifier un vin ou un alcool en y mêlant des substances étrangères.

frêle *adj* ***lean, thin, meagre***
Se dit d'un vin sans charpente ni corps.

frêt *nm* ***freight***
Cargaison.

friand *adj* ***graceful, refreshing***
Se dit d'un vin fruité, frais et agréable

friche *nf* ***waste land, uncultivated land***
Terre non cultivée mais qui l'a été ou pourrait l'être.

friche (en —) *uncultivated*
Sans culture.

Frioul *nm* ***Friuli, Friuli-Venezia-Giulia***
Région viticole montagneuse du Nord-Est de l'Italie, productrice de vins rouges et blancs. La diversité des sites et des sols a permis à cette région appelée Frioul-Vénétie Julienne d'introduire avec succès bon nombre de cépages importés (**merlot**, **malbec**, **caber-**

net, **riesling**, **sauvignon**) et de conserver des cépages locaux.

frizzante adj ***sparkling***
Mot italien signifiant **pétillant**.

frizzantino adj
Terme italien équivalent de **perlant**.

froid adj ***cold / dank /chilly***
Qui est à basse température. Terme de dégustation employé pour qualifier un vin manquant d'alcool.

froment nm ***wheat***
Céréale souvent utilisée par les brasseurs et les distillateurs.

Fronsac n
AOC. Région viticole du Bordelais produisant des vins rouges corsés, fruités et bien colorés. Les meilleurs Fronsac portent l'appellation **Côtes-Canon-Fronsac** ou **Canon-Fronsac**.

Frontignan n
AOC. Région méditerranéenne célèbre pour son **muscat** qui peut être élaboré en **vin doux naturel** ou en **vin de liqueur**.

fructifère adj ***fruit-bearing***
Qui produit des fruits.

fructose nm ***fructose***
Isomère du **glucose** contenu dans de nombreux fruits dont le raisin.

fruit nm ***fruit***
Le raisin est fait à 100 % avec le raisin, fruit de la vigne. Les substances odorantes du raisin se retrouvent dans un vin fruité.

fruité adj ***fruity***
Se dit d'un vin dont le bouquet et la saveur rappellent le fruit, le raisin. Bien que le vin soit fait avec des raisins, il n'a de caractère fruité que si la vendange combine correctement maturité et acidité. Le caractère disparaît en général à mesure que le vin vieillit. Les **Beaujolais** sont un bon exemple de vins fruités.

fruitière viticole nf ***wine-cooperative***
Coopérative viticole, association de producteurs de raisins dans le **Jura**.

fugace adj ***fleeting, transient***
Se dit des arômes d'un vin qui disparaissent rapidement.

fugitif adj ***fleeting, transient***
Se dit d'un vin dont les arômes disparaissent très rapidement.

fumé adj ***smoky, smoked***
Arôme pouvant se révéler à la dégustation d'un vin. Il peut être dû à un brûlage trop poussé du fût de chêne mais des cépages comme la **syrah** et le **sauvignon** ont naturellement un caractère fumé. C'est ainsi que cet arôme tertiaire **empyreumatique** est très apprécié dans le **Pouilly-Fumé** produit à **Pouilly sur Loire** et aussi dans les **pinots gris** d'Alsace et dans certains vieux Bordeaux rouges des **Graves**.

fumées nf pl ***alcoholic stupor***
Excitation produite au cerveau par les boissons alcooliques.

fumet nm ***scent***
Arôme de gibier pouvant se révéler à la dégustation de certains vins rouges évolués comme les **pinots noirs**.

fumier nm ***manure***
Amendement organique de type végétal. Le fumier apporte de l'humus dans le sol.

fumigants nm pl ***fumigants***
Produit chimique utilisé pour désinfecter un sol contaminé par des maladies à virus comme le **court-noué**. Le recours aux fumigants est un pis-aller car leur action est polluante.

fumigation nf ***fumigation***
Opération consistant à faire brûler une **mèche de soufre** dans un fût ou une cuve pour éliminer les bactéries indésirables. Synonyme : **méchage**.

fumure nf ***1- fertilization, manuring 2- manure***
Apport d'engrais dans le sol 2- Engrais apportés à un sol.

furfural nm ***furfural***
Aldéhyde de la série du furanne présent en quantité infime dans le vin et les spiritueux et en quantités beaucoup plus importantes dans les alcools de grain. Le furfural a une odeur de

pain frais, de caramel et est responsable du brunissement des vins.

furmint *nm* ***furmint***
Cépage blanc. Raisin fort à la saveur caractéristique dont on fait le **tokay**.

fusel (huile de —) *nm* ***fusel oil***
Alcool recueilli au début de la distillation. Impropre à la consommation, il est redistillé avec les **foreshots** en Ecosse et les **têtes** à Cognac.

fût *nm* ***barrel, cask***
Tonneau le plus souvent en chêne utilisé pour l'élevage du vin, du cidre, du whisky et de diverses eaux-de-vie. Des vins élevés dans des tonneaux moisis peuvent avoir un **goût de fût.**

fûtaille *nf* ***cooperage / casks, barrels***
Récipients servant à conserver le vin, le cidre ou les eaux-de-vie.

G

Gaffelière (Château La) *n*
AOC. Château du Bordelais situé sur la commune de **Saint-Emilion**. Premier grand cru classé donnant des vins rouges caractérisés par leur finesse.

Gaillac *n*
AOC. L'un des plus anciens vignobles de France dans le département du Tarn. Cette appellation, répartie sur 73 communes comprend des vins rouges, rosés, blancs **moelleux** et **effervescents**.

gale *nf* ***scab disease***
Maladie de la vigne se caractérisant par l'apparition de pustules à la surface des tissus externes de la plante. Cette croissance anormale est souvent causée par des **acariens** appelés pour cette raison acariens de la gale de la vigne. Le préjudice causé est surtout d'ordre esthétique. La gale sévit plutôt dans les climats chauds.

galet *nm* ***pebble***
Fragment de roche arrondi par frottement mécanique au cours de son transport par un cours d'eau.

Galet (Pierre) *n*
Célèbre ampélographe de l'Ecole Nationale Supérieure Agronomique de Montpellier né en 1921. Ses travaux font référence.

gallisation *nf* ***chaptalisation***
Mot allemand signifiant **chaptalisation**. Le docteur Gall est le concepteur de cette méthode.

gallon *nm* ***gallon***
unité de capacité encore utilisée au Royaume uni, au Canada et surtout aux USA. Attention ! Le **gallon impérial** britannique équivaut à 4,55 litres alors que le **gallon américain** équivaut à 3,79 litres.

gamay *nm* ***gamay***
Cépage bourguignon noir à jus blanc, plus prolifique, plus précoce et plus résistant que le **pinot**. Interdit par le duc de Bourgogne Philippe le Hardi qui le jugeait "déloyal," le gamay qui ne peut être qualifié de **noble**, donne pourtant de bons vins rouges, légers et bouquetés dans le **Beaujolais**. Il est aussi cultivé en **Touraine** et en **Californie**.

gamay teinturier *nm* ***gamay teinturier***
Cépage à jus noir, coloré manquant toutefois de finesse.

gamme *nf* ***range***
Série continue dont les éléments sont classés par gradation. Ex : *la gamme des saveurs d'un vin, la gamme de vins d'un négociant...*

gamza *nm* ***gamza***
Cépage bulgare avec lequel on fait du vin rouge et du vin blanc.

garage (vin de —) *nm* ***garage wine***
Terme utilisé, souvent avec ironie, pour qualifier un vin produit en petite quantité avec un équipement minimum mais pouvant avoir une excellente qualité.

Gard *nm*
Important département viticole français du Sud de la France produisant des vins rouges (**Costières** de Nîmes) et des vins blancs (Clairette de Bellegarde).

garde (vin de —) *nf* ***keeper***
Vin qui se bonifie en vieillissant parce qu'il a une bonne structure et présente un bon équilibre entre sa teneur alcoolique, ses tanins et son acidité. Certaines années sont plus que d'autres des années de garde.

garnacha **nm** *grenache*
Synonyme espagnol de "**grenache**."

garrafeira *adj* ***reserve wine***
Au Portugal, mention désignant un vin rouge ou blanc"de bonne qualité" dont le titre alcoométrique dépasse de 0,5° le degré minimum et qui a été élevé enfût avant d'être mis en vente.

garrigue *nf* ***scrub***
Arômes de fleurs et d'épices rappelant la végétation du Sud de la France : thym, lavandes sauvages, fenouil, romarin...

gascon *nm* ***gascon***
Cépage rouge assez avare donnant des vins de garde d'assez bonne qualité.

gasificado
Terme espagnol signifiant qu'un vin a été **gazéifié** artificiellement.

gastronome *nm* ***gourmet, gastronome***
Personne qui aime et apprécie la bonne chère.

gastronomie *nf* ***gastronomy***
Art de cuisiner et de faire bonne chère. Anthelme Brillat-Savarin, (1755-1826,) auteur de *la Physiologie du goût* peut être considéré comme le père de la gastronomie française. Quant à l'Angevin Curnonsky, il fut surnommé "Prince des gastronomes."

gastronomique *adj* ***gastronomic***
Relatif à la gastronomie. Exemple : chaque année, la foire gastronomique se déroule à Dijon.

gâté *adj* ***spoilt***
Vin devenu impropre à la dégustation du fait de l'altération qu'il a subie.

gâteau *nf* ***press cake***
Marc de raisin contenu dans le pressoir après une première pressée. Il doit être **émietté** avant une seconde pressée.

Gay-Lussac *n*
Chimiste français (1778-1850) dont les travaux sur l'alcoométrie et l'acide sulfurique contribuèrent aux progrès de la vinification.

gaz *nm* ***gas***
En matière de vinification, le gaz ou les gaz font référence au gaz carbonique (CO_2) dissous présent dans tous les vins **tranquilles**. Parfois, le dégustateur ressent un léger **perlant** dû à une quantité de gaz carbonique plus élevée, consécutive à une mise en bouteille sur lie. Le CO_2 donne une sensation de picotement sur les muqueuses.

gaz carbonique *nm* ***carbon dioxide***
Gaz produit au cours de la fermentation **alcoolique** et de la fermentation **malolactique**. Les vins **effervescents** ont une teneur élevée en gaz carbonique.

gazéification *nf* ***carbonation***
Introduction de gaz carbonique dans un vin avant la mise en bouteille.

gazéifier *v* ***to gasify***
Rendre un vin artificiellement gazeux en lui insufflant du gaz carbonique.

gazeux *adj* ***fizzy***
Se dit d'une boisson contenant du gaz carbonique dissous.

Gebiet *nm* ***région (nom allemand)***
Région viticole allemande.

Geisenheim *n*
Ville du **Rheingau** productrice de bons vins blancs (**riesling**). La station de recherche viticole allemande la plus célèbre fut fondée dans cette ville en 1870. Le **Müller-Thurgau**, cépage le plus répandu en Allemagne y fut mis au point en 1882. C'est aussi là que les **croisements** de *vitis vinifera* les plus récents ont été effectués. Le vignoble le plus célèbre de Geisenheim est le Rothenberg aux sols rouges donnant des vins robustes au goût de terroir marqué.

gel *nm* ***frost***
Fléau météorologique d'hiver ou de printemps pouvant frapper les ceps à mort et détruire les jeunes bourgeons.

gélatine *nf* ***gelatin***
Agent de **clarification** du vin d'origine animale utilisé lors du **collage**.

gelée *nf* ***frost***
Abaissement de la température au-dessous de zéro degré Celsius.

gelée blanche *nf* ***early morning frost, hoarfrost***
Gelée matinale laissant une pellicule blanche sur la végétation.

geler *v* ***to freeze***
Transformer en glace.

gélif, ive *adj* ***subject to frost***
Se dit de roches susceptibles d'éclater lors de la congélation de l'eau qui s'y est infiltrée.

gène *nm* ***gene***
En biologie végétale, élément du chromosome conditionnant la transmission de caractéristiques bien déterminées.

Général De Gaulle *nm*
Type de tire-bouchon muni de deux leviers latéraux faisant penser au Général De Gaulle levant les bras. → *p. 261.*

généreux *adj* ***hearty, full-bodied***
Se dit d'un vin alcoolisé, fruité en bouche, sans excès de tanins. Lorsqu'un vin manque de générosité, il est susceptible d'avoir peu de fruit et probablement un excès de tanin.

générique *adj* ***generic***
Adjectif appliqué aux appellations contrôlées de base. Ce sens est impropre. Plutôt que de parler d'appellations génériques, il vaut beaucoup mieux parler d'**appellations régionales** ou locales.

genêt *nm* ***broom***
Odeur florale très suave pouvant se révéler à la dégustation d'un vin blanc.

génétique *nf* ***genetics***
Ce mot appliqué aux cépages désigne les caractères hérités des parents.

génétique *adj* ***genetic***
Qui concerne les **gènes**. La science s'attache à modifier le potentiel génétique des **levures** pour qu'elles agissent sur le style du vin que l'on veut obtenir : certaines ont une influence sur les arômes, d'autres sur le rendement en alcool… (*Voir aussi :* **OGM**)

genièvre *nm* ***juniper***
Fruit aromatique du genévrier donnant, lorsqu'il est distillé, une eau-de-vie de genièvre appelée *jenever* en Hollande et *péquet* en Belgique. La distillation du genièvre hollandais diffère de celle du ***gin*** anglais parce que celui-ci est moins fort (35°) et que le distillateur commence par distiller de l'orge ou du seigle qui a macéré et fermenté pendant deux ou trois jours. Le **distillat** additionné de baies de genièvre est ensuite redistillé. En outre, le genièvre est utilisé pour donner de la saveur au gin. De très vieux grands vins rouges peuvent avoir des arômes de genièvre.

genne *nf* ***pomace***
Mot bourguignon synonyme de **marc**. La distillation de la **genne** donne du **marc de Bourgogne**. La genne est, en outre utilisée comme engrais et peut entrer dans la composition du **compost**.

genre *nm* **genus** (*pl* **genera**)
Dans la classification botanique, le genre est une subdivision de la famille. Par exemple, le genre ***vitis*** appartient à la famille des ***ampelidaceae***.

gentiane *nf* ***gentian***
Plante de montagne de couleur bleue ayant donné son nom à la liqueur amère obtenue par **distillation** de cette plante. La **Suze** est la *liqueur de gentiane* la plus populaire en France..

gentil *nm* ***Riesling***
Nom donné par les alsaciens au cépage **riesling**.

géolocalisation par satellite *nf* ***global positioning system***
Voir **GPS**.

géopédologie *nf* ***geopedology***
Etude de la couverture **pédologique** par télédétection aérienne et satellitaire dans le but de la protéger contre l'érosion.

géraniol *nm* ***geraniol***
Alcool **terpénique** à odeur de rose que l'on peut rencontrer dans des cépages aromatiques comme le **muscat**.

géranium *nm* ***geranium***
Arôme floral plutôt désagréable pouvant se révéler à la dégustation d'un vin. Il indique la dégénérescence de l'acide **sorbique** qui a pu être utilisé au cours de la fermentation pour inhiber l'activité des **levures**.

gerber *v* ***to stack***
Empiler des tonneaux les uns sur les autres

gérer *v to manage, to run*
Administrer.

geropiga *nm* ***geropiga, grape syrup (mot portugais)***
Sirop de raisin utilisé au Portugal pour sucrer le **porto**.

Gers *nm*
Département du Sud-ouest de la France, producteur d'**Armagnac**.

Château de Gevrey-Chambertin

Gevrey-Chambertin *n*
AOC. Commune de la Côte de Nuits productrice de vins rouges puissants et d'une grande finesse. Le **Chambertin** est le grand cru le plus célèbre de cette commune.

GEST *nm*
***G**roupement d'**E**tudes et de **S**uivi des **T**erroirs.* Association de viticulteurs poursuivant l'objectif de préserver les sols et d'exprimer les terroirs.

gewürztraminer *nm* ***gewürztraminer***
Cépage blanc **noble** aux arômes épicés, manquant un peu d'acidité. Il s'épanouit en **Alsace** et au Sud de l'**Allemagne** (**Palatinat**) dont il est originaire. Ce cépage est aussi présent aujourd'hui en **Afrique du Sud**, en **Nouvelle Zélande** et en **Californie**. En Alsace, il donne de remarquables vins de **vendanges tardives** et de **sélection de grains nobles**.

gibier *nm* ***game***
Nom générique des animaux qu'on chasse. Certains vins ont des arômes de gibier, surtout ceux qui sont déjà vieux.

Gigondas *n*
AOC. Appellation portée par les vins produits principalement dans la commune de Gigondas (Vaucluse.) Ce sont surtout des vins rouges colorés, puissants et charpentés issus de **grenache noir**, **syrah**, **mourvèdre** et **cinsault**.

gill *nm* ***gill***
Unité de mesure liquide jadis utilisée en Angleterre équivalant à un quart de **pinte** soit environ 14 centilitres.

gin *nm* ***gin***
Eau-de-vie aromatisée avec des baies de **genièvre** obtenue par distillation d'orge **maltée** ou de seigle. Le **gin** est surtout consommé en Angleterre et en Hollande depuis au moins le XVIIIe Siècle. Le célèbre dessin de Hogarth *Gin Lane* montre les effets de la trop grande consommation de gin au Royaume Uni au siècle des Lumières.

ginfizz *nm* ***ginfizz***
Cocktail constitué de gin, de jus de citron, d'un peu de sucre et de glace.

gin tonic *nm* ***gin tonic***
La plupart du gin anglais est maintenant consommé avec de l'Indian ***tonic*** (***G & T***) qui est presque devenu la boisson nationale anglaise.

gingembre *nm* ***ginger***

Plante aromatique originaire d'Asie servant à faire divers breuvages très appréciés par les Anglo-Saxons comme le *ginger wine* ou le *ginger brandy*.

girofle *nm* ***clove***
arôme de vanille poivrée pouvant se révéler à la dégustation d'un vin.

giroflée *nf* ***gillyflower, wall-flower***
Arôme floral odorant pouvant se révéler à la dégustation d'un vin blanc mais les arômes de giroflée sont inhabituels.

girolle *nf* ***chanterelle***
Odeur de champignon pouvant se révéler à la dégustation d'un vieux vin rouge.

Gironde *nf* ***Gironde***
Département viticole du Sud-Ouest de la France où sont produits les grands **Bordeaux**. La Gironde est le nom de l'estuaire formé par la Garonne et son affluent la Dordogne, qui s'écoulent sur un cours d' environ 80 kilomètres du Nord de Bordeaux à l'Océan Atlantique. Les vignobles du **Médoc** sont situés sur la rive gauche (ou Ouest) alors que ceux des côtes **Bourg** et de **Blaye** sont sur la rive droite.

Gisborne *n*
Région viticole de l'Ile du Nord en **Nouvelle Zélande** dans Poverty Bay. Elle est caractérisée par ses sols fertiles et a traditionnellement produit des **vins de carafe** mais elle s'est orientée vers une politique de qualité.

Giscours (Château-) *n*
AOC. Château du **Médoc** situé sur la commune de Labarde-Margaux produisant des vins rouges délicats, parfumés et souvent élégants

givre *nm* ***frost, ice***
Condensation du brouillard en minces lamelles de glace au contact d'un corps solide, comme un pied de vigne.

Givry *n*
AOC. L'un des 4 villages de la **Côte Chalonnaise** en Bourgogne à bénéficier d'une appellation. Vins rouges et blancs généralement d'un bon rapport qualité-prix.

glaçon *nm* ***ice cube***
Morceau de glace que l'on met dans une boisson pour la rafraîchir.

glaise *nf* ***clay***
Terre grasse compacte, très argileuse.

glen *nm* ***glen, gorge***
Terme géographique écossais signifiant gorge. Ce terme est bien connu des amateurs de **whisky** parce que beaucoup de **distilleries** célèbres sont situées le long des glens de rivières.

Glen Ellen *n*
Village de la vallée de **Sonoma** en Californie. L'écrivain Jack London y acquit "Beauty Ranch" en 1906. Son domaine comprenait des vignes qui sont aujourd'hui exploitées par ses héritiers. Il existe un *Jack London wine.*

Glenfarclas *n*
Whisky single malt du Speyside généralement considéré comme un des **malts** classiques des **Highlands**.

Glenfiddich *n*
Peut-être le plus connu des whiskies **single malt**. La distillerie située le **Speyside**, a toujours bien su commercialiser ce whisky doux et léger.

Glengoyne *n*
La distillerie la plus méridionale des Highlands écossais, située dans le Stirlingshire. Whisky simplement léger et agréable.

Glen Grant *n*
Whisky **single malt** écossais du **Speyside**. Léger et sec.

Glenlivet, The *n*
Whisky single malt du **Speyside**. L'utilisation de l'article défini, qui donne une valeur superlative à cette marque, a été entérinée par un jugement prononcé contre des distillateurs qui avaient essayé de bénéficier du succès de cette distillerie en imitant son nom. Bien équilibré et jamais décevant.

Glenmorangie *n*
Whisky **single malt** écossais produit au Nord des **Highlands**. Moelleux et délicat, de plus en plus populaire aujourd'hui.

Glen Ord *n*
Whisky **single malt** écossais produit au Nord des **Highlands**. Moelleux et sec.

Glen Scotia *n*
Avec **Springbank,** l'une des deux distilleries de **malt whisky** survivantes de **Campbeltown**. Onctueux et aux arômes de tourbe.

glögg *nm* ***glögg***
Boisson hivernale suédoise se composant de vin chaud, d'aquavit, de raisins secs et d'amandes.

Gloria (Château-) *n*
AOC. Château du **Haut-Médoc** situé sur la commune de **Saint-Julien** produisant des vins rouges ronds et subtils.

glouglou *nm* ***gurgling sound. glug glug***
Bruit d'un liquide s'échappant d'une bouteille. Dans la farce de Molière *Le Médecin malgré lui*, Sganarelle chante : "Qu'ils sont doux / Bouteille jolie, / Qu'ils sont doux / Vos petits glouglou..."

glucide *nm* ***carbohydrate***
Substance organique ternaire appelée aussi hydrate de carbone. On divise les glucides en *oses* non hydrolysables et en *osides* formés par l'union de deux ou plusieurs *oses* libérables par hydrolyse comme le saccharose. Les glucides sont présents dans les moûts de raisin sous forme de **glucose** et de **fructose**.

gluco-oenomètre *nm* ***gluco-oenometer***
Appareil servant à mesurer la teneur en sucre du **moût** frais. Synonyme : **pèse-moût**.

gluconique *adj* ***gluconique***
L'acide gluconique est formé par l'oxydation du **glucose**.

glucoprotéine *nf* ***glucoprotein***
La glucoprotéine de la salive appelée *mucine,* joue un rôle important dans la dégustation.

glucose *nm* ***glucose***
Glucide de saveur sucrée (C6 H12 06) contenu dans le raisin. Synonyme : **dextrose**.

glucosides *nm pl* ***glucosides***
Les anthocyanosides et les flavonosides, matières colorantes du vin sont des glucosides.

Glühwein *nm*
Sorte de vin chaud et épicé allemand.

glutamique *adj* ***glutamic***
Se dit d'un acide aminé présent dans les tissus nerveux et qui joue un rôle métabolique important.

glycériné *adj* ***with aromas reminiscent of glycerine***
Se dit d'un vin de faible acidité, alcoolisé et présentant de l'onctuosité et du gras.

glycérol *nm* ***glycerol***
Trialcool très présent dans les vins ayant une saveur sucrée et donnant un caractère onctueux dans le cas de **vins moelleux** vinifiés à partir de raisins atteints de **pourriture noble**.

glycéropyruvique (fermentation -) *adj* ***glyceropyruvic***
Formation de **glycérol** au cours de la fermentation alcoolique.

glycol *nm* ***glycol***
Corps ayant deux fois la fonction alcool. Synonyme de dialcool. Il donne de la viscosité et a une saveur sucrée. Le vin en comprend naturellement des traces mais l'ajouter artificiellement est une pratique frauduleuse.

gneiss *nm* ***gneiss***
Roche métamorphique constituée de cristaux de mica, de quartz et de feldspath, disposés en lits. On rencontre cette roche en Provence dans le massif des Maures.

gnôle *nf* ***brandy***
Terme populaire synonyme d'eau-de-vie.

gobelet *nm* ***tumbler***
Récipient pour boire sans pied ni anse. Quand il buvait son vin (avec modération !) Voltaire invitait ses amis en leur disant : "je gobeloterais bien. Voulez-vous gobeloter en ma compagnie ?"

gobelet *nm* ***gobelet pruning***
Méthode de taille de la vigne consistant à laisser trois ou quatre bras sur un cep taillé assez bas et court. Ces trois ou quatre bras s'ouvrent en divergeant (d'où l'image du "gobelet") et portent des **coursons** taillés à deux **yeux**. Cette méthode est utilisée dans le **Beaujolais**.

Goisses (Clos des —) *n*
L'un des vignobles **champenois** les plus célèbres, à Mareuil-sur-Ay, appartenant à la maison

Philiponnat. Les raisins du clos sont vinifiés séparément pour faire une cuvée spéciale.

goldenmuskateller *nm*
Nom sous lequel le cépage moscato giallo est connu dans le Haut Adige en Italie.

gomme arabique *nf* ***gum-arabic***
Produit utilisé en œnologie pour stabiliser les vins et notamment pour lutter contre les **précipitations tartriques**, les précipitations de matières colorantes et la **casse ferrique**.

gönc *nm*
Mot hongrois désignant un tonneau d'une contenance de 140 litres. Le gönc est un attribut important lors de la vinification du **Tokay**.

gondole *nf* ***gondola***
Meuble composé d'étagères et utilisé dans les grandes surfaces pour la présentation des produits et notamment des bouteilles de vin, de bière et de spiritueux.

gonfler *v* ***to swell***
Grossir. Les bourgeons de la vigne gonflent lors du **débourrement**.

gorgée *nf* ***sip***
Quantité de liquide qu'on peut avaler en une seule fois.

goudron *nm* ***tar***
Substance sombre et visqueuse obtenue par la **distillation** de certains produits. Autrefois, le goudron était employé pour lutter contre des maladies de la vigne. Des arômes de goudron peuvent se manifester à la dégustation de vieux **Bourgogne**, de vieux **Bordeaux**, de vieux **Barolo** et de vieux **Rioja**.

gouleyant *adj* ***smooth, velvety***
Se dit d'un vin souple et léger qui se boit facilement.

goulot *nm* ***neck***
Col d'un vase à entrée étroite. Le bouchon de liège est enfoncé à l'intérieur du goulot.

goupillon *nm* ***bottle brush***
Brosse cylindrique à manche utilisée pour nettoyer les bouteilles.

gourde *nf* ***flask***
Récipient servant à conserver la boisson au cours d'un voyage.

gourmet *nm* ***gourmet***
Connaisseur en vin et en bonne chère. Autrefois, les **courtiers de campagne** étaient désignés sous le terme de *courtiers-gourmets.* Aujourd'hui, encore, en Alsace, ils sont encore désignés sous ce nom.

goût *nm* ***taste***
Sens dont les organes récepteurs sont situés dans la bouche. On distingue quatre goûts élémentaires : sucré, salé, acide et amer.

goût de bouchon *nm* ***corky smell, corky taste***
Altération du vin causée par la moisissure du bouchon.

goût de terroir *nm* ***terroir taste, soil taste, local tang***
Terme de dégustation désignant dans un vin toute saveur particulière provenant de la nature du sol qui a produit le raisin. Cette expression est souvent employée avec ironie pour qualifier un vin moins marqué par son terroir d'origine que vinifié sans respect exagéré de l'hygiène ! Employé également pour les cognacs.

goût de vieux *nm* ***taste of old wine***
Goût typique d'un vin qui a vieilli prématurément.

goûter *v* ***to taste***
Sentir la saveur d'une boisson.

goûteux *adj* ***racy, high quality, high breed***
Se dit d'un vin racé, de grande qualité.

goutte *nm* ***brandy***
Terme familier désignant l'eau-de-vie.

goutte (vin de) *nf* ***free run***
Pour un vin blanc, vin fait avec le jus s'écoulant librement du pressoir avant que le pressurage n'ait commencé. Pour un vin rouge, vin que l'on tire de la cuve lorsque la fermentation est terminée. Le **marc** sera pressé et l'on obtiendra le **vin de presse**.

goutte à goutte (irrigation au —) *nf* ***drip irrigation***
Système d'arrosage programmé informatiquement. L'ordinateur vérifie et enregistre

constamment l'humidité du sol et l'eau est distribuée au goutte à goutte par un système complexe de tuyaux fixés sur le palissage des vignes.

goyave *nf* ***guava***
Arôme pouvant se révéler lors de la dégustation d'un vin.

GPS *nm* ***GPS***
Grâce aux relevés effectués par GPS (**géolocalisation par satellite**,) le vigneron peut connaître la superficie exacte de la vigne à planter, définir le nombre de pieds, le nombre de rangs ainsi que leur longueur, en fonction de la **densité de plantation** et de l'orientation des rangs.

graciano *nm* ***graciano***
Cépage rouge à la peau fine cultivé dans la région de la **Rioja** en Espagne caractérisé par sa saveur et ses arômes. Dans les **assemblages**, il apporte de la richesse et du fruité au vin.

graillon *nm* ***smells of fat***
Odeur de corps gras ayant ranci à l'air suite à distillation dans une chaudière mal nettoyée.

grain *nm* ***grain***
Fruit formé presque exclusivement de la graine. Le *whisky* est un **alcool de grain** produit à partir du maïs.

grain *nm* ***grain***
Le grain d'un bois est le nom donné à ses aspérités plus ou moins fines. Exemple : le **chêne** des Vosges à grain fin convient bien pour l'**élevage** des vins blancs de Bourgogne.

grain (avoir du —) *nm* ***chewy, pungent***
Un vin qui a du grain est un vin vif, un peu mordant. On emploie cette expression à propos de vins tanniques.

grain de raisin *nm* ***berry***
Petite **baie** composant le raisin.

graisse *nf* ***disease***
Maladie du vin causée par des ferments se développant sans le contact de l'air. En raison de l'attaque bactérienne du glycérol, le vin prend une consistance visqueuse. Cette maladie sur laquelle travailla **Pasteur** est devenue très rare.

graisseux *adj* ***oily, greasy***
Terme dégustation très négatif s'appliquant à un vin plat, passé et filant.

grand cru *nm* ***grand cru***
Dans le système des AOC, une appellation est souvent subdivisée en un certain nombre de zones homogènes appelées ***crus***. Le terme "grand cru" est la distinction suprême conférée aux climats produisant les meilleurs vins. L'utilisation de ce terme est strictement contrôlée en Alsace, dans le Bordelais et en Bourgogne. Dans cette dernière région, toutefois, le nom du grand cru devient, en fait, celui de l'AOC. Par exemple, le **Richebourg** est l'un des six *grands* **crus** de la commune de **Vosne-Romanée**.

grand cru *nm* ***grand cru***
Bière en général fortement alcoolisée brassée à l'occasion de noces ou de fêtes villageoises. Ce terme est aujourd'hui utilisé (abusivement) par les brasseries pour leurs bières fortes.

grand cru classé *nm* ***grand cru classé***
Distinction réservée aux meilleurs des châteaux de la Gironde. L'utilisation de ce terme est strictement contrôlée dans le Bordelais. Elle s'applique à certains vins du Médoc, de **Saint-Emilion** et de **Sauternes**, qui ont été sélectionnés selon des **classifications** diverses. Par exemple, le **Château-Latour** est une AOC de **Pauillac**. *(Voir annexe)*

grand *adj* ***great***
Cet adjectif est plus un argument marketing que l'expression de la qualité intrinsèque d'un vin

grande marque *nf* ***grande marque***
Terme spécifique au **Champagne** appliqué jusqu'en 1977 aux membres du syndicat des grandes marques mais abandonné en raison d'une absence de consensus sur les critères à adopter. Toutefois, ce terme continue d'être utilisé à l'étranger.

Grande Rue (La) *n*
AOC. L'un des six grands crus de la commune de **Vosne-Romanées** (1,60 hectares) entre **la Romanée** au Nord et la **Tâche** au Sud, donnant un vin rouge ample, fin et complexe.

Grand Marnier *nm* ***Grand Marnier***
Liqueur au goût d'orange, faite avec de l'eau-de-vie de vin.

grandiose *adj* ***great, grand***
Superlatif employé par un dégustateur lors de la dégustation d'un vin de qualité exceptionnelle.

granit ou **granite** ***nm*** granite
Roche relativement répandue formée principalement de quartz, de feldspath alcalin et de mica. Le cépage **gamay** s'exprime très bien sur les coteaux *granitiques* du **Beaujolais**.

Grand-Pontet (Château-) *n*
AOC. Grand cru classé. Château situé sur la commune de **Saint-Emilion**, produisant du Bordeaux rouge corsé de belle qualité et de caractère.

Grand-Puy-Ducasse (Château-) *n*
AOC. 5° Cru classé. Château situé dans le **Haut-Médoc** sur la commune de *Pauillac*, produisant du Bordeaux rouge corsé et bien équilibré.

Grand-Puy-Lacoste (Château-) *n*
AOC 5° Cru classé. Château situé dans le **Haut-Médoc** sur la commune de **Pauillac**, produisant du Bordeaux rouge fin, fruité et long en bouche.

Grand-Saint-Bernard *nm* ***Grand-Saint-Bernard***
Liqueur suisse de couleur vert-pâle.

grande (fine) champagne *nf*
Eau-de-vie de Cognac de la plus haute qualité due à sa remarquable finesse

gran reserva *nf*
En Espagne, ce terme s'applique aux "**reservas**" des meilleures années ayant été élevés pendant au moins deux ans en fûts et trois ans en bouteilles pour les vins rouges. Dans la **Rioja**, une infime proportion de vins (environ 5 %) portent la mention *gran reserva.*

Grands-Echezeaux *nm pl*
AOC. Grand cru bourguignon de la **Côte de Nuits** donnant des vins rouges puissants.

grappa *nf* ***grappa***
Nom italien de l'eau-de-vie de **marc**.

granvas *n*
Terme espagnol signifiant "**cuve close.**"

grappe *nf* ***bunch, cluster***
Inflorescence dans laquelle les fleurs sont fixées par un pédoncule d'inégale longueur à un axe principal. On parle d'une **grappe** de raisin. En Bourgogne, ce mot est parfois synonyme de **râfle**.

grappe blanche *nm* ***grappe blanche***
Nom donné au **rhum agricole** des Antilles commercialisé avant d'être vieilli. Cette boisson âpre et parfumée titre 55°.

grappillage *nm* ***gleaning***
Action de cueillir les raisins restés sur la vigne après le passage des vendangeurs. Le *grappillage* était un vieux droit biblique

grappiller *v* ***to pick the remaining grapes***
Cueillir ce qui reste de raisins dans une vigne après la vendange.

grappillon *nm* ***grape from the second flowering***
Terme désignant une petite grappe formée après une seconde floraison de la vigne.

gras *nm* ***fatness***
Terme de dégustation très positif s'appliquant à un vin à la fois **charnu**, rond et corsé, riche en alcool et glycérine.

gras *adj* ***fat***
Se dit d'un vin **charnu**, ample, rond et corsé, riche en alcool et glycérine. Contrairement aux valeurs de notre époque, ce terme est positif lorsqu'il est appliqué à la dégustation. Toutefois, si un vin a trop de gras, il est trop mou ; se dit également du cognac.

grave *nf* ***gravel***
Mot de la même famille que *gravier* désignant les terres caillouteuses du Bordelais.

Graves *nf pl* ***Graves***
Appellation d'origine contrôlée portée par les vins rouges, blancs secs et blancs **moelleux** de la région de Bordeaux.

Graves de Vayres *n*
AOC. Vaste région viticole couvrant la rive gauche de la Dordogne entre Bordeaux et Libourne. Depuis 1987, les meilleurs Graves portent l'appellation **Pessac-Léognan**, ce qui

peut prêter à confusion. Vins rouges colorés, aromatiques et fruités, blancs frais et fruités. Le domaine des Graves le plus célèbre est incontestablement le **Château Haut-Brion.** → *p. 131.*

Graves Supérieur *nf pl*
AOC. Vins blancs secs et **moelleux** produits dans la région des Graves, surtout dans la partie Sud. Le style des blancs **moelleux** ressemble à celui des **Barsac**.

gravier *nm* ***gravel***
Débris de pierres de grosseur intermédiaire entre le sable et les cailloux.

gray-rot ou pourriture grise *nm* ***gray rot***
Pourriture grise. Maladie **cryptogamique** du raisin caractérisée par une altération du fruit et l'apparition de taches sur les feuilles. Les attaques se déclenchant après la **véraison** sont les plus sérieuses. Le vigneron lutte contre cette maladie de façon préventive en adoptant des méthodes culturales propres à réduire les causes du développement de cette maladie et de façon curative en injectant des produits **fongicides**. Il convient de noter que les attaques de gray rot en période de surmaturation sont recherchées dans les coteaux du **Layon**, le **Sauternais** et **Jurançon** pour l'élaboration de vins **moelleux**.

Grèce *nf* ***Greece***
Pays du Sud de l'Europe, producteur de vins. La viticulture y fut florissante dès le XIIIe Siècle avant Jésus-Christ. Mais les vins célèbres de l'Antiquité ont perdu leur éclat avec la fin de la civilisation grecque antique. Aujourd'hui, le **Retsina** (voir ce mot) connaît une certaine notoriété internationale. Les vins liquoreux à base de **muscat**, comme celui de **Samos** sont de bonne qualité.

grechetto *nf* ***grechetto***
Cépage blanc italien surtout cultivé en Ombrie où il donne des vins blancs secs agréables aux arômes d'anis.

greffage *nm* ***grafting***
Technique consistant à fixer un **greffon** sur un **porte-greffe**, c'est à dire un **sarment** de vigne américaine insensible aux piqûres du **phylloxéra**.

greffe *nf* ***graft***
Jeune pied de vigne obtenu par le **greffage** du **greffon** sur le **porte-greffe**. La plantation de plants greffés s'est généralisée dans le monde. Seul, le Chili plante encore des vignes **franches de pied**.

greffe anglaise *nf* ***graft***
Sarment choisi du **cépage** que le **greffeur** veut obtenir.

greffé-soudé *nm* ***grafted vine***
Autre nom de la **greffe** qui, en général, réussit après un séjour de deux à trois semaines du **greffon** fixé sur le **porte-greffe** dans du sable ou de la sciure de bois blanc. La soudure est alors réalisée, d'où le nom de **greffé-soudé**.

greffer ***to graft***
Fixer un **greffon** taillé en biseaux munis de languettes de façon à ce qu'il s'emboîte sur un **porte-greffe** également muni de biseaux taillés en languettes.

greffoir *nm* ***grafting knife***
Couteau spécial avec lequel le greffeur effectuait le **greffage**.

greffon *nm* ***graft***
Sarment choisi du cépage que le **greffeur** veut obtenir. Synonyme : **greffe anglaise**.

grêle *nf* ***hail***
Précipitation météorologique constituée de grains de glace. La *grêle* ne sévit en général que sur un secteur limité mais elle peut détruire **rameaux**, **sarments**, feuilles et raisins. Les **baies** touchées sont sensibles à la pourriture et les feuilles hachées menu ne peuvent plus effectuer la **photosynthèse**. Face à la grêle, les vignerons sont démunis. On a effectué avec un certains succès des essais d'ensemencement par avion du nuage avec de l'iodure d'argent, produit qui a la propriété de faire fondre la glace mais la profession préfère contracter des assurances contre la grêle. *(Voir paragrêle)*

grêlé *adj* ***damaged by hail***
Gâté par la grêle. Cet adjectif s'emploie aussi à propos d'un vin dont le mauvais goût est dû aux effets de la grêle.

grêler *v* ***to hail***
Gâter par la grêle.

grêlon *nm* ***hailstone***
Grain de grêle.

grenache *nf* ***grenache***
Cépage d'origine espagnole donnant des vins de couleur légère, puissants en alcool, souples et gras. Ce cépage est surtout cultivé dans les **Côtes du Rhône** méridionales, le **Midi** de la France, la **Californie** et l'**Australie**.

grenache blanc *nm* ***grenache blanc***
Cépage blanc qui diffère du grenache surtout par la couleur de ses **baies**. Il est cultivé dans le **Roussillon** pour l'élaboration de **vins doux naturels** mais aussi dans le **Languedoc** pour la production de vins blancs secs assez fins.

grenade *nf* ***pomegranate***
Arôme fruité pouvant se révéler à la dégustation d'un vin.

grenadine *nf* ***grenadine***
Arôme fruité rappelant le sirop de grenadine composé de vanille, cassis et framboise. Les arômes de grenadine peuvent se retrouver dans les jeunes **Côtes du Rhône** rouges, les **Arbois Pupillin** rouges et rosés et encore dans les vins des **Corbières**.

grenat *adj* ***garnet-red***
Couleur rouge sombre. Terme descriptif de la couleur d'un vin.

grès *nm* ***grit, sandstone***
Roche sédimentaire formée de grains de sable réunis par un ciment siliceux ou calcaire.

grèseux *adj* ***gritty***
De la nature du grès.

grésil *nm* ***sleet***
Petit grain de grêle très blanc et très dur.

gribouri *nm* ***grape rootworm***
Nom donné à l'eumolpe, aussi appelé **écrivain**. Cet insecte a, dans le passé, causé de graves dégâts à la vigne. Il se nourrit de feuilles en les ourlant de trais discontinus – faisant comme des "gribouillis" – La **bouillie bordelaise** a permis d'enrayer ce fléau à la fin du XIXe siècle.

griffage *nm* ***scraping***
Labour superficiel permettant de détruire les mauvaises herbes, de rompre la croûte formée à la surface du sol ou d'enfouir des engrais.

grignolino *nm* ***grignolino***
Cépage rouge originaire du Piedmont (Italie.) Il donne des vins clairets aux arômes intenses.

grillage *nm* ***roasting, grilling***
Dessèchement des feuilles de vigne et des grains de raisins par un soleil trop violent. On peut combattre ou tout au moins minimiser ce fléau par un **palissage** adapté et une judicieuse orientation des rangs.

grillé *adj* ***toasted, grilled***
Arôme de fruits secs grillés pouvant se révéler à la dégustation d'un vin blanc. Les arômes grillés sont en général de grande classe.

Grillet (Château) *n*
AOC. Petit domaine de 3 hectares formant une enclave dans le vignoble de **Condrieu**. Il a l'originalité d'être le seul domaine portant une AOC. Vin blanc sec et capiteux des **Côtes du Rhône** de grande réputation, vinifié à partir du seul cépage **viognier**.

griotte *nm* ***morello cherry***
Cerise acidulée à queue courte. Des arômes de **griotte** se révèlent souvent à la dégustation de **pinots noirs** bourguignons.

Griotte-Chambertin *n*
AOC. Grand cru (2,70 hectares) situé sur la commune de **Gevrey-Chambertin**. Très recherché pour ses arômes distingués de griottes d'où il tire son nom.

gris *adj* ***1- tipsy***
Adjectif synonyme d'ivre, éméché.

gris (ou **vin gris**) *adj* ***Vin gris***
Vin rosé. En Bourgogne, le nom de *vin gris* était donné au vin issu du **grappillage**, pratique devenue illégale.

gris-meunier *nm* ***gris-meunier***
Nom donné au cépage **pinot meunier** dans la région d'Orléans.

Gris de Toul *n* ***Gris de Toul***
VDQS. Vin rosé produit dans la plus grande partie des **Côtes de Toul**. Ce vin est délicieux quand il est jeune.

grist *nm* ***grist***
Malt concassé.

grog *nm* ***grog***
Boisson composée d'eau bouillante, d'eau-de-vie ou de **rhum**, sucrée au miel et agrémentée d'une rondelle de citron, censée guérir une personne souffrant de fièvre.

grolleau ou **groslot** *nm* ***grolleau***
Cépage prolifique à la teneur naturelle en sucre élevée du val de Loire avec lequel on fait des vins rosés.

gros manseng *nm* ***gros manseng***
Cépage blanc aromatique du Béarn avec lequel on fait le célèbre **Jurançon moelleux**.

gros plant *nm*
Appellation VDQS du Pays Nantais. Ce vin blanc sec est issu du cépage **folle blanche**.

gros rouge *nm* ***plonk***
Terme familier désignant un vin rouge de qualité très médiocre.

groseille *nf* ***redcurrant***
Arôme de fruit rouge pouvant se révéler à la dégustation d'un vin, notamment d'un **pinot noir** de Bourgogne de faible maturité. On a plus de chance de trouver cet arôme dans un vin d'appellation régionale que dans un premier cru ou un grand cru.

groseille à maquereau *nf* ***gooseberry***
Arôme de fruit pouvant se révéler à la dégustation d'un vin.

grossier *adj* ***rough***
Se dit d'un vin ou d'un cognac de faible qualité et manquant de finesse.

Grosslage *nf*
Terme allemand signifiant "aire vaste", en gros équivalent du mot français ***cru***. C'est une subdivision du ***Bereich*** et il est composé de plusieurs ***Einzellagen*** : Il désigne, en fait, un ensemble de vignes présentant des caractéristiques semblables et produisant des vins semblables. Par exemple dans le nom *Piesporter Michelsberg*, Michelsberg est une *Grosslage* du village de Piesport. Mais la mention de *Grosslage* n'est pas obligatoire dans la législation allemande.

groupe de froid *nm* ***cold generator***
Appareil permettant de refroidir le **moût** des cuves afin de contrôler la température de fermentation.

Gruaud-Larose (Château) *n*
AOC. Bordeaux rouge récolté dans la commune de **Saint-Julien** dans le **Haut-Médoc**. Il est caractérisé par sa finesse.

grume *nf* ***log***
Tronc d'arbre abattu et ébranché.

grume *nf* ***berry***
Grain de raisin.

grumer *v* ***to gurgle***
Faire rouler le vin dans sa bouche pour l'aérer et découvrir diverses sensations gustatives.

grüner Veltliner *nm* ***grüner veltliner***
Cépage blanc très répandu en Autriche où il est cultivé dans toutes les régions viticoles à l'exception de la Styrie. Il donne des vins frais, bien équilibrés, fruités avec des arômes épicés dans le Kamptal-Donauland. Ce cépage est aussi cultivé maintenant en République Tchèque.

gueule de bois *nf* ***hangover***
Expression populaire désignant l'inconfort causé par un excès d'alcool et se caractérisant par un mal de tête et la langue pâteuse.

Gueuse ou **Gueuze** *nf*
Variété de **bière** belge forte et aigre. La Gueuze est un mélange de ***lambics*** jeunes et matures refermenté en bouteille pendant au moins un an.

guignolet *nm* ***cherry brandy***
Eau-de vie de guigne, cerise à la chair très foncée, surtout produite en Touraine et en Anjou. C'est aussi une marque française d'apéritif au goût de cerise.

guignolet au kirsch *nm* ***guignolet au kirsch***
Guignolet obtenu enfaisant macérer des cerises dans du **kirsch**.

guignolet-kirsch *nm* ***guignolet-kirsch***
Guignolet ordinaire auquel un peu de **kirsch** a été ajouté au moment de la mise en bouteilles.

guimauve *nf* ***marsh-mellow***
Arôme floral pouvant se révéler à la dégustation d'un vin.

guinguet *adj / nm*
Aux XVIIIe et XIXe siècles, ce terme désignait un vin vert, peu alcoolisé, acide fait avec les raisins souvent mal mûris, récoltés à la périphérie de Paris.

guinguette *nf* ***small restaurant with music and dancing***
Cabaret ou taverne généralement situé au bord de l'eau où l'on servait le **guinguet** et où l'on pouvait danser et canoter. Les guinguettes ont été immortalisées par le peintre Auguste Renoir.

Guinness *n*
Célèbre marque de bière irlandaise fondée à Dublin en 1759 par Arthur Guinness qui a bâti sa réputation sur sa **bière brune** (***brown ale***). Cette maison est aujourd'hui célèbre pour son **stout** qui est sans conteste le plus populaire au monde.

Guiraud (Château) *n*
AOC. Premier cru classé. Bordeaux blanc rond et gras produit sur la commune de **Sauternes**

gustatif *adj* ***gustatory***
Qui a rapport au goût.

gustation *nf* ***gustation***
Action de goûter ou de percevoir des saveurs.

Gutedel *nm* ***chasselas***
Nom alsacien du **chasselas**.

Guyot *n* ***Guyot pruning***
Méthode de taille inspirée par le docteur Guyot (1807-1872,) auteur d'une étude exhaustive des vignobles de France avant la crise **phylloxérique**. Chaque année, le vigneron ne conserve que deux branches : la **baguette** coudée horizontalement le long du fil de fer inférieur, taillée à 5 ou 6 **yeux** et le **courson** taillé à deux **yeux** d'où naîtront les branches de remplacement pour l'année suivante.

Gyöngyös *n*
Ville de Hongrie productrice de bons vins effervescents et aussi de vins rouges.

gypse *nm* ***gypsum***
Roche sédimentaire formée de sulfate de calcium hydrate, cristallisé. Dans la vinification du **Xérès**, les raisins foulés étaient saupoudrés de gypse, ce qui facilitait la précipitation du **tartre**.

giropalette *nf* ***gyropallet***
Machine assurant le **remuage** automatique des vins **effervescents** vinifiés selon la méthode **champenoise**. On peut remuer 500 bouteilles avec une giropalette.

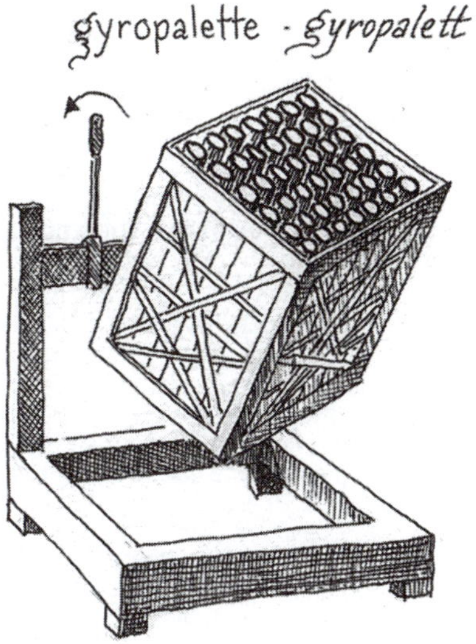

H

habillage *nm* ***packaging***
Présentation, de la bouteille avec la **capsule**, l'**étiquette**, le **millésime**, la **contre-étiquette**, l'emballage dans du papier de soie... avec l'idée de la mettre en valeur.

halbsüss *adj*
Terme allemand signifiant littéralement "demi-sec."

halbtrocken *adj* ***halbtrocken, medium dry***
Terme allemand signifiant demi-sec. En Allemagne, un vin demi-sec contient moins de 18 grammes de **sucre résiduel** par litre et un vin **effervescent** moins de 50 grammes de sucre résiduel par litre.

half-on-half *nm* ***half-on-half***
Liqueur hollandaise compose de 50 % de curaçao et de 50 % de Bitter d'orange

handgerüttelt *adj*
Ce mot allemand signifiant "remué à la main," s'applique donc au **remuage** selon la **méthode champenoise**.

hanneton *nm* ***cockchafer (GB), June bug (US), garden chafer (Canada)***
Insecte coléoptère dont la **larve**, communément appelée *ver blanc* causait beaucoup de dégâts dans les jeunes plantations de vignes. L'emploi de **pesticides** a permis la disparition de ce fléau.

hannetonnage *nm* ***chafer chasing***
Action d'attraper les hannetons pour les détruire. Ce travail, considéré comme un acte de civisme, était souvent confié aux enfants des écoles.

hannetonner *v* ***to chase chafers***
Attraper les hannetons pour les détruire.

haptique *adj* ***haptic***
Adjectif appliqués aux sensations que ressent un dégustateur en bouche. Elles concernent la forme, la température et la consistance d'un vin.

Haraszthy, Agoston *n*
Personnage d'origine hongroise connu sous le nom de *"père de la viticulture californienne."* Il est arrivé dans cet état au milieu des années 1850 après une tentative infructueuse de planter de la vigne dans le Wisconsin. Il a fondé la maison Buena Vista à **Sonoma** et a contribué à introduire les cépages de **vitis vinifera** en **Californie**.

harmonieux *adj* ***harmonious***
Se dit d'un vin dont les arômes et les saveurs présentent un bon **équilibre**. Un vin harmonieux recèle des qualités plus nuancées qu'un vin équilibré.

harmoniser *v* ***to pair***
Mettre en accord. Par exemple, on dit qu'*harmoniser* les mets et les vins est tout un art.

harmoniser (s') *v* ***to harmonize***
Etre en accord, être en harmonie avec.

hárslevelü *nm* ***hárslevelü***
Cépage hongrois utilisé pour faire du **tokay** et d'autres vins.

hautains (conduite en —) *nm* ***high vines***
Mode de **conduite** dans lequel la vigne se développe sur des arbres (ormes, mûriers.) On rencontre encore des hautains en Italie et sur les bords de la Mer Noire. Ce terme est aussi employé pour la conduite de la vigne le long d'**échalas** qui s'élèvent à plus de deux mètres au-dessus du sol, comme c'est le cas dans la région de **Jurançon** et dans son usage, il est même devenu synonyme de **vigne haute**. Ce mode de conduite est utilisé pour diminuer les risques de gelées printanières.

Haut-Armagnac *nm*
Eau-de-vie produite à l'Est et au Sud de la région de production de l'Armagnac. → *p. 25.*

Haut-Brion (Château-) *n*
AOC. Retenu comme Premier grand cru classé dans le classement de 1855. Un des plus grands vins rouges du Bordelais, mentionné par l'auteur anglais Samuel Pepys dans son journal. Il se caractérise par son élégance et son côté **charnu**. Ce château est situé à **Pessac**, dans les **Graves**.

haute (fermentation)
Voir **fermentation haute**.

haute (vigne) *nf* ***high and wide rows***
Méthode de conduite de la vigne permettant de faciliter les soins culturaux et de diminuer les frais d'exploitation.

Hautes Côtes de Beaune *nf pl*
Appellation **régionale** de Bourgogne.

Hautes Côtes de Nuits *nf pl*
Appellation **régionale** de Bourgogne.

haut-de-gamme *nm* ***top-of-the-line***
De qualité supérieure.

Haut-Médoc *nm*
Partie du **Médoc** la plus en amont le long de la Gironde, produisant quelques unes des appellations les plus célèbres : **Margaux**, **Pauillac**, **Saint-Julien**, **Saint-Estèphe**…

Haut-Poitou *nm* ***Haut-Poitou***
VDQS. Vins du Sud de la Loire en direction de Poitiers. Leur style est très semblable à celui des vins du Val de Loire.

Hautvillers *n*
Abbaye située au Nord d'**Epernay**, aujourd'hui propriété de la maison de Champagne **Moët et Chandon**. Selon la légende, c'est dans cette abbaye Bénédictine que **Dom Pérignon** a inventé le Champagne.

Hawkes Bay *n* ***Baie de Hawkes, Hawkes Bay***
L'une des plus anciennes régions viticoles de **Nouvelle Zélande**, dans l'île du Nord. Le climat ensoleillé et la variété des sols permettent la culture d'un grand nombre de cépages rouges et blancs, certains de grande classe.

heat degree days (HDD) *n pl* ***heat degree days***
Système de classification des climats inventé en **Californie** par Amerine et Winkler. *Voir* **degrés-jours**.

hectare *nm* ***hectare***
Unité de mesure correspondent à 2,5 arpents ou **acres**.

hectolitre *nm*
Unité de mesure correspondant à 100 litres ou approximativement 25 **gallons US**.

hédonisme *nm* ***hedonism***

Morale qui fait du plaisir un des principes de la vie.

hédoniste *adj* ***hedonist***
Personne qui aime la fête et le plaisir.

hélice *nf* ***propeller***
L'hélice est un des moyens de lutte contre les gelées printanières menaçant les vignobles de plaine situés au pied d'un coteau où s'accumule l'air froid. En le brassant, l'hélice empêche le gel.

hélicoptère *nm* ***helicopter***
Machine volante utilisée en viticulture pour traiter les vignes contre les maladies **cryptogamiques** et **acariennes**. L'*hélicoptère* est aussi parfois utilisé juste avant la vendange de vignes de grandes appellations pour sécher les feuilles et les raisins mouillés et aussi au printemps pour brasser l'air et éviter le gel de la vigne.

hell / helles *adj/n*
Le mot "hell" signifie "clair" en allemand. Il s'agit d'une **bière blonde** ordinaire pour un Bavarois. Elle est plus **maltée** qu'une **Pilsener**.

hémicellulase *nf* ***hemicellulase***

hemisphère *nm* ***hemisphere***
Jadis, monopole de l'hémisphère Nord (le "vieux monde,") la viticulture commerciale est maintenant une activité importante de l'hémisphère Sud grâce à des pays du "**nouveau monde**" tels que le Chili, l'Argentine, l'Afrique du Sud, l'Australie et la Nouvelle Zélande.

heptanal *adj* ***heptanal***
Qui a une odeur rance.

Hérault *nm*
Département viticole du Midi de la France.

herbacé *adj* ***herbaceous, herby***
Terme de dégustation plutôt négatif s'appliquant aux arômes végétaux assez désagréables souvent dus à des raisins vendangés alors qu'ils n'étaient pas assez mûrs ou à la cuvaison de **feuilles** et de **rafles** avec le **moût**.

herbes (mauvaises) *nf pl* ***weeds***
Herbes sauvages, nuisibles à la viticulture.

herbicide *nm* ***weedkiller***
Produit chimique utilisé pour détruire les mauvaises herbes.

herbicide *adj* ***herbicide***
Qui détruit les mauvaises herbes.

herdade *nf herdade*
Ce terme portugais signifie grand domaine.

hérisson *nm* ***bottle-draining rack***
Egouttoir composé d'un ensemble de couronnes métalliques étagées et garnies de chevilles pour faire écouler les bouteilles. Synonyme : **porte-bouteilles**.

Hermitage *nm*
AOC. Célèbres vins rouges puissants et colorés et blancs généreux et bouquetés du Nord des **Côtes du Rhône** provenant des vignes cultivées sur les terrasses granitiques de **Tain**, de **Crozes** et Larnage. Les cépages utilisés sont surtout la **syrah** mais aussi un peu la **roussanne** et le **marsanne**. → *p. 74.*

Hesse *nf* ***Hessen***.
Voir **Rheinhessen**.

Hessische Bergstrasse *nf*
La plus petite région viticole allemande située au sud de la ville de Darmstadt. Vins blancs généralement fruités et acides.

Heurige *nm* ***Heurige***
Vin jeune et frais bu dans les tavernes des collines entourant Vienne plus pour la convivialité pour le plaisir de la dégustation.

hexose *nf* ***hexose***
Sucre de formule C6 H12 06 comme le **glucose** ou le **fructose**.

hibernation *nf* ***dormancy***
Terme parfois employé pour décrire le repos hivernal de la vigne.

Highland Park *n*
Whisky **single malt** des îles Orkney. Arôme de fumée et de **tourbe**.

Highland whisky *nm*
Terme générique désignant le whisky produit dans les distilleries des **Highlands** ou au nord des Highlands, imaginé par le service des douanes (**Customs and Excise**) pour classer

les différents styles de whisky. Beaucoup de distilleries des Highlands appartiennent à une subdivision appelée **Speyside**.

Highlands, The *nm pl*
Partie de l'Ecosse située au nord d'une ligne imaginaire Greenock-Dundee. Les Highlands sont le territoire d'élection de beaucoup de distilleries.

Himbeergeist *nm*
Eau-de-vie de fruit allemande faite avec la distillation de framboises (*Himbeeren*) ayant macéré dans l'alcool.

hock *nm*
Nom sous lequel les Anglais désignent le vin du Rhin, notamment celui de **Rheingau.** Certains prétendent que ce mot est une déformation du nom de la ville de Hoccheim en Rheingau, que la reine Victoria avait du mal à prononcer.

hogshead *nm* ***hogshead***
Tonneau utilise pour l'expédition en gros de vins et spiritueux. Sa contenance équivaut en gros à 50 **gallons,** soit environ 228 litres, c'est-à-dire celle d'une **pièce** bourguignonne.

Hollande *nf* ***Holland***
Voir **Pays Bas**.

Hollands *nm* ***Hollands***
Gin fabriqué en Hollande.

Hongrie *nf* ***Hungary***
Pays viticole d'Europe centrale célèbre pour sa production de **Tokay**. Au XVIIe siècle, des colons venus de France à la demande du roi de Hongrie mirent en valeur son vignoble. Ce pays au potentiel viticole considérable a souffert de la médiocrité pendant le régime communiste mais il est parvenu à se hisser à un bon niveau qualitatif grâce à des restructurations importantes. Les cépages cultivés sont le **fürmint**, l'**harslevelú**, le **pinot gris** pour les vins blancs, le kadarka, le kékfrankos, le **cabernet sauvignon**, le **merlot** pour les vins rouges. Aujourd'hui, la Hongrie comprend une vingtaine de régions viticoles et les principales aires de production sont le Nord du pays, l'Alföld, la Transdanubie du Nord et la Transdanubie du Sud. Les vignobles situés près du lac Balaton donnent des vins blancs généreux et aromatiques. La région d'**Eger** est réputée pour son **Egri Bikavér** (sang de taureau) vin rouge robuste. Grâce aux investissements étrangers, la Hongrie s'est mise à faire des vins qui retiennent l'attention.

hordon *nm* ***team, group, band***
Plus pacifique que son étymologie ne pourrait le laisser croire, ce nom désigne une équipe de vendangeurs en **Champagne**.

horizon *nm* ***horizon***
Couche de sol homogène définie par sa structure, sa granulométrie, son taux de calcaire, sa couleur... Chacun des horizons diffère de celui qui est situé au-dessus ou au-dessous de lui.

honnête *adj* ***honest, decent***
Qualificatif employé pour un vin ou un cognac qui présente les qualités minimum requises mais qui laisse entendre qu'il n'a rien d'exceptionnel.

Hospices de Beaune *nm pl*
Etablissement hospitalier bâti en 1443 par Nicolas Rolin, chancelier du duché de Bourgogne. Chaque année, le troisième dimanche de Novembre, les vins du domaine viticole, constitué au fil des ans grâce à des donations, sont vendus aux enchères. On dit que les prix offerts par les acheteurs donnent une indication de la tendance des cours pour les vins de Bourgogne.

Hospices de Nuits *nmpl*
Etablissement hospitalier de Nuits Saint-Georges, également propriétaire d'un domaine viticole. La vente des vins aux enchères se déroule de la même façon que celle de son homologue de Beaune et a lieu le dimanche qui précède la fête des Rameaux.

hotte *nf* ***back basket, hod***
Panier aplati d'un côté qu'on porte sur le dos à l'aide de bretelles. Pendant les **vendanges**, les vendangeurs versent leurs paniers remplis de raisin dans la **hotte** du **porteur.**

houblon *nm* ***hops***
Plante grimpante cultivée pour ses cônes, ou inflorescences femelles, employés pour aromatiser la bière. Les fleurs de houblon sécrètent une substance appelée **lupuline** qui donne à la bière son goût amer caractéristique. Mais le houblon n'a pas toujours été utilisé en Angleterre et cet usage a sans doute

été introduit par les Flamands qui l'avaient adopté dès le début du XVIe siècle. *Voir* **oast-house.** → *p. 442.*

houx *nm* ***holly***
Alcool blanc alsacien obtenu par **distillation** des baies de houx.

huiles essentielles *nf pl* ***essential oil***
Elément non alcoolique de la distillation d'alcool donnant saveur et caractère au produit distillé.

huiles de Fusel *nf pl*
Elément non alcoolique de la distillation d'alcool arrivant en phase finale. On les élimine car elles donneraient un mauvais goût au produit fini.

huileux *adj* ***oily***
Se dit d'un vin à l'aspect **filant**, c'est-à-dire dont la consistance évoque celle de l'huile. Cette **altération** est généralement due à la maladie de la **graisse** devenue fort rare aujourd'hui.

huitième *nm* ***small barrel***
Petit tonneau d'une contenance du huitième d'une **pièce** (7,12 litres).

humer *v* ***to sniff, to smell***
Aspirer par le nez pour mieux sentir les arômes d'un breuvage. "Humez ce vin qui, d'ambre coloré / Sent encore la grappe parfumée," écrivait Voltaire, grand amateur de vin de **Corton** et de **Champagne**.

humide *adj* ***humid, damp, moist***
Chargé d'eau. Les maladies **cryptogamiques** se développent par temps humide.

humidité *nf* ***humidity, moisture, dampness***
Etat de ce qui est humide.

humus *nm* ***humus***
Substance **colloïdale** noirâtre résultant de la décomposition partielle, par les microbes du sol, des déchets animaux ou végétaux. Le **fumier** est considéré comme le meilleur engrais par les vignerons parce qu'il contient de l'*humus*. Des arômes d'humus peuvent se révéler à la dégustation de vins rouges ou blancs évolués. Ils appartiennent à la série végétale, et sont semblables à ceux de **sous-bois** et ne sont pas désagréables.

Hunter Valley *nf* ***Vallée de la Hunter, Hunter Valley***
Région viticole au climat chaud située au Nord de Sydney, en **Australie**. Cette région est la plus ancienne du pays et elle produit des vins rouges (**cabernet** et **syrah**) de bonne garde et des vins blancs (**sémillon** et **chardonnay**) aux arômes beurrés.

Huxelrebe *nm*
Cépage blanc résultant du **croisement** entre le **chasselas** et le courtiller musqué. On le trouve en Allemagne et aussi en Angleterre. Le plus souvent, il sert à des **assemblages**.

hybridation *nf* ***hybridization***
Croisement de vignes de deux espèces différentes.

hybride *nm* ***hybrid***
Vigne résultant d'un croisement de deux **espèces** différentes, en général de ***vitis vinifera*** et d'un plant américain. Connus également sous le nom de ***plants directs*** ou ***directs*** parce qu'ils n'avaient pas besoin d'être greffés, les hybrides ont eu les faveurs des vignerons après la crise phylloxérique en raison de leur résistance. Malheureusement, les vins qu'ils donnaient étaient rarement agréables et souvent même très mauvais sinon dangereux pour la santé. Ils ont maintenant disparu des régions de viticulture de qualité à l'exception du **Baco 22A**, encore autorisé pour l'**Armagnac.**

hybride interspécifique *nm* ***inter-specific hybrid***
Vigne résultant d'un croisement de deux espèces différentes. Aujourd'hui, les *hybrides interspécifiques* sont interdits en France, à l'exception toutefois du **Baco 22 A** utilisé dans la distillation de l'**Armagnac**.

hybride intraspécifique *nm* ***intra-specific hybrid***
Vigne résultant d'un croisement entre deux cépages d'une même espèce. Par exemple, le **Müller-Thurgau** est un *hybride interspécifique* de **riesling** et de **sylvaner**.

hybrider *v* ***to hybridize***
Réaliser une hybridation.

hydrocarbure *nm* ***hydrocarbon***
Arôme pouvant se révéler à la dégustation de grands rieslings. Loin d'être un défaut, la présence d'arômes d'hydrocarbure est recherchée par les connaisseurs.

hydrogène sulfureux *nm* ***hydrogen sulfide***
H2S. Odeur et goût d'œufs pourris pouvant se manifester à la dégustation de certains vins faits sans grand soin.

hydrolase *nf* ***hydrolase***
Enzyme intervenant dans l'**hydrolyse**.

hydrolyse *nf* ***hydrolysis***
Décomposition de certains composés chimiques par action de l'eau.

hydromel *nm* ***mead***
Boisson fermentée à base de miel jadis appréciée par les Gaulois. Aujourd'hui, l'*hydromel* est plus ou moins sucré et contient environ 8 % d'alcool mais il n'existe pas de réglementation en la matière.

hydromètre *nm* ***hydrometer***
Appareil servant à mesurer la teneur en sucre des **moûts**.

hydromorphie *nf* ***hydromorphy***
Processus de formation ou d'évolution d'une classe de sols en présence d'un excès d'eau prolongé.

hygiène *nf* ***hygiene***
Ensemble de règles et de pratiques visant à assurer la propreté du matériel vinaire utilisé lors de la vinification.

hygrométrie *nf* ***hygrometry***
Science qui a pour objet de déterminer l'humidité de l'atmosphère

hyperacidité *nf* ***hyperacidity***

hypocras *nm* ***hypocras***
Breuvage consommé au Moyen-Age consistant en un mélange de vin aromatisé et de sucre.

hypogueusie *nf* ***weakened tasting abilities***
Affaiblissement de la sensibilité gustative.

hypo-osmie *nf* ***hypo osmia***
Affaiblissement de la sensibilité **olfactive**. Un sort terrible pour un dégustateur !

hysope *nf* ***hyssop***
Arôme pouvant se révéler lors de la dégustation d'un vin.

I

IBU (International Bitterness Units)
Echelle parfois aussi désignée sous le nom d'**EBU** (**E**uropean **B**itterness **U**nits) maintenant utilisée en Amérique du Nord, destinée à mesurer l'**amertume** de la bière. Une **bière blonde** américaine (**lager**) peut faire 10 IBU alors qu'une **stout** belge fera près de 60 IBU.

ice beer *nf* ***ice beer***
Populaire au Canada et à la mode pour un temps dans d'autres parties du monde, l'ice beer est une imitation de l'**ice bock** bavarois. De la glace se forme dans la bière qui est ensuite filtrée. La congélation et la filtration s'effectuent trop rapidement pour que les arômes puissent se développer.

ice bock *nm* ***ice bock***
Spécialité bavaroise brassée à **Kulmbach**. La bière est stockée à très basse température pendant assez longtemps. De la glace se forme dans la bière qui est ensuite filtrée. Comme l'alcool gèle à plus basse température que l'eau, le volume d'alcool (**ABV**) augmente.

ichtyocolle *nf* ***fish glue, fish fining, isinglass***
Matière gélatineuse pouvant être utilisée pour le **collage** du vin.

IGT (Indicazione Geografica Tipica) *nf*
Dénomination italienne signifiant qu'un vin appartient à la catégorie européenne des **vins de table**, c'est-à-dire des vins qui ne font pas partie des **VQPRD**. La dénomination IGT est l'équivalent italien des **vins de pays** français.

illégal *adj* ***illegal***
Contraire à la loi.

illicite *adj* ***illicit***
Défendu par la loi, interdit. Cet adjectif était souvent appliqué à la distillation de whisky pendant la **Prohibition** aux USA (1919-1933.)

imbibé *adj* ***drunk***
Ivre. Expression familière.

imbiber *v* ***to soak in***
Mouiller, pénétrer profondément d'un liquide.

imbuvable *adj* ***undrinkable***
Qui n'est pas buvable, qui n'est pas passable comme boisson.

immergé (chapeau —) *adj* ***immersed (cap)***
On parle aussi de chapeau **submergé**. Technique utilisée lors de la fermentation des vins rouges. Elle permet une **extraction** plus complète des matières solubles contenues dans le chapeau. Le vinificateur pose une sorte de grillage dans la cuve pour maintenir le chapeau immergé. Cette méthode qui donne des vins astringents, riches en tanins et souvent très colorés est peu utilisée.

impériale *nf* ***impériale, 6-liter bottle***
Grosse bouteille utilisée dans le Bordelais, d'une contenance de 8 bouteilles.

implanter *v* ***to plant***
Introduire, fixer, installer.

importateur *nm* ***importer***
Personne ou société achetant des marchandises dans un/des pays étranger(s).

importation *nf* ***import***
Action d'acheter des marchandises à l'étranger.

importer *v* ***to import***
Introduire dans un pays des marchandises provenant de pays étrangers

impureté *nf* ***impurity***
Ce qu'il y a d'impur, d'étranger dans une chose, ce qui altère cette chose. Exemple : Le **tri** *manuel*, pendant les vendanges, permet d'éliminer les **verjus**, les parties pourries du raisin, les feuilles et autres *impuretés.*

I.N.A.O. *nm* ***I.N.A.O.***
Acronyme d'**I**nstitut **N**ational des **A**ppellations d'**O**rigine. Cet organisme public a été créé en 1935 afin de déterminer et de contrôler les conditions de production des vins français d'**appellation d'origine contrôlée**.

inchgower *n*
Whisky single malt écossais du **Speyside** caractérisé par sa distinction et la douceur de ses arômes.

incisif *adj* ***sharp***
Se dit d'un vin présentant un caractère acide à la dégustation. Cette épithète n'est, en général, pas positive.

incision annulaire *nf* ***bark ringing***
Incision intéressant tout ou partie du pourtour de l'écorce d'un rameau de vigne afin de faciliter la mise à fruit en orientant les migrations de sève vers les grappes. Cette pratique, peu répandue en France, a pour but d'améliorer la grosseur des raisins de table et leur présentation.

incolore *adj* ***colourless (GB), colorless (US)***
Terme de dégustation qualifiant l'aspect visuel d'un vin blanc.

incubation *nf* ***incubation***
Période dite "obscure" séparant l'infection et la manifestation d'un agent infectieux. Synonyme : **latence**.

inculte *adj* ***uncultivated***
Se dit d'une terre qui n'est pas cultivée.

incultivable *adj* ***unfarmable***
Se dit d'un terrain qui ne peut pas être cultivé.

inde *nf* ***india***
Pays d'ancienne tradition viticole où la vigne connaît un regain d'intérêt depuis quelques années.

indécise *adj fém* ***vague***
Se dit d'une couleur manquant de netteté et de brillance.

indéfinissable *adj* ***indefinable***
Cet adjectif peut s'avérer utile lors d'une dégustation quand un dégustateur ne parvient pas à trouver les mots permettant de décrire une sensation.

indésirable *adj* ***unwanted, undesirable***
Se dit d'une chose dont la présence n'est pas souhaitée. Exemple : le **goût de bouchon** est tout à fait *indésirable* dans un vin.

india pale ale *nf*
Bière brune anglaise traditionnelle, ainsi appelée parce qu'elle était populaire parmi les soldats anglais servant en Inde. Son assez forte teneur en alcool et ses forts arômes **houblonnés** lui permettaient de voyager plus facilement.

indice *nm* ***index***
Nombre exprimant un rapport entre deux grandeurs.

indice de maturation *nm* ***maturity index***
Données de référence permettant de fixer la date de vendange. Après plusieurs prélèvements de raisins et analyses de **moût**, le propriétaire connaît le degré de maturité de sa vigne.

indigènes *adj pl* ***natural, indigenous***
Se dit d' organismes originaires de la région où il vivent. Exemple : en Bourgogne, les producteurs laissent les **levures indigènes** provoquer la fermentation alcoolique plutôt que d'utiliser des **levures de culture**.

indigo *nm* ***indigo-blue***
Couleur bleu foncé.

indirects *nm pl* ***excise officials***
Terme familier sous lequel les producteurs de vin désignent les agents du fisc responsables des impôts indirects sur les alcools.

indumentum *nm* ***indumentum***
Surface de la feuille et éléments constituant son architecture : nervures, poils, sécrétions etc... Synonyme : **phylloplan**.

inertage *nm* ***inerting***
Apport d'un gaz inerte, généralement de l'azote, dans le but de protéger un vin contre les risques d'oxydation.

infect *adj* ***noisome***
Qui exhale de mauvaises odeurs. Très mauvais.

infestation *nf* ***infestation***
Envahissement d'un milieu par des animaux ou des plantes nuisibles.

infusion *nf* ***infusion***
Extraction de substances aromatiques par décoction dans un liquide bouillant. Ce processus, qui ressemble un peu à la **macération** est parfois utilisé dans la fabrication de liqueurs.

inflorescence *nf* ***inflorescence***
Mode de groupement des fleurs sur une plante.

infusion *nf* ***infusion***
Sorte de tisane le plus souvent à base de verveine ou de camomille. Elle peut être offerte à la fin d'un repas trop copieux pour faciliter la digestion. Il arrive que le mot "infusion" soit aussi utilisé pour décrire les arômes de certains vins blancs pouvant rappeler ceux des infusions.

injecter *v* ***to spray***
Appliquer sous pression un liquide. Exemple : les vignerons **injectent** de la **bouillie bordelaise** sur les vignes pour lutter contre le mildiou.

inoculum *nm* ***inoculum***
Agents infectieux potentiellement disponibles pour la dissémination.

inodore *adj* ***odourless (GB), odorless (US)***
Sans odeur. Terme de dégustation négatif.

inoffensif *adj* ***harmless***
Qui ne présente pas de danger. Exemple : Le **greffage** des vignes françaises sur des plants américains a rendu le **phylloxéra** inoffensif.

inondable *adj* ***easily flooded***
Se dit d'un terrain qui peut être envahi par les eaux.

inox *nm* ***stainless steel***
Abréviation d'acier inoxydable, matériau de plus en plus utilisé pour la vinification car il est propre et facile d'entretien.

INRA (Institut National de la Recherche Agronomique)
Etablissement public français spécialisé dans la recherche agronomique. L'INRA effectue des recherches dans le domaine de la viticulture.

insecte *nm* ***insect, bug, aphid***
Petit animal invertébré, articulé, à six pattes, le plus souvent ailé et subissant des metamorphoses.

insectes parasitaires *nm pl* ***bugs, parasitic insects***
Terme désignant principalement le **phylloxéra**, les **araignées rouges**, les **araignées jaunes**, la **cochylis** et l'**eudémis** qui causent des ravages dans les vignes.

insecticide *nm* ***insecticide***
Produit chimique détruisant les insectes nuisibles.

insecticide *adj* ***insecticide***
Qui détruit les insectes nuisibles.

insecticide à large spectre *nm* ***non selective insecticide***
Produit très toxique pour une grande quantité d'insectes et acariens, ravageurs et auxiliaires. Synonyme : *insecticide non sélectif.*

insipide *adj* ***tasteless***
Qui ne révèle aucune saveur, aucun goût.

installations *nf pl* ***facilities***
Ensemble des locaux et des appareils d'un domaine.

Institut National des Appellations d'Origine *nm*
Organisme public créé en 1935 afin de déterminer et de contrôler les conditions de production des vins français d'**appellation contrôlée**.

INDO (Instituto Nacional de Denominaciones de Origen)
Organisation responsable des règlements concernant les **Appellations d'Origine** espagnoles. Cet organisme est un peu l'homologue de l'**INAO**.

intempéries *nf pl* ***bad weather***
Mauvais temps, rigueurs du climat.

intense *adj* ***intense, deep***
Se dit d'un vin à la couleur bien marquée.

intensité *nf* ***intensity***
Terme définissant le caractère plus ou moins soutenu de la couleur d'un vin. On parle souvent d'**intensité colorante**.

interceps *nm* ***inter-vine hoe***
Charrue munie d'un système de ressort lui permettant de se rabattre quand elle heurte un cep. Grâce à ce système, il est possible de labourer entre les ceps.

interligne *nm* ***space between two rows***
Espace entre deux rangs de vigne.

interprofessionnel *adj* ***interprofessional***
Commun à plusieurs professions.

interprofessions *nf pl*
Organismes de droit privé chargés d'une mission de service public. Leur rôle est de définir les grandes lignes de la politique de défense et de promotion des **AOC** et de mettre en œuvre des actions en ce sens. Les interprofessions sont administrées par une assemblée générale et un conseil d'administration composés à part égale de représentants des **viticulteurs** et des **négociants**.

intervalle *nm* ***interval, space between vines***
Espace séparant deux pieds de vigne.

intracellulaire *adj* ***intracellular***
Présent au sein du cytoplasme des cellules vivantes. Cet adjectif s'emploie dans le contexte de la **macération carbonique**. La fermentation intracellulaire, d'origine **enzymatique** peut donner entre 2 et 3 % d'alcool. **Jus de goutte** et **jus de presse** devront subir une fermentation alcoolique supplémentaire sous l'influence de levures. La fermentation intracellulaire qui génère des arômes très spécifiques est utilisée pour la vinification du **Beaujolais nouveau**.

invertase *nf* ***invertase, sucrase***
Enzyme de la transformation du **saccharose** en **glucose** et en **lévulose**, sucres **fermentescibles**. Synonyme : *sucrase*.

iode *nf* ***iodine***
Arôme pouvant se révéler à la dégustation de certains vins, notamment du **muscadet** ce qui s'explique par la proximité de l'océan. On retrouve aussi des arômes iodés dans beaucoup de **whiskies** écossais. Par ailleurs, les arômes d'iode peuvent aussi caractériser des vins issus de vendanges pourries.

iodure d'argent *nm* ***silver iodine***
Produit chimique ayant la propriété de faire fondre la glace. Préférant que leurs vignes reçoivent une forte pluie plutôt que de la grêle, les vignerons ont parfois fait survoler des nuages de grêle par des petits avions et les ont fait ensemencer avec de l'*iodure d'argent*.

iona *nf* ***iona***
Hybride new yorkais donnant un fruit rouge foncé et sucré utilise surtout pour faire des vins blancs effervescents.

ionisation *nf* ***ionisation***
Transformation d'atomes, de molécules neutres, en ions.

IPA *nf*
Voir **India Pale Ale**.

IPR (Indicaçaõ de Proveniencia Regulamentada)
Echelon inférieur des **VQPRD** portugais. Les vins **IPR** ont le potentiel pour être promus à l'échelon supérieur : **DOC**. On peut donc les comparer aux **VDQS** français.

Iran *nm* ***Iran***
Pays d'antique tradition viticole d'où serait originaire le cépage **syrah** appelé (**Shiraz**) en Australie.

Irancy *n*
AOC. Vignoble du Nord de la Bourgogne, dans l'Auxerrois non loin du **Chablisien**. Ce vignoble produit des vins rouges francs et fruités et aussi des rosés.

Irish Red Ale *nm*
Version irlandaise légèrement sucrée de la **bitter**. Faiblement **houblonnée**, elle se caractérise par sa robe rougeoyante due à l'utilisation d'orge grillé et ses arômes **maltés**.

Irlande *nf* Ireland
Pays de l'Union Européenne réputé non seulement pour sa bière mais aussi pour son **whiskey**. En ce qui concerne la bière, on pense bien sûr tout de suite à la célèbre bière

Guinness, connue dans le monde entier mais l'Irlande produit aussi une excellente bière rousse faite à partir de **malt** grillé. En outre, beaucoup d'excellents **whiskeys** irlandais sont disponibles sur le marché.

irisé *adj* ***iridescent***
Qui présente les couleurs de l'arc-en-ciel. Ce n'est pas bon signe si le breuvage dans votre verre est irisé !

irish coffee *nm* ***irish coffee***
Boisson irlandaise consistant en un mélange de café très chaud et de **whisky** sur lequel on verse de la crème fouettée.

irouléguy *n*
AOC. Le vignoble d'Irouléguy est situé dans les Pyrénées françaises, non loin de la ville de Bayonne. Ses vins rouges sont plus connus que ses blancs ou ses rosés. Le cépage **tannat** y est très présent.

irréprochable *adj* ***flawless, faultless***
Se dit d'un vin qui ne présente aucun défaut.

irrigable *adj* ***irrigable***
Qui peut être irrigué.

irrigation *nf* ***irrigation***
Technique utilisée pour amener et distribuer l'eau dans un vignoble en complément des précipitations naturelles. L'irrigation au **goutte à goutte** est maintenant généralisée dans les vignobles où cette pratique est permise, ce qui n'est pas le cas en France.

irriguer *v* ***to water***
Arroser par irrigation.

irritant *adj* ***irritating***
Terme de dégustation negatif qualifiant un vin qui irrite les papilles gustatives.

islay *n*
Ile au large de l'Ecosse produisant d'excellents **whiskies de malt.** Les **single malts** qui y sont distillés figurent parmi les plus distingués en raison de leur caractère sec et leurs arômes de **tourbe**. Citons **Bowmore**, **Lagavulin**, **Laphroig**...

Isle of Jura *n*
Whisky **single malt** écossais renommé qui, comme son nom l'indique, est distillé dans l'île de Jura, juste au nord d'**Islay**.

ISO (International Standard Organization)

isoamyle *nm* ***isoamyle***
Radical univalent isomère de l'amyle.

isoamylique *adj* ***isoamylic***
Se dit de l'alcool dérivé de l'amyle. Le goût **amylique** est souvent causé par une fermentation languissante. Cette saveur agressive fait penser au vernis, à la banane ou encore au **bonbon anglais**.

isobutanol *nm* ***isobutanol***
liquide incolore à odeur **amylique**. Quasi synonyme d'acide isobutylique (isobutyl acid.).

isomères *nm pl* ***isomers***
Corps formés de mêmes éléments, unis dans des proportions identiques, présentant en général les mêmes propriétés chimiques, mais différents par leurs propriétés physiques.

israël *nm*
Pays de très ancienne tradition viticole produisant à peu près tous les genres de vin. En 1882, les premiers sionistes plantèrent la vigne sous le patronage du baron Edmond De Rothschild. Les deux principales régions viticoles sont Rishon-le-Zion (vins rouges) et Zicron-Jacov, sur les coteaux du Mont Carmel (vins blancs et rosés) au Sud-Est de Haïfa. Les cépages utilisés sont des cépages méditerranéens. *Voir carte → p. 153.*

italie *nf* ***Italy***
Pays viticole du Sud de l'Europe où la vigne est implantée depuis 2500 ans et pousse presque partout (**Val d'Aoste**, **Piémont**, **Lombardie**, **Vénétie**, **Trentin**, **Haut-Adige**, **Frioul**, **Vénétie-Julienne**, **Emilie-Romagne**, **Marches**, **Abruzzes**, **Molise**, **Pouilles**, **Ligurie**, **Toscane**, **Ombrie**, **Latium**, **Campanie**, **Basilicate**, **Calabre**, **Sardaigne** et **Sicile**.) Au lendemain de la seconde guerre mondiale, la production de vin a considérablement augmenté. Après une période de facilité, L'Italie, qui est le premier producteur mondial de vin, a fait des efforts louables pour améliorer la qualité de ses vins. En 1964, ce pays s'est

ITALIE

Bolzano
TRENTINO
ALTO ADIGE
Trento
FRIOUL
VENETIE
JULIENNE
VAL D'AOSTE
Côme
Milan
LOMBARDIE
VENETO
Venise
Venezia
Trieste
Turin
Torino
Asti
PIEMONT
LIGURIE
Bologne
EMILIE-ROMAGNE
Gênes
Genova
Pise
Firenze
Florence
TOSCANE
Ancône
MARCHES
OMBRIE
ABRUZZES
LATIUM
Rome
MOLISE
Foggia
CAMPANIE
POUILLES
Bari
Naples
Napoli
BASILICATE
Tarente
CALABRIA
Palerme
Messine
Reggio
di Calabria
SICILE
Catane

doté d'une législation classant les vins en trois catégories : ***vino da tavola*** (vin de table,) ***denominazione di origine controllata (DOC)*** et ***denominazione di origine controllata et garantita (DOCG.)*** Les dispositions concernant l'encépagement de la région de **Chianti**, les recherches sur la vinification, l'introduction de cépages améliorateurs vont dans le sens d'une qualité croissante. L'Italie qui compte une vingtaine de régions viticoles, produit beaucoup de vins rouges robustes et capiteux. Le **Piémont** et la **Toscane** sont celles qui produisent les vins les plus renommés.

ivoire *nm* ***ivory***
Terme qualifiant la couleur blanche un peu jaunâtre d'un vin.

ivre *adj* ***drunk, tipsy***
Qui a l'esprit troublé par les effets de l'alcool.

ivresse *nf* ***drunkenness***
Etat d'excitation psychique et d'incoordination motrice dû à un excès de consommation d'alcool.

ivrogne *nm* ***drunkard, boozer***
Homme qui s'enivre souvent.

ivrognerie *nf*
Habitude de s'enivrer.

ivrognesse *nf* ***drunkard, boozer***
Femme qui s'enivre souvent.

izarra *nf* ***izarra***
Liqueur d'herbes du Pays Basque, élaborée à partir de préparations distillées et de **macération** dans de l'**Armagnac**. Cette liqueur, lorsqu'elle est de couleur jaune titre 40° et est composée de 32 plantes. Lorsqu'elle est de couleur verte, elle titre 48° et est composée de 48 plantes.

J

Jack Daniel's *n*
Whiskey américain produit dans la distillerie la plus ancienne des USA, établie à Lynchburg, Tennessee en 1866. Cette société fait fièrement remarquer que le whiskey Jack Daniel's n'est pas un ***Bourbon*** mais un whiskey du Tennessee, c'est-à-dire qu'il a été filtré lentement à travers une couche de charbon de bois d'érable de dix pieds d'épaisseur avant de vieillir dans des fûts de chêne neufs.

jacquère *nf* ***jacquère***
Cépage blanc assez productif originaire de **Savoie** où il donne des vins secs, légers et peu alcooliques caractéristiques de cette région.

jacinthe *nf* ***hyacinth, bluebell***
Arôme floral pouvant se révéler à la dégustation d'un vin.

Jahrgangsekt *nm*
Terme allemand signifiant **Sekt millésimé**. Toutefois, la seule garantie offerte au consommateur est celle du millésime, pas nécessairement celle de la qualité.

jalon *nm* ***stake***
Petit piquet servant à établir des alignements lors de la plantation d'une vigne.

jalonner *v* ***to mark out with stakes***
Placer des jalons de distance en distance pour préparer la plantation d'une vigne.

Jamaïque *nf* ***Jamaica***
Ile des Antilles anglaises qui produit un **rhum** de bonne qualité aux arômes très caractérisés bien que le rhum de la Jamaïque ne soit plus si lourd qu'autrefois. Les goûts des consommateurs ont changé et la Jamaïque a su s'adapter !

J & B *n*
Société de négoce établie dans Saint James Street à Londres depuis le XVIIIe siècle, qui est aujourd'hui plus connue pour son **blended whisky.** Qui ne connaît pas la célèbre étiquette jaune du J & B Rare Blend, sur laquelle ne figurent pas moins de 8 recommandations royales !

jambes *nf pl* ***legs***
Traces transparentes se manifestant sur la paroi du verre, après l'écoulement du vin. Plus la concentration du vin en alcool est élevée, plus les *jambes* sont abondantes. Synonyme : **larmes**.

Japon *nm* ***Japan***
Pays d'Asie producteur de **saké**. En outre, le Japon produit non seulement beaucoup de bière mais aussi du **whisky**, imité du whisky écossais et la marque **Suntory** bénéficie d'une bonne notoriété en Asie. Aussi, le Japon est devenu un des principaux pays importateurs de vin et en produit un peu dans l'île de Hondo et pourtant, la vigne est présente dans ce pays depuis le XIIe siècle, époque où elle a été introduite par les Chinois. Longtemps considérée comme un élément décoratif, la vigne a été prise au sérieux par les Jésuites à partir du XVIe siècle. Malgré les efforts des Japonais, la viticulture ne devrait pas trop se développer en raison de l'humidité du climat et de l'acidité des sols.

jasmin *nm* ***jasmin***
Arôme floral pouvant se révéler à la dégustation de certains vins blancs.

Jasnières *n*
AOC. Petite appellation située au nord de la ville de Tours, dans la vallée de la **Loire**. Le vignoble de Jasnières forme une enclave à l'intérieur de l'appellation Coteaux du Loir, plus vaste mais moins connue. Les Jasnières sont en général des blancs secs faits à partir de **chenin blanc**. Certaines années, on produit des vins **moelleux** grâce à l'action de la **pourriture noble**. L'AOC Jasnières est parfois présentée comme le **Savennières** de **Touraine**.

jauge *nf* ***trench for heeling in***
Tranchée dans laquelle le vigneron entrepose les **greffes** entre leur arrachage en **pépinière** et leur plantation definitive.

jaune *adj* ***yellow***
Couleur placée dans le spectre solaire entre le vert et l'orangé. Elle est caractéristique de certains vins blancs.

jaune (vin) *nm* ***vin jaune***
Vin élaboré à partir du cépage **savagnin**, récolté tardivement pour que les raisins titrent au moins 12°. Après la fermentation alcoolique, le vin est entreposé dans des fûts de chêne. Comme les tonneaux ne sont jamais **ouillés**, le voile de **levures indigènes**, **aérobies** qui recouvre la surface du liquide provoque une lente oxydation. La maturation a une durée légale de six ans. C'est un vin au nez puissant et complexe aux arômes de noix et d'épices, sec et capiteux.

jaune-citron *adj* ***lemon-yellow***
Couleur de certains vins blancs.

jaune-miel *adj* ***honey-yellow***
Couleur de certains vins blancs assez évolués.

jaune-serin *adj* ***canary-yellow***
Couleur de certains vins blancs.

jaune-vert *adj* ***greenish-yellow***
Couleur de certains vins blancs.

javelle *nf* ***bundle of canes***
Mot synonyme de **fagot**, faisceau de **sarments**.

Jefferson (Thomas) *n*
Lorsque le troisième président des USA (1743-1826) était ambassadeur de son pays en France, il visita les vignobles de Bourgogne, Champagne, Moselle, Bordeaux et Italie. Les carnets de voyage qu'il tint révèlent sa grande connaissance du vin.

Jenlain *n*
Petit village au sud-est de Valenciennes, dans le Nord de la France, où l'on trouve la brasserie Duyck, entreprise familiale fondée en 1922, qui a joué un rôle important dans le regain d'intérêt pour la tradition brassicole de la région. Ses bières d'excellente qualité sont commercialisées sous le nom de Jenlain.

jéroboam *nm* ***jeroboam***
Grosse bouteille d'une contenance de trois litres, soit l'équivalent de quatre bouteilles normales.

jeune *adj* ***young***
Adjectif appliqué à un vin qui n'est pas encore **affiné**. Les vins destinés à être bus jeunes, comme les **vins de primeur** et les **vins de carafe** sont **affinés**.

jeunesse *nf* ***youth***
Caractéristique d'un vin qui n'a pas encore été **affiné**.

jigger *nm* ***4.25 cl glass***
Aux USA, nom familier d'un petit verre de spiritueux d'une contenance de 4,25 centilitres.

Johannisberg *n*
Grand cru blanc de la région rhénane du **Rheingau** fait à partir du cépage **riesling**.

Johannisberg (Schloss —) *n*
Superbe château situé près du village de Johannisberg. Le 50° parallèle traverse son vignoble.

Johannisberger *nm*
Synonyme allemand de **riesling** mais attention aux confusions car ce nom est aussi donné à un vin suisse fait à partir du cépage **Sylvaner** !

Johanniswein *nm*
Littéralement "vin de la Saint Jean" en allemand. Vin considéré comme bon pour la santé et la fécondité. Il se boit dans un bol qui passe de mains en mains et est censé assurer l'amitié et la concorde.

John Barleycorn *n*
Nom familier sous lequel les Américains désignent le **whisky**. Ce terme avait été utilisé en Écosse par le poète Robert Burns. C'est aussi le titre d'un excellent roman autobiographique, traduit sous le titre "Le Cabaret de la dernière Chance" que Jack London écrivit en 1913 pour dénoncer les méfaits de l'alcoolisme.

Johnny Grain d'Orge *n*
Voir John Barleycorn.

Johnny Walker *n*
L'une des marques de blended whiskies écossais les plus célèbres, fondée en 1820. Son étiquette rouge (red label) et son étiquette noire (black label) sont connues dans le monde entier.

jonc *nm* ***rush***
Plante de lieux humides à tige et feuilles cylindriques, utilisée par les vignerons pour **accoler** la vigne.

journal *nm* ***area of 0.33 ha***
Ancienne unité de surface bourguignonne correspondant à la quantité de terrain qu'un homme pouvait labourer en une journée

journalier *nm* ***day worker, jobber***
Ouvrier viticole payé à la journée

juger *v* ***to judge***
Apprécier, émettre une opinion sur la qualité d'un vin ou d'une liqueur.

julep *nm* ***julep***
Breuvage composé d'alcool, de feuilles de menthe, de sucre et de glace pilée servi dans de grands verres. Le **mint julep** est populaire au sud des USA.

Juliénas *n*
AOC. D'après la légende, Juliénas doit son nom à Jules César. L'un des dix crus du Beaujolais, ferme et solide au palais. Le Juliénas était particulièrement apprécié par les journalistes du *Canard Enchaîné* qui venaient chaque année dans le village.

Jumilla
DO. Appellation espagnole de la région de Levante, à l'est d'Alicante. Elle est traditionnellement associée aux vins rouges, souvent lourds, faits à partir du cépage **monastrell** **(mourvèdre.)** Aujourd'hui, les producteurs essaient de vinifier des vins plus plaisants.

Jupiler *n*
L'une des principales **Pils** sur le marché belge. Le nom de cette marque est particulièrement bien choisi car il fait penser au dieu Jupiter mais en fait, il est dérivé de la ville de Jupille-sur-Meuse où la brasserie a été fondée en 1854.

Jura *nm*
Vignoble situé sur le rebord oriental de l'arc jurassien. Bien que cette région soit l'une des plus petites de France, elle produit des vins originaux et excellents qui accompagnent très bien le Comté, célèbre fromage local. Les vins blancs du Jura, faits avec le cépage **savagnin** ont des arômes de noix et les vins rouges sont faits avec le **poulsard**, le **trousseau** et le **pinot noir**. En outre, le Jura produit des spécialités remarquables telles que **le vin de paille** et **le vin jaune** ainsi qu'une listelle, le **Macvin**.

Jurançon *n*
Appellation contrôlée des Pyrénées-Atlantiques. Les Jurançon sont des vins blancs **moëlleux** vinifiés avec les cépages **petit manseng**, **gros manseng** et **courbu** mais il existe aussi du Jurançon sec.

jurassique *adj* ***Jurassic***
Période de l'ère secondaire, entre le trias et le crétacé, marquée par le dépôt, en particulier dans le Jura, d'épaisses couches calcaires. Bien sûr, le mot "jurassique" fait penser aux dinosaures mais il convient de garder à l'esprit que le calcaire jurassique, formé il y a quelques 60 millions d'années, est le **substrat** rocheux de la **Côte de Beaune** et de la **Côte de Nuits**.

jury *nm* ***panel***
Commission de dégustateurs chargée de juger et/ou de classer des vins ou alcools.

jus *nm* ***juice***
Liquide tiré du raisin par **foulage**.

K

Kabinettwein *nm*
Vin allemand non chaptalisé ayant un niveau qualitatif minimum. Le moins sucré (67-85° **Oechsle**) des 6 niveaux de l'appellation **QMP**.

kadarka *nm* ***kadarka***
Cépage rouge le plus cultivé en **Hongrie**, notamment dans la région d'**Eger**.

kalua *nm* ***kalua***
Liqueur de café mexicaine.

Kanzler *nm*
Croisement entre les cépages **Müller-Thurgau** et **silvaner** qui n'a pas atteint une grande notoriété.

kascher (ou **cachère** ou **cascher**) *adj* ***kosher***
Mot hébreu signifiant "pur." Sur les plans œnologique et gustatif le vin kascher ne diffère pas des autres vins mais il est vinifié sous la conduite d'un rabbin suivant les rites de la religion juive.

kava *nm* ***kava, ava-ava***
Breuvage polynésien élaboré à partir des racines d'un buisson appelé kava.

kéfir ou **képhir** *nm* ***kephir***
Breuvage alcoolique obtenu par la distillation de lait de vache fermenté, parfois aromatisé avec des herbes.

Kékfrankos *nm*
Synonyme hongrois du cépage **Blaufränkisch**.

Kellerbier *nm*
En allemand, Keller signifie "cave." Littéralement, il s'agit d'une bière à déguster dans la cave d'une brasserie. C'est une **bière blonde** fortement **houblonnée**, fruitée, peu gazeuse, en général brassée en **Bavière**. Cette bière sans grand renom est souvent servie à la pression dans les tavernes de village.

Kent *n*
Comté du sud-est de l'Angleterre traditionnellement associé avec la culture du **houblon** pour l'industrie de la bière. Les sècheries (**oasthouses)** où séchait le houblon faisaient partie du paysage ! Aujourd'hui, le Kent est aussi devenu une région viticole.

Kentucky *nm*
Etat du sud des USA dont l'un des comtés, le comté de **Bourbon** a donné son nom à un type de **whiskey** fait avec au moins 51 % de maïs.

kieselguhr *nm* ***kieselguhr***
Mot allemand désignant une matière siliceuse appelée **diatomées** formée par les dépôts fossilisés d'algues que l'on trouve surtout en Islande. Les vignerons l'emploient pour filtrer le vin.

Kilkenny *n*
Ville irlandaise située entre Dublin et Cork où la brasserie Smithwick est établie. La bière pression Smithwick est vendue sous le nom de Kilkenny **ale**.

kimméridgien *adj / nm* ***kimmeridgian***
Etage du jurassique supérieur indissociable du terroir de Chablis. La présence de calcaire kimméridgien à Chablis a été mise en évidence par le géologue Gilbanks. Le calcaire **portlandien**, moins prestigieux, est associé au **Petit Chablis**.

Kintyre *n*
Péninsule écossaise produisant un malt whisky réputé.

kir *nm* ***kir***
Boisson composée d'un peu de cassis et d'**aligoté**. Cette boisson, aussi appelée *blanc cassis* ou familièrement *blanc cas* était servie par le Chanoine Kir, maire de Dijon de 1944 à 1968, à ses invités à une époque où l'aligoté de Bourgogne était très acide.

kir royal *nm* ***kir royal***
Boisson composée d'un peu de cassis et de Champagne. Il est, pour le moins extravagant, de servir cette boisson, aussi certains amateurs préfèrent-ils remplacer le Champagne par du crémant !

Le chanoine Kir

kirsch *nm* ***kirsch***
Eau-de-vie de cerise noire originaire le plus souvent d'Alsace, de Franche-Comté, de Suisse ou de la Forêt Noire. Le kirsch vieillit en général en fût de chêne paraffinés pour qu'il reste incolore.

Kirschwasser *nm* ***kirschwasser***
Autre nom de l'eau-de-vie de cerise noire.

kislav *nm* ***kislav***
Spiritueux russe élaboré à partir de pastèques.

kiwi *nm* ***kiwifruit***
Arôme fruité pouvant se révéler à la dégustation d'un vin.

Klein Karoo *n*
Région viticole d'Afrique du Sud, dans l'arrière-pays de la province du Cap. Cette région est souvent associée à la production de **vins mutés** de style **porto**, ce qui s'explique par la similitude du climat de cette région avec celui de la **vallée du Douro**, au Portugal.

klevner *nm* ***klevner, pinot noir***
Nom alsacien du **pinot noir**.

Kloster Eberbach *n*
Ancien monastère **cistercien**, fondé au XIIe siècle, dans le village d'Hattenheim (**Rheingau**) en Allemagne. Le vignoble, appelé Steinberg, fut donné aux moines par l'archevêque de Mayence en 1155. Aujourd'hui, il appartient à l'état et continue de produire des vins de très grande qualité. Kloster Eberbach est aussi le siège de l'Académie allemande du vin et c'est là que Jean-Jacques Annaud tourna son film *Le Nom de la Rose.*

Klosterbier *nm*
Terme allemand signifiant "bière de monastère." Il s'applique donc à toute bière brassée dans un monastère.

Kölsch *n*
Bière allemande traditionnelle, claire et souvent voilée, brassée à l'origine à Cologne (Köln, d'où son nom.) Elle est sèche, peu **houblonnée** et peu alcoolisée.

koumiss *nm* ***kumiss.***
Breuvage sibérien élaboré à partir de lait fermenté de jument, de vache ou de chamelle.

kriek *nf*
Mot flamand signifiant cerise. Ce terme désigne aussi un **lambic** belge obtenu en ajoutant des cerises (un kilo pour 5 litres de bière) dans la cuve de **fermentation secondaire**.

Kronenbourg *nf*
Importante brasserie française fondée en 1664 par Jérôme Hatt. La date de sa fondation a été utilisée comme marque d'une des bières de cette brasserie tandis que le nom de Kronenbourg est celui de Cronenbourg (qui s'écrit avec un C et non un K), banlieue de Strasbourg où est établie l'entreprise. Cette bière est une bière blonde, très populaire chez les Français qui l'appellent familièrement "la Kro."

Krug *n*
Prestigieuse maison de Champagne établie à Reims et créée en 1843. Certains amateurs vont jusqu'à dire que toutes ses cuvées sont des **cuvées** de prestige !

Kulmbach *n*
Ville de **Bavière** au nord de Bayreuth, célèbre pour ses brasseries. Son **EKU** est devenu célèbre ainsi que le Kulmbacher Reichelbraun qui fait un bon **ice bock.**

Kummel *nm* ***kummel***
Alcool de céréales aromatisé avec des graines de cumin, incolore et doux, fabriqué surtout en Russie et en Allemagne.

KWV (Kooperatieve Wijnbouwers Vereining) *nf*
Fondée en 1918, cette coopérative viticole joua pendant très longtemps un très grand rôle dans la production, la fixation des prix et la commercialisation des vins de la République Sud-Africaine. Depuis 1997, elle est privatisée mais c'est encore une force avec laquelle il faut compter !

kvass ou **kwass** *nf* **kvass**, ***Russian beer***
Bière russe élaborée à partir d'orge ou de seigle fermenté, parfois aromatisé à la menthe.

L

label *nm* ***quality label***
Marque spéciale garantissant l'origine ou la qualité d'un vin ou d'un spiritueux.

labéliser *v* ***to deliver a quality label***
Délivrer un label de qualité.

labellisation *nf* ***label, seal of approval***
Apposition d'une marque agréée par un organisme officiel sur un vin ou un spiritueux destiné à la commercialisation pour en certifier l'origine et les conditions de fabrication.

laboratoire *nm* ***laboratory***
Local disposé pour effectuer des analyses indispensables permettant de mener à bien une vinification. La plupart des maisons de commerce onr leur propre laboratoire et les vignerons font appel à une officine privée pour le contrôle et le suivi des vinifications.

labour *nm* ***ploughing (GB) plowing (US)***
Façon donnée à la vigne en ouvrant et retournant la terre avec la charrue ou la houe.

labourage *nm* ***ploughing (GB) plowing (US)***
Action de labourer.

labourer *v* ***to plough (GB,) to plow (US)***
Ouvrir et retourner la terre avec la charrue ou la houe afin de détruire les mauvaises herbes, d'ameublir et d'aérer le sol ou d'enfouir des engrais.

labrusca (vitis) *nf*
Espèce de vigne américaine originaire de Nouvelle Angleterre et du Canada. Elle est surtout connue pour le cépage **concord** et des **hybrides** tels que le **catawba** mais malheureusement, elle a tendance à se manifester par le goût **foxé** de ses vins.

lac *nm* ***lake***
En Europe, quand les politiciens évoquent les stocks de vin invendu qu'il faut distiller, ils parlent du "Lac de Vin." Du point de vue de la géographie, un lac peut être un élément positif du micro-climat pour la viticulture en ce sens qu'il peut créer des conditions favorables au développement de la **pourriture noble**.

laccase *nf* ***laccase***
Enzyme oxydante qui existe dans les raisins.

Lac Erié *n* ***Lake Erie***
Région viticole du Nord-est des Etats-Unis d'Amérique.

lâche *adj* ***straggly***
Se dit de grains de raisins qui ne sont pas serrés sur la **rafle**.

Lacrima Christi *n*
Vin moelleux fait avec les raisins des vignes cultivées sur les coteaux du Vésuve.

lactase *nf* ***lactase***
Enzyme qui convertit le **lactose** en **glucose** et en galactose.

lactique *adj* ***lactic***
Odeur rappelant celle du lait ou du beurre que l'on trouve dans certains vins au moment de la **fermentation malolactique**.

lactones du bois *nf pl*
Esters provenant du chêne neuf pouvant donner un goût "**crémeux**" au vin.

lactose *nm* ***lactose***
Sucre contenu naturellement dans le lait et se dédoublant en glucose et galactose.

Ladoix *n*
Premier village de la Côte de Beaune quand on se dirige vers le sud de la Côte d'Or, de Nuits Saint-Georges à Beaune. Cette appellation concerne principalement des vins rouges mais aussi d'excellents vins blancs. Les vins de Ladoix peuvent aussi porter l'appellation **Côte de Beaune-Villages**.

Lafite (Château-) n
AOC. L'un des cinq **Premiers Grands Crus Classés** du **Médoc** et l'un des quatre qui faisaient partie du classement de 1855. Célèbre château de la commune de **Pauillac** dans le **Haut-Médoc** donnant des vins d'une grande finesse et d'une grande fermeté. Cette appellation est dominée par le cépage **cabernet-sauvignon**.

lagar(es) *n pl*
Mot portugais désignant une sorte d'auge de pierre servant au **foulage** et à la fermentation du porto. Aujourd'hui, d'une manière générale, le lagar est surtout considéré comme un élément du folklore de la vallée du **Douro**.

Lagavulin *nm*
Whisky **single malt** écossais de l'île d'**Islay**. Lourd, puissant et aux arômes de **tourbe**.

lager *nf* ***lager***
Bière blonde dont le nom vient d'un mot allemand signifiant "entrepôt." 90 % des bières produites dans le monde aujourd'hui sont des lager, ce que ne manquent pas de regretter bien des connaisseurs. Ceci est aussi vrai pour l'Angleterre, traditionnellement productrice d'**ales**, bières brunes. Les lager sont très populaires parmi les jeunes.

Lagune (Château-La-) *n*
AOC. Troisième cru classé. Château du **Haut-Médoc** produisant des vins rouges charnus et au goût profond.

Lalande de Pomerol *n*
Satellite de la prestigieuse appellation **Pomerol**.

laiteux *adj* ***milky***
Se dit d'un vin à la **robe** voilée, floue.

Lamartine, Alphonse de *n*
"Je ne suis pas poète, je suis un grand vigneron," disait Alphonse de Lamartine (1790-1869), né à Mâcon, propriétaire de plusieurs domaines viticoles au sud de la Bourgogne, négociant en vins, auteur du poème *"la vigne et la maison"* mais hélas homme d'affaires mal avisé puisqu'il dut se résoudre à vendre le patrimoine familial pour payer ses dettes.

lambic *n* ***lambic***
Bière belge brassée à partir d'orge et d'au moins 30 % de froment non **malté**. Elle subit une **fermentation spontanée** provoquée par des **levures sauvages** et des **bactéries**. Les lambics peuvent être aromatisées avec des cerises (kriek) ou d'autres fruits comme les pêches ou les framboises. Le nom "lambic" provient de la ville de Lembecq dans la province de Brabant.

lambrusco *nm* ***lambrusco***
Cépage rouge italien originaire d'**Emilie-Romagne.** Il a donné naissance à un grand nombre de cépages dérivés que l'on trouve dans presque toute l'Italie. Au cours de ces dernières années, il a été utilisé pour produire des vins légèrement pétillants, un peu doux, qui rencontrent le succès auprès des personnes qui commencent à s'intéresser au vin.

lambrusque *nf* ***labrusca***
Vigne redevenue sauvage.

lancement *nm* ***launch, launching***
Exemple : le lancement du **Beaujolais nouveau** a lieu tous les ans à Villefranche-sur-Saône le troisième jeudi de novembre à minuit.

lancer *v* ***to launch***
Faire connaître par des moyens publicitaires.

Landwein *nm*
En Allemagne, ce terme s'applique aux deux sous-catégories de vins ne figurant pas au nombre des **VQPRD**. Il équivaut aux **vins de pays** français.

langue *nf* ***tongue***
Organe-clé dans la dégustation d'un vin. Les papilles qui la recouvrent contiennent des bourgeons sensoriels, de sorte que les constituants du vin produisent sur la langue des sensations proches des saveurs élémentaires de la nature : salée (très rare dans le vin), sucrée, acide ou amère.

Languedoc-Roussillon *nm*
La plus vaste région viticole de France, qui s'étend de la Camargue à la frontière espagnole. Autrefois, elle était plus associée avec la quantité qu'avec la qualité, mais au cours des dernières années, les progrès qualitatifs

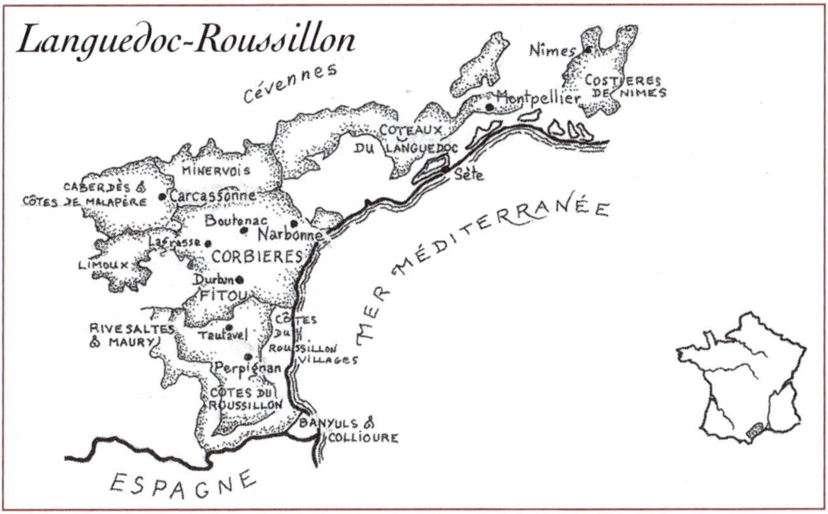

ont été spectaculaires. Cette région produit aussi d'excellents **vins mutés**.

Lanson *n*
Maison de Champagne fondée en 1760 et située dans la ville de Reims. Elle fait aujourd'hui partie du groupe **LVMH**.

Laphroaig *n*
Whisky **single malt** écossais de l'île d'**Islay**. Corsé, aux arômes de **tourbe** et avec des parfums d'océan.

larmes *nf pl* ***tears***
Traces transparentes se manifestant sur la paroi du verre après que le vin a été bu. Plus la teneur en alcool du vin est élevée, plus les larmes sont abondantes. Synonymes : **jambes**, **pleurs**.

larve *nf* ***larva, grub***
Premier état des insectes **acariens** ou **nématodes** au sortir de l'œuf.

laski rizling *nm*
Synonyme de **welschriesling**, ce cépage se trouve dans l'ancienne **Yougoslavie**, et surtout en **Slovénie**.

latence *nf* ***latent period***
Temps qui s'écoule entre l'introduction d'un agent infectieux dans un organisme et les premiers symptômes de la maladie qu'il détermine. Synonyme : incubation.

latent *adj* ***latent***
Qui n'est pas apparent, qui ne se manifeste pas au-dehors.

latitude *nf* ***latitude***
L'espèce ***vitis vinifera*** dont sont issus presque tous les vins du monde aujourd'hui, ne pousse de façon satisfaisante que dans les climats tempérés. Il est communément établi que les vins de qualité ne peuvent être produits qu'entre le 30° et le 50° parallèle, dans l'hémisphère nord comme dans l'hémisphère sud.

Latium *nm* ***Latium***
Région des environs de Rome productrice de vins blancs et rouges.

Latour (Château-) *n*
AOC. **Premier Grand Cru Classé**, l'un des quatre qui figuraient dans le classement de 1855. Célèbre château de la commune de **Pauillac** dans le **Haut-Médoc** caractérisé par sa fermeté, sa richesse et sa noblesse. Le cabernet sauvignon est le cépage dominant dans les **assemblages** de Château-Latour.

Latricières-Chambertin *n*
L'un des grands crus de la commune de **Gevrey-Chambertin** (7,50 hectares). Vin rouge racé et vigoureux.

latte *nf* ***lath***
Planche mince et de faible largeur servant à stabiliser les piles de bouteilles dans une cave. Les lattes sont beaucoup utilisées en Champagne au cours de la **prise de mousse**. Les lattes séparent les lits de bouteilles et facilitent la ventilation.

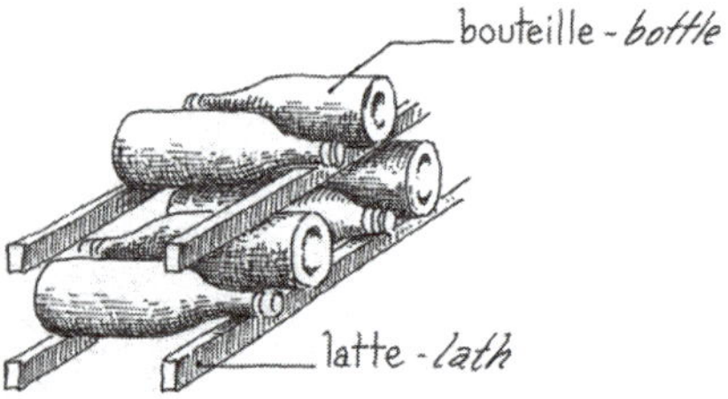

lattes (sur) *nf pl* ***horizontal storage***
Stockage horizontal des bouteilles en Champagne, notamment durant la **prise de mousse**, bouteilles et lattes étant empilées sur plusieurs mètres de hauteur et ce, pour un sommeil d'au moins trois ans.

Laurent-Perrier *n*
L'une des très grandes maisons de Champagne, fondée en 1812 et établie à Tours-sur-Marne.

laurier *nm* ***laurel***
Arôme pouvant se révéler à la dégustation d'un vin.

Lavaux *n*
Région suisse du canton de Vaud caractérisée par des vignes en terrasses.

laveuse *nf* ***bottle-washing machine***
Machine servant à laver les bouteilles avant la mise.

Layon *nm*
Voir (Coteaux du Layon).

LBV *n*
Abréviation de ***late-bottled vintage*** s'appliquant à un porto millésimé mis en bouteille tardivement, après avoir vieilli 5 ou 6 ans en fût. Contrairement au **vintage port**, qui, lui est mis en bouteille après seulement deux années de tonneau, le ***lbv*** est filté avant l'embouteillage et il est plus léger que ce dernier.

léger *adj* ***light***
Adjectif appliqué à un vin qui, sans être déséquilibré, a peu de couleur, peu de corps et peu de longueur. Cet adjectif n'est pas nécessairement négatif, surtout lorsqu'il est appliqué au vin blanc.

légèreté *nf* ***lightness***
Qualité d'un vin agréable mais sans beaucoup de couleur, de corps et de longueur.

légume *nm* ***vegetable***
Arôme végétal pouvant se revéler à la dégustation.

Léognan *n*
Petite ville au sud de Bordeaux, située au cœur du vignoble des **Graves.** Les meilleurs vins de cette région portent maintenant l'appellation **Pessac-Léognan**.

lésion *nf* ***lesion***
Plaie apparaissant dans la texture d'un organe végétal.

lessivage *nm*
Terme parfois appliqué à l'**extraction** systématique des tanins du chêne neuf au moyen de la vapeur.

lettre de crédit *nf* ***letter of credit***
Document délivré par un banquier à son client afin de lui permettre de toucher de l'argent chez un banquier d'une autre ville.

leuconostoc *nm* ***leuconostoc***
Bactérie d'acide lactique.

lévogyre *adj* ***levo-rotary***
Qui fait tourner vers la gauche le plan de polarisation de la lumière. Le **fructose** est lévogyre.

lévulose *nf* ***levulose***
Isomère du **glucose** contenu dans de nombreux fruits dont le raisin. Synonyme : **fructose**.

levurage *nm* ***yeast addition***
Ensemencement d'une cuve avec des levures sélectionnées pour stimuler ou régulariser la fermentation.

levure *nf* ***yeast***
Micro-organisme unicellulaire appartenant au groupe des champignons et jouant un rôle-clé dans la vinification (ou la fabrication de cidre et de bière). Les cellules de levure sécrètent des **enzymes** indispensables à la fermentation.

levuré ou **goût de levures** *nf pl* ***yeasty***
Odeur passagère de fermentation d'origine **aldéhydique** contribuant de façon plus ou moins agréable aux **arômes secondaires** d'un vin. Le goût de levures n'est pas considéré comme flatteur sauf dans le **bouquet** d'un vin **effervescent** jeune.

levures indigènes *nf pl* ***native, natural, indigenous yeast***
Micro-organismes naturels dont certains sont responsables de la fermentation du jus de raisin. En matière de fermentation, les Bourguignons font, en général confiance aux *levures indigènes.*

levures sélectionnées *nf pl* ***selected yeast***
Levures commerciales ajoutées au moût pour provoquer sa conversion en vin. Leurs réactions sont plus prévisibles que celles des **levures indigènes**. Les producteurs du nouveau monde se méfient des *levures indigènes* et font confiance aux levures sélectionnées dans leurs vinifications.

lias *nm* ***lias***
Autre dénomination du jurassique inférieur. Strate inférieure des roches jurassiques consistant en schiste et calcaire. Le sol des vignes de **Montagny**, dans la **Côte Chalonnaise**, est composé de **marnes** du lias.

Liban *nm* ***Lebanon***
Pays du Moyen-Orient dans lequel la vigne est cultivée depuis les temps bibliques. Aujourd'hui, la vigne prospère surtout dans la vallée de la Bekaa. Les vins libanais sont produits principalement à partir de cépages français : **cabernet-sauvignon**, **cinsault**, **syrah** pour les rouges, **chardonnay**, **ugni blanc**, **sauvignon blanc** pour les blancs. Le Château Musar, dirigé par Serge Hochar qui fut nommé *"vigneron de l'année 1984"* par le magazine *Decanter* en pleine guerre du Liban et le domaine de Kefraya et les vignobles de Ksara sont les plus connus de ce pays. N'oublions pas non plus de citer l'**arak**, boisson alcoolisée élaborée avec de l'eau-de-vie de vin et de l'anis.

Libournais *nm*
Région viticole située autour de la ville de Libourne, à l'est de Bordeaux, sur la rive droite de la Dordogne. Parmi les vins rouges produits dans cette région figurent ceux de **Saint-Emilion** et de **Pomerol** dont le cépage vedette est le **merlot**.

licence (GB), **license** (US) *nf* ***licence (on/off)***
Permis de servir des boissons alcooliques accordé par les pouvoirs publics.

lie *nf* ***lees***
Dépôt apparaissant dans les cuves, les fûts ou les bouteilles après la fermentation ou le stockage du vin. **Levures**, matières colorantes, protéines, **tartre** se retrouvent dans les lies.

Lie (sur—) ***on lees***
Voir **élevage sur lies**.

Liebfraumilch *nm* ***Liebfraumilch***
Littéralement "vin de la Vierge." Ce nom lui a peut-être été attribué parce qu'autrefois, un vin sans prétention appelé *Liebfrauenkirche –église Notre dame--* était produit dans les faubourgs de Worms. Toujours est-il qu'aujourd'hui, le Liebfraumilch est un vin blanc allemand d'origine variée (**Rheinhessen**, **Rheinpfalz**, **Rheingau**, **Nahe**...) Ce vin de consommation courante agréable et fruité est élaboré à partir de **Müller-Thurgau** ou de **Sylvaner**.

lie de vin *adj* ***wine-colored***
Couleur rouge-violacé.

lierre *nm* ***ivy, ground ivy***
Arôme pouvant se révéler à la dégustation d'un vin.

lieu-dit *nm* ***place name***
Lieu qui, dans le vignoble, porte un nom **topographique** ou historique.

light beer *n*
Terme générique désignant des bières au goût peu prononcé, faiblement alcoolisées et pauvres en calories qu'il vaut mieux servir **frappées** du fait de ces caractéristiques.

ligne *nf* ***cork calibration unit***
Ancienne unité de mesure française, division du pouce. Une ligne équivaut à 2,2256 mm. Des bouchons de 17, 20, 22 ou 24 lignes sont commercialisés, c'est-à-dire que leur longueur est de 38 mm, 44 mm, 49 mm et 54 mm. Le client choisit le nombre de lignes en fonction de la longévité du vin.

ligne d'embouteillage *nf* ***bottling line***
Terme synonyme de **chaîne d'embouteillage**, comprenant les appareils de rinçage, de mise en bouteilles, de bouchage, d'étiquetage et de palettisation.

ligne de produits *nf* ***product line***
Ensemble de produits présentant des caractéristiques communes offerts par un même domaine ou une même maison de négoce.

ligneux *adj* ***lignous***
De la nature du bois. Les rameaux deviennent ligneux après l'**aoûtement**, à la fin de l'été.

lignification *nf* ***lignification***
Maturation des sarments par modification des membranes de certaines cellules. Les **sarments** durcissent et semblent sécher. Synonyme : **Aoûtement**.

limon *nm* ***silt***
Dépôt détritique très fin, souvent argileux, d'origine continentale, fluviatile ou éolienne.

limonade *nf* ***lemonade***
Boisson pétillante faite avec du sucre, du jus de citron et du gaz carbonique, souvent mélangée avec des boissons alcooliques. Par exemple, on fait du **panaché** avec de la bière et de la limonade.

limonées (vendanges —) *adj* ***dirty***
Adjectif s'appliquant à des raisins dont les baies et les rafles sont couvertes de terre à la suite d'une pluie violente. Cet accident peut avoir de graves conséquences si le vigneron ne fait pas un sévère **débourbage** après avoir ajouté une bonne dose de **dioxyde de soufre**. Le cas échéant, il peut même effectuer un **bentonitage** au début de la fermentation.

limoneux *adj* ***silty***
Se dit d'un sol composé de limon.

Limousin *nm*
Province française située autour de la ville de Limoges dont la forêt fournit des chênes très appréciés par la tonnellerie, surtout pour les vins rouges.

Limoux *n*
AOC. Village au sud de Carcassonne en pays cathare, qui a donné son nom à une appellation de vins blancs tranquilles faits avec le cépage **mauzac**. Il existe aussi des vins **effervescents**, la **blanquette** et le **crémant** de Limoux élaborés avec du **chardonnay** et du **chenin blanc**.

limpide *adj* ***limpid***
Se dit d'un vin dont la transparence n'est troublée par rien.

limpidité *nf* ***limpidity***
Qualité d'un vin clair. La limpidité s'observe en regardant un objet quelconque à travers le vin : si les contours sont clairs, le vin est limpide.

lin *nm* ***flax***
Plante herbacée, textile et oléagineuse que l'on cultive sur des terres avant la replantation de la vigne car elle est censée assainir le sol.

linalol *nm* ***linalol***
Composé présent dans certains cépages, notamment le **muscat** et le **riesling**. Il se manifeste par des arômes de muguet ou de pêche.

linge de bonde *nm* ***bung-cloth***
Morceau d'étoffe entourant le bouchon de bois avec lequel on bouche les tonneaux. Pour des raisons d'hygiène, le linge de bonde est de moins en moins utilisé.

liqueur *nf* ***liqueur, liquor***
Boisson préparée sans fermentation par unmélange d'alcool, de sucre, d'essences ou d'extraits.

liqueur de dosage *nf* ***dosage of liqueur after disgorging***
Solution de vin et de sucre que l'on ajoute aux vins **effervescents** après le **dégorgement** et qui détermine le type de vin selon sa richesse en sucre : extra-brut, brut, extra-dry, demi-sec et doux. Synonyme : **liqueur d'expédition**.

liqueur de tirage *n f* ***liqueur de tirage***
Solution de sucre et de **levures** que l'on ajoute aux vins destinés à la **prise de mousse**. Les levures ont pour effet de transformer le sucre en alcool et en gaz carbonique, produisant ainsi la pression qui est à l'origine de la **mousse**.

liquoreux *adj* ***very sweet***
Qualificatif appliqué à un vin très riche en sucre.

liquoriste *nm* ***fruit-liquor maker***
Personne qui fait ou vend des liqueurs.

Lirac *n*
AOC. Village situé près de Châteauneuf-du-Pape bénéficiant de sa propre appellation. Vins rouges et rosés aromatiques faits surtout à partir de **grenache** ou blancs secs et frais faits à partir de **clairette**.

Listrac *n*
Listrac est une petite ville du **Haut-Médoc** qui, comme sa voisine **Moulis**-en-Médoc n'a pas eu de châteaux classés en 1855 mais elle bénéficie de sa propre AOC et produit des vins fermes et charpentés.

lis *nm* ***lily***
Arôme floral pouvant se révéler lors de la dégustation d'un vin. En Bourgogne, on dit aussi que les lis fleurissent en même temps que la vigne. C'est pourquoi chaque vigneron a des lis dans son jardin.

liseron *nm* ***bindweed***
Plante volubile de la famille des convolvulacées que le vigneron s'efforce d'éliminer avant qu'elle ne grimpe sur les ceps.

lisseuse *nf* ***sleeking machine***
Machine employée pour lisser les **capsules**.

litchi *nm* ***litchee***
Arôme de fruit pouvant se révéler lors de la dégustation d'un vin.

livrable *adj* ***ready for delivery***
Qui peut être livré.

livraison *nf* ***delivery***
Action de livrer à l'acquéreur une chose vendue.

livre de cave *nm* ***cellar-book***
Registre sur lequel le propriétaire d'une cave inscrit les bouteilles qu'il a acquises.

livre de régie *nm* ***excise-book***

livrer *v* ***to deliver***
Remettre à l'acquéreur la marchandise qui lui a été vendue.

loess *n* ***loess***
Dépôts sédimentaires poudreux de couleur jaunâtre constitué de sable, de calcaire et d'argile apportés par le vent.

Loire *nf* ***Loire***
Région viticole française comprenant la **Touraine**, l'**Anjou** et la région **nantaise**. *p. 156.*

Lombardie *nf* ***Lombardia***
Région viticole du Nord de l'Italie.

London dry gin *nm*
Terme désignant le gin distillé à Londres ou près de cette ville. En fait, ce terme ne renferme aucune connotation géographique car la plupart des gins se ressemblent, quelque soit le lieu où ils ont été distillés.

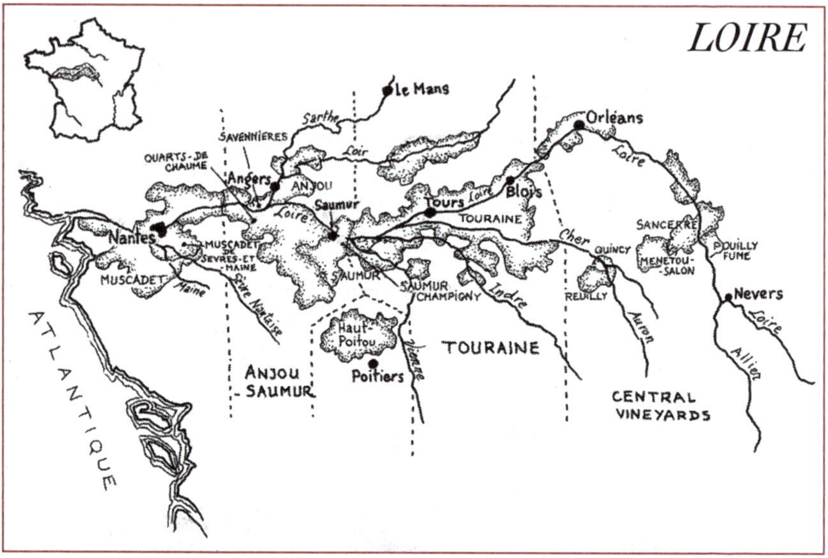

long *adj* ***long on the palate, with a good length***
Qualificatif appliqué à un vin dont la saveur persiste après qu'il a été avalé (ou recraché !)

longévité *nf* ***longevity***
Durée de la vie d'un vin. La longévité d'un vin est souvent due à la présence de tanins, d'acidité, d'alcool et de sucre.

longueur *nf* ***length***
Persistance en bouche de la saveur d'un vin après qu'il a été avalé (ou recraché !).

louche *adj* ***cloudy***
Qualificatif appliqué à un vin troublé par des petites particules en **suspension**, d'un vin qui a perdu sa limpidité.

loup *nm* ***water sprout***

Loupiac *n*
AOC. Petite ville de la rive droite de la Garonne, dans la région de l'**Entre-Deux-Mers** au sud de Bordeaux. Cette appellation est donnée à des vins blancs faits à partir des mêmes cépages que ceux de **Sauternes**.

lourd *adj* ***heavy***
Qualificatif appliqué à un vin chargé à l'excès en couleur et matières extractives, épais, manquant d'acidité et sans distinction.

Lowlands *nm pl*
Partie de l'Ecosse se trouvant au sud d'une ligne Greenock-Dundee. On trouve plusieurs distilleries de **malt whisky** dans les Lowlands, comme par exemple **Auchentoshan** dont les produits sont connus sous le nom de Lowlands malts.

loyal *adj* ***fair***
Qualificatif appliqué à un vin qui ne présente pas de défauts cachés.
Lubéron *nm*
Voir Côtes du Lubéron.

lumineux *adj* ***bright***
Qualificatif appliqué à la brillance d'un vin.

Lunel *n*
Petite ville à l'est de Montpellier, célèbre pour son **muscat de Lunel** (AOC,) **vin doux naturel** au bouquet expressif.

lupulin *nf* ***lupulin***
Poudre jaune produite par la fleur de **houblon** femelle. Elle renferme des résines amères utilisées pour aromatiser la bière.

lutte *nf* ***control, prevention, protection***

Action de protection du vignoble contre divers fléaux : maladies **cryptogamiques**, maladies provoquées par des insectes, érosion, gel...

lutte biologique *nf* ***organic protection***
Utilisation d'organismes vivants pour empêcher ou réduire les pertes ou dommages causés par les ravageurs des cultures. Ainsi, dans le cadre de la lutte biologique, il vaut mieux utiliser les services de l'**araignée grise**, prédatrice de l'**araignée rouge** que des **pesticides**.

lutte culturale *nf* ***integrated protection***
Ensemble de pratiques mises en œuvre pour limiter les effectifs de **ravageurs**. Ainsi, le choix d'une variété résistante constitue un moyen de lutte culturale.

lutte intégrée *nf* ***integrated protection***
Stratégie visant à protéger la vigne contre ses différents ennemis en analysant les risques qu'ils présentent et en évaluant les éléments naturels de limitation qu'ils rencontrent. On l'appelle ainsi car elle "intègre" tous les moyens dont elle dispose : intervention chimique raisonnée, agents biologiques, mesures culturales, variétés résistantes. Il importe non pas de supprimer tous les ennemis de la vigne mais de les maintenir à un niveau assez faible pour que les dégâts occasionnés soient tolérables.

lutte raisonnée *adj* ***methods respecting the environment***
Emploi rationnel de produits agrochimiques dans la lutte contre les fléaux de la vigne. Il importe d'appliquer ces produits à bon escient, à doses aussi faibles que possible, au bon moment...

luxe *nm* ***luxury***
Malheureusement, beaucoup d'excellents vins sont devenus des produits de luxe et, de ce fait, sont vendus à des prix très élevés !

Luxembourg *nm* ***Luxembourg***
Pays viticole d'ancienne tradition viticole puisque les premières plantations remontent à l'époque romaine. Le Luxembourg produit surtout des vins blancs le long de la vallée de la **Moselle**. Une bonne partie de la superficie viticole du pays est plantée en rivaner, c'est-à-dire en **müller-thurgau** qui donne des vins souples et fruités. On trouve aussi un autre cépage blanc : l'ebling qui donne d'agréables vins secs, acides et légers ainsi que du riesling et de l'**auxerrois**.

luxuriant *adj* ***lush***
Se dit d'une végétation qui pousse et se développe avec abondance.

LVMH (Louis Vuiton-Moët Hennessy)
Entreprise française leader dans le secteur des produits de luxe. Elle possède un certain nombre de maisons de **Champagne** et de **Cognac** prestigieuses.

lycée viticole *nm* ***viticultural high school***
Institution d'enseignement secondaire française dispensant des cours de viticulture et d'oenologie.

Lynch-Bages (Château) *n*
AOC. Cinquième cru classé du Médoc. Château du **Haut-Médoc** situé sur la commune de **Pauillac** et produisant des vins rouges ronds et corsés.

Lyon *n*
Grande ville du sud-est de la France, au sud du **Beaujolais**, célèbre pour sa gastronomie. On entend parfois dire que Lyon est arrosée par trois fleuves : la Saône, le Rhône et le... Beaujolais.
N.B. Les Anglais épellent parfois le nom de cette ville Lyons.

lyre *nf* ***lyre***
Méthode de conduite de la vigne sur un système de palissage s'ouvrant enforme de "V" vers le dessus. Cette méthode permet une meilleure exposition des raisins à la lumière. Elle est surtout utilisée dans le nouveau monde.

lyriculture *nf* ***lyriculture***
culture de la vigne poussant selon le mode de conduite appelé **lyre**.

M

macabeu *nm* ***macabeu***
Cépage méridional blanc donnant des vins légers, plaisants et aromatiques ou utilisé pour faire des VDN. Ce cépage est aussi très populaire dans la région espagnole de la **Rioja**, où il est connu sous le nom de **viura**.

Macallan, The *n*
Whisky écossais **single malt** du **Speyside**. Moëlleux, soyeux, au goût de **Xérès**.

Macédoine *nf* ***Macedonia***
Pays viticole de l'ex-République Fédérative de Yougoslavie. La vigne qui avait quasiment disparu lors de l'invasion turque y est bien présente aujourd'hui ! Ce pays produit surtout des vins rouges et rosés riches en alcool à partir des cépages vranac et prokupac, mais aussi **grenache**, **gamay**, **cabernet sauvignon**, **merlot**...

macération *nf* ***maceration***
Etape de la vinification en rouge (et éventuellement en rosé) au cours de laquelle les parties solides du raisin sont laissées dans le **moût**, ce qui permet au vin d'acquérir couleur, arômes et tanins.

macération à froid *nf* ***cold fermentation***
Méthode de vinification qui a surtout été expérimentée avec le **pinot noir**. Les raisins macèrent quelques jours à basse température dans la cuve de sorte que les molécules pigmentaires et aromatiques se fondent dans le vin avant la fermentation.

macération carbonique *nf* ***carbonic maceration***
Technique de vinification des vins rouges fondée sur la macération **anaérobie.** Après avoir été cueillis, les raisins sont mis dans une cuve saturée de gaz carbonique sans avoir été **foulés** et fermentent sans l'intervention des levures. La macération carbonique se pratique beaucoup dans le **Beaujolais** car cette méthode de vinification convient bien aux **vins de primeur**. Les vins obtenus sont frais, légers, fruités et se boivent jeunes.

macération pelliculaire *nf* ***maceration on skins***
Macération des raisins dans leur peau. Ces dernières baignent dans le jus et lui communiquent leurs agents sapides. Ce type de macération favorise l'**extraction** de la couleur. Des essais de courte macération pelliculaire ont été effectués avec des raisins blancs pour développer leurs arômes.

macération préfermentaire *nf* ***maceration on skins***
Expression synonyme de **macération pelliculaire**.

macérer *v* ***to macerate***
Laisser tremper des peaux de raisins dans leur jus.

mâche *nf* ***chewy, which has fullness***
Un vin qui a de la **mâche** est un vin charnu, consistant, riche en tanins ; employé également pour le cognac.

mâcher *v* ***to chew***
Triturer dans la bouche avant d'avaler. Des dégustateurs peuvent mâcher le vin afin d'en évaluer toutes les caractéristiques gustatives.

machine à vendanger *nf* ***grape-picking machine, mechanical harvester, harvesting machine***
Machine le plus souvent autotractée recueillant les baies de raisins par secouage des branches.

Mâcon *n*
AOC. Ville du sud de la Bourgogne détentrice d'une appellation pour ses vins blancs, rouges et rosés. On y cultive beaucoup de **gamay** ainsi que du **pinot noir** tandis qu'on fait des vins blancs avec du **chardonnay**.

Mâconnais *nm* ***Mâconnais***
Région viticole du Sud de la Bourgogne produisant surtout des vins rouges (**gamay** et **pinot noir**) mais aussi des vins rosés et des vins blancs (**chardonnay**.) Il existe dans cette région un certain nombre d'appellations communales pour les vins blancs les meilleurs comme **Pouilly-Fuissé** ou **Saint-Véran**.

macroclimat *nm* ***macroclimate***
Climat d'une zone géographique très vaste, allant jusqu'à l'échelle d'un continent. On peut parler d'un macroclimat viticole.

Macvin du Jura *nm* ***macvin***
AOC. Il ne s'agit pas d'un vin qui serait servi par une enseigne de restauration rapide arborant un M doré comme enseigne ! Mais d'un vin de liqueur jurassien fabriqué selon le principe du **ratafia**, c'est-à-dire qu'il est obtenu par adjonction de **marc** au **moût** pour empêcher la fermentation.

Madeleine-Angevine *nf*
Raisin de table français de couleur blanche, planté pour la production de vin en **Angleterre**.

Madère *nm* ***Madeira***
Vin **muté** produit sur l'île de Madère (Portugal.) On ajoute de l'alcool au **moût** fermenté et on le met ensuite dans des ***estufas***, vaste cellier où la température est amenée à 40-46° C pendant six mois. Ensuite, on la laisse retomber progressivement.

madérisation *nf* ***maderization, over-oxidation***
Oxydation des vins blancs qui ont passé leur plénitude et donc perdu leur brillance, leur fraîcheur et leur fruité. Le goût qu'ils acquièrent alors peut évoquer celui du **Madère** mais c'est un défaut pour un vin de Bourgogne.

madérisé *adj* ***maderized, over-oxidised***
Terme de dégustation négatif s'appliquant à un vin oxydé au nez peu expressif et plat en bouche.

Madiran *nm*
AOC. Vin rouge corsé de la Haute Vallée de l'Adour où prédomine le cépage **tannat**, tannique comme son nom le laisse pressentir. C'est pourquoi les dégustateurs locaux disent que le Madiran *"sait porter le béret."*

magasin *nm* ***storehouse, stockroom***
Local où est entreposé le matériel vinaire.

magasin *nm* ***cellar***
Entrepôt où l'on stocke les tonneaux.

magnésium *nm* ***magnesium***
Elément nutritif de la vigne, le magnésium entre dans la composition de la chlorophylle. La carence en magnésie d'un sol se manifeste par un jaunissement du pourtour des feuilles. Le vigneron peut y remédier en apportant du calcaire dolomitique, de la chaux magnésienne ou du sulfate de magnésium dans le sol.

magnifique *adj* ***magnificent***
Comme les mots **somptueux** et **superbe**, ce qualificatif doit être utilisé à bon escient et réservé aux vins qui sont réellement exceptionnels.

magnum *nm* ***magnum***
Grosse bouteille contenant l'équivalent de deux bouteilles ordinaires, soit 1,5 litres. Certains connaisseurs préfèrent les magnums car ils pensent que le vin vieillit mieux dans de plus gros flacons. *Voire bouteille* .

mai (vin de) *nm* ***may wine***
Boisson rafraîchissante allemande faite avec du vin du **Rhin**, des fraises et des feuilles d'aspérule.

maie *nf* ***Press bottom***
Table du pressoir, récipient à fond plat disposé sous le pressoir pour recueillir le vin qui s'écoule.

maigre *adj* ***lean***
Terme de dégustation négatif appliqué à un vin (ou à un cognac) manquant de chair, d'onctuosité, d'agrément. Contraire de **corsé**.

maillet *nm* ***mallet***
Marteau à deux têtes en bois très dur dont se sert le tonnelier ou le vigneron.

Maipo *n*
L'une des meilleures régions viticoles du **Chili**, située dans la vallée centrale. Elle est célèbre pour ses vins rouges vinifiés à partir de cépages français tels que le **cabernet sauvignon** et le **merlot**.

mairain (ou merrain) ***stave-wood***
Planche fendue dans le sens des rayons médullaires et servant à confectionner les **douves** ou douelles de tonneaux.

maïs *nm* ***corn***
Céréale de la famille des graminacées cultivée en Europe et en Amérique pouvant servir à fabriquer le whisky et plus particulièrement le **Bourbon**.

maison de vin *nf* ***wine company, winery***
Entreprise élevant et commercialisant le vin

maître de chais *nm* ***winemaker***
Personne chargée de la vinification et de l'élevage des vins d'un domaine. Ce terme est surtout employé dans le Sud-ouest de la France.

maîtrise *nf* ***mastery, control***
Domination, contrôle. La *maîtrise* de la température pendant la fermentation est cruciale.

maîtriser *v* ***to control, to monitor***
Parvenir à dominer des forces difficilement contrôlables.

maladie *nf* ***disease***
En viticulture, altération de la santé de la vigne ou du vin. Le **mildiou** et l'**oïdium** sont des maladies cryptogamiques de la vigne. La **casse ferrique** et la **casse oxydasique** sont des maladies du vin.

maladie de bouteille *nf* ***bottle sickness***
Indisposition passagère pouvant affecter le vin (ou le cognac) peu après la mise en bouteille. C'est pourquoi un producteur consciencieux ne commercialise pas son vin aussitôt après l'avoir embouteillé.

maladie d'Oléron *nm* ***oleron disease***
Maladie de la vigne d'origine bactérienne se manifestant par l'apparition de taches sur les feuilles et parfois la destruction de l'intérieur des cellules. Cette maladie originaire d'Europe ne sévit plus qu'en Amérique du sud. On pense que son éradication s'est produite avec l'application de traitements cupriques contre le **mildiou** et l'utilisation de sécateurs à la place de serpettes.

maladie de Pierce *nf* ***Pierce's disease***
Maladie **virale** de la vigne d'origine parasitaire se manifestant par le jaunissement des feuilles, le rachitisme des **sarments**, la coloration et le dépérissement des raisins. Comme le **vecteur** de cette maladie est une **cicadelle**, appelée glassy winged sharpshooter, il faut utiliser des insecticides puissants pour lutter contre elle. Cette maladie qui sévit surtout en Californie, épargne certains **hybrides**.

Malaga *n*
Vin de dessert espagnol produit en Andalousie dont le goût rappelle, logiquement, celui du **Xérès**.

malbec *nm* ***malbec***
Cépage bordelais rouge de fort rendement. Ce cépage est aussi cultivé dans la région de Cahors où il donne des vins tanniques de couleur très foncée. Il a été planté dans le nouveau monde et notamment en **Argentine** dont il est devenu le cépage emblématique. Synonyme : **cot**.

Malepère *n*
Voir **Côtes de la Malepère**.

malique *adj* ***malic***
L'*acide malique* est abondant dans les raisins verts mais sa présence diminue avec leur mûrissement. L'adjectif **malique** est parfois employé en dégustation pour qualifier l'arôme de pomme verte assez caractéristique de certains vins jeunes.

malo *nf* ***malolactic fermentation***
Terme familièrement employé par les professionnels du vin pour parler de la **fermentationmalolactique**.

malolactique *adj* ***malolactic***
Processus biochimique au cours duquel l'acide **malique** (dur) se transforme en acide **lactique** (plus souple) sous l'action des bactéries lactiques présentes dans le vin. En général, le vigneron est soulagé quand la fermentationmalolactique est terminée. Comme elle est jugée indispensable dans les régions septentrionales où le vin contient beaucoup d'acide malique, le vigneron peut la stimuler en stockant le vin dans un local relativement "chaud." Synonyme : **fermentation secondaire**.

malt *nm* ***malt***
Orge germée artificiellement, séchée et réduite en farine, utilisée pour fabriquer de la **bière** ou du **whisky**. Il fournit le sucre **fermentescible** qui permettra la production de la bière ou du **wash** pour la distillation. Lorsqu'il est utilisé avec de l'orge non **maltée** ou d'autres grains, il agit comme catalyseur de la décomposition des molécules d'amidon.

maltage *nm* ***malting***
Processus au cours duquel les molécules d'amidon de l'orge ou d'autres grains sont décomposées en sucres **fermentescibles**. Les grains sont d'abord imprégnés d'eau jusqu'à ce qu'ils germent. La germination est interrompue par chauffage des grains. Ce processus se déroule sous l'action de la **diastase**.

malté *adj* ***malted***
Une orge maltée est une orge qui a subi le maltage.

malt liquor *n*
Terme américain appliqué aux **bières blondes** dont la teneur en alcool varie entre 4 et 6 %.

maltose *nm* ***maltose***
Sucre donnant deux molécules de **glucose** par **hydrolyse** de l'amidon au cours du **maltage**.

malt whisky *nm*
Whisky de malt fait dans l'une des 81 distilleries écossaises avec pour seuls ingrédients de l'eau, de l'orge **maltée** et de la **levure**. Le single malt n'est pas élaboré dans un alambic à distillation continue.

malvoisie *nf* ***Malvasia, Malmsey***
Cépage très ancien, originaire de Grèce, donnant en général des vins lourds et doux. On le trouve dans beaucoup de pays européens, surtout l'Italie et l'Espagne mais sa popularité est en déclin. A **Madère**, les Anglais l'ont appelé **Malmsey**. *Attention ! Le mot Malvoisie peut désigner différents cépages !*

Manche (la) *nf* ***Mancha***
Vaste région viticole du centre de l'Espagne, au sud de Madrid, peut-être plus célèbre pour ses moulins et Don Quichotte que pour ses vins. Cependant, le vin de la Manche s'est considérablement amélioré depuis quelques années.

mandarine *nf* ***tangerine, mandarin***
Liqueur belge faite avec des peaux de mandarines macérées dans l'alcool, vendue en France sous le nom de Mandarine Impériale.

mandarine *nf* ***tangerine, mandarin***
Arôme pouvant se révéler lors de la dégustation d'un vin, notamment d'un vin de dessert ou d'un vin **muté**, ou d'un cognac.

mangue *nf* ***mango***
Arôme pouvant se révéler lors de la dégustation d'un vin.

manipulant (négociant--) *nm* ***Champagne maker***
Négociant champenois ne se contentant pas d'acheter des raisins aux vignerons pour les vinifier mais produisant et vendant leurs propres vins. Cette tendance a commencé dans les années 1950.

mannequin *nm* ***wicker basket***
Grand panier à vendange utilisé en Champagne. Synonyme de **caque**.

mannitique (fermentation) *adj* ***mannitic***
Fermentation se produisant lorsque le moût manque d'acidité et que sa température dans la cuve dépasse 35°C. Les bonnes levures sont détruites et remplacées par d'autres. Le vin obtenu se trouble et a une saveur de moisi.

mannité *adj* ***mannitic***
Adjectif appliqué à un vin malade dont le goût de moisi, aigre-doux résulte d'une **fermentation mannitique**.

mannoprotéine *nf* ***mannoprotein***
Matière azotée sécrétée par la **levure** au cours de l'**autolyse**.

manseng *nm* ***manseng***
Cépage blanc lié à la région de Jurançon au Sud-Ouest de la France. Enfait, il existe deux variétés de manseng : le **petit manseng** qui est le principal cépage du vin de dessert **Jurançon** et le **gros manseng** qui peut être assemblé avec le petit manseng, mais qui est plus communément utilisé pour produire du Jurançon sec. Il existe aussi un cépage **manseng noir**.

manteau de cuve *nm* ***jacket***
Régulation de température dans une cuve en inox.

manuel *adj* ***manual, hand-***
Qui se fait avec les mains. Beaucoup d'amateurs de vin sont attachés aux **vendanges manuelles**.

Manzanilla *n*
DO. Type de **Xérès** produit dans la région environnant San Lùcar de Barrameda, au nord de Cadix. Les vins sont en général faits avec 100 % de palomino et les ***finos*** ont un arrière-goût salé. Lorsqu'un *fina* Manzanilla vieillit, il est appelé ***passada***.

Maranges *n pl*
AOC. L'appellation la plus méridionale de la Côte de Beaune. Elle a été créée en 1989 et ses quelque 240 hectares sont répartis entre les villages de Cheilly-les-Maranges, Dezize-les-Maranges et Sampigny-les-Maranges. Les Maranges sont des vins rouges puissants et colorés. On fait aussi un peu de blanc.

marbrure *nf* ***leaf mottle, grapevine fleck***
Maladie virale caractérisée par une mosaïque grave et irrégulière, souvent accompagnée de déformation, nécrose et rabougrissement. Il faut veiller à ce que cette virose n'affecte pas le porte-greffe.

marc *nm* ***pomace***
Résidu constitué par les parties solides du raisin : peaux, pépins et **rafles** dans le cas de vendanges non **éraflées** une fois la pressée finie.

marc *nm* ***brandy, grappa***
Eau-de-vie obtenue par la distillation du **marc** de raisin.

marc de dégorgement *nm* ***low vines***
En Champagne, ce terme désigne les résidus du **dégorgement** lors de l'élaboration de vins effervescents.

marchand *adj* ***marketable***
Denrée qui est à vendre ou qui se vend facilement parce qu'elle n'a pas de défaut. On parle d'un vin marchand.

marchandisage *nm* ***merchandising***
Ensemble des études et des techniques mises en œuvre par les producteurs ou les distributeurs pour assurer dans les magasins une adéquation de l'assortiment et une présentation des produits qui tiennent compte des attentes des consommateurs et des objectifs de vente et de rentabilité des points de vente. Le marchandisage est crucial pour la vente de vins dans les grandes surfaces. L'**étiquette** et la **contre-étiquette** des bouteilles jouent un rôle-clé.

marché *nm* ***market***
Débouché économique.

Marches (les) *nf pl* ***The Marches***
Région de la côte est de l'Italie produisant beaucoup de **verdicchio**, vin blanc sec mais aussi quelques DOC rouges faits principalement à base de **montepulciano** et dans une moindre mesure de **sangiovese**.

Marcillac *n*
AOC. Appellation assez récente réservée aux vins rouges et rosés d'une région viticole située au nord-ouest de Rodez. Le principal cépage cultivé est le **fer-servadou**.

marcottage *nm* ***layering***
Procédé de multiplication végétative de la vigne par lequel une tige aérienne est mise en contact avec le sol et s'y enracine avant d'être séparée du cep. Le **provignage** est une variante du **marcottage**.

marcotte *nf*
Branche tenant encore à la plante mère que l'on couche en terre pour qu'elle prenne racine.

marcotter *v* ***to layer***
Pratiquer le marcottage.

marécage *nm* ***swamp***
Terrain humide et bourbeux. En Bourgogne, un certain nombre de vignes célèbres ont été plantées sur des marécages asséchés par les moines au Moyen-Age.

maréchal Foch *nm*
Bien que le maréchal Foch n'ait pas été un grand amateur de vin, il a donné son nom à un cépage **hybride** rouge (ce que les Français appellent un **plant direct**) encore cultivé au Canada et aux USA.

Margaret River *n*
Incontestablement, l'une des meilleures régions viticoles australiennes, au sud de Perth. Cette région a été la première à mettre en place un système d'appellations d'origine et aujourd'hui, elle produit d'excellents vins à partir de cépages tels que le **cabernet sauvignon**, le **merlot**, la **syrah**, le **chardonnay**, le **sémillon**...

Margaux *n*
AOC. Commune du **Haut-Médoc** célèbre pour ses vins rouges élégants.

Margaux (Château-) *n*
AOC. Premier grand cru classé. L'un des quatre figurant dans le classement de 1855. Célèbre château du **Haut-Médoc** bénéficiant de l'appellation **Premier cru classé**. Vin d'exception vinifié avec 75 % de **cabernet sauvignon**, puissant et élégant.

Marie Brizard *nf*
Liqueur d'anisette française.

marjolaine *nf* ***marjoram***
Arôme pouvant se révéler lors de la dégustation d'un vin.

marketing *nm*
Voir **mercatique**.

Marlborough *n*
Région viticole située au nord-est de l'île du sud, en **Nouvelle Zélande**, près de la ville de Blenheim. Cette région au climat chaud et plus sec que celui du reste du pays, produit essentiellement des vins blancs à partir de cépages comme le **chardonnay**, le **riesling** et le **sauvignon**.

Marmandais
Voir **Côtes du Marmandais**.

marne *nf* ***marl***
Roche sédimentaire calcaire contenant environ 50 % d'argile. Les sols **marneux** de Bourgogne conviennent bien au **chardonnay**.

Marne *nf*
Département français dont la ville principale est Reims et qui peut être considéré comme le berceau du Champagne. La plupart des meilleurs vignobles sont situés dans ce département (**Montagne de Reims**, **Côtes des Blancs**, et une partie de la **Vallée de la Marne**) ainsi que la ville d'**Epernay**.

Maroc *nm* ***Morocco***
Pays d'Afrique du Nord, d'ancienne tradition viticole qui s'efforce de redynamiser sa viti-

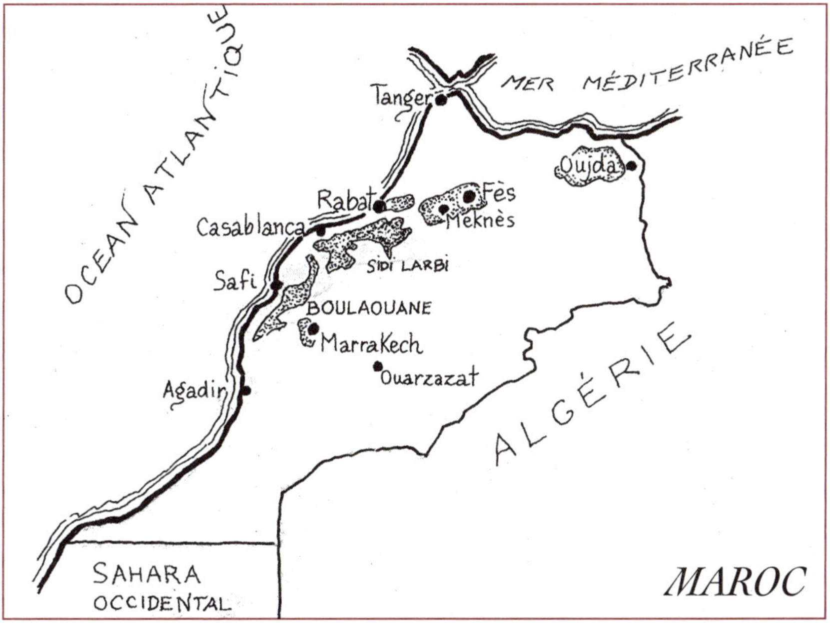

culture. La vigne est cultivée dans la région d'Oudja, à l'est du pays (zones d'appellation : Berkane et Angad,) la région de Meknès-Fès qui fournit les plus gros volumes (appellations Saïs, Beni-Sadden, Guerrouane...) la région du Rharb (Rharb, Zemmour, Zaer) et la région de Casablanca (Zenatta, Sahel, Doukkala.) En 1977, le Maroc s'est doté d'une législation viticole assez stricte. Les vins sont répartis en trois catégories : vins millésimés, vins d'appellation d'origine et garantie(AOG) et vins de table. Les cépages sont des cépages du sud de la France ainsi que des cépages locaux. *Voir carte Afrique du Nord.*

marque *nf* ***brand***
Nom donné soit à l'ensemble des produits d'une entreprise, soit à une gamme de produits, soit à un de ses produits à des fins de communication, d'identification et de différenciation par rapport aux produits concurrents.

marre *nf* ***spade, mattock***
Vieux mot français synonyme de "**bêche**." Les ouvriers vignerons, mécontents de leur sort, protestaient enfaisant tinter leur marre, d'où l'expression "faire du tintamarre."

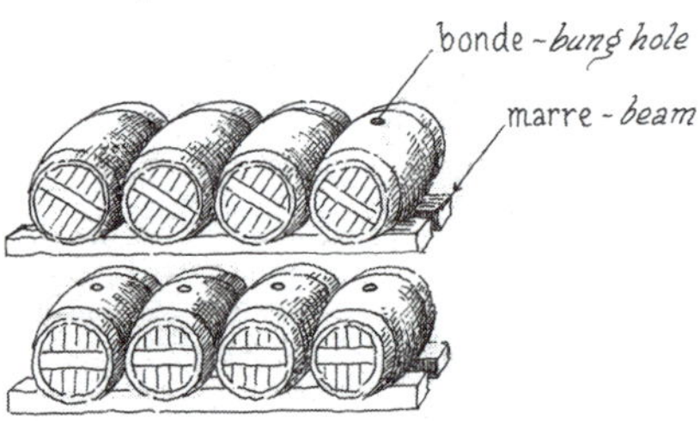

marre *nm* ***beam***
Poutre de bois ou de ciment sur laquelle on aligne les tonneaux pour leur éviter le contact avec le sol. Synonyme : **tin**.

marré *adj* ***stemmy***
Terme de dégustation employé par certains amateurs pour qualifier le caractère de vins rouges ayant cuvé trop longtemps. Synonymes : **goût de grappes**, **goût de rafle**.

mars (bière de —)
Voir **bière de Mars**.

Marsala *nm* ***Marsala***
DOC. Ville située sur l'extrémité ouest de la Sicile qui a donné son nom à la DOC du plus vieux vin **muté** italien. Le **mutage** est effectué après la fermentation complète du vin de base et l'on trouve des Marsala secs, demi-secs ou doux, de couleur jaune ambrée ou rouge.

Marsannay-la-Côte *n*
AOC. Village situé au sud de Dijon qui, si l'on s'en tient à l'histoire et à la géographie, fait partie de la Côte Dijonnaise. Depuis 1987, il bénéficie de deux appellations : AOC Marsannay et AOC Marsannay rosé, l'aire de la première étant incluse dans la seconde. Bien que le village de Marsannay soit traditionnellement associé au rosé, il produit aussi des rouges et des blancs de qualité.

marsanne *nf*
Cépage blanc cultivé surtout dans les **Côtes du Rhône** septentrionales donnant des vins blancs secs et amples, au nez souvent épicé. On rencontre aussi ce cépage en **Suisse** et en **Australie**. *Voir* **roussanne**.

Martini *nm*
Le plus connu des **cocktails**. Il consiste en **gin** sec et un peu de **vermouth**.

Märzen *n*
Bière blonde bavaroise à la couleur d'ambre et à la saveur douce, **maltée** et légèrement houblonnée. Comme son nom l'indique, elle est brassée en mars mais stockée enfûts jusqu'à la fin du mois de septembre.

mas *nm*
Dans le Midi de la France, ce mot signifie "maison" ou "domaine."

Mascara *n*
Région viticole d'Algérie. Vins rouges capiteux, vins blancs et rosés généralement fruités.

mash *nm* ***mash***
Céréale ayant macéré dans l'eau chaude pour faire de la **bière** ou du **whisky**, ce qui permet à l'**amidon** du grain de se transformer en sucre **fermentescible**. L'amidon soluble se transforme en sucre et produit un liquide sucré appelé **wort**, qui sera ensuite fermenté.

masquer *v* ***to mask***
Lors d'une dégustation, il peut arriver qu'un arôme (de chêne par exemple) ou un goût (d'alcool par exemple) soit trop fort et empêche le dégustateur d'apprécier d'autres arômes ou goûts plus délicats.

Master of Wine (MW)
Titre prestigieux décerné par l'Institut Britannique des **Masters of Wine** créé dans les années 1950. Les quelques élus qui obtiennent cette récompense annuelle doivent justifier d'un nombre minimum d'années d'expérience dans le domaine du vin et réussir une série d'examens théoriques et pratiques très difficiles.

matériel certifié *nm* ***clones***
Expression qualifiant les **greffons** de **clones** dont les performances qualitatives ainsi que le comportement végétatif ont été observés sur des vignobles expérimentaux

mathusalem *nm* ***Methuselah***
Grosse bouteille de Champagne d'une contenance de 8 bouteilles, soit 6 litres.

matière colorante *nf* ***colouring motter (GB) coloring matter (US)***
Nom autrefois donnés aux composes **phénoliques** du vin : **anthocyanes** (couleur rouge,) **flavones** (couleur jaune), acides-phénols, tannins condensés (provenant des pépins, des peaux et des rafles) et tannins catéchiques (tannins du chênes).

matière sèche *nf* ***dry matter***

matis *nm* ***press bottom***
Mot bourguignon désignant le récipient à fond plat disposé sous le pressoir pour recueillir le jus qui s'écoule. Synonyme : **maie**.

matrice *nf* ***matrix***

maturation *nf* ***ripening***
Phase de développement du raisin commençant à la **véraison** et se terminant à la **maturité**. Pendant la phase de maturation, le raisin perd de son acidité et se gorge de sucre, d'arômes et de matière colorante.

maturité *nf* ***ripeness, maturity***
Stabilisation de la teneur en sucre et en acide du raisin, lorsque les **baies** contiennent le maximum de sucre et le minimum d'acidité. Le producteur utilise un **mustimètre** ou **réfractomètre** pour mesurer l'évolution du raisin et la richesse en sucre des **moûts**.

mauvaises herbes *nf pl* ***weeds***
Herbes sauvages nuisibles à la vigne contre lesquelles le vigneron doit lutter plus souvent qu'il ne le souhaiterait. Le meilleur moyen de lutte étant la façon.

mauve *adj* ***mauve***
Certains vins rouges jeunes, faits à partir de cépages tels que le **gamay** peuvent avoir des reflets mauves, surtout sur le **disque**.

mauzac *nm* ***mauzac***
cépage qui peut être blanc ou noir même si le blanc est plus connu. Il est cultivé dans la région de **Gaillac** ainsi que dans celle de Limoux où il est appelé **blanquette**.

Mazis-Chambertin *n*
AOC. Appellation grand cru située au sud de **Gevrey-Chambertin**. Superficie de 9 ha.

mazuelo *n*
Nom sous lequel le **carignan** (ou cariñena) est connu dans la **Rioja**, en Espagne.

méchage *nm* ***sulphuring***
Action de faire brûler une **mèche soufrée** dans un tonneau vide afin de l'aseptiser et de prévenir une altération bactérienne et une oxydation du vin.

mèche *nf* ou mèche soufrée *nf* ***wick, sulphur wick***
Toile imprégnée de **soufre** utilisée pour désinfecter les tonneaux.

méchoir *nm* ***sulphur holder***
Ustensile composé d'une pièce de bois obturant le trou de bonde et d'une tige de fer à laquelle on fixe la **mèche soufrée** qui servira à désinfecter les tonneaux.

mécher *v* ***to sulphurize***
Faire brûler dans un tonneau une **mèche soufrée** afin de détruire les ferments et les moisissures.

médaille *nf* ***medal***
La plupart des producteurs de vins et de spiritueux se réjouissent quand des médailles leur sont décernées pour leurs produits.

médecin *adj* ***improver, blending wine***
Vin qui, lorsqu'il est mélangé à un autre, sert à améliorer ce dernier, à corriger ses défauts. Exemple : en Bourgogne, le **pinot-beurrot** était considéré comme un vin médecin pour le **pinot noir** car sa teneur en sucre était supérieure.

Médoc *nm*
Etymologiquement "pays du milieu," bordé par l'Océan Atlantique et l'estuaire de la Gironde. La vigne du Médoc s'épanouit sur des sols graveleux et les cépages de prédilection sont le **cabernet sauvignon**, le **merlot** et le **cabernet franc** qui en font une célèbre région productrice de vins rouges dans le Bordelais. Cette région s'enorgueillit de 5 châteaux classés parmi les premiers grands crus en 1855 et 1973.

meille ou **meigle** *nf* ***mattock, hoe***
Vocable bourguignon désignant une pioche à deux dents dont le vigneron se sert pour effectuer des travaux de piochage dans des terrains caillouteux.

mélanger *v* ***to blend***
Mettre des vins ensemble pour former un tout.

mélanose *nf* ***septoria leaf spot disease***
Maladie *cryptogamique* de la vigne causée par le septoria ampelina et caracractérisée par des petites taches polygonales sur les feuilles.

mélasse *nf* ***molasses***
Résidu sirupeux non cristallisable de la fabrication de sucre de canne cristallisé pouvant être utilisé pour la production de **rhum**.

membrane filtrante *nf*
Mince écran de matériau inerte, percé de pores microcospiques utilisé pour filtrer le vin.

melon *nm* ***melon***
Arôme fruité pouvant se révéler à la dégustation de certains vins blancs secs et même de vins **mutés**. Un demi-melon servi avec un peu de **porto** figure assez souvent comme entrée dans un repas français en été.

melon de Bourgogne *nm* ***melon***
Cépage blanc transplanté de Bourgogne dans le pays **nantais** au début du XVIIIe siècle. Il donne des vins secs dans le **Muscadet** et accompagne idéalement les huîtres et les fruits de mer.

mémoire *nf* ***memory***
L'"outil" du dégustateur.

mémorisation *nf* ***memorization, memorizing***
Action de conserver une information y compris gustative, dans sa mémoire

mémoriser *v* ***to memorize, to remember***
Se rappeler, fixer dans sa mémoire.

Mendocino (Comté de —) *n*
Région viticole de **Californie** au climat relativement frais située au nord de San Francisco. Elle a plusieurs **AVA**, parmi lesquelles Mendocino AVA, Anderson Valley AVA et Redwood Valley AVA.

Mendoza *n*
La plus connue des provinces d'**Argentine** productrices de vin. Deux tiers des vins argentins viennent de cette province qui s'est dotée d'une appellation contrôlée en 1993.

Menetou-Salon *n*
AOC. Petite ville à l'ouest de **Sancerre**, au centre de la vallée de la **Loire**. Les vins de cette appellation peuvent être rouges ou rosés (**pinot noir**) ou blancs (**sauvignon blanc**.)

ménisque *nm* ***meniscus***
En dégustation, le ménisque est la courbe à la surface du vin au bord du verre. La couleur, telle qu'elle est perçue à cet endroit, est un indicateur de la nature du cépage et surtout de l'âge du vin.

menthe *nf* ***mint***
Plante aromatique souvent utilisée pour parfumer les liqueurs.
En outre, des arômes de menthe peuvent se révéler lors de la dégustation de vins rouges aussi bien que blancs.

menthe verte *nf* ***spearmint***
Arôme pouvant se révéler lors de la dégustation d'un vin.

menthol *nm* ***menthol***
Alcool **terpénique** extrait de l'essence de menthe.

mercaptan *nm* ***mercaptan, chicken shit***
Odeur fétide de crotte de poule, d'œuf punais,

de chou éventé, d'ail, d'oignon, de caoutchouc... due à la réaction de l'hydrogène sulfuré avec l'alcool éthylique. L'odeur de mercaptan peut se trouver dans des vins restés trop longtemps **sur lies**.

mercatique *nf* ***marketing***
Ensemble des moyens mis en œuvre pour créer et développer des marchés en s'appuyant sur les besoins des consommateurs comprenant deux façons d'agir complémentaires : la mercatique stratégique (strategic marketing) avec l'analyse des forces et des faiblesses, des opportunités et des menaces, et la mercatique opérationnelle (operational marketing) avec la mise en œuvre d'un plan de marchéage fondé sur quatre axes principaux : le produit, sa distribution, sa promotion et son prix. Beaucoup d'observateurs attribuent la réussite des vins australiens à une bonne mercatique.

merchandising *nm*
Voir **marchandisage**.

Mercurey *n*
AOC. La plus vaste des 4 appellations communales de la **Côte Chalonnaise**, autrefois appelée **Région de Mercurey**. Vins rouges caractérisés par leur corps, leur **mâche**, leur bouquet et leur finesse. Quelques vins blancs ressemblant à ceux de la Côte de Beaune.

mercuriale *nf* ***market price-list***
Liste des prix courants des denrées sur le marché.

mère de vinaigre *nf* ***mother of vinegar***
Pellicule qui se forme à la surface du vinaigre constituée par l'accumulation des **acétobacters**.

merise *nf* ***wild cherry***
Arôme de fruit noir, suret pouvant se révéler à la dégustation d'un vin.

méritage *nm* ***meritage***
Ce terme date de 1981, année où le Los Angeles Times a organisé un concours pour distinguer des **assemblages** de vins exclusivement américains de style Bordeaux. Les maisons de vin qui se recommandent de ce nom doivent être affiliées à la "Meritage Association."

mérithalle *nf* ***internode***
Espace compris entre deux nœuds d'une tige. Synonyme : **entrenœuds**.

merlot *nm* ***merlot***
Cépage originaire du Bordelais à peau épaisse caractérisé par sa rondeur et de sa chair. La combinaison de **cabernet** et de **merlot** donne d'excellents résultats dans le **Médoc**. S'il complémente souvent le **cabernet sauvignon**, il domine dans les **assemblages** de **Saint-Emilion** et de **Pomerol**. N'oublions pas que le **Château-Petrus** est élaboré avec 95 % de merlot ! Ce cépage est devenu l'un des plus populaires au monde pour son fruité remarquable. Il existe aussi un cépage merlot blanc.

merrain (ou **mairrain**) *nm* ***stave-wood***
Planche de chêne fendue dans le sens du fil du bois. Le fait qu'il soit fendu et non scié le rend apte au courbage et lui donne une bonne étanchéité.

merrain fendu *nm* ***split stave-wood***

merrain scié *nm* ***sawn stave-wood***

mescal *nm* ***mescal***
Cactus mexicain utilisé pour la fabrication de la **tequila**. Ce nom est aussi donné à la téquila.

mésoclimat *nm* ***mesoclimate***
Climat local, variation du climat d'une région influencée par la configuration du relief qui détermine les différences d'exposition et de dénivellation.

métabisulfite *nm* ***metabisulphite***
Produit chimique obtenu par évaporation du bisulfite. Il est utilisé sous forme de poudre blanche pour **muter** les vins.

métabolisme *nm* ***metabolism***
Activités cellulaires dues à des transformations moléculaires et des transferts d'énergie. Le métabolisme des **levures** se manifeste par le fait que, pour vivre, les levures ont besoin d'eau, de glucides, de protides et de matières minérales qu'elles trouvent dans le **moût** des vins.

métallique *adj* ***metallic***
Arôme ou goût désagréable pouvant se révéler à la dégustation d'un vin. La cause en est

souvent le contact du vin avec un récipient métallique.

métamorphiques (roches) *adj* ***metamorphic***
Se dit de roches résultant de la transformation, par métamorphisme, de roches sédimentaires.

métamorphisme *nm* ***metamorphism***
Transformation d'une roche sous l'action d'une forte pression et / ou de températures élevées conduisant à la cristallisation de nouveaux minéraux.

metaxa *n*
Eau-de-vie grecque légèrement douce. Elle est aromatisée avec des plantes.

météo *nf* ***meteorology***
Abréviation de "météorologie," service s'occupant de météorologie.

météorologie *nf* ***meteorology***
Etude des phénomènes atmosphériques et de leurs lois, notamment en vue de la prévision du temps.

méthanol *nm* ***methanol***
Alcool extrait des goudrons de bois ou préparé synthétiquement, utilisé comme solvant. Synonyme : alcool méthylique.

méthode champenoise *nf* ***Champagne method***
Méthode utilisée pour l'élaboration de vins effervescents comme le **Champagne**. Elle implique une seconde fermentation en bouteille, provoquée par l'addition d'une **liqueur de tirage** dans le vin. Autrefois, ce terme pouvait s'appliquer au **crémant**, au **cava** et aux **vins effervescents** vinifiés ailleurs qu'en Champagne. Ce terme a été remplacé par ***méthode traditionnelle*** dans l'Union Européenne.

méthode de cuve
Voir **cuve close**.

Méthode dioise *nf* ***méthode dioise***
Variante de la **méthode rurale**. *Voir* **Clairette de Die**.

méthode gaillacoise
Synonyme de **méthode rurale** évitant le **dégorgement**.

méthode rurale *nf* ***rural method***
Méthode utilisée avant la méthode champenoise et ne comportant pas de **fermentation secondaire**. Le vin est embouteillé avant la fin de la fermentation alcoolique et le gaz carbonique est produit dans la bouteille au cours de la phase finale de la fermentation.

méthode traditionnelle
Voir **méthode champenoise**.

méthyle *nm* ***methyl***
Radical monovalent CH3.

méthylène *nm* ***methylene***
Nom commercial de l'alcool méthylique ou esprit de bois. Mélangé à l'acétone, le méthylène est utilisé par la **Régie** pour dénaturer l'alcool éthylique.

méthylique *adj* ***methylic***
Se dit de certains dérivés du méthane, entre autres de l'alcool.

métis *adj* ***cross breed***
Se dit d'un cépage issu du **croisement** de variétés différentes d'une même **espèce**. Le **Müller-Thurgau** est l'exemple type de cépage métis. La mise au point de cépages métis se pratique bien en Suisse et en Allemagne.

mettre en bouteilles *v* ***to bottle***
Lorsque le vin est stabilisé dans le foudre ou le tonneau, qu'il est bien dépouillé de ses **lies**, limpide, sain et sans fermentation, le producteur peut le mettre en bouteilles car il ne demande plus de soins et peut vieillir.

mettre en perce *v* ***to tap a barrel***
Faire un trou dans un tonneau pour y mettre un robinet et pouvoir en vider le contenu.

meunier (pinot)
Voir **pinot meunier**.

Meursault *n*
AOC. Village de la Côte de Beaune célèbre pour ses vins blancs aux arômes d'amande et son moelleux en bouche. Ce village produit aussi des vins rouges élégants.

Mexique *nm* ***Mexico***
Pays d'Amérique du Nord plus connu pour ses alcools : pulque, mescal et **téquila** faits à base de jus d'agave que pour ses vins alors

que sa viticulture a connu son heure de gloire au XVIe siècle. La Basse Californie, la région de Sonora et la région d'Aguas Calentes produisent des raisins qui sont consommés comme raisins de table ou séchés. Les Mexicains sont friands d'eau-de-vie de vin qui n'a plus le droit de s'appeler coñac depuis la seconde guerre mondiale.

micelle *nf*
Microcospique granule de colloïde en suspension provenant d'amas de molécules simples, liées par des liaisons chimiques de faible énergie.

Michigan *nm*
Au sud de cet état des USA, les vignerons américains cultivent des plants **hybrides** (**concord**, **catawba**) et font des vins doux et des vins mousseux.

mi-coteau (à) *adv* ***mid-hill, half way up the hill***
Partie médiane d'une colline, située entre les terres basses où l'eau peut stagner et le sommet couronné de bois humides, ce qui a pour effet d'en faire le lieu le plus propice à une viticulture de qualité.

microbe *nm* ***microbe***
être vivant microscopique, composé d'une seule cellule. Les microbes peuvent altérer un vin et provoquer des maladies **aérobies** telles que la **fleur** et la **piqûre** ou des maladies **anaérobies** telles que la **graisse** et l'**amertume**.

microbien *adj* ***microbic***
Qui a rapport aux microbes. Des altérations microbiennes sont possibles dans le vin.

microbrasserie *nf* ***microbrewery, microbrewing***
Phénomène récent et en expansion, très populaire en Amérique du Nord et dans plusieurs pays d'Europe. Ce concept consiste en une brasserie miniature fondée par un café ou un bar pour subvenir à ses propres besoins. De toute évidence, ce concept accorde beaucoup de place à la créativité et à l'imagination.

microbullage *nm* ***microbullage***
Technique consistant à diffuser des bulles d'air dans le vin pour l'oxygéner.

microclimat *nm* ***microclimate***
Conditions climatiques régnant dans un petit habitat ou une toute petite aire. Les vignes bénéficient d'un microclimat spécifique comprenant des éléments tels que le relief, l'exposition, le profil hydrique...

microfiltration *nf* ***micro-filtration***
Filtration réalisée sur des matières poreuses : les pores microscopiques du filtre arrêtent levures, bactéries et macro-molécules. C'est pourquoi ce type de filtration qui appauvrit le vin n'est pas conseillé pour les vins de qualité !

microcoque *nm* ***micrococus*** *pl* ***micrococi***
Bactérie à corps sphérique dont les individus sont isolés.

micro-organisme *nm* ***micro-organism***
Organisme microscopique.

micro-oxygénation *nf* ***micro-oxigenation***
Technique consistant à apporter de l'oxygène de façon maîtrisée afin de **stabiliser** le vin. Le but recherché est l'assouplissement de l'astringence des tanins et ce n'est pas par hasard que cette technique a été inaugurée avec les vins de **Madiran** !

microporeux *adj* ***microporous***

microvinification *nf* ***microvinification***
Technique caractérisée par la fermentation séparée de **moûts** distincts dans de petits tonneaux. Cette technique donne rarement de bons résultats.

Midi *nm* ***Southern France, the Midi***
Vaste région viticole du Sud de la France comprenant l'Aude, l'Hérault et le Gard.

miel *nm* ***honey***
Arôme floral pouvant se révéler à la dégustation d'un vin riche en sucre et plus particulièrement dans les vins issus de raisins **botrytisés** ; également dans le cognac.

miellé *adj* ***honeyed***
Se dit des arômes de miel d'un vin ou d'un cognac.

mielleux *adj* ***honey-like, honeyed***
Qualificatif appliqué à un vin liquoreux trop riche en sucre.

migrateur, migratrice *adj* ***migratory***
Chez les **nématodes,** ce terme désigne une espèce qui reste immobile à tous les stades à l'intérieur (endoparasite) ou à l'extérieur (ectoparasite) des racines de la plante.

migration *nf* ***migration***
Déplacement d'un organisme, d'une molécule.

mild ale *nf*
Terme générique appliqué aux bières brunes anglaises (**ale**) faiblement alcoolisées (de 3 à 3,5 % d'alcool), peu corsées et à la saveur légèrement douceâtre.

mildiou *nm* ***downy mildew***
Maladie **cryptogamique** de la vigne originaire des USA et apparue en France dans le Gard en 1878.Les champignons (plasmopara viticola) pénètrent à l'intérieur des feuilles et détruisent les cellules du tissu végétal. Les organes atteints brunissent, se dessèchent et tombent. La **bouillie bordelaise** (sulfate de cuivre + soufre) a longtemps été employée pour lutter contre le mildiou.

mildiousé *adj* ***mildewed***
Attaqué par le mildiou.

mile *nm* ***mile***
unité de mesure de distance anglaise équivalant à 1609 mètres.

milieu *nm* ***environment***
Environnement, ensemble des caractéristiques physiques qui influent sur les plantes.

milieu de bouche *nm* ***mid-mouth***
Sensation gustative éprouvée après avoir pris une gorgée de vin.

milk stout *n* ***milk stout***
Type de bière **stout** jadis populaire en Grande Bretagne. La plus célèbre était la Mackeson, qui était brassée à partir d'un **wort** contenant principalement des sucres de lait tels que le lactose. Il n'est plus possible d'utiliser ce terme à des fins commerciales en raison du risque d'erreur dans l'esprit du consommateur.

millefiori *nm* ***millefiori***
Liqueur italienne faite avec des extraits de fleurs alpines.

millerand *adj* ***shot (berries)***
Se dit de grains de raisins petits, affectés par le millerandage.

millerandage *nm* ***millerandage***
Maladie du raisin due à un trouble de la **fécondation**, lorsque le temps est froid ou pluvieux. Les grains millerandés mûrissent mais restent très petits et sans pépins, de sorte que le volume de la récolte est diminué.

millerandé *adj* ***shot (berries)***
Se dit de raisins affectés par le millerandage.

millésime *nm* ***vintage year***
Année de la récolte ayant servi à faire le vin.

millésime *nm* ***year neck label***
Petite étiquette sur laquelle figure l'année du vin. Le millésime est en général apposé sous le **goulot** de la bouteille.

millésimé *adj*
Se dit d'un Champagne élaboré à partir d'un **assemblage** de vins, de cépages et de crus différents, mais provenant strictement de la même récolte. Les *bruts millésimés* sont de grands vins très équilibrés. Seules les grandes années sont millésimées et la décision de produire un Champagne millésimé est prise par le producteur.

Milwaukee *n*
Ville principale de l'état de Wisconsin (USA) considérée comme la capitale US de la bière. Des Allemands exilés après la révolution de 1848 y ont établi des brasseries. Une marque de bière américaine porte le nom de cette ville : *"Old Milwaukee."*

mimosa *nm* ***mimosa***
Arôme floral pouvant se révéler à la dégustation d'un vin.

mince *adj* ***thin***
Se dit d'un vin ou d'un cognac qui manque de **gras**, d'épaisseur en bouche.

minéral *adj* ***mineral***
Arôme de pierre ou de roche pouvant se révéler à la dégustation de vins blancs, notamment ceux de **Chablis** et de certains **sauvignons blancs**. Toutefois, un arrière-goût minéral n'est pas toujours plaisant.

Minervois *nm*
AOC. Région du **Languedoc** au Nord des **Corbières** produisant surtout des vins rouges. Le **carignan** prédomine dans la vinification

des rouges et des rosés. Cette région produit aussi quelques blancs élaborés à partir de **grenache blanc**, **bourboulenc** et **macabeu**. En outre, il existe une minuscule appellation *muscat de Saint-Jean-de-Minervois* réservée aux **VDN**. *Voir Languedoc.*

Minho *n*
Région viticole portugaise située au nord de la vallée du **Douro**. Cette région est le berceau du **vinho verde**.

mirabelle *nf* ***mirabelle***
Eau-de-vie de Lorraine obtenue par la distillation des prunes (mirabelles).

mirer *v* ***to make the visual examination***
Observer l'aspect du vin contenu dans le verre à la lumière.

Mireval *n*
Petite ville au sud-ouest de Montpellier bénéficiant de sa propre appellation : *AOC Muscat de Mireval* pour son **VDN** élaboré à partir du cépage **muscat blanc à petits grains**.

mise, mise en bouteilles *nf* ***bottling***
Action de transférer le vin stocké dans des foudres ou des tonneaux dans des bouteilles.

mis en bouteilles au château *adj* ***châteu-bottled***
Mentionfigurant sur les étiquettes des propriétaires **bordelais** pour garantir l'authenticité de leurs vins.

mis en bouteilles au domaine *adj* ***estate-bottled***
Mention figurant sur les étiquettes pour garantir que le vin a été produit et mis en bouteilles au domaine.

mis en bouteilles à la propriété *adj* ***domaine-bottled***
Mention figurant sur les étiquettes pour garantir que le vin a été produit et mis en bouteilles à la propriété.

mis en bouteilles dans la région d'origine *adj* ***bottled in the producing area***
Mention pouvant figurer sur une étiquette et attestant que le vin a été mis en bouteilles dans sa région de production. Cette mention a été adoptée par les producteurs alsaciens.

mise en casier *nf* ***stacking, binning***
Stockage des bouteilles en les empilant dans des casiers.

mise en jauge *nf* ***heeling in***
Disposition des jeunes **greffes** côte à côte dans une tranchée avant la plantation définitive.

mistelle *nf* ***mistelle***
Breuvage obtenu par addition d'alcool dans un **moût** de raisin avant toute fermentation. L'alcool inhibant le développement des levures empêche la fermentation. Le **pineau des Charente**, le **ratafia**, le **macvin**, le **floc de Gascogne**, la **Carthagène** sont des mistelles.

Mittelrhein *nm*
Très belle région viticole allemande située entre Bingen et Coblence, productrice de vins blancs.

mixtion *nf* ***mixing***
Action de mélanger le **vin de tirage** avec la liqueur et le levain de tirage avant le tirage lors de l'élaboration du Champagne.

modération *nf* ***moderation***
Dans le domaine de la consommation des vins comme pour beaucoup d'autres plaisirs de l'existence, la modération est considérée comme l'attitude la plus sage. Ce terme est souvent cité par l'opinion médicale dans ses conseils de consommation.

modéré *adj* ***moderate***
Qui n'est point exagéré, mesuré.

moëlleux *nm* ***mellowness***
Un des éléments de l'équilibre d'un vin. Ce terme s'oppose à l'astringence et à l'acidité.

moëlleux *adj* ***smooth***
1- A la dégustation, un vin est qualifié de moelleux quand il a atteint son *apogée*, qu'il est onctueux, flatteur, velouté. 2- Ce qualificatif est aussi employé pour désigner les vins à saveur sucrée, de style demi-sec, contenant une quantité de sucre supérieure à 20 grammes par litre.3- Dans le Val de Loire, un vin-moelleux est un vin **botrytisé**, tout à fait doux.

Moët et Chandon *n*
La plus importante des maisons de Champagne en ce qui concerne les volumes. Cette maison établie à Epernay qui fait aujourd'hui partie du groupe **LVMH** a été fondée en 1743. Elle est propriétaire de l'abbaye de **Hautvillers** et produit le prestigieux Champagne **Dom Pérignon**.

moiré *adj* ***shimmering***
Qualificatif appliqué à un vin qui présente des reflets multiples et changeants et dont la **robe**, de ce fait, fait penser à la moire.

moisi *adj* ***mouldy***
Arôme et / ou goût déplaisant(s) pouvant se révéler à la dégustation d'un vin ou d'un cognac provenant d'une cuve ou d'un tonneau dans lequel la moisissure gîtait sous le **tartre**.

moisissure *nf* ***mould***
Nom général donné à des champignons de très petite taille pouvant se nicher dans le bois et donner de mauvaises odeurs au vin ou au cognac. C'est pourquoi l'hygiène revêt une importance primordiale. Comme l'entretien du bois est très délicat, les vinificateurs préfèrent le matériel vinaire en acier inoxydable.

moka *nm* ***mocha coffee***
Arôme de café très parfumé pouvant se révéler à la dégustation d'un vin.

molasse *nf* ***molasse***
Roche sédimentaire détritique pouvant atteindre une certaine épaisseur, composée de limons, de grès ou de conglomérats, déposée sur le pourtour d'une zone montagneuse.

Moldavie *nf* ***Moldova***
Ce pays de l'ex-URSS est constitué par l'ancienne province roumaine de Bessarabie qui a connu son heure de gloire dans le domaine de la viticulture. Après la baisse qualitative due aux méthodes collectivistes, le vignoble moldave renaît de ses cendres. Ce pays qui bénéficie d'excellentes conditions climatiques a un grand potentiel viticole. L'arrivée d'investisseurs et de consultants étrangers a donné une nouvelle impulsion à la viticulture moldave qui commence à exporter ses vins rouges (**cabernet sauvignon**, **gamay**, **pinot**) blancs (**riesling**, **aligoté**, **traminer**) et **effervescents**.

Molière *n*
Le plus grand écrivain français (1622-1673) était amateur de vin. Il a découvert le vin du Midi lors de ses séjours à Pézenas avec *"l'Illustre Théâtre."* Les cérémonies d'intronisation de Monsieur Jourdain comme mamamouchi et d'Argan comme médecin ont servi d'inspiration au rituel des **confréries** vineuses.

mollesse *nf* ***flabbiness***
Caractéristique d'un vin pâteux et manquant d'acidité et de fermeté au contact avec la langue.

monastrell *nm* ***monastrell, mourvèdre***
Cépage rouge très répandu en Espagne car il se plaît dans les régions chaudes. On le trouve assez fréquemment dans le Midi de la France où il est connu sous le nom de **mourvèdre**.

Monbazillac *n*
AOC. Vin blanc **moelleux** produit dans la région de Bergerac. Les vins de Monbazillac sont vinifiés à la manière de ceux de **Sauternes**, à partir des mêmes cépages : **sémillon**, **sauvignon blanc** et **muscadelle** mais ils se vendent bien-moins cher que ceux de leurs prestigieux voisins situés plus à l'ouest.

Mondavi, Robert *n*
L'un des personnages de la viticulture californienne les plus connus. Il a fondé sa maison de vins à Oakville dans la vallée de **Napa** en 1966. Il est également le co-producteur (avec le baron Philippe de Rothschild) du vin Opus One.

mondeuse *nf* ***mondeuse***
Cépage cultivé en Savoie et donnant des vins colorés, riches en acidité et épicés qui accompagnent idéalement la robuste cuisine montagnarde de **Savoie**. On trouve aussi ce cépage dans le **Frioul**, en Italie, où il est connu sous le nom de refosco. En outre, il existe une mondeuse blanche.

monocarboxylique *adj* ***monocarboxylic***

monochrome *adj* ***monochromatic***
Terme pouvant être employé à la dégustation : d'une seule couleur.

monopole *nm* ***monopoly***
Mention pouvant figurer sur une étiquette pour signaler que le vin est produit par un seul propriétaire ou distribué par un seul **négociant**.

Montagne de Reims *nf*
L'une des régions viticoles de Champagne. On y cultive surtout le **pinot noir** et les vins de cette région forment l'ossature des cuvées standard des grandes maisons de Champagne.

Montagne Saint-Emilion *nf*
AOC. Cette région est souvent décrite comme un des satellites de Saint-Emilion et ses vignes sont au nord de ce village prestigieux. Quelques uns des vins vinifiés à partir du **cabernet sauvignon**, du **cabernet franc** et du **merlot** offrent un bon rapport qualité/prix.

Montagny *n*
AOC. L'une des quatre appellations communales de la **Côte Chalonnaise**. L'AOC ne s'applique qu'aux vins blancs faits avec le cépage **chardonnay**. Il est à noter que cette appellation comporte une grande majorité de premiers crus.

montant *nm* ***aromatic persistency***
Persistance du développement des arômes dans le verre de cognac (élément de la qualité).

montepulciano (d'Abruzzo) *nm* ***montepulciano d'Abruzzo***
Originaire de **Toscane**, le montepulciano est un cépage rouge assez répandu en Italie même s'il est surtout associé aux **Abruzzes**. Il ne faut pas le confondre avec le Vino Nobile di Montepulciano, qui est vinifié principalement à partir de **sangiovese**.

Monthélie *n*
AOC. Village situé entre **Volnay** et **Meursault**, avec sa propre appellation pour les vins rouges et les vins blancs, bien qu'on y produise plus de rouges que de blancs. Les vins de ce village de la **Côte de Beaune** offrent en général un assez bon rapport qualité/prix.

monticule *nm* ***hillock***
Petit mont, colline.

Montilla-Moriles *n*
DO. Vin de style **Xérès** non **muté** provenant des vignobles au sud de Cordoue. Il est naturellement très fort et très sec. Un excellent vin à boire avec des tapas.

Montlouis *n*
AOC. Petite appellation peu connue de la ville de Montlouis-sur-Loire, à l'est de Tours. Comme **Vouvray**, sa célèbre voisine sur l'autre rive du fleuve, les vins blancs de Montlouis peuvent être secs, demi-secs ou **moelleux** et même **pétillants**.

Montmartre *n*
Vigne parisienne établie vers 1150 par l'abbesse du couvent de Montmartre. Sous le second empire, l'urbanisation parisienne chassa ce vignoble qui revit le jour en 1935. Sa superficie est aujourd'hui de 1500 m^2, il est planté en **gamay** et en **pinot**, les vendanges sont effectuées par des célébrités du monde du spectacle et le vin est vendu au bénéfice d'œuvres sociales, ce qui explique sans doute son prix élevé.

Montpellier *n*
Chef-lieu de l'Hérault, important département viticole français. L'Université de Montpellier offre un enseignement de pointe dans les domaines de la viticulture et de l'œnologie. Il existe aussi une école nationale supérieure d'agriculture célèbre, dans cette ville.

Montrachet *nm*
AOC. Etymologiquement "mont rachitique," colline sans beaucoup de végétation. Grand cru blanc de la **Côte de Beaune** qui, selon Alexandre Dumas, doit être bu *"à genoux et tête découverte"*.

Montravel *n*
AOC. L'une des trois appellations de la région viticole de Bergerac, au sud-ouest de la France. L'AOC Montravel est réservée aux vins blancs secs faits à partir des cépages **sémillon**, **sauvignon** et **muscadelle**. Les vins portant les AOC Côtes de Montravel et Haut-Montravel sont des vins **moelleux**.

moonshine *nm* ***moonshine***
Alcool distillé illégalement, "au clair de lune." Le moonshine est souvent associé avec les Appalaches, région de tradition **prohibitionniste**.

montre *nf* ***bunch setting***
Apparition des grappes avant la **floraison**.

moraine *nf* ***moraine***
Amas de cailloux, de pierres, de graviers et de sable arrachés aux flancs des vallées par les glaciers.

Moravie *nf* ***Moravia***
Région de la République Tchèque à l'est de la Bohême dont la tradition **brassicole** remonte à plusieurs siècles.

mordant *adj* ***pungent, biting***
Qualificatif employé pour désigner un vin vif, ayant beaucoup d'acidité.

mordoré *adj* ***bronze-color***
Qualificatif employé pour un vin à la **robe** d'un brun chaud, à reflets dorés.

Morey-Saint-Denis *n*
AOC. Village de la **Côte de Nuits**, au sud de **Gevrey-Chambertin** produisant des vins rouges à partir du cépage **pinot noir**. Ce village s'enorgueillit d'excellents grands crus : **Clos de la Roche**, **Clos Saint-Denis**, **Clos des Lambrays**, **Clos de Tart** ainsi qu'une partie des **Bonnes Mares**.

morsure *nf* ***bite***
Grande vivacité d'un vin due à son acidité ou son **astringence**.

Morgon *n*
AOC. L'un des dix crus du Beaujolais, robuste et charnu.

morgonner *v* ***to "morgon"***
Terme utilisé par les vignerons de Morgon pour caractériser leurs vins. Morgonner signifie avoir une belle couleur grenat foncé, avoir de la chair, s'exprimer de façon généreuse.

morgons *nm pl* ***morgons***
schistes pyriteux désagrégés sur lesquels le vignoble de Morgon est planté. On les désigne aussi sous le nom de "roches pourries."

Moselle *nf* ***Moselle***
Région viticole allemande de **Mosel-Saar-Ruwer**, productrice de vins blancs. La partie située le long de la Moselle entre Trèves et Coblence est très belle. La Moselle française, quant à elle, produit des VDQS.

mort *nf* ***death***
Perte des qualités gustatives d'un vin trop vieux.

mort *adj* ***dead***
Se dit d'un vin trop vieux qui a perdu ses qualités gustatives.

Mort Subite (la) *nf*
Nom effrayant de prime abord ! Ce nom est porté par un café de Bruxelles populaire chez les amateurs de bière et une marque de **lambic**s et de **gueuze**s brassées dans la capitale de la Belgique.

mosaïque du vignoble *nf* ***patchwork of vineyards***
Ensemble formé par des vignobles morcelés, aux **terroirs** disparates. Cette expression est souvent appliquée à la **Bourgogne**, région de petites propriétés et d'une grande diversité géologique.

moscatel *nm*
Synonyme espagnol du cépage **muscat**.

Moscato *nm*
Synonyme italien du cépage **muscat**.

Mosel-Saar-Ruwer *n*
Région viticole allemande composée des vallées de la Moselle et de deux de ses affluents : la Sarre et la Ruwer. Cette région est renommée pour ses **rieslings** élégants qui figurent parmi les meilleurs d'Allemagne.

Moselle *nf*
Fleuve qui prend sa source dans l'est de la France, arrose le département du même nom, traverse le Luxembourg et se jette dans le Rhin à Coblence. Des vignobles sont établis le long de sa vallée mais les meilleurs vins sont produits en Allemagne. *Voir* **Mosel-Saar-Ruwer**.

motoculteur *nm* ***cultivator***
Machine automotrice, conduite à l'aide de mancherons, utilisée pour le travail de petites parcelles ou de vignes plantées sur des coteaux escarpés.

motoculture *nf* ***motorized cultivation***
Utilisation du moteur dans la viticulture.

motopompe *nf* ***motor-pump***
Pompe actionnée par un moteur.

motorisation *nf* ***motorization***
Utilisation de moyens mécaniques en viticulture.

motoriser *v* ***to motorize***
Pourvoir de moyens mécaniques.

motte de terre *nf* ***clod***
Morceau de terre compacte détaché par la charrue.

mou *adj* ***flabby, spineless***
Se dit d'un vin ou d'un cognac sans corps ni consistance et manquant d'acidité.

mouche du vinaigre *nf* ***fruit fly***
Nom sous lequel les vignerons désignent communément la **drosophile**, insecte de l'ordre des diptères. A l'époque des vendanges, les mouches du vinaigre volètent en grand nombre au-dessus des cuves en fermentation.

mouillable *adj* ***wettable***
Se dit d'un solide ayant la propriété de pouvoir être mouillé par un liquide. Les vignerons ont utilisé du **soufre mouillable** pour lutter contre l'**oïdium**.

mouillage *nm* ***fraudulent addition of water***
Action d'ajouter de l'eau aux boissons alcooliques à des fins frauduleuses.

Moulin-à-Vent *n*
AOC, l'un des dix crus du Beaujolais. Au XVe siècle, le moulin à vent qui a donné son nom à l'appellation avait été construit à Romanèche-Thorins sur le modèle de ceux que les croisés avaient vus en Palestine. Vin assez corsé, élégant et charnu.

Moulis *n*
AOC. Appellation **communale** du **Médoc**, au nord-ouest de **Margaux**. Terroir diversifié donnant des vins rouges bouquetés tantôt **charnus**, tantôt robustes mais cette appellation ne comprend aucun grand cru classé. Son vin le plus célèbre est sans doute celui du **Château Chasse-Spleen**.

mourvèdre *nm* ***mourvèdre***
Cépage rouge d'origine espagnole introduit en Provence au XVIe siècle donnant des vins alcooliques, colorés et riches en tanins. Il est cultivé en France dans la région de **Bandol** et on le trouve aussi en **Californie** et en **Australie** où il est connu sous le nom de mataro. *Voir aussi* **monastrell**.

mousse *nf* ***moss***
Arôme végétal pouvant se révéler à la dégustation de vins, y compris les grands **Chablis**. On peut aussi trouver cet arôme dans des vins rouges évolués.

mousse *nf* ***froth, foam***
1- Ecume se formant à la surface de la bière ou du cidre. 2- Effervescence d'un vin mousseux. Une mousse de bonne qualité se caractérise par des bulles fines et persistantes.

mousser *v* ***to sparkle***
Produire de la mousse. Le Champagne mousse.

mousseux *adj* ***sparkling***
Vin rendu effervescent par la présence de gaz carbonique dans la bouteille. Terme générique qui a pris une connotation un peu péjorative, si bien que les vins effervescents français les meilleurs, vinifiés selon la **méthode traditionnelle** sont aujourd'hui désignés officiellement sous le nom de **crémants**.

mousseux gazéifié *nm* ***carbonated sparkling wine***
Vin de table auquel on a rajouté du gaz carbonique, de sorte que la mousse n'est pas obtenue par la fermentation du vin.

moustillant *adj* ***moustillant***
Caractéristique d'un vin doux qui picote en début de fermentation.

moût *nm* ***must***
Jus obtenu par le **foulage** ou le **pressurage** du raisin. Ce terme s'applique a du jus non encore fermenté ou en cours de fermentation.

moût *nm* ***wort***
Lors de la distillation du whisky, liquide obtenu à l'issue du processus au cours duquel le **malt concassé**, (appelé **grist** en anglais) est mélangé avec de l'eau. Le **moût** est fermenté pour produire le **wash**, liquide qui, une fois distillé, donnera du whisky.

moût concentré *nm* ***concentrated must***
Moût partiellement déshydraté par évaporation à chaud, sous vide, opération qui entraîne une concentration des sucres. Les moûts concentrés servent à augmenter le degré alcoolique du vin rouge et à édulcorer les vins blancs.

moût concentré rectifié (MCR) *nm* ***rectified concentrated must***
Moût concentré de raisins traditionnels débarrassés de leurs composants autre que le sucre. Les moûts concentrés font l'objet d'un règlement de l'Union européenne.

moût concentré rectifié extra-neutre (MCREN) *nm* ***extra-neutral rectified concentrated must***
Moût concentré rectifié déminéralisé par passage sur des résines d'échangeurs d'ions.

moût de goutte *nm* ***free run must***
Moût de raisin obtenu par **écoulage**.

moût de presse *nm* ***must from pressing***
Moût de raisin obtenu par **pressurage**.

moutarde *nf* ***mustard***
Arôme pouvant se révéler à la dégustation d'un vin. En outre, la moutarde peut être considérée comme un sous-produit historique du vin en Bourgogne puisqu'on la faisait avec des grains de moutarde et des **verjus** (raisins verts.) Beaucoup de villages bourguignons avaient leur moutarderie.

Mouton-Rothschild (Château-) *n*
AOC. Lors du classement de 1855, cet excellent vin ne figurait pas parmi les premiers grands crus classés. Aussi, Nathanaël de Rothschild, mortifié, adopta-t-il la fière devise : *Premier ne suis / Second ne daigne, / Mouton suis.* Depuis, ce château s'est rattrapé grâce à une exemplaire politique de qualité. Le Premier grand cru classé Mouton-Rothschild, produit sur la commune de **Pauillac** dans le **Haut-Médoc** avec 85 % de **cabernet sauvignon** est un vin rouge corsé, puissant et charnu. Un soin tout particulier est apporté à la conception de l'étiquette. Chaque année, un artiste réputé la dessine. Picasso, Dali, Miro et Chagall ont apporté leur contribution…

moyen *adj* ***medium quality***
De qualité intermédiaire. Lors d'une dégustation, qualificatif utile pour décrire des impressions et des sensations.

mucilage *nm* ***mucilage***
Substance **colloïdale** de consistance visqueuse présente dans les raisins, surtout ceux qui proviennent de vendanges pourries.

muguet *nm* ***lily-of-the-valley***
Arôme floral pouvant se révéler à la dégustation d'un vin.

muid *nm* ***big wooden cask***
Grosse futaille de capacité variable selon les provinces de France.

mulch *nm* ***mulch***
Morceaux d'écorce de pin et de paille mis dans les rangs de vigne pour accroître l'activité microbienne du sol et limiter les risques d'érosion.

Mull n
Ile au large de la Côte ouest de l'Ecosse où se trouve la distillerie du malt whisky **Tobermory**.

Müller-Thurgau *nm* ***Müller-Thurgau***
Cépage issu d'un **croisement** entre le **riesling** et le **sylvaner** produisant des vins de couleur pâle, agréables au goût. Il est beaucoup cultivé en **Rheinhessen** (Allemagne).

multiplication végétative *nf* ***propagation***
Multiplication à l'identique par **provignage**, **greffage** ou culture **in vitro**.

Mumm *n*
Célèbre maison de Champagne fondée à Reims en 1827 par les fils d'un négociant en vins de Cologne en Allemagne. L'étiquette de son **Champagne Cordon Rouge** avec le dessin du cordon de la légion d'honneur, est connue dans le monde entier.

Münchner Dunkel *n*
Bière à la robe foncée, aux arômes et au goût **maltés**, pas trop **houblonnée**, bien équilibrée, ni lourde, ni amère.

Münchner Helles *n*
Bière blonde münichoise à la douceur **maltée** et discrètement amère.

Münich *n*
En allemand "München." La capitale de la Bavière est souvent considérée comme la capitale de la bière allemande. On y trouve beaucoup de brasseries artisanales et chaque automne s'y déroule le festival de la bière (**Oktoberfest**.)

Munson, T.V. *n*
Horticulteur américain (1843-1913) qui s'établit à Denison au Texas où il s'adonna à la classification des cépages connus et la mise au point de nouveaux cépages. Il a contribué à triompher de la crise phylloxérique française en **greffant** des cépages français sur des **porte-greffes** américains.

mûr *adj* ***ripe***
Se dit de fruits complètement développés, prêts à être cueillis.

mûr *adj* ***mature, matured***
Appliqué à la dégustation, ce qualificatif est le contraire de "vert." Il signifie qu'un vin est arrivé à un âge optimum pour être apprécié à sa juste valeur.

mûre *nf* ***blackberry***
Arôme fruité pouvant se révéler à la dégustation d'un vin rouge, surtout en Bourgogne.

Murfatlar *n*
Région viticole située à l'est de la Roumanie sur la côte de la mer Noire. Elle est connue pour ses vins blancs et notamment ses remarquables vins de **vendanges tardives**.

mûrir *v* ***to ripen, to mature, to come to maturity***
Devenir mûr. Les raisins mûrissent en automne.

mûrissement *nm* ***maturing***
Etape intermédiaire de la vie d'un vin entre la jeunesse et le vieillissement. Au cours de cette étape, le vin acquiert de la complexité.

musc *nm* ***musc***
Arôme animal pouvant se révéler à la dégustation d'un vin rouge. Cet arôme accompagne souvent les arômes de truffe dans les grands vins rouges.

muscadelle *nf* ***muscadelle***
Cépage blanc cultivé surtout en Gironde et en Dordogne donnant des vins souvent très doux aux arômes marqués rappelant un peu, de façon discrète, ceux du **muscat**. Dans le Bordelais, la muscadelle est souvent assemblée avec le **sémillon** et le **sauvignon blanc**.

muscade *nf* ***nutmeg***
Arôme pouvant se révéler à la dégustation d'un vin, notamment d'un vieux vin des **Côtes du Rhône**, du **Roussillon** ou d'**Espagne**.

Muscadet *n*
Vin blanc d'appellation contrôlée produit dans le pays **nantais** à partir du **melon de Bourgogne**. C'est un vin vif et aromatique.

muscadine *nf* ***muscadine***
Sous-genre de vigne que l'on trouve dans la région du golfe du Mexique mais la muscadine n'est pas cultivée à des fins commerciales. C'est une variété de l'espèce **vitis rotundifolia** appelée scuppernong qui jadis était vinifiée.

muscat *nm* ***muscat***
Famille de cépages dont le plus connu est le **muscat blanc à petits grains**. Ils sont à l'origine de nombreux vins **moelleux** ou doux élaborés dans presque toutes les régions du monde, avec de très bons résultats dans l'état de **Victoria** (Australie) mais l'**Alsace** produit des muscats secs. Le muscat est le cépage à recommander aux non initiés qui manquent de patience et s'exclament : "pourquoi le vin n'a-t-il donc pas le goût de raisin ?" En effet, le muscat a toujours le goût caractéristique de raisins frais. Les principales variétés de muscat sont : le muscat blanc à petits grains, le muscat d'Alexandrie qui ne l'égale

pas mais qui est utilisé pour les vins de liqueur, le muscat Ottonel maintenant présent en Alsace et le muscat de Hambourg, de couleur noire et utilisé surtout comme raisin de table.

muscaté *adj* ***muscat-flavoured (GB) muscat-flavored (US)***
Nuance olfactive s'appliquant surtout aux vins issus du cépage **muscat**.

muscatel *nm* ***muscatel***
Vin fait à partir du cépage **muscat**.

musclé *adj* ***strong, brawny***
Se dit d'un vin (ou d'un cognac) puissant, alcoolique mais restant, malgré tout, équilibré.

muselet *nm* ***wire-cap***
Armature de fil de fer qui maintient le bouchon des bouteilles de vin effervescent.

Musigny *n*
AOC. Superficie : 10,70 hectares. Célèbre grand cru rouge de la **Côte de Nuits** caractérisé par sa souplesse, son corps et sa distinction. Il existe une petite production de Musigny blanc (moins de 5 %) mais elle est encore plus chère et plus difficile à trouver que le rouge.

musqué *adj* ***musky***
Qui a l'odeur animal du musc, forte et pénétrante, évoquant aussi la senteur de certaines roses.

mustimètre *nm* ***mustimeter***
Appareil servant à mesurer la richesse en sucre des **moûts**. Synonymes : **réfractomètre**, *saccharomètre.*

mutage *nm* ***fortification, addition of pure alcohol, mutage***
Adjonction d'alcool au vin ou au jus de raisin-frais. Le mutage des **vins de liqueur** et des **mistelles** est réalisé avant la fermentation tandis que le mutage des **vins doux naturels** est réalisé en cours de fermentation et celui du **Xérès** après la fermentation.

muter *v* ***to fortify***
Action d'ajouter de l'alcool au vin ou au jus de raisin frais. Ce terme signifie littéralement "rendre le moût muet"puisque l'alcool inhibe les **levures** et que la fermentation s'arrête. On peut aussi rendre une cuve muette par addition de **SO_2**.

mycoderma aceti *nf* ***mycoderma aceti***
Bactérie aussi appelée **acetobacter** rendant le vin aigre ou le transformant en vinaigre.

mycoderma vini *nf* ***mycoderma vini***
Bactérie responsable de la formation d'une pellicule sur des vins comme ceux de **Xérès** ou le **vin jaune** du Jura.

mycoderme *nm* ***mycoderma***
Levure se développant à la surface des boissons fermentées ou sucrées.

myrtille *nf* ***blueberry, huckleberry***
Arôme pouvant se révéler à la dégustation d'un vin.

N

Nabuchodonosor *nm* ***Nebuchadnezzar***
Grosse bouteille de Champagne d'une contenance de 20 bouteilles, soit 15 litres.

nacré *adj* ***nacre***
Se dit d'un vin qui a l'apparence, le miroitement irisé de la nacre.

Nahe *nf*
Région viticole allemande située dans la vallée de la Nahe, qui se jette dans le **Rhin** à Bingen. Le microclimat de cette région permet la production de quelques vins très élégants.

Nantais, (Pays) *nm*
Le Pays Nantais est une région située sur les deux rives de la Loire, autour de la ville de Nantes, près de l'Océan Atlantique. C'est là que sont produits le **Muscadet** (AOC) et le **Gros-Plant du Pays Nantais** (VDQS), qui sont tous deux des vins blancs secs et assez acides. Ils constituent un accompagnement idéal pour les huîtres et les fruits de mer.

Napa *n*
AVA. Région viticole de la Californie située au nord de la baie de San Francisco. Elle est incontestablement la région la plus connue des USA. Elle tire son nom d'un cours d'eau appelé Napa et il existe un comté et une ville qui portent aussi ce nom. La vallée qui s'étire du nord au sud, est encépagée en **cabernet sauvignon** mais on trouve aussi fréquemment des vignes plantées en **merlot**, **syrah** et **zinfandel** pour les rouges, en **chardonnay** et en **sauvignon blanc** pour les blancs. La vallée de Napa fournit quelques uns des meilleurs vins américains. → *p. 349.*

Napoléon *nm*
Qu'il s'agisse de **Cognac**, d'**Armagnac** ou même de **Calvados**, une eau-de-vie portant l'étiquette "Napoléon" a vieilli pendant au moins cinq ou six ans.

nappe phréatique *nf* ***ground water, water table***
Nappe d'eau souterraine formée par l'infiltration des eaux de pluie et alimentant des sources. Les nappes phréatiques sont menacées de pollution par l'application de **pesticides** et d'**herbicides** dans les vignes.

narine *nf* ***nostril***
Chacune des deux ouvertures du nez. Le dégustateur hume les arômes du vin avec ses narines.

nature *adj* ***natural wine***
L'expression *"vin nature"* s'applique à un vin auquel on n'a pas ajouté de sucre. En Champagne, elle désigne le vin **tranquille**, c'est-à-dire non **champagnisé** de la région.

nauséabond *adj* ***foul-smelling***
Littéralement : qui cause des nausées. Cet adjectif s'applique à des odeurs écoeurantes, dégoûtantes.

Navarre *nf* ***Navarra***
Région viticole du nord-est de l'Espagne qui est restée longtemps dans l'ombre de la **Rioja**, sa voisine plus prestigieuse. Au cours des vingt dernières années, elle a beaucoup progressé grâce à l'introduction de cépages étrangers. Toutefois, des vins traditionnels élaborés à partir du cépage **tempranillo** côtoient des **cabernet sauvignon**. Les vins blancs sont élaborés à partir de garnacha blanca mais aussi d'autres cépages dont le **chardonnay**. → *p. 100.*

navet *nm* ***turnip***
Arôme végétal pouvant se révéler à la dégustation d'un vin.

nebbiolo *nm* ***nebbiolo***
L'un des meilleurs cépages rouges italiens qui donne le meilleur de lui-même dans le **Piémont**. Le nebbiolo s'exprime très bien dans les vins fermes, intenses et puissants de **Barolo** et de **Barbaresco**.

nécrose *nf* ***necrosis***
Mortification, gangrène d'un tissu végétal.

nectar *nm* ***nectar***
Dans l'Antiquité, ce terme désignait la boisson des dieux. Aujourd'hui, il est synonyme de vin d'une qualité exceptionnelle.

négoce *nm* ***trade, wine merchants***
Commerce du vin et des alcools à une échelle assez importante. Le négoce signifie aussi les négociants, comme dans la phrase : le négoce a ralenti ses achats de vin à la propriété.

négociant ***wine merchant, shipper, négociant***
Grossiste achetant les vins et alcools de petits producteurs ou de coopératives et les revendant sous sa marque à des distributeurs ou des clients sur le marché national ou à l'étranger. Les négociants en vins sont apparus en France dès le début du XVIIIe Siècle et ont contribué à l'essor économique du pays.

négociant-éleveur *nm* ***wine merchant maturer***
Négociant achetant des raisins, des moûts ou des vins très jeunes aux producteurs pour en assurer l'**élevage**, la mise en bouteilles et la commercialisation.

négrette *nf* ***negrette***
Cépage rouge fertile et de qualité, cultivé surtout dans les **Côtes du Frontonnais** près de Toulouse.

nématodes *m pl* ***nematodes, eelworms***
Petits vers microscopiques, filiformes, **vecteurs** de virus s'attaquant aux racines de la vigne. Le **court-noué** est une maladie virale transmise par les nématodes. On lutte contre les nématodes en désinfectant le sol avec des **fumigants**.

nerveux *adj* ***sinewy, nervous, nervy***
Se dit d'un vin ferme, ayant de la vigueur, et un niveau d'acidité soutenu mais sans excès. Ce qualificatif est souvent appliqué aux vins blancs et aux cognacs.

nervosité *nf* ***nervousness***
Fermeté et vigueur d'un vin au goût net et ayant une **acidité fixe** élevée mais sans excès. Ce terme s'emploie le plus souvent à propos des vins blancs.

nervure *nf* ***rib***
Filet creux, souvent ramifié et saillant, sur le limbe d'une feuille, par où passe la **sève**.

net *adj* ***neat, clean***
Se dit d'un vin rafraîchissant et agréable, sans faux goût. Synonyme : **franc** ; également employé pour un cognac.

netteté *nf* ***neatness***
Qualité d'un vin *franc*, agréable, exempt de mauvais goûts ; également employé pour un cognac.

neutre *adj* ***neutral***
Se dit d'un vin sans caractère, n'ayant aucun goût particulier ; également employé pour un cognac.

neutre (alcool) ***neutral***
Alcool exempt de goût étranger à la matière première. L'alcool neutre titre 96 % en volume. *Voir* **rectifié**.

neutre (cépage --) *adj*
Voir **cépage neutre**.

nez *nm* ***nose, smell***
Mot synonyme d'odeur. Ce terme s'applique au bouquet du vin perçu par les voies nasales. On parle de *premier nez*, c'est-à-dire première impression olfactive, de *second nez* si les arômes évoluent dans le verre, de *nez épicé*, de *nez prometteur*, de *nez fermé*, de *nez complexe*...

Niagara *n* ***Niagara***
1- Cépage **hybride** américain produisant un vin blanc au goût **foxé**. 2- Région viticole au nord de l'état de New York, près des chutes du Niagara.

nielluccio *nm* ***nielluccio***
Cépage rouge originaire de Corse. Enfait, ce cépage est apparenté au **sangiovese**.

nitrate *nm* ***nitrate***
engrais constituant le principal aliment azoté des plantes, dont il favorise la croissance. Malheureusement, un excès de nitrates dans le sol a pour effet de polluer la nappe phréatique.

niveler *v* ***to level down***
Aplanir une surface. Avant la plantation d'une vigne, le vigneron peut être amené à niveler le sol si sa surface est irrégulière.

nivellement *nm* ***ground levelling***
Action d'aplanir la surface d'un terrain destiné à la vigne avant la plantation.

noah *nm* ***noah***
Hybride américain très productif donnant des vins blancs au goût **foxé**. Le noah a été adopté par les Français après la crise phylloxérique. Aujourd'hui, il est interdit car il provoque des troubles mentaux.

noahté *adj* ***foxy***
Adjectif tombé en désuétude qualifiant les arômes **foxés** du **noah**.

noble *adj* ***noble***
Terme indiquant le caractère de supériorité d'un cépage, d'un vin et d'un cognac. Le **chardonnay** et le **cabernet** sont des cépages nobles. Jancis Robinson désigne les cépages nobles sous le nom de cépages classiques. Elle en retient neuf : le **cabernet sauvignon**, le **pinot noir**, la **syrah**, le **merlot**, le **riesling**, le **chardonnay**, le **sémillon**, le **sauvignon blanc** et le **chenin blanc**.

noble (pourriture) *adj* ***noble (rot)***
Appliqué à la pourriture, l'adjectif noble qualifie l'altération du raisin causée par le **botrytis cinerea** dans certaines conditions climatiques. Lorsque les raisins mûrissent, et que les matins brumeux et humides sont suivis d'après-midis chaudes et ensoleillées, le botrytis se développe, les **baies** se recroquevillent et le jus contenu à l'intérieur de ces baies se concentre sans toutefois que la teneur en acidité baisse. Parmi les vins issus de raisins affectés par la pourriture noble, on peut citer des vins de dessert tels que le **Sauternes**, le **Monbazillac**, les **Beerenauslese** ou le **Tokay**.

nocif *adj* ***noxious***
Adjectif synonyme de nuisible. Le cépage hybride **noah** a été interdit car il a été jugé nocif pour la santé.

nocivité *nf* ***noxiousness***
Caractère nuisible.

noctuelle *nf* ***owlet moth, noctuid***
Papillon nocturne dont les **chenilles** sont nuisibles à la vigne. Les noctuelles passent souvent inaperçues, effectuant leurs dégâts la nuit. Le jour, les **larves** se réfugient dans les anfractuosités du sol. Elles exercent leurs ravages surtout au printemps, détruisant les bourgeons la nuit. On lutte contre les noctuelles en injectant des pesticides sur la vigne.

nodosité *nf* ***nodule***
Etat d'un végétal qui présente de nombreux **nœuds**.

Noë *nm* ***Noah***
Selon la Bible, Noë planta la vigne et fut donc le premier vigneron. Toujours selon la Bible, il fut aussi le premier ivrogne. Le fait d'avoir appelé un cépage **hybride** "**noah**" n'est pas forcément un hommage au père de la vigne !

nœud *nm* ***node***
Point de la tige où s'insère une feuille.

Nouilly-Prat *nm*
Vermouth français extra sec souvent utilisé dans la préparation de sauces.

noirâtre *adj* ***blackish***
D'une couleur qui tire sur le noir. Cet adjectif peut qualifier certains cépages tels que la **syrah**.

noirien *nm* ***pinot noir***
Nom sous lequel le pinot noir était connu à l'époque des ducs de Bourgogne. *Voir* **Philippe le Hardi**. Ce nom a été utilisé jusqu'au XIXe siècle.

noisette *nf* ***hazelnut***
Arôme de fruit sec pouvant se révéler à la dégustation d'un vin blanc. Cet arôme ressemble un peu à celui du beurre frais.

noix *nf* ***walnut***
Arôme pouvant se révéler à la dégustation d'un vin, notamment du **vin jaune** du Jura, du **Xérès**, du **Madère** ; également d'un cognac.

noix (de) *adj* ***nutty***
Arôme pouvant se révéler à la dégustation d'un vin blanc ou d'un cognac.

noix de muscade *nf* ***nutmeg***
Arôme pouvant se révéler à la dégustation de certains vins de la Vallée du **Rhône** et du **Midi** de la France.

non alcoolisé *adj* ***non-alcoholic***
Se dit d'un breuvage qui ne contient pas d'alcool.

non filtré *adj* ***unfiltered***
Des producteurs ainsi que des connaisseurs préfèrent le vin non filtré car ils estiment que la non filtration d'un vinfavorise ses qualités organoleptiques. Ils craignent que la filtration n'élimine trop de composants aromatiques et de tanins.

non fermentescible *adj* ***non fermentable***
Qui ne peut pas fermenter.

non millésimé *adj* ***non vintage, NV***
En Champagne, il est d'usage d'**assembler** les vins de différentes années pour produire des **cuvées** standard, telles que le *"brut impérial"* de Moët et Chandon ou le *"Cordon rouge"* de Mumm. Ces vins sont dits "**non-millésimés**." Les Champagne faits exclusivement avec les vins d'une seule année sont dits **millésimés**.

non poreux *adj* ***non porous***
Se dit d'un matériau qui ne laisse pas passer le liquide par ses pores.

norton *nm* ***norton***
Cépage américain rouge donnant des vins corsés et bien équilibrés et n'ayant pas le goût **foxé** qui est l'image de marque des cépages américains.

note *nf* ***mark, grade***
Appréciation chiffrée de la qualité d'un vin lors d'une dégustation visant à établir un classement.

note *nf* ***touch, hint***
Marque distinctive, nuance.

nouaison *nf* ***setting***
Formation du fruit qui succède à la **fleur**. Après la **fécondation**, l'ovaire grossit et les étamines flétrissent. Le raisin formé est "noué." Il est fortement attaché au pédicelle et peut alors prendre la forme du grain typique de la variété.

nourriture *nf* ***nutrients***
Aliment destiné à entretenir la vie de la vigne.

nouveau *adj* ***new***
Se dit du vin qui vient d'être fait. Ce terme est aussi employé comme synonyme de **primeur**, par exemple quand on parle du **Beaujolais nouveau**. Selon l'**INAO**, un vin portant l'étiquette "nouveau" peut être mis sur le marché le troisième jeudi de Novembre suivant la vendange et vendu pendant une bonne partie de l'année viticole qui suit jusqu'au 31 Août. Seules certaines régions ont le droit de commercialiser des vins nouveaux, la plus célèbre étant le Beaujolais. *Voir aussi* **primeur**.

nouveau monde *nm* ***new world***
Terme utilisé pour désigner les pays viticoles des **Amériques**, d'**Afrique du Sud**, d'**Australie** et de **Nouvelle Zélande**. Ce terme sous-entend l'usage de méthodes modernes, le recours à la science et à la technologie par opposition au respect de la tradition censé caractériser le monde ancien (Europe).

Nouvelle Galles du Sud *nf* ***New South Wales***
La plus ancienne colonie britannique d'Australie et le plus ancien état viticole de cette île-continent. Le développement de la viticulture doit beaucoup à l'Ecossais James Busby qui fut le premier à croire en son potentiel. La vallée de la Hunter, région la plus connue, produit de bons vins blancs à partir de cépages comme le **sémillon** et le **chardonnay**. *Voir carte Australia → p. 335.*

Nouvelle Zélande *nf* ***New Zealand***
Pays viticole de l'hémisphère Sud. L'évêque lyonnais Pompallier introduisit la culture de la vigne dans ce pays à des fins sacrementelles. Bien qu'elle appartienne au Nouveau Monde, la Nouvelle Zélande bénéficie de conditions naturelles de productions assez semblables à celles de l'Europe puisque ce pays est situé aux antipodes de la France et de l'Espagne. La vigne, jadis concentrée autour d'**Auckland**, s'est développée sur la côte est dans les régions de **Gisborne** et **Hawkes Bay** dans l'île du Nord. Le développement de la viticulture dans l'île du Sud, au climat plus frais, est

plus récent. Cette partie du pays présente de belles perspectives avec les régions de **Marlborough** et l'**Otago Central**. *Voir A/F New Zealand.* *→ p. 439.*

noyau *nm* ***stone, kernel***
Partie centrale, dure, de certains fruits charnus.

noyau *nm* ***winemaker's hammer***
Marteau avec lequel le vinificateur enlève les **bondes** des tonneaux.

nuageux *adj* ***cloudy***
Terme météorologique signifiant couvert de nuages.

nuance *nf* ***nuance, tinge, overtone***
Elément subtil, concourant à la qualité d'un vin ou d'un cognac sans constituer la caractéristique principale. Par exemple, on dira qu'un Aloxe-Corton a des arômes de cassis avec une nuance de griotte.

nuisible *adj* ***harmful, noxious***
Se dit d'insectes parasites ou destructeurs.

Nuits-Saint-Georges *n*
AOC. Village bourguignon ayant donné son nom à une sous-région viticole (Côte de Nuits.) Nuits-Saint-Georges est célèbre pour ses vins rouges charpentés de longue garde. L'appellation **Côtes de Nuits-Villages** est donnée aux climats situés dans l'aire d'appellation Village des communes de Fixin, Brochon, Premeaux, Comblanchien et Corgoloin. Les Côtes de Nuits-Villages sont des vins bien colorés aux arômes de fruits rouges et noir, tirant presque sur la réglisse. **Hautes Côtes de Nuits** : le nom de Hautes Côtes de Nuits peut être adjoint aux vins produits à l'intérieur de l'aire délimitée de l'appellation Bourgogne sur 19 communes de Côte d'Or. Les Hautes-Côtes de Nuits sont une succession de coteaux parallèles à la Côte de Nuits et produisent en majorité des vins rouges (**pinot noir**) mais aussi des vins blancs (**chardonnay**.)

O

OA
Indication **suisse** appliquée à un nom protégé qui peut être utilisée seulement dans certaines localités et sous certaines conditions.

Oban *n*
Distillerie de whisky **single malt** des **Highlands** située sur la côte ouest de l'Ecosse. Ce single malt allie les caractéristiques des produits des îles et des Highlands.

oberlin *nm* ***oberlin***
Cépage **hybride** rouge jadis communément planté en France.

ocre *adj* ***tan***
D'un jaune mêlé de brun.

octave *nf* ***small barrel***
Tonneau contenant l'équivalent d'1/8 de pipe, c'est-à-dire environ 65 litres.

odeur *nf* ***smell, scent, odour***
Emanation transmise par un fluide et perçue par l'appareil olfactif. En matière de dégustation, les amateurs préfèrent employer le terme *arômes* à celui d'*odeurs*.

odorant *adj* ***scented***
Qui répand une bonne odeur. Ainsi la vigne en fleur est odorante.

odorat *nm* ***sense of smell***
Sens permettant la perception des odeurs, localise à la tache olfactive des fosses nasales. Ce sens permet de percevoir les arômes d'un vin.

OE *n* ***Oechsle degree***
Abréviation de "degré Oechsle".

Oechsle (degré) *nm* ***Oechslé scale***
Unité de mesure de la teneur en sucres des moûts utilisée en Allemagne et en Suisse. Le physicien allemand Oechsle a donné son nom à ce système de mesure de la densité fondée sur le calcul de la gravité spécifique du jus de raisin ou du moût. Cette échelle est utilisée pour déterminer le **Prädikat** des vins **QmP** allemands. Les autres systèmes couramment utilisés dans le monde sont les systèmes **Balling**, **Baumé** et **Brix**.

œil *nm* ***eye***
La vue est le premier des trois sens sollicités lors de la dégustation qui commence donc par l'examen visuel du vin. L'œil du dégustateur permet d'apprécier la **limpidité**, la **brillance** et l'**intensité** colorante du vin.

œil *nm* ***bud***
Sur un sarment, l'œil désigne le bourgeon recouvert par des écailles protectrices brunâtres en hiver. Au printemps, des rameaux se développeront à partir de ces yeux. On dit aussi que le vigneron taille à 6 yeux quand il laisse six bourgeons sur le **sarment**.

œil-de-perdrix *adj* ***partridge-eye pink***
Qualificatif parfois appliqué à la couleur rosâtre de certains vins rosés.

œillet *nm* ***carnation***
Arôme floral pouvant se révéler à la dégustation d'un vin.

œnologie *nf* ***oenology (GB) Enology (US)***
Science du vin et de la vinification. L'œnologie, science dont **Louis Pasteur** (1822-1895) peut être considéré comme le pionnier, a pour but de mieux connaître le vin pour le vinifier, l'élever et le faire vieillir le mieux possible.

œnoliques (acides) *adj* ***oenolic (GB) enolic (US)***
Nom donné à une série de matières colorantes présentes dans les vins rouges.

œnologique *adj* ***oenological (GB) enological (US)***
Relatif à l'œnologie.

œnologue *nm / nf* ***oenologist (GB) enologist (US)***
Technicien spécialiste de l'oenologie.

œnophile *nm / nf* ***oenophile***
Personne qui aime le vin, l'apprécie et le connaît.

œnotanin *nm* ***oenotannins (GB) enotannins (US)***
Tanins du vin.

œnothèque *nf* ***Wine-shop***
Magasin specialisé dans la vente de vins de crus.

œuf pourri *adj* ***rotten egg***
Odeur de mercaptan due à la réaction de l'hydrogène sulfuré avec l'alcool éthylique. Cette odeur peut être présente dans des vins restés trop longtemps **sur lies**.

OGM *nm* ***GMO (genetically modified organism)***
Transformation génétique de la vigne rendue dans le sens d'une résistance aux virus, aux champignons et aux bactéries. Les recherches les plus avancées sur les **OGM** concernent la mise au point de plants résistant aux virus, notamment au **court-noué** qui provoque la **dégénérescence**. Mais les recherches sur les OGM sont très mal perçues par les viticulteurs. La question qui se pose est de savoir si la vigne transgénique remet en question la notion de **terroir**. Ils se posent aussi des questions sur les effets à long terme de la plantation de plants transgéniques.

oïdium *nm* ***powdery mildew, oidium***
Maladie **cryptogamique** de la vigne originaire des USA se manifestant par l'apparition d'une poussière grise, le mycelium, qui recouvre les feuilles. Ensuite, ce champignon s'attaque à la peau des **baies** de raisin qu'il fend, mettant les pépins à nu. Puis les baies se dessèchent. Les vins provenant de vignes attaquées par l'oïdium manquent de couleur. On lutte contre cette maladie en pulvérisant des vapeurs de **soufre** sur la vigne.

oignon *nm* ***onion***
Arôme pouvant se révéler à la dégustation d'un vin.

oiseau *nm* ***bird***
Dans certains pays, comme la **Suisse** ou la **Nouvelle Zélande**, les oiseaux peuvent causer de graves dégâts aux raisins. Jusqu'à 80 % de la récolte peuvent être détruits. Les vignerons luttent contre les oiseaux en recouvrant les rangs de vigne de filets en polyéthylène, en faisant tonner le canon à gaz ou même en faisant appel à un fauconnier.

OIV *nm*
Abréviation d'**O**ffice **I**nternational du **V**in. Cet organisme, créé en 1924 réunit aujourd'hui plus de cinquante pays viticoles. Sa mission consiste à garantir la qualité des vins en uniformisant, dans la mesure du possible, les réglementations nationales et les contrôles. Son siège est établi à Paris.

Oktoberfest *nf*
Festival de la bière instauré en 1810 pour célébrer le mariage de Louis II de Bavière se déroulant chaque année à **Münich**. La brasserie Paulaner et ses filiales parmi lesquelles Hofbrau et Löwenbrau brassent une bière spéciale Oktoberfest que des millions de touristes de tous les pays viennent déguster. La fête dure seize jours et se termine en octobre.

Oktoberfest *nf*
Bière américaine du type **Märzen**.

olaszrizling *nm*
Synonyme hongrois de Welschriesling.

old ale *nf*
Bière brune britannique moyennement alcoolisée. L'adjectif "old" est utilisé parce qu'à l'origine, l'**ale** était vieillie un an avant d'être consommée.

olfactif *adj* ***olfactory***
Relatif à l'odorat.

olfaction *nf* ***olfaction***
Synonyme savant de "odorat".

Olifants River *n*
Région viticole sud-africaine la plus septentrionale, située sur la côte ouest du pays. De chaque côté du fleuve, le sol est plat et riche et cette région a été longtemps associée avec des forts rendements et des vins de mauvaise qualité. Toutefois, des progrès ont été réalisés et ont porté leurs fruits. Cette région produit des vins rouges élaborés à partir de cépages comme la **syrah** et le **pinotage**.

oligo-élément *nm* ***trace element***
Substance nécessaire en très petite quantité au fonctionnement des organismes vivants.

olive *nf* ***olive***
Arôme pouvant se révéler à la dégustation de certains vins rouges, notamment ceux qui sont faits avec le cépage **cabernet sauvignon**.

Oloroso *n / adj*
Type de Xérès, qui, contrairement au ***fino*** ne se recouvre pas d'un voile de ***flor***. Comme le tonneau n'est pas rempli, le vin s'oxyde, ce qui signifie qu'il est de couleur plus sombre et qu'il est plus puissant, avec des arômes de noix.

Ombrie *nf* ***Umbria***
Région du centre-ouest de l'Italie, au sud de la Toscane. Les vins les plus connus sont l'Orvieto 5DOC) vinifié avec le cépage Trebbiano et les vins rouges de Torgiano et Montefalco.

once *nf* ***ounce***
1- Unité de mesure de poids équivalant à environ 28 grammes 2- Unité de capacité américaine équivalant à près de 3 centilitres.

onctueux *adj* ***unctuous***
Se dit d'un vin à la consistance à la fois douce et légère dans lequel le moelleux domine. Ce qualificatif est employé plus spécifiquement pour décrire des vins blancs doux.

oolithe *nf* ***oolite***
Grain sphérique de 1 à 2 mm de diamètre composé d'un noyau autour duquel s'agglutinent des couches concentriques calcaires ou ferrugineuses.

oolithique *adj* ***oolitic***
Qui contient des oolithes.

opacité *nf* ***opacity, opaqueness***
Etat de ce qui ne laisse pas passer la lumière. Rarement une qualité pour un vin.

OPAP *n*
Abréviation de ***Onomosia Proliéfseos Anotéras Piotitos***. Indication grecque signifiant "***appellation d'origine de qualité supérieure,***" correspondant à la catégorie des **VQPRD**. Cette catégorie compte vingt appellations.

opaque *adj* ***dense***
Qui ne laisse pas passer la lumière. Ce terme peut s'appliquer lors de l'examen visuel d'un vin rouge particulièrement foncé et manquant de brillance.

OPE *n*
Abréviation de ***Onomasia Proléfseos Eleghoméni***. Indication grecque correspondant à la catégorie des **VQPRD**. Contrairement à l'appellation ***OPAP***, l'***OPE*** s'applique aux vins **moelleux** comme le **muscat** de **Samos**. Cette catégorie compte huit appellations.

opérations en vert *nf pl* ***tasks during the vine's growth***
Travaux d'**épamprage** et de **rognage** de la vigne. Il s'agit de contrôler la croissance de la vigne en éliminant les branches ou parties de branches qui pourraient priver les raisins de nourriture.

Oporto *n*
Nom anglais de la ville de **Porto**.

opulent *adj* ***opulent***
Terme de dégustation utilisé pour décrire un vin ou une autre boisson qui a un beau volume, est puissant, corsé et riche en alcool.

or *adj* ***gold***
Adjectif employé pour qualifier la couleur jaune brillante d'un vin blanc. Pour être plus précis dans l'examen visuel, on peut exprimer diverses nuances allant de l'or blanc au doré, en passant par l'or vert et l'or pâle ; le jaune d'or décrit la couleur d'un cognac.

orage *nm* ***thunderstorm***
Perturbation atmosphérique violente se manifestant par des rafales de vent, des averses, parfois de grêle, des éclairs et le tonnerre. Les orages peuvent contribuer à l'érosion des sols et contraindre les vignerons à remonter la terre charriée par la pluie au bas des coteaux.

orange *nf* ***orange spirit***
Eau-de-vie d'orange.

orangé *adj* ***orange-coloured (GB), orange-colored (US)***
D'une couleur tirant sur celle de l'orange. Adjectif parfois employé pour qualifier la **robe** d'un vin rosé.

Orange River *n*
WO. Région viticole la plus septentrionale d'**Afrique du Sud** au climat chaud et sec.

ordinaire (vin) *adj* ***common wine, ordinary wine***
Vin de consommation courante, sans appellation d'origine.

Oregon *nm*
Etat américain au climat tempéré assez semblable à celui de la Bourgogne, qui s'est lancé avec succès dans la viticulture et qui organise chaque année un festival du **pinot noir**.

Originalabfüllung *nf* ***bottled by the producer***
Expression allemande équivalente de "mise en bouteille par le producteur".

organiques de synthèse (produits) *adj* ***synthetic organic***
Nouveaux types de produits **phytosanitaires** utilisés par les vignerons pour lutter contre les maladies de la vigne.

organoleptique *adj* ***organoleptic***
Se dit des qualités des aliments et des boissons révélées par les sens lors de la **dégustation** : arômes, consistance et saveur.

orientation *nf* ***aspect***
Position d'un vignoble par rapport aux points cardinaux. Les vignobles alsaciens et bourguignons bénéficient d'une bonne orientation à l'Est qui permet au soleil levant de sécher la rosée des feuilles et de réchauffer la terre dès son lever.

orienté (à l'est) *adj* ***having an eastern aspect***
Situation jugée idéale pour les vignobles de coteau en Bourgogne, Champagne et Alsace, régions septentrionales car le soleil du matin sèche la rosée et réchauffe la terre très tôt. Par ailleurs, l'exposition à l'est protège un peu les vignes contre les pluies venant de l'ouest.

origan *nm* ***oregano***
Arôme épicé de thym, de marjolaine pouvant se révéler à la dégustation de certains vins rouges et blancs du Midi de la France.

ortega *nm* ***ortega***
Cépage blanc résultant d'un **croisement** entre le **Müller-Thurgau** et le **Siegerrebe**, capable d'avoir une bonne teneur en sucre. Sa plantation (principalement en Allemagne) reste limitée.

ortie *nf* ***nettle***
Arôme végétal pouvant se révéler à la dégustation d'un vin blanc.

Orvieto *n*
DOC. Petite ville d'Ombrie entre Florence et Rome. Elle a donné son nom à un vin blanc léger, sec et fruité. Toutefois, on trouve de plus en plus d'Orvieto **moelleux**.

oseille *nf* ***sorrel***
Arôme végétal pouvant se révéler à la dégustation d'un vin blanc.

osier *nm* ***wicker***
Espèce de saule dont les rameaux, jaunes, longs et flexibles servent à tresser des paniers utilisés pour les vendanges. L'osier était parfois aussi utilisé pour **accoler** la vigne.

osmose inverse *nf* ***reverse osmosis***
Technique de vinification consistant à retirer de l'eau d'un **moût** pour le rendre plus concentré. L'eau est éliminée par séparation au travers d'une membrane sélective sous l'action d'une pression supérieure à la pression osmotique du moût.

ostéocolle *nf* ***bone gelatine***
Produit à base de **gélatine d'os** utilisé pour le **collage** des vins.

Otago (Central) *n*
Région viticole la plus méridionale du monde située dans l'île du sud de la **Nouvelle Zélande** entre le 45° et le 46° parallèles. Le climat très tempéré favorise la production de cépages comme le **pinot noir**.

ottonel
Voir **muscat**.

Oud Bruin *n*
Ale des Flandres belges orientales à la robe brun-rouge ayant séjourné en fût, de goût acide à la saveur vineuse, parfois parfumée à la framboise ou à la cerise.

ouillage *nm* ***topping up***
Tâche consistant à maintenir les vaisseaux vinaires constamment pleins afin de prévenir

l'oxydation. Comme le vin (ou le cognac) s'évapore dans les tonneaux, le vinificateur les remplit une fois tous les huit ou dix jours.

ouiller *v* ***to top up***
Remplir un tonneau avec du vin de même provenance pour compenser l'évaporation ; de même pour le cognac.

ouillère *nf*
Vigne dont les ceps sont séparés par des cultures intercalaires.

ouillette *nf* ***topping-up can***
Récipient muni d'un long bec verseur avec lequel le vinificateur remplit les tonneaux dont le vin s'est évaporé.

outre *nf* ***wineskin***
Peau de bouc, cousue en forme de sac pour conserver et transporter les liquides.

ouvre-bouteille *nm* ***bottle-opener***
Mot synonyme de **décapsuleur**.

ouvrée *nf* ***ouvrée***
Ancienne mesure de surface de 4,28 ares, soit la superficie que pouvait cultiver un vigneron en une journée.

ouvrier viticole *nm* ***vineyard-worker***
Personne qui, moyennant un salaire, travaille pour le compte d'un propriétaire de vignes.

ouzo *nm* ***ouzo***
Spiritueux anisé grec ressemblant au **pastis** et au **Ricard**.

oxfordien *nm* ***Oxfordian***
Etape du jurassique supérieur. Les coteaux de la **côte de Beaune** ont des sols constitués de calcaires oxfordiens.

oxydant *nm* ***oxidant***
Corps chimique ayant la propriété d'oxyder.

oxydant *adj* ***oxidizing***
Qui a la propriété d'oxyder.

oxydase *nf* ***oxidase***
Enzyme qui active l'oxygène.

oxydation *nf* ***oxidation***
Réaction chimique provoquée par le contact du vin (ou du cognac) avec une trop grande quantité d'oxygène. Cette expression désigne l'influence néfaste de l'oxygène de l'air sur le vin auquel elle communique un goût d'**évent** et même de **rance** si elle est forte. Le vin perd sa fraîcheur et sa couleur est modifiée : le vin blanc devient brunâtre. En revanche, l'oxydation est bienvenue pour des vins **mutés** tels que le **vin jaune**, le **Xérès** ou le **Madère**.

oxyde *nm* ***oxide***
Composé résultant de la combinaison d'un corps avec l'oxygène.

oxydé *adj* ***oxidized***
Se dit d'un vin (ou d'un cognac) dont la couleur a bruni et les arômes ont perdu leur fraîcheur pour acquérir une odeur allant de l'**évent** au **rance**. Toutefois, certains vins comme ceux du Jura ou certains **Xérès** semblent s'oxyder naturellement et le dégustateur s'attend à leur trouver un caractère oxydé.

oxydoréductase *nf* ***oxidoreductase***
Enzyme qui catalyse les réactions d'oxydoréduction.

oxydo-réduction *nf* ***oxidation-reduction***
Oxydation d'un corps combinée à la réduction d'un autre corps. *Voir aussi* **potentiel d'oxydoréduction**.

oxygène *nm* ***oxigen***
Gaz incolore, inodore et sans saveur ayant la propriété d'oxyder le vin. C'est pourquoi dans les pays viticoles chauds, l'oxygène est considéré comme un ennemi.

oxygéner *v* ***to oxigenate***
Opérer la combinaison d'un corps avec l'oxygène.

Oyster stout *n*
Type de **stout** jadis populaire en Grande Bretagne et en Irlande. Cette bière était brassée tout spécialement pour accompagner les huîtres. Certaines brasseries ajoutaient même des huîtres à la bière !

ozone *nm* ***ozone***
Si l'effet de serre est parfois attribué à la réduction de la couche, l'ozone sert en tout cas à la stérilisation des eaux et au vieillissement artificiel des eaux-de-vie.

P

Paarl *n*
Ville d'Afrique du Sud, à l'est de Cape Town, au centre d'une région viticole qui porte ce nom. C'est dans cette ville que se trouve le siège de la **KWV**. Cette région est caractérisée par une grande variété de microclimats et bien qu'elle soit traditionnellement associée avec le **chenin blanc**, appelé localement **steen**, elle produit maintenant une gamme étendue de vins.

Pacherenc du Vic-Bilh *n*
AOC. Chez les Gascons, Pacherenc, c'est pachets en renc, c'est-à-dire **paisseaux** en rangs, Vic-Bilh, c'est le "vieux pays". Les vins de Pacherenc de Vic-Bilh sont des blancs secs et **moelleux** produits sur l'aire de production de **Madiran,** à partir de plusieurs cépages tels que l'**arruffiac**, le **petit** et le **gros manseng**.

paille *nf* ***straw***
Tige de graminée dépouillée de son grain qui était autrefois utilisée pour l'**accolage** de la vigne. Dans le Jura, on utilise aussi la paille pour faire sécher les raisins qui serviront à faire le **vin de paille**.

paillé *adj* ***strawy***
Se dit d'un vin qui a la couleur de la paille.

paillet *nm*
Vin peu coloré fait avec des raisins rouges, **pinot** ou **gamay**. Au XVIIe siècle, Beaune et Auxerre étaient connus pour leurs paillets. Ce mot est aussi employé comme adjectif. Il s'applique à de vieux vins de Bourgogne qui ont perdu de leur couleur. Attention à ne pas confondre les vins paillets avec les vins **paillés** ou les **vins de paille**.

paillis *nm* ***mulch***
Couche de paille ou de fumier paillé dont on recouvre le sol pour enmaintenir la fraîcheur.

paillon *nm* ***straw cover***
Enveloppe de paille servant à protéger les bouteilles. Aujourd'hui, pour des raisons d'hygiène, les paillons sont presque tombés en désuétude.

pain *nm* ***bread***
Arôme pouvant se révéler à la dégustation d'un vin, ou d'un cognac.

pain d'épice *nm* ***gingerbread***
Arôme pouvant se révéler à la dégustation d'un vin blanc moelleux, ou d'un cognac.

pack *nm* ***pack***
Emballage qui permet de porter ensemble 4 ou 6 petites bouteilles d'un breuvage et qui est devenu la norme pour des boissons bon-marché comme la bière.

pal injecteur *nm*
Sorte de grosse seringue destinée à injecter des substances chimiques dans le sol. Au début de la crise **phylloxérique**, les vignerons luttaient contre le phylloxéra en injectant du **sulfure de carbone** sur les racines à l'aide d'un **pal injecteur**.

pain grillé *nm* ***toasted bread***
Arôme pouvant se révéler à la dégustation d'un vin rouge, surtout si les raisins ont été un peu grillés pendant l'été précédant la vendange mais plus souvent associé au **chardonnay**. Cette nuance se perçoit en arrière-bouche.

palais *nm* ***palate***
Voûte osseuse et membraneuse séparant la bouche des fosses nasales. On dit d'une personne sachant déguster qu'elle a le *palais fin*.

Palatinat *nm* ***Palatinate***
En allemand : Pfalz. Importante région viticole du Sud de l'Allemagne à l'Ouest du Rhin. Grâce au climat chaud et ensoleillé, les vignerons du Palatinat produisent de grands **rieslings** et des vins rouges dont la qualité ne cesse de s'améliorer (**dornfelder** et **portugieser**.)

pâle *adj* ***pale***
Se dit d'un vin de faible intensité colorante.

pale ale *nf*
Bière ainsi nommée parce qu'à l'origine, au XVIIIe siècle, elle était d'une couleur claire, bronze ou cuivre alors que les **brown ale**, **porter** et **stout** avaient des **robes** brunes à noires. Beaucoup de **pale ale** sont bien **houblonnées** et conditionnées dans des fûts de bois. La **pale ale** belge est plus **maltée**, plus pétillante, plus forte et moins houblonnée que son homologue britannique.

palette *nf* ***pallet***
Plateau de chargement conçu pour permettre des manutentions par chariots élévateurs à fourche. Les bouteilles sont souvent stockées et transportées en palettes.

palette *nf* ***range***
gamme, diversité. En Bourgogne, on parle de la *palette* du **terroir**.

Palette *n*
AOC. Peut-être le plus ancien vignoble de France, planté par des légionnaires du consul romain Marius en 115 avant Jésus-Christ après leur victoire sur les Cimbres et les Teutons. Cette petite appellation située au sud d'Aix-en-Provence peut être considérée comme un "grand cru." Les vins rouges, rosés et blancs peuvent être produits à partir d'une multitude de cépages. Ceux qui sont vinifiés par le Château Simone (trois quarts de l'appellation) sont remarquables.

palettisation *nf* ***palettisation, palettising***
Action de mettre des marchandises sur des **palettes**.

palettiser *v* ***to palletise***
Mettre des marchandises, comme des bouteilles, sur **palettes**.

palettiseur *nm* ***pallet loader***
Appareil servant à **palettiser** les marchandises.

palissage *nm* ***training***
Tâche consistant à soutenir les rameaux de la vigne par des fils de fer tendus entre des piquets, de façon à ce qu'elle bénéficie de la meilleure exposition au soleil.

palisser *v* ***to train***
Soutenir les **rameaux** de la vigne par des fils de fer tendus entre des piquets de façon à ce qu'elle bénéficie de la meilleure exposition.

palisser *v* ***to tie up***
Ce verbe peut aussi signifier relever et fixer les jeunes rameaux aux fils de fer.

Palmer (Château-) *n*
AOC. Troisième cru classé du **Médoc**. Château du Bordelais situé sur la commune de **Cantenac-Margaux** dans le **Haut-Médoc**. Il produit des vins rouges corsés et fins.

palo cortado *n*
Style de **Xérès** rare et cher. Il s'agit enfait d'un ***fino*** dont le ***flor*** s'est épuisé et qui s'est ensuite développé comme un ***oloroso***. C'est pourquoi il allie les qualités des deux styles.

palomino *nm* ***palomino***
Cépage blanc, pâle, sec, raffiné, originaire d'Andalousie, associé avec la production de **Xérès**. A noter que ce cépage n'a jamais donné de bons résultats en dehors de son aire d'origine, sans doute à cause de la nature du sol et de la vinification particulière du Xérès.

pamplemousse *nm* ***grapefruit***
Arôme d'agrume pouvant se révéler à la dégustation d'un vin blanc très acide mais cet arôme est fugace.

pampre *nm* ***vine-shoot, vine-branch***
Rameau de vignes chargé de feuilles et de fruits. Le seul mot de la langue française qui ne rime avec aucun autre si l'on en croit le poète Gérard de Nerval.

panaché *nm* ***shandy***
Un demi panaché consiste en un mélange de bière et de limonade.

panachure *nf*
Maladie virale se manifestant par le jaunissement puis le dessèchement des feuilles et préludant généralement à la **coulure**.

panel *nm* ***panel***
Terme de marketing désignant un échantillon de personnes représentatives de la cible recherchée qui seront soumises à des enquêtes, par exemple sur la qualité des vins offerts dans un point de vente. Le panel se composera

d'acheteurs, de consommateurs, de dégustateurs...

panier à bouteilles *nm* ***bottle basket***
Panier alvéolé servant au transport des bouteilles.

panier à vendange *nm* ***harvesting basket***
Ustensile en osier, de forme diverse selon la région d'origine, avec lequel on transporte les raisins.

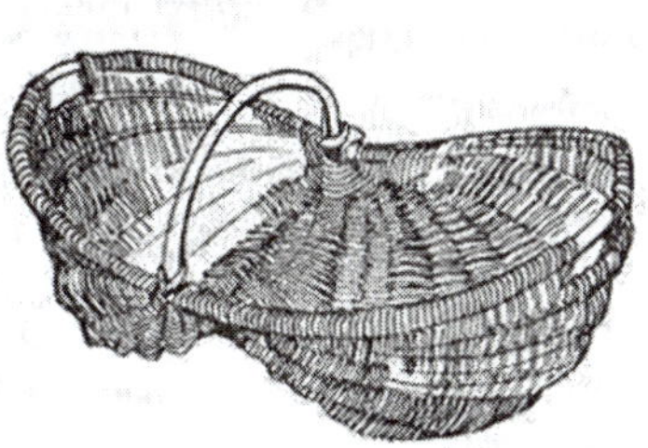

panier-porteur *nm* ***harvesting basket***
Panier à vendange en osier utilisé en Bourgogne, de forme oblongue et rétréci sous l'anse.

panier-verseur *nm* ***wine basket, cradle***
Panier dans lequel on met une bouteille de vieux vin presque à l'horizontale pour l'agiter le moins possible en remplissant les verres.

paon (finir en queue de —) *nm* ***to end with a flourish***
Se dit d'un vin qui laisse une superbe impression, qui déploie l'ensemble de ses qualités une fois qu'il a été dégusté.

papaye *nf* ***papaya***
Arôme de fruit exotique pouvant se révéler à la dégustation d'un vin.

papier *nm* ***paper***
Odeur désagréable de carton ou de papier mâché pouvant être causée par une mauvaise filtration du vin.

papille gustative *nf* ***taste-bud***
Eminences plus ou moins saillantes s'élevant à la surface de la langue et permettant de percevoir chacune des saveurs d'un vin.

papillon de jour *nm* ***butterfly***
Insecte adulte de l'ordre des **lépidoptères**.

papillon de nuit *nm* ***moth***

paradis *nm* ***paradise***
Cave où sont conservés les plus vieux vins et alcools de qualité.

paraffinage *nm* ***paraffining***
Action d'enduire de paraffine les jeunes greffes vigne afin de réduire les pertes d'eau.

paraffine *nf* ***paraffin***
Mélange d'hydrocarbures saturés solides, caractérisé par leur indifférence aux agents chimiques.

paraffinés (bouchons —)
Bouchons enduits de paraffine afin d'éviter le tristement célèbre **goût de bouchon**.

paragrêle *adj* ***anti-hail***
Se dit d'un dispositif servant à empêcher la chute de la grêle et à transformer celle-ci en pluie. Au cours de l'histoire, les vignerons ont utilisé des *canons paragrêle*, des *fusées paragrêle* et ont fait ensemencer par avion des

canon paragrêle

nua ges de grêle avec de l'**iodure d'argent** mais aujourd'hui, ils considèrent souvent que le meilleur moyen de lutter contre la grêle est de souscrire une bonne assurance.

parasitaire *adj* ***parasitic***
Relatif aux parasites, causé par la présence de parasites.

parasite *nm* ***parasite***
Organisme vivant aux dépens d'un hôte dans lequel il se développe, causant la mort de ce dernier à plus ou moins longue échéance.

parasite strict *nm* ***strict parasite ?***
Micro-organisme ne pouvant croître ou se développer qu'aux dépens d'un seul hôte.

parcelle *nf* ***plot, parcel***
Pièce de terrain. Souvent, le domaine d'un vigneron est réparti en plusieurs parcelles.

parellada *n*
Cépage blanc originaire de Catalogne. Son acidité et son fruité lui assurent un avantage qualitatif sur le **macabeu** et le **xarel-lo** lors d'assemblages de vins effervescents (**cava**) et **tranquilles**.

parfait *adj* ***perfect***
Se dit d'un vin ou d'un cognac auquel on ne peut absolument rien reprocher.

parfum *nm* ***fragrance, scent, smell***
Odeur agréable. En matière de dégustation, le mot **arôme** est plus souvent utilisé qu'**odeur** ou **parfum**.

parfumé *adj* ***fragrant, scented***
Rempli, imprégné d'une bonne odeur.

parlant *adj* ***eloquent***
Un vin parlant ou un vin qui parle se caractérise par la richesse de ses arômes et de ses nuances qualitatives, de sorte que le dégustateur peut en parler aisément. Synonyme : **bavard**.

part des anges *nf* ***angels'share***
Eau-de-vie perdue par évaporation au cours de son **élevage**. C'est pourquoi les caves de Cognac sont situées le long de la Charente : leur humidité réduit un peu l'évaporation.

passable *adj* ***acceptable***
Se dit d'un vin de qualité moyenne, acceptable.

.passavant *nm* ***permit***
Permis de circuler pour les marchandises délivré par l'administration des douanes ou les contributions indirectes.

passé *adj* ***past its best***
Se dit d'un vin dont la couleur, trop évoluée est devenue terne et manque de brillant.

passé *adj* ***stale***
Cet adjectif s'applique aussi à un vin qui est trop vieux, usé.

passée fleur *f* ***after blossoming time***
Se dit d'une vigne après l'étape de la **floraison**.

passerillage *nm* ***raisining***
Prolongement du mûrissement des raisins sur les souches, sur des fils auxquels on les suspend ou sur de la paille. Le passerillage permet d'obtenir des vins naturellement doux. On pratique le passerillage pour faire les **vins de paille** du Jura.

passerillé *adj* ***dessicated, dried***
Synonyme de desséché. Se dit de raisins qu'on a laissés sur souches après leur mûrissement normal, suspendus à des fils ou fait sécher sur un lit de paille.

passeriller *v* ***to dry grapes***
Faire sécher des raisins en les laissant sur le cep après leur mûrissement normal, en les suspendant à des fils ou en les posant sur un lit de paille.

passe-tout-grain *nm* ***passe-tout-grain***
Nom donné en Bourgogne au vin provenant pour un tiers du cépage **pinot noir** et deux tiers du cépage **gamay**.

passito *n*
Terme italien utilisé pour décrire un vin fait avec des raisins **passerillés**.

pastèque *nf* ***watermelon***
Arôme fruité pouvant se révéler à la dégustation d'un vin.

Pasteur, Louis *n*
Célèbre chimiste et biologiste français né à Dole en 1822 et mort en 1895. Ses études sur les micro-organismes et notamment les **bac-**

téries et les **levures**, ont été fondamentales dans la compréhension de la fermentation du vin et de la bière. Pasteur est considéré comme le père de l'**œnologie**.

pasteurisateur *nm* ***pasteurizer***
Appareil servant à pasteuriser le vin.

pasteurisation *nf* ***pasteurization***
Processus de stabilisation et de stérilisation du vin par la chaleur (60 à 65°C pendant quelques minutes) avant la mise en bouteilles. Cette technique expérimentée par l'œnologue beaunois De Vergnette-Lamotte, porte le nom de Louis Pasteur (1822-1995), pionnier de l'œnologie. Elle est utilisée pour empêcher l'**altération** de vins rouges de qualité moyenne à inférieure destinés à être bus rapidement mais beaucoup plus rarement pour les vins fins.

pasteuriser *v* ***to pasteurize***
Stabiliser et stériliser le vin par la chaleur avant la mise en bouteilles.

pastille de soufre *nf* ***sulphur pastille***
Morceau de soufre de forme ronde que l'on utilise pour **mécher** les tonneaux.

pastis *nm* ***pastis***
Boisson alcoolisée, mélange d'alcool et d'essence d'anis, adoucie avec de la poudre de réglisse. Quand on verse de l'eau dans le pastis, celui-ci devient nuageux et laiteux. Cette boisson est associée avec la ville de Marseille et le Midi mais consommée dans toute la France. Le mot "pastis" signifie "mélange" en provençal et nous rappelle que cette boisson était souvent faite de façon artisanale par des gens qui cherchaient un subsitut à l'**absinthe**, interdite. La production de pastis est dominée par le groupe multinational Pernod-Ricard.

patchwork *nm* ***patchwork***
Avec le mot "mosaïque," patchwork est un terme couramment employé pour évoquer le morcellement du vignoble bourguignon.

pâteux *adj* ***pasty***
Se dit d'un vin trop riche en sucre, lourd et épais et qui paraît s'attacher au palais.

pâte d'amande *nf* ***almond paste, marzipan***
Arôme pouvant se révéler à la dégustation d'un vin.

pâte de fruits *nf* ***crystallized fruit***
Arôme fruité qui peut se révéler à la dégustation d'un vin déjà évolué.

Patrimonio *n*
AOC. Vins corses rosés ou rouges considérés comme les meilleurs de l'île. Les vignobles sont situés à l'Ouest de Bastia. Le vin est fait presque exclusivement à partir du cépage **niellucio** qui est, dit-on, très semblable au **sangiovese** toscan.

Pauillac *n*
AOC. Commune viticole du **Haut-Médoc**, célèbre pour ses vins rouges sur laquelle on trouve trois Premiers Grands Crus Classés : **Château Lafite-Rothschild**, **Château-Latour** et **Château Mouton-Rothschild**.

paulée *nf* ***end of vintage banquet***
Repas de fête offert par le patron aux vendangeurs pour marquer la fin des vendanges en Bourgogne. Ce vocable qui viendrait du mot "poêlée," évoque l'époque où les vendangeurs mangeaient des morceaux de cochon cuits à la poêle.

pauvre *adj* ***weak***
Se dit d'un vin faible, sans beaucoup de corps.

Pavie (Château-)
AOC. Premier cru classé de Saint-Emilion "B." Château du Bordelais situé sur la commune de Saint-Emilion produisant des vins rouges bouquetés et généreux.

payable *adj* ***payable, due for payment***
Qui doit ou peut être payé.

pays (vin de) *nm* ***vin de pays***
Vins français classés au-dessus des vins de consommation courante portant le nom des *pays* où ils sont produits.

Pays Bas *nm pl* ***Netherlands***
Si ce pays n'a pas de tradition viticole, il a joué un rôle important dans l'évolution de la viticulture en promouvant les petits vignobles de l'Ouest de la France : **Bordelais**, région de **Cognac** et **Anjou**, leur assurant des débouchés dans les pays d'Europe du Nord. De ce fait, ils ont beaucoup contribué à améliorer la condition sociale des petits vignerons. Ils ont, en outre, incité les producteurs du sud-ouest de la France à produire des vins liquoreux et développé la production d'eau-de-vie d'**Armagnac** pour **viner** les vins afin de leur assurer de bonnes conditions de transport. Par ailleurs, l'intérêt des marins hollandais pour l'eau-de-vie était légendaire ! Les Pays-Bas sont aussi connus pour leurs spiritueux : **brandevin** (**brandewijn**,) **alcool de genièvre**, **hollands**...

peau *nf* ***skin, grape skin***
Partie externe des baies de raisin recouverte d'une légère couche cireuse et blanchâtre, la **pruine**, sur laquelle se déposent les ferments alcooliques (**levures**) nécessaires à la transformation du moût en vin et d'autres ferments. Les peaux de raisins rouges contiennent, en outre des matières colorantes (**anthocyanes**).

Pécharmant *n*
AOC. Petite appellation s'appliquant uniquement aux vins rouges à l'intérieur de la région de Bergerac. Les vins élaborés à partir du **cabernet franc**, du **cabernet sauvignon**, du **merlot** et du **malbec** sont en général de bonne qualité.

pêche *nf* ***peach***
Arôme fruité pouvant se révéler à la dégustation d'un vin rouge jeune, notamment de **Côte d'Or**.

pêche (eau-de-vie de) *nf* ***peach brandy***
Eau-de-vie obtenue par distillation de la pêche.

pectase *nf* ***pectin enzyme***
Enzyme de **clarification** des **moûts** et des vins.

pectinase *nf* ***pectinase***

pectine *nf* ***pectin***
Corps **mucilagineux** présent dans les raisins, les pommes et d'autres fruits, intermédiaire entre la cellulose et les glucides assimilables courants, formés de chaînes d'acide galacturonique plus ou moins estérifiées par l'alcool méthylique.

pectolitique *adj* ***pectolitic***

pédicelle *nf* ***pedicel***
Petit pédoncule, c'est-à-dire, queue rattachant les **baies** de raisin à la grappe.

pédologie *nf* ***pedology***
Science qui étudie les caractères physiques, chimiques et biologiques des sols.

pédoncule *nm* ***peduncle***
Queue d'un fruit.

pedro Jimenez *nm* ***pedro Jimenez***
Cépage utilisé traditionnellement dans l'élaboration des vins de **Xérès** se caractérisant par sa forte teneur en sucre. Ce cépage n'est plus aussi populaire que jadis mais on le trouve encore beaucoup au sud de l'Espagne où il est utilisé pour faire des vins blancs secs. Il est aussi cultivé en **Australie** et en **Argentine**.

pelliculaire (macération) *adj* ***maceration in the skins***
Phase de la vinification en rouge au cours de laquelle les peaux baignent dans le **moût** pour lui communiquer leurs agents **sapides**.

pellicule *nf* ***skin***
Peau du raisin plus ou moins résistante selon le cépage et l'année.

pelure d'oignon *adj* ***onion skin***
Couleur brunâtre tirant sur l'orangé de certains vins vieux (ou **oxydés** !)

pendillard *nm* ***spray boom***
Rampe équipée de jets descendant dans les rangs et pouvant appliquer les produits phytosanitaires sur les raisins et les feuilles.

Penedes *n*
DO. Vaste région viticole espagnole située entre Barcelone et Tarragona en Catalogne. L'encépagement de cette région est dominé par des cépages blancs comme le **parellada,** le **macabeu** et le **xarel-lo** ainsi que le **chardonnay**. Ceci s'explique sans doute par l'importance de la production de vins effervescents (**cava**.).

pentu *adj* ***sloping***
En pente, incliné.

pépin *nm* ***pip, seed***
Graine que l'on trouve dans les **baies** de raisin. Les pépins sont riches en tanins.

pépinière *nf* ***nursery***
Lieu où l'on cultive les jeunes plants de vigne.

pépiniériste *nm / nf* ***nurseryman, nurserywoman***
Personne qui cultive une pépinière.

pepsine *nf* ***pepsin***
Une des **enzymes** du suc gastrique, qui commence la digestion des protéines.

peptides *nf pl* ***peptides***
Molécule constituée par l'union d'un petit nombre de molécules d'acides aminés.

peptique *adj* ***peptic***
Relatif à la **pepsine**.

peptones *nf pl* ***peptones***
Substance protidique soluble résultant de l'action de la **pepsine** sur les protéines.

péquet *nm* ***juniper***
Eau-de-vie de genièvre belge.

perce (mettre en perce) *nf* ***to broach, to tap (a barrel)***
Faire un trou dans un tonneau pour y introduire un robinet et pouvoir en tirer le contenu.

percolationf ***percolation, seeping***
Mouvement descendant de l'eau dans le sol.

percolation *nf* ***percolation***
En liquoristerie, extraction des arômes par le passage forcé du liquide à travers des éléments compressés.

perdrix (œil de —) *nf* ***partridge eye***
Qualificatif appliqué à la couleur rose pâle de certains vins.

pergola *nf* ***pergola***
Sorte de tonnelle faite de poutrelles reposant sur des poteaux et permettant à la vigne de grimper. La plantation en pergola est caractéristique des pays chauds.

péritèle *nf* ***weevil***
Ravageur polyphage de la famille des **coupe-bourgeons** agissant la nuit et pouvant occasionner des dégâts spectaculaires. Autrefois, les vignerons intervenaient efficacement par ramassage nocturne. Aujourd'hui, ils injectent des **insecticides**.

péritèle grise *nf* ***vine weevil***

perlant *adj* ***beady / slightly gaseous***
Se dit d'un vin légèrement **pétillant**.

perlé *adj* ***beady***
Se dit d'un vin légèrement **pétillant**.

perles *nf* ***pearls***
Nom donné aux petites **bulles** de gaz carbonique qui se forment dans les vins **effervescents**.

perlite *nf* ***perlite***
Sorte de roche volcanique qui, sous forme poudreuse comme le **Kieselguhr** peut être utilisée pour la filtration de vins et de bières.

permanganate (indice de —) *nm* ***permanganate index***
Manière d'exprimer la quantité de **polyphénols** (tanins) présents dans un vin. Synonyme indice de tanins.

perméable *adj* ***perméable***
Se dit des corps qui se laissent traverser par des liquides ou des gaz.

Pernand-Vergelesses *n*
AOC. Village de la Côte de Beaune qui donne son nom à une appellation en blanc et en rouge. Une partie de ce village a également droit aux appellations **Corton** et **Corton Charlemagne**.

Pernod *nm*
Célèbre marque d'apéritif à l'anis.

Pernod-Ricard *n*
Cette entreprise familiale française, fruit de la fusion entre deux producteurs de pastis, est devenue un gigantesque conglomérat propriétaire d'une gamme de marques très vaste, principalement dans le domaine des spiritueux.

Pérou *nm* ***Peru***
L'un des plus anciens pays viticoles d'Amérique du Sud. En fait, ni le climat ni les sols du Pérou ne conviennent bien à la viticulture. Ce pays produit quelques vins rouges (**cabernet sauvignon**, **malbec**, **grenache**) et des vins **vinés** du type **porto** ou **madère**. Les Indiens apprécient la **chicha (**brassage de mélasse et de maïs.) Sinon, le Pérou est connu pour le **pisco**, eau-de-vie obtenue par distillation du muscat que les amateurs boivent avec du blanc d'œuf et de l'angostura. → *p. 355.*

Perrier-Jouët *n*
Maison de Champagne fondée en 1811 à Epernay. Elle devint fournisseur de Napoléon III, du roi Léopold de Belgique et de la reine Victoria. Son produit le plus prestigieux est le "Belle Epoque."

persil *nm* ***parsley***
Arôme végétal pouvant se révéler à la dégustation d'un vin.

persistance *nf* ***persistency, length***
Qualité d'un vin dont l'agrément se prolonge une fois qu'il a été avalé. Synonyme : **longueur**. *Voir également le mot* **caudalies.** Ce terme s'emploie aussi à propos du Champagne : c'est la mesure du temps pendant lequel les bulles continuent à monter dans le verre. Plus les bulles montent longtemps, plus le vin a de chances d'être de qualité.

persistant *adj* ***persistent***
Se dit d'un vin dont l'agrément se prolonge une fois qu'il a été avalé.

persister *v* ***to linger***
Pour un vin : durer, conserver de l'agrément après avoir été avalé.

personnalité *nf* ***personality***
Facteurs tels que le terroir, le cépage, le micro-climat, le caractère de l'année, le savoir faire du vinificateur, qui permettent de singulariser un vin.

perte (des feuilles) *nf* ***shedding***
Phase automnale du cycle végétatif de la vigne au cours de laquelle les feuilles tombent dès les premiers froids.

pèse-alcool *nm* ***hydrometer, oenometer***
Appareil servant à mesurer, dans les vins et liqueurs, la proportion d'alcool ou degré alcoolique. Synonyme : **alcoomètre**.

pèse-moût *nm* ***must hydrometer***
Appareil servant à mesurer la quantité de sucre que renferme un **moût**. Synonyme : **glucomètre**.

peser le moût *v* ***to check the sugar density in the must***
Mesurer la densité de sucre d'un **moût**.

peser un vin *v* ***to check the alcohol content in a wine***
Mesurer le degré alcoolique d'un vin ou d'un alcool.

pèse-vin *nm* ***Oenometer***
Appareil servant à déterminer la richesse des vins en alcool.

Pessac-Léognan *n*
AOC. Cette appellation communale créée en 1987 tire son nom de deux villes proches de Bordeaux. L'aire d'appellation s'étend au sud et à l'ouest de Bordeaux et représente la partie septentrionale des **Graves**. Des châteaux très célèbres comme le **Château Haut-Brion** sont situés dans cette aire.

pesticide *nm / adj* ***pesticide***
Se dit d'un produit chimique destiner à lutter contre les parasites animaux et végétaux de la vigne.

pétillant *adj* ***fizzy, slightly sparkling***
Se dit d'un vin suffisamment riche en gaz carbonique pour engendrer une légère **effervescence**.

pétillant gazéifié *adj* ***gasified fizzy wine***
Vin **pétillant** auquel du gaz carbonique a été ajouté.

pétillement *nm* ***fizziness***
Légère effervescence due à la présence de gaz carbonique dans un vin.

pétiole *nm* ***petiole***
Partie rétrécie reliant le limbe d'une feuille à la tige.

petit *adj* ***short, low in alcohol***
Se dit d'un vin léger, faible, présentant très peu de qualités.

Petit-Chablis *nm*
AOC. Vins produits sur les coteaux du **Chablisien** mais pas à Chablis même. Les Petit Chablis sont récoltés sur des sols de calcaire **portlandien** alors que les Chablis sont récoltés sur des sols de calcaire **kimmeridgien** jugés plus favorables à la vigne. Les vins sont plus acides et un peu moins complexes que les Chablis.

petites eaux *nf pl* ***tail-ends***
Liquide moins alcoolisé et chargé de substances nocives s'écoulant en fin de distillation. Synonyme : **queues**.

petite syrah *nf* ***petite syrah***
Cépage rouge également connu en Californie sous le nom de Duriff, l'homme qui contribua à le populariser dans cet état viticole. Bien que certains prétendent que ce cépage aurait des liens avec son homonyme des Côtes-du-Rhône, il n'en est rien.

petit verdot *nm.* ***petit verdot***
Cépage rouge du Bordelais donnant des vins épicés et colorés. Le petit verdot est un cépage tardif qui n'arrive pas toujours à maturité au moment des vendanges si l'année manque de soleil.

petit vin *nm* ***simple wine, unassuming wine***
Vin léger, sans beaucoup de caractère.

Pétrus Château-) *n*
AOC. Célèbre château bordelais d'une superficie de 11,4 hectares planté en merlot et situé sur la commune de Pomerol. Il produit des vins ronds et fruités considérés comme les meilleurs de cette commune.

pétrole *nm* ***petroleum***
Arôme assez proche des **agrumes**, pouvant se révéler à la dégustation d'un vin, notamment d'un vieux **riesling**.

pH *nm* ***pH***
Abréviation de "potentiel hydrogène." Coefficient caractérisant l'acidité ou la basicité d'un corps. Le pH neutre est 7. Plus le pH d'un vin est faible, plus il est acide. Le pH idéal pour un vin est de l'ordre de 3 à 3,6.

phanérogame *nm* ***phanerogam***
Plante se reproduisant par des fleurs et des graines.

phéniqué *adj* ***mouldy***
Se dit d'un vin rouge au goût de moisi dû à une vendange pourrie.

phénol *nm* ***phenyl alcohol, phenol***
1- Composé chimique présent dans les pigments, les tanins et les agents **sapides** du vin. 2- L'odeur de phénol apparaît dans des vins rouges issus de vendanges pourries, surtout si les raisins ont macéré longtemps. Synonyme : **polyphénols**.

phénolique *adj* ***phenolic***
Qui se rapporte à un phénol ou à ses dérivés.

phényle *nm* ***phenyl***
Radical univalent dérivé du benzène.

Philippe le Hardi *nm* ***Philip the Bold***
Duc de Bourgogne de 1363 à 1404. Dans un édit de 1395, ce duc, défenseur de la qualité des vins, interdit la culture du **gamay**, cépage qu'il considère "mauvais et déloyal" parce qu'il est trop prolifique, plus précoce et plus résistant que le **pinot**.

Philipponnat *n*
Maison de Champagne fondée en 1912 à Mareuil-sur-Aÿ. Cette maison est propriétaire du superbe **Clos des Goisses**.

pH-mètre *nm* ***ph-metre (GB), pH-meter (US)***
Appareil de mesure du **pH**.

phosphate de chaux *nm* ***calcium phosphate***
Engrais utilisé en viticulture.

phosphaté *adj* ***phosphate***
Se dit d'un engrais à base de phosphate.

phosphate dicalcique *nm* ***dicalcic phosphate***

phosphater *v* ***to fertilize with phosphate***
Amender une terre avec des engrais phosphatés.

photolyse *nf* ***photolyse***
Décomposition chimique du vin par la lumière. C'est pourquoi il faut éviter de stocker les bouteilles à la lumière.

photosynthèse *nf* ***photosynthesis***
Synthèse d'un corps chimique, de substances organiques (glucides), à l'aide de l'énergie lumineuse, par des végétaux chlorophylliens. Facteur important dans la *maturation* des raisins car la lumière du soleil est absorbée par les feuilles vertes et cette énergie transforme le gaz carbonique en amidon et en sucre, entre autres. Il importe donc de maintenir un bon équilibre entre les fruits et les feuilles, afin que ces dernières puissent accomplir leur fonction sans consommer trop des nutriments dont le raisin a besoin.

phylloxéra vastatrix ou communément **phylloxéra** *nm* ***phylloxera***
Puceron originaire d'Amérique piquant les racines de la vigne et la faisant dépérir. Le phylloxéra a envahi les vignes européennes à partir des années 1860 et les a quasiment toutes détruites. Il a frappé la **Californie** dans les années 1980. Le seul moyen de lutte efficace contre le phylloxéra consiste à greffer des cépages traditionnels sur des **porte-greffes** américains plus résistants.

phytate de calcium *nm* ***calcium phytate***
Produit utilisé pour éliminer le fer des vins rouges et prévenir la **casse ferrique**.

phytophage *adj* ***phytophage***
Se dit d'un **acarien** comme l'**araignée rouge** ou l'**araignée jaune** qui se nourrit aux dépens des feuilles et empêche le développement normal de la végétation, provoquant parfois la **coulure**.

phytosanitaire *adj* ***phytosanitary***
Relatif aux soins à donner aux végétaux.

Pic saint-Loup *n*
AOC. L'un des douze terroirs des Coteaux du **Languedoc** couvrant treize communes sur les coteaux du Pic Saint-Loup. Vins rouges et rosés **gouleyants** au nez de fruits rouges.

pichet *nm* ***pitcher, jug***
Petit broc à vin, à cidre.

picoler *v* ***to booze***
Boire de façon immodérée. Terme populaire.

picoleur *nm* ***boozer, drunkard***
Terme populaire désignant une personne qui boit de façon immodérée.

picotant *adj* ***prickly, tingly***
Se dit d'un vin riche en gaz carbonique qui provoque comme un picotement sur les muqueuses de la langue.

picotement *nm* ***tingling, prickling***
Sensation très légère de piqûre sur la langue.

picoter *v* ***to tingle, to prickle***
Provoquer un picotement sur la langue.

picpoul *nm* ***picpoule***
Cépage blanc du Midi de la France. Sur le terroir des Coteaux-du-**Languedoc**, le VDQS picpoul de Pinet, vin de cépage, donne des vins blancs frais et fruités. Il existe aussi un cépage picpoul rouge, mais il est nettement moins répandu.

picrate *nm* ***plonk, cheap wine***
Vin de mauvaise qualité. Ce mot du langage populaire a été forgé pendant la première guerre mondiale. Le picrate, sel de l'acide picrique dont on faisait des explosifs évoquait le vin grossier et corrosif servi aux soldats dans les tranchées.

pièce *nf* ***barrel***
Tonneau bourguignon d'une contenance de 228 litres.

pièce de régie *nf* ***excise document***
Document délivré par l'administration des contributions indirectes permettant au vin de circuler entre le vendeur (vigneron, négociant) et l'acheteur (négociant, détaillant, grande surface, importateur...).

pied de cuve *nm* ***leaven***
Moût prélevé dans une cuve en leaven fermentation pour **ensemencer** en **levure** une cuve dont la fermentation a du mal à démarrer

piémont *nm* ***foothills***
Zone située au pied d'un massif montagneux, présentant en général une pente moyenne à faible.

Piémont *nm* ***Piedmont***
Région viticole du Nord-Ouest de l'Italie produisant des vins rouges et blancs de qualité dont le **Barolo** et le **Barbaresco**.

Pierce (maladie de —)
Voir **maladie de Pierce**.

pierre *nf* ***stone***
Matière minérale et solide. Beaucoup de vignes bourguignonnes s'épanouissent sur des sols de pierres calcaires

pierre à fusil *nf* ***gunflint***
Arôme minéral rappelant le silex, présent surtout dans les vins blancs bourguignons.

pierre à fusil *adj* ***flinty***
Qualifie un arôme minéral pouvant se révéler à la dégustation d'un vin blanc, surtout bourguignon.

pierreux *adj* ***stony***
Couvert de pierres.

pierrosité *nf* ***stoniness***

pigeage *nm* ***punching of the cap***
Tâche consistant à casser et enfoncer le **chapeau** formant une croûte à la surface d'une cuve pour mettre les pellicules en contact avec le **moût**.

pigeou *nm* ***punching tool***
Outil constitué d'un long manche auquel est fixé un disque et servant à **piger** une cuve.

piger *v* ***to tread the cap, to punch the cap***
Casser et enfoncer le **chapeau** formant une croûte à la surface d'une cuve pour mettre les pellicules en contact avec le **moût**.

pigment *nm* ***pigment***
Substance colorée contenue dans les peaux de raisin, formée notamment par les **anthocyanes** et les **flavones**. A mesure que les vins vieillissent, les pigments s'oxydent et leur couleur évolue.

Pils *nf* ***Pils***
Version allemande de la **Pilsner**, généralement de style plus sec, plus léger et plus **houblonné**.

Pilsner *nf*
Type de **bière blonde** originaire de la ville de Pilsen, aujourd'hui appelée Plzen. Sans doute la bière la plus populaire au monde. Son style a été souvent imité mais rarement égalé. Une bonne Pilsner, comme celle qui est brassée par **Urquell** se caractérise par sa belle robe dorée, sa saveur sèche et son équilibre parfait entre le **malt** et le houblon. La Pilsner américaine, également appelée American premium lager, comme par exemple la **Budweiser**, est claire, faiblement houblonnée et n'a que peu de ressemblance avec la Pilsner tchèque.

piment *nm* ***red pepper, chili***
Arôme végétal pouvant se révéler à la dégustation d'un vin.

Pimms N° 1 *nm*
Boisson à base de gin dilué avec de la limonade. Le Pimms N° 1 reste le breuvage estival préféré de beaucoup d'Anglais.

pin *nm* ***pine***
Arôme **balsamique** pouvant se révéler à la dégustation d'un vin. Les vignerons d'Attique, région grecque, font encore un vin aromatisé à la résine de pin et connu sous le nom de **retsina**. Si, jadis les arômes de pin dominaient, aujourd'hui, ils sont devenus plus délicats.

pina colada *n*
Cocktail composé de **rhum**, de jus d'ananas et de noix de coco.

pinard *nm* ***plonk***
Terme populaire désignant le vin. Le "pinard," célébré par le poète Guillaume Apollinaire est associé à la première guerre mondiale car ce breuvage de médiocre qualité a soutenu le moral des soldats qui combattaient dans les tranchées.

pinardier *nm* wine tanker
Navire-citerne conçu pour le transport du vin en vrac.

pinardier *nm* ***wine dealer, wine merchant***
Terme populaire désignant un marchand de vin en vrac.

pincement *nm* ***nipping out***
Suppression des bourgeons ou de l'extrémité des **rameaux**, de manière à faire refluer la **sève** sur d'autres parties du végétal.

pineau d'Aunis *nm* ***pineau d'Aunis***
Cépage rouge originaire de la vallée de la Loire. On le rencontre plus particulièrement en **Anjou** et en **Touraine**. Il n'appartient pas à la famille des **pinots**.

pineau des Charentes *nm*
Vin de liqueur blanc ou rosé consistant en un mélange de 2/3 de jus de raisin frais et un tiers de **Cognac**.

pink gin *nm* ***pink gin***
Cocktail composé de **gin** et d'Angostura bitter.

pisse-vin *nm* ***cane at the bottom of the stock***
Jadis, ce nom désignait un sarment long situé à la base d'un cep. Comme il était très long, beaucoup de grappes poussaient et le rendement de la vigne était accru, au détriment de la qualité. Cette pratique a cessé après la seconde guerre mondiale.

pinot *nm*
Famille de cépages qui doit son nom à sa forme : celle d'une pomme de pin.

pinot beurot *nm* ***pinot beurot***
Cépage bourguignon rouge à jus blanc donnant des vins puissants aux arômes intenses dont la vinification est aujourd'hui interdite en Bourgogne. Ce cépage a été mis au point par des moines cisterciens vêtus d'une robe de bure grise, d'où son nom. Synonyme : **pinot gris**.

pinot blanc *nm* ***pinot blanc***
Cépage blanc donnant un vin souple au nez agréable mais assez discret. On le confondait fréquemment avec le **chardonnay** et l'on appelait même le chardonnay pinot-chardonnay. Le pinot blanc est surtout cultivé en Alsace où il est parfois appelé **Klevner** mais aussi un peu en Bourgogne ainsi qu'en Allemagne où il est appelé **Ruländer** et en Italie où il est appelé **pinot grigio**.

pinot gris *nm* ***pinot gris***
Autre nom du **pinot beurot**. Ce cépage était autrefois appelé **Tokay** en alsace.

pinot meunier *nm* ***pinot meunier***
Cépage rouge cultivé principalement en **Champagne** et servant à l'élaboration du Champagne avec le **pinot noir** et le **chardonnay**. Sa réputation est certes inférieure à celle de ses deux partenaires mais il est beaucoup planté le long de la vallée de la Marne et dans le département de l'Aisne. Il apporte une note fruitée aux Champagne destinés à être bus jeunes.

pinot noir *nm* ***pinot noir***
Cépage rouge très célèbre mis au point par les Cisterciens du Clos de Vougeot et promu par les ducs de Bourgogne. Surnommé *"le vieux garçon"* par le géologue Robert Lautel parce qu'il a ses habitudes et qu'il n'aime pas voyager, il a, en effet, des difficultés d'adaptation à d'autres terroirs, contrairement au **chardonnay** comparé à *"une fille facile"* par le même Robert Lautel. Le pinot noir cultivé en bourgogne, en Champagne et en Alsace s'est tout de même acclimaté avec un certain succès aux USA (Orégon), en Australie et en Nouvelle Zélande. Jeune, il a un nez de petit fruit rouge. Il évolue vers des arômes de sous-bois et de cuir dans son vieil âge. Les pinots noirs ont une bonne structure tannique.

pinot vermeil *nm*
Nom sous lequel le **pinot noir** était désigné à l'époque des ducs de Bourgogne.

pinotage *nm* ***pinotage***
Cépage résultant d'un **croisement** entre le **pinot noir** et le **cinsault**, appelé **hermitage** en **Afrique du Sud** où il est très populaire. On le trouve aussi en **Nouvelle Zélande**.

pinoter *v* ***to "pinot"***
Un vin pinote quand il exprime les caractéristiques organoleptiques typiques d'un **pinot noir**.

pinte *nf* ***pint***
Unité de mesure anglo-saxonne équivalant à 0, 5- litre en Angleterre. La pinte américaine équivaut à 0,47 litre. L'ancienne pinte française, quant à elle, valait 0,93 litre.

pinter (se) *v* ***to get drunk***
Expression argotique significant s'enivrer.

pioche *nf* ***hoe, mattock***
Outil formé d'un fer, muni d'un manche et servant à bêcher le sol.

piocher *v to hoe up*
Bêcher le sol avec une pioche pour rompre la croûte et enlever les mauvaises herbes.

pipe *nf big barrel*
Grande fûtaille surtout utilisée pour le porto. Dans la région du **Douro**, une pipe contient 550 litres, mais à **Madère** elle ne contient que 418 litres.

pipe *nf pipe*
Récipient en cuivre empli d'eau dans lequel se trouve le serpentin.

pipette *nf wine-thief*
Tube de verre servant à prélever du vin dans un tonneau.

pipi de chat *nm cat pee*
Arôme animal pouvant se révéler à la dégustation d'un **sauvignon**. S'il reste discret, cet arôme n'est pas désagréable.

piqué *adj*
Se dit d'un vin, d'une bière ou d'un cidre qui a contracté une saveur piquante sous l'influence d'un **mycoderme**.

piquepoul *nm piquepoul*
Cépage "noir" ou "gris." L'un des treize cépages qui peuvent être utilisés pour le **Châteauneuf-du-Pape** et que l'on trouve aussi dans le **Languedoc**. Ce nom est enfait un synonyme de **folle blanche**.

piquet *nm post, stake*
Solide petit pieu d'acacia, de sapin, de fer ou de granit de Galice, propre à être fiché en terre, aligné avec d'autres piquets le long d'un rang et réuni avec eux par des fils de fer sur lesquels on palisse la vigne.

piquetage *nm piquetage*
Phase de l'élaboration de vins effervescents selon la **méthode champenoise** : il s'agit de secouer les bouteilles vigoureusement pour favoriser le bon mélange de la **liqueur d'expédition** et du vin.

piquette *nf pomace wine*
Boisson que l'on obtient en jetant de l'eau sur du marc de raisin à la sortie du pressoir. La piquette, de très faible degré alcoolique était la boisson traditionnelle des vignerons.

piquette *nf plonk*
Vin de piètre qualité.

piqûre acétique *nf acescence*
Oxydation du vin causée par les bactéries **acétiques** qui transforment l'alcool en acide acétique et acétate d'éthyle. Le vin se transforme en **vinaigre**. Synonyme : **acescence**.

piqûre acroléique *nf*
Variation de l'**amertume**, due à une bactérie qui rend le vin amer.

piqûre lactique *nf lactic disease*
Maladie du vin causée par les bactéries **lactiques** qui transforment le sucre en acide **lactique** et en acide **acétique**. L'acidité volatile augmente et des odeurs de beurre rance et de vinaigre se manifestent.

pisco *nm pisco*
Eau-de-vie d'origine péruvienne obtenue par la distillation de vins de **muscat**. Aujourd'hui, le pisco est produit au Pérou, en Bolivie, en Argentine et au Chili.

pissenlit *nm dandelion*
Arôme végétal pouvant se révéler à la dégustation d'un vin.

pistache *nf pistachio nut*
Arôme végétal pouvant se révéler à la dégustation d'un vin.

pivoine *nf peony*
Arôme floral pouvant se révéler à la dégustation d'un vin.

plaie de taille *nf pruning wound*
Déchirure du **sarment** causée par le passage du sécateur lors de la **taille**. Il importe que la plaie de taille soit la plus nette possible pour éviter les risques de contamination **virale**.

plaine *nf plain*
Etendue plate aux vallées à peine enfoncées dans le sol. La viticulture de plaine est plus facile que la viticulture de coteau mais son potentiel qualitatif est moins grand en raison des risques de rétention d'eau en cas de fortes pluies.

plaisant *adj pleasant*
Se dit d'un vin agréable à l'œil, au nez ou au palais.

plan cadastral *nm land registry map*
Ensemble des documents qui permettent la détermination des propriétés foncières d'un village.

plane *nf* ***sken***
Outil composé d'une lame tranchante munie de deux poignées dont le tonnelier se sert pour aplanir les **douelles** de tonneau.

plant de vigne *nm* ***young plant, young vine***
Jeune vigne avant sa plantation définitive.

plantation *nf* ***planting***
Action de planter une vigne.

plantation *nf* ***plantation***
Vigne récemment plantée.

plante *nf* ***plant***
Nom donné à tous les végétaux. La vigne se compose de racines, du **cep**, de **sarments**, de **nœuds**, de bourgeons ou **yeux**, de feuilles et de fruits

plante *nf* ***newly planted vineyard***
Jeune vigne récemment plantée et n'étant pas encore en rapport.

planter *v* ***to plant***
Mettre une plante en terre.

plantoir *nm* ***dibble***
Outil effilé servant à faire des trous dans une terre destinée à recevoir de jeunes plants de vigne.

plantureux *adj* ***generous***
Se dit d'un vin généreux, dense, charnu, qui emplit bien la bouche.

plaque de filtration *nf* ***filter plate***
Pièce rigide et peu épaisse, de forme carrée utilisée dans un filtre. Les plaques sont en général en cellulose.

plat *adj* ***flat***
Se dit d'un vin **effervescent** qui a perdu toute sa **mousse**.

plat *adj* ***flat***
Se dit d'un vin faible en saveur et manquant d'acidité.

plateau *nm* ***plateau***
Surface relativement plane, aux bordures tranchées et située au sommet d'un relief.

plâtrage *nm* ***plastering***
Action d'aviver la couleur du vin, d'accroître son acidité et de faciliter sa clarification en lui ajoutant du plâtre, du gypse ou du sulfate de calcium. Cette pratique courante dans la vinification du **Xérès** est devenue obsolète.

PLC *nm* ***upper limit for the production***
Plafond limite de classement. Augmentation du rendement de base dans la limite d'un rendement butoir défini pour chaque appellation en cas d'année exceptionnelle sur le plan de la quantité et de la qualité.

plein *adj* ***full, full-bodied***
Se dit d'un vin présentant des qualités de corps, de goût, de puissance supérieures à la moyenne.

plénitude *nf* ***fullness***
Caractère d'un vin **charnu**, corsé, puissant mais bien équilibré.

pleurer *v* ***to weep***
Suinter, en parlant d'une vigne dont le bois a été fraîchement **taillé** aux premiers soleils.

pleurs *nm pl* ***legs***
Traces de liquide incolore sur la paroi d'un verre de vin. Synonyme : **jambes**, **larmes**.

pleurs de la vigne *nm* ***tears of the vine***
Gouttelettes de sève apparaissant à l'extrémité des **sarments** taillés à la fin de l'hiver, annonçant le départ du cycle végétatif.

pleuviner *v* ***to drizzle***
Pleuvoir légèrement.

pleuvoir *v* ***to rain***
Tomber, en parlant de la pluie.

plombé *adj* ***which has a leaden appearance***
Se dit d'un vin couleur de plomb.

plongeur *nm* ***1- plunger 2- racking metal tube***

ploussard (ou **poulsard**) *nm* ***ploussard, poulsard***
Cépage donnant un vin peu coloré et au parfum délicat. Il a fait la réputation du **Jura**.

pluie *nf* ***rain***
Précipitation liquide d'eau atmosphérique sous forme de gouttes.

pluvieux *adj* ***rainy***
Caractérisé par la pluie. Un temps pluvieux n'est pas apprécié par les vignerons pendant la période précédant les vendanges ni pendant les vendanges.

pluviométrie *nf* ***pluviometry***
Mesure de la quantité de pluie en un lieu donné pendant un temps déterminé.

pluviomètre *nm* ***rain gauge***
Appareil servant à mesurer la quantité de pluie tombée en un lieu pendant un temps déterminé.

pluviométrique *adj* ***pluviometric***
Relatif à la pluviométrie.

Plzen *n*
Ville de la République Tchèque au sud-est de **Prague**, près de la frontière avec la **Bavière**, célèbre pour ses **bières blondes** appelées **Pilsner**.

pneumatique (pressoir) *adj* ***pneumatic***
Type de pressoir consistant en une chambre à air qui se gonfle lentement en pressant les raisins contre la paroi d'un tambour perforé qui tourne. Ce type de pressoir permet de contrôler avec précision le degré de pressurage.

pochard(e) *nm / nf* ***wino, drunk, drunkard***
Ivrogne (langage populaire).

poésie *nf* ***poetry***
D'Homère à Paul Claudel en passant par Villon, Ronsard, Piron, Lamartine, Baudelaire ou Apollinaire, la liste des poètes inspirés par le vin est longue. L'écrivain Robert Louis Stevenson à qui son séjour dans la vallée de **Napa** inspira le livre *Les Squatters de Silverado*, écrivit : "Le vin, c'est de la poésie en bouteille."

poignettage *nm* ***riddling***
Vocable champenois synonyme de **remuage**, allusion au coup de poignet habile des remueurs qui remettent les dépôts en suspension dans la bouteille. → *p. 223.*

pointe (mise sur —) *nf* ***(putting the bottle) downwards***
Disposition sur le pupitre des bouteilles de Champagne destinées au **remuage** manuel, le **col** pointant vers le bas.

pointe *nf* ***touch***
Petite quantité d'une saveur. Exemple : Ce vin a une pointe de tanins, il peut donc se développer.

pointes *nf pl* ***odds and ends, short rows***
Rangs plus courts que les autres. Lorsque la vigne n'a pas une forme parfaitement rectangulaire, les pointes occupent les parties du terrain située en dehors du plus grand rectangle.

pointu *adj* ***sharp***
Qualificatif appliqué à un vin acide, ayant comme une pointe d'**acescence**.

poire *nf* ***pear***
Arôme fruité pouvant se révéler à la dégustation d'un vin.

poire *nf* ***pear***
Eau-de-vie obtenue par la distillation de poires. L'eau-de-vie de poires William est souvent d'une qualité remarquable.

poiré *nm* ***perry***
Jus de poire fermenté obtenu par le même processus que celui du **cidre**. Le poiré est surtout produit dans l'Ouest de la France.

poireau *nm* ***leek***
Arôme végétal pouvant se révéler à la dégustation d'un vin.

pois chiche *nm* ***chick pea***
Arôme végétal pouvant se révéler à la dégustation d'un vin.

pois de senteur *nm* ***sweet pea***
Arôme végétal pouvant se révéler à la dégustation d'un vin.

poisson (colle de —)
Voir **ichtyocolle**.

poivre *nm* ***pepper***
Arôme épicé pouvant se révéler à la dégustation de certains vins, notamment issus des

cépages **syrah** et **grenache**, de **cabernets cultivés** sur des sols schisteux. On retrouve aussi cet arôme dans des vins de **Pommard**, du **Piémont** (**Barolo**) et de **Rioja** ; également pour certains cognacs.

poivré *adj* ***peppery***
Relatif aux arômes de poivre caractéristiques de vins forts en alcool ; et de cognac.

poivron *nm* ***sweet pepper***
Arôme végétal pouvant se révéler à la dégustation d'un vin, notamment d'un **cabernet sauvignon**.

Pol Roger *n*
Prestigieuse maison de **Champagne** fondée à Aÿ en 1849 et établie à Epernay depuis 1951. Le Champagne Pol Roger était celui que Sir Winston churchill préférait et, en 1975, pour célébrer le dixième anniversaire de sa mort, la maison Pol Roger a créé la célèbre "Cuvée Winston Churchill."

pollen *nm* ***pollen***
Ensemble de grains microscopiques produits par les étamines et qui forment les éléments mâles des végétaux à fleur.

pollinisation *nf* ***pollination***
Transport du pollen par le vent ou les insectes, des étamines jusqu'au stigmate d'une fleur de vigne, permettant la fécondation de celle-ci.

polliniser *v* ***to pollinate***
Action de transporter le pollen des étamines au stigmate de la fleur pour permettre la **fécondation**.

polymère *nm* ***polymer***
Corps chimique formé par polymérisation.

polymérisation *nf* ***polymerization***
Association d'un grand nombre de monomères, molécules identiques ou différentes, qui forment ainsi des molécules plus grosses : les polymères.

polyphénols *nm pl* ***polyphenols***
Composés chimiques présents dans les **pigments**, les tanins et les agents **sapides** du vin. Les polyphénols, par leurs effets antioxydants, ont une influence bénéfique sur le corps humain.

polyvalent *adj* ***polyvalent***
Adjectif appliqué aux produits chimiques qui permettent de lutter contre plusieurs maladies de la vigne lors du même traitement.

Pomerol *n*
AOC. Village du **Bordelais** au nord-est de Libourne qui a donné son nom à une aire de production contigüe au vignoble de **Saint-Emilion**. Les vins rouges sont élaborés avec le cépage **merlot** qui pousse sur un sol de **graves**, d'argile et de sable à armoise. Les vins ont un nez puissant, sont charnus et veloutés. Le **Château-Petrus** est le domaine le plus célèbre de Pomerol.

polyphénoloxydase *nf* ***polyphenoloxidase***
Enzyme responsable de l'oxydation des **polyphénols** avant la fermentation.

pommadé *adj* ***pomace***
Se dit d'un vin dont les principaux caractères organoleptiques sont masqués par une trop grande douceur, une trop grande onctuosité ou un boisé trop **vanillé** pour être authentique.

Pommard *n*
AOC. Village de la **Côte de Beaune**. Ce village est très connu et Alfred Hitchcock mit une bouteille de Pommard 1934 au centre de l'intrigue de son film *Les Enchaînés (Notorious.)* Si l'on n'y trouve pas de grands crus, il y a néanmoins d'excellents Pommard village et Pommard Premier Cru rouges au nez intense de gibier, et de goût ferme et tannique. Il faut laisser vieillir les Pommard plusieurs années pour les apprécier.

pomme *nf* ***apple***
Arôme fruité que l'on retrouve souvent dans les vins blancs, surtout jeunes.

pomme de terre *nf* ***potato***
Arôme végétal pouvant se révéler à la dégustation. Autrefois, la pomme de terre était beaucoup utilisée pour la fabrication de **vodka**. Aujourd'hui, cette boisson est plutôt élaborée à partir de céréales.

Pommery *n*
La société Pommery et Greno a été fondée à Reims en 1836 mais c'est Louise, la veuve du fondateur, qui a développé cette maison de **Champagne** après sa mort en 1856. Non

seulement les vins sont remarquables, mais les bâtiments retiennent l'attention car l'influence architecturale écossaise évoque un peu les films de Walt Disney.

pompe *nf* ***pump***
Appareil pour aspirer et refouler les liquides. Les pompes à vin sont beaucoup utilisées dans les domaines mais les producteurs s'efforcent d'éviter le brassage trop brutal du vin.

pompette *adj* ***tipsy***
Un peu ivre. Terme familier.

pondre *v* ***to lay eggs***
Elaborer et disposer des œufs. Des **ravageurs** comme la **cochylis**, l'**eudémis**, la **pyrale** pondent des œufs dont les **larves** détruisent les parties végétales de la vigne.

Pontet-Canet (Château-) *n*
AOC. Cinquième cru classé du Médoc. Château du **Haut-Médoc** situé sur la commune de **Pauillac** produisant des vins rouges distingués et de longue garde

population *nf* ***population***
Ensemble d'individus qui s'interfécondent librement et possèdent en commun un stock de gènes.

pore *nm* ***pore***
Petit interstice existant au milieu d'une matière solide compacte.

poreux *adj* ***porous***
Qui laisse passer le liquide par ses pores.

porte-bouteilles *nm* ***Bottle holder***
Ce terme désigne un casier à bouteilles généralement en métal.

porte de visite *nf* ***inspection door***
Ouverture d'une cuve permettant à un homme de pénétrer à l'intérieur pour l'examiner ou la laver.

porte-fût *nm* ***barrel stand***
Dispositif permettant le stockage des fûts sur plusieurs rangées superposées.

porte-greffe *nm* ***rootstock***
Partie inférieure d'un plant de vigne : **sarment** de vigne américaine insensible à la piqûre du **phylloxéra** sur lequel on fixe un **greffon**.

porteur *nm* ***grape porter***
Personne qui porte les paniers, les **hottes** ou les caisses de raisins pendant la vendange.

Porto *nm* ***port***
Vin muté produit dans le Haut Douro au Portugal à partir de cépages tels que le **touriga nacional**, le touriga franca, le touriga roriz, le tinta barroca, le tinta cão et le tinta amarela. On trouve différents styles de porto selon l'origine et la qualité du vinmais surtout la façon dont il a été élevé. Les deux styles principaux sont le **tawny** qui acquiert sa couleur lors de son séjour prolongé dans des fûts de chêne et le **ruby** qui est mis en bouteilles plus tôt. Le meilleur et le plus cher est le **vintage** fait avec la production d'une seule année et mis en bouteilles sans filtration après environ deux ans. La plupart des porto sont rouges mais il existe aussi des porto blancs. Ce vin-muté vieillit en général très bien.

Port Ellen *n*
Whisky **single malt** écossais de l'île d'**Islay**. Il n'a pas autant de personnalité que certains autres single malts d'Islay.

porter *nf*
Bière brune foncée et moyennement alcoolisée obtenue en mélangeant une **ale** jeune avec une **ale** vieillie en fût. C'est l'ancêtre du **stout**, moins riche et moins **malté**.

portlandien (calcaire —) *adj* ***Portlandian limestone***
Type de calcaire rencontré dans le Chablisien notamment. Les vignes plantées sur le calcaire portlandien sont généralement classées en appellation "Petit Chablis." *Voir* **kimmeridgien**.

portugais bleu *nm* ***blauer Portugieser***
Contrairement à ce à quoi on pourrait s'attendre, ce cépage n'est pas portugais mais il est très présent en Europe centrale (Allemagne, Autriche, Hongrie, Slovaquie, Roumanie, Moldavie.) Il donne des vins rouges légers.

Portugal *nm* ***Portugal***
Pays d'ancienne tradition viticole situé au Sud de l'Europe. Au cours de l'histoire, le Portugal a surtout été connu pour ses vins mutés : le **porto** et le **Madère** qui trouvèrent des débouchés au Royaume Uni. La vigne occupe une place très importante dans ce pays dont le

vignoble est très morcelé. Les principaux vins portugais d'origine certifiée sont le **vinho verde**, les vins de **Daõ,** du Douro, de Bucelas, de Colares, de Carcavelos, de Barraida et le **moscatel** de Setubal. Le Portugal produit beaucoup plus de vins rouges que de vins blancs et son encépagement est surtout constitué d'une grande diversité de cépages locaux : tinta roriz, **touriga-nacional**, tinta-francisca, alvarelhao, **tampranillo** pour les rouges, **verdelho**, alvarinho, **arinto**, **sercial**, rabigato pour les blancs. Depuis son adhésion à l'Union Européenne en 1886, le Portugal s'est engagé vers une politique de modernisation de sa viticulture et de développement de la qualité. La vigne a connu un important développement dans la province d'Alentejo, au sud du pays. Et n'oublions pas que le Portugal est un grand pays producteur de chêne-liège et que la majorité des bouchons en sont originaires.

pot *nm* ***small bottle***
A l'origine, récipient à vin dûment étalonné et contrôlé, le pot d'aujourd'hui désigne une petite bouteille d'environ un demi-litre surtout utilisée pour servir le **Beaujolais**.

pot (prendre un —) *nm* ***drink***
Commander une boisson quelconque dans un bar ou un café.

pot-de-vin *nm* ***bribe***
Pratique commerciale illégale consistant à verser une somme en dehors du prix convenu pour obtenir ou conclure un marché. L'ancien usage de sceller un accord entre deux parties par le partage du vin est à l'origine de cette expression.

poteen *nm* ***poteen***
Whisky irlandais fabriqué de façon illégale.

potasse *nf* ***potash***
Désignation commerciale de plusieurs dérivés potassiques, utilisés comme engrais.

potassique *adj* ***potassic***
Qui dérive de la potasse.

potentiel d'oxydoréduction *nm* ***redox potential***
Manière d'exprimer le rapport entre les capacités d'oxydation et de réduction d'un vin.

potentiel hydrique *nm* ***total soil water potential***
Etat énergétique de l'eau d'un sol. Le potentiel hydrique se mesure à l'aide d'une chambre à pression (pressure chamber.) *Voir aussi* **stress hydrique**.

potiron *nm* ***pumpkin***
Arôme végétal pouvant se révéler à la dégustation d'un vin.

pouce *nm* ***inch***
Unité de longueur utilisée aux USA équivalant à 2,54 cm.

poudrer *v* ***to powder***
Appliquer du soufre en sur la vigne pour lutter contre l'**oïdium**.

poudreuse *nf* ***duster***
Machine appliquant du soufre antiparasite sur la vigne.

Pouilles *nf pl* ***Apulia***
Région viticole située au Sud-Est de l'Italie produisant des vins rouges et blancs.

Pouilly-Fuissé *n*
AOC. Commune viticole du sud de la Bourgogne produisant des vins blancs secs renommés (**chardonnay**).

Pouilly-Fumé *n*
AOC. Vin blanc sec (**sauvignon blanc**) de la vallée de la **Loire**.

Pouilly-Loché *n*
AOC. Petite appellation satellite de **Pouilly-Fuissé** produisant des vins qui lui ressemblent assez. En fait, les vignobles de Pouilly-Loché font partie de l'aire plus vaste de **Pouilly-Vinzelles** qui est, elle-même, une autre appellation satellite.

Pouilly-sur-Loire *n*
AOC. Le village de Pouilly-sur-Loire est probablement plus connu pour l'appellation **Pouilly-Fumé** mais l'appellation Pouilly-sur-Loire est attribuée à des vins faits à partir du cépage **chasselas**.

Pouilly-Vinzelles *n*
AOC. Appellation satellite de **Pouilly-Fuissé**, produisant des vins qui lui ressemblent. L'appellation **Pouilly-Loché**, plus petite, fait partie de cette aire d'AOC.

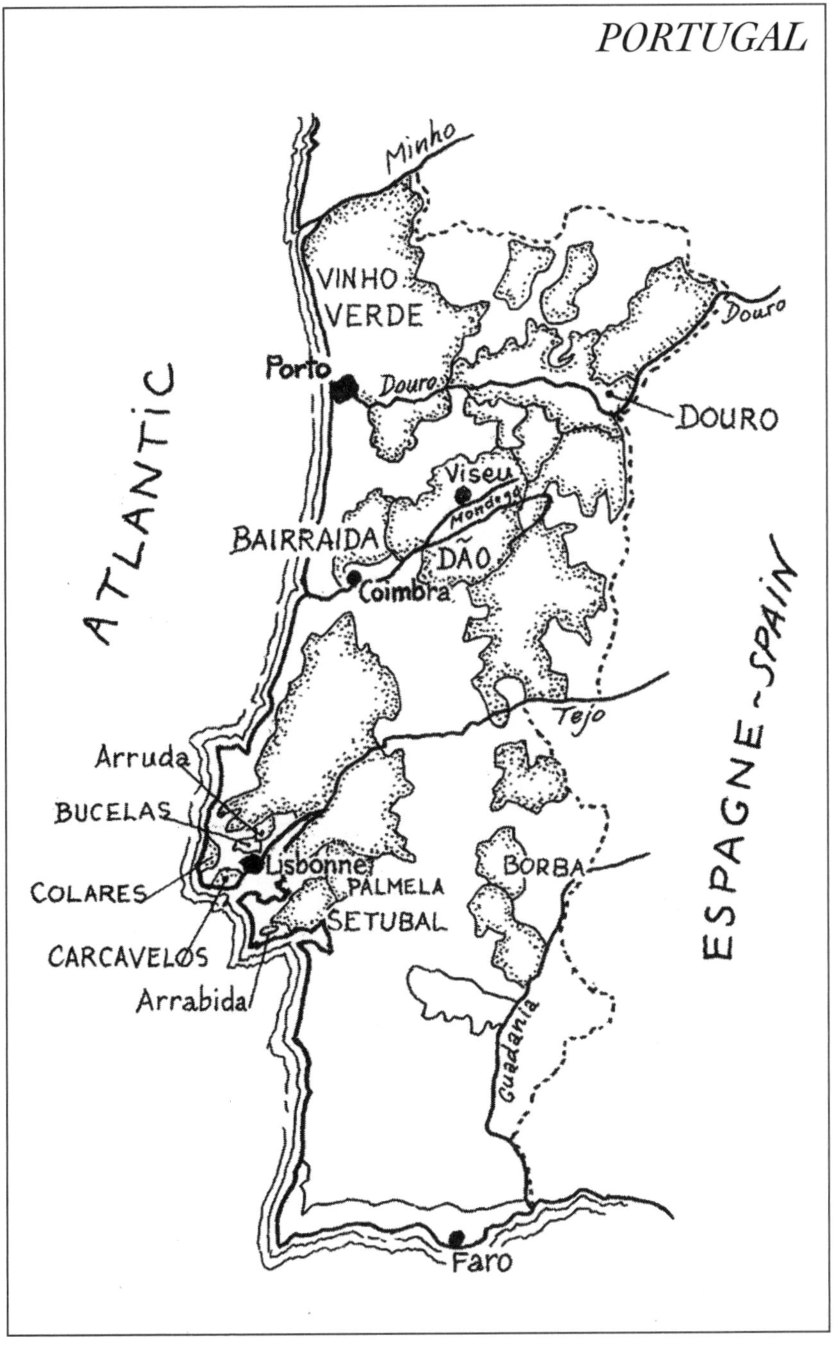
PORTUGAL
Minho
VINHO
VERDE
Porto
Douro
Douro
DOURO
ATLANTIC
Viseu
Mondego
BAIRRAIDA
DÃO
Coimbra
Tejo
ESPAGNE~SPAIN
Arruda
BUCELAS
Lisbonne
COLARES
PALMELA
BORBA
SETUBAL
CARCAVELOS
Arrabida
Guadania
Faro

poulain *nm* ***loading skid, cask ramp***
Assemblage de deux madriers parallèles réunis par des entretoises, servant à la manutention des tonneaux.

poulsard (ou **ploussard**) *nm* ***poulsard, ploussard***
Cépage rouge aux baies peu colorées et au parfum délicat. Ce cépage a fait la réputation du **Jura**.

pourpre *adj* ***crimson***
Couleur d'un beau rouge violacé.

pourri (goût de —) *adj* ***rotten (taste)***
Goût transmis au vin par des raisins en partie atteints par la pourriture grise avant d'arriver à maturité.

pourridié *nm* ***root rot***
Maladie **cryptogamique** se développant sur les parties ligneuses de la vigne : racines, cep, branches. Le meilleur moyen de lutte contre le pourridié consiste à arracher la vigne et désinfecter le sol avant de replanter.

pourriture *nf* ***rottenness***
Maladie **cryptogamique** de la vigne.

pourriture grise *nf* ***grey rot, grey mold, bunch rot***
Maladie **cryptogamique** de la vigne causée par le **botrytis cinerea**. Ses effets peuvent être neutralisés sauf si le temps est très humide.

pourriture noble *nf* ***noble rot, botrytis***
Dégradation bénéfique du raisin causée par le **botrytis cinéréa** dans des conditions favorables : par temps sec, le botrytis favorise la concentration du jus, donnant un **moût** très riche en sucre.

pourriture sèche *nf* ***dry rot***
Dessèchement total des raisins affectés par le **botrytis**. Les vendangeurs sont tenus d'éliminer la pourriture sèche, sinon, le vin rouge aurait un goût dur.

pousse *nf* ***sprout***
Développement des bourgeons de la vigne.

pousse *nf* ***shoot***
Jeune branche appelée à se développer lors du cycle de croissance de la vigne.

pousser *v* ***to grow, to sprout***
Croître, se developper, grandir.

poussière *nf* ***dust***
Terre réduite en poudre très fine.

poussiéreux *adj* ***dusty***
Couvert, rempli de poussière. Certains vins peuvent révéler cette odeur à la dégustation.

Poverty Bay *n*
Voir **Gisborne**.

Prädikat *nm*
Mot allemand signifiant *"distinction."* Il est utilisé pour désigner les différentes catégories de vins de qualité en fonction du poids du **moût** de raisin exprimé en degrés Oechsle. *Voir aussi* **Oechsle**, **QmP**.

Prague *n*
La capitale de la République Tchèque a une longue tradition brassicole. La plus grande brasserie de Prague est la **Staropranem** qui produit d'excellentes **bières blondes**.

praline *nf* ***praline***
Arôme pouvant se révéler à la dégustation d'un vin.

précipitation *nf* ***precipitation***
Phénomène qui s'opère quand un corps insoluble se forme dans un liquide et tombe au fond du récipient. Quand des vins ont été exposés au froid, on a des chances d'observer une précipitation **tartrique** au fond de la bouteille.

précipité *nm* ***precipitate***
Dépôt obtenu par précipitation.

précoce *adj* ***early***
Mûr avant le terme normal.

précocité *nf* ***earliness***
Qualité de ce qui est précoce.

prédateur *nm* ***predator***
Qui vit de proies.

prédateur spécialiste *nm* ***specialist predaor***

Prédateur qui ne consomme que quelques proies par l'odeur desquelles il est attiré.

prédateur spécifique *nm* ***specific predator***
Prédateur qui ne consomme que quelques espèces.

préfermentaire *adj* ***prefermentative***
Se dit de la phase qui précède la fermentation.

prélèvement d'échantillons *nm* ***sampling***
Prendre de façon aléatoire un certain nombre de raisins dans une vigne avant la vendange de façon à étudier l'avancement de leur **maturation**.

premier cru *nm* ***first growth, premier cru***
Climat ayant fait l'objet d'une délimitation spécifique, dont les vins sont traditionnellement parmi les plus estimés.

premier vin *nm*
Vin qu'un château bordelais estime digne de le représenter parce qu'il offre tous les critères qualitatifs que les amateurs sont en droit d'attendre. Il peut arriver, certaines années que le château préfère ne pas commercialiser ce premier vin. Dans ce cas, il le met sur le marché sous un autre nom pour ne pas ternir son image.

Premières Côtes de Bordeaux *nf*
Appellation d'origine contrôlée attribuée aux vins rouges et blancs produits entre Saint-Maixant et Bassens, sur la rive droite de la Garonne. Les cépages sont les mêmes que dans les autres régions **bordelaises**.

premium *adj*
Terme anglais désignant les meilleurs cépages et les vins qui en sont issus. Les cépages "premium" comprennent notamment le **cabernet sauvignon**, le **pinot noir** et la **syrah** pour les rouges, le **sauvignon**, le **viognier** et le **chardonnay** pour les blancs.

présentoir *nf* ***display stand***
Dispositif mettant en valeur un produit déterminé dans un magasin.

presse (vin de) *nf* ***press wine***
Vin obtenu par pressurage du **marc** (par opposition avec le **vin de goutte** obtenu par **écoulement** du vin de la cuve).

presser *v* ***to press***
Comprimer de manière à extraire un liquide.

pression (bière) *nf* ***draught beer (GB), draft beer (US)***
Bière tirée directement du tonneau pour être consommée par le client.

pressoir *nm* ***press***
Machine servant à presser le jus de raisin dans la vinification en blanc ou le **marc** dans la vinification en rouge. Il existe des pressoirs de formes diverses : horizontaux ou verticaux, continus, fonctionnant par le serrage d'une vis ou le gonflement d'une chambre à air.

pressoir *nm* ***press-house***
Dans certaines régions, comme le canton de Vaud en suisse, ce terme désigne la **cuverie**, les **chais**, le local où le raisin est pressé.

pressoir à membrane *nm* ***bladder press***

pressoir à air comprimé *nm* ***pneumatic press***
Pressoir pneumatique : les raisins sont écrasés contre la cage lors du gonflement de la

chambre à air. Ce type de pression permet de bien contrôler le degré de pressurage.

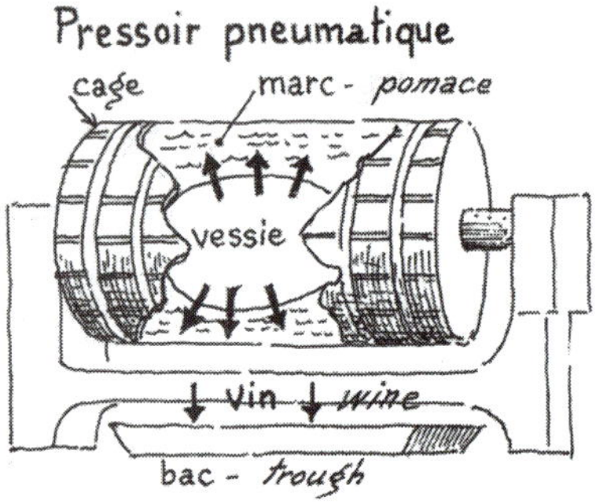

pressoir à vis *nm* ***screw-press***
Pressoir fonctionnant sur le principe d'une vis qu'on serre pour écraser les raisins.

pressoir continu *nm* ***continuous press***
Pressoir alimenté constamment en raisins ou en **marc**. Le déchargement s'opère automatiquement quand les raisins sont pressés.

pressoir horizontal *nm* ***horizontal press***
Pressoir dont la cage est horizontale.

pressoir hydrolique *nm* ***hydrolic press***
Pressoir fonctionnant à l'aide de vérins.

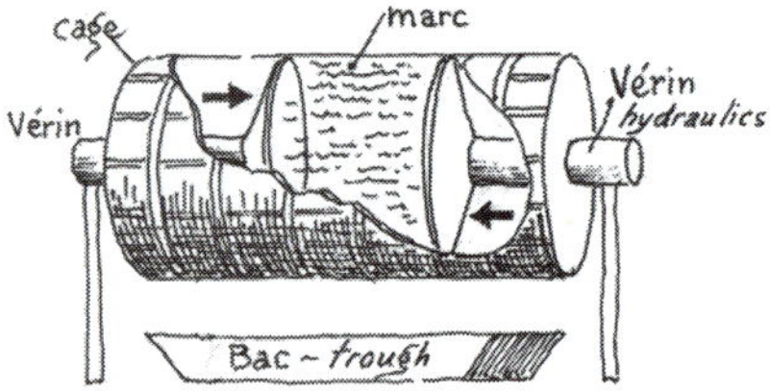

Pressoir vertical *nm* ***vertical press, screw press***
Pressoir dont la cage est verticale. Ce type de pressoir est encore utilisé en **Champagne**.

pressurage *nm* ***pressing***
Opération consistant à extraire par pression le jus du raisin ou le vin du **marc**.

prêt à boire *adj* ***ready for consumption***
Un vin prêt à boire est un vin qui peut être consommé parce qu'il a réalisé son potentiel et est arrivé à **maturité**.

prétaillage *nf* ***pre-pruning***
Tâche mécanisée permettant de couper en morceaux la partie supérieure des **sarments** à l'aide de ciseaux rotatifs fixés sur le tracteur. Cette opération a pour but de faciliter l'enlèvement des sarments et les opérations de **taille** proprement dite.

prétaille *nf* ***pre-pruning***
Tâche appelée **démontage** en Bourgogne. Il s'agit de préparer les opérations de taille proprement dite en coupant à l'aide d'un gros sécateur ou de cisailles la branche à fruits de l'année et les **sarments** inutiles qui ont poussé au bas de la **souche**.

prétailleuse *nf* ***pre-pruner***
Ciseaux rotatifs adaptés sur le tracteur-enjambeur permettant d'assurer le travail de **prétaillage**.

prétentieux *adj* ***pretentious***
Vin dont les qualités insuffisantes sont **masquées** par une forte **extraction** et l'**élevage** en fût neuf.

preuve *nf* ***small sample-bottle***
Petit récipient de verre servant à prélever des échantillons dans les tonneaux de Cognac. Synonyme : **topette**.

prévisions météorologiques *nf pl* ***weather forecast***
Indications données sur l'état probable de l'atmosphère des jours à venir.

primaire *adj* ***primary (aromas)***
Se dit d'un arôme **variétal** et **préfermentaire** présent dans le raisin et le **moût**.

primeur (acheter, vendre en) *adv* ***to buy, to sell futures***
Pratique essentiellement bordelaise consistant à proposer des vins à la vente à prix promotionnel au cours du printemps qui suit la récolte. Il s'agit d'un pari sur la qualité et le prix d'un vin. Le vin est élevé en tonneau avec tous les soins nécessaires, **mis en bouteille**

au château et livré à l'acheteur deux ans plus tard.

primeur (vin de —) ***primeur wine***
Un vin de primeur est un vin nouveau, un vin très jeune qui peut être mis sur le marché à partir du troisième jeudi de novembre suivant la vendange et qui ne peut plus être livré après le 31 janvier de l'année suivante. *Voir aussi* **Beaujolais nouveau**, **Beaujolais primeur**.

primevère *nf* ***primrose***
Arôme floral pouvant se révéler à la dégustation d'un vin.

primitivo *n*
Cépage rouge originaire du sud de l'Italie. Il n'est pas impossible qu'il soit l'ancêtre du **zinfandel** cher aux producteurs californiens.

Priorat *n*
DOCa. Petite région viticole de la Catalogne, à l'ouest de **Tarragona**. Un certain nombre d'amateurs pensent qu'elle produit les meilleurs vins espagnols actuels.

prise de mousse *nf* ***bottle fermentation***
Phase de la vinification des vins effervescents élaborés selon la **méthode champenoise** au cours de laquelle le vin subit une seconde fermentation, dans la bouteille, provoquée par l'addition de **liqueur de tirage** (vin, levures et sucre).

prodiguer des soins *v* ***to tend, to give care***
S'occuper attentivement (de sa vigne, de l'élevage du vin...).

producteur, productrice *nm nf* ***producer***
Personne qui récolte des raisins et élabore des vins.

producteur *adj* ***producing***
Qualificatif s'appliquant à une personne, une région ou un pays contribuant à la production de vins.

productif *adj* ***productive***
Qui produit ou rapporte. Le **malbec** et l'**aligoté** sont des cépages productifs.

production *nf* ***output, production, yield***
Action de produire, rendement.

productivité *nf* ***productivity***
Rapport mesurable entre une production donnée et l'ensemble des facteurs mis en œuvre pour obtenir ce résultat.

produire *v* ***to produce***
Former naturellement, rapporter, exemple : Cette vigne produit de beaux raisins.

produit *nm* ***product, produce***
Attention : ***product*** *se met normalement au pluriel alors que "**produce**" qui s'applique uniquement aux produits agro-alimentaire est un nom collectif.* On pourra mentionner sur un carton de bouteilles : "**Produce of France**".

produit agropharmacetique *nm* ***agro-pharmaceutical product***
Produit destiné à la protection **phytosanitaire** et à l'amélioration de la production, à l'exception des engrais.

produit de luxe *nm* ***luxury product***
Produit qui n'est pas de première nécessité. Le vin ordinaire peut être considéré comme un produit de première nécessité alors qu'une bouteille de Champagne *millésimé* fera figure de produit de luxe.

produits chimiques *nm pl* ***chemicals***
Substances souvent toxiques employées par les vignerons contre les maladies de la vigne.

profond *adj* ***deep***
Adjectif s'appliquant à l'intensité colorante d'un vin.

profondeur *nf* ***depth***
Qualité d'intensité du goût d'un vin.

prohibition *nf* ***prohibition***
Interdiction légale de consommer de l'alcool. Ce que les livres d'histoire appellent "la prohibition" est la période allant de 1920 à 1933 au cours de laquelle la production, le transport et la consommation d'alcool étaient interdits aux USA en vertu du 18e Amendement constitutionnel.

prohibitionnisme *nm* ***prohibitionism***
Attitude hostile vis-à-vis de l'alcool.

prohibitionniste *nm / nf* ***prohibitionist, wowser (Australian word)***
Personne favorable à l'interdiction de l'alcool.

prokupac *nm*
Cépage yougoslave rouge.

prometteur *adj* ***promising***
Se dit d'un vin jeune qui présente de belles perspectives de **vieillissement** en raison de tannins abondants, d'une bonne acidité et d'une bonne **concentration**.

prononcé *adj* ***marked, pronounced***
Se dit d'un arôme très présent dans un vin ou dans un cognac.

propagateur *nm* ***propagating tank***
Cuve destinée à la multiplication des **levures** qui serviront à **ensemencer** les **moûts** dans les autres cuves.

propriétaire *nm / nf* ***owner***
Personne à qui appartient un domaine viticole.

propriétaire-récoltant *nm* ***winegrower***
Personne à qui appartient un domaine viticole et exploitant celui-ci.

propriété *nf* ***estate***
Mot synonyme de **domaine viticole** dans des expressions telles que "*mis en bouteille à la propriété*" ou "vente directe à la propriété.

protéase *nf* ***protease***
Enzyme hydrolisant les protides.

protection intégrée *nf* ***environment friendly protection***
Utilisation raisonnée de toutes les méthodes disponibles contre les différents ennemis d'une culture, de façon à maintenir leur nocivité à un niveau suffisamment faible pour que les dégâts qu'ils causent restent économiquement supportables. Synonyme : **lutte raisonnée**.

protéine *nf* ***protein***
Macro-molécule constituée par l'enchaînement d'un grand nombre d'acides aminés reliés par des liaisons peptidiques.

Provence (Côtes de —) *nf pl*
AOC. Appellation créée en 1977. Auparavant, les vins avaient le statut VDQS. Bien que 80 % des vins produits soient des rosés surtout bus en été, le consommateur averti s'intéresse aussi aux rouges et aux blancs en raison de l'excellence de certains d'entre eux. Pour les rouges et les rosés, les cépages utilisés sont le **carignan**, le **cinsault**, le **grenache** et la **syrah** tandis que parmi les cépages blancs figurent la **clairette**, le **sémillon** et l'**ugni blanc**.

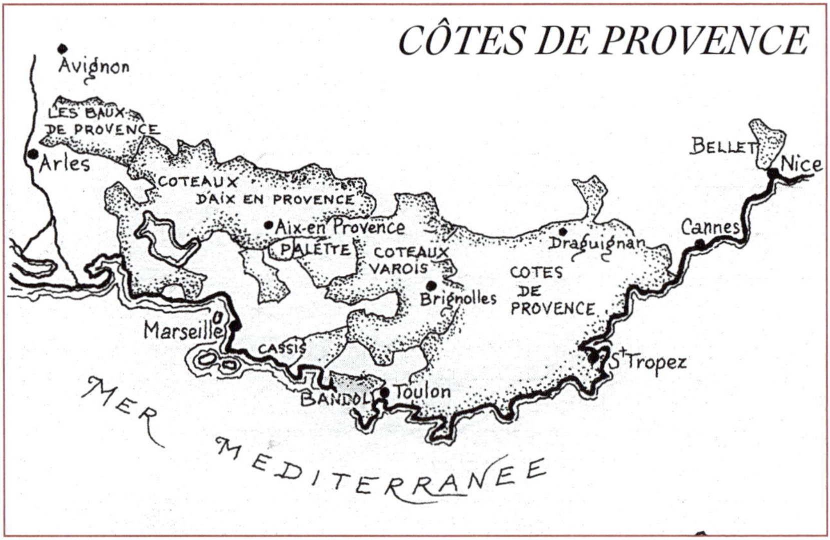

provignage *nm* ***vine layering method***
Méthode de propagation de la vigne consistant à mettre un **sarment** en contact avec le sol et à le laisser s'enraciner avant de le séparer du cep. Cette méthode était très employée en France avant la crise **phylloxérique**. Le provignage est encore un peu pratiqué aujourd'hui comme méthode de remplacement de vieux ceps : plutôt que de planter des **greffes** assez onéreuses, certains producteurs pratiquent cette méthode car ils pensent que la vigne sera bonne à être arrachée avant la destruction des **provins** par le phylloxéra.

provin *nm* ***layer***
Sarment de vigne couché en terre pour qu'il y prenne racine avant d'être séparé du cep.

prugnolo *n*
Voir **sangiovese**.

pruine *nf* ***bloom***
Matière cireuse et blanchâtre qui recouvre les **grains** de raisin où se déposent les ferments alcooliques nécessaires à la fermentation du vin.

prune *nf* ***plum***
Arôme fruité pouvant se révéler à la dégustation d'un vin.

prune (eau-de-vie de –) *nf* ***plum***
Eau-de-vie obtenue par la distillation de prunes.

pruneau *nm* ***prune***
Arôme de fruit sec pouvant se révéler à la dégustation d'un vin rouge, souvent de médiocre conservation.

prunelle *nf* ***sloe***
Arôme de fruit sauvage pouvant se révéler à la dégustation d'un vin.

prunelle *nf* ***sloe gin***
Eau-de-vie élaborée à partir de prunelles.

prussique (acide) ***prussic acid***
Acide cyanhydrique, hydracide de formule HCN, toxique violent.

pub *nm* ***pub***
Version britannique du café. Etablissement où l'on sert des boissons alcoolisées.

publicité *nf* ***advertising***
Communication de masse non personnelle faite par une entreprise qui paie un support pour diffuser un message. La publicité pour les vins et spiritueux est très contrôlée par des lois restrictives visant à protéger la santé du public.

puer *v* ***to stink***
Exhaler une mauvaise odeur, sentir très mauvais, assurément un très mauvais signe quand on déguste le vin !

puissance *nf* ***strength, power***
Qualité d'un vin ou d'un cognac généreux, de fort degré alcoolique, très corsé, très étoffé. Terme positif.

puissant *adj* ***rich***
Se dit d'un vin ou d'un cognac très corsé, très étoffé, d'un assez fort degré alcoolique.

Puisseguin-Saint-Emilion *n*
AOC. L'une des quatre appellations satellites de *Saint-Emilion*, au nord de ce village. Le principal cépage cultivé est le **merlot** et les vins sont un peu plus tanniques que ceux de ses voisins.

Puligny-Montrachet *n*
AOC. Village de la **Côte de Beaune** produisant d'excellents vins blancs. *Voir* **Montrachet**.

pulpe *nf* ***pulp***
Jus incolore contenu à l'intérieur des **baies** de raisin. La pulpe contient des sucres et des acides

pulpeux *adj* ***pulpy***
Qui contient de la pulpe, qui en a la consistance.

pulque *n*
Breuvage mexicain obtenu par la fermentation de l'**agave**.

pulvérisateur *nm* ***sprayer, pulverizer***
Appareil servant à traiter la vigne en projetant sur les feuilles un liquide en gouttelettes très fines.

pulvérisateur-atomiseur *nm* ***blast sprayer***
Pulvérisateur équipé d'un moteur.

pulvérisation *nf* ***spraying***
Application d'un liquide ou d'une poudre pour protéger la vigne contre les maladies ou les parasites.

pulvériser *v* ***to spray***
Projeter un liquide en fines gouttelettes.

punch *nm* ***punch***
Breuvage composé de **rhum**, de sirop de canne et de citron vert. Sorte de **cocktail** associé traditionnellement avec les Antilles.

pupitre de remuage *nm* ***riddling rack, slanting board, shaking table***
Meuble à plan incliné, percé de trous dans les quelles sont disposées les bouteilles de Champagne, **goulots** en bas. Les bouteilles sont tournées d'un huitième de tour par jour, pour faire glisser le **dépôt** vers le bouchon. On peut alors procéder au **dégorgement**.

pur *adj* ***pure***
Du vin pur est du vin auquel rien n'a été ajouté. Un vin non **coupé** d'eau est un vin pur. Cet adjectif signifie aussi que le vin n'a pas subi de traitement œnologique, qu'il n'a ni maladie ni défaut.

putride *adj* ***putrid***
Qui a l'odeur et la saveur rebutantes de matières organiques en décomposition.

putton (pluriel : **puttonyos**)
Unité de mesure utilisée en Hongrie pour évaluer la quantité de raisins **aszu**, c'est-à-dire atteints de **pourriture noble** qui seront ajoutés au vin sec de **Tokay** pour une seconde fermentation.

pyrale *nf* ***pyralid***
Papillon dont les chenilles sont très nuisibles à la vigne. Benoît Raclet, vigneron du Maconnais, eut l'idée d'**ébouillanter** les souches de vigne en hiver pour détruire les œufs des papillons. Aujourd'hui, on lutte contre la pyrale en injectant des produits chimiques sur la vigne.

pyrazine *nf* ***pyrazine***
Constituant des odeurs de café, de cacao, de poivron que le dégustateur peut détecter dans un vin.

Pyrénées Orientales *nf pl*
Département du midi de la France s'étendant du nord de Perpignan à la frontière espagnole. Il correspond, en gros, à l'ancienne province du **Roussillon**. Ce département est connu pour d'excellents **Côtes du Roussillon** ainsi que pour des **vins doux naturels** de qualité (**Banyuls**, **Maury**, **Rivesaltes**.).

pyrite *nf* ***pyrites***
Sulfure de fer en cristaux cubiques, à l'éclat métallique, de couleur jaune vif. C'est pourquoi les chercheurs d'or du Klondike appelaient cette pierre "fools' gold." Les vignerons du **Beaujolais** désignent les schistes pyriteux sous le nom de "pierres dorées."

pyruvique (acide) *adj* ***pyruvic acid***
Acide produit lors de la distillation sèche de l'acide **tartrique**.

Q

QbA *n*
Abréviation de **Q**ualitätswein **b**estimmter **A**nbaugebiete. Dans la version allemande du système d'appellations contrôlées, les ***QbA*** occupent l'échelon inférieur de la classification et équivalent, en gros, aux **VDQS** français. Toutefois, de même que pour les ***QmP***, le facteur déterminant est la teneur en sucre du moût (de 50 à 72° **Oechsle**.) Les vins ***QbA*** ne sont pas chaptalisés.

QmP *n*
Abréviation de **Q**ualitätswein**m**it **Prä**dikat. Dans la version allemande du système d'appellations contrôlées, les QmP occupent l'échelon supérieur de la classification et équivalent en gros aux AOC françaises. Toutefois, il convient de noter qu'en Allemagne, la notion de qualité est fondée sur la teneur en sucre des raisins au moment de la vendange selon l'échelle d'**Oechsle**. Le terme ***Prädikat*** peut se traduire par *"distinction"* et il en existe six niveaux (par teneur en sucre croissante : **Kabinett, Spätlese, Auslese, Beerenauslese, Eiswein** et **Trockenbeerenauslese**.

quadrupel *n*
Type de bière brune belge brassée dans certains monastères trappistes devant son nom au fait que sa gravité primitive est particulièrement élevée (4 fois plus que celle des bières médiévales belges "simples."). *Voir aussi* **dubbbel** et **tripel.**

Qualitätsschaumwein *nm*
Vin **mousseux** de qualité élaboré en Allemagne.

qualité *nf* ***quality***
Ce qui fait qu'une chose est telle, caractéristique : par exemple : la mauvaise qualité d'une terre à vignes.

qualité *nf* ***quality***
Supériorité, excellence en quelque chose. Exemple : le **riesling** est un cépage de qualité.

qualité loyale et marchande *nf* ***good average quality***
Un vin ou un cognac est de qualité loyale et marchande lorsqu'il est conforme aux caractéristiques de son appellation et offre ainsi des garanties à l'acheteur.

quart *nm* ***1- iron cup 2- quarter bottle***
Petit gobelet métallique muni d'une anse et contenant un quart de litre. Le quart était souvent le compagnon du soldat qui y versait le vin rouge.

Quarts de Chaume *n*
AOC ainsi nommée d'après le village de Chaume dans l'**Anjou**. Au Moyen-Age, les seigneurs de la Guerche se faisaient réserver le quart de la récolte des vignes de la Chaume louées à moines d'Angers. Cette appellation du Val de **Loire** fait partie des **Coteaux-du-Layon**. Le vin est élaboré à partir de grappes de chenin blanc **botrytisées**, vendangées tardivement en **tries** successives.

quartaut *nm* ***quarter barrel***
Fût d'une contenance de 57 litres, soit le quart d'une pièce.

quartz *nm* ***quartz***
Silice cristalline que l'on trouve dans de nombreuses roches comme le granite, le sable et le grès.

quaternaire *nm / adj* ***quaternary***
Ere la plus récente et la plus courte de l'histoire de la terre qui a commencé voici moins de trois millions d'années. Le quaternaire est marqué par plusieurs glaciations et l'apparition de l'homme sur la terre.

Québec *nm*
Compte tenu du climat de la *Belle Province*, les vignerons québécois cultivent, au sud de Montréal, des cépages hybrides comme le maréchal Foch en rouge et le Gelsenheim 318 en blanc mais aussi des cépages classiques européens, surtout blancs. Mais le Québec est plutôt un pays de bière. Il s'enorgueillit de ses

micro-brasseries et de ses bières de moines trappistes. Des artisans brasseurs vendent leur production dans leur propre établissement. Il existe en outre une route de la bière et des festivals de la bière !

Queensland *n*
Malgré sa latitude tropicale, l'état australien du Queensland a quelques maisons de vins établies depuis longtemps. Les vignes bénéficient de micro-climats plus tempérés en raison de leur situation géographique à une altitude de 750 mètres.

quelconque *adj* ***ordinary, without character***
Se dit d'un vin sans originalité, sans grande qualité, banal.

quetsche *nf* ***quetsche, blue plum***
Arôme pouvant se révéler à la dégustation d'un vin.

quetsche *nf* ***quetsche, blue plum***
Eau-de-vie fabriquée avec la quetsche, grosse prune oblongue de couleur violette assez typique de l'Alsace.

queue *nf* ***big barrel***
Gros tonneau de vin. Sa contenance est de 456 litres en Bourgogne.

queue de distillation *nf* ***tails***
Eau-de-vie de fin de distillation.

queue (vin de) *nf* ***lower quality wine***
Vin de qualité inférieure obtenu en pressurant des raisins de mauvaise qualité, verts ou même avariés.

queue de paon *nf* ***peacock's tail, ending with a flourish***
Très grande longueur d'un vin, **persistance** d'un vin en bouche ; terme également spécifique au cognac définissant la sensation de plénitude de l'eau de vie quand elle est bonne, qui tapisse le fond du palais.

queue de renard *nf* ***foxy***
Un vin en queue de renard est un vin qui renarde, un vin**foxé**.

quiescence *nf* ***dormancy***
Interruption de l'activité d'un **ravageur** sous l'effet des facteurs climatiques. Par exemple, une température très basse donnera un coup d'arrêt à l'activité des insectes

Quincy *n*
AOC. Aire viticole située sur le Cher mais se rattachant à la Vallée de la **Loire**. L'appellation s'applique seulement aux vins blancs élaborés à partir du cépage **sauvignon blanc**. Le style des vins rappelle celui des **Sancerre** et des **Pouilly-sur-Loire**.

quinine *nf* ***quinine***
Substance au goût amer contenue dans l'écorce de quinquina utilisée pour lutter contre le paludisme. A l'époque de l'empire britannique, elle était consommée pour ses qualités médicinales dans le **tonic**, cf **Schweppes** Indian tonic. Son goût amer était masqué par l'addition de **dry gin**, d'où l'origine de l'une des boissons préférées des Anglais, le **gin and tonic**.

quinquina *nm* ***cinchona-bark wine***
Vin apéritif légèrement amer élaboré à partir d'écorce de quinquina, arbre tropical riche en **quinine**.

quinta *nm* ***estate***
Mot portugais signifiant "**domaine**," en gros l'équivalent des mots "**château**" ou "**domaine**" français. Dans la vallée du **Douro**, les vins de différents quintas étaient transportés par bateau jusqu'aux caves des grosses maisons de **porto** où ils étaient **assemblés**. Mais aujourd'hui, les portos de quintas individuels sont de plus en plus prisés.

quota *nm* ***quota***
Contingent pouvant être imposé par des pays importateurs sur des produits tels que le vin et les spiritueux.

R

rabais *nm* ***discount, rebate***
Réduction de prix exceptionnelle, par exemple pour écouler un stock.

Rabelais (François) *n*
Ecrivain français (vers 1483-1553) né près de **Chinon**, en pays viticole. Il a souvent parlé du vin dans son œuvre en des termes pittoresques et imagés, si bien qu'on peut le considérer comme le pionnier du vocabulaire de la dégustation. Les termes utilisés par les **confréries** dans leurs rituels d'intronisation sont inspirés par les écrits de l'auteur qui célébra la "Dive bouteille."

rabelaisien *adj* ***rabelaisian***
Qui rappelle la verve truculente de Rabelais.

rabougri *adj* ***shrubby***
Chétif, qui n'a pas atteint son développement normal.

race (de —) *nf* ***race, breed***
Un vin de race est un vin de bonne lignée, qui a le caractère de son origine ; terme utilisé également pour le cognac.

racé *adj* ***racy, high quality***
Se dit d'un vin ou d'un cognac de grande classe, exprimant au mieux les caractéristiques de son appellation.

rachitique *adj* ***shrubby***
Chétif, malingre, qui s'est insuffisamment développé.

racine *nf* ***root***
Organe fixant la plante dans le sol et absorbant l'eau et les sels minéraux

raciner ***to root***
Verbe s'appliquant aux boutures commençant à produire des racines. Au XIXe Siècle, beaucoup de vignerons recouraient au **provignage** plutôt qu'à la plantation de plants racinés

racloir *nm* ***scraper***
Outil pour gratter et lisser les surfaces planes comme les fonds de tonneaux.

radicelle *nf* ***rootlet, radicle***
Racine secondaire très petite.

raffinement *nm* ***refinement, subtlety***
Ce qui marque une grande recherche.

rafle *nf* ***stem, stalk***
Ensemble des **pédoncules** qui soutiennent les **grains** dans une grappe de raisin.

rafraîchi *adj* ***slightly chilled***
Rendu frais ou plus frais.

rafraîchissant *adj* ***refreshing***
Se dit d'une boisson qui calme la soif.

rafraîchissement ***drink, refreshment***
Boisson fraîche que l'on sert dans une réunion ou que l'on offre en dehors d'un repas.

raide *adj* ***harsh***
Se dit d'un vin dur au contact de la langue en raison de son acidité et de ses tanins excessifs.

raisin *nm* ***grape***
Fruit de la vigne se composant en de **baies** réunies en grappes.

raisiné *adj* ***with a grape jam flavour (GB) with a grape jam flavor (US)***
Se dit d'un vin qui présente des arômes de confiture de raisin et des arômes **empyreumatiques**.

raisins de Corinthe *nm pl* ***currants***
Raisins secs à petits grains originaires des îles Ioniennes (Grèce).

raisins de table *nm pl* ***table grapes, dessert grapes***
Raisins destinés non pas à être vinifiés mais à être consommés comme fruits.

raisins millerandés *nm pl* ***hens and chickens (US)***
Les raisins millerandés sont souvent dus à la **coulure** : les grappes sont irrégulières avec de petits grains, souvent à peau très épaisse et dépourvus de pépins.

raisins secs *nm pl* ***raisins***
Raisins séchés, déshydratés en vue de la conservation. Les Néerlandais font des raisins secs en **brandevin**, breuvage composé de raisins secs, de cannelle, de sucre candy et d'eau-de-vie.

rajeunir *v* ***to refresh***
Cette expression peut s'employer lorsqu'on ajoute un vin jeune ou même de l'eau-de-vie à un vin pour lui donner une vigueur nouvelle.

raki *nm* ***raki***
Eau-de-vie aromatisée à l'anis, populaire en Turquie. Ce mot est devenu un terme générique pour ce type de boisson dans le bassin de la Méditerranée orientale.

rameau *nm* ***shoot, vine-branch***
Petite branche, **pampre**.

ramure *nf* ***foliage***
Ensemble des branches et des rameaux d'un arbre.

rance *adj* ***rancid***
Qualificatif négatif s'appliquant à des vins blancs qui ont pris unmauvais goût par suite de leur contact avec l'air ou de l'évaporation de leur alcool ; spécifique au cognac vieux.

rancio *adj* ***rancio***
Ce terme qualifie le vieillissement **oxydatif** des vins doux naturels. Le goût de rancio rappelle légèrement celui de la **madérisation**.

rang *nm* ***row***
Succession de pieds de vigne placés sur la même ligne.

Rappel (Vallée de —) *n*
Région de la Vallée centrale du **Chili** représentant environ un quart de la superficie viticole du pays. Elle se divise, en fait, en deux districts : la vallée de Cachapoal et la vallée de Colchagua. Cette région produit surtout des vins rouges et deux cépages principaux sont très présents : le **cabernet sauvignon** et le **merlot**. Tous deux donnent d'excellents vins.

râpeux *adj* ***astringent, puckery***
Très **astringent**. Ce qualificatif est souvent appliqué aux vins qui ont macéré avec les **rafles**.

rapport *nm* ***yield***. **en plein rapport :** ***at full yield***
Revenu, produit, rendement. Une vigne en plein rapport est une vigne encore jeune qui a de bons rendements.

rapport gustatif *nm* ***balance in the mouth***
Expression s'appliquant à l'équilibre d'un vin en bouche.

rasade *nf* ***glassful, swig***
Quantité de boisson représentant un verre rempli à ras bord.

ras-bord (à) *adv* ***up to the brim***
Se dit d'un verre complètement rempli.

Raspail *nm* ***raspail***
Cette liqueur de couleur jaune, élaborée à base d'herbes aurait été inventée par l'homme politique français Raspail (1794-1878).

rassis *adj* ***rassis***
Qualificatif appliqué à une eau-de-vie ou à un **cognac** qui a vieilli pendant un an et auquel on n'a pas ajouté d'eau distillée à des fins de *réduction*. Un cognac rassis titre 60°.

Rasteau *n*
AOC. Village du sud de la vallée du Rhône ayant donné son nom à une appellation communale créée en 1944 pour les **vins doux naturels** faits surtout à base de **grenache**. Il faut veiller à ne pas confondre cette appellation avec l'AOC locale **Côtes du Rhône-Villages Rasteau** parce que ce village a eu le droit d'ajouter son nom à l'appellation régionale **Côtes du Rhône**.

ratafia *nm* ***ratafia***
Vin de liqueur obtenu enmélangeant deux tiers de **moût** de raisin et un tiers de **marc**. On le trouve en Champagne et en Bourgogne où il est surtout fabriqué pour la consommation familiale. Dans d'autres régions, il est fabriqué à des fins commerciales et vendu sous un nom spécifique comme **pineau des Charentes** (Cognac,) **Floc de Gascogne** (Armagnac,) **Macvin** (Jura.) *Voir aussi* **mistelle**.

Rauchbier *nm* ***Rauchbier***
Bière allemande faite avec du **malt** fumé, originaire de Bamberg, en **Bavière**. Le goût de fumée vient du malt qui est séché dans un four chauffé au bois de chêne et de hêtre.

ravin *nm* ***gulch (US), gully (Australien)***
Dépression allongée et profonde creusée par un torrent.

ravine *nf* ***gully***
Petit ravin.

ravinement *nm* ***gully erosion***
Formation de sillons, de ravines par les pluies d'orage, sur les coteaux.

raviner *v* ***to furrow***
Creuser un sol par des ravines.

ray-grass *nm* ***ray-grass***
Graminacée fourragère vivace, voisine de l'ivraie, que le vigneron utilise pour l'**enherbement** des parcelles de vigne.

rayon vins *nm* ***wine-shelf, wine-department***
Le consommateur non averti est souvent désorienté devant les rayons vins des grandes surfaces et c'est pourquoi son premier réflexe est souvent de regarder la **contre-étiquette** des bouteilles.

real ale *nf* ***ale authentique***
Bière brune brassée de façon artisanale dont les partisans se sont regroupés au sein d'une association de défense appelée **CAMRA**.

rebêche *nf* ***final press juice***
Vin de presse obtenu au cours du dernier pressurage.

rebêche *nf* ***breaking up, crumbling***
Emiettement du **marc** pour un nouveau **pressurage**.

reboucher *v* ***to recork***
Boucher de nouveau une bouteille, par exemple parce qu'on a dû l'ouvrir pour soigner une maladie du vin.

recépage *nm* ***rejuvenation***
Action de couper près du sol un arbre, des rejets, pour favoriser la végétation.

récépissé *nm* ***receipt***
Ecrit par lequel on reconnaît avoir reçu des marchandises.

réchaud *nm* ***frost-pot, oil-pot, frost-stove***
Petit fourneau portatif.

réchauffage *nm* ***reheating***
Action de rendre plus chaud ce qui est refroidi. Certains vinificateurs réchauffent les **moûts** pour faire partir la fermentation.

réchauffement *nm* ***warming up***
Action de réchauffer. Le réchauffement de la planète aura des conséquences sur la viticulture.

réchauffer *v* ***to warm up***
Rendre plus chaud. Quand la vendange est trop froide dans la cuve, le vigneron la réchauffe en utilisant un **récupérateur de chaleur**.

rêche *adj* ***harsh***
Qualificatif appliqué à un vin dur, râpeux, **astringent** et tannique.

recioto *adj*
Mot italien utilisé pour décrire des vins **moelleux** (rouges et blancs) élaborés à partir de raisins **passerillés**.

récipient *nm* ***container***
Objet servant à recevoir ou à contenir des choses diverses.

récoltant-manipulant *nm* ***Champagne maker-vintner***
Vigneron **champenois** qui élabore ses propres vins.

récolte *nf* ***harvest, vintage, crop***
Action de recueillir les produits de la terre. La récolte de raisins est plus spécifiquement appelée **vendange**.

récolter *v* ***to harvest***
Faire une récolte, recueillir, vendanger.

recommandé *adj* ***registered***
Se dit d'une lettre ou d'un paquet que la poste s'est engagée à remettre en mains propres.

reconstituer *v* ***to reconstitute, to rebuild***
Former de nouveau, rétablir dans sa forme primitive.

rectification des spiritueux *nf* ***rectification of spirits***
Séparation des substances selon leur degré de volatilité, au cours de la **distillation**. La découverte de la rectification a permis d'éliminer les caractéristiques les plus **nocives** des spiritueux. Dans le système de distillation continue, la rectification se produit automatiquement dans une partie de l'alambic appelée **rectificateur**.

rectifié (alcool) *adj* ***rectified alcohol***
Alcool rendu incolore et insipide par la rectification. Cet alcool est pur à près de 100 %. Synonyme : **alcool neutre**.

reçu *nm* ***voucher***
Quittance sous seing privé par laquelle on reconnaît avoir reçu une somme.

récupérateur de chaleur *nm* ***heat exchanger***
Appareil destiné à récupérer une partie de la chaleur contenue dans des gaz résiduels pour élever la température d'un fluide.

red ale belge *nf*
Bière belge au goût acide et à la belle robe rouge. Elle tire son acidité de son séjour d'un à deux ans en tonneaux de chêne. Parfois, elle est mélangée à de la bière jeune afin de tempérer son acidité.

réducteur *nm* ***reductant***
Substance qui a la propriété de désoxyder.

réduction *nf* ***reduction***
1- Caractéristique d'un vin qui a été très peu exposé à l'air. La réduction affecte sa couleur en rendant presque rosés des rouges, durcit ses saveurs et apporte des odeurs fétides d'œufs punais aux arômes. 2- Fait de baisser le degré de l'eau de vie par une adjonction (faible) d'eau.

réduit (goût de) *adj* ***having a taste of reduction***
Terme de dégustation négatif appliqué à un grave défaut aromatique du vin. Dans les vins rouges, il se manifeste par un goût de renfermé, d'œuf punais, d'ail, dans les vins blancs par un goût métallique. Ce mauvais goût est dû à un manque d'oxygène dans le vin. La cause en est soit une vinification défectueuse, soit de mauvaise conditions de stockage.

refermer (se) ***to close up***
Pour un grand vin qui n'a pas encore acquis sa **maturité** : perdre momentanément ses qualités olfactives, ce qui complique la tâche du dégustateur.

reflet *nm* ***gleam***
Image provenant de la réflexion de la lumière par la surface d'un corps. Nuance de couleur.

reflet *nm* ***hue, tint***
Pointe de lumière réfléchie sur la robe d'un vin. Synonyme : **brillance**.

refléter *v* ***to reflect***
Renvoyer la lumière, la couleur sur un corps voisin.

réfractomètre *nm* ***refractometer***
Appareil servant à mesurer la richesse en sucre des **moûts**. Cet appareil fonctionne sur le principe des variations de l'indice de réfraction de la lumière selon la composition d'un liquide. Synonyme : **mustimètre**.

réfrigérant *adj* ***cooling***
Qui abaisse la température. Pour abaisser la température de fermentation, les vignerons peuvent faire couler un liquide réfrigérant sur les parois de la cuve d'inox.

réfrigération *nf* ***refrigeration***
Abaissement artificiel de la température.

refroidir *v* ***to cool, to chill***
Abaisser la température. Souvent, le vigneron doit refroidir ses cuves en fermentation avec des appareils de refroidissement.

refroidisseur *nm* ***cooler***
Appareil servant à refroidir le **moût** en fermentation par ruissellement d'eau fraîche dans un **serpentin**.

rège *nf* ***row***
Terme sous lequel les Bordelais désignent un **rang** de vigne.

régie *nf* ***excise office***
Administration chargée de la perception directe des impôts pour l'état.

région (viticole) *nf* ***viticultural region, area***
Partie d'un pays qui doit son unité à des caractéristiques physiques (climat, relief) ou humaines (**encépagement**, méthodes de production) communes. Dans l'Union européenne, le concept de **terroir** sous-tend la catégorie des **VQPRD**, vins de qualité produits dans une région déterminée.

Région de Mercurey *nf*
Ancien nom de la **Côte Chalonnaise**, en Bourgogne.

régional *adj* ***local***
Adjectif appliqué à tout vin produit dans une région donnée et non dans un vignoble particulier.

régionale (appellation) *adj* ***regional***
Appellation donnée aux vins récoltés dans l'ensemble du territoire viticole d'une même région. Les vins d'appellations régionales peuvent présenter des caractéristiques organoleptiques très variables, surtout en Bourgogne.

régisseur *nm* ***estate manager, superintendent (US)***
Personne chargée d'administrer, de gérer un domaine viticole.

réglementation *nf* ***rules, regulations***
Ensemble des mesures légales et réglementaires régissant un secteur d'activité. La réglementation des **AOC** est très stricte.

réglisse *nf* ***liquorice***
Arôme discrètement épicé pouvant se révéler à la dégustation d'un vin. Les dégustateurs le détectent surtout en **rétro-olfaction** dans les vins du **Beaujolais** et ceux de **Gevrey-Chambertin**.

Régnié *n*
AOC. Le dixième cru du Beaujolais créé en 1988 situé en gros entre **Morgon** au nord et **Brouilly** et **Côtes** de **Brouilly** au sud. Vins rouges aromatiques au nez de framboise et de mûre.

réhoboam *nm* ***rehoboam***
Grosse bouteille de **Champagne** d'une contenance de six bouteilles, soit 4,50 litres. *Voir annexe.*

Reichensteiner *nm*
Cépage blanc issu d'un triple **croisement** entre le **Müller-Thurgau,** le cépage de raisin de table français **Madeleine Angevine** et le cépage italien Calâbrais précoce. Il a été planté en Allemagne et en Angleterre sans toutefois donner de résultats probants.

Reims *n* ***Rheims***
Attention à l'orthographe anglaise de la capitale du Champagne !

Reinheitsgebot *nm*
Loi instaurée par le duc de **Bavière** Wilhelm IV en 1516 pour préserver la pureté (Reinheit) de la bière. Les brasseurs étaient tenus d'utiliser comme seuls ingrédients l'eau, l'orge **malté** et le **houblon**. Désormais le blé, le seigle, les glanures, les pois et les haricots étaient interdits. Lors de la création de la République Fédérale Allemande après la seconde guerre mondiale, cette loi fut applicable dans tout le pays et les Allemands furent soupçonnés de l'utiliser à des fins protectionnistes. En 1987, la Cour de justice européenne a exigé que l'Allemagne permette l'importation de bières étrangères.

relations publiques *nf pl* ***public relations***
Outil de communication visant à créer, établir, maintenir ou améliorer la confiance, la compréhension et la sympathie du public par le moyen de communiqués de presse, de visites

d'entreprises, de journées "portes ouvertes," de dégustations, de foires, de salons ou de mécénat. La création de la **confrérie des chevaliers du Tastevin**, pendant les années 1930, est un succès des relations publiques qui a contribué à faire sortir la Bourgogne de la crise dans laquelle elle était plongée.

relevage *nm* ***tying up***
Tâche viticole consistant à placer les **pampres** qui poussent dans toutes les directions entre les deux fils médians du **palissage** et de les resserrer avec une attache en métal ou en plastique. Le relevage facilite le passage du tracteur et l'aération des grappes.

relevé *adj* ***highly seasoned, spicy***
Synonyme de : "épicé".

relevé cadastral *nm* ***official survey***
Extrait, copie de la partie du cadastre sur laquelle figurent l'emplacement et la surface d'une propriété foncière.

relevé de compte *nm* ***statement of account***
Liste de la situation et des opérations bancaires récentes d'un titulaire de compte fournie par une banque.

remembrement *nm* ***land consolidation, reparcelation, regrouping***
Aménagement foncier qui a pour but de substituer au morcellement excessif des terres, des parcelles moins nombreuses et d'accès plus facile. Le remembrement des terres viticoles ne semble pas être une idée très réaliste en raison de l'incroyable diversité des **terroirs**.

remise *nf* ***shed***
Local servant au rangement d'outils ou de matériel.

remise *nf* ***rabate***
Réduction que l'on fait à un débiteur d'une partie de sa dette.

remontage *nm* ***pumping over***
Tâche consistant à prendre du jus dans la partie inférieure d'une cuve en fermentation pour l'amener à la partie supérieure avec une pompe, ce qui permet d'homogénéiser le **moût**, de l'aérer (donc d'éviter les risques de **réduction** et de stimuler la fermentation) et d'empêcher la dessication du **chapeau**.

remontage de terre *nf* ***moving washed-away earth back-up***
Remise en place de la terre entraînée au bas d'un coteau par le ruissellement dû à des orages.

remontant *nm* ***pick-me-up, tonic***
Boisson qui redonne de la force.

remontée des lies *nm* ***disturbance of the lees***
Mouvement des lies qui troublent le vin à l'intérieur d'un tonneau.

remontée naturelle des lies *nf* ***natural mixing up of the lees***
Mélange naturel des lies avec le vin.

remorque à vendanges *nf* ***grape-cart, gondola (US)***
Véhicule utilisé par le vigneron pour acheminer la vendange intacte aux *chais*.

remplacement des ceps *nm* ***replacement of vines***
Travail de printemps consistant à repiquer des plants à la place des ceps morts au cours de l'année précédente dans des trous préparés à l'automne.

remplacer *v* ***to replace***
Repiquer des plants à la place de ceps morts.

remplir *v* ***to fill up***
Maintenir un fût toujours plein en le remplissant régulièrement avec le même vin, au fur et à mesure de l'évaporation afin d'éviter l'oxydation. Synonyme : **ouiller**.

remplissage *nm* ***filling, topping up***
Tâche consistant à maintenir un fut toujours plein en le remplissant régulièrement afin d'éviter l'oxydation. Synonyme : **ouillage**.

remuage *nm* ***riddling***
En Champagne, action de tourner les bouteilles disposées sur un **pupitre**, **goulot** en bas tous les jours d'un quart de tour jusqu'à ce que le **dépôt** de **levures** mortes repose contre le bouchon. Le remuage est rendu possible par le fait que dans ce processus, la bouteille passe de la position horizontale à la position verticale, goulot en bas. Le goulot est ensuite gelé et le dépôt éjecté lors du **dégorgement**.

Traditionnellement, le remuage était effectué à la main mais aujourd'hui, le recours aux **giropalettes** est habituel. L'origine du remuage est attribuée Nicole-Barbe Ponsardin plus connue sous le nom de Veuve Clicquot. → *A/F* **Riddling**.

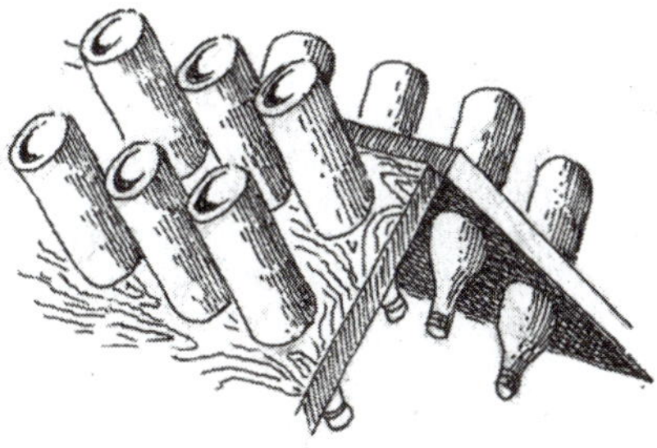

remuer *v* ***to riddle***
Faire tourner les bouteilles de Champagne d'un quart de tour tous les jours.

remueur *nm* ***riddler***
Personne chargée de remuer les bouteilles de Champagne sur leur pupitre. Le remueur qui, dans la pratique de son art, allie délicatesse et énergie, est le garant de la **limpidité** du Champagne !

Rémy-Cointreau *n*
Groupe familial basé à Cognac comprenant également des maisons de Champagne.

renardé *adj* ***foxy***
Se dit des arômes sauvages ou **foxés** d'un vin.

rendement *nm* ***yield***
Quantité de vin produite sur une superficie donnée. Le rendement s'exprime en général par le nombre d'hectolitres à l'hectare (hl / ha). En viticulture, les rendements élevés ne sont pas souhaitables et les bons vignerons ont à cœur de respecter la discipline des rendements.

rendement en jus *nm* ***free run yield***
Rapport entre la partie solide et la partie liquide du raisin. Plus la partie solide est importante, plus il y a de concentration dans le jus. Quand le vigneron juge que la partie liquide est trop élevée, il pratique une **saignée** avec laquelle il peut faire un vin rosé.

rendzine *nf* ***rendzina***
Sol formé sur une roche-mère **calcaire** et contenant de nombreux cailloux calcaires dans une matrice **argileuse** rougeâtre.

renfermé *adj* ***fusty***
Odeur de **moisi** pouvant caractériser certains vins provenant d'un mauvais tonneau.

renforcé *adj* ***reinforced, fortified***
Terme appliqué à un vin **viné**.

renouveler *v* ***to renew***
Substituer une chose à une autre qui ne convient plus.

rentable *adj* ***profitable***
Attention : ne pas traduire rentable *par rentable !*
Lucratif, qui donne un bénéfice satisfaisant.

rentabilité *nf* ***profitability***
Caractère de ce qui est rentable.

repiquage *nm* ***transplanting***
Transplantation d'un jeune plant de vigne pour remplacer un cep mort. Le repiquage s'effectue au printemps.

repiquer *v* ***to plant out***
Transplanter un jeune plant pour remplacer un cep mort.

repos végétatif *nm* ***dormancy***
Phase hivernale du cycle végétatif de la vigne au cours de laquelle les bourgeons sont entièrement recouverts par deux écailles protectrices.

représentant *nm* ***agent, representative, rep***
Personne dont le métier est de rendre visite à la clientèle d'une entreprise pour lui proposer des contrats.

représenter *v* ***to represent, to be agent for***
Agir au nom de quelqu'un en vertu d'un mandat qu'on a reçu.

répression des fraudes *nf* ***Fraud squad***
Administration veillant au respect des lois concernant la production et la vente des vins et des spiritueux. Elle s'intéresse notamment

aux cas de falsification, de mouillage, de publicité mensongère...

répugnant *adj* ***disgusting***
Qui inspire de l'écoeurement, du dégoût.

réseau de distribution *nm* ***distribution network***
Ensemble du circuit de commercialisation d'un produit depuis le moment où il est stocké chez le producteur jusqu'à celui où le consommateur final en prend possession.

réséda *nm* ***mignonette***
Arôme floral assez fade pouvant se révéler à la dégustation d'un vin blanc.

reserva *n*
Terme utilisé en Espagne et au Portugal pour signifier que des vins présentent certains critères de qualité. Par exemple en Espagne, un rouge ***reserva*** doit avoir été élevé pendant au moins trois ans dont au moins un en fût de chêne avant d'être mis sur le marché.

réserve (vins de —) *nf* ***reserve***
En Champagne, vins tranquilles d'années antérieures que l'on conserve pour les **assembler** avec les vins d'une année donnée qui sera champagnisée mais ne pourra, bien sûr, pas être **millésimée**. En gardant des vins de réserve pour les assembler plus tard, le producteur cherche à faire des vins équilibrés. Dans d'autres régions viticoles, ce terme peut signifier "**vieux vin**" ou "**vieux Cognac**".

réservoir *nm* ***reservoir***
Bassin qui peut être construit par l'homme, où l'eau est retenue.

réservoir d'irrigation *nm* ***irrigation pond***
Bassin où l'eau peut être gardée en réserve pour être utilisée lors de l'irrigation d'une vigne.

résidu *nm* ***residue***
Restes des substances soumises à l'action de divers agents.

résiduel (sucre —) *adj* ***residual***
Sucre n'ayant pas été transformé en alcool au cours de la fermentation. Même les vins secs contiennent du sucre résiduel, en général 0,2 %.

résine *nf* ***resin***
Substance extraite de pins, soluble dans l'alcool, que les Grecs ajoutent aux vins blancs et rouges clairs. Le **retsina**, vin ainsi obtenu est très populaire en Grèce.

résiné *nm* ou **vin résiné** *adj* ***resinated wine***
Vin légèrement additionné de résine.

résistant *adj* ***resistant***
Qui offre de la résistance. En viticulture, une variété résistante est une espèce variétale qui ne permet pas la multiplication d'un **ravageur** et qui entraîne la réduction de ses effectifs dans la parcelle.

résonance magnétique nucléaire *nf* ***resonance***
Technique scientifique fondée sur l'émission de radiations, permettant de détecter l'origine du sucre contenu dans le vin afin de prouver, le cas échéant le délit de **mouillage**.

respiration *nf* ***respiration***
Mise en contact du vin avec l'oxygène.

respirer *v* ***to breathe***
Pour un vin : entrer en contact avec l'air, s'oxyder. Les vins rouges jeunes, en raison de leur richesse tannique ont besoin de respirer. C'est pourquoi il vaut mieux ouvrir la bouteille une heure avant de la boire afin de pouvoir mieux apprécier le **bouquet** du vin.

restaurant *nm* ***restaurant***
Débouché intéressant pour le prestige d'une maison de vins dans beaucoup de pays. Hélas, les prix souvent prohibitifs des vins sur la carte sont moins intéressants pour les clients.

restructuration d'un vignoble *nf* ***vineyard restructuring operation***
Démarche, généralement d'origine institutionnelle, visant à adapter la demande au marché.

résultante des saveurs *nf* ***tasting balance***
Balancement heureux entre les diverses sensations gustatives d'un vin. Synonyme : **équilibre**.

resvératrol *nm* ***resvératrol***
composé **phénolique** présent dans les pellicules de certains cépages, rouges notam-

ment. Il donnerait une résistance au raisin face aux attaques fongiques. Les chercheurs de l'Institut Jules Guyot de Dijon ont mis en lumière le rôle du resvératrol dans le vin et démontré qu'il exerce un effet protecteur contre les risques de maladies cardiovasculaires chez l'homme. En outre, il a des vertus anti-inflammatoires et réduit les risques de cancer.

rétro-olfaction *nf* ***retro-olfaction***
Lors de la dégustation : perception d'arômes qui n'auraient pas été perçus en olfaction directe. Pour libérer des arômes peu **volatils** qui n'ont pas été immédiatement perçus, le dégustateur reprend une gorgée de vin et aspire de l'air entre les dents.

retsina *nm* ***retsina***
Vin grec légèrement additionné de résine. Synonymes : **vin résiné**, **résiné**.

Reuilly *n*
AOC. Petite ville à l'ouest de **Sancerre** dans la partie centrale de la vallée de la **Loire**. Les vins rouges sont faits avec du **pinot noir**, les blancs avec du **sauvignon blanc** et un petit volume de rosé est fait avec du **pinot gris**.

révéler *v* ***to reveal***
Dévoiler, faire connaître ce qui était inconnu, faire apparaître.

revêtement *nm* ***coating, sheating***
Dépôt effectué sur un matériau pour lui conférer des propriétés particulières. Dans certains domaines, les **moûts** fermentent dans des cuves d'acier qui ont un revêtement d'émail.

Rheingau *n*
Région de la vallée du **Rhin** située entre Mayence et Bingen, produisant quelques uns des meilleurs vins allemands.

Rheinhessen *n*
Région viticole allemande située dans le Land de Hesse à l'intérieur d'une courbe du Rhin produisant des vins simples et sucrés.

Rhône (Vallée du —) *nm* ***Rhône valley***
Région viticole s'étendant, en gros, de Vienne, au sud de Lyon à la Méditerranée. En fait, on distingue deux parties : la partie nord et la partie sud. Le nord des Côtes du Rhône est relativement petit si on le compare avec le sud mais il produit des vins superbes tant en rouge : **Côte Rôtie**, **Hermitage** qu'en blanc : **Condrieu**, **Hermitage**. Les cépages **syrah** (rouge) et **viognier** (blanc) prédominent. Le sud est associé avec des vins rouges robustes souvent à base de **grenache**. On trouve toutes sortes d'appellations, allant de l'appellation régionale **Côtes-du-Rhône** aux appellations communales comme **Châteauneuf-du-Pape**, **Gigondas**, **Lirac**, **Vacqueyras** et aussi **Tavel** pour le rosé. *Voir carte → p. 74.*

Rhône Rangers *nm pl* ***Rhône Rangers***
Surnom donné aux producteurs californiens qui plantent des cépages des Côte du Rhône : **viognier**, **grenache**, **syrah**... Jeu de mots avec l'expression lone ranger, cow boy solitaire, découvreur solitaire. Il faut imaginer Lucky Luke vigneron !

rhubarbe *nf* ***rhubarb***
Arôme végétal pouvant se révéler à la dégustation d'un vin.

rhum *nm* ***rum***
Spiritueux obtenu par la distillation de canne à sucre ou de **mélasses** fermentées et produit principalement dans les Antilles anglaises et françaises.

rhum agricole *nm*
Rhum obtenu en distillant la **mélasse** fermentée (aussi appelée "**vesou**").

rhum de sucrerie *nm*
Rhum obtenu en distillant les **mélasses** résiduelles après extraction du sucre de canne.

rhum vieux *nm*
Rhum agricole de plus de trois ans.

Ribera del Duero *n*
DOC de la vallée du **Duero**, en Espagne. Cette région située au nord de Madrid fait partie d'une plus vaste région, celle de Castille et Leon. Au cours des vingt dernières années, la réputation de ses vins est allée croissante. Le cépage **trempanillo**, connu localement sous le nom de **tinto fino** ou *tinto del pais* donne des vins corsés, tanniques et de longue garde.

Ricard *nm* ***ricard***
Célèbre marque de pastis, apéritif de couleur jaune, au fort goût d'anis, qui doit être bu dilué dans l'eau.

Riceys (les) *n*
AOC. Village du départment de l'Aube dont les vignes produisent du **Champagne** ainsi qu'un vin rosé fait à partir de **pinot noir** et connu sous le nom d'AOC Rosé des Riceys. La production de rosé reste assez faible.

riche *adj* ***flavored***
Se dit d'un vin de belle couleur, fort en alcool, fruité, ample et puissant, montrant un bel équilibre entre le fruité et la longueur.

Richebourg *n*
AOC. Grand cru de la **Côte de Nuits**, situé à **Vosne-Romanée**, donnant des vins rouges alliant puissance et velouté.

richesse *nf* ***richness***
Caractéristique d'un vin de belle couleur, fort en alcool, ample et puissant montrant un bel équilibre entre le fruité et la longueur.

richesse en alcool *nf* ***alcohol level***
Expression synonyme de "teneur en alcool".

richesse en sucre *adj* ***sugar content***
Expression synonyme de "teneur en sucre".

riesling *nm* ***riesling***
Cépage blanc noble qui a fait la réputation des vins d'**Alsace**, du **Rhin** et de la **Moselle**, l'un des "cinq cépages classiques du monde" selon l'auteur britannique Jancis Robinson. En tout cas, il est considéré comme le cépage le plus noble d'Alsace. Le riesling produit des vins de garde secs aux arômes de fleurs et de tilleul qui évoluent parfois vers des notes de pétrole avec l'âge. En bouche, les rieslings présentent une bonne structure acide et sont racés. On peut faire d'excellentes **vendanges tardives** avec le riesling et l'Allemagne en fait des vins **moelleux** mais ce cépage s'adapte bien à des terroirs et des latitudes divers. On le trouve en Europe centrale aussi bien que dans le **nouveau monde**.

rigoureux *adj* ***rigorous, harsh***
Quand il est appliqué à l'hiver, cet adjectif signifie pénible, difficile, âpre.

rigoureux *adj* ***strict***
Quand il est appliqué à une personne ou à l'analyse **organoleptique** d'un vin, il signifie précis, exact, strict.

rince-bouteilles *nm* ***bottle-washer***
Appareil pour rincer les bouteilles. Synonyme : **rinceuse**.

rincer *v* ***to rinse out***
Nettoyer en lavant à l'eau.

rinceuse *nf* ***rinser, bottle-rinsing machine***
Appareil pour rincer les bouteilles. Synonyme : rince-bouteilles.

Rioja *nf* ***Rioja***
DOCa. Région viticole du Nord de l'Espagne sans aucun doute la plus connue de ce pays. Elle est située au sud de l'Ebre dans la partie septentrionale de l'Espagne et peut être subdivisée en trois aires. Du nord-ouest au sud-est, on trouve la Rioja alta, la Rioja Alavesa et la Rioja Baja. L'altitude, les sols et les cépages varient selon les sous-régions. La Rioja est généralement associée avec les vins rouges élaborés à partir du cépage **tempranillo** mais elle produit aussi des vins rosés à partir de rosado et des blancs à partir de **macabeu**, **malvoisie** et **garnacha blanca** ou **grenache blanc**.

ripasso *adj*
Terme italien utilisé pour caractériser certains **Valpolicella** qui ont été mis sur des lies d'**amarone**, fait avec des raisins du cépage **passito** séchés après la vendange. Les vins *ripasso* ont plus de corps.

Ripley *nm* ***ripley***
Cépage hybride américain produisant des raisins de table et des raisins à vin blanc sec.

Riquewihr *n*
AOC. Village alsacien très touristique produisant des vins qui figurent parmi les meilleurs de la région.

riserva *n*
Mot italien signifiant *"réserve."* Ce terme peut être utilisé pour un vin **DOC** ou **DOCG** qui a vieilli pendant un nombre d'années qui varie enfonction de l'appellation.

rivaner *n*
Nom donné au cépage **Müller-Thurgau** au Luxembourg.

Rivesaltes *n*
AOC. Appellation d'origine contrôlée du Roussillon désignant des vins doux naturels pouvant être rouges, blancs, tawny ou **rancio**. Il existe aussi une appellation *muscat de Rivesaltes*.

riz (alcool de) *nm*
Liqueur japonaise titrant entre 12° et 16°, obtenue par distillation de riz fermenté. Synonyme : **saké**. Le riz peut aussi être utilisé dans la production de la **bière**.

rizling *nm*
Variation orthographique du mot "**riesling**" que l'on trouve dans pays d'Europe centrale.

RM *nm*
Abréviation de **Récoltant Manipulant.** *(Voir ce mot).*

RMN *nf*
Abréviation de **Résonance Magnétique Nucléaire**, moyen permettant de dépister la surchaptalisation des **moûts**.

robe *nf* ***robe, colour (GB) color (US), hue***
Synonyme de couleur du vin.

Robertson *n*
District viticole sud-africain faisant partie de la Breede River Valley, à l'est de CapeTown au climat chaud. Mais il produit de bons **chardonnays** et de bonnes **syrahs**.

robinet *nm* ***tap, faucet***
Appareil permettant d'établir ou de suspendre l'écoulement d'un liquide contenu dans une cuve ou un tonneau.

robuste *adj* ***robust, hardy, sturdy***
Se dit d'un vin à l'acidité et / ou à la teneur en tannins encore élevées.

roche *nf* ***rock***
Matériau constitutif de l'écorce terrestre, formé d'un agrégat de minéraux de composition et de structure homogènes.

rocher *nm* ***rock***
Grande masse de pierre dure.

rocheux *adj* ***rocky***
Couvert, formé de roches.

roche mère *nf*
Roche dure ou meuble dont dérive, par altération superficielle, le sol qui est en surface.

Roederer (Louis) *n*
Maison de **Champagne** rémoise fondée en 1760 à laquelle Louis Roederer donna son nom en 1833. Il réussit à percer le marché russe. Cette maison a un splendide domaine et est connue pour sa cuvée "Cristal" tout d'abord créée à la demande du tsar Alexandre II. Elle était alors présentée dans une bouteille de cristal transparent.

rognage *nm* ***clipping, topping, trimming***
Tâche consistant à couper les **rameaux** verts superflus afin de permettre non seulement une meilleure aération et un meilleur ensoleillement des grappes, mais aussi d'éviter la **coulure** au moment de la floraison. On effectue en général deux ou trois rognages en été. Synonyme : **écimage**.

rogner *v* ***to clip, to top, to trim***
Tailler l'extrémité des **pampres** de la vigne. Synonyme : **écimer**.

rogneuse *nf* ***trimmer, rotary topper***
Appareil consistant en deux lames verticales et une lame horizontale adapté sur le tracteur pour **rogner** mécaniquement la vigne.

Rolin (Nicolas) *n*
Chancelier du duc de Bourgogne Philippe le Bon. En 1443, il fit construire l'**Hôtel-Dieu** de Beaune. Chaque année, la vente aux enchères des vins des **hospices de Beaune**, la *"plus grande vente de charité du monde,"* a lieu le troisième dimanche de novembre.

rolle *nm* ***rolle***
Cépage blanc du Midi de la France cultivé essentiellement dans le Var, version provençale du **vermentino** corse.

Romanée la *nf*
AOC. La plus petite des six appellations **grand cru** (exclusivement rouges) de Vosne-Romanée (0,85 hectare.)Vin robuste, superbe et de longue garde.

Romanée-Conti *n*
AOC. Le plus prestigieux des Romanée, vin rouge très fin et très équilibré produit à

Vosne-Romanée sur une parcelle de 1,80 hectares, **monopole** du Domaine de la Romanée-Conti. Selon une légende tenace, le prince de Conti, protecteur de Jean-Jacques Rousseau aurait disputé l'acquisition de ce domaine mythique à Madame de Pompadour, mais cette légende était sans fondement, la favorite de Louis XV s'intéressant beaucoup plus au **Champagne**, *"le seul vin qui laisse une femme belle après boire"* qu'au Bourgogne.

Romanée-Saint-Vivant *n*
AOC. Grand cru de Vosne-romanée (9,40 hectares.) qui appartint aux **cisterciens** de l'abbaye de Saint-Vivant. Vins solides, charpentés, harmonieux et très distingués.

romarin *nm* ***rosemary***
Arôme pouvant se révéler à la dégustation d'un vin.

rond *adj* ***well-rounded***
Vin dans lequel les **aspérités** dues aux tanins et à l'acidité ont disparu, lui apportant ainsi de l'équilibre et de la souplesse.

rondeur *nf* ***roundness***
Equilibre d'un vin dans lequel les **aspérités** dues aux tannins et à l'acidité ont disparu ; terme employé aussi pour le cognac.

rongeur *nm* ***rodent***
Petit mammifère nuisible aux cultures possédant de longues incisives taillées en biseau et coupantes et des molaires râpeuses. Les vignerons redoutent les lapins qui mangent les **greffes** des jeunes plantations ou celles qui sont plantées en remplacement de ceps morts. C'est pourquoi ils les entourent de manchons en matière plastique.

rosado *adj*
Mot espagnol signifiant "**rosé**."

rosato *adj*
Mot italien signifiant "**rosé**."

rose *nf* ***rose***
Arôme floral pouvant se révéler à la dégustation d'un grand cru rouge assez vieux ainsi que d'un **muscat** fin. On peut aussi le trouver dans certains vins blancs d'Alsace ou d'Allemagne. Dans le Bordelais, en Champagne, parfois en Bourgogne, des rosiers sont plantés à l'extrémité des rangs pour la décoration. Autrefois, ils avaient un rôle utilitaire car, très sensibles à l'**oïdium**, ils prévenaient les vignerons des attaques de cette maladie **cryptogamique.**

rosé *nm* ***rosé wine***
Vin obtenu avec des raisins rouges et vinifiés selon une méthode intermédiaire entre la vinification en rouge et la vinification en blanc, soit par **pressurage** direct, soit par **saignée.** En dépit d'une croyance tenace, il ne résulte pas d'un assemblage de vin rouge et de vin blanc, cette méthode étant strictement interdite, à l'exception du **Champagne rosé** qui peut être vinifié en assemblant du vin des **coteaux champenois** rouge avec un Champagne blanc. Le rosé qui a l'image d'un vin d'été, d'un vin de pique nique ou d'un vin de barbecue mérite d'être considéré comme un vin à part entière.

rosé *adj* ***blush***
Teinté de rose.

rosé de saignée *nm* ***bled rosé***
Vin rosé obtenu par une courte **cuvaison** des raisins rouges (de 6 à 24 heures) avant le pressurage. Le rosé termine sa fermentation alcoolique dans des tonneaux ou des **foudres**.

rosée *nf* ***dew***
Fines gouttelettes résultant de la condensation de la vapeur d'eau atmosphérique à la fin de la nuit. Une abondante rosée matinale constitue unfacteur de **pourriture** de la vigne. L'**orientation** est des coteaux d'Alsace et de Bourgogne est excellente car elle permet au soleil levant de sécher la rosée qui recouvre les feuilles de vigne.

Roseworthy *n*
Université australienne réputée pour ses études de viticulture et d'œnologie.

rosier *nm* ***rosebush***
Dans le Bordelais et dans d'autres régions viticoles, des rosiers sont plantés à l'extrémité des rangs. S'ils apportent aujourd'hui une note décorative, ils servaient jadis à prévenir les vignerons des attaques d'**oïdium**, le rosier étant atteint avant la vigne.

rossara *nm* ***rossara***
Cépage noble italien donnant des vins rouges de qualité. Il est cultivé dans la région **Trentin-Haut-Adige**.

rotative (cuve —) *adj* ***roto-tank***
Cuve qui peut tourner pendant que le moût fermente à l'intérieur.

rotavator *nm* ***rotary hoe***
Motoculteur permettant de bêcher et d'ameublir le sol d'une vigne.

Rotgipfler *nm* ***Rotgipfler***
Cépage blanc cultivé en Autriche.

rôti *adj* ***roasted***
Des raisins rôtis sont des raisins flétris affectés par la **pourriture noble**.

rôti *adj* ***roasted***
Arôme caractéristique de vins faits avec des raisins **surmûris**, évoquant le pain grillé ou les fruits secs. Synonyme : **figué**.

rôtir *v* ***to roast***
Dessécher, brûler sous l'action d'un soleil violent.

rouanne *nm* ***gimlet, auger***
Sorte de vrille utilisée par le tonnelier.

rouge *adj* ***red***
Couleur du vin semblable à celle des cerises et des coquelicots. Le vin rouge est obtenu par la fermentation du jus de raisins noirs dans les peaux qui lui donnent sa couleur. Il existe deux nuances de rouge pour les vins : rubis et grenat.

rougeau parasitaire ou **rougeot parasitaire** *nm* ***brenner***
Maladie **cryptogamique** de la vigne due à une blessure qui empêche la sève de circuler. Synonyme : **brenner** *(Voir ce mot.)*

rouge pelure d'oignon *adj* ***onion skin red***
Se dit de la couleur d'un vin rouge en phase de déclin.

rouge-cerise *adj* ***cherry-red***
Se dit de la couleur rouge vif d'un vin.

rougir *v* ***to redden***
Devenir rouge. Il ne faut pas faire macérer les raisins trop longtemps si l'on ne veut pas que le vin rosé rougisse trop.

Roumanie *nf* ***Romania***
Pays viticole d'Europe de l'Est produisant quelques très bons vins. Ce pays de longue tradition viti-vinicole a adopté des cépages français et italiens tels que le **pinot gris**, le **chardonnay**, le **sauvignon** et le **riesling** pour les vins blancs, le **merlot**, le **cabernet sauvignon** et le **pinot noir** pour les vins rouges mais il continue de produire des vins à partir d'excellents cépages locaux. Les principales régions de production de ce pays continental qui est situé à la même latitude que la France sont, d'ouest en est la Transylvanie (vins **moelleux**,) la Valachie (riesling,) la région au nord-est de Bucarest (vins blancs et effervescents,) le district de Vrancea qui est la plus vaste région viticole du pays, le vignoble de Cotnari sur les contreforts des Carpates, qui produit un vin de dessert au bouquet très fin et la Dobroudja (riesling.)

roussanne *nf* ***roussanne***
Cépage blanc de la vallée du Rhône donnant des vins aux arômes intenses et élégants. Ce cépage, ainsi nommé en raison de la couleur roussâtre de ses grains, est en général assemblé avec le cépage **marsanne** pour produire des vins comme l'**Hermitage**, le **Crozes-Hermitage**, le **Saint-Joseph**. Toutefois, c'est le plus délicat des deux. C'est aussi l'un des 4 cépages blancs autorisés pour le **Châteauneuf-du-Pape**.

roussette *nf* ***roussette***
Synonyme savoyard de **roussanne**. Cépage surtout cultivé en Savoie donnant des vins blancs secs.

roussi *adj* ***singed***
Odeur **empyreumatique**, odeur de brûlé.

Roussillon *nm*
Ancienne province de France, région viticole du Midi située dans les Pyrénées Orientales, produisant des vins rouges et des **vins doux naturels**. On trouve, en outre, dans cette région de bons vins blancs et rosés.

roux *adj* ***red***
Couleur que peut avoir la **robe** de la bière.

Royaume Uni *nm* ***United Kingdom***
Le Royaume Uni est surtout connu pour être un grand marché de vin et un pays producteur de whisky mais la viticulture se développe en **Angleterre**.

Royat *n*
Voir **cordon de Royat, taille**.

rubis *adj* ***ruby***
Se dit de la couleur rouge vif nuancée de reflets rosés d'un vin.

ruby cabernet *nm*
Croisement réalisé par l'Université de Californie à Davis entre le **cabernet sauvignon** et le carignan. Ce cépage est planté dans la vallée centrale de Californie mais les vins produits ne sont pas à la hauteur des espérances.

Ruchottes-Chambertin *n*
Aoc. Lieu-dit de 3,50 hectares, le second plus petit par la taille des Chambertin. Il donne un grand cru rouge produit à partir de pinot noir. Vins fermes de longue garde.

rude *adj* ***astringent***
Se dit d'un vin très **astringent**.

Rüdesheim *n*
Village de **Rheingau**. Les vignobles de la région produisent d'excellents vins mais Rüdesheim bénéficie d'une grande notoriété touristique. Dans la Drosselgasse (*"rue de la grive"*), ruelle étroite et pentue, on boit beaucoup de bon vin pendant la saison des vacances.

ruffiac *nm* ***ruffiac***
Autre nom du cépage blanc "**arrufiac**" assemblé avec le courbu, le **petit** et le **gros manseng** dans la production de vins du sud-ouest, le **Pacherenc-du-Vic-Bilh** notamment.

rugueux *adj* ***rough, harsh***
Se dit d'un vin présentant des **aspérités** dues à la présence excessive de tanins ; employé pour le cognac.

Ruinard *n*
Doyenne des maisons de Champagne, fondée en 1729 à **Reims** par Nicolas Ruinard. Depuis 1963, cette maison fait partie du groupe **LVMH**. Ses cuvées de prestige portent le nom de Dom Ruinard, ami de **Dom Pérignon**, oncle du fondateur de la maison.

Ruländer *nm* ***Ruländer***
Nom allemand du **pinot gris** ou **pinot-beurrot**.

ruisseau *nm* ***stream, creek, brook***
Petit cours d'eau.

ruissellement *nm* ***water-erosion***
Ecoulement rapide des eaux pluviales sur les pentes des vignobles.

Rully *n*
AOC. Village de la **Côte Chalonnaise**. Vins rouges légèrement tanniques, vins blancs plaisants et équilibrés. Rully est aussi considérée comme la capitale du **crémant de Bourgogne**.

Rupestris (vitis —) *n*
Espèce américaine de la famille **vitis** fréquemment utilisée dans le développement de porte-greffes résistant au phylloxéra.

rural *adj* ***rural***
Qui concerne la campagne. Cet adjectif s'applique aussi à une méthode de vinification des **vins effervescents** qui ne comporte aucune **fermentation secondaire**. Elle consiste à interrompre la fermentation alcoolique en cuve pour la laisser terminer en bouteille. Le gaz carbonique est produit au cours de la phase finale de la fermentation en bouteille. Aucun **dégorgement** n'est effectué.

Russian River Valley *nf*
AVA. Cette partie de la **Californie** qui fut un moment occupée par des colons envoyés par le tsar quand l'Alaska appartenait à la Russie, est une région viticole située dans le comté de **Sonoma**. Le climat est en général assez frais et l'on y produit des vins blancs ainsi que des vins rouges vinifiés à partir du cépage **zinfandel**.

Russie *nf* ***Russia***
Important pays producteur de vin d'Europe Orientale. La viticulture s'est surtout développée au bord de la Mer Noire et a été encouragée dans le cadre de la lutte anti-alcoolique prônée par Gorbachev. L'éclatement de l'Union Soviétique a eu pour conséquence l'indépendance de beaucoup de régions de l'ex-empire : **Moldavie**, **Crimée** (qui a été rattachée à l'**Ukraine**,) Azerbaidjan, Géorgie, Arménie… Aujourd'hui, la vigne est cultivée dans la vallée inférieure du Don (vins rouges et blancs,) sur le flanc du Caucase, dans la région de Stavropol (vins blancs) et la région de Krasnodar (riesling, aligoté, sauvignon, cabernet sauvignon.) Cette dernière région produit aussi des vins **mousseux**, des **vins de desserts** et des vins **mutés**.

En outre, la Russie produit beaucoup de **bière** et est connue pour sa **vodka**.

rustaud *adj* ***brutish, common***
Qualificatif appliqué à un vin commun, manquant de finesse, quelconque.

rustique *adj* ***rustic***
Se dit d'un vin ou d'un cognac aux arômes de terre, sans beaucoup de finesse mais pouvant avoir du caractère.

rustre *adj* ***brutish***
Qualificatif appliqué à un vin grossier, sans élégance.

rutilant *adj* ***glowing***
D'un rouge éclatant.

Ruwer *nf*
La Ruwer est un affluent de la Moselle et sa vallée fait partie de la région **Mosel-Saar-Ruwer**. Elle produit de bons vins blancs fait à partir des cépages **Müller-Thurgau** et **riesling** plantés sur des sols pierreux gris.

S

saaz *n*
Variété de **houblon** nommée d'après la ville tchèque de Zatec (Saaz en allemand,) maintenant utilisée pour brasser les bières **Pils** les plus fines du monde.

sable *nm* sand
Sédiment détritique meuble formé de petits grains de quartz dont la taille varie de 0,02 à 2 millimètres.

sable (vin de) ***sand wine***
Vin produit sur des sols sablonneux que le **phylloxéra** n'affectionne pas, ce qui permet de planter des vignes non **greffées**.

sabler *v* ***to crack (Champagne) open***
Boire (le plus souvent du Champagne) à l'occasion d'une réjouissance.

sablonneux *adj* ***sandy***
Se dit d'un sol composé de beaucoup de sable.

sabrer *v* ***to saber***
Ouvrir une bouteille (de vin **effervescent**, généralement de **Champagne**) en faisant sauter le goulot avec le tranchant d'un sabre.

saccharides *nf* ***saccharides***
Ancien nom des polysaccharides. Glucide naturel formé par la condensation de plusieurs glucides simples (**glucose**, **fructose**...).

saccharification *nf* ***saccharification***
Transformation en **glucose** (**saccharose**) des matières **amylacées** (amidon) pendant le processus de **maltage** et de trempage lors de l'élaboration du whisky.

saccharimètre *nm* ***mustimetre (GB), mustimetre (US)***
Appareil servant à mesurer la quantité de sucre présente dans le vin. Synonymes : **mustimètre**, **réfractomètre**.

saccharomyces *nf pl* ***saccharomyces***
Levure naturelle se trouvant sur la **pruine** provoquant la fermentation alcoolique du **moût**. Cette levure intervient également dans la fabrication de bière et de cidre.

saccharose *nf* ***saccharose, sucrose***
Constituant des sucres de canne et de betterave, glucide fournissant par **hydrolyse** du **glucose** et du **fructose**.

sacy *nm*
Cépage blanc que l'on peut encore rencontrer dans le département de l'**Yonne**. Les vins plutôt acides qu'il produit, sont utilisés pour faire des vins **effervescents**.

safran *nm* ***saffron***
Arôme épicé pouvant se révéler à la dégustation de certains vins rouges ou blancs, mais cet arôme n'est pas commun.

Sagres *n*
Marque de bière portugaise brassée par La Central de Cervejas à Lisbonne.

saignée *nf* ***bleeding of a vat, saignée***
Mode de vinification des vins rosés consistant à pratiquer une très courte **cuvaison**, en général de 6 à 24 heures, avant d'effectuer le pressurage. La saignée est également pratiquée dans la vinification des rouges lorsque la partie liquide du raisin est trop importante par rapport à la partie solide. Elle permet d'obtenir des vins plus colorés, plus concentrés et plus tanniques.

sain *adj* ***sound***
Se dit d'une vendange qui n'est pas affectée par la **pourriture**.

Saint-Amour *n*
AOC. Cru le plus septentrional du **Beaujolais**, cru des amoureux ! (On y fait une cuvée Saint Valentin) En fait, ce village tire son nom de Sanctus Amor, légionnaire romain qui connut le martyre. Vins solides et charnus aux arômes de fruits rouges et de pivoine.

Saint-Aubin *n*
AOC. Appellation communale de la Côte de Beaune comportant des climats classés en **premier cru**. Vins rouges colorés, au nez de cassis, charnus pouvant prétendre également à l'appellation **côte de Beaune-villages**. Les vins blancs au nez d'amande verte et au style harmonieux, sont réputés.

Saint-Bris *n*
AOC. Ce village au sud d'Auxerre, a récemment donné son nom à une appellation pour des vins faits avec le cépage **sauvignon blanc**. En Bourgogne, terre d'élection du **chardonnay**, cette exception mérite d'être signalée et, jusqu'en 2003, ce vin était connu sous le nom de VDQS sauvignon de Saint-Bris.

Saint-Chinian *n*
Cette petite ville située au nord-ouest de Béziers, dans le Languedoc, a donné son nom à une appellation s'appliquant à des vins rouges et rosés élaborés à partir des cépages **carignan**, **cinsault**, **grenache** et, de plus en plus souvent, **mourvèdre** et **syrah**.

Saint-Denis
Voir **Clos Saint-Denis**.

Saint-Emilion *nm* ***Saint-Emilion (grape variety)***
Cépage proche de l'**ugni blanc** cultivé en Charente et servant à faire du **Cognac**.

Saint-Emilion *n*
AOC. Village bordelais situé près de Libourne qui a donné son nom à la plus grande région viticole du Bordelais après le **Médoc**. Le **merlot** est le cépage dominant, comme c'est aussi le cas chez son voisin **Pomerol**. On trouve aussi du cabernet franc et du **cabernet sauvignon**. Environ 65 % de la production sont en fait vendus comme AOC Saint-Emilion grand cru. Les **châteaux** ont été classés pour la première fois en 1955 et le classement est revu tous les dix ans (*Voir annexe)*. Les vins de Saint-Emilion sont des vins rouges charnus et corsés rappelant un peu ceux de Bourgogne.

Saint-Estèphe *n*
AOC. Village bordelais situé sur la rive gauche de la Gironde, le plus septentrional du **Médoc**. Cette appellation comprend cinq des grands crus classés en 1855 dont le plus célèbre est sans doute **Château Cos d'Estournel**. Saint-Estèphe produit des vins rouges bouquetés et corsés.

Saint-Jean de Minervois *n*
Village du Minervois, dans le **Languedoc**, qui a donné son nom à une appellation s'appliquant à un **muscat muté** de grande qualité : *le vin doux naturel muscat de Saint-Jean de Minervois* (AOC.).

Saint-Joseph *n*
AOC. Cru du Nord des **Côtes du Rhône** produit sur la rive droite du fleuve. Vins rouges aux arômes de violette et de framboise, élaborés à partir des cépages **syrah** et aussi **marsanne** et **roussanne** (dans le cas de l'**Hermitage**.) Il se produit environ 10 % de Saint-Joseph blanc.

Saint-Julien *n*
AOC. Village bordelais du Médoc bordant l'estuaire de la Gironde. Cette appellation ne comprend pas moins de 11 des crus classés de 1855 dont Château **Beychevelle**, Château **Ducru-Beaucaillou**, Château Talbot... L'appellation Saint-Julien qui a séduit Stendhal, Zola et Mauriac produit des vins colorés, fins et de saveur corsée.

Saint-Laurent *nm* ***saint-laurent***
Cépage rouge cultivé principalement en Europe centrale : Allemagne, Autriche, République Tchèque, Slovaquie. Il apporte une contribution qualitative aux vins d'**assemblage**.

Saint-Nicolas de Bourgueil *n*
AOC. Petite ville située à l'intérieur d'une appellation plus vaste, celle de **Bourgueil**. Vins rouges et rosés élaborés à partir du cépage **cabernet franc**, le cépage dominant de la région, qui peut, toutefois être assemblé avec un peu de **cabernet sauvignon**, mais les sols, plus sableux produisent des vins plus légers que ceux de Bourgueil sans toutefois que cela nuise à la qualité des vins.

Saint Patron *nm* ***Patron saint***
Saint protecteur honoré par une corporation. **Saint Vincent** et **Saint Vernier** sont les deux saints patrons des vignerons les plus connus.

Saint-Péray *n*
AOC la plus méridionale du nord des Côtes du Rhône attribuée uniquement aux vins blancs

faits avec les cépages **roussanne** et **marsanne**. Il existe également une appellation pour les vins effervescents : l'AOC Saint-Péray **mousseux**.

Saint-Pourçain
VDQS. Vignoble situé au sud de la ville de Moulins, dans l'Allier dont les vins furent jadis beaucoup appréciés par les papes d'Avignon. Les rouges et les rosés sont élaborés à partir des cépages **gamay** et **pinot noir** et les blancs à partir du **sacy**, connu localement sous le nom de **tressalier**, assemblé avec du **chardonnay** et du **sauvignon blanc**.

Saint-Raphaël *nm* ***Saint-Raphaël***
Apéritif rouge à la saveur douce-amère due à la **quinine**.

Saint-Romain *n*
AOC. Appellation communale de la **Côte de Beaune** dont les rouges peuvent prétendre également à l'appellation **côte de Beaune-villages**. Vins rouges tanniques aux arômes de cerise, vins blancs au bouquet de fleurs blanches, vifs et devenant moelleux avec le temps.

Saints de glace *nm* ***ice saints***
Saint-Mamert, Saint Pancrace et saint Gervais, respectivement fêtés les 11, 13 et 14 Mai, journées coïncidant souvent avec un refroidissement du temps et parfois des gelées destructrices.

Saint-Véran *n*
AOC. Appellation communale du Mâconnais attribuée à des vins blancs faits avec du **chardonnay**. Vins blancs secs, ronds, tendres et fruités. Bizarrement l'orthographe de cette appellation village diffère de celle du village qui s'épelle : Saint-Vérand.

Saint Vernier *nm* ***Saint Werner***
L'un des saints patrons de la vigne. Apprenti vigneron allemand, il fut martyrisé. Beaucoup de vignerons français cessèrent de l'honorer après la guerre de 1870-71 !

Saint-Vincent *nm* ***Saint Vincent***
Saint patron des vignerons fêté le 22 Janvier, date coïncidant traditionnellement avec le début des travaux de **taille**. Saint Vincent, qui n'était pas vigneron, est célébré grâce à la phonétique : VIN-SANG.

Sainte-Croix-du-Mont *n*
Petite ville de l'**Entre-Deux-Mers**, ayant donné son nom à une appellation qui concerne des vins blancs **moelleux** ou semi-moelleux élaborés à partir des cépages **sémillon**, **sauvignon blanc** et **muscadelle**.

saison *nf* ***season***
Chacune des quatre parties de l'année auxquelles correspondent des stades du cycle biologique de la vigne et les tâches devant être effectuées par le vigneron. La météo des saisons joue un rôle-clé dans la qualité des vins produits dans les régions fraîches et les Bourguignons reconnaissent humblement que "*mieux vaut saison que labouraison.*"

Saison *nf*
Bière brune wallonne (région de Liège surtout.) De caractère complexe, elle se caractérise par ses saveurs acides, sucrées et houblonnées. Elle est brassée en hiver et se consomme en été.

saisonnier *nm / adj* ***casual worker, seasonal worker***
Ouvrier qui loue ses services pour des travaux saisonniers comme la **taille** ou la **vendange**.

saké *nm* ***sake***
Liqueur japonaise titrant de 12° à 16° faite avec du riz fermenté. Le saké est incolore et a

Saint-Vincent

une saveur douce laissant un peu d'amertume en fin de bouche. Il se consomme chaud.

sale (odeur de —) *adj* ***dirty, filthy***
Odeur désagréable de croupi, de serpillière dans un vin manquant de limpidité.

salé *adj* ***salty***
L'une des quatre saveurs de base identifiées par la bouche. Peu de boissons alcooliques peuvent être qualifiées de salées, à l'exception peut-être du Xérès **Manzanilla**.

saleté *nf* ***dirt***
Etat de ce qui est sale, défaut à proscrire chez un producteur de vin.

salicylate *nm* ***salicylate***
Sel ou ester de l'acide salicylique, acide aux propriétés antiseptiques.

salicylique *adj* ***salicylic***
Se dit d'un acide ayant des propriétés antiseptiques. L'acide salicylique qui peut être utilisé comme **fongicide**, sert également à fabriquer de l'aspirine.

salinité *nf* ***salinity, saltiness***
Teneur en sel.

salive *nf* ***saliva***
Liquide clair et filant produit par les glandes salivaires. Son rôle est essentiel en dégustation car elle transmet les **saveurs** et les **flaveurs** aux papilles gustatives. Les tanins d'un vin réagissent aux protéines de la salive qui perd alors son caractère lubrifiant. C'est ainsi que le dégustateur est conscient de l'**astringence** d'un vin.

salle de dégustation *nf* ***tasting room***
Local aménagé spécialement pour la dégustation de façon à favoriser la concentration et la réflexion des dégustateurs. Il doit être clair, silencieux, il est équipé de crachoirs et peut être divisé en cabines individuelles. Les maisons de **négoce**, les facultés d'**œnologie**, les écoles de **sommellerie** disposent de salles de dégustation.

salmanazar *nm* ***salmanazar***
Grosse bouteille de **Champagne** d'une contenance de douze bouteilles ordinaires soit 9 litres.

salon *nm* ***show***
Présentation périodique de vins ou d'alcools.

Salvagnin *nm*
Vin rouge produit dans le canton de **Vaud** (Suisse.) Il s'agit d'un **assemblage** de **pinot noir** et de **gamay**.

Samos *n*
Île grecque célèbre pour son **muscat**, qui bénéficie de l'appellation **OPE** pour les vins moelleux.

Sancerre *n*
AOC. Village du Cher situé sur la rive gauche de la Loire produisant notamment des vins blancs aromatiques issus du cépage **sauvignon blanc**. Ce village produit également des vins rouges à partir du cépage **pinot noir**.

sang *nm* ***blood***
Produit pouvant être utilisé sous forme de poudre séchée pour le **collage** des vins, surtout ceux qui sont jeunes et **astringents**. Cette colle a été interdite à la suite du scandale médical du sang contaminé.

sangiovese *nm* ***sangiovese***
Cépage noble italien surtout utilisé pour la production de **Chianti**. Il donne des vins rouges fermes, amples et de bonne longueur. Deux des vins les plus réputés de Toscane : le **Brunello** di Montalcino et le **Vino Nobile di Montepulciano** (**Prugnolo**) sont faits avec des clones de sangiovese. On rencontre ce cépage dans d'autres régions viticoles italiennes.

sangria *nf* ***sangria***
Boisson rafraîchissante originaire d'Espagne composée de vin rouge, de jus d'orange ou de citron, de sucre, d'eau gazeuse dans laquelle macèrent des fruits.

sanitaire *adj* ***sanitary***
Relatif à l'hygiène.

Sanlucar de Barremeda *n*
Ville située sur l'estuaire du fleuve Guadalquivir, en Andalousie. Quelques uns des meilleurs Xérès ***fino***, connus sous le nom de **manzanilla** y sont élevés. On dit qu'ils ont un goût légèrement salé.

San Luis Obispo *n*
Le comté de San Luis Obispo fait partie de l'**AVA** Côte Centrale (Central Coast) en Californie. Depuis 1980, cette région s'est mise à produire de bons vins rouges et blancs.

Santa Barbara *n*
Le comté de Santa Barbara est situé au sud du comté de San Luis Obispo, en Californie. Son développement en tant que région viticole est assez récent mais il démontre que les vallées orientées est-ouest et rafraîchies par les brises océanes, peuvent produire de très bons vins, y compris du **pinot noir**.

santal *nm* ***sandal***
arôme balsamique pouvant se révéler à la dégustation d'un vin de qualité. Cet arôme peut caractériser certains vins du **Médoc**.

Santa Ynez Valley *n*
L'une des **AVA** du comté de **Santa Barbara**. Cette région a servi de cadre à l'excellent film d'Alexander Payne "*Sideways.*"

santé (à votre) *nf* ***Cheers !***
Formule de politesse échangée au cours d'une dégustation ou d'un repas, vœu que l'on fait pour quelqu'un avant de boire.

Santenay *n*
AOC. Village viticole du Sud de la **Côte de Beaune** produisant des vins rouges fermes rappelant ceux de la **Côte de Nuits** (*Les sols de Nuits et de Santenay se ressemblent*) et des vins blancs ronds.

Saône et Loire *nf*
L'un des quatre départements formant la région Bourgogne. Les régions viticoles appartenant à ce département sont la **Côte Chalonnaise**, le **Maconnais** et la frange septentrionale du **Beaujolais**.

sapide *adj* ***sapid***
Qui a de la saveur.

sapidité *nf* ***sapidity, savouriness***
Qualité de ce qui a de la saveur.

sapin *nm* ***fir***
Arôme sévère et distingué pouvant se révéler à la dégustation d'un vin rouge. Le bois de sapin est utilisé pour faire des piquets de vigne.

sapine *nf* ***wooden bucket***
Baquet en bois de sapin jadis beaucoup utilisé dans les caves.

saprien *adj* ***noble rot, botrytised***
Adjectif rarement utilisé s'appliquant à des vins issus de **vendanges botrytisées**.

Sardaigne *nf* ***Sardinia***
Ile montagneuse italienne produisant des vins rouges et blancs.

sarment *nm* ***cane, vine-shoot***
Rameau de vigne de l'année. Le nom de **sarment** est donné au **rameau** après l'**aoûtement**.

sarmentage *nm* ***cane-picking, cane-collecting***
Tâche consistant à rassembler en fagots les **sarments** coupés lors de la **taille** et à les transporter au bout de la vigne pour les brûler. Ce travail était traditionnellement confié aux femmes et aux enfants.

sarmenter *v* ***to pick canes, to collect canes***
Rassembler en fagots les **sarments** coupés lors de la **taille** pour les transporter au bout de la vigne et les brûler.

sarriette *nf* ***savory***
Arôme pouvant se révéler à la dégustation d'un vin.

satiné *adj* ***satiny***
Qualificatif appliqué à un vin qui donne une sensation agréable de souplesse et de finesse. Synonyme : **velouté**.

satisfaisant *adj* ***adequate***
Qui contente, qui correspond aux attentes, suffisant, adéquat.

sauge *nf* ***sage***
Arôme pouvant se révéler lors de la dégustation d'un vin.

saumoné *adj* ***salmon***
Qualifie la robe d'un vin rappelant celle du saumon. Cet adjectif s'emploie, bien sûr, à propos des vins rosés, surtout ceux qui sont évolués.

Saumur *n*
AOC. Cette ville située au bord de la Loire entre Tours et Angers, a donné son nom à une **appellation régionale** concernant des vins rouges, rosés et blancs. Les rouges sont faits avec le **cabernet franc**, le **cabernet sauvignon** et le **pineau d'aunis** alors que les rosés ne peuvent être faits qu'avec du **cabernet**.

Les vins blancs sont surtout faits avec du **chenin blanc**. Depuis longtemps, Saumur est associée avec des vins **effervescents**, mais le meilleur de sa production est aujourd'hui commercialisé sous l'étiquette "**Crémant** de Loire."

Saumur-Champigny *n*
AOC. Vin rouge d'appellation contrôlée obtenu principalement à partir de **cabernet franc** dans la partie sud-est de l'appellation **Saumur**. Ce vin est très populaire dans les bars et les restaurants de Paris et il est considéré comme le meilleur rouge de la vallée de la **Loire** en raison de sa fermeté et de ses arômes végétaux et fruités.

saumure *nf* ***brine***
Préparation liquide très salée, refroidie à moins 25°C. Elle est destinée à congeler la masse de **lie** accumulée au fond du **goulot** des bouteilles de **Champagne** avant le **dégorgement**. Quand le glaçon est formé, il ne reste plus qu'à retourner la bouteille et la déboucher : la pression du gaz carbonique propulse le glaçon de lie hors de la bouteille

sauter (faire – le bouchon) ***to pop the cork***
Une fois que le **muselet** a été enlevé et qu'on a un peu tourné le bouchon d'une bouteille de Champagne, il suffit de laisser agir le gaz carbonique qui le propulse hors d'une bouteille avec un bruit caractéristique.

Sauternes *n*
AOC. Cette ville située au sud-est de **Bordeaux** a donné son nom à l'une des appellations les plus célèbres du monde. Vin blanc **moelleux** réputé produit sur la rive gauche de la Garonne avec du **sémillon** et un peu de **sauvignon blanc** et de **muscadelle botrytisés**. Le domaine le plus célèbre est le **Château d'Yquem**, qui en 1855 avait été classé comme *"Premier cru supérieur,"* en d'autres termes, une classe à part au milieu des plus grands. → *p. 289.*

sauvage *adj* ***wild***
Les arômes caractérisés de sauvages évoquent le musc, la fourrure, les odeurs dites "animales." Ils se retrouvent, en général, dans de très vieux **vins rouges**.

sauvagine *nf* ***pelts***
Il s'agit d'odeurs animales plus que d'arômes pouvant se révéler à la dégustation de vieux **vins rouges**, notamment bourguignons.

sauvignon blanc *nm* ***sauvignon blanc***
Cépage blanc du **Bordelais** et de la vallée de la **Loire** donnant de grands vins **liquoreux** ou des blancs secs très parfumés. Aujourd'hui, le sauvignon blanc est mondialement répandu. Selon la région de production, le sauvignon blanc peut avoir des arômes qui rappellent les feuilles de cassis ou un goût de fumée et de pierre à fusil. Dans la région de Bordeaux, il est en général assemblé avec d'autres cépages. Mais le **Sancerre** et le **Pouilly-Fumé** sont faits uniquement avec ce cépage. Récemment, le sauvignon blanc est devenu très populaire auprès des producteurs **néo-zélandais**.

sauvignonner *v* ***to "sauvignon"***
Le sauvignon a des arômes **musqués** tellement caractéristiques que les dégustateurs les reconnaissent très facilement, même quand ce cépage ne constitue qu'une partie d'un **assemblage**. On dit alors qu'un vin sauvignonne ou qu'il est sauvignonné.

savagnin *nm* ***savagnin***
Cépage du **Jura** donnant de petites grappes blanches. Ce cépage très aromatique est utilisé pour l'élaboration du **vin jaune**. Toutefois, il est souvent assemblé avec du **chardonnay** pour produire les vins blancs typiques du Jura. Une petite proportion de savagnin suffit à donner au vin son goût oxydé de noix, très caractéristique.

Savennières *n*
AOC. Appellation concernant des vignobles situés au sud-ouest d'Angers. Les vins blancs élaborés à partir du cépage **chenin blanc** peuvent être secs ou demi-secs. Cette appellation comprend deux **grands crus** : la **Coulée de Serrant** et la **Roche-aux-Moines**.

Savigny-les-Beaune *n*
AOC. Village de la Côte de Beaune situé entre **Pernand-Vergelesses** et **Beaune**. Vins rouges légers, parfumés et distingués, surtout ceux qui sont classés en appellation Savigny-les-Beaune Premier cru. Quelques vins blancs.

Savoie *nf*
Région viticole du sud-est de la France située en gros entre le lac Léman et la ville de Grenoble dont l'appellation principale est l'AOC Vin de Savoie. Cette appellation concerne

des vins rouges, rosés et blancs. Les rouges sont faits avec le **gamay**, la **mondeuse** et le **pinot noir** et les blancs avec le **jacquère**. Il existe plusieurs autres appellations telles que l'AOC **Crépy**, l'AOC **Seyssel** ou le VDQS Vin de **Bugey.**

savoir boire *nm* ***drinking manners, drinking know how***
Bon usage du vin comprenant des aspects tels que le choix de la compagnie, la qualité du service, l'harmonisation des vins et des mets, la politesse des convives, la précision des commentaires, l'érudition des dégustateurs, la modération dans la consommation...

savon *nm* ***soap***, **savonneux** *adj* ***soapy***
Odeur pouvant se révéler à la dégustation d'un vin ; également assez spécifique au cognac sur mauvaise réduction.

savoureux *adj* ***flavoursome (GB) flavorsome (US), tasty***
Se dit d'un vin qui procure du plaisir à celui qui le déguste.

sboccatura *n*
Mot italien signifiant **dégorgement**.

Scapa *nm*
Distillerie de **malt whisky** écossais située à Kirkwall dans les îles Orkney. Le whisky produit a des arômes distinctifs de bruyère.

scarificateur *nm* ***scarifier***
Instrument agricole servant à ameublir la terre sans la retourner.

Schaumwein *nm*
Mot allemand signifiant littéralement : "**vin-mousseux**." Ce terme est synonyme de **Sekt**.

Scheurebe *nm*
Cépage **métis** blanc résultant, comme le **müller-thurgau**, du **croisement** entre le **riesling** et le **sylvaner**. Toutefois, s'il peut produire de bons vins, pas plus que les autres croisements, il ne représente une alternative sérieuse aux **cépages nobles**.

schiste *nm* ***schist***
Roche sédimentaire ou métamorphique présentant une structure en feuillets et se débitant facilement.

schiste ardoisier *nm* ***slate, slate schist***
Roche formée au cours d'un phénomène de métamorphisation dans les couches où les pressions et les hautes températures sont les moins sensibles. Les schistes ardoisiers sont très propices aux vignobles allemands de la vallée de la **Moselle**.

schisteux *adj* ***schisty***
De la nature du schiste.

sciûre *nf* ***sawdust***
La sciûre humide peut être utilisée par le pépiniériste pour entreposer des greffes. Pour favoriser la formation du tissu de soudure entre le porte-greffe et le greffon, il met les greffes dans la sciure humide en chambe chaude. Le vigneron s'en sert pour couvrir le sol de ses **chais** lors de dégustations gargantuesques.

Schloss *nm* ***Schloss, château***
Château, équivalent allemand de domaine.

Schloss Johannisberg *n*
Grand cru du **Rheingau**, l'un des meilleurs vins allemands.

schnaps *nm* ***schnapps, spirit***
Variante d'unmot allemand signifiant **eau-de-vie** communément utilisée en Europe du Nord.

Schnapls *nm*
Mot allemand désignant une eau-de-vie de pomme de terre, de grain ou de fruit, souvent servie après un verre de bière. Le buveur de Schnapps chevronné tient les deux verres dans une main, le Schnapps par-dessus la bière de sorte qu'il boit le contenu des deux verres à la fois !

Schönberger *nm*
Cépage blanc aux baies de couleur rosée résultant d'un **croisement** assez complexe réalisé à l'institut de **Geisenheim**. Ce cépage a été planté en Allemagne et en Angleterre.

Schwarzbier *n*
Bière allemande robuste, à la robe sombre se caractérisant par ses arômes de **malt** grillé et ses saveurs aigres-douces de chocolat noir.

Schweppes *nm*
Marque éponyme d'**Indian tonic water**. Cette société, reconnaissable par sa célèbre étiquette jaune, a été fondée en 1783.

sceller *v* ***to seal***
Mettre un cachet de cire sur une bouteille.

scie à taille *nf* ***pruning saw***
Scie utilisée par le vigneron au moment de la **taille** pour couper de grosses branches ou des excroissances du **cep**.

scion *nm* ***scion***
Morceau de **sarment** greffé sur un **porte-greffe** pour former un pied complet.

scintillante *adj* ***glowing***
Se dit de la **robe** d'un vin à l'éclat lumineux.

Scotch *nm*
Abréviation utilisée dans le langage courant pour désigner le **Scotch whisky**.

Scotch whisky *nm*
Terme désignant le produit de la distillation d'un mélange de grain, eau et levures. Ce terme peut s'appliquer au **malt whisky**, au **whisky** de **grain** et aux **blends**.

Scottish ale *nf*
Version écossaise de la **bitter** anglaise. La Scottish ale a une robe foncée, est faiblement **houblonnée** et a des saveurs complexes de raisin, de prune et de groseille.

scrumpy *nm*
Terme désignant un type de **cidre** anglais fait de façon traditionnelle, uniquement avec des pommes. Il est de couleur plus sombre, moins limpide, moins pétillant et plus fort que le cidre produit industriellement.

seau *nm* ***bucket, pail***
Récipient cylindrique servant à transporter des liquides.

seau à glace *nm* ***ice bucket***
Seau rempli de glace pour conserver au frais une bouteille de **Champagne**.

seau à vendange *nm* ***picking bucket***
Récipient jadis en fer émaillé ou en bois, aujourd'hui en matière plastique dans lequel les vendangeurs mettent les raisins qu'ils ont coupé.

sec *adj* ***dry, dried***
Caractère d'un vin dont presque tout le sucre des raisins a été transformé en alcool lors de la **fermentation**. Pour les **champagne**, "**sec**" ne signifie pas que le vin est sec. Au contraire, un champagne sec est assez doux (17 à 33 grammes par litre de sucre, provenant de la **liqueur de dosage**) alors que le Champagne le plus sec est étiqueté "**brut**"

sec *adj* ***dry, drying***
Qualificatif appliqué à un vin sur la pente descendante, qui a perdu son **fruité**, sa **chair** et sa **rondeur** et auquel il ne reste plus que sa **charpente**.

sécateur *nm* ***secateurs, shears***
Gros ciseaux à ressort servant à **tailler** la vigne ou à couper les raisins.

secco *adj* ***secco, dry***
S'applique aux vins secs italiens.

séchage naturel *nm* ***natural drying***
Evaporation naturelle de l'humidité des **douelles** de chêne utilisé en tonnellerie.

séché *adj* ***unpleasantly dry***
Se dit d'un vin âpre et plat à l'arrière-goût **astringent**.

séché en plein air *adj* ***seasoned in the open air***
Se dit des **merrains** de chêne entreposés en plein air pour qu'ils puissent perdre leur humidité.

sécheresse *nf* ***drought***
Absence de pluie, conditions météorologiques sèches pendant un certain laps de temps. Si la sécheresse est redoutée en Australie ou en Afrique du Sud, elle affecte rarement les vignobles de France et d'Allemagne.

seco ***adj***
Adjectif espagnol et portugais désignant des vins secs.

second (vin) *adj* ***second wine***
Vin dont la qualité, bien que satisfaisante, n'atteint pas celle du **premier vin** et qui, de ce fait n'est pas retenu pour faire partie de cette catégorie, soit parce que la partie du domaine ne bénéficie pas d'un **micro-climat** jugé assez favorable, soit parce que la vigne dont le vin est issu est trop jeune, soit encore parce qu'une partie du domaine a souffert

d'un fléau quelconque... Beaucoup de châteaux prestigieux du **Bordelais** ont adopté cet usage afin de maintenir leur image et le **Château Mouton Rothschild** avait lancé cette politique dès avant la seconde guerre mondiale avec le **Mouton-Cadet**.

secondaire (ère) *adj* ***Mesozoic era***
Période géologique ayant succédé à l'ère primaire au cours de laquelle les gymnospermes, les bélemmites et les ammonites se sont développés cependant qu'apparaissaient les premiers mammifères.

secondaires (arômes) *adj* ***secondary***
Se dit des **arômes** qui apparaissent en cours de **fermentation**.

seconde fermentation *nf* ***second fermentation***
Fermentation se déroulant dans la bouteille de **Champagne** sous l'effet des **levures sélectionnées**. Ce terme est parfois appliqué à tort, à la **fermentation malolactique** des vins tranquilles. La fermentation secondaire se pratique communément dans l'industrie de la **bière** de certains pays.

secondes *nf* ***tails***
Distillat restant dans un **alambic à repasse** (ou alambic charentais) après la **bonne chauffe** et qui sera redistillé avec le **brouillis**. Synonyme : **queues**.

sécréter *v* ***to secrete***
Emettre une substance qui intervient dans la physiologie d'un organisme.

sédiment *nm* ***sediment***
Dépôt qui se forme au fond de la bouteille avec des substances en **suspension** au cours du vieillissement d'un vin ou d'une bière. Les sédiments sont, en général, un signe de qualité, prouvant que le producteur ne s'est pas livré à beaucoup de manipulations avant la mise en bouteilles. Il convient donc de laisser les sédiments se déposer au fond de la bouteille avant de la **décanter** ou de servir le vin précautionneusement.

sédimentaire (bassin) *adj* ***sedimentary (basin)***
Zone dépressionnaire située entre des montagnes, a priori, peu propice à la viticulture mais la **Champagne**, le **Chablisien**, la **Toscane**, la région de **Xérès** sont situées sur des bassins sédimentaires.

sédimentaire (roche) *adj* ***sedimentary (rock)***
Roche plus ou moins dure composée d'éléments déposés par l'action de l'eau.

sédimentation *nf* ***settling***
Processus naturel au cours duquel les résidus en **suspension** dans le vin se déposent lentement au fond du récipient. Lors de la vinification des vins blancs, le **moût** fraîchement pressé se clarifie par simple sédimentation avant de fermenter.

séduisant *adj* ***attractive***
Se dit d'un vin qui plaît, qui charme le dégustateur.

seigle *nm* ***rye***
Céréale cultivée sur les terres pauvres et sous les climats froids dont le grain est utilisé pour la fabrication de certains **whiskies**.

Sekt *nm* ***Sekt, sparkling wine***
Vin **effervescent** allemand. Si ce terme n'est pas accompagné de **BA**, il désigne un **mousseux** élaboré en Allemagne en **cuve close** à partir de vins de base de divers pays de l'Union Européenne.

Sekt BA *nm* ***German sparkling wine***
Vin **mousseux** issu d'un ***Anbaugebiet*** délimité.

sélection clonale *nf* ***clonal selection***
Multiplication d'un plant en vue d'obtenir d'autres plants rigoureusement authentiques. Les **clones** qui ont vu le jour en Allemagne dans les années 1920, sont des individus génétiquement identiques à la souche mère qui a été sélectionnée. Ils sont ensuite soumis à des tests virologiques, certifiés et multipliés en grands nombres. Ce mode de sélection n'est pas parfait et si l'on veut obtenir de très grands vins, il est souhaitable que des clones qualitatifs et peu vigoureux soient isolés.

sélection de grains nobles *nf*
Distinction attribuée en **Alsace** à des vins **liquoreux** issus de baies **surmûries** selon des règles très contraignantes. Cette distinction est l'équivalent de la ***Trockenbeerenauslese*** allemande.

sélection massale *nf* ***visual selection of the most robust vines***
Sélection des meilleurs plants pour l'encépagement d'une parcelle. Les vignerons observent les sujets intéressants d'une vigne pendant trois ans et les repèrent par marquage. Ces pieds sont multipliés et servent à la création d'une nouvelle parcelle. Ce type de sélection a été pratiqué par les vignerons jusqu'à la généralisation des **clones**. Les vignerons faisaient eux-mêmes leurs **greffes** pendant les veillées ou les journées de mauvais temps. Cette méthode permettait de préserver les caractères locaux propres à un domaine mais elle avait ses limites car peu de pieds de vigne sont exempts de maladies **virales**.

sélectionnées *adj*
Voir **levures sélectionnées.**

sélectivité *nf* ***selectivity***
Propriété d'un **pesticide** qui permet de lutter contre des ennemis des cultures en épargnant les **auxiliaires**.

sémillon *nm* ***sémillon, greengrape (South Africa)***
Cépage blanc cultivé surtout dans le Sud-Ouest de la France et notamment dans le Sauternais en raison de son aptitude à être atteint de **pourriture noble**. Ce cépage discrètement aromatique et peu acide est aussi cultivé en **Californie**, en **Afrique du Sud** et en **Australie**, où il peut être assemblé avec du **chardonnay**. Jeune, il a des arômes légèrement citronnés qui, avec le temps, évoluent vers des notes de **lanoline**.

sens *nm pl* ***senses***
Fonction psycho-physiologique par laquelle l'organisme reçoit des informations sur certains éléments du milieu extérieur de nature physique. La dégustation fait appel à trois sens : la vue, l'odorat et le goût. Certains dégustateurs ajoutent le toucher car les sensations tactiles peuvent avoir leur importance dans la dégustation de certains vins ou spiritueux.

sensation *nf* ***sensation***
Information reçue par le système nerveux central lorsqu'un organe réagit à un stimulus extérieur.

sensible à la gelée *adj* ***frost sensitive***
Se dit par exemple d'une parcelle de vigne mal exposée et donc facilement affectée par le gel.

sensoriel *adj* ***sensory***
Relatif aux sensations en tant que phénomènes psycho-physiques. L'analyse sensorielle, qui fait appel aux sens de la vue, de l'odorat et du goût, est une démarche opposée à l'analyse chimique ou scientifique.

sensualité *nf* ***sensuality***
Caractère de ce qui flatte les sens, réceptivité aux sensations physico-chimiques d'un vin ou d'un spiritueux, procurant du plaisir.

sensuel *adj* ***sensual***
Relatif aux sens. Un vin sensuel est un vin agréable, qui donne beaucoup de plaisir.

senteur *nf* ***scent***
Odeur agréable.

sentir *v* ***to smell***
Percevoir par l'odorat.
Avoir une saveur particulière : exemple : ce vin sent la framboise et la mûre.

sépale *nm* ***sepal***
Partie de la fleur située au-dessous de la corolle et qui, précédemment entourait la corolle.

séparation *nf* ***separation, destemming, destalking***
Action de séparer les **baies** des **rafles**. Synonymes : **éraflage**, **égrappage**.

Serbie *nf* ***Serbia***
Pays viticole slave produisant beaucoup de vin de consommation courante dont certains sont de bonne qualité. Le vignoble serbe qui était le plus vaste de l'ex-République Fédérative de Yougoslavie, s'étend des rives du Danube aux portes de la Macédoine. Les vins blancs, faits surtout au nord du pays, sont élaborés à partir d'un cépage local : le smederevka et aussi de **riesling** italien et de **sauvignon**. Les vins rouges du centre et du sud du pays, sont élaborés à partir du cépage local **prokupac** mais aussi du **gamay** et du **pinot noir**. La Serbie produit également des vins rosés souples et secs.

sercial *nm* ***sercial***
Cépage blanc servant à faire le **madère** le moins coloré et le plus sec. Ce cépage désigne l'un des quatre types de Madère.

serfouette *nf* ***hoe-fork***
Outil consistant en un manche, une lame et une fourche ou une pointe.

seringa *nm* ***syringa***
Arôme de fleurs blanches pouvant se révéler à la dégustation d'un vin.

serpe *nf* ***bill-hook***
Outil composé d'une large lame courbe et d'un manche servant à tailler les arbres.

serpentin *nm* ***coil***
Elément d'un **alambic** constitué d'un tube enroulé en spirale à l'intérieur duquel les vapeurs d'alcool se condensent et l'**eau-de-vie** se refroidit.

serpette *nf* ***pruning knife***
Petite **serpe** jadis utilisée pour **tailler** la vigne et **vendanger**.

serpillère (odeur de —) *nf* ***cloth***
Odeur caractéristique de vins mal fermentés où dominent les bactéries lactiques.

serre *nf pressing (in Champagne)*
Terme champenois synonyme de **pressurage**.

serre (effet de —) *nf*
Voir **effet de serre**.

serveur *nm* ***waiter***
Homme qui sert dans un café, un restaurant.

serveuse *nf* ***waitress***
Femme qui sert dans un café, dans un restaurant.

service *nm* ***service, serving***
Action de servir un client dans un café, un restaurant. Le service du vin se fait selon certains usages comprenant le choix judicieux des bouteilles, leur présentation à la température optimale, leur harmonisation avec les mets offerts, l'ordre dans lequel elles sont servies…

service après-vente *nm* ***after sales service***
Tout ce qui concerne le suivi d'une vente en vue de la satisfaction du client. Les distributeurs de vins et spiritueux doivent se garder de négliger cet aspect de la vente.

servir *v* ***to serve, to wait on***
Placer les plats et les boissons sur la table, les présenter aux convives.

Setúbal *n*
La péninsule de Setúbal, au sud de Lisbonne, a donné son nom à une appellation de vins **mutés** faits avec le cépage **muscat** (**moscatel**.) Ce vin contient au moins 85 % de muscat, l'arinto constitue le restant a droit au nom de DOC Moscatel de Setúbal.

seuil *nm* ***threshold***
Limite au-delà de laquelle les conditions changent. Le seuil de perception d'un dégustateur est le stade à partir duquel il perçoit un arôme ou un goût.

sève *nf* ***sap***
Liquide nutritif circulant dans un végétal.

sève *nf* ***sap***
On dit d'un vin qu'il a de la sève quand il est bien **équilibré**, **élégant** et **généreux** en alcool.

sèveux *adj* ***sappy***
Se dit d'un vin bien équilibré, élégant et généreux en alcool.

sévère *adj* ***severe***
Adjectif appliqué à un vin dur, **austère**, manquant de fruité qui n'apporte pas un grand plaisir sensuel lors de sa dégustation. Un vin sévère n'est pas forcément mauvais, au contraire, mais il s'adresse plus à l'esprit qu'au cœur !

Sèvre et Maine *n*
Région viticole située au sud et à l'est de Nantes portant le nom de deux affluents de la **Loire**. Environ 85 % du **Muscadet** de la région nantaise y sont produits et élevés **sur lies**, ce qui signifie que le vin est resté en contact avec ses lies pendant au moins un hiver avant d'être mis en bouteilles.

Seyssel *n*
AOC. Village de Savoie qui bénéficie d'une appellation pour ses vins blancs faits principalement avec le cépage **altesse** (ou **roussette**.)

Seyval Blanc *nm*
Cépage **hybride** blanc originaire de France, jadis commun dans le vignoble anglais où ils donnait des vins de qualité tout à fait acceptable.

Seyve-Villard *n*
Le Seyve-Villard 5276 est en fait le nom scientifique du **seyval blanc**.

shaker *nm* ***shaker***
Récipient étanche dans lequel on agite, avec de la glace, les ingrédients d'un cocktail.

sherry *nm* ***sherry***
Nom que les Anglais donnent au **Xérès**.

shiraz *nm*
Nom sous lequel les Australiens appellent le cépage **syrah**.

Sicile *nf* ***Sicily***
Ile de l'Italie méridionale productrice de vins rouges et blancs.

Siegerrebe *nm*
Cépage blanc allemand dont le nez est jugé, en général trop aromatique, pour en faire un vin de cépage. Ses **moûts** riches en sucre, font toutefois qu'il est apprécié pour des **assemblages**.

silex *nm* ***flint, gunflint***
Roche siliceuse très dure dont on retrouve les arômes dans certains vins blancs secs comme le **Corton Charlemagne**.

silice *nf* ***silica***
Oxyde de silicium, corps solide de grande dureté, blanc ou incolore, très abondant dans la nature. Le quartz est de la silice pure cristallisée. En général, les sols siliceux donnent des vins souples et légers.

siliceux *adj* ***siliceous***
Se dit d'un sol contenant des roches sédimentaires dures comme le sable, le grès, le silex, la meulière.

silicone *nm* ***silicon***
Nom générique de substances analogues aux composés organiques dans lesquels le silicium remplace le carbone.

sillon *nm* ***furrow***
Rigole que fait dans la terre le soc d'une charrue.

Simone, (Château) *n*
Ce domaine produit environ trois quarts de l'appellation **Palette**. Les vignes sont cultivées selon les méthodes de la **viticulture biologique** et le style de vinification est traditionnel.

sincère *adj* ***sincere***
Qualificatif appliqué à un vin **franc**, authentique, sans défaut ni altération.

sin cosecha
Locution espagnole signifiant : "non millésimé."

single malt *nm*
Terme écossais désignant la production de whisky provenant d'une seule et même distillerie de **malt**.

sirah (ou **syrah**)
Voir **Syrah**.
Cépage rouge à petites baies compactes prospérant dans les climats chauds. Il est cultivé dans les Côtes du Rhône, en Australie, en Afrique du Sud, en Argentine et en Californie.

sirop *nm* ***syrup***
Breuvage composé de sucre en solution concentrée et de substances aromatiques ; sert à édulcorer le cognac.

siroter *v* ***to sip***
Boire sans arrêt à petites gorges. Terme familier.

sirupeux *adj* ***syrupy***
Se dit d'un vin qui a l'aspect ou la consistance d'un sirop épais.

situé *adj* ***located***
Se dit d'un lieu par rapport à son exposition et ses environs.

Skye *n*
Ile au large de la côte nord-ouest de l'**Ecosse** où l'on trouve la distillerie de **malt whisky Talisker**.

Slovaquie *nf* ***Slovakia***
Pays d'Europe centrale ayant des origines viticoles qui remontent au début de l'aire chrétienne. A l'époque de la Tchécoslovaquie, les deux tiers du vin de ce pays venaient de

Slovaquie, pays situé près de la frontière hongroise et divisé en 8 régions viticoles. La Slovaquie produit surtout des vins blancs à base de veltlinske zelene (cépage que les Autrichiens appellent **veltliner**,) **riesling**, **sylvaner**, **müller-thurgau**, **sauvignon** mais aussi quelques vins rouges avec du **blauer burgunder** (**pinot noir**,) et du **Saint Laurent**, cépage d'origine alsacienne et des vins effervescents… Près de la frontière hongroise, les vignerons slovaques élaborent des vins de style **tokay** à partir des cépages **fürmint** et **lipovina**. A l'ouest du pays, les régions de Nitra et des Petites Carpates produisent une bonne partie du vin slovaque.

Slovénie *nf* ***Slovenia***
Ce pays a fait partie de l'empire austro-hongrois puis de la République Fédérative de Yougoslavie avant de devenir indépendant en 1991. Les vignes, cultivées depuis fort longtemps dans ce pays de climat tempéré, s'épanouissent dans les vallées de la Drave et de la Save et sur la côte adriatique. La vallée de la Drave retient le plus l'attention avec le Ljutomer, vin blanc de qualité, bien connu des consommateurs anglo-saxons. L'étiquette de ce vin porte en outre le nom du cépage (souvent **riesling**, **sauvignon**, **traminer**, **sylvaner**…) Dans la région adriatique qui bénéficie d'un climat méditerranéen, la Slovénie produit aussi des vins rouges (**prokupac**, **merlot**, **cabernet sauvignon**, **pinot noir**…) Par ailleurs, on trouve dans ce pays des **vins de glace** et des vins de **vendanges tardives**.

Soave *n*
DOC. Vin blanc italien sec portant le nom d'une petite ville située près de Vérone, en **Vénétie**. Le vin est fait, principalement, avec le cépage garganega. Il existe à l'intérieur de cette région une aire de production de **classico** qui a droit à l'appellation DOCG Soave Superiore.

SO2 fixe *nm* ***fixed SO2***
Partie du **SO2** (anhydride sulfureux) qui, au contact du vin, se combine avec l'oxygène et d'autres éléments, devenant ainsi du soufre fixe.

SO2 libre *nm* ***free SO2***
Partie active du SO2 (anhydride sulfureux) qui a la propriété de prévenir l'oxydation du **moût** ou du vin. L'odeur âcre du soufre dans un vin peut faire penser à l'odeur d'une allumette éteinte. Normalement, elle disparaît avec le temps. Le SO2, utilisé depuis l'Antiquité est un antiseptique irremplaçable. Toutefois, son emploi doit rester raisonné car il diminue la couleur des vins rouges jeunes et peut provoquer des allergies. A forte dose, il retarde la **fermentation malolactique**. C'est pourquoi la législation a fixé des doses maximales par type de vins.

sobre *adj* ***abstemious, sober***
Se dit d'une personne qui boit avec modération.

sobre *adj* ***discreet, simple***
Adjectif pouvant être appliqué à un vin discret, simple.

soc *nm* ***ploughshare (GB), plowshare (US)***
Partie de la charrue qui creuse le sillon.

soda *nm*
Aux USA, nom générique des boissons gazeuses sucrées.

soie *nf* ***silk***
Caractère d'un vin souple rappelant la soie.

soif *nf* ***thirst***
Besoin de boire.

soin *nm* ***care***
Application, attention, l'une des qualités principales d'un bon vigneron.

soleil *nm* ***sun, sunshine***
Etoile dont la lumière, la chaleur et le rayonnement sont nécessaires à la viticulture. Le cadran solaire (*Sonnenuhr*) est tout un symbole pour les vignerons allemands et les vignerons Bourguignons l'ont surnommé *"le Bourguignon !"*

sol *nm* ***soil***
Couche superficielle d'un terrain, celle qui est labourée par la charrue. Le sol de la vigne doit être pauvre mais équilibré. Sa vie biologique et sa microfaune favorisent les échanges entre la plante et le monde minéral. Les racines y puisent de l'eau et des éléments nutritifs.

solera *nf* ***solera***
Méthode d'élaboration du **Xérès** ou du

Madère fondée sur le renouvellement permanent d'un **assemblage** fixe et permettant d'obtenir chaque année la même qualité de vin. Après chaque vendange, une petite proportion de vin nouveau est assemblée avec des vins plus vieux. Le mot "solera" désigne d'ailleurs la rangée inférieure de l'empilement de fûts dans laquelle les vins les plus vieux sont stockés. (les rangées portant le nom de **criaderas**.) Certaines soleras ont été commencées au XIXe Siècle et des bouteilles de Xérès commercialisées aujourd'hui contiennent en quantité infinitésimale, un peu du millésime d'origine. *Voir schéma → p. 489.*

solide *adj* ***solid, robust***
Se dit d'un vin ou d'un cognac bien charpenté, corsé et assez **astringent**. Synonyme : **robuste**.

solidité *nf* ***robustness***
Caractère d'un vin ou d'un cognac bien **charpenté**, **corsé** et assez **astringent**.

solvant *nm* ***solvent***
Odeur rappelant l'acétone ou le vernis à ongles pouvant se révéler à la dégustation d'un vin. Ceci peut arriver dans le cas où le vin a été pressé dans un pressoir trop fraîchement repeint à la laque.

sombre *adj* ***dark***
Qualifie la **robe** très foncée d'un vin ou d'un cognac.

sommeil *nm* ***sleep, dormancy, dormant state***
Etat de la vigne en hiver quand les conditions climatiques empêchent son développement.

sommelier *nm* ***wine-waiter***
Personne chargée du service des vins et des liqueurs dans un restaurant. Le sommelier peut aussi travailler chez un **caviste** ou pour une grande surface.

somptueux *adj* ***magnificent, sumptuous***
Se dit d'un vin qui réunit toutes les qualités qu'on peut en attendre.

sondage de terrain *nm* ***land-survey***
Action d'explorer le sol et le sous-sol au moyen d'une sonde. Les sondages de terrain renseignent les chercheurs sur la nature des terrains sur lesquels pousse la vigne.

Sonoma *n*
Région viticole du Nord de la **Californie** située près de la ville de Sonoma produisant des vins tranquilles et des vins effervescents de qualité. Cette région située à l'ouest de la vallée de **Napa** est presque aussi célèbre que sa voisine.

sorbate *nm* ***sorbate***
Sel de l'acide **sorbique** utilisé comme conservateur.

sorbique *adj* ***sorbic***
L'acide sorbique est un acide diéthlénique présent dans le sorbier. Fabriqué par synthèse directe, il est utilisé comme additif en tant qu'agent de conservation car il empêche le développement des moisissures dans les jus de fruits ou les vins. Il bloque le pouvoir fermentaire des **levures** sans les tuer et est utilisé sur des vins blancs contenant du sucre pendant l'**élevage** ou à la mise en bouteilles pour éviter leur refermentation.

sorbitol *nm* ***sorbitol***
Goût de pomme pourrie pouvant se révéler à la dégustation d'un vin rouge fait avec des raisins pourris ou d'un vin **moelleux**.

sortie, sortie de raisins *nf* ***bunch setting, cluster setting***
Apparition de minuscules grappes de raisin sur un **sarment** après le **débourrement**.

souche *nf* ***vine stock***
Synonyme de pied de vigne, **cep**.

souche *nf* ***strain***
Individu qui donnera naissance à une race, une variété ou une espèce. On parle de souches de levures.

soudure *nf* ***calluspoint***
Formation de cals entre le **porte-greffe** et le **greffon** en chambre chaude et en hygrométrie saturée. Dans de bonnes conditions, la soudure se fait en deux semaines et la greffe "prend", c'est-à-dire qu'elle réussit

soufre *nm* ***sulphur***
Le vigneron utilise le soufre pour traiter la vigne contre l'**oïdium** et pour stériliser les fûts vides et ainsi détruire les micro-organismes. *Voir* **SO2, SO2 libre**.

soufrage *nm* ***sulphuring***
Tâche consistant à répandre du **soufre** en poudre sur la vigne.

soufrer *v* ***to sulphur***
Répandre du **soufre** en poudre sur la vigne pour lutter contre les maladies **cryptogamiques** / Faire brûler du soufre dans un tonneau pour détruire les micro-organismes. Synonyme : **méchage**.

soupçon *nm* ***hint***
Nuance, petite quantité.

soupirail *nm* ***cellar window***
Ouverture donnant de la lumière et de l'air dans une **cave**.

souple *adj* ***supple***
Se dit d'un vin facile à boire, bien **équilibré** avec une acidité et une **astringence** assez faibles.

souplesse *nf* ***suppleness***
Caractère d'un vin **coulant**, bien **équilibré**, sans **âpreté** ni **astringence**.

sous-bois *nm* ***undergrowth***
Arômes caractéristiques de vieux vins rouges, plus ou moins **réduits**, bourguignons notamment.

sous-marque *nf* ***sub-brand***
Nom sous lequel des vins de seconde qualité d'une marque connue sont vendus, sans qu'ils soient de mauvaise qualité pour autant.

sous-produit *nm* ***by-product***
Corps obtenu accessoirement au cours de la fabrication d'une autre substance ou comme résidu d'une extraction.

sous-régionale (appellation —) *adj* ***sub-regional***
En vertu d'une autorisation de l'**INAO**, l'appellation sous-régionale est la mention du nom de la région, de la commune, du lieu-dit ou du climat à la suite ou au-dessous du nom de l'appellation régionale. Exemple : Bourgogne Côte Chalonnaise, Bourgogne Chitry, Entre-Deux-Mers.

sous-sol *nm* ***subsoil***
Le sous-sol, couche située immédiatement au-dessous de la terre végétale, est un facteur déterminant du **terroir**. Par exemple, le vignoble **alsacien** s'épanouit sur les collines sous-vosgiennes au sous-sol de grès, de calcaire, de marnes, le vignoble **champenois** sur des colluvions de craie du crétacé, le vignoble **bourguignon** sur des colluvions et des éboulis de calcaire, le vignoble **beaujolais** sur des colluvions de schistes, le vignoble **bordelais** sur des alluvions siliceuses…

sous-solage *nm* ***subsoil ploughing (GB) subsoil plowing (US)***
Labour qui fragmente les parties profondes du sol sans les ramener à la surface.

sous-soleuse *nf* ***subsoiling plough (GB,) subsoiling plow (US)***
Charrue permettant d'effectuer des sous-solages.

soustractive (technique —) *adj* ***subtractive***
Technique permettant l'auto-enrichissement d'un vin par évaporation d'une partie de l'eau contenue dans le **moût**.

soutenu *adj* ***steady***
Appliqué à la **robe** d'un vin ou d'un cognac, cet adjective signifie "d'une forte intensité." Appliqué à la **structure** d'un vin, il signifie "**corsé**" et "bien **charpenté**".

soutirage *nm* ***racking***
Tâche consistant à séparer le vin clair de ses **lies** en le transvasant dans un autre récipient.

soutirer *v* ***to rack***
Séparer le vin clair de ses **lies** en le transvasant dans un autre récipient.

soutireuse *nf* ***racking apparatus***
Appareil servant à l'embouteillage des vins **effervescents**. La partie supérieure de la cuve et les bouteilles à remplir sont mises en surpression afin d'éviter la formation de mousse qu'entraînerait la perte de gaz carbonique.

soyeux *adj* ***silky***
Se dit d'un vin souple, très harmonieux.

sparging *nm*
Technique utilisée dans l'industrie de la bière et du whisky visant à extraire un maximum de

sucre après le déclenchement du processus de **mashing**.

Spätburgunder *nm* ***Spätburgunder***
Version allemande du **pinot noir**, surtout cultivé dans la vallée de l'**Ahr**.

Spätlese *nf* ***Spätlese***
Vin assez doux fait avec des raisins vendangés tardivement. Les Spätlese sont des vins ***QmP*** de qualité intermédiaire entre le ***Kabinett*** et l'***Auslese***.

Speyside *nm*
La **Spey** est une rivière d'Ecosse dont la vallée et les alentours regroupent plus de deux tiers des **distilleries** écossaises. Le Speyside est un si gros producteur de **single malts** qu'il a été détaché des **Highlands** auquel il appartient géographiquement pour être considéré comme une région à part entière. La nature y est généreuse en céréales, en **tourbe** et en eau d'une grande qualité. Elgin est la capitale de cette région dans laquelle on trouve de célèbres distilleries telles que **Glenfiddich**, Glen Grant, **Glenlivet**...

spiritueux *nm* ***spirit***
Boisson alcoolique obtenue par distillation ou liqueur contenant une forte proportion d'alcool.

Springbank *n*
L'une des deux distilleries de **malt whisky** survivantes de **Campbeltown** (l'autre étant **Glen Scotia**.) **Single malt** classique, corsé et aromatique.

Spritzer *nm*
Mot d'origine allemande désignant une boisson composée d'un tiers de vin blanc et de deux tiers d'eau gazeuse.

spritzig *adj* ***fizzy, sparkling***
En allemand, qualifie un vin pétillant.

spumante *nm* ***spumante, sparkling***
Mot italien signifiant "**vin effervescent**".

stabilisation *nf* ***stabilisation, stabilising (GB), stabilization, stabilizing (US)***
Action de débarrasser un vin de toutes ses particules indésirables pour qu'il soit limpide dans sa bouteille et ne se dégrade pas au cours de sa garde, soins apportés au vin pour qu'il ne se trouble pas, qu'il ne refermente pas et conserve ses qualités **organoleptiques**. Le **soutirage**, le **collage**, la **filtration**, la **pasteurisation**, la **réfrigération** sont des moyens de stabilisation.

stabilisation par le froid *nf* ***cold stabilisation (GB), cold stabilization (US)***
Recours à la **réfrigération** pour débarrasser le vin de ses particules indésirables.

stable *adj* ***stable***
Se dit d'un vin qui ne risque pas de s'altérer.

stade *nm* ***stage***
Degré de développement d'un phénomène.

stage *nm* ***placement (stage ouvrier), traineeship, training period (GB), internship (US)***
Attention : on traduit "faire un stage" par : "to carry out a traineeship, an internship".
Période de travaux pratiques sur le terrain en complément de la formation théorique.

stagnant *adj* ***stagnant***
Se dit d'eaux qui ne coulent pas.

standard *adj* ***standard***
Se dit d'un vin sans originalité, sans typicité, commun.

standardisé *adj* ***standardized***
Qui correspond à un standard défini, normalisé, uniformisé.

Staropramen *n*
Brasserie tchèque, établie à **Prague** en 1869, célèbre pour ses bières blondes fines. Staropragem signifie "vieille source."

station d'avertissements agricoles *nf* ***Agricultural research station***
Etablissement de recherches centralisant les observations climatiques dans une région donnée pour surveiller l'évolution des maladies de la vigne et indiquer les remèdes à appliquer.

station météorologique *nf* ***weather center***

Etablissement de recherches s'efforçant de prévoir le temps, facteur crucial en viticulture.

station œnologique *nf* ***oenology station***
Etablissement de recherche et de conseils sur la vinification auquel recourent les producteurs de vin qui n'ont pas d'œnologue parmi leur personnel.

steam beer *nf*
Bière au parfum fruité, de type californien. Le mot "steam" (vapeur) serait une allusion aux machines à vapeur utilisées par des brasseries au XIXe siècle. S'inspirant de cet exemple, des brasseurs allemands fabriquent des *"Dampfbier"* (bière à la vapeur) à Bayreuth et à Zweisel.

steen *nm*
Nom sous lequel les vignerons sud-africains désignent le cépage **chenin blanc**.

Steinbier *n*
Littéralement *"bière à la pierre,"* la Steinbier doit son nom au fait que lors de son brassage, le **malt** est versé sur des pierres poreuses chauffées à blanc qui permettent de cristalliser les sucres. Cette bière, brassée à Altenmünster, a une saveur douce et caramélisée.

Stellenbosch *n*
WO. Ville d'Afrique du Sud située à l'ouest de Cape Town, au centre d'une importante région viticole. Longtemps connue pour ses vins rouges, elle est aussi devenue productrice de bons vins blancs. Par ailleurs, l'université de Stellenbosch dispense un bon enseignement viti-vinicole.

stérile *adj* ***barren***
Se dit d'une plante qui ne porte pas de fruits, qui ne produit pas.

stérilisation *nf* ***sterilisation (GB), sterilization (US)***
Elimination des micro-organismes par la chaleur dans le but d'empêcher toute altération microbienne du vin.

stigmate *nm* ***stigma***
Terme de botanique désignant la partie supérieure du pistil.

stock *nm* ***stock***
Ensemble des produits ou marchandises disponibles dans un entrepôt, unmagasin, une cave...

stockage *nm* ***storage***
Constitution de stocks.

stocker *v* ***to store***
Constituter des stocks.

stout *nm* ***stout***
Bière brune opaque brassée à partir d'un fort pourcentage de grains crus grillés, avatar de la **porter**. Il existe trois qualités de stout : "*sweet*" (ou *"European,)* *"dry"* et *"imperial."* Le *stout dry* est caractérisé par son col de mousse crémeux.

stratification *nf* ***stratification***
Terme de greffage signifiant la formation d'un tissu de **soudure** entre le **porte-greffe** et la **greffe** en chambre chaude.

stratigraphie *nf* ***stratigraphy***
Etude de la succession des dépôts **sédimentaires** (ou strates) selon le principe que les couches ont été déposées dans un ordre chronologique : les plus anciennes étant en bas.

Strathisla *n*
Whisky **single malt** écossais du **Speyside**. Aromatique et fruité.

stress hydrique *nm* ***water stress***
Manque d'eau dans le sol nuisant à la **photosynthèse** de la vigne. *Voir* **potentiel hydrique**.

strong ale belge *nf*
ale belge fortement alcoolisée dont la robe peut être couleur d'ambre ou brun foncé. Si elle est forte, elle n'est pas lourde pour autant grâce aux sucres raffinés utilisés lors de son brassage.

structure *nf* ***structure***
Charpente d'un vin, qualités d'un vin qui a du corps mais aussi de l'**équilibre** entre son acidité, son alcool et ses tanins.

structuré (bien —) *adj* ***well-structured***
Se dit d'un vin **charpenté**, **corsé**, **équilibré**.

Stück *nm* **big barrel**
Fût allemand de 1200 litres (**Palatinat**, **Rheinhessen**).

Sturm *nm*
Mot allemand signifiant "tempête." Ce terme s'applique à un vin autrichien trouble, doux et pétillant dont la fermentation n'est pas terminée. Ce terme s'apparente à ***Heurige***.

style *nm* ***style***
En vinification, ce terme désigne la touche personnelle du vinificateur dans le caractère d'un vin. Appliqué à la dégustation, ce terme est difficile à définir mais facile à identifier. Le style se reconnaît plus qu'il ne s'explique.

suave *adj* ***sweet, suave***
Se dit d'un vin ou d'un cognac qui plaît par son nez agréable, son caractère soyeux et son harmonie.

suavité *nf* ***sweetness***
Caractère d'un vin ou d'un cognac aux arômes agréables, soyeux et d'une belle harmonie.

submergé (chapeau —) *adj* ***immerded cap***
Voir → p. 136 **immergé**.

substrat *nm* ***bedrock***
Roche sous-jacente aux horizons d'un sol.

substance *nf* ***substance***
Terme désignant toute matière qu'elle soit solide, liquide ou gazeuse. On parle de substances colorantes, de substances organiques…

subtil *adj* ***subtle***
Se dit d'un vin qui a de la **finesse** et dont les qualités sont fondues de façon discrète et harmonieuse. Mot commode souvent utilisé par les dégustateurs qui ne savent pas trop comment décrire un vin.

subtilité *nf* ***subtlety***
Caractère délicat d'un vin qui a de la finesse et dont les qualités sont fondues de façon discrète et harmonieuse.

succinique *adj* ***succinic***
Se dit d'un acide découvert dans l'acide succinique ou ambre jaune, acide provenant de la fermentation du vin. L'acide succinique apporte de l'onctuosité au vin.

succulent *adj* ***luscious***
Savoureux, qui a une saveur délicieuse. Ce terme s'applique plus à la nourriture qu'au vin.

sucrage *nm* ***addition of sugar, chaptalization***
Addition de sucre au **moût**. Synonyme : **chaptalisation**.

sucre *nm* ***sugar***
Aliment de saveur douce, cristallisé, extrait de la canne à sucre ou de la betterave à sucre utilisé pour la **chaptalisation** du vin. Par ailleurs, le raisin contient de 15 à 25 % de sucre, essentiellement du **glucose** et du **fructose** ; le cognac 1 % naturellement.

sucre (vin de) *nm* ***sugar wine***
Jadis considéré comme le vin du pauvre, ce breuvage était fait avec du sucre et de l'eau passés sur des rafles de raisin puis fermentés.

sucré *adj* ***sweet, sugary***
Qui a le goût du sucre.

sucre de betterave *nm* ***beet-sugar***
Sucre extrait de la betterave.

sucre de canne *nm* ***cane sugar***
Sucre extrait de la canne à sucre.

sucre de raisin *nm* ***grape sugar***
Sucre, essentiellement **glucose** et **fructose**, contenu dans le raisin.

sucre d'orge *nm* ***barley sugar***
Arôme pouvant se révéler à la dégustation d'un vin blanc ou d'un **Champagne**.

sucre fermentescible *nm* ***fermentable sugar***
Sucre se transformant en alcool et en CO2 lors de la **fermentation alcoolique**.

sucre réducteur *nm* ***reducing sugar***
Le **glucose** et le **fructose** sont des sucres réducteurs parce qu'ils sont capables de s'oxyder.

sucre résiduel *nm* ***residual sugar***
Sucre qui n'a pas été transformé en alcool lors de la fermentation.

sucrosité *nf*
Caractère d'un vin sucré. Teneur en sucre d'un vin **liquoreux**.

suie (odeur de) *nf* ***soot, sooty smell***
Odeur pouvant se révéler lors de la dégustation d'un vin.

suif *nm* ***tallow***
Graisse utilisée par les vignerons ou les tonneliers pour colmater des tonneaux ou de la vaisselle vinaire en bois ayant perdu de leur étanchéité.

suint (odeur de) *nm* ***suint***
Odeur animale, de fourrure, de graisse imprégnant la toison des moutons, pouvant se révéler à la dégustation de vieux vins rouges trop **réduits**.

Suisse *nf* ***Switzerland***
Pays de tradition viticole produisant surtout des vins blancs dans le **Valais** et le canton de **Vaud**. Le **fendant** est le vin suisse le plus connu. Les vignerons suisses qui apportent un soin particulier à la viticulture, doivent affronter des conditions de production difficiles : coteaux abrupts et terrasses minuscules. Les vins suisses se caractérisent par leur diversité due à l'hétérogénéité des sols et des **micro-climats**. Les cépages cultivés sont le **müller-Thurgau**, **croisement** de **riesling** et de **sylvaner** mis au point dans le canton de Thurgovie par le professeur Müller, le **pinot gris** ou **malvoisie**, le **chasselas** pour les vins blancs, le **pinot noir,** le **gamay** et le **merlot** pour les vins rouges. La vigne est cultivée en Suisse romande (Valais, Vaud, Neuchâtel…) en Suisse allémanique (région de Zürich, Argovie, Thurgovie…) et en Suisse italienne (Tessin, Grisons.) La Suisse exporte peu de vins.

sulfatage *nm* ***sulphate spraying, copper sulphate treatment***
Traitement des vignes contre les **cryptogames** et autres parasites par aspersion de **pesticides** (autrefois de sulfate de cuivre, d'où l'origine du mot).

sulfate de cuivre *nm* ***copper sulphate***
Sel cuivreux longtemps utilisé dans la lutte contre le mildiou.

sulfater *v* ***to sulphate, to spray***
Traiter la vigne contre les maladies **cryptogamiques** et autres.

sulfateuse *nf* ***sulphate sprayer***
Machine montée sur un tracteur et servant à **sulfater**. Les sulfateuses fonctionnent soit par un système de rampes dont les jets aspergent le feuillage, soit par un système de soufflerie qui projette de fines gouttelettes sur les feuilles. Synonyme : machine à sulfater.

sulfhydriques (odeurs) *adj* ***sulphydric***
Odeurs désagréables d'hydrogène sulfuré, de **mercaptan**, d'œufs punais pouvant se révéler à la dégustation d'un vin.

sulfidoseur *nm* ***sulphur doser***
Appareil dosant le SO2 avant son incorporation au **moût** ou au raisin.

sulfitage *nm* ***sulphiting***
Addition d'anhydride sulfureux (**SO2**) au moût d'un vin lors de la fermentation. Le SO2 est à la fois un antiseptique et un antioxydant mais il doit être ajouté avec modération. Les avantages du sulfitage sont reconnus depuis longtemps. Cette opération est systématique lors de l'**élevage** des vins à l'abri de l'air.

sulfite *nm* ***sulphite***
Sel de l'acide sulfureux.

sulfiter *v* ***to add sulphite***
Ajouter de l'**anhydride sulfureux** au **moût** pendant la **fermentation** pour tuer les micro-organismes indésirables.

sulfure *nm* ***sulphide***
Combinaison de soufre et d'un élément.

sulfure de carbone *nm* ***carbon sulphur***
Produit chimique préconisé par le baron Thénard dans la lutte contre **phylloxéra**. Le sulfure de carbone injecté sur les racines au moyen d'un **pal injecteur** tuait le phylloxéra. Mais ce traitement était onéreux et ne donnait pas toujours de bons résultats.

sulfuré *adj* ***sulphurated***
Se dit d'un vin qui sent le soufre combiné.

sulfureux *adj* ***sulphurous, sulphur***
Qui a la nature du soufre, qui contient une combinaison du soufre.

sulfurique (acide) *adj* ***sulphuric***
Formule : H2SO4, acide oxygéné dérivé du soufre.

sulfuriste *nm* ***sulphurist***
Partisan de l'injection de **sulfure de carbone** sur les racines de la vigne lors de la crise **phylloxérique**. Les sulfuristes étaient opposés aux **américanistes**, partisans du **greffage** des plants français sur des **porte-greffes** américains.

sultana *nm*
Cépage blanc originaire de Turquie aujourd'hui cultivé principalement pour la production de raisins secs. Ces derniers sont très populaires en Californie où ils sont connus sous le nom de **Thompson Seedless**.

sumac vénéneux *nm* ***poison ivy***
Plante parasite (et dangereuse pour l'homme) pouvant envahir le vignoble **californien**.

superbe *adj* ***superb***
Qualificatif très élogieux appliqué à un vin aux qualités éclatantes.

supérieur *adj* ***superior***
Qualificatif autorisé par l'**INAO**. Exemple : **Bordeaux supérieur**.

superficie *nf* ***acreage***
Etendue d'une surface.

supermarché *nm* ***supermarket***
Dans beaucoup de pays, le supermarché est devenu le principal lieu d'achat du vin, de la bière et des spiritueux.

support de barrique *nm* ***barrel pallet***
Madriers sur lesquels sont alignées les barriques.

surboisé *adj* ***overuwody, overwooded***
Se dit d'un vin au goût de chêne trop marqué.

sur *adj* ***slightly sour***
Se dit d'un vin au goût acide et aigre.

surcollage *nm* ***overfining***
Utilisation d'une colle trop forte constituant un risque surtout pour les vins blancs en raison de leur absence de tanins. Le surcollage risque d'amaigrir le vin.

sureau *nm* ***elderberry***
Arôme floral pouvant se révéler à la dégustation d'un vin, surtout de **muscat**.

suret *adj* ***sour***
Se dit d'un vin devenu imbuvable parce qu'il a tourné à l'aigre.

surface *nf* ***acreage***
Etendue d'un terrain exprimée en hectares en Europe et en **arpents** ou **acres** aux USA.

surface foliaire exposée *nf* ***illuminated leaf area***
Le calcul du rayonnement de la lumière sur les feuilles a son importance dans l'étude de la **photosynthèse** de la vigne.

surgreffage *nm* ***overgrafting, top grafting***
Greffage d'un nouveau cépage sur le plan initial. Cette technique récente a pour but de modifier un **encépagement** existant sans qu'il soit besoin d'arracher la vigne et de replanter.

sur lies *nf* ***on lees***
Méthode d'**élevage** du vin souvent appliquée au **muscadet**. Comme le vin n'a pas été **soutiré** ou filtré, cette méthode évite l'oxydation et garde plus de gaz carbonique produit par la fermentation. Au final, le vin a des qualités de vivacité et de fraîcheur mais cette méthode comporte aussi le risque de contamination bactérienne.

surmaturation *nf* ***overmaturation***
Méthode **soustractive** pour augmenter la richesse en sucre du raisin non encore récolté : l'eau contenue dans les baies s'évapore et les raisins se flétrissent. Les producteurs de **vins de paille** et de vins de **vendanges tardives** pratiquent la surmaturation.

surmaturité *nf* ***overmaturity***
Etat des raisins mûrs qui se concentrent en perdant l'eau de leur jus.

surmûri *adj* ***over-ripe***
Se dit d'un raisin mûr qui se concentre en perdant son jus.

surplus *nm* ***surplus***
Excédent, ce qui est en plus. Les journalistes utilisent l'expression *"lac de vin"* pour qualifier les surplus de vin de l'Union Européenne.

suspension *nf* ***suspension***
Etat d'un solide très divisé, mêlé à la masse d'un liquide sans être dissous par lui. Le **col-**

lage a pour but de faire tomber au fond du tonneau toutes les particules et les protéines naturelles en suspension dans le vin.

Süssreserve *nf*
Terme allemand signifiant littéralement *"réserve sucrée"* qui désigne une méthode de vinification consistant à mettre de côté du jus de raisin non fermenté pour le mélanger plus tard avec un vin dont la fermentation est terminée. Ce procédé permet de produire un vin moins alcoolisé et plus doux.

suze *nf* ***suze***
Apéritif français légèrement amer obtenu par macération de racines de gentiane dans l'alcool et addition de sucre, d'eau et d'autres plantes. Certains préfèrent le boire avec un peu de cassis : ce mélange s'appelle suze-cassis.

sylvaner *nm* ***silvaner***
Cépage blanc vigoureux présent surtout en Alsace et en Allemagne. Il donne des vins secs et légers. Souvent considéré comme un vin de soif, il a un nez assez neutre, ce qui risque de nuire à son expansion. Il est toutefois beaucoup planté en Europe centrale.

synclinal *nm* ***synclinal***
Terme géologique : pli dont la convexité est tournée vers le bas.

syndicat *nm* ***trade-association***
Groupement formé pour la défense d'intérêts professionnels communs. Les vignerons se regroupent en syndicats pour défendre les appellations contrôlées.

syrah (ou **sirah**) *nf* ***syrah, shiraz (Austr) hermitage (Australie)***
Cépage rouge donnant des vins, colorés, au nez intense, puissants. Avec le temps, les arômes de violette évoluent vers des arômes animaux. Cépage cultivé dans les **Côtes du Rhône**, le **Midi de la France**, l'**Australie**, l'**Afrique du Sud**, l'**Argentine** et la **Californie**...

Syrie *nf* ***Syria***
Pays du Moyen-Orient où la vigne prospère depuis les temps bibliques. Aujourd'hui elle est cultivée sur les coteaux des régions d'Alep, Damas et Homs. Beaucoup du vin produit est distillé car les Syriens sont friands d'**arak**.

système de conduite *nm* ***trellising and training system***
Ensemble des techniques ayant pour but de déterminer la forme du cep et celle de la végétation qu'il porte. Il comprend notamment le sens et la **densité** de plantation, le mode de **palissage**, le système de **taille**. Le système de conduite influence la structure-même de la plante et modifie jusqu'à son **microclimat**.

systémique (produit —) *adj* ***systemic***
Produit **phytosanitaire** diffusé par la sève dans tout le végétal, ce qui le rend efficace après pénétration et diffusion à l'intérieur des rameaux. Synonyme : endothérapique.

Szamorodni
Mot hongrois signifiant en gros "comme ça vient." Il s'applique à un type de **Tokay** vinifié avec des raisins non triés. C'est-à-dire que les grappes **botrytisées** n'ont pas été séparées des grappes saines. Le vin obtenu n'entre pas vraiment dans la catégorie des vins **moelleux**.

T

tabac *nm* ***tobacco***
Arôme pouvant se révéler à la dégustation d'un vin. Les arômes de tabac sont surtout perçus dans les grands crus rouges aptes à un vieillissement prolongé.

table (vin de) ***table wine***
Attention ! L'expression anglaise "table wine" ne désigne pas forcément un vin ordinaire mais aussi un vin tranquille qui accompagne un repas sur la table, d'où son nom. Vin de consommation courante, vin ordinaire souvent peu alcoolisé. Sa production est réglementée par décret. Selon la réglementation, les vins de table appartiennent à une catégorie inférieure. Les vins de la catégorie supérieure sont les **VQPRD**. Les meilleurs vins de table font partie du groupe des **vins de pays**.

table de tri *nf* ***sorting table***
Tapis convoyeur sur lequel la vendange est déversée à son arrivée dans le **chai**. Des trieurs éliminent tout ce qui est indésirable : raisins abîmés, pourris ou verts, morceaux de **sarments**, feuilles et pétioles.

tablier de caviste *nm* ***cellar-apron***
Vêtement de protection en tissus très solide porté par les personnes travaillant au **chai** ou à la cave pour protéger leurs vêtements contre les éclaboussures du vin.

tâche *nf* ***task***
Travail à effectuer dans un temps fixé.

tâche (travail à la) *nf* ***piece work***
Travail fixé d'avance à effectuer pour un prix convenu. Un certain nombre d'ouvriers vignerons préfèrent travailler en tâche car ils peuvent organiser leur travail à leur guise.

Tâche (La —) *nf*
AOC. Grand cru rouge (6,10 hectares) de **Vosne-Romanée** dans la **Côte de Nuits**. Grand vin au bouquet complexe.

taché *adj* ***stained***
Se dit d'un vin blanc élaboré à partir de raisins à jus blanc mais à pellicules colorées riches en **anthocyanes** qui lui donnent une légère coloration. On utilise aussi cet adjectif pour qualifier un vin blanc qui a pris une certaine coloration après avoir séjourné dans des récipients ayant contenu du vin rouge.

tâcheron *nm* ***pieceworker***
Ouvrier qui travaille à la tâche et qui, donc, organise son travail à sa guise.

tacheté *adj* ***dappled***
Se dit par exemple d'une feuille ou d'un raisin marqué de nombreuses petites taches.

tactile *adj* ***tactile***
Relatif au toucher. Les sensations tactiles, lors de la dégustation sont perçues par la langue, les gencives, les muqueuses, le palais…

Tafelwein *nm*
Terme allemand équivalent du **vin de table** français.

tafia, taffia *nm*
Rhum de seconde qualité fait avec de la **mélasse** impure.

taille *nf* ***pruning***
Tâche hivernale consistant à couper des **sarments** en vue de rééquilibrer la production de raisins d'une vigne. Cette tâche qui reste manuelle nécessite beaucoup de jugement car la personne qui taille détermine l'avenir de la vigne.

taille *nf* ***second pressing (in Champagne)***
En Champagne, produit du second ou du troisième pressurage du raisin (après que le marc ait été taillé ou **rebêché** puis **émietté** dans le pressoir.) Le vin de taille est de seconde qualité.

taille courte *nf* ***short pruning***
Taille ne laissant que quelques **yeux** sur le(s) **sarment**(s) afin de limiter la production de la vigne et donc d'obtenir du vin de meilleure qualité.

taille en cordon *nf* ***cordon pruning***
Taille longue, c'est-à-dire que le vigneron laisse un long **cordon** ou **sarment**.

taille en cordon de Royat *nf* ***cordon de Royat pruning***
Méthode de taille dans laquelle le **cordon** est couché horizontalement sur le fil du bas et comporte un maximum de quatre **coursons** taillés à deux **yeux**.

taille en éventail *nf* ***fan pruning***
Méthode de taille pratiquée à **Chablis** et en **Champagne**. Le vigneron laisse trois à cinq **sarments** définitifs taillés courts qui poussent en s'étendant (comme un éventail).

taille en gobelet *nf* ***gobelet pruning***
Taille courte pratiquée dans le **Beaujolais**, le **Midi** et les pays méditerranéens. Le vigneron laisse en général trois à cinq branches (formant comme un gobelet) taillées très court.

taille en vert *nf* ***summer pruning, dressing, thinning***
Ensemble des travaux d'**épamprage**, d'**ébourgeonnage** et de **rognage** effectués pendant l'été pour laisser aux raisins le maximum de matières nutritives et permettre une meilleure aération et un meilleur ensoleillement aux raisins.

taille Guyot *nf* ***Guyot pruning***
Méthode de taille préconisée par le Docteur Jules Guyot (1807-1872.) Le vigneron laisse un **courson** taillé bas à deux **yeux** et une **baguette** taillée à cinq ou sept yeux dont la longueur est proportionnée à l'âge et à la vigueur des **souches** (Guyot simple.) Dans la taille Guyot double, le vigneron laisse non pas une mais deux baguettes.

taille longue *nf*
Méthode de taille laissant au moins une branche longue sur le cep. La **taille Guyot** est une taille longue.

taille mixte *nf* ***cane and spur pruning***
Méthode de taille combinant la taille longue et la taille courte.

tailler *v* ***to prune***
Tâche qui a pour but de diriger, régulariser et améliorer la végétation et la fructification de la vigne.

Taittinger *n*
L'une des plus anciennes maisons de **Champagne**, fondée à Reims en 1734. Cette marque est connue pour l'élégance et le raffinement de ses vins. Sa **cuvée** *"comtes de Champagne"* inaugurée en 1957 contribue à son prestige.

talé *adj* ***bruised***
Se dit de raisins meurtris.

talento *nm*
Terme utilisé par les producteurs de vins effervescents italiens ayant adopté la **méthode de champenoise.**

talle *nf* ***sucker***
Pousse qui apparaît sur le vieux bois du cep après le développement de la branche principale, devient improductive et nuit au bon développement des branches à fruits. Synonyme : **gourmand**.

tambour *nm* ***drum***
Fût non galbé

tambour *nm* ***press-cage***
Cage cylindrique du pressoir dans laquelle on met le **marc**.

Tamdhu *n*
Distillerie de **malt whisky** écossais située dans l'île de **Skye**, au large de la Côte Nord-Ouest de l'**Ecosse**. Très aromatique, odeur de **tourbe**.

Tamnavulin *n*
Whisky **single malt** du **Speyside**. Plutôt léger et doux.

tangentielle *adj* ***tangential***
Dans la filtration tangentielle, le flux du liquide à filtrer circule parallèlement à la surface filtrante. Cette technique récente est assez peu utilisée.

tanin *nm* ***tannin***
Polyphénols présents dans la peau de raisin, les pépins et la rafle. Le chêne, surtout neuf, contient aussi des tanins. Les tanins constituent l'"ossature" du vin rouge auquel ils

apportent, dans le meilleur des cas (tanins mûrs) **structure**, **corps** et **mâche** ainsi qu'une aptitude au vieillissement ; idem pour les eaux de vie.

tanins catéchiques *nm pl* ***tannins from the grape skin***
Tanins contenus dans la peau des raisins : les meilleurs.

tanins galliques *nm pl* ***oak tannins***
Tanins contenus dans le bois des fûts de chêne.

tanins hydrolisables *nm pl* ***hydrolysable tannins***
Tanins venant du bois du tonneau au cours de l'**élevage**.

tanins œnologiques *nm pl* ***oenological tannins (GB) enological tannins (US)***
Tanins sous forme de poudre que le vigneron peut ajouter au vin, surtout pour faciliter le **collage**.

tanins précipitables *nm pl* ***available tannins***

tanisage *nm* ***addition of tannin***
Addition de tanin à un vin ou un **moût**. La méthode de tanisage la plus simple consiste à mettre le vin dans des fûts de chêne neuf.

taniser *v* ***to add tannin***
Ajouter du tanin à un vin ou un **moût**.

tannat *nm* ***tannat***
Cépage vigoureux d'origine basque donnant des vins colorés et tanniques, aptes au vieillissement, comme ceux de **Madiran**, **Tursan**, **Irouléguy**. Ce cépage est aussi cultivé en **Uruguay**.

tannique *adj* ***tannic***
Se dit d'un vin qui contient beaucoup de tanin. S'il est trop tannique, un vin est **astringent**, s'il n'est pas assez tannique, il manque de **structure**, de **charpente**.

tannoïde *adj* ***tannoid***
On appelle matière tannoïde l'ensemble des composés **phénoliques** d'un vin.

tapis élévateur *nm* ***conveyor belt***
Appareil transporteur des raisins qui sont acheminés à la cuve sur une grande courroie. Cet appareil a le grand mérite de conserver les raisins intacts.

tapis roulant *nm* ***conveyor belt***
Appareil transporteur pour des marchandises qui défilent sur une grande courroie.

tardif (cépage —) *adj* ***late***
Se dit d'un cépage qui vient à maturité assez tard dans la saison. Le **cabernet sauvignon** est un bon exemple de cépage tardif.

tardives (vendanges) ***nf pl late harvest***
Mention spéciale pour des **Gewürztraminer**, **rieslings**, **pinots gris** et **muscat** d'Appellation Alsace ou Alsace Grand cru lorsque le jus des baies laissées sur pied est très concentré. Les vendanges de ces raisins se déroulent tardivement, parfois en Décembre.

tarif *nm* ***price-list***
Montant du prix des articles vendus par un commerçant.

Tart
Voir **Clos de Tart**.

tartrate *nm* ***tartrate***
Sel de l'acide **tartrique**, composant du vin.

tartre *nm* ***tartar***
Dépôt du vin qui se présente sous forme de cristaux et qui peut être éliminé avant la mise en bouteilles.

tartré *adj* ***tartar***
Se dit d'un vin qui contient un dépôt de **tartre**.

tartricage *nm* ***addition of tartaric acid***
Addition d'acide **tartrique** dans le **moût** pour acidifier le vin. Bien que l'acidité ne soit pas le contraire du sucre, un vigneron ne peut légalement acidifier et **chaptaliser** un même vin. Chaque opération exclut l'autre.

tartrique (acide) *adj* ***tartaric***
Cet acide très présent dans le raisin est le principal **acide fixe** composant le vin.

tartriqué *adj*
Se dit d'un vin acidifié par une addition d'acide **tartrique** détectable au goût.

Tastevin (Confrérie des Chevaliers du —) *nm* ***Brotherhood of the chevaliers du Tastevin***
Célèbre société **bachique** ayant son siège au château du **Clos de Vougeot**. *Voir aussi* **confrérie, relations publiques**.

tastevin *nm* ***wine-tasting cup***
Petite tasse de métal comportant des stries et des creux jadis utilisée par les **courtiers** pour juger de la couleur d'un vin.

tastevinage *nm* ***tastevinage***
Sélection sévère des meilleurs vins de Bourgogne organisée par la confrérie des **Chevaliers du Tastevin**. En général, un tiers seulement des vins soumis au jury lors de **dégustations à l'aveugle** sont retenus.

Tavel *n*
AOC. Village du Sud des **Côtes du Rhône** célèbre pour ses vins **rosés** élégants composés d'un **assemblage** de **grenache** et de **cinsault**. Les vins de Tavel sont, en général plus corsés que les autres rosés.

tawny *nm* ***tawny***
Nom donné à un Porto de couleur orangée ayant été élevé pendant plusieurs années.

Tchéquie (ou République Tchèque) *nf* ***Czech Republic***
Pays viticole d'Europe Centrale produisant surtout des vins blancs depuis le début de l'ère chrétienne. La viticulture tchèque s'apparente à celle de sa voisine allemande. Quelques vignes sont plantées à l'Ouest du pays, en Bohême mais la viticulture tchèque se concentre surtout en Moravie, au sud de Brno. On fait de bons vins dans la région de Mèlnik, au nord de Prague et dans celle de Brezansky, au nord-ouest de Prague. Les principaux cépages cultivés sont le **riesling**, le **sylvaner**, le **traminer**, le **weiss Burgunder** (**pinot blanc**) le **veltlinske zelene** (cépage autichien) le **sauvignon** et le **müller-thurgau**. La République tchèque produit aussi des vins effervescents. Par ailleurs, ce pays s'enorgueillit de sa tradition brassicole et les amateurs reconnaissent que la bière tchèque est l'une des meilleures du monde, sinon la meilleure. *Voir* **Prague, Pilsen, staropranem**.

technologique (vin) *adj* ***technological***
Qualificatif peu flatteur pour qualifier des vins sans défaut élaborés grâce à un recours massif à la technologie (chimie, informatique…) Ce terme condescendant est souvent appliqué aux vins du **nouveau monde** par opposition aux vins de **terroir**. Dans son film *Mondovino*, Jonathan Nossiter fait l'éloge de ces derniers et dénonce la menace de la standardisation du goût par la consommation de vins technologiques. A la vérité, pour les connaisseurs de bonne foi, s'il existe deux types de vin, ce sont les bons et les mauvais, d'où qu'ils viennent.

teigne *nf* ***scab, scurf***
Petit papillon dont les **chenilles** vivent sur les plantes cultivées.

teinturier *adj* ***coloring, dyer***
Cépage à jus coloré, contrairement aux autres raisins dont le jus est incolore. Le teinturier était employé dans des **assemblages** pour renforcer la couleur du vin.

témoin (échantillon) *nm* ***check sample***
Echantillon qui ne subit aucun traitement particulier afin de subir la comparaison avec d'autres individus de la même espèce soumis à des essais divers.

tempérance *nf* ***temperance***
Sobriété dans l'usage des boissons. Aux USA, des sociétés de tempérance avaient été créées pour combattre l'usage de l'alcool.

tempérant *adj* ***temperate***
Qui fait preuve de tempérance. Il n'est pas interdit de penser avec le professeur Landouzy qu'un homme tempérant commande en maîtres à toutes les passions qu'il n'a pas.

température *nf* ***temperature***
Degré de froid ou de chaud. La maîtrise des températures est très importante lors de la fermentation des vins rouges, la température d'une cave doit être constante, idéalement à 12°C, le sommelier doit respecter la température de service de chaque vin.

températures (somme des —) *nf pl*
Voir **somme des températures**.

tempéré *adj* ***temperate***
Ni trop chaud, ni trop froid. Les climats tempérés conviennent bien à la vigne.

tampranillo *nm* ***tampranillo***
Cépage rouge de la **Rioja** (régions d'Alta et d'Alavesa) et de Penedès en Espagne donnant des vins charpentés, colorés et de bonne garde. Mais il ne peut légalement être utilisé pour l'élaboration de **cava** en Penedès. Ce cépage réussit bien sous des climats relativement frais et il mûrit plus tôt que le **grenache** ou **garnacha**, l'autre cépage célèbre de la Rioja. Dans la région de la Manche, il est appelé **cencibel**.

temps *nm* ***weather***
Elément important dans l'élaboration du cognac. Il faut du temps. "Laissez le temps au temps", avait coutume de dire un Charentais célèbre. Etat de l'atmosphère à un moment donné. Le vigneron redoute les gelées de printemps, apprécie un temps ensoleillé en été, craint les pluies avant les vendanges... Et il sait que le temps est un maître parfois impitoyable.

temps partiel *nm* ***part time***
Se dit d'un travail qui s'effectue pendant une durée inférieure à celle de l'horaire normal. Les domaines viticoles recourent au travail à temps partiel qui, souvent est assuré par les femmes de leurs ouvriers.

Ténarèze *n*
AOC. L'une des trois aires de production de l'**Armagnac**, située entre le **Bas-Armagnac** et le **Haut-Armagnac**. Sur les sols argileux de cette région, on produit des eaux-de vie assez légères qui vieillissent plus vite. Cru d'Armagnac avec arômes de violette.

tendre *adj* ***soft, supple***
Se dit d'un vin **souple**, **coulant** et assez **léger**.

teneur *nf* ***content***
Ce qu'un mélange contient d'un corps particulier. Exemple la teneur en sucre d'un raisin.

Tennessee whiskey *nm*
Cette appellation s'applique uniquement aux **whiskeys** distillés dans l'état de Tennessee. Ils sont faits suivant la même méthode que le **Bourbon** mais ils sont toutefois filtrés à travers dix pieds de charbon de bois d'érable.

tenue *nf*
Voir **test de tenue à l'air**.

Tenuta viticola *nf*
Locution italienne équivalente de **domaine**, comprenant les vignes et les bâtiments d'une exploitation viticole.

tequila *nf* ***tequila***
Eau-de-vie élaborée avec des agaves portant le nom d'une ville mexicaine. Il s'agit en fait d'une sorte de **mescal** bénéficiant de sa propre région de production dans l'état de Jalisco où se trouve la ville de Tequila. La tequila est également produite dans l'état de Tamaulipas au nord-est du pays.

térébenthine *nf* ***turpentine, turp***
Arôme pouvant se révéler à la dégustation d'un vin.

terne *adj* ***drab***
Se dit d'un vin manquant de brillance et de caractère.

terpènes *nm* ***terpenes***
Hydrocarbures d'origine végétale présents dans le raisin notamment dans des cépages aromatiques tels que le **muscat**, le **riesling** ou le **Gewürztraminer**. Les terpènes et alcools terpéniques sont responsables du caractère aromatique des vins, allant du registre floral à celui des arômes acidulés.

terpénique *adj* ***terpene***
Qualificatif appliqué à des composés aromatiques présents dans le raisin. On trouve des composés terpéniques dans divers registres : résine, pin, géranium, épices.

terrain *nm* ***ground, land***
Sol considéré du point de vue de sa nature, de son relief, de sa structure. Exemple : cette vigne pousse sur un terrain argilo-calcaire.

terrasse *nf* ***terrace***
Terre-plein mettant de niveau un terrain en pente, généralement maintenu par un mur de soutènement.

terrasse (en —) *nf pl* ***terraced***
Aménagement d'un coteau très pentu en paliers juxtaposés, limités par des murettes pour faciliter la culture de la vigne. Les vignobles de la **vallée du Rhône** septentrionale et de la **vallée de la Moselle** allemande sont cultivés en terrasses mais seuls des vins de grande qualité permettent de valoriser ce mode de culture onéreux.

terrassement *nm* ***terracing***
Action de transformer un terrain en pente pour y établir des terrasses.

terre *nf* ***soil***
Matière dont est faite la surface du globe terrestre.

terreau *nm* ***loam***
Terre comprenant une proportion appréciable de matières animales ou végétales décomposées. Le terreau est, a priori, peu propice à la viticulture.

terret *nm* ***terret***
Cépage du midi de la France. Bien qu'il figure parmi les treize cépages autorisés pour le **Châteauneuf-du-Pape**, il est peu planté dans cette région mais on le rencontre dans le **Languedoc**. Il existe un terret rouge, un terret gris et un terret blanc mais seuls les deux derniers sont beaucoup cultivés. Ils donnent des vins secs et frais sans grande complexité.

terreux *adj* ***earthy***
A la dégustation, un goût terreux donne une impression de dessèchement, de rusticité en bouche et est même carrément désagréable.

terroir *nm* ***terroir, soil***
Ensemble des conditions naturelles caractérisant un vignoble donné, susceptibles de donner naissance à un vin original et de qualité. La notion de terroir est un des fondements des **Appellations d'Origine contrôlées**.

terroir (goût de —) *nm* ***terroir, soil***
Saveur particulière donnée au vin par le sol dont il est issu.

terroiter *v* ***to express the rustic side of terroir***
Expression inventée par les dégustateurs pour qualifier les aspects négatifs ou les défauts du goût de **terroir**.

tertiaire *nm / adj* ***tertiary***
Ere géologique marquée par le plissement alpin.

tertiaires (arômes) *adj* ***tertiary aromas***
Arômes **post-fermentaires** se révélant lorsqu'un vin a évolué et un peu vieilli.

tertre *nm* ***mound***
Elévation peu importante de terre.

test de tenue à l'air *nm* ***test of exposure to air***
Contrôle analytique du vin pour vérifier s'il n'est pas atteint de **casses** et s'assurer de sa bonne conservation.

tête de cuvée *nf* ***top quality wine***
Avant la mise en place des AOC, ce terme désignait les plus grands vins. Aujourd'hui, ce terme désigne parfois le **premier vin** obtenu au cours du **pressurage**.

tête (vin de —) ***wine from the first pressing***
Dans la région de **Sauternes**, vin obtenu au premier pressurage, celui qui donne le meilleur vin.

têtes *nf pl* ***heads (distillation)***
Premier produit de la distillation composé d'alcool et d'**esters** très **volatils** et chargé de goûts indésirables qui est éliminé, de même que le dernier produit : la **queue**. On ne conserve que le **cœur**.

texture *nf* ***texture***
Liaison des différents constituants d'un vin tels que tanins, acidité, alcool... appréciée lors de la dégustation.

thé *nm* ***tea***
Arôme végétal pouvant se révéler à la dégustation de certains vins blancs ou même de grands crus rouges à l'apogée de leur vieillissement en bouteille.

thermolisation *nf* ***thermolisation partial pasteurisation (GB), thermolization, partial pasteurization (US)***
Méthode de **stabilisation** du vin consistant à l'embouteiller à chaud (à environ 50°C.) Il s'agit d'une sorte de pasteurisation à basse température qui suffit à tuer les **levures** restantes. Cette méthode n'est pas utilisée avec les vins de qualité.

thermomètre *nm* ***thermometre (GB), thermometer (US)***
Instrument servant à mesurer la température. Outil très important au **chai** pour la **maîtrise des températures** lors de la fermentation alcoolique.

thermoplongeur *nm* ***heating element***
Appareil que l'on plonge dans une cuve, au travers du **chapeau**. A l'intérieur de cet appareil, on fait circuler de l'eau chaude ou froide dans un **serpentin** selon que l'on veut refroidir ou réchauffer la cuve.

thermorégulateur *nm* ***thermoregulator***
Appareil qui contrôle et déclenche automatiquement le dispositif de réchauffement du **moût** lorsque la température menace de s'écarter de la fourchette tolérée.

thermorégulation *nf* ***thermoregulation***
Réglage automatique de la température des **moûts** dans une cuve afin de freiner ou d'activer la fermentation alcoolique, l'**extraction** des arômes ou de la couleur...

thermovinification *nf* ***thermovinification***
Macération à chaud des **moûts** avant la fermentation des vins rouges de table. Cette méthode permet une diffusion rapide de la couleur dans le moût et le protège contre l'oxydation.

Thompson seedless *n*
Nom que les Californiens donnent au cépage blanc **sultana**. Longtemps utilisé pour faire du vin dans cet état, ce cépage est cultivé aujourd'hui comme raisin de table ou pour en faire du raisin sec.

thym *nm* ***thyme***
Arôme pouvant se révéler à la dégustation de vins, particulièrement ceux de Haute **Provence** et du **Ventoux**.

thyrse *nf* ***thyrse***
Dans l'iconographie, **Dionysos** est souvent représenté portant à la main sa thyrse, long bâton entouré de feuilles de vigne et surmonté d'une pomme de pin.

Tia Maria *nf*
Marque de liqueur élaborée à base de **rhum** de la Jamaïque, d'extraits de café et d'épices locaux.

tibouren *nm* ***tibouren***
Cépage rouge de Provence aux arômes rappelant les herbes sauvages de cette région. Il est utilisé pour les vins rosés.

tiède *adj* ***tepid, lukewarm***
D'une chaleur atténuée.

tierçon *nm* ***tierçon, barrel***
Tonneau du **Languedoc** d'une contenance de 215 litres. Le tierçon **charentais**, quant à lui, a une contenance de 520 à 540 litres.

tige *nf* ***stalk***
Axe d'une plante qui porte des feuilles et se termine par un bourgeon.

tilleul *nm* ***linden-tree***
Arôme floral pouvant se révéler à la dégustation d'un vin blanc, d'un vin **moelleux** ou d'un cognac.

tin *nm* ***beam***
Poutre disposée sur le sol de la cave sur laquelle on met les tonneaux pour leur éviter le contact avec le sol. Synonyme : **marre**.

tinta negra mole *nm*
Cépage rouge portugais. Très productif, il peut être utilisé pour les assemblages de **Madère**.

tinto *adj*
En espagnol, cet adjective signifie *"rouge."*

tirage *nm* ***bottling***
Terme parfois employé comme synonyme de **mise en bouteilles**.

tirage (liqueur de —) *nf* ***liqueur de tirage***
Solution de sucre et de vin vieux ajoutée au **Champagne** pour assurer une **fermentation secondaire**.

tire-bouchon *nm* ***corkscrew, cork puller***
Instrument traditionnellement formé d'une mèche en métal pourvue d'un manche servant à retirer les bouchons des bouteilles. Mais il existe bien d'autres types de tire-bouchons. → *p. 261*.

tire-bonde *nm* ***bung puller***
Instrument fonctionnant sur le principe du tire-bouchon traditionnel, utilisé pour enlever la **bonde** d'un tonneau.

tirer (une cuve) *v* ***to draw off the must***
Faire écouler le vin d'une cuve après qu'il a accompli son temps de **cuvaison**, en le séparant du **marc** qui sera pressé.

tireuse *nf* ***bottling apparatus***
Appareil équipé de becs que l'on adapte sur un fût **en perce** afin de mettre le vin en bouteilles. Aujourd'hui, il existe des tireuses automatiques.

tisane *nf* ***herbal tea, tisane***
Arôme végétal de plantes infusées pouvant se révéler à la dégustation de vins trop évolués.

titre *nm* ***strength (en alcool)***
Degré alcoolique du vin calculé en mesurant le nombre de litres d'éthanol contenu dans cent litres de vin à une température de 20°C.

titration *nf* ***titration***
L'acidité de titration est **l'acidité totale**.

titre alcoométrique *nm* ***alcohol by volume***
Teneur en alcool d'un vin ou d'un spiritueux exprimée en pourcentage. Conformément à la législation en vigueur, le titre alcoométrique d'un vin, d'une bière ou d'un spiritueux doit obligatoirement figurer sur l'étiquette.

titre de mouvement *nm* ***transport permit***
Document délivré par les douanes accompagnant les vins, bières, cidres et spiritueux lors de leur transport attestant que les taxes ont été payées.

titrer *v* ***to titrate***
Déterminer le titre d'un liquide.

Tobermory *n*
Distillerie de **malt whisky** écossais située sur l'île de **Mull**, au large de la Côte nord-ouest de l'Ecosse. Délicat et bien équilibré.

toddy *nm* ***toddy***
Ce breuvage exotique fait d'eau-de-vie, de rondelles de citron, de clous de girofle, de sucre et d'eau pouvant se consommer chaud ou froid est considéré comme un remède contre le rhume et les coups de froid.

Tokay *n*
Le vin moelleux le plus ancien du monde et l'un des vignobles les plus célèbres de Hongrie. Il est produit avec les cépages **furmint** et **hárslevelu**. Les brumes automnales causées par la présence des rivières Tisza et Bodrog favorisent le développement de **pourriture noble**. Après un passage à vide à l'époque du communisme, le tokay a retrouvé un bon niveau qualitatif avec des vins très concentrés élaborés de la même façon que ceux de **Sauternes**.

tokay d'Alsace *nm* ***pinot gris***
Autre nom du **pinot gris**. Selon la légende, le

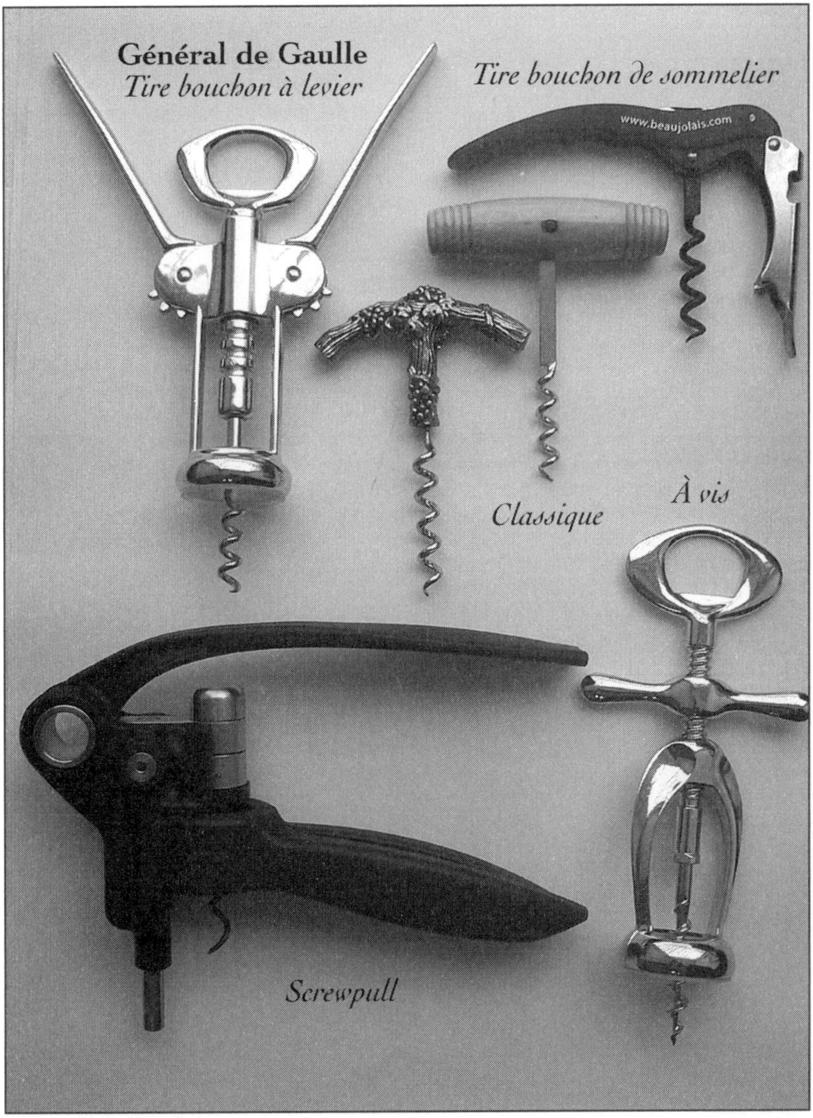
Général de Gaulle
Tire bouchon à levier
Tire bouchon de sommelier
www.beaujolais.com
Classique
À vis
Screwpull

baron Schwendi, général de l'armée hongroise, aurait introduit le tokay en Alsace mais le **Tokay** hongrois est fait avec des cépages qui n'ont rien à voir avec le **pinot gris**. La mention "tokay d'Alsace" sera interdite après 2005.

tomate *nf* ***tomato***
Arôme pouvant se révéler à la dégustation d'un vin. Par ailleurs, sans jus de tomate on ne pourrait boire du Bloody Mary !

Tomintoul-Glenlivet *n*
Distillerie de **malt whisky** écossais située dans le **Speyside**. Whisky léger et délicat.

tonne *nf* ***metric tonne***
Unité de mesure correspondent à 2200 livres. *Attention ! La tonne anglaise équivaut à 1016 kg alors que la tonne US équivaut à 907 kg. Le système métrique est plus simple !*

tonneau *nm* ***barrel, keg, cask, hogshead***
Récipient en bois de forme ovoïde formé de **douves** ou **douelles** assemblées et retenues par des **cercles** et ayant deux **fonds** plats. Jadis, le tonneau, inventé par les Gaulois servait surtout au stockage et au transport des vins mais aujourd'hui, le tonneau de chêne est aussi beaucoup utilisé pour la maturation du vin et des eaux de vie. Pour leur contenance, voir les mots : **barrique**, **fût**, **feuillette**, **muid**, **pièce**, **quartaut**, **queue.**

tonnelet *nm* ***barrel, keg***
Petit tonneau.

tonnelage *nm*
Marchandises qu'on met en tonneaux.

tonnelier *nm* ***cooper***
Personne qui fabrique ou répare des tonneaux.

tonnellerie *nf* ***cooperage***
Métier, commerce, atelier du tonnelier. Les tonneaux qu'il fabrique.

tonnerre *nm* ***thunder***
Bruit accompagnant l'éclair lors d'un orage.

topette *nf* ***small sample-bottle***
Long et étroit, récipient que l'on plonge dans la barrique et utilisé dans la région de **Cognac** pour les **échantillons** d'eau-de-vie.

topographie *nf* ***topography***
Relief épousé par le vignoble. Les chances de produire un vin de qualité varient selon la topographie. Par exemple, les eaux pluviales s'écoulent plus facilement sur une vigne de **coteau** car ses racines ne baignent pas dans l'eau. Une **exposition à l'est** favorise le réchauffement de la terre et sèche la rosée dès le matin…

toponymie *nf* ***toponomy, place names***
Etude linguistique des noms de lieu. En Bourgogne, ces lieux sont très parlants, qu'il s'agisse du *Clos-du-Roi*, du *Clos-des-Chênes*, des *Argillières*, des *Caillerets*, des *Perrières*, des *Terres Blanches*, des *Rugiens* (terres rouges), des *Tuvilains* (terre dure à cultiver qui tuait de fatigue les villains qui la cultivaient.) ou du *Montre-Cul* ! D'autres noms imagés, souvent poétiques, font rêver comme la *Goutte d'Or*, les *Belles Filles* ou les *Amoureuses* !

Topikos Inos *n*
Terme grec signifiant "vin local," correspondant au **vin de pays** français.

tord-boyaux : *(n m)* gut-rot
Cette eau-de-vie très forte, souvent de mauvaise qualité, a inspiré une chanson mémorable au chanteur Pierre Perret !

tordeuse *nf* ***tortrix, leaf-roller moth***
Chenille nuisible enroulant les feuilles de vigne. *Voir aussi* **enroulement**.

Tormore *n*
Distillerie de **malt whisky** écossais située dans le **Speyside**. Whisky assez corsé.

tornade *nf* ***tornado***
Coup de vent très violent et tourbillonnant.

torna viagem (vinho de —) *n*
Expression portugaise en vogue au XIXe siècle signifiant qu'un vin, le plus souvent **muté**, avait fait le voyage aller-retour vers les Indes, pratique censée l'améliorer.

torréfaction *nf* ***torrefaction***
Odeur de calcination plus ou moins poussée de produits aussi divers que le pain grillé, le café, le caramel, la créosote pouvant se révéler à la dégustation d'un vin ou d'un congac.

torréfié *adj* ***roasted***
Se dit des arômes de torréfaction pouvant se révéler à la dégustation d'un vin ou d'un cognac.

torride *adj* ***torrid, scorching***
Se dit d'une chaleur exceptionnellement élevée.

torrontés *nm*
Ce cépage d'origine espagnole est devenu emblématique en **Argentine** où il donne des vins blancs aromatiques.

Toscane *nf* ***Tuscany***
En italien : *Toscana*. Région viticole de l'Italie du centre-est, connue pour sa production de **Chianti** ainsi que des excellents **Brunello di Montalcino** et **Vino Nobile di Montepulciano** fait avec le cépage **sangiovese** et des clones locaux de ce cépage.

touche *nf* ***touch***
Note, nuance aromatique dans un vin ou un cognac.

Toul
Voir **gris de Toul**, **Côtes de Toul**.

Touraine *nf*
AOC. Région viticole du Centre de la France sur la vallée de la Loire productrice de toute une palette de vins blancs, rouges, rosés, secs, demi-secs, moelleux et effervescents. Plusieurs communes sont autorisées à ajouter leur nom à l'appellation régionale. Exemple : Touraine-Amboise. Toutefois, les meilleurs vins de cette région ont droit à une appellation communale : **Bourgueil, Chinon, Vouvray**...

touraillage *nm* ***drying***
En brasserie, dessication de l'orge germée.

touraille *nf* ***oasthouse***
Bâtiment où s'effectue le **touraillage**. Les tourailles faisaient partie intégrante du paysage du comté de **Kent**, en Angleterre. *Voir illustration dans la partie anglaise.*

tourailler *v* ***to dry***
Sécher l'orge germée.

tourbat *nm* ***tourbat***
Cépage blanc cultivé dans le **Roussillon** donnant des vins aux arômes de fleur et d'une bonne acidité. Ce cépage est aussi connu sous le nom de **malvoisie** du Roussillon.

tourbe *nf* ***peat***
Roche organique, sorte de charbon fossile qui s'est formé dans les tourbières par décomposition partielle des végétaux. Il existe deux sortes de tourbe : l'une résultant de la décomposition de mousse (marsh peat,) l'autre, de la décomposition de branches et de feuilles (forest peat.) Ce combustible, longtemps le

seul en **Ecosse**, donne un fumet particulier au **whisky**. Utilisée pour faire sécher l'orge **maltée**, elle distribue une odeur assez puissante qui donnera au **single malt** une saveur particulière. De même, l'eau des tourbières est censée avoir une influence très favorable sur la qualité de la **bière**.

touriga francesca *nm*
Cépage rouge portugais cultivé dans la vallée du **Douro** et aussi en **Californie**.

touriga nacional *nm*
Cépage rouge portugais à petit rendement utilisé pour l'élaboration du **porto**. Il est cultivé dans la vallée du **Douro**, la région de **Dão** et on le trouve aussi en **Australie**.

tourne *nf* ***tourne***
Maladie **anaérobie** du vin due à la décomposition de l'acide **tartrique** par des bactéries **lactiques**. De l'acide **acétique** est produit et le vin devient aigre et... imbuvable.

tournée (c'est ma — !) *nf* ***it's my round ! it's my shout ! it's on me !***
Expression signifiant qu'une personne offre et paie l'ensemble des boissons consommées par un groupe.

tournesol *nm* ***sunflower***
Arôme floral pouvant se révéler à la dégustation d'un vin.

tournière *nf* ***headland***
Surface située à l'extrémité d'une parcelle de vigne que le viticulteur réserve pour pouvoir tourner ses instruments de culture.

toxicité *nf* ***toxicity***
Caractère de ce qui est toxique.

toxique *adj* ***poisonous, toxic***
Se dit d'une substance nocive pour l'organisme.

traçabilité *nf* ***traceability***
Suivi d'un produit depuis sa production jusqu'à sa consommation et notamment tout ce qui peut avoir une incidence sur sa qualité : Pour cela, des procédures et des contrôles sont mis en place.

traces *nf pl* ***traces***
Quantité minime.

tracteur *nm* ***tractor***
Véhicule automobile utilisé pour les travaux agricoles.

traditionnelle Flaschengärung *nf*
Equivalent allemand de **méthode champenoise**.

tracteur-enjambeur *nm* ***straddler, straddler-tractor, over the row tractor***
Tracteur viticole "enjambant un rang et dont les roues sont de part et d'autre du rang. Ce tracteur permet les travaux de labours, de **sulfatage**, de **rognage** et de **pré-taille** et même de vendanges dans des vignes étroites (rangs distant d'un mètre).

tracto-pelle *nm* ***back-hoe***
Tracteur équipé d'une grosse pelle hydrolique pouvant servir pour les travaux de terrassement et de **remontage** de terre.

tractoriste *nm* ***tractor driver***
Conducteur de tracteur.

traditionnelle
Voir **méthode traditionnelle**.

trafiqué *adj* ***doctored, adulterated***
Se dit d'un vin ou d'un alcool auquel on a ajouté des substances étrangères selon des procédés illicites.

traitement *nm* ***treatment, spraying***
Lutte contre les maladies de la vigne par aspersion de **pesticides**.

traitement de la vendange *nm* ***grape processing***
Soins apportés aux raisins entre le moment où ils sont coupés et la fin de la fermentation.

traiter *v* ***to treat***
Lutter contre les maladies de la vigne en lui injectant des **pesticides**.

Traminer *nm* ***traminer, gewürztraminer***
Nom allemand du **savagnin blanc**. Cépage blanc du **Palatinat** jadis populaire en Allemagne mais dont les vins forts en alcool et faibles en acidité sont parfois jugés terreux et un peu lourds.

tranchée *nf* ***ditch, trench***
Excavation longue et étroite à ciel ouvert dans le sol. Synonyme : fossé.

tranquille *adj* ***still***
Se dit d'un vin non **effervescent**.

transitaire *nm* ***forwarding agent***
Commissionnaire en marchandises qui s'occupe de leur importation et de leur exportation.

transfert *nm* ***transfer***
Méthode de vinification des vins **effervescents** consistant à transférer des vins dans une cuve sous pression après que la **prise de mousse** se soit déroulée dans des récipients de faible contenance.

translucide *adj* ***translucid***
Se dit d'un vin qui laisse assez bien passer la lumière à travers le verre.

transpalette *nm* ***pallet truck***
Véhicule élévateur utilisé pour la manutention des **palettes**.

transparence *nf* ***transparency***
Qualité d'un vin à la **robe** très claire qui laisse passer la lumière à travers le verre.

transparent *adj* ***transparent***
Se dit d'un vin à la **robe** très claire qui laisse passer la lumière à travers le verre.

transport *nm* ***transport***
Action de porter des marchandises d'un endroit à un autre.

transport aérien *nm* ***air transport***
Acheminement des marchandises vers leur destination par avion. Ce moyen de transport est peu utilisé par les producteurs de vin en raison de son coût.

transport ferroviaire *nm* ***railway transport***
Acheminement des marchandises vers leur destination par chemin de fer.

transport maritime *nm* ***sea-transport***
Acheminement des marchandises vers leur destination par bateau.

transport routier *nm* ***road-transport***
Acheminement des marchandises vers leur destination par camion.

transporteur *nm* ***carrier, haulier***
Personne ou société qui effectue des transports de marchandises.

transporteur aérien *nm* ***air carrier***
Société de transport utilisant l'avion pour acheminer les marchandises.

transporteur ferroviaire *nm* ***railway carrier***
Société de transport utilisant le train pour acheminer les marchandises.

transporteur maritime *nm* ***shipping company***
Société de transport utilisant le bateau pour acheminer les marchandises.

transporteur routier *nm* ***road-haulier, trucking company***
Société de transport utilisant le camion pour acheminer les marchandises.

transvasage *nm* ***transfer method***
Méthode de transfert par laquelle les vins

mousseux subissent une seconde fermentation en bouteille, puis sont transvasés, filtrés et remis en bouteille sous pression pour maintenir la mousse. Cette méthode permet de se passer des étapes du **remuage** et du **dégorgement**. Toutefois, dans certains pays, des vins effervescents vinifiés de cette façon arborent l'étiquette *Fermenté en Bouteille* !

transvaser *v* ***to rack (tonneau), to decant (bouteille)***
Verser d'un récipient dans un autre, par exemple lors du **soutirage**.

Trappiste *nm*
Appellation protégée réservée à des bières **hautes**, fortement **houblonnées** et refermentées en bouteilles ; produites par six monastères de Belgique et des Pays-Bas. Ce sont des bières fortes et très **maltées**.

travail (en)
Voir **travailler**.

travailler *v* ***to work, to ferment***
Un vin qui travaille est un vin qui accomplit sa **fermentation secondaire** en tonneau ou en bouteille.

trebbiano *nm* ***ugni blanc***
Ce cépage blanc très répandu en Italie dont il est originaire est connu en France sous le nom d'**Ugni blanc**.

trèfle *nm* ***clover***
Plante herbacée donnant un excellent fourrage que les vignerons cultivent parfois sur un terrain avant de replanter la vigne car elle apporte de l'azote au sol.

treille *nf* ***trellised vine***
Cep de vigne élevé contre un mur ou le long d'un treillage. Le **jus de la treille** est une expression synonyme de vin.

Trentin-Haut-Adige *nm* ***Trentino-Alto Adige***
Région viticole du Nord-Est de l'Italie, parfois appelée Tyrol Méridional, produisant de bons vins blancs et des vins rouges légers. L'**encépagement** de cette région revêt un aspect cosmopolite puisqu'on y trouve une vingtaine de cépages originaires d'Autriche, de France, d'Allemagne et d'Italie…

tressot *nm* ***tressot***
Ce cépage rouge bourguignon, beaucoup cultivé avant la crise **phylloxérique**, se trouve encore dans l'Yonne. Il a une bonne teneur en sucre mais appartient à une espèce menacée.

treuil *nm* ***winch***
Cylindre horizontal, mobile autour de son axe, sur lequel s'enroule un cable servant à tirer ou lever des fardeaux. Le treuil est utilisé en viticulture pour tirer des charrues dans des terrains très en pente et dans les **chais** pour monter ou descendre des tonneaux dans les caves.

tri *nm* ***sorting***
Elimination des raisins verts ou pourris, des feuilles, pétioles et morceaux de **sarments** pour obtenir une vendange homogène.

trier *v* ***to sort out***
Eliminer les raisins verts ou pourris, les feuilles, pétioles et morceaux de **sarments** avant de mettre les raisins en cuve.

tries ou **tris successifs** *nf pl* ***selective picking of grapes***
Récoltes successives des raisins **surmûris** en vue de l'élaboration des vins **liquoreux**. Les vendanges se déroulent en plusieurs fois et les vendangeurs ne cueillent que les raisins atteints par la **pourriture noble**. Cette méthode est surtout pratiquée à **Sauternes**.

trichloroanisole *nm* ***trichloroanisole***
Agent responsable des vins bouchonnés, le tricloroanisole se trouve dans les bois traités avec des produits chlorés aussi bien que dans les bouchons de liège.

trinquer *v* ***to clink glasses***
Choquer son verre contre celui d'un autre avant de boire. A l'origine, cette pratique n'avait rien d'amical. Il fallait choquer les verres assez fortement pour que le liquide puisse passer de l'un à l'autre. Cette façon d'agir permettait de s'assurer que l'un des deux verres ne contenait pas de poison !

tripel *n*
Type de **bière d'abbaye** belge d'inspiration **trappiste**. Elle est brassée à partir de **malt** clair et de beaucoup de sucre raffiné et est plus alcoolisée que la **dubbel**.

triple sec *nm* ***triple sec, curacao***
Liqueur douce faite avec des écorces d'orange. Cointreau et Grand Marnier sont des marques commerciales de cette liqueur.

triste *adj* ***sad***
Se dit d'un vin renfermé, sans éclat.

triste (avoir le vin —) *adj*
Se dit d'une personne que la consommation de vin déprime alors qu'elle devrait l'euphoriser.

trocken *adj*
Adjectif allemand signifiant **sec**.

Trockenbeerenauslese *nf* ***Trockenbeerenauslese*** (mot allemand)
Distinction prestigieuse d'un vin allemand fait avec les grains de raisins, les meilleurs, les plus **surmûris** et les plus secs, choisis un par un au **chai**. Qualification la plus élevée dans la hiérarchie des ***QmP***. De couleur or-ambre à ambre, ce vin est très sucré et très cher.

troène *nm* ***privet***
Arôme floral pouvant se révéler à la dégustation d'un jeune vin blanc.

trois étoiles *nm* ***three-star (brandy)***
Distinction d'un **Cognac** ou d'un **Armagnac** qui a passé trois ou cinq ans en fût.

trois-six *nm* ***three-six***
Alcool titrant plus de 84,4°.

trop de vin *nm* ***overflow***
Dans l'élaboration du **Champagne**, le trop de vin désigne la quantité de vin retirée d'une bouteille lors du **dégorgement** pour y mettre la **liqueur d'expédition**.

trou de bonde *nm* ***bung-hole***
Orifice au sommet d'un tonneau qu'on referme en y mettant une **bonde**.

trouble *adj* ***cloudy, hazy***
Se dit d'un vin manquant de limpidité, d'un vin contenant des particules en **suspension**.

trou d'homme *nm* ***manhole***
Porte d'accès à une cuve permettant à un homme de la laver, par exemple.

trousseau *nm* ***trousseau***
Cépage noir, sujet à la pourriture, donnant des vins fins assez peu acides. Il est surtout cultivé dans le **Jura** et assemblé avec le **poulsard**.

truffe *nf* ***truffle***
Arôme **tertiaire** pouvant se révéler à la dégustation d'un grand vin rouge resté plusieurs années en fût sur ses **lies** de fermentation mais aussi d'un **Corton Charlemagne** ou d'un **Montrachet**.

tube acidimétrique *nm* ***acidimeter tube***
Tube permettant de mesurer la concentration d'un acide ?

tube capillaire *nm* ***capillary tube***

tubéreuse *nf* ***tuberose***
Odeur florale pouvant se révéler à la dégustation d'un vin blanc jeune.

tuf *nm* ***tufa, tuff***
Roche poreuse, légère formée par la concrétion du **calcaire** dans certaines sources ou certains lacs.

tuffeau *nm* ***tufa, tuff***
Pierre **calcaire**, crayeuse et friable très répandue dans le **Val de Loire**.

tuilé *adj* ***tile-red***
Se dit de la **robe** d'un vin qui, en vieillissant, a pris une teinte rouge-orangée.

Tulbagh *n*
Région viticole d'Afrique du Sud, montagneuse, chaude et sèche. Vins de table blancs, secs et demi-doux.

tulipe (verre —) *nf* ***tulip glass***
Verre à boire haut dont le globe a la forme d'une fleur de tulipe, c'est-à-dire que sa base est renflée et que le haut est plus étroit. Le verre-tulipe permet une dégustation de qualité. Il est aussi spécifique à la dégustation des eaux de vie.

Tunisie *nf* ***Tunisia***
Pays viticole d'Afrique du Nord. Ce pays du

Maghreb est surtout connu pour ses **muscats,** vins **mutés** à l'alcool en cours de fermentation. Outre le **muscat**, le vignoble tunisien est planté avec des cépages méditerranéens (**mourvèdre**, **cinsault**, **carignan**, **syrah**) et des cépages locaux. Les régions de production sont celles de Bizerte, Grombalia, Kelibia et Thibar. La Tunisie, qui s'est dotée d'une législation sur les appellations contrôlées en 1957, établit une distinction entre les **vins de table** et les **vins d'appellation**. Parmi les appellations, il convient de citer les coteaux de Carthage, les coteaux de Tebourba, les coteaux d'Utique, le Clos de Thibar...

turbidimètre *nm* ***turbidimeter***
Appareil permettant d'apprécier la **turbidité** d'un vin.
turbidimétrie *nf* ***turbidimetry***
Mesure de la **turbidité** d'un vin.

turbidité *nf* ***cloudiness, turbidity***
Etat d'un vin trouble. La turbidité n'est pas un bon signe !

Turquie *nf* ***Turkey***
Pays viticole d'Europe et d'Asie. Bien que la superficie du vignoble soit très grande, seuls 2 % de la récolte sont vinifiés. Les 98 % restants sont consacrés à la production de raisins de table et de raisins séchés. Toutefois, la Turquie a un certain potentiel viticole. Ce pays produit aussi du **raki**, eau-de-vie aromatisée à l'anis.

tuteur *nm* ***stake***
Perche, piquet soutenant une jeune plante.

tuyau *nm* ***pipe***
Conduit souple utilisé pour la circulation d'un liquide.

tuyau d'arrosage goutte à goutte *nm* ***drip hose***
Méthode d'**irrigation** douce consistant en un tuyau fixé sur le palissage et laissant s'écouler de l'eau, goutte à goutte, entre les ceps.

typé *nm* ***representative***
Se dit d'un vin ou d'un cognac présentant les caractéristiques typiques du cépage et du sol dont il est issu.

Txakoli *nm* ***txakoli***
Vins rouges et blancs produits dans le Pays basque espagnol.

typhlodrome *nm* ***typhlodrome***
Prédateur se nourrissant d'**acariens phytophages**, d'œufs et de larves. Le typhlodrome est un **auxiliaire** très apprécié dans le vignoble car il se nourrit d'**araignées rouges** et d'**araignées jaunes.**

typicité *nf* ***typicity***
Reflet fidèle dans un vin ou d'un alcool du cépage et du sol dont il est issu.

typique *adj* ***typical***
Caractéristique, qui distingue un vin selon ses caractéristiques.

tyrosinase *nf* ***tyrosinase***
Enzyme du raisin pouvant être à l'origine d'une instabilité du vin dans des conditions d'oxydation.

TUNISIE

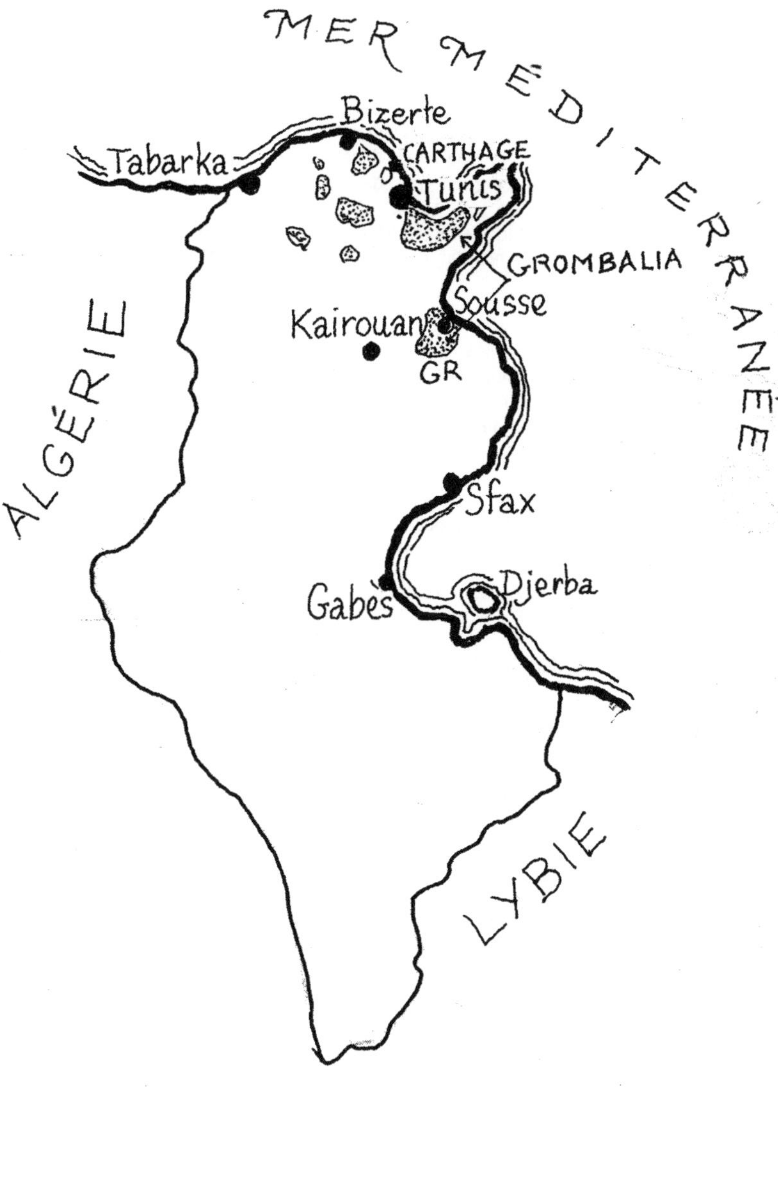
MER MÉDITERRANÉE
Bizerte
CARTHAGE
Tabarka
Tunis
GROMBALIA
Sousse
Kairouan
GR
ALGÉRIE
Sfax
Djerba
Gabès
LYBIE

U

ugni blanc *nm* ***ugni blanc***
Cépage blanc donnant des vins secs, connu en France pour l'élaboration du Cognac où il est appelé **saint-émilion** et de l'**Armagnac**. Ce cépage est sans aucun doute l'un de ceux qui sont le plus plantés au monde et qui produisent le plus grand volume de vin. On le trouve aussi au centre et au sud de l'Italie. Malheureusement, il tend à donner des vins tranquilles sans grand intérêt.

uisge beatha *n*
Ce terme signifie **eau-de-vie** en gaëlique. Il fut abrégé et anglicisé pour devenir **whisky**. La première apparition dans un écrit du mot whisky, orthographié *uiskie,* date de 1618.

Ukraine *nf* ***Ukraine***
Pays viticole de l'ex-Union Soviétique. Les vignes sont plantées dans la région d'Odessa, au bord de la Mer Noire, un peu près de la frontière hongroise et surtout en **Crimée**, qui, jadis, faisait partie de la Russie.

ull de llebre nm
Nom sous lequel les Catalans désignent le cépage **tempranillo**.

ultrafiltration *nf* ***ultrafiltration, ultra-filtering***
Filtration très poussée au travers de substances dont les pores arrêtent levures, bactéries et protéines. Il va sans dire que cette opération n'est nullement souhaitable pour les grands vins !

Uruguay *nm* ***Uruguay***
Pays d'Amérique latine dont la viticulture s'est développée sous l'impulsion de colons européens et notamment du Basque Pascual Harriague qui aurait introduit le cépage **tannat**, appelé *"harrigue"* dans ce pays. La vigne est cultivée aux environs de Montevideo, dans la région de Canelones, près de l'estuaire de la Plata, dans la région de Colonia, au centre, dans la région de Durazno, au nord-ouest dans la région de Rivera et au nord dans la région de Bella Union. Les cépages cultivés outre l'harriague sont le **merlot**, le **cabernet franc** et le **cabernet sauvignon** pour les vins rouges, le **riesling**, le **sauvignon**, le **chardonnay**, la **folle blanche** pour les blancs. Par ailleurs, l'Uruguay produit des spiritueux : eau-de-vie de vin, **rhum**, **gin**, anisette ainsi que du *vino seco*, mélange de vin blanc, de vin rouge et d'eau-de-vie de vin macéré au soleil ! → *p. 355.*

Ürzig *n*
Village situé sur la **Moselle**, dans la région de **Mosel-Saar-Ruwer**. La vigne s'épanouit sur des pentes schisteuses très escarpées. Le meilleur cru de ce village est l'Ürziger Würzgarten, vin épicé et fruité.

usé *adj* ***worn out, which has lost its vinous quality***
Se dit d'un vin qui a perdu ses qualités. Peut aussi se dire de la couleur tuilée, ambrée d'un vieux vin rouge.

Utiel-Requena *n*
DO. Petite région viticole située à l'est de Valence, sur la côte méditerranéenne espagnole, ainsi nommée d'après les villes d'Utiel et Requena. En raison de l'altitude des vignobles qui sont cultivés jusqu'à une hauteur de 800 mètres, cette région produit des vins rouges intéressants à partir du cépage **bobal**.

uval *adj* ***concerning grapes***
Relatif aux raisins.

V

vaccarèse *nm*
Cépage rouge autorisé pour la vinification du **Châteauneuf-du-Pape**, mais assez peu répandu, même dans cette région.

Vacqueyras *n*
AOC. Ce lieu où jadis paissaient les vaches est devenu l'un des meilleurs villages viticoles du sud des **Côtes du Rhône**. Il est situé entre Vaison-la-Romaine et Avignon, non loin de **Gigondas** et **Beaumes-de-Venise**. En 1990, il a eu droit à une appellation communale. Le cépage **grenache** prédomine et les vins de Vacqueyras sont colorés et ont une bonne intensité aromatique. *Voir carte → p. 74.*

vacu-vin *nm* ***vacu-vin wine saver***
Comme Frigidaire, Eclair ou Vaslin, ce nom de marque est devenu le nom générique d'un ingénieux appareil permettant de faire le vide dans une bouteille de vin entamée et de la maintenir à l'abri de l'air pour éviter l'oxydation et le risque de goût d'évent. Dans les bars à vin, plutôt que de faire le vide dans la bouteille et d'aspirer des arômes volatils, on préfère toutefois remplir le flacon avec un gaz inerte comme l'azote.

Vaduzer *n*
Vin rouge léger, clairet produit dans le Liechtenstein.

vague *adj* ***vague***
Peut se dire du caractère flou, indéterminé d'un vin.

Valais *nm*
Région viticole suisse au bord du Rhône ; Ce canton francophone est connu pour ses vins blancs (**fendant**, version valaisane du **chasselas** et johannisberg, version valaisane du **sylvaner**.) Quant au **Dôle**, considéré par certains amateurs comme le meilleur vin suisse, il est fait avec du pinot noir et du gamay vinifiés et pressés ensemble.

Val d'Aoste *nm*
La plus petite des régions viticoles italiennes, en partie francophone. La vigne, cultivée dans la vallée de la Doire Baltée, entre Courmayeur et Pont Saint Martin, donne des vins blancs secs et légers (*blanc de Morgex*) et des vins rouges frais et fruités. Quant au *Donnaz* rouge, fait avec 85 % de **nebbiolo**, il a des arômes d'amande caractéristiques et il doit vieillir.

Valdepeñas *nm*
Aire de production située dans la région viticole de Castille-**Manche**, en Espagne. Vins rouges légers faits avec le cépage **tempranillo** connu localement sous le nom de **cencibel.** On y trouve aussi des vins blancs secs.

vallée *nf* ***valley***
Dépression plus ou moins allongée, façonnée par un cours d'eau ou un glacier. Les vallées de la **Moselle**, du **Rhin**, du **Rhône**, de la **Loire** sont propices à la viticulture.

Vallée de la Marne *nf*
La vallée de la Marne, entre Tours-sur-Marne à l'est d'**Epernay** et Sacy-sur-Marne, un peu à l'ouest de cette ville, est l'une des grandes régions viticoles de **Champagne**. Le vignoble est surtout encépagé en **pinot meunier**.

vallon *nm* ***dale***
Petite vallée.

vallonné *adj* ***undulating***
Se dit d'un paysage de vallons.

Valpolicella *nm*
DOC. Aire viticole bien connue située en **Vénétie**, au nord-est de l'Italie. Vins rouges odorants et fruités élaborés à partir des cépages corvina, molinara et rondinella.

Van der Hun *nm*
Liqueur sud-africaine élaborée à base d'agrumes.

vanille *nf* ***vanilla***
Arôme pouvant se révéler à la dégustation de

vins rouges ou blancs élevés en fûts de chêne, ou de cognac.

vanilline *nf* ***vanillin***
Aldéhyde aromatique présent dans la vanille mais aussi dans le chêne, ce qui explique que les arômes vanillés soient caractéristiques du vin élevé en fûts de chêne neuf ; s'applique également aux cognacs.

varech *nm* ***seaweed***
Odeur iodée pouvant se manifester dans un vin provenant de vignes situées près de la mer. Assez agréable quand elle est discrète, insupportable quand elle ne l'est pas !

variétal *adj* ***varietal***
Anglicisme employé pour qualifier un vin dont les caractéristiques gustatives sont liées au **cépage**. Ainsi, dans leurs commentaires, certains dégustateurs évoquent l'arôme variétal d'un vin.

Vaslin *n*
Le nom de cette entreprise est devenu le nom générique d'un type de **pressoir horizontal** de couleur jaune qui équipe beaucoup de chais en France.

vatted malt whisky *nm*
Malt whisky obtenu par l'assemblage de whiskies de deux ou plusieurs distilleries de **malt**. Ce terme figure rarement sur les étiquettes mais le produit est appelé **malt whisky** par opposition à **single malt**.

Vaud *n*
Canton suisse francophone situé au nord du Lac Léman. Les vins du canton de Vaud ressemblent à ceux de son voisin méridional : le Valais. Les cépages les plus cultivés sont le **chasselas**, appelé localement dorin, le **pinot noir** et le **gamay**. Ces deux derniers cépages peuvent faire l'objet d'un **coupage** qui permet d'obtenir un vin connu sous le nom de **salvagnin**.

VCIG
Abréviation de *Vino de Calidad con Indicacion Geografica.*

VDL *nm* ***liqueur wine***
Abréviation de vin de liqueur, c'est-à-dire d'un vin auquel de l'alcool a été ajouté avant la fermentation.

VDN *nm* ***fortified wine***
Abréviation de *vin doux naturel*, c'est-à-dire d'un vin auquel on a ajouté de l'alcool au cours de la fermentation. A titre d'exemples, on pourrait citer les vins de **Banyuls, Maury** ou **Rivesaltes**.

VDQS *nm* ***VDQS***
Abréviation de **V**in **D**élimité de **Q**ualité **S**upérieure. En France, catégorie intermédiaire entre les vins de table et les vins d'**AOC**. Il semble toutefois que le statut de VDQS soit considéré comme provisoire et qu'il prélude à l'accession au rang d'AOC moyennant le respect de certaines conditions très strictes.

vecchio *adj*
Mot italien signifiant *"vieux."* Ce terme peut figurer sur des étiquettes décrivant un vin qui a vieilli selon certaines règles.

vecteur *nm* ***vector***
Acarien, insecte ou **nématode** pouvant transmettre des **virus** ou des bactéries à la vigne, participant ainsi à la dissémination d'une maladie. Exemple : la **cicadelle** est le vecteur de la **flavescence dorée**.

végétal *adj* ***vegetal***
Odeur d'herbe, de feuilles, de foin, de lierre... pouvant se révéler à la dégustation d'un vin fait avec des raisins insuffisamment mûrs, pourris ou macérés trop longtemps. Ce caractère est un défaut mais la dégustation de vins jeunes peut aussi révéler des arômes végétaux tout à fait intéressants comme ceux de fougère, feuille de cassis, menthe ou tabac. Ce terme qualifie aussi souvent les arômes de **sauvignon blanc** et de **gewürztraminer**.

végétatif *adj* ***vegetative***
Qui concerne le fonctionnement de la plante.

végétation *nf* ***vegetation***
Ensemble des végétaux d'un lieu.

velouté *adj* ***velvety***
Se dit d'un vin souple, fondu, harmonieux dont la suavité est le caractère dominant. Cette sensation est presque tactile.

venaison (odeurs de —) *nf* ***game***
Arômes de gibier pouvant se révéler à la dégustation de vins rouges vieux.

vendange *nf* ***vintage, grape harvest, crop***
Récolte des raisins / les raisins récoltés.

vendangeoir *nm* ***fermenting room***
Local de réception des vendanges contenant les cuves dans lesquelles le **moût** fermentera.

vendange en vert ou **vendange verte** *nf* ***bunch thinning, green harvest***
Elimination d'un certain nombre de grappes sur les ceps dont la production est jugée excessive. Cette tâche considérée par beaucoup de vignerons comme un pis-aller est devenue nécessaire pour assurer une bonne qualité de vendanges. La raison de l'apparition de ce phénomène est le trop bon état sanitaire des **clones** et l'efficacité des **pesticides**. Le meilleur moment pour pratiquer la vendange verte se situe peu avant la **véraison**.

vendanger *v* ***to pick the grapes, to harvest***
Récolter le raisin.

vendangerot *nm* ***grape basket***
Panier d'osier, d'acier émaillé ou de plastique utilisé par les vendangeurs pour y mettre leurs raisins (terme utilisé surtout en Bourgogne).

vendanges *nf pl* ***grape harvest vintage***
Ce terme désignant la récolte de raisins est souvent employé au pluriel. Les vendanges sont faites à la main ou à la machine.

vendanges tardives *nf pl* ***late harvest***
Voir **tardives**.

vendangeur, vendangeuse *nm / nf* ***grape-picker***
Personne qui coupe les raisins avec un **sécateur** ou une **serpette.**

vendemmia *n*
Mot italien signifiant *"vendange"* ou *"millésime."*

vendre *v* ***to sell, to retail***
Céder une marchandise moyennant un prix convenu.

vent *nm* ***wind***
Courant d'air se déplaçant d'une zone de hautes pressions vers une zone de basses pressions. Les vignerons européens redoutent le vent d'Ouest, porteur de pluie et apprécient le vent du Nord qui sèche les feuilles.

vente *nf* ***sale, retail sale***
Cession d'une marchandise moyennant un prix convenu. La **vente directe** à la propriété (direct sale on the estate) s'est beaucoup développée en France au détriment de la **vente en gros** (bulk sale) au négoce, après la crise de 1973.

vente au domaine *nf* ***sale on the estate***
Vente du vin par son producteur sans passer par un circuit de distribution : **négociant**, grande surface, magasin spécialisé…

vente aux enchères *nf* ***auction sale***
Vente d'une marchandise au plus offrant. La vente des vins des **Hospices de Beaune** est la vente aux enchères la plus célèbre au monde.

vente directe *nf* ***direct sale***
Vente d'un produit sans passer par des intermédiaires, tels que des **courtiers** ou des grossistes.

vente en gros *nf* ***bulk sale, wholesale***
Dans le secteur du vin, vente du vin en **moût** ou en tonneaux au négociant qui se chargera de l'**élevage** et de la mise en bouteilles.

Ventoux *nm*
Voir **Côtes du Ventoux**.

véraison *nf* ***veraison***
Phase du cycle biologique de la vigne à mi-chemin entre la **nouaison** et les vendanges. Le raisin perd sa chlorophylle et se colore, le raisin blanc devenant translucide et le rouge se fonçant. Il accumule alors les sucres et les composés **phénoliques** et aromatiques tandis qu'il perd son acidité **malique**.

verdâtre *adj* ***greenish***
D'une couleur tirant sur le vert.

ver de la grappe *nm* ***grape-worm***
Ce ver redouté de tous temps, qui a pour nom

cochylis, **eudémis**, **eulia**... est en fait une **chenille** qui attaque la vigne, se nourrit du raisin et est susceptible de favoriser l'apparition de **pourriture grise** (**botrytis cinerea**.)

verdelet *adj* ***slightly green, tart***
Se dit d'un vin à l'acidité élevée mais restant agréable.

verdelho *nm* ***verdelho***
Cépage blanc surtout cultivé au **Portugal** mais aussi en **Australie**. Il donne des vins vifs et frais et est utilisé pour faire du **porto blanc**.

verdeur *nf* ***green, unripe character***
Caractère d'un vin fait avec des raisins insuffisamment mûrs. Terme négatif qualifiant l'excès d'acidité d'un vin.

verdicchio *nm*
Cépage blanc que l'on rencontre généralement dans la région des **Marches**, au centre de l'Italie. Il donne des vins blancs secs sans grande personnalité mais populaires localement.

verdir *v* ***to turn green, to grow green***
Devenir vert. Terme s'employant surtout à propos de la végétation.

verdot *nm* ***verdot***
Cépage rouge du Bordelais appelé aussi "**petit verdot**".

vérin *nm* ***hydrolic jack, hydrolics***
Appareil qui, placé sous des charges, permet de les déplacer sur une faible course. Beaucoup de matériel utilisé par le vigneron fonctionne avec des vérins : **tracteur**, **benne à vendange**, **pressoir**... → *p. 209, 210.*

verjus *nm* ***green grape, unripe grape***
Raisin provenant d'une floraison tardive, insuffisamment mûri que les vendangeurs doivent laisser sur la vigne.

verjus *nm* ***verjuice***
Suc acide que l'on extrait du raisin vert ou verjus qui était jadis utilisé en **Bourgogne** pour faire de la **moutarde**.

vermentino *nm* ***vermentino***
Cépage blanc communément planté dans le vignoble méditerranéen. Il ressemble à la **malvoisie**. Ce cépage, populaire en **Corse**, donne des vins frais au bouquet de fruits mûrs dans cette île, mais il est également planté en Ligurie, au nord de l'Italie, et en Sardaigne.

vermillon *adj* ***bright-red, vermilion***
D'une couleur rouge vif tirant sur l'orangé.

vermine *nf* ***vermin***
Terme utilisé pour désigner l'ensemble des insectes **parasites** de la vigne.

Vermorel, Victor *n*
Inventeur né en 1848 et mort en 1923 à Villefranche-sur-Saône. Il se spécialise dans l'outillage viticole, fabrique et commercialise des **pals injecteurs**, des appareils à sulfater, des **poudreuses**, des canons **paragrêle**, des chars à vendanges automobiles... Il a aussi édité des manuels de viticulture et est l'auteur, avec Paul Viala d'un célèbre traité d'**ampélographie** publié entre 1901 et 1909.

vermouth *nm* ***vermouth***
Apéritif à base de vin en général blanc, assez insipide, aromatisé avec des plantes amères et toniques. Autrefois le vermouth était fait avec de l'absinthe (*wermut* en allemand).

verrage des cuves *nm* ***coating vats with glass tiles***
Action de garnir l'intérieur des cuves avec des tuiles de verre.

verre *nm* ***glass***
Récipient en verre se composant d'un pied, d'une tige et d'un **calice** ou corps. On dit qu'à chaque vin correspond un verre de forme particulière, mais le verre en forme de **tulipe** convient à la majorité des vins.

verre à whisky *nm* ***tumbler***
Voir annexe.

verre-ballon *nm* ***nosing glass***
Verre au **calice** en forme de ballon convenant pour déguster les **eaux-de-vie**.

verre-tulipe *nm* ***tulip-glass***
Verre à pied dont l'ouverture est plus étroite que la base, de manière à concentrer les **arômes**. Verre large et lourd à base plate et de forme cylindrique. Le parfait gentleman boit son whisky dans un verre en cristal...

Vins rouges
Bordeaux
Bourgogne
Vins blancs
Alsace
Champagne

verre de dégustation *nm* ***nosing glass***
Verre à dégustation spécialement conçu pour humer une boisson, notamment le **whisky**, dans des conditions optimales.

verrerie *nf* ***bottle-factory***
Usine où on fabrique le verre ou les bouteilles.

verrerie, verres (les —) *nf / nm pl* ***glassware***
Assortiment de verres de différentes formes pour servir différents vins.

verser à boire *v* ***to pour, to serve***
Faire passer une boisson de la bouteille aux verres des différents convives.

vert *adj* ***green***
Se dit d'un vin jeune et **acerbe**. Terme souvent négatif laissant peu d'espoir d'amélioration au vin dégusté ; s'emploie également pour le cognac.

verticale (dégustation —) *adj* ***vertical tasting***
Dégustation de vins de même origine mais de différentes années.

verveine du Velay *nf* ***verbena***
Liqueur faite au Puy-en-Velay avec de l'eau-de-vie et de la **verveine**, plante aux fleurs aromatiques. La liqueur de verveine a la réputation de faciliter la digestion.

Versinthe *nf* ***Versinth***
Boisson anisée non sucrée aux plantes d'**absinthe** lancée à Paris en mai 1999. Elle est issue d'une formule complexe et originale comprenant plus d'une vingtaine de plantes dont l'anis, l'armoise, l'angélique et la **verveine**. Contrairement au **pastis**, elle peut aussi se consommer comme liqueur digestive à la fin d'un repas.

Verzenay *n*
Village de la **Montagne de Reims** produisant un **grand cru de Champagne**. Ce village est célèbre pour son moulin à vent que les automobilistes peuvent contempler quand ils empruntent l'autoroute A4.

vesou *nm* ***cane juice***
Jus sucré extrait de la canne à sucre par broyage. La distillation du vesou donne un **rhum** de seconde catégorie, du **tafia** qui est rarement exporté !

Veuve Clicquot-Ponsardin *n*
Maison de **Champagne** rémoise fondée en 1772. Nicole-Barbe Ponsardin qui avait épousé François Clicquot prit l'affaire en mains à la mort de son mari en 1805 et la dirigea de main de maître. En 1818, son employé Antoine Müller développa le système de **remuage** sur **pupitres** auquel l'entreprise travaillait depuis 1806. La **cuvée** Veuve Clicquot brut est très reconnaissable grâce à son étiquette orange. Aujourd'hui, la cuvée de prestige *"La Grande Dame"* rend hommage à la fondatrice de cette maison.

Viala, Paul *n*
Ce chercheur de l'école de viticulture de Montpellier a identifié le champignon responsable de **l'excoriose** en 1886 et écrit, en collaboration avec Victor Vermorel, un important traité d'**ampélographie** en 9 volumes qui a été publié de 1901 à 1909.

Victoria *nm*
Etat d'**Australie** situé à la pointe sud-est du continent dont la production viticole remonte au XIXe siècle. Cet état est caractérisé par la diversité de ses régions de production, de ses conditions climatiques et du style de ses vins.

vidange (en) *nf* ***broached, drained***
Se dit d'un récipient qui est en train d'être vidé : une **cuve** en vidange, un **tonneau** en vidange.

Vieille Cure *nf*
Digestif français très ancien, fabriqué à l'abbaye de Cénon, en Gironde à base de plantes aromatiques macérées dans du **Cognac** ou de l'**Armagnac**.

vieilles vignes *nf pl*
Mention figurant de plus en plus souvent sur les étiquettes de vin. Toutefois, à ce jour, il n'existe pas de réglementation officielle sur l'âge des vignes. En fait, cette mention s'applique généralement à des plantations de plus de quinze ans, qui ne sont donc pas très vieilles car une vigne bien soignée peut produire jusqu'à l'âge de soixante ans.

vieillir *v* ***to age***
Pour un vin ou un spiritueux : acquérir des qualités particulières par la conservation.

vieillissement *nm* ***ageing***
Processus d'évolution d'un vin ou d'un alcool. Bien que ce terme n'ait rien de péjoratif, certains puristes préfèrent utiliser son synonyme : **maturation**.

vieillissement en bouteille *nm* ***bottle-ageing***
Phénomène surtout sensible pour les grands vins rouges. Dans la bouteille, la **robe** des vins rouges prend des nuances **tuilées**, les arômes évoluent, le bouquet se développe par un phénomène de **réduction**, les tanins perdent leur **astringence** et le vin s'assouplit

vieillissement en fût *nm* ***barrel-ageing***
Dans le fût, le vin évolue par une oxydation lente provenant d'une certaine absorption d'air. Mais il ne faut pas le laisser trop longtemps séjourner dans le tonneau car il risque de perdre de sa fraîcheur et de ses arômes.

vieillissement oxydatif *nm* ***oxidative ageing***
Elevage dans des fûts en vidange de vins de type ***rancio*** (**Xérès**, **vin jaune**.) Cet élevage peut durer des dizaines d'année : le milieu oxydant leur permet d'atteindre leur plénitude. Mais une fois mis en bouteilles, ces vins n'évoluent plus.

Vienna *nf*
Bière blonde brassée à Vienne, en Autriche par un célèbre maître-brasseur : Anton Dreher aux environs de 1850. La Vienna a une **robe** qui va de l'ambre au rouge pâle, est bien **maltée** et n'est ni très forte ni très **houblonnée**. C'est une bonne bière de table.

vieux *adj* ***old***
Se dit de vins d'une ou plusieurs années par opposition à **vin nouveau**, c'est-à-dire : vin de la dernière récolte. Pour un dégustateur, un vin vieux est un vin qui a au moins plusieurs années de bouteille.

vieux (goût de —) *old*
Se dit parfois d'un vin très vieux atteint de la maladie de l'**amertume**.

vif *adj* ***fresh, young and lively, lively***
Se dit d'un vin à l'acidité assez élevée sans toutefois être gênante puisqu'elle donne une sensation de fraîcheur.

vigne *nf* ***vine, vineplant***
Arbrisseau sarmenteux de la famille des **ampélidacées**. Les vignes européennes, de l'espèce **vitis vinifera**, sont cultivées depuis la préhistoire pour le raisin dont le suc fermenté fournit le vin. Les vignes américaines des espèces **vitis riparia** ou **vitis rupestra**, résistantes au phylloxéra, fournissent des **porte-greffes**.

vigne *nf* ***vineyard***
Terrain planté en vigne.

vigne basse *nf* ***low vines***
Méthode de plantation traditionnelle selon laquelle les ceps sont espacés de 90 centimètres et les rangs distants d'un mètre. Les raisins poussent entre le premier et le second fil du **palissage**, c'est-à-dire à une hauteur de 30 à 60 cm du sol, ce qui contraint le vigneron de travailler toujours baissé. Le nombre de ceps d'une vigne basse est de 7000 à 10 000 par hectare. Pour un rendement équivalent, les vignes basses donnent des vins de meilleure qualité que les vignes hautes.

vigne haute *nf* ***high and wide rows***
Méthode de **conduite** de la vigne selon laquelle les ceps grandissent à un mètre du sol et les rangs sont plus espacés que ceux des vignes basses. Comme l'**encépagement** est de moins de 3500 pieds à l'hectare (au lieu de 10 000 pour les vignes basses,) les soins culturaux sont facilités et les coûts sont diminués. Cependant, la science a démontré que la qualité d'un vin dépend plus de la charge en raisins de chaque cep que du rendement total à l'hectare.

vigneron, vigneronne *nm / nf* ***wine-grower, vintner***
Personne qui cultive la vigne. Autrefois, le vigneron était l'ouvrier d'un propriétaire. Aujourd'hui, ce terme est appliqué à la personne qui cultive la vigne, procède à la vinification et **élève** le vin.

vigneronnage *nm* ***tenant farming (GB), sharecropping (US)***
Forme de métayage en usage en Bourgogne et dans le Lyonnais. Selon les termes du

contrat de vigneronnage, le vigneron s'engageait à fournir la moitié de la récolte à son propriétaire. Le vigneronnage subsiste encore dans le **Mâconnais** et dans le **Beaujolais** mais le vigneron reçoit aujourd'hui 60 à 75 % de la vendange.

vignette *nf* ***label of professional guarantee***
Label délivré par le syndicat de l'appellation **VDQS**, condition nécessaire à la vente du vin

vignoble *nm* ***vineyard***
Terrain planté de vignes.

vignoble *nm* ***wine region, wine area***
Ensemble des vignes d'une région ou d'un pays.

vigoureux *adj* ***vigorous***
Se dit d'un vin **ferme**, d'un vin dont les caractères s'imposent bien à la dégustation.

vigueur *nf* ***vigour (GB,) vigor (US)***
Fermeté, caractère d'un vin dont les caractères s'imposent bien à la dégustation.

Vila Nova de Gaia *n*
Ville du Portugal située sur la rive sud de l'embouchure du **Douro**, en face de la ville de **Porto**. Cette ville est intimement associée à l'histoire du **porto** car les bateaux transportaient les tonneaux à Vila de Gaia. C'est dans les *loges* ou **chais** de cette ville que le vin était stocké, élevé et vieilli.

Villafranca del Penedés *n*
Ville principale de la région de **Penedés** en Catalogne espagnole. Cette ville est le berceau de la célèbre maison Torres.

villages (appellation —) *adj* ***village appellation***
Village donnant légalement son nom au vin récolté sur les parties délimitées de son territoire, ex. : **Chablis**. Le nom du village peut être suivi de celui du lieu-dit où il a été récolté, exemple : **Aloxe-Corton les Citernes**.

Village Premier Cru (Appellation -) *adj* ***Village Premier cru, first growth***
Village dont certains climats, plus estimés, ont fait l'objet d'une délimitation spécifique en reconnaissance de la qualité des vins produits, ex. **Meursault-Charmes, Premier Cru**.

villard *nm*
Cépage **hybride** rouge français qui était très largement planté dans le sud et le sud-ouest de la France au début du XXe siècle.

vin *nm* ***wine***
La définition légale du vin est : boisson obtenue exclusivement par la fermentation, totale ou partielle, de raisins frais, foulés ou non, ou bien de **moût** de raisins. On distingue les vins **tranquilles**, les vins **effervescents** et les vins **mutés**. Par extension, le mot vin s'applique aussi aux boissons à base de fruits dans lesquels le vin sert d'excipient, exemple : vin de framboise.

vin blanc *nm* ***white wine***
Pour obtenir du vin blanc, on presse directement les raisins. La **fermentation alcoolique** a lieu dans des cuves (exemple **Chablis**) ou des tonneaux (exemples : **Meursault**, **Sauternes**.) Bien souvent, les vignerons évitent la **fermentation malolactique** pour conserver la vivacité des vins, sauf en **Bourgogne** et en **Champagne**.

vin bourru *nm* ***newly pressed wine***
Vin blanc dont la fermentation alcoolique n'est pas encore terminée. En Allemagne, la consommation de ***Federweiss***, l'équivalent du bourru français est une tradition. Certains villages français comme **Gaillac** la reprennent à leur compte.

vin chaud *nm* ***mulled wine***
Breuvage chaud fait avec du vin, du sucre et de la cannelle, censé avoir des vertus curatives contre le rhume.

vin cuit *nm* ***wine which has undergone heating during maturation***
Vin provenant d'un **moût concentré** à chaud. Cette pratique était courante au moyen-âge. Aujourd'hui, l'expression vin cuit est souvent attribuée à tort à un vin **muté**.

vin d'appellation *nm* ***appellation wine***
Vin produit dans le respect de règles contraignantes concernant la délimitation parcellaire, l'**encépagement**, le degré alcoolique, le rendement et les méthodes culturales.

vin de base *nm* ***base wine***
En Champagne, le vin de base est un vin sec

ayant subi sa fermentation alcoolique. Une fois **assemblés**, les vins de base constituent le support d'une **cuvée** de vin **mousseux**.

vin de café *nm* ***cheap house wine***
Vin de qualité médiocre jadis servi dans les cafés où la *"cuvée du patron,"* la *"réserve du patron"* n'avaient pas une réputation de grande qualité. Aujourd'hui, vin vendu **en carafe** dans les cafés.

vin de coupage *nm* ***blended wine***
Vin de qualité constante d'une année à l'autre car il a été obtenu en mélangeant plusieurs vins.

vin de cuvée *nm* ***vin de cuvée, wine made with the first pressing***
En **Champagne**, vin fait avec le premier jus qui sort du pressoir.

vin de dessert *nm* ***dessert wine***
Vin de liqueur obtenu en additionnant de l'alcool au **moût** avant ou pendant la fermentation.

vin de garde *nm* ***wine for ageing***
Vin de grande qualité, fort en alcool et en tanins qui doit être conservé suffisamment longtemps pour que l'âge assouplisse sa trop grande vivacité.

vin de glace *nm* ***ice wine***
Traduction française du mot allemand **Eiswein**. Vin à haute teneur en sucre fait avec des raisins cueillis dans le vignoble à une température maximale de – 7°C.

vin de goutte *nm* ***free run wine***
Vin obtenu par **écoulement** de la cuve après la fermentation.

vin de liqueur *nm* ***liqueur wine***
Vin obtenu à partir de **moût** de raisin frais et par addition d'alcool. Le **pineau des Charentes** et le **ratafia** sont des vins de liqueur Les **vins doux naturels**, quant à eux, sont des vins de liqueur soumis à une législation particulière.

vin de marc *nm* ***pomace wine***
Vin obtenu par pressurage du **marc** (par opposition à **vin de goutte**).

vin de messe *nm* ***communion wine***
Vin symbolisant le sang de Jésus-Christ, utilisé par le prêtre au cours de la messe. Bien que le sang soit rouge, le prêtre utilise du vin blanc pour que les taches éventuelles soient moins visibles sur ses habits.

vin de paille *nm* ***vin de paille, "straw wine"***
Vin élaboré à partir de raisins **passerillés**, c'est-à-dire séchés sur un lit de paille pendant au moins trois mois, ce qui permet une forte concentration du jus. Le pressurage s'effectue en général en décembre ou en janvier. Le vin de paille se fait presque exclusivement dans le **Jura** où il se caractérise par sa puissance et son moelleux. Il contient 15 % d'alcool.

vin de pays *nm* ***vin de pays***
Vin de table produit dans une unité géographique donnée dont le nom figure sur l'étiquette. Exemple : **Vin de pays d'Oc**. Il est supérieur au **vin de table** mais inférieur au **VDQS**.

vin de presse *nf* ***press wine***
Vin obtenu par pressurage du **marc**. Synonyme : **vin de marc**.

vin de sucre *nm* ***sugar wine***
Au XIXe siècle, pendant la crise phylloxérique, ce nom désignait un vin fait avec des raisins secs, des colorants, du sucre et de l'eau. Ce type de "vin" très bon marché était souvent mélangé avec du vin d'Algérie. Cette concurrence déloyale fut dénoncée par Marcelin Albert qui fit campagne pour le vin naturel. A la suite de la révolte des vignerons en 1907, le sucre fut désormais taxé.

vin de table *nm* ***table wine***
Vin n'appartenant pas à la catégorie des **VQPRD** (vins de qualité produits dans des régions déterminées.) Les vins de table sont, le plus souvent, des vins de **coupage** qui ne peuvent se prévaloir d'aucune origine géographique.

vin de tête *nm* ***wine made from the first pressing (Sauternes)***
Dans la région de **Sauternes**, vin obtenu au premier pressurage, le meilleur.

vin de très grande qualité *nm* ***premium wine***
Terme à caractère commercial utilisé par les Anglo-Saxons pour qualifier les vins qu'ils jugent les meilleurs.

vin d'honneur *nm* ***reception***
Cette institution fait référence à une très ancienne tradition d'hospitalité, celle du Vin offert par l'évêque, *premier vigneron du diocèse* pour honorer les dignitaires qu'il recevait.

vin fin *nm* ***quality wine***
Terme très imprécis utilisé à des fins commerciales.

vin doux naturel *nm* ***fortified wine***
Vin d'appellation obtenu par **mutage**, c'est-à-dire addition d'alcool au **moût**, ce qui a pour effet de bloquer la fermentation. **Rivesaltes** et **Banyuls** sont des vins doux naturels bien connus.

vin du Rhin *nm* ***hock***
Les vins de la vallée du Rhin sont parfois désignés dans les pays anglo-saxons sous le nom de **hock**.

vin gris *nm* ***vin gris***
Rosé léger traditionnel de Lorraine. Le **Gris de Toul** a acquis une bonne notoriété.

vin gris *nm* ***wine made from gleaning***
Vin rosé fait avec des raisins de **grappillage**, pratique remontant aux temps bibliques, désormais illégale.

vin issu de la viticulture biologique *nm* ***organic wine***
Mention figurant sur les étiquettes des viticulteurs pratiquant la viticulture biologique. Le terme "vin biologique" est une vue de l'esprit car seul le **vinaigre** mériterait ce titre.

vin jaune *nm* ***vin jaune***
Vin de couleur très jaune produit dans le **Jura** à partir du cépage **savagnin**. Les raisins sont récoltés tardivement, les fûts ne sont pas tout à fait remplis, de sorte qu'un **voile de levures indigènes aérobies** naît et se développe à la surface. La maturation en tonneaux et en vidange, sans **ouillage**, dure six ans, l'oxydation est très lente. Le vin jaune a des arômes de noix très puissants, il est sec, capiteux, long en bouche et c'est un vin de garde. Le vin jaune AOC de **Château-Chalon** est considéré comme le meilleur.

vin liquoreux *nm* ***botrytized sweet dessert wine***
Terme utilisé dans le Bordelais pour des vins **moelleux** élaborés à partir de raisins atteints de **pourriture noble.** Les vins blancs liquoreux de **Sauternes**, Loupiac, **Monbazillac** ont un nez de miel et de fleur d'acacia.

vin médecin *nm* ***wine used for correcting purposes***
Vin utilisé dans des **coupages** pour améliorer d'autres vins par exemple parce qu'ils sont plus forts en alcool.

vin nouveau *nm* ***nouveau wine***
Vin de l'année tout juste vinifié. Ce terme, sans valeur juridique, est souvent employé comme synonyme de **vin de primeur** qui, lui, a une valeur légale.

vino tinto *nm* ***red wine (en Espagne)***
Terme désignant le vin rouge en Espagne.

vin primeur *nm* ***primeur wine***
Vin pouvant être commercialisé dès le troisième jeudi de Novembre. Le **Beaujolais nouveau** est l'exemple typique d'un vin de primeur.

vin tranquille *nm* ***still wine***
Vin qui n'est ni **effervescent** ni **muté**.

vinage *nm* ***addition of alcohol***
Addition d'alcool au moût pour remonter le degré alcoolique. Pratique illégale sauf pour l'élaboration de **vins de liqueur**, **mistelles** et **vins doux naturels**. Terme peu utilisé.

vinaigre *nm* ***vinegar***
Produit de la transformation de vin ou d'alcool en acide acétique sous l'action **aérobie** des **bactéries acétiques.**

vinaigrerie *nf* ***vinegar factory***
Etablissement où l'on fabrique du **vinaigre**.

vinaigrier *nm* ***vinegar-pot***
Récipient servant à la fabrication du **vinaigre**.

vinaigrier *nm* ***vinegar maker, vinegar dealer***
Personne qui fabrique et commercialise du **vinaigre**.

vinaire *adj* ***wine, winemaking***
Qui concerne le vin. Exemple : le matériel vinaire, la vaisselle vinaire.

vinasse *nf* ***still wash***
Résidu des vins et liqueurs fermentés après leur **distillation.**

vinasse *nf* ***plonk, cheap wine***
Terme péjoratif désignant un vin médiocre et fade.

viné *adj* ***fortified***
Se dit d'un vin auquel on a ajouté de l'alcool.

vinée *nf* ***grape harvest 2- wine storehouse***
Terme peu usité. 1- Récolte du raisin 2- Endroit où l'on fait fermenter la **vendange**.

viner *v* ***to fortify***
Additionner d'alcool des vins ou des **moûts** pour remonter leur degré alcoolique. Pratique illégale sauf pour les **mistelles**, les **vins de liqueur** et les **vins doux naturels**.

vineux *adj* ***vinous***
Se dit d'un vin corsé, présentant, dans des limites raisonnables, une sensation de saveur chaude qui caractérise l'alcool.

Vinexpo *n*
Salon créé à l'initiative de la Chambre de Commerce et d'Industrie de Bordeaux en 1981. Ce salon qui avait lieu tous les deux ans à la fin du mois de Juin, est devenu annuel. Une année sur deux, il se déroule ailleurs qu'à Bordeaux, dans un pays autre que la France. En raison de son succès, son entrée est réservée aux professionnels du vin.

vinho verde *n*
Vin “ vert » de la région **Minho** au nord du Portugal, qui est rouge ou blanc. Légèrement effervescent, titrant de 8,5 à 11,5 %), relativement acide d'où son nom.

vinicole *adj* ***winegrowing***
Relatif à la production du vin.

viniculture *nf* ***viniculture***
Volet pratique de l'œnologie.

vinificateur, vinificatrice *nm / nf* ***winemaker, vinifier***
Personne assurant la vinification du vin.

vinificateur-conseil *nm* ***flying winemaker***
Spécialité née en **Australie** où, en raison de "la tyrannie des distances," les vinificateurs de renom devaient prendre l'avion pour se rendre sur les lieux de leurs interventions. L'œnologue bordelais Michel Rolland a repris l'appellation anglaise de *flying winemaker* à son compte en raison de ses interventions dans cinq continents.

vinification *v* ***vinification***
Ensemble des procédés mis en œuvre pour effectuer la transformation du raisin en vin.

vinifier *v* ***to vinify***
Transformer le raisin en vin.

vinique *adj* ***wine***
Qui provient du vin.

vino da tavola *nm*
Equivalent italien du **vin de table** français.

vino de la tierra *nm*
Equivalent espagnol du **vin de pays** français.

vino de mesa *nm*
Equivalent espagnol du **vin de table** français.

vinosité *nf* ***vinosity***
Caractère d'un vin **vineux**.

vinothèque *nf* ***wine collection***
Local où sont conservés des vieux vins, où l'on garde des bouteilles parfois très rares et très anciennes. La vinothèque du **Château-Lafite** s'enorgueillit de ses bouteilles datant d'avant la révolution française.

vin rosé
Voir → p. 228 **rosé**.

vin rouge *nm* ***red wine***
Comme le raisin a une peau rouge mais un jus blanc, le vigneron pratique une vinification permettant d'extraire la couleur, les arômes et les tanins. C'est pourquoi les **moûts** fermentent dans leurs peaux. Après la **fermentation alcoolique**, le vin est mis en tonneau et, en général, la **fermentation malolactique** est pratiquée pour faire baisser l'acidité et assurer la stabilité future du vin.

Vin santo *nm*
Ce terme italien qui signifie *vin pour les saints* est un **vin de dessert** produit en Toscane à partir de raisins **trebbiano** et **malvoisie**

séchés au cours de l'hiver suivant la vendange. Au printemps, les raisins sont pressés et le jus fermente dans des petits tonneaux qui contiennent les **levures** restant de l'année précédente (désignées sous le nom de *madre*) Le vin vieillit à la chaleur pendant au moins trois ans et **madérise** avant d'être commercialisé.

Vinsobres *n*
L'un des seize villages autorisés à ajouter leur nom à l'**appellation régionale Côtes du Rhône**. Les étiquettes portent donc la mention : Côtes-du-Rhône-Vinsobres. AOC.

vin sur lies *nm* ***lees wine***
Terme s'appliquant à des vins qui n'ont passé qu'un hiver en cuve ou en fût et qui sont encore sur leurs **lies** au moment de leur mise en bouteilles.

Vintners Quality Alliance
Voir **VQA**.

viognier *nm* ***viognier***
Cépage blanc peu productif donnant d'excellents résultats à **Condrieu** et à **Château Grillet** (Partie nord des **Côtes du Rhône**.) Il a des arômes de fleurs blanches, d'épices et de miel, est rond, peu acide et de bonne garde. Il peut être **assemblé** avec au moins 80 % de **syrah** dans la production de **Côte Rôtie**. On cultive aussi le viognier en Californie. *Voir* **Rhône Rangers**.

violacé *adj* ***purplish***
Se dit d'un vin rouge d'une couleur tirant sur le violet.

violet *adj* ***purple, violet***
Couleur de certains vins rouges très jeunes ou immatures. En tonneau, le vin a cette couleur mais il fonce une fois qu'il est mis en bouteilles.

violette *nf* ***violet***
Arôme **floral** pouvant se révéler à la dégustation d'un vin rouge jeune du **Beaujolais** ou de **Bourgogne** ; et d'un **Bordeaux** et Tennèze.

virale (maladie —) *adj* ***virus disease, viral disease***
Maladie de la vigne causée par un **virus**.

virement bancaire *nm* ***bank transfer***
Moyen de paiement consistant à transférer de l'argent d'un compte bancaire à un autre.

viril *adj* ***manly, masculine***
Se dit d'un vin **corsé**, bien **charpenté** et **puissant**.

virose *nf* ***viral disease***
Maladie de la vigne causée par un ou plusieurs virus. Exemple : les vignerons redoutent aujourd'hui la virose de l'**enroulement**.

virus *nm* ***virus***
Organisme de très petite taille, ne contenant qu'un seul acide nucléique et ne pouvant se développer qu'à l'intérieur d'une cellule vivante. Les virus sont responsables de maladies infectieuses de la vigne. Parmi les plus connues, nous pouvons citer le **court-noué** et l'**enroulement**. Les virus vivent dans les cellules des plantes contaminées et y provoquent des troubles entraînant des bouleversements qui se manifestent par l'affaiblissement de la vigne, une baisse des rendements et de la qualité du vin et éventuellement la mort des ceps. Les moyens de lutte contre les maladies virales sont surtout d'ordre préventif.

viscosité *n* ***viscosity***
Caractère d'un vin de consistance pâteuse. Les vins atteints de la maladie de la **graisse** ont une consistance visqueuse ; idem pour les cognacs.

visite de caves, de vignobles *nf* ***cellar, vineyard tour***
Action d'aller voir des caves, des vignobles afin de s'informer sur le terrain.

visite guidée *nf* ***guided tour***
Visite sous la direction d'un guide qui donne des explications.

visqueux *adj* ***glutinous, viscous***
Se dit d'un vin ou d'un liquide de consistance pâteuse.

vitacées *nf pl*
Famille végétale à laquelle appartient la vigne. Parmi les autres membres de cette famille, on trouve les lianes.

vitamines *nf pl* ***vitamins***
Substance organique présente dans le vin. Les vitamines sont d'indispensables facteurs de croissance pour les **levures** et elles ont un effet bénéfique lors de la consommation du vin.

viticole *adj* ***viticultural***
Relatif à la culture de la vigne.

viticulteur, viticultrice *nm / nf* ***viticulturist***
Personne qui cultive la vigne et qui en est, le plus souvent, propriétaire.

viticulture *nf* ***viticulture***
Culture de la vigne.

viticulture biologique *nf* ***organic viticulture***
Viticulture ne faisant pas appel aux engrais et **pesticides** chimiques.

viticulture durable *nf* ***sustainable viticulture***
Pratique de la viticulture répondant aux besoins du présent sans compromettre la capacité des générations futures à répondre aux leurs. La viticulture durable se soucie donc de la pérennité et de la longévité des **terroirs**.

viticulture intégrée *nf* ***integrated viticulture***
Viticulture évitant le plus possible le recours aux produits chimiques, préconisant une action préventive et des méthodes écologiques de façon à préserver les auxiliaires et l'environnement.

viticulture raisonnée *nf* ***environment friendly viticulture***
Viticulture faisant appel à un recours rationnel aux produits **pesticides** dans le but d'optimiser leur action. Il s'agit de les utiliser à bon escient, au moment opportun, en les dosant bien…

viti-vinicole *adj* ***vine-growing and wine-producing***
Qui concerne la viticulture et l'élevage du vin.

vitis *n* ***vitis***
La famille des vitacées comprend 19 **genres** dont le genre **vitis** qui est divisé en plusieurs espèces. Les espèces américaines comprennent **vitis berlandieri, vitis cordifolia**, **vitis riparia, vitis rupestris**… résistantes au phylloxéra et utilisées comme porte-greffes **Vitis vinifera** est l'espèce européenne utilisée pour la production de vin mais elle est vulnérable au **phylloxéra** et aux maladies **cryptogamiques**…

vitis labrusca *nf* ***vitis labrusca***
Espèce végétale du genre **vitis** présentant des caractères assez semblables à ceux de **vitis vinifera**. Elle est originaire d'Amérique, s'adapte bien aux climats froids, résiste plutôt bien aux maladies **cryptogamiques** et donne des vins au goût **foxé**.

vitis vinifera *nf* ***vitis vinifera***
Espèce végétale du genre **vitis** appartenant à la famille des **ampélidées**. C'est la vigne européenne ou française qui regroupe plusieurs milliers de cépages différents et fournit à peu près tous les vins du monde.

viti-viniculture *nf* ***viti-viniculture***
Pratique des activités viticoles et vinicoles.

vivace *adj* ***hardy***
Se dit d'un vin à l'acidité encore agréable.

vivacité *nf* ***acidity, vividness***
Caractère d'un vin ayant de la fraîcheur, du fruité et de l'acidité.

VO *nm* ***very old***
Abréviation de "very old." Mention figurant sur les étiquettes de vieux **Armagnac** et de vieux **Cognac**. Synonymes : **réserve**, **VSOP**.

vodka *nf* ***vodka***
Bien que la vodka soit souvent associée avec la Russie, elle est originaire de Pologne. Ce mot est d'ailleurs un diminutif du mot polonais *woda* qui signifie eau. Cette boisson incolore et inodore, était jadis fabriquée à partir de pommes de terre ou de mélasse mais aujourd'hui, elle est faite avec du seigle ou du blé. Outre la Pologne et la Russie, la Finlande et la Suède produisent de la vodka. Dans ces pays producteurs, elle se consomme seule, à la sortie du réfrigérateur alors que dans beaucoup d'autres pays du monde, elle sert à préparer des **cocktails** comme le **Bloody Mary**.

voile *nm* ***veil***
Trouble, souvent dû à une fermentation, se produisant sur un liquide.

voilé *adj* ***dim, hazy***
Se dit d'un vin qui présente un léger trouble.

volatil(e) *adj* ***volatile***
Qui s'évapore facilement. On parle des arômes volatils d'un vin.

volatile (acidité —) *adj* ***volatile***
Etat provoqué par la présence dans le vin d'acides gras, le plus souvent d'acide **acétique**, qui ont la propriété de s'évaporer facilement. Lorsque cette présence est causée par la **piqûre acétique** ou la piqûre lactique, elle donne au vin de l'aigreur, de l'**acescence**.

Volnay *n*
AOC. Village de la **Côte de Beaune**, se trouvant entre **Pommard** et **Meursault**, célèbre pour ses vins rouges aux arômes fins de violette, souples, ronds et bien équilibrés. L'une des particularités de ce village est que son premier cru Volnay-Santenots est situé sur la commune de Meursault.

Voltaire *n*
Le célèbre homme de lettres français (1694-1778) appréciait beaucoup le **Tokay**, le **Champagne** et le **Corton**. Il possédait même une vigne à Ferney, village d'une Bourgogne qui n'était pas celle des grands crus et proclamait : *"je ne connais rien de plus beau ici-bas que le métier de vigneron."* Hélas pour lui, le terroir de **Ferney** était très décevant et le philosophe se consolait en buvant les vins de sa cave bien remplie. Il se permit d'écrire à son fournisseur de vins de Bourgogne : "*Je bois le* **Corton** *en cachette et j'offre d'honnêtes* **Beaujolais** *à mes convives de Genève...*"

voltigeurs *nm pl* ***particles in suspension in the wine, beeswing***
Particules en **suspension** dans le vin. Les voltigeurs constituent un défaut de présentation du vin mais n'en affectent pas le goût.

volume *nm* ***volume***
En dégustation, ce terme s'applique à un vin qui remplit bien la bouche. ex. : *ce vin a du volume.*

Vosne-Romanée *n*
AOC. Village viticole de la **Côte de Nuits** produisant des vins rouges souples et veloutés, très célèbre pour ses six grands crus : **Richebourg**, **Romanée**, **Romanée Saint-Vivant**, **Romanée-Conti**, **la Tâche** et **la Grande Rue**...

Vougeot *n*
AOC. Village viticole de la **Côte de Nuits,** situé au sud de **Chambolle-Musigny,** produisant des vins rouges distingués. Il est bien sûr connu pour son grand cru, le **Clos-de-Vougeot**. Il produit également quelques vins blancs souples et équilibrés.

Vouvray *n*
AOC. La ville de Vouvray est située au bord de la **Loire**, à l'est de Tours et son cépage emblématique est le **chenin blanc**. Le Vouvray est le vin le plus célèbre de **Touraine**. Cette appellation comprend des vins blancs secs, des vins blancs **moelleux**, des vins effervescents.

VQPRD *nm* ***QWPDR (Quality Wine Produced in a Denominated Region)***
Abréviation de **V**in de **Q**ualité **P**roduit dans une **R**égion **D**éterminée, catégorie regroupant selon le système juridique français les vins **AOC** et les **VDQS.**

VQA *n*
Vintners Quality Alliance. Système d'appellations d'origine contrôlées mis au point par le Canada en 1988.

vrac (en) *nm* ***in bulk, wholesale***
Se dit de vins vendus seuls, le client apportant son récipient : citerne, tonneau, **cubitainer** ou bouteille.

vrille *nf* ***tendril***
Organe porté par la vigne et qui s'enroule autour des supports. A la fin de l'été, les vrilles se **lignifient** et il devient très difficile de les détacher des fils de fer du **palissage**. Au mois de juin, les pampres croissent très vite, envahissants et indisciplinés. **Colette** raconte la légende du rossignol dans son livre *Les Vrilles de la Vigne* : l'oiseau s'était endormi sur un cep pendant la nuit et se retrouva prisonnier le lendemain matin parce que les vrilles avaient beaucoup poussé. Il eut toutes les peines du monde à se libérer. Pour éviter pareille mésaventure, il prit la résolution de chanter la nuit pour se tenir éveillé...

VSO
Abréviation de **V**ery **S**uperior **O**ld. Mention figurant sur certaines étiquettes de **Cognac**.

VSOP *nm* ***very superior old pale***
Abréviation de Very Superior Old Pale. Mention figurant sur les étiquettes de vieux **Armagnac** et de vieux **Cognac** âgés de 4 ou 5 ans. Synonyme : **VO**, **réserve**.

vue *nf* ***sight***
Le premier des sens auquel le dégustateur fait appel quand il déguste un vin : il commence par un examen visuel du vin qu'on lui présente.

vulgaire *adj* ***vulgar, coarse***
Se dit d'un vin commun, sans personnalité.

VVSOP
Abréviation de **V**ery**,** **V**ery **S**uperior **O**ld **P**ale. Mention figurant sur certaines bouteilles de **Cognac**.

W

Wagga Wagga *n*
Institut universitaire **australien** spécialisé dans l'enseignement et la recherche viti-vinicoles.

wagon-citerne *nm* ***rail tanker***
Wagon de chemin de fer destiné au transport des liquides.

wagonnet *nm* ***small truck, cart***
Petit wagon basculant en cuivre parfois utilisé pour le transport le long de rails, des raisins ou des **moûts** vers les **cuves**.

Wälschriesling
Voir **Welschriesling**.

wash *nm* ***wash***
Etat intermédiaire de la matière première du **whisky** après la fermentation et avant la **distillation**. Le **moût** fermenté, dont la composition ressemble à celle de la bière, est versé dans l'**alambic** pour une première distillation.

wash still *nm*
Alambic qui reçoit le **wash** dont la condensation produit les **bas vins** (low wines.)

Weinberg *nm* ***vineyard***
Mot allemand signifiant *"vignoble"*.

Weingut *nm* ***estate***
Mot allemand signifiant *"propriété," "domaine"*.

Weissburgunder *nm* ***weissburgunder***
Cépage blanc très cultivé en Autriche, synonyme de **pinot blanc**.

Weisse *nf*
Appellation concernant les bières de froment brassées à Berlin mais aussi en **Bavière**.

Weizen *n*
Mot générique qualifiant les bières de froment du sud de l'Allemagne. Les Weizen font de bonnes bières de table pouvant très bien accompagner un repas.

Weizenbock *n*
Bière de froment allemande dont la **robe** va d'une couleur ambrée au noir. Elle est moins corsée que la bière d'**orge**.

Welschriesling *nm*
Cépage blanc qu'il faut bien se garder de confondre avec le **riesling**, même s'il est capable de produire des vins intéressants. On le rencontre principalement dans les vignobles d'Europe Centrale où il est connu sous le nom de Laski Rizling dans les pays de l'ex-Yougoslavie et Olasz Rizling en Hongrie.

wheat beer *nf*
Autrefois, ce terme désignait de la bière brassée avec les céréales que les gens avaient sous la main. Aujourd'hui, les wheat beers allemandes et surtout belges sont devenues très populaires en raison de leur légèreté et de leur caractère aromatique. De la même façon, aux USA, ce terme désigne une bière de froment pas très corsée, bien gazéifiée et rafraîchissante.

whiskey *nm* ***whiskey***
Version irlandaise du **whisky**, l'Irlande revendiquant l'invention de ce breuvage tout autant que **l'Ecosse** ! Le spiritueux de la verte Erin se singularise déjà par son orthographe. Le whiskey irlandais est toujours distillé à partir du **malt**. Par définition, c'est donc un **pur malt** ou un **single malt**.

whiskey *nm* ***whiskey***
Le mot américain a la même orthographe que le mot irlandais. Aux USA, on distingue le **straight whiskey** produit à partir d'une seule céréale qui peut être le **maïs** (corn) ou le **malt**, le **rye whiskey** fait avec 100 % de seigle, le **bourbon** fait avec au moins 51 % de maïs (corn) et vieilli dans des fûts de chêne brûlés à l'intérieur. Pour avoir droit à l'appellation, il doit venir du seul comté de **Bourbon** dans le Kentucky, le **blended whiskey**, mélange de deux ou plusieurs **straight whiskeys**.

whisky *nm* ***whisky***
Mot venant du celte *usque baugh*, signifiant "eau-de-vie. L'**Ecosse** fournit l'essentiel de la production de **blended** ou **Scotch whisky**, assemblage d'alcools de grains obtenu à partir de céréales diverses. La tendance, aujourd'hui va dans le sens d'un retour à des produits authentiques plus raffinés et plus chers : les whiskies de **pure, straight** ou **single malt**. Ils résultent de la distillation d'une seule céréale, l'**orge**, dont on aura fait germer une partie pour donner le **malt**, dans des **alambics** à distillation lente, avec utilisation d'eau de source très pure. Si l'on en croit un dicton écossais, la qualité d'un whisky tient à trois facteurs : de l'eau, du feu, du temps (*water, fire and time.*) Les distilleries qui se comptent par centaines, se trouvent principalement dans les **Highlands** et dans certaines vallées et certaines îles.

whisky de grain *nm* ***grain whisky***
Whisky obtenu à partir d'un **alambic à distillation continue** (patent still) Le grain provient en général du maïs.

white rot *nm* ***white rot***
Maladie **cryptogamique**, aussi appelée rot blanc en français, qui apparaît sur les raisins au moment de leur maturation et les fait éclater.

Winkler (Echelle de —)
Classification des climats établie en Californie par Amerine et Winkler. Le calcul, dans chaque région, du nombre de jours où la température a dépassé 10°C, minimum pour l'activation du cycle végétatif de la vigne, a permis d'établir quel lieu convenait le mieux à tel ou tel cépage. L'unité de cette échelle est le **jour-degré**.

Winzer *m* ***winegrower***
Mot allemand signifiant vigneron.

Wisconsin *nm*
Même si le slogan *"la laiterie de l'Amérique"* (America's Dairyland) orne les plaques minéralogiques des voitures de cet état, le Wisconsin est très connu pour la bière. Les brasseries ont été fondées par des républicains allemands qui avaient émigré dans cet état après la révolution de 1848. **Milwaukee** est considérée comme la capitale de la bière aux USA.

Witbier
Voir **bière blanche**.

WO
Abréviation de ***W**ine of **O**rigin.*

Worcester *n*
District viticole sud-africain faisant partie de la région de Breede River Valley, à l'est de Cape Town. Worcester est un centre important pour les coopératives.

wort *nm* ***wort***
Liquide produit par le trempage de l'orge **maltée** dans de l'eau chaude à l'intérieur d'une cuve appelée mash tun. Ce liquide contient les sucres et d'autres constituants. On lui ajoute de la **levure** permettant de transformer ce mélange en **wash** qui sera ensuite distillé pour faire du whisky.

WSET *n*
Wine and **S**pirit **E**ducation **T**rust. Organisme britannique ayant pour but d'améliorer les connaissances des professionnels du vin par le moyen de publications, de cours et de diplômes dont le prestigieux **Master of Wine.**

Würtemberg *nm* ***Würtemberg***
Région viticole du Sud-Ouest de l'Allemagne connue pour ses vins rouges et produisant aussi des vins blancs. Le cépage **Trollinger** donne un vin qui est très apprécié localement.

X

Xarel-lo *nm*
Cépage blanc originaire de Catalogne où on l'assemble généralement avec le **macabeu** et le **parellada** pour produire des vins effervescents (**cava**) ou des vins **tranquilles**.

Xérès *nm* ***sherry ("Jerez" en espagnol)***
Vin **muté** espagnol élaboré dans la région de Xérès en Andalousie. Le Xérès peut vieillir très longtemps.

X.O. *nm* ***eXtremely Old***
Cognac très vieux, pouvant avoir vieilli 20 ans en fût.

xylose *nf* ***xylose***
Sucre réducteur non fermentescible contenu en faible quantité dans le raisin.

xynisteri *nm* ***xynisteri***
Cépage dont les raisins sont utilisés dans la vinification du Commandaria, vin de dessert Cypriote.

Y

Y *n*
Ce mot qui, à première vue, peut paraître énigmatique est le nom donné au **second vin** du **Château d'Yquem**.

yam (vin de) *nm* ***yam wine***
Breuvage africain et sud-américain obtenu à l'issue de la fermentation de racines d'igname.

yard *nm* ***yard***
Unité de mesure anglaise (et américaine) équivalant à 0,914 m.

yeux *nm pl* ***buds, eyes***
Pluriel d'"œil." Bourgeons de la vigne engendrant les rameaux.

yeux de crapaud *nm pl* ***toad's eyes***
Terme de dégustation employé pour qualifier l'apparence de vins effervescents.

Yonne *nf*
L'un des quatre départements qui constituent la région administrative de **Bourgogne**. Il est très connu pour les vins de **Chablis** mais on y trouve d'autres vignobles près des villes d'Auxerre et de Tonnerre. L'Yonne produit aussi quelques vins rouges.

Yougoslavie *nf* ***Yugoslavia***
Pays viticole européen.

Yquem (Château d') *nm*
Château du Bordelais produisant le **Sauternes** le plus célèbre. Ce vin blanc **moelleux** est considéré comme le meilleur du monde. Ce château avait été classé comme *premier cru supérieur* lors du **classement de 1855,** ce qui le faisait figurer dans une catégorie à part. Il est resté dans les mains de la famille De Lur-Saluces de 1785 à 1996 mais il appartient aujourd'hui au groupe **LVMH**. Malheureusement, les prix de ce vin sont hors de portée de nombreux authentiques amateurs de vin.

Château d'Yquem

Z

zéro *adj / nm* ***zero***
Comme l'eau gèle à la température de zéro degré, ce chiffre revêt un sens tout particulier pour le vigneron au printemps. *Voir* **gelée, saints de glace**.

zeste *nm* ***zest***
l'écorce extérieure du citron, le petit morceau qu'on y découpe peuvent servir à aromatiser certaines boissons.

zilavka *nm* ***zylavka***
Cépage blanc originaire des pays de l'ex-Yougoslavie, riche en alcool.

zin *nm*
Nom sous lequel les Américains désignent familièrement le cépage **zinfandel.**

zinc *nm* ***counter, bar***
Comptoir d'un bar ou d'un café. Terme populaire.

zinfandel *nm* ***zinfandel***
Cépage rouge très répandu en Californie où il donne des vins distingués et persistants. Ce cépage est souvent associé avec la Californie qui l'a "découvert" et popularisé. A la vérité, il est sans doute originaire du sud de l'Italie et semble apparenté au **primitivo**.

Zoigl *nf*
A l'origine, il s'agissait d'une bière de ménage brassée dans les villages du nord de la **Bavière**. Ce nom s'applique aujourd'hui à une bière de couleur ambre à brun foncé, non filtrée, corsée, sèche et servie à la **pression**.

Zubrowka *nf* ***zubrowka***
Vodka polonaise aromatisée à l'herbe sauvage favorite des aurochs ou zubra. Dans des bouteilles de Zubrowka, il y a un brin d'herbe qui donne une teint verte à la vodka.

Zwicker *nm* ***Zwicker***
En Alsace, **coupage** entre un vin noble et un vin ordinaire.

zymase *nf* ***zymase***
Enzyme de la **levure** ayant la propriété de convertir le sucre de raisin en alcool et en gaz carbonique lors de la fermentation alcoolique.

zymotechnie ou **zymotechnologie** *nf* ***zymotechnology***
Technique de la fermentation.

ANNEXES

Principaux cépages / ***Main grape varieties***

Auxerrois
Alicante
Aligoté
Altesse
Aramon
Baco blanc 22 A
Blanquette
Bourboulenc
Bual
Cabernet-franc
Cabernet-sauvignon
Carigan
Chardonnay
Chasselas
Chenin blanc / steen (RSA)
Cinsault
Clairette
Colombard
Cot
Courbu
Duras
Folle blanche
Fürmint
Gamay
Gewürztraminer
Grenache
Grolleau
Gros plant
Grüner Veltliner
Malvoisie / Malmsey
Manseng
Melon
Merlot
Mondeuse
Mourvèdre
Müller-Thurgau
Muscadelle
Muscadet
Muscat
Nebbiolo
Palomino
Pedro Ximenez
Petit Verdot
Picpoul
Pinotage
Pinot beurrot ou pinot gris
Pinot blanc
Pinot meunier
Pinot noir
Poulsard
Riesling
Roussanne
Rousette
Rülander
Sangiovese
Sauvignon blanc
Savagnin
Scheurebe
Sciacarello
Sémillon
Sercial
Sylvaner
Syrah / Shiraz
Siegrebe
Sylvaner
Tannat
Traminer
Trebbiano
Verdelho
Trousseau
Vermentino
Ugni blanc
Viognier
Zinfadel

Dégustation: les arômes principaux / **Wine tasting:** ***The main aromas***

Des précisions concernant ces arômes sont données dans le dictionnaire / Particulars about these aromas are given in this dictionary.

Arômes floraux / *Floral aromas*

Acacia / *acacia*
Aubépine / *hawthorn*
Bruyère / *heather*
Buis / *box*
Camomille / *camomile tea*
Chèvrefeuille / *honeysuckle*
Eglantine / *wild rose*
Fleurs blanches / *white flowers*
Fleurs des champs / *wild flowers*
Réséda / *mignonette*
Rose / *rose*
Sureau / *elder tree*
Troène / *privet*
Violette / *violet*

Arômes de fruits frais / *Fresh fruit aromas*

Abricot / *apricot*
Agrumes / *citrus*
Amande / *almond*
Ananas / *pineapple*
Banane mûre / *ripe banana*
Cassis / *black currant*
Cerise / *cherry*
Cerise noire / *black cherry*
Citron / *lemon*
Coing / *quince*
Framboise / *raspberry*
Fruits noirs / *black fruit*

Fruits rouges / *red fruit*
Grenadine / *pomegranate*
Griotte / *wild cherry*
Groseille / *gooseberry*
Mûre / *blackberry*
Myrtille / *blueberry, huckleberry*
Pamplemousse / *grapefruit*
Pêche / *peach*
Poire / *pear*
Pomme / *apple*
Pomme verte / *green apple*
Prune / *plum*

Arômes de fruits secs / *Dried fruit aromas*

Amande grillée / *grilled almond*
Cerise confite / *crystallised cherry*
Figue sèche / *dried fig*
Fruits secs / *dried fruit*
Fruits confits / *crystallised fruit*
Noisette / *hazel nut*
Noix / *walnut*
Pêche cuite / *cooked peach*
Pruneau / *prune*

Arômes d'herbe et de feuillage / *Grass and leaves aromas*

Champignon / *mushroom*
Feuille de cassis / *black currant leaf*
Feuille de noyer / *walnut tree leaf*
Foin coupé / *cut hay*
Fougère / *bracken*
Menthe / *mint*
Sous-bois / *undergrowth*
Tabac / *tobacco*
Truffe / *truffle*

Arômes de torréfaction / *Torrefaction aromas*

Amande grillée / *grilled almond*
Cacao / *cocoa*
Café / *coffee*
Caramel / *butterscotch, toffee*
Chocolat / *chocolate*
Fumée / *smoke*
Créosote / *creosote*
Grillé / *grilled, toasted*
Moka / *moca*
Pain d'épices / *gingerbread*
Pain grillé / *toasted bread*
Thé / tea

Arômes d'épices et d'aromates / *Aromas of spices and herbs*

Anis / *anise*
Basilic / *basil*
Cannelle / *cinnamon*
Fenouil / *fennel*
Gingembre / *ginger*
Girofle / *cloves*
Laurier / *laurel*
Muscade / *nutmeg*
Poivre / *pepper*
Réglisse / *liquorice*
Résines nobles / *noble resins*
Thym / *thyme*
Vanille / *vanilla*

Arômes boisés / *Woody aromas*

Balsa / *balsa*
Bois / *wood*
Bois fumé / *smoked wood*

Arômes boisés / *Woody aromas* (suite)

Cèdre / *cedar*
Chêne / *oak*
Ecorce / *bark*
Eucalyptus / *eucalyptus*
Pin / *pine*
Résine / *resin*

Arômes animaux / *Animal aromas*

Ambre / *amber*
Civette / *civet-cat*
Cuir / leather
Fourrure / *fur, animal skin*
Foxé / *foxy*
Gibier / *game*
Musc / *musk*
Venaison / *venison*

Arômes alimentaires / *Food aromas*

Bière / *beer*
Brioche / *brioche, bun*
Cidre / *cider*
Cognac / *Cognac*
Fromagerie / *cheese, dairy*
Levure / *yeast*
Mie de pain / *breadcrumbs*
Miel / *honey*

Arômes Minéraux / Mineral aromas

Minéral / *mineral*
Pétrole / *petroleum*
Pierre / *stone*
Pierre à fusil / *flintstone*
Silex / *flint*

Wine tasting : The main aromas /
Dégustation: les arômes principaux

Particulars about these aromas are given in this dictionary / *Des précisions concernant ces arômes sont données dans le dictionnaire.*

Floral aromas / *Aromes floraux*

acacia / *acacia*
box / *buis*
camomile tea / *camomille*
elder tree / *sureau*
hawthorn / *aubépine*
heather / *bruyère*
honeysuckle / *chèvrefeuille*
mignonette / *réséda*
privet / *troène*
rose / *rose*
violet / *violette*
white flowers / *fleurs blanches*
wild flowers / *fleurs des champs*
wild rose / *Eglantine*

Fresh fruit aromas / *Arômes de fruits frais*

almond / *amande*
apple / *pomme*
apricot / *abricot*
black cherry / *cerise noire*
black currant / *cassis*
black fruit / *fruits noirs*
blackberry / *mûre*
blueberry, huckleberry / *myrtille*
cherry / *cerise*
citrus / *agrumes*
gooseberry / *groseille*
grapefruit / *pamplemousse*
green apple / *pomme verte*
lemon / *citon*

peach / *pêche*
pear / *poire*
pineapple / *ananas*
plum / *prune*
pomegranate / *grenadine*
quince / *coing*
raspberry / *framboise*
red fruit / *fruits rouges*
ripe banana / *banane mûre*
wild cherry / *griotte*

Dried fruit aromas / *Arômes de fruits sec*

cooked peach / *pêche cuite*
crystallised cherry / *cerise confite*
crystallised fruit / *fruits confits*
dried fruit / *fruits secs*
gilled almond / *amande grillée*
hazel nut / *noisette*
prune / *pruneau*
walnut / *noix*

Grass and leaves aromas / *Arômes d'herbe et de feuillage*

black currant leaf / *feuille de cassis*
bracken / *fougère*
cut hay / *foin coupé*
mint / *menthe*
mushroom / *champignon*
tobacco / *tabac*
truffle / *truffe*
undergrowth / *sous-bois*
walnut tree leaf / *feuille de noyer*

Torrefaction aromas / *Arômes de torréfaction*

butterscotch, toffee / *caramel*
chocolate / *chocolat*

cocoa / *cacao*
coffee / *café*
creosote / *creosote*
gingerbread / *pain d'épices*
grilled almond / a*mande grillée*
grilled, toasted / *grillé*
mocha / *moka*
smoke / *fumée*
tea / *thé*
toasted bread / *pain grillé*

Aromas of spices and herbs / *Arômes d'épices et d'aromates*

anise / *anis*
basil / *basilic*
cinnamon / *cannelle*
cloves / *girofle*
fennel / *fenouil*
ginger / *gingembre*
laurel / *laurier*
liquorice / *réglisse*
noble resins / *résines nobles*
nutmeg / *muscade*
pepper / *poivre*
thyme / *thym*
vanilla / *vanille*

Woody aromas / *Arômes boisés*

balsa / *balsa*
bark / *écorce*
cedar / *cèdre*
eucalyptus / *eucalyptus*
oak / *chêne*
pine / *pin*
resin / *résine*
smoked wood / *bois fumé*
wood / *bois*

Animal aromas / *Arômes animaux*

amber / *amber*
civet-cat / *civette*
foxy / *foxé*
fur, animal skin / *fourrure*
game / *gibier*
leather / *cuir*
musk / *musc*
venison / *venaison*

Food aromas / *Arômes alimentaires*

beer / *bière*
breadcrumbs / *mie de pain*
brioche, bun / *brioche*
cheese, dairy / *fromagerie*
cider / *cidre*
cognac / *Cognac*
honey / *mile*
yeast / *levure*

Mineral aromas / *Arômes minéraux*

flint / *silex*
flintstone / *pierre à fusil*
mineral / *minéral*
petroleum / *pétrole*
stone / *Pierre*

Table des catégories et appellations des vins en Europe
Table of European wine categories and appellations

EU	QWPSR *(**Q**uality **W**ine **P**roduced in a **S**pecified **R**egion)*		Table wine	
France	AOC *(**A**ppellation d'**O**rigine **C**ontrôlée)*	VDQS *(**V**in **D**élimité de **Q**ualité **S**upérieure)*	Vin de Pays	Vin de table
Germany	QmP *(**Q**ualitätswein **m**it **P**rädikat)*	QbA ***Q**ualitätswein **b**estimmter **A**nbaugebiete)*	Landwein	Tafelwein
Greece	OPAP *(**O**nomasia **P**roeléfseos **A**notéras **P**iotitos)*	OPE *(**O**nomasia **P**roeléfseos **E**leghoméni)* (sweet wines)	Topikos Inos	Epitrapezios Inos
Italy	DOCG *(**D**enominazione di **O**rigine **C**ontrollata e **G**arantica)*	DOC *(**D**enominazione di **O**rigine **C**ontrollata)*	IGT *(**I**ndicazione **G**eografica **T**ipica)*	Vino da Tavola
Portugal	DOC *(**D**enominação de **O**rigem **C**ontrolada)*	IPR *(**I**ndicação de **P**roveniencia **R**egulamentada)*	Vinho Regional	Vinho de Mesa
Spain	DOCa *(**D**enominación de **O**rigen **Ca**lificada)*	DO *(**D**enominación de **O**rigen)*	Vino de la Tierra	Vino de Mesa

LE CLASSEMENT 1855 DES BORDEAUX
THE 1855 CLASSIFICATION OF BORDEAUX

LES/THE MEDOC

Premiers Crus *(First Growths)*	Appellation
Château Lafite-Rothschild	Pauillac
Château Latour	Pauillac
Château Margaux	Margaux
Château Haut-Brion	Pessac-Léognan (Graves)
Château Mouton-Rothchild (upgraded in 1973)	Pauillac

Deuxièmes crus *(Second Growths)*	Appellation
Château Rausan-Ségla	Margaux
Château Rauzan- Gassies	Margeaux
Château Léoville-Las Cases	Saint-Julien
Château Léoville-Poyferré	Saint-Julien
Château Léoville-Barton	Saint-Julien
Château Durfort-Vivens	Margeaux
Château Lascombes	Lascombes
Château Gruaud-Larose	Saint-Julien
Château Brane-Cantenac	Margaux
Château Pichon-Longueville Baron	Pauillac
Château Pichon-Longueville Lalande	Pauillac
Château Ducru-Beaucaillou	Saint-Julien
Château Cos d'Estournel	Saint-Estèphe
Château Montrose	Saint-Estèphe

Troisièmes Crus *(Third Growths)*	Appellation
Château Giscours	Margaux
Château Kirwan	Margaux
Château d'Issan	Margaux
Château Lagrange	Saint-Julien
Château Langoa-Barton	Saint-Julien
Château Malescot-St. Exupéry	Margaux
Château Cantenac-Brown	Margaux
Château Palmer	Margaux

Château La Lagune	Haut-Médoc
Château Desmirail	Margaux
Château Calon-Ségur	Saint-Estèphe
Château Ferrière	Margaux
Château Marquis d'Alesme-Becker	Margaux
Château Boyd-Cantenac	Margaux

Quatrièmes Crus *(Fourth Growths)*	Appellation
Château St.-Pierre	Saint-Julien
Château Branaire-Ducru	Saint-Julien
Château Talbot	Saint-Julien
Château Duhart-Milon-Rotchschild	Pauillac
Château Pouget	Margaux
Château La Tour-Carnet	Haut-Médoc
Château Lafon-Rochet	Saint-Estèphe
Château Beychevelle	Saint-Julien
Château Prieuré-Lichene	Margaux
Château Marquis-de-Terme	Margaux

Cinquièmes crus *(Fifth Growths)*	Appellation
Château Pontet-Canet	Pauillac
Château Batailley	Pauillac
Château Grand-Puy-Lacoste	Pauillac
Château Grand-Puy-Ducasse	Pauillac
Château Haut-Batailley	Pauillac
Château Lynch-Bages	Pauillac
Château Lynch-Moussas	Pauillac
Château Dauzac	Margaux
Château d'Armailhac (previously Mouton-Baron-Philippe)	Pauillac
Château du Tertre	Margaux
Château Haut-Bages-Libéral	Pauillac
Château Pédesclaux	Pauillac
Château Belgrave	Haut-Médoc
Château de Camensac	Haut-Médoc
Château Cos Labory	Saint-Estèphe
Château Clerc-Milon-Rothschild	Pauillac
Château Croizet-Bages	Pauillac
Château Cantermerle	Haut-Médoc

RÉSUMÉ DU CLASSEMENT DE 1855
SUMMARY OF THE 1855 CLASSIFICATION

Growth/Crus	1er Cru 1st Growth	2e Cru 2nd Growth	3e Cru 3rd Growth	4e Cru 4th Growth	5e Cru 5th Growth	*Appellation*
Appellation						
Margaux	1	5	10	3	2	21
Pauillac	3	2	0	1	12	18
Saint-Julien	0	5	2	4	0	11
Saint-Estèphe	0	2	1	1	1	5
Haut-Médoc	0	0	1	1	3	5
Graves	1	0	0	0	0	1
Growth total **Total des crus**	5	14	14	10	18	
Total Châteaux	61					

LE CLASSEMENT 1855 DES SAUTERNES/BARSAC
THE 1855 CLASSIFICATION OF BORDEAUX SAUTERNES / BARSAC

Le classement 1866 des Sauternes/Barsac comprenait seulement douze Deuxième Crus.
Ce nombre s'élève maintenant à 15 car certains châteaux ont été divisés.
The original 1866 Classification for Sauternes / Barsac included only twelve Deuxièmes Crus. That number has now increased to fifteen because some châteaux have been divided.

Premier Grand Cru *(First Great Growth)*	Appellation
Château d'Yquem	Sauternes

Premiers Crus *(First Growths)*	Appellation
Château La Tour Blanche	Sauternes
Château Lafaurie-Peyraguey	Sauternes
Château Haut-Peyraguey	Sauternes
Château de Rayne-Vigneau	Sauternes
Château Suduiraut	Sauternes
Château Coutet	Barsac
Château Climens	Barsac
Château Guiraud	Sauternes
Château Rieussec	Sauternes
Château Rabaud-Promis	Sauternes
Château Sigalas-Rabaud	Sauternes

Deuxièmes Crus *(Second Growths)*	Appellation
Château d'Arche	Sauternes
Château Doisy-Védrines	Barsac

Château Caillou	Barsac
Château Filhot	Sauternes
Château Doisy-Daëne	Barsac
Château Nairac	Barsac
Château Lamothe	Sauternes
Château Lamothe-Guignard	Sauternes
Château Suau	Barsac
Château de Malle	Sauternes
Château de Myrat	Barsac
Château Broustet	Barsac
Château Romer-du-Hayot	Sauternes
Château Doisy-Dubroca	Barsac

CLASSEMENT DE 1955 EN SAINT-ÉMILION (RÉVISÉ EN 1996)

SAINT-EMILION CLASSIFICATION OF 1955 (REVISED 1966)

Les vins de Saint-Émilion furent classés pour la première fois en 1955, un siècle après les vins de Médoc. À la différence de ces derniers, le classement en Saint-Émilion peut faire l'objet d'une revision systématique tous les dix ans, au terme de laquelle les châteaux peuvent être promus ou dégradés. La toute dernière révision, qui s'est achevée en 1996, dresse une première liste de treize PREMIERS GRANDS CRUS CLASSES (le sommet de la hiérarchie). Deux d'entre eux, Château Ausone et Château Cheval Blanc, sont distingués en Catégorie A ; l'un comme l'autre sont généralement considérés comme étant d'une qualité égale à celle des PREMIERS CRUS de Médoc. Le niveau suivant, celui des GRANDS CRUS CLASSES, comprend cinquante-cinq domaines. Le nombre des châteaux du troisième niveau, celui des GRANDS CRUS, varient entre 150 et 200 du fait que ces châteaux doivent chaque année justifier de leur qualité en soumettant leurs vins à la dégustation.

The wines of Saint-Emilion were classified for the first time in 1955, a century after wines of the Médoc were classified. Unlike the Médoc, Saint-Emilion's classification system can be revised every 10 years, at which time châteaux could be elevated or downgraded. The most recent review, completed in 1996, lists thirteen châteaux as PREMIERS GRANDS CRUS CLASSES (the highest level). Two of the thirteen, Château Ausone and Château Cheval Blanc, were elevated into Category A—they're both generally considered comparable in quality to the Médoc FIRST GROWTHS. The next level—GRANDS CRUS CLASSES—is comprised of fifty-five estates. The number of châteaux in the third level—GRANDS CRUS—varies from 150 to 200 because châteaux must qualify annually by submitting their wines for tastings.

GRANDS CRUS CLASSÉS
(GREAT CLASSED GROWTHS)

Château l'Arrosée
Château Guaded Saint-Julien
Château Balestard-La-Tonnelle
Château Haut-Corbin
Château Bellevue
Château Haut-Sarpe
Château Bergat
Château Lamarzelle
Château Berliquet
Château Laniote
Château Cadet-Bon
Château Larcis-Ducasse
Château Cadet-Piola
Château Larmande
Château Canon-La-Gaffelière
Château Laroque
Château Cap de Mourlin
Château Laroze
Château Chauvin
Château Matras
Château Clos des Jacobins
Château Moulin du Cadet
Clos de l'Oratoire
Château Pavie-Decesse
Clos Saint-Martin
Château Pavie-Macquin
Château la Clotte
Château Petit Faurie de Soutard
Château la Clusière
Château le Prieuré
Château Corbin
Château Ripeau
Château Corbin-Michotte
Château Saint-Georges-Côtes-Pavie
Château la Couspaude
Château la Serre
Château Curé-Bon
Château Soutard
Château Dassault
Château Tertre-Daugay
Couvent des Jacobins
Château La Tour-Figeac
Château la Dominique
Château la Tour du Pin Figeac
Château Faurie-de-Souchard (Giraud-Bélivier)
Château Fonplégade
Château la Tour du Pin Figeac
Château Fonroque (Moueix)
Château Franc-Mayne
Château Troplong-Mondot
Château les Grandes Murailles
Château Villemaurine
Château Grand Mayne
Château Yon-Figeac
Château Grand Pontet

GRAVES (PESSAC-LÉOGNAN) CLASSEMENT DE 1959

GRAVES (PESSAC-LEOGNAN) CLASSIFICATION OF 1959

Les châteaux de Graves furent classés à l'origine en vins rouges en 1953, à l'exception de Haut-Brion qui figurait dans le classement de 1855. Le classement des Graves a été mis à jour en 1959, date à laquelle on y ajouta les vins blancs, et que des châteaux sélectionnés se virent accorder le statut de « cru classé », mais sans hiérarchie à l'intérieur de cette catégorie. Treize châteaux furent donc réputés crus classés pour leurs vins rouges ; six d'entre eux, ainsi que deux nouveaux domaines, furent également honorés pour leurs vins blancs. Voici la liste de ces châteaux, qui précise s'ils sont crus classés en rouges, en blancs, ou pour les deux.

The châteaux of Graves were originally classified for red wines in 1953 (with the exception of Château Haut-Brion, which was included in the 1855 Classification). The Graves Classification was updated in 1959, when white wines were added and selected châteaux were given CRU CLASSE status (with no hierarchical ranking within this category). Thirteen châteaux were deemed crus classés for their red wines; six of those thirteen plus two additional estates also received this honor for their white wines. The following listing indicates the name of the château and whether its cru classé status is for red wine, white wine, or both.

Château Bouscaut (red and white wines) vin rouge et blanc
Château Carbonnieux (red and white wines) vin rouge et blanc
Château Domaine de Chevalier (red and white wines) vin rouge et blanc
Château Couhins-Lurton (white wine) vin blanc
Château de Fieuzal (red wine) vin blanc
Château Haut-Bailly (red wine) vin blanc
Château Haut-Brion (red and white wines) vin rouge et blanc
Château La Mission-Haut-Brion (red wine) vin blanc
Château La Tour-Martillac (red and white wines) vin rouge et blanc
Château Laville-Haut-Brion (white wine) vin blanc
Château Malartic-Lagravière (red and white wines) vin rouge et blanc
Château Olivier (red and white wines) vin rouge et blanc
Château Pape-Clément (red wine) vin rouge
Château Smith-Haut-Lafite (red wine) vin blanc

PREMIERS GRANDS CRUS CLASSES
(FIRST GREAT CLASSED GROWTHS)

Catégorie / Category A

Château Ausone
Château Cheval Blanc

Catégorie / Category B

Château L'Angélus
Château Beau-Séjour-Bécot
Château Beau-Séjour-Duffau-Lagarrosse
Château Belair
Château Canon
Château Figeac
Château La Graffelière
Château Magdelaine
Château Pavie
Château Trottevieille
Clos Fourtet

BOURGOGNE

Les grand crus de la côte d'Or, en Bourgogne
(*Entre parenthèse figure la couleur des vins.*)

Burgundy great growths

Côte de Nuit	
Chambertin	(rouge) / *red*
Chambertin-Clos-de-Bèze	(rouge) / *red*
Latricières-Chambertin	(rouge) / *red*
Chapelle-Chambertin	(rouge) / *red*
Charmes-Chambertin ou Mazoyères-Chambertin	(rouge) / *red*
Griottes-Chambertin	(rouge) / *red*
Mazis-Chambertin	(rouge) / *red*
Ruchottes-Chambertin	(rouge) / *red*
Clos-de-la Roche	(rouge) / *red*
Clos-de-Saint-Denis	(rouge) / *red*
Clos-de-Tart	(rouge) / *red*
Clos-des-Lambrays	(rouge) / *red*
Bonnes-Mares	(rouge) / *red*
Musigny	(rouge et blanc) / *red & white*
Clos-de-Vougeot	(rouge) / *red*
Echézeaux	(rouge) / *red*
Grands-Échézeaux	(rouge) / *red*
Richebourg	(rouge) / *red*
La romanée	(rouge) / *red*
Romanée-Conti	(rouge) / *red*
Romanée-Saint-Vivant	(rouge) / *red*
La Grande-rue	(rouge) / *red*
La Tâche	(rouge) / *red*

Corton	(rouge – blanc en proportion confidentielle) (*red – white in a confidential proportion*)
Corton-Charlemagne	(blanc) / *white*
Montrachet	(blanc) / *white*
Chevalier-Montrachet	(blanc) / *white*
Bâtard-Montrachet	(blanc) / *white*
Bienvenues-Bâtard-Montrachet	(blanc) / *white*
Criots-Bâtard-Montrachet	(blanc) / *white*

Abréviations / *Abbrieviations*

ANIVIT: Association Nationale Interprofessionnelle des Vins de Table et des Vins de Pays

APNr: Amtliche Prüfungsnummer (Official test number printed on the label)

AC: Appellation Contrôlée

AOC: Appellation d'Origine Contrôlée

AVA: American Viticultural Area

BA: Beerenauslese

BIVB: Bureau Interprofessionnel des Vins de Bourgogne

BATF: Bureau of Alcohol, Tobacco and Firearms

BNIA: Bureau National Interprofessionnel de l'Armagnac

BNIC: Bureau National Interprofessionnel du Cognac

BVP: Bureau de Vérification de la Publicité

CIVB: Comité Interprofessionnel des Vins de Bordeaux

CIVC: Comité Interprofessionnel des Vins de Champagne

CIVDN: Comité Interprofessionnel des Vins Doux Naturels

CM: Coopérative-Manipulant

CFCE: Centre Français du Commerce Extérieur

COFACE: Compagnie française d'Assurance du Commerce Extérieur

CRD: Capsule Représentative de Droit (ou capsule-congé)

DAA: Document Administratif d'Accompagnement

DGCCRF: Direction Générale de la Concurrence, de la Consommation et de la Répression des Fraudes

DGDDI: Direction Générale des Douanes et des Droits Indirects

DGI: Direction Générale des Impôts

DNO: Diplôme National d'œnologie

DTO: Diplôme de Technicien Oenolgue

DO: Denominacion deOrigen

DOC: Denominação de Origem Controlada

DOC: Denominazione di Origine Controllata

DOCa: Denominacion de Origen Calificada

DOCG: Denominazione di Origine Controllata e Garantita

DTW: Deutscher Tafelwein

GMO: Genetically-Modified Organism

INAO: Institut National des Appellations d'Origine

IPR: Indicação de Proveniencia Regulamentada

ITV: Institut Technique du Vin

KWV: Ko-operatiewe Wijnbouwers van Zuid-Afrika, Besperkt

LBV: Late-Bottled Vintage Port

MA: Marque d'Acheteur (Champagne)

NM: Négociant-Manipulant (Champagne)

NV: non-vintage

OCM: Organisation Commune du Marché

OGM: Organisme Génétiquement Modifié

OIV: Office International du Vin

OMC: Organisation Mondiale du Commerce

ONIVINS: Office National Interprofessionnel des Vins

OPAP: Onomasia Proeléfseos Anotéras Piotitos

OPE: Onomasia Proeléfseos Eleghoméni

PD: Pierce's disease

PLC: Plafond Limite de Classement

QbA: Qualitätswein bestimmter Anbaugebiet

QgU: Qualitätswein garantierten Ursprungs

QmP: Qualitätswein mit Prädikat

RS: Residual Sugar

SO2: Anhydride Sulfureux, Dioxyde de soufre / Sulphur dioxide

TBA: Trockenbeerenauslese

TCA: Trichloroanisole (goût de bouchon)

VA: viticultural area (Canada)

VDL: Vin de Liqueur

VdM: Vino de Mesa

VDN: Vin Doux Naturel

VDQS: Vin Délimité de Qualité Supérieure

VdT: Vino da Tavola

VLM: Very Large Machine (sparkling wine making)

VMQPRD: Vin Mousseux de Qualité Produit dans une Région Déterminée

VO: Very Old

VQA: Vintners Quality Alliance

VQPRD: Vins de Qualité Produits dans des Régions Déterminées

VSOP: Very Superior Old Pale

VR: Vinho Regional

WO: Wine of Origin (South Africa)

WTO: World Trade Organization

XO: Extra Old

ZAP: Zinfandel Advocates and Producers

LES MESURES/*MEASURES*

1. MESURES LIQUIDES

	(GB)	(US)
grill (gi)	0,142 l	0,118 l
pint (pt)	0,568 l	0,473 l
quart (qt)	1,136 l	0,946 l
gallon (gal)	4,543 l	3,78 l

2. MESURES DE CAPACITÉ : dry measures

		(GB)	(US)
pint	0,568 l	0,550 k	(pt)
quart	–	1,101 l	qt)
gallon	4,543 l	–	
peck	9,087 L	8,809 l	(pk)
bushel	36,347 l	35,238 l	(bu)
quarter	290,781 l	–	

3. VOLUMES

cubic inch (cu. in.)	16,387 cm^3
cubic foot (cu. ft.)	0,028 m^3
cubic yard (cu. yd.)	0,765 m^3

4. DEGRÉS D'ALCOOL

% VOL. (CEE)	PROOF US	PROOF GB
34,3	68,5	60
37	74,3	65
40	80	70
43	86,6	75
45,7	91,4	80
48,5	97	85
50	100	87,7
51,4	108	90
54,2	108,5	95
57,1	114,2	100
59,9	120	105
62,8	125,6	110
65,6	131,3	115
68,5	137	120
71,4	142,7	125
74,2	148,4	130
77	154,1	135
80	160	–

5. TEMPÉRATURES

- Pour convertir des degrés centigrades en degrés Fahrenheit, multipliez par 9/5 et ajouter 32.
  Exemple : *10°C donnent 10 × 9/5 + 32 = 50°F*
- Pour convertir des degrés Fahrenheit en degrés centigrades ou Celsius, retrancher 32 et multiplier par 5/9.
  Exemple : *60°F donnent 60 – 32 × 5/9 = 15°5*
- Quelques repères :

Température du corps humain	36,9°C = 98,4°F
Congélation de l'eau	0°C = 32°F
Ébullition de l'eau	100°C = 212°F
	– 10°C = 14°F

ANGLAIS-*FRANÇAIS*
ENGLISH-*FRENCH*

introduction

- This book is aimed at those who wish to master the vocabulary of vines and wines, beers and spirits, in French and in English. It is true that for many years, wines spoke the language of Molière, while beers and spirits often spoke English, but the arrival of English-speaking countries on the wine-growing scene and the ever-growing passion of French-speakers for beers and whiskies have changed all that.

- Today English is the language used not only for many conferences and many papers given there, but also for many publications about wines, beers and spirits. In these times of globalisation, a phenomenon feared by some, welcomed enthusiastically by others, **professionals** from all branches of the sector, (vinegrowers or producers of apples or barley, coopers, brewers or distillers, merchants, brokers or buyers for supermarket chains, wine-waiters or restaurant-owners, secretaries or journalists, or students of viticulture, œnology, tourism, hospitality management or sales techniques) **or amateurs**, who want to discover or know better the world of wines, beers and spirits, will all be able, thanks to this dictionary, to quench their thirst for knowledge

- The range of words covered in this book, which is undoubtedly not as exhaustive as its authors would wish, brings together the vocabulary of **geology**, **ampelography**, **viticulture**, **œnology**, **cooperage**, **brewing**, **distilling**, **tasting**, **marketing** and **legislation**. And since wines, beers and spirits are products possessing a strong cultural value, references to history and the arts have not been forgotten!

Instructions on how to use this book

- In this dictionary, the words – classified in alphabetical order – are followed by an indication of their nature:
  n for 'noun'
  nm for 'masculine noun'
  nf for 'feminine noun'
  nmpl or *nfpl* for 'plural noun' of either gender
  v for 'verb'
  adj for 'adjective'
  adv for 'adverb'

- A certain number of words are not followed by their translation, either because they are proper nouns, considered by the authors to be indispensable if the reader is to know the world of wines, beers and spirits, or because they are so much a part of the culture of their country of origin, that they are untranslatable.

- Words from languages other than French or English appear in italics. In the case of German nouns, German grammar has been respected, which means that German nouns begin with a capital letter.

- In the text defining or explaining most words, certain elements have been printed in **bold type**: these words or phrases refer to definitions which are featured elsewhere in the book. References to appendices or maps are indicated litre this: → *p.*

- In this dictionary, illustrations accompany the words both in the French-language part and the English-language part. The reader is invited to refer to that part of the book in which they appear.

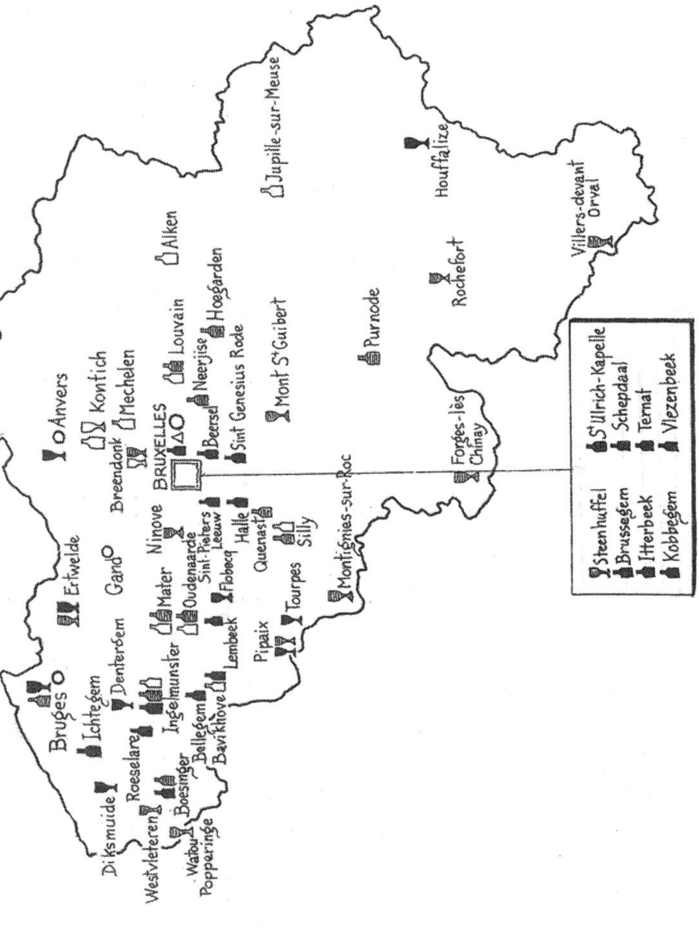

BELGIQUE
BELGIUM

→ *p. 345 BRASSERIES*
BREWERIES

A

abbey beers ***bières d'abbaye*** *nfpl*
Belgian beers designed to imitate Trappist ales, but which are often brewed by multinationals under licence from abbeys, which are not necessarily brewing monasteries. Some of the best known are Affligem, Grimbergen and Leffe.

Aberlour
Scottish single malt whisky distilled by the Aberlour Glenlivet Distillery on **Speyside** in the **Highlands**. Smooth, rich after-dinner drink.

abloom ***en fleur*** *adj*
Expression used in the USA meaning 'in flower'.

abrastol ***abrastol*** *nm*
Antiseptic which can no longer be used in œnology.

absinth ***absinthe*** *nf*
Green, bitter, very strong alcoholic liqueur having the flavour of **liquorice**, made from the oils of **wormwood** or absinthium and other **botanicals**.

absolute alcohol ***alcool pur*** *nm*
Dehydrated alcohol.

ABV (Alcohol by volume)
Standard measurement used to indicate the strength of beer.

ABW (Alcohol by weight)
(See 'ABV'). Used mainly in the USA.

acacia ***acacia*** *nm*
Aroma sometimes found in white wines such as **Meursault**, for example, also referred to as acacia honey.

acaricide ***acaricide*** *nm*
Acarid killer.

acarid ***acarien*** *nm*
Any of an order of arachnids.

acariosis ***acariose*** *nf*
Disease of the vine caused by **acarids**.

accompaniment ***accompagnement*** *nm*, ***garniture*** *nf*
That which accompanies, for example beef and red wine.

accompany ***accompagner*** *v*
This expression usually refers to the accompaniment of food by wine. Synonym: to go with.

acerbity ***âpreté, aigreur*** *nf*
Bitterness, **sourness** or **astringency** of flavour. Like that of an unripe grape.

acescence ***acescence*** *nf*
Character of **sourness**; **vinegar** smell.

acetic ***acétique*** *adj*
Sour, pertaining to **vinegar**. **Sharp**, over-**tart** smell on the palate.

acetal ***acétal*** *nm*
Generic name for organic compounds formed by the action of **aldehydes** on **alcohol**.

acetate ***acétate*** *nm*
Salt of acetic acid.

acetic acid ***acide acétique*** *nf*
The acid in **vinegar**, a colorless, pungent, mobile liquid $C_2H_4O_2$, usually obtained by the oxidation of alcohol with ferments.

acetic acid bacteria ***acétobacter*** *nm*

acetification ***acétification*** *nf*
Conversion into acid or **vinegar**.

acetify ***acétifier*** *v*
To convert into acid or vinegar.

acetobacter ***acetobacter*** *nm*
Bacterium causing **acescence**.

acetoin ***acétoïne*** *nf*
Buttery aroma.

acetone ***acétone*** *nf*
Rather aggressive but slightly sweet aroma, reminiscent of nail-varnish remover and **acid drops**. In wines, it suggests **carbonic maceration**, as with **Beaujolais Nouveau**.

acid ***acide*** *nf*
Substance that forms a chemical salt when combined with an alkali.

acid ***acide*** *adj*
Sour or bitter taste in a wine.

acid drop ***bonbon anglais*** *nm*
Aroma sometimes found in wine. It may also be referred to as 'pear drop'.

acidify ***acidifier*** *v*
To add **tartaric acid** into the **must** during fermentation when the wine lacks acidity.

acidity ***acidité*** *nf*
Major element in the make-up of a wine, provided there is not too much of it. The right sort of natural acidity is an essential component part of a sound wine. It contributes to the good ageing of a wine, produces bouquet and provides the essential bite and finish. Wines such as **Champagne**, **Vinho Verde** or **Saar-Ruwer** have a refreshingly high acid content. In wine, it is possible for the œnologist to measure the **fixed**, **total** and **volatile** acidity.

acidulation ***acidification*** *nf*
The addition of acid.

acidulous ***acidulé*** *adj*
Slightly acid.

acre ***acre, arpent*** *nm*
Measure of land of an area of 0.4 hectares.

acreage ***surface mesurée (en acres)*** *nf*
Number of acres of an estate.

acrid ***acerbe, mordant*** *adj*
Biting to the taste.

actual alcohol content ***degré réel*** *nm*

add ***ajouter*** *v*
Depending on the circumstances, a winemaker may add SO2, **tannin**, **tartaric acid** or sugar to the **must**.

adega ***adega*** *nf*
Portuguese word meaning winery or wine firm.

Adelaide ***Adelaïde***
Capital city of **South Australia**, the state which boasts Australia's largest wine-producing area and is home to the **Barossa Valley**. The wines of the cooler Adelaide Hills region, lying to the east of Adelaide are gaining increasing success with wine-lovers around the world.

adulterate ***frelater*** *v*
To make a wine or spirit of poorer quality by the addition of lower quality ingredients.

advertising ***publicité*** *nm*

adze ***doloire, erminette*** *nf*
Hand cutting tool having its blade at right angles to its handle and usually curved. It is used by the **cooper** to make **staves**.

aerate ***aérer*** *v*
To expose wine to air.

aeration ***aération*** *nf*
Exposure of wine to air.

aerobe ***aérobie*** *nm*
Microorganism which needs the presence of air to grow.

aerobic ***aérobie*** *adj*
Pertaining to or possessing the characteristics of an aerobe.

aftertaste ***arrière-goût*** *nm*
Taste persisting in the mouth after a wine or other drink has been swallowed. The hallmark of a great wine: ending with a flourish.

agave ***agave*** *nm*
Plant found in Mexico which is fermented to produce ***pulque*** and distilled to produce **mescal**, the best of which is known as **tequila**.

age ***âge*** *nm*
Essential notion for many wines which announce the year of their vintage and spirits such as **Cognac**, **Armagnac** or **whisky**.

age ***vieillir*** *v*
To mature in **casks** or in bottles.

ageing qualities ***vieillissement*** *nm*, ***qualités de vieillissement*** *nfpl*
Potential to age well.

agglutinate ***agglutiner, s'agglutiner*** *v*
To mass together.

aggressive ***agressif*** *adj*
Refers to vigorous taste.

agreeable ***agréable*** *adj*
Said of a wine which is pleasant to taste.

Ahr
The most northerly wine-producing region in **Germany**, better known – curiously – for its red wines than its whites. This is because the Ahr Valley is very deep, which gives rise to a mesoclimate where the **Spätburgunder (Pinot Noir)** and **Portugieser** grape varieties can prosper.

Airén
White grape variety extensively planted in **Spain**, and particularly in the region of **La Mancha**. When modern winemaking techniques are used, it can produce clean, crisp and fruity wines. It is also used in the making of some red wines.

air hole ***soupirail*** *nm*
Opening in a cellar.

Ajaccio (AOC)
City situated in the south west of the French island of Corsica which has its own appellation for red, white and rosé wines produced n the hills around the city. The best wines are undoubtedly the delicate reds.

akvavit
(See aquavit).

Alavesa
Together with Alta and Baja, Alavesa is one of the three areas of the **Rioja** region of northern Spain The vineyards of this area are situated at altitudes of up to 600 metres in clay soils. The climate is temperate, the rainfall moderate, resulting in some of the best **Tempranillo** grapes being grown here.

Albana
White grape variety found particularly in the **Romagna** region of **Italy**, where it has won **DOCG** status as **Albana di Romagna**.

albariza
Pale-coloured chalky soil, found in the **sherry**-producing region of southern Spain, which reflects the sun and retains the humidity from the rainy season In this way, the vines do not suffer unduly from the summer heat.

albumen ***albumine*** *nf*
Egg white used for fining a wine.

alcohol ***alcool*** C_2H_5OH *nm*
Product of the distillation of fermented berries, grain or starches. Any liquor containing alcohol.

alcoholate ***alcoolat*** *nm*
Result of the distillation of alcohol in which **botanicals** have been macerated.

alcoholic ***alcoolique*** *adj*
Containing alcohol.

alcoholic ***alcoolique*** *nmf*
One who consumes alcoholic liquors habitually to excess. Synonym : **dipsomaniac**.

alcoholmeter ***alcoomètre*** *nm*
Apparatus for ascertaining the strength of alcohol or the percentage of absolute alcohol in liquors.

alcoholmetry ***alcoométrie*** *nf*
Measurement of the percentage of absolute alcohol in liquors.

alcoholism ***alcoolisme*** *nm*
A condition resulting from the inordinate or persistent use of alcoholic beverages. Synonym: **dipsomania**.

aldehyde ***aldéhyde*** *nm*
Colourless liquid produced by the oxidation of alcohol. An aldehyde is a substance half-way between alcohol and acid. It plays a big role in wine, especially in its bouquet.

ale ***bière, ale*** *nf*
Generic word for any type of beer brewed using the method of **top fermentation**.

Algarve (RD)
Region of southern **Portugal** which produces red and white wines. It has four **DOCs**: Lagoa, Lagos, portimßao and Tavira.

Algeria ***Algérie*** *nf*
Algeria's vineyards flourished under French sovereignty, but production has declined considerably since Algerian independence in 1962. The vineyards along the northern coast produce mainly big, strong red wines made from such varieties as **Carignan**, **Cinsault**, **Grenache** and **Alicante Bouschet**. Much of the production is exported. *carte → p. 17.*

Alicante DO
City in the Valencia region of Spain which has its own DO for red and rosé wines.

Alicante Bouschet
Very prolific hybrid grape variety, producing grapes with intensely-coloured red juice. It was developed in 1866 by Louis and Henri Bouschet by crossing **Grenache** with Petit Bouschet.

Aligoté ***aligoté***
White grape variety originating in **Burgundy** where it produces minor white wines. Its colour is pale, its aromas are pleasant but undistinguished. Aligoté is a dry, light wine showing a pleasant acidity.

alkali
Substance which neutralises acids and has a very high pH.

alkaline *adj*
Pertaining to or having the nature of an alkali.

Allier
French department famous for its oak trees whose wood is much sought after in cask-making. Allier oak is particularly suitable for robust red wines.

alluvium *plural:* **alluvia** ***alluvion*** *nm*
Fertile river-valley soil, too rich for vinegrowing.

alluvial *adj* ***alluvial***
Used to describe soil such as **alluvium**.

almond ***amande*** *nf*
Aroma which may be found in wine. The aroma might be qualified as **green**, **grilled** or **bitter**.

almond flower ***fleur d'amandier*** *nf*
Floral aroma of almond blossom, somewhat honeyed and different from the aroma of **almond**.

Aloxe-Corton AOC
Village in the north of the **Côte de Beaune** which has its own AOC. It produces both a red *grand cru* **Corton** and a white *grand cru* **Corton-Charlemagne**.

Alsace AOC
Region in eastern France producing mostly overall honest and reliable white wines. Alsatian wines are named after grape variety and not district. **Riesling**, **Gewürztraminer**, **Pinot Gris** and **Sylvaner** are Alsace's main grape varieties.

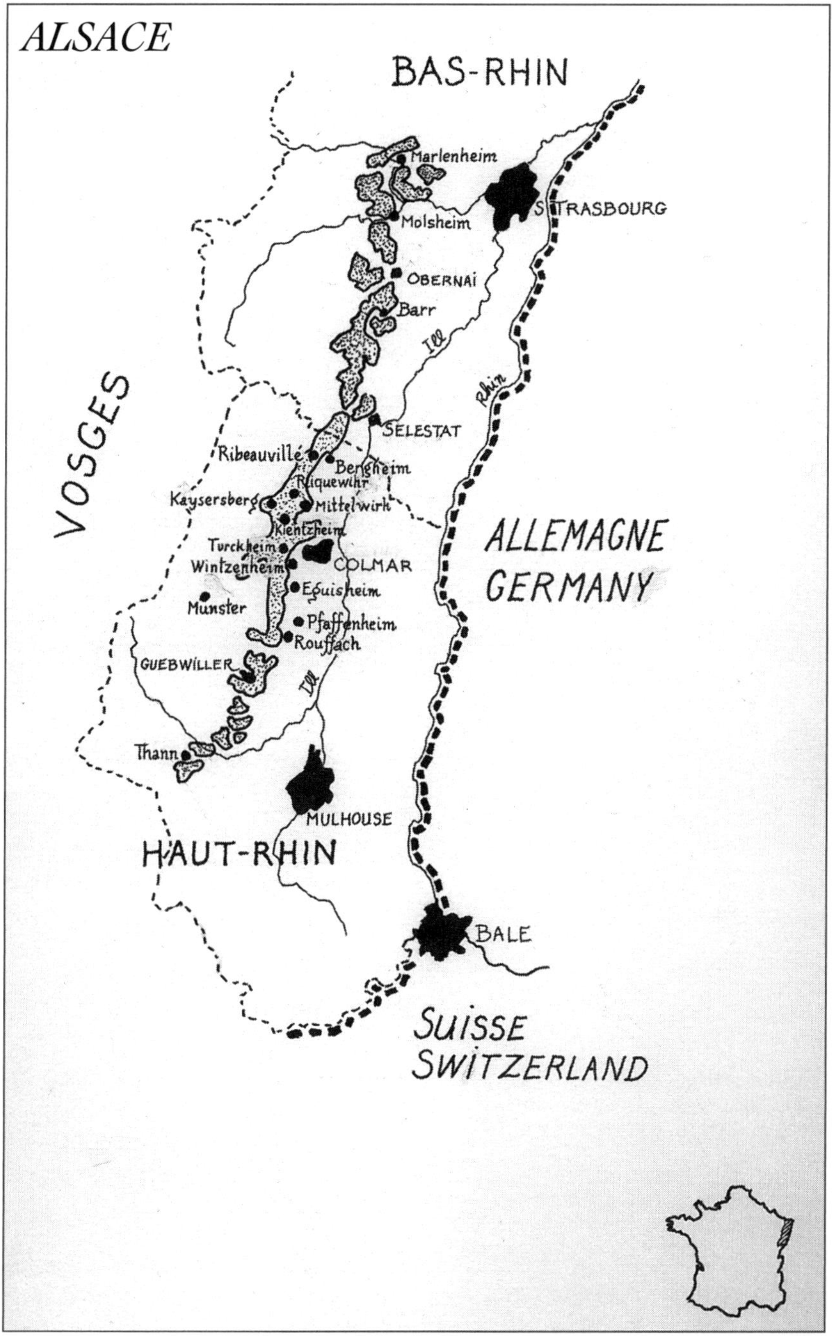
ALSACE
BAS-RHIN
Marlenheim
STRASBOURG
Molsheim
OBERNAI
Barr
Ill
Rhin
VOSGES
SELESTAT
Ribeauvillé
Bergheim
Riquewihr
Kaysersberg
Mittelwirh
Kientzheim
ALLEMAGNE
GERMANY
Turckheim
Wintzenheim
COLMAR
Eguisheim
Munster
Pfaffenheim
Rouffach
GUEBWILLER
Ill
Thann
MULHOUSE
HAUT-RHIN
BALE
SUISSE
SWITZERLAND

Alsace bottle *flûte* *nf*
Tall bottle containing 75 cl.

Altbier *n*
German term meaning 'old' beer, used originally to designate a type of beer from the region of Düsseldorf. ***Altbier*** was so called, because it was made in the traditional (pre 19th-century) manner: top fermentation before being stored in a cool cellar.

Altesse
White variety found in **Savoie**, France, also known as **Roussette**.

Alto Adige DOC
German-speaking part of the region of **Trentino**-Alto Adige in north eastern **Italy**, also known as the **Südtirol**. It benefits from its own DOC for red, white and rosé wines.

Alvarinho
White grape variety from the **Vinho Verde** region of Portugal between the **Minho** and Douro rivers . In the neighbouring Spanish region of Galicia, it is known as Albarino.

amarone
Italian word designating a style of wine made in the **Valpolicella** DOC zone from grapes which have been spread out on trays and left to dry for three months or more. The main grape varieties used are Corvinone, Molinara and Rondinella.

Ambassadeur
French wine-based orange-flavoured aperitif, which strikes a fine balance between sweetness and bitterness.

amber *ambré* *adj*
Colour of a very old wine or of a wine which is prematurely old or oxidised. It usually means the wine is dead.

amber *amber* *nm*
In tasting, especially for an old wine, an animal smell which is not unpleasant if it is discreet.

amertume *amertume* *nf*
Wine disease caused by a bacterium that attacks the glycerin. The wine turns into vinegar.

amino acid *acide amine* *nm*
Type of acid occurring naturally in plant tissue which is one of the basic constituents of proteins.

Amontillado
Type of sherry resulting from the ageing of **fino**. As the **flor** dies, the wine darkens in colour and gradually takes on a nutty taste, while remaining completely dry.

ampelidaceae ampélidées *nfpl*
Name of the botanical family to which the vine belongs. See also **vitaceae**.

ampelographer *ampélographe* *nmf*
Person who studies vines.

ampelography *ampélographie* *nf*
The study of grapes.

ampelology *ampélologie* *nf*

ampelometry *ampélométrie* *nf*

ampelotherapy *ampélothérapie* *nf*
Treatment of human diseases by grapes.

amphora *amphore* *nf*
Tall two-handled earthenware jar for wine or oil, narrow at the neck and the base.

ample *ample, plein* *adj*
Refers to a rich, full-bodied wine with good acidity.

amylase *amylase* *nf*
An enzyme found in plant and animal tissue which promotes the conversion of starch and glycogen into maltose.

amylic *amylique* *adj*
Describes the rather fleeting aroma of yeast, banana or acid drops found in young wines.

anaerobe *anaérobie*
Microorganism which can grow without the presence of oxygen.

anaerobic *anaérobie* *adj*
Pertaining to or having the characteristics of an anaerobe.

Anbaugebiet
In Germany, this word is used to designate a wine-producing region such as **Mosel-Saar-Ruwer**, for example. Each Anbaugebiet is

divided into a number of areas, each of which is known as a **Bereich**.

anchovy ***anchois*** *nm*
Aroma which may be found in a wine.

angelica ***angélique*** *nf*
In tasting, spicy, musky aroma that may be found in certain white dessert wines.

angel's share ***part des anges*** *nf*
In Cognac, the alcohol lost by evaporation from wood casks.

Angostura *n*
Bitter first developed and sold in Venezuela in 1830 and now made in Trinidad. It is a red-brown, **rum**-based liqueur with a strong taste of **gentian**, which is used in many cocktails, particularly **pink gin**.

anhydride ***anhydride*** *nm*
Compound formed by removing the elements of water from an acid.

animal ***animal*** *adj*
Smell which may be found in some wines. For example, Corton-Renardes is said to have a foxy smell, hence its name.

anise ***anis*** *nm*
Aromatic plant originally from the East. Its essence is used in the making of some alcoholic drinks.

aniseed
The seed of the anise plant used to flavour both drinks and sweets.

anisette
Liqueur with a taste of **aniseed**. According to a legend, a traveller returning from the Indies gave the recipe of anisette to **Marie Brizard**, a young woman from Bordeaux.

Anjou AOC
Region of the Loire Valley with the city of Angers for its capital. It benefits from a regional AOC, but embraces other vineyards which have their own appellations. It produces some good red wines, of which the best is no doubt **Saumur-Champigny** AOC, but also some botrytised white wines such as **Coteaux du Layon** AOC. *carte → p. 156.*

anthocyanin(s) ***anthocyane(s)*** *nf*
Word usually used in the plural which designates the **phenolic** compounds found in the skins of grapes which give their colour to red wines.

anthracnose ***anthracnose*** *nf*
Cryptogamic disease of the vine characterised by the appearance of black marks and lesions on the leaves.

anticlinal ***anticlinal*** *adj*
Having the characteristics of an '**anticline**'.

anticline ***anticlinal*** *nm*
Convex fold affecting a series of geological strata, in which the convexity points upwards. The opposite of a '**syncline**'.

anti-hail gun ***canon anti-grêle*** *nm*
Device which fires anti-hail rockets into threatening hail clouds. The rockets disperse crystals of silver iodide which cause the precipitation to occur before the vineyard is directly threatened. However, anti-hail guns cannot be considered an unqualified success.

AOC Appellation d'Origine Contrôlée
Legal term guaranteeing the geographical origin and methods of production for any wine granted the AOC label.

aperitif ***apéritif*** *nm*
In France, an alcoholic drink served before a meal.

aphid ***puceron*** *nm*
Small insect which survives by sucking the **sap** of the leaves stems or roots of a plant. Perhaps the **phylloxera** is the most harmful aphid as far as the vine is concerned.

appearance ***aspect*** *nm*
In tasting, this the first examination carried out. The colour, clarity, brilliance, etc. of the wine, spirit or beer.

appellation ***appellation*** *nf*
Name or designation given to a wine or other drink which meets a certain number of requirements in terms of geographical origin, quality, etc.

apple ***pomme*** *nf*
Fresh, raw odour which is usually characteris-

tic of a young wine which has not yet undergone its malolactic fermentation.

apple brandy *eau de vie de pomme* *nf*
Brandy resulting from the distillation of cider. The best–known French apple brandy is Calvados.

apple cider *cidre de pommes* *nm*
Drink popular in temperate regions of the world, made from the fermented **must** of fresh apples. In some countries, cider can be made from a mixture of apples and pears.

applejack *eau de vie de pomme* *nf*
Apple **brandy** made in the USA. This name is also given to a rough spirit made in secluded mountains. This version of applejack was once one of the most popular spirits in the USA.

Apremont
Village in **Savoie** producing delicate white wines.

apricot *abricot* *nm*

Aptian *aptien* *adj*
Division of the lower **Cretacian** period. The terroir of **Maury** is composed of limestone of the Aptian stage.

aquavit *aquavit, akvavit* *nf*
Word of Swedish origin meaning '**water of life**'. Grain or potato **brandy** aromatized with various vegetal substances.

arak
(See 'arrak').

Aramon *aramon* *nm*
Very productive grape variety giving ordinary wine. It is still grown in **California** and southern France.

Arbois AOC
This village, with its own **AOC**, has given its name to the best-known wine region of the Jura. White, red and rosé wines as well as ***vin jaune*** are produced in the Arbois region.

Ardbeg
Scottish single malt whisky distilled at Port Ellen on the Isle of **Islay**. Both pungent and peaty.

Ardèche
French department situated south of Lyon on the right bank of the Rhône. It is home to a few of the *crus* of northern Rhône – **Saint-Joseph**, **Cornas**, **Saint-Péray** and a small part of Condrieu. Further south, some excellent *vins de pays* **varietals** such as Chardonnay are produced.

Ardmore
Scottish single malt whisky from **Speyside**.

area *aire* *nm*, *zone* *nf*

areometer *aréomètre* *nm*
Also known as the mustimeter, this instrument is used to measure specific gravity.

Argentina *Argentine* *nf*
Major wine-producing country mostly supplying the South American market. The Mendoza province is the best-known Argentinian wine region.

Argovian *argovien* *adj*
Name given to part of the Oxfordian stage of the upper Jurassic period. Argovian marl is common on the Côte de Beaune.

arika* *nm* *arika
Central Asian alcohol which comes from the distillation of fermented mare's milk.

Arlay
Wine-producing village of the French region of Jura. The Château d'Arlay estate, one of the oldest in France, is famous for its ***vin de paille***.

Armagnac
South-western region of France famous for its brandies sold in flasks called Basque bottles or basquaises. The Armagnac-producing area is divided into three districts: **Bas-Armagnac**, **Haut-Armagnac** and **Ténarèze**. The best Armagnacs are produced on the sandy soils of Bas-Armagnac. → map. 251.

Armagnac still
Local version of the **continuous still** used for the distillation of **Armagnac**.

aroma *arôme* *nm*
Odour in wine derived from the grape. Some aromas are characteristic of the grape variety, eg, spice in Gewürztraminer. Connois-

seurs use the word in respect of odours resulting from fermentation whereas bouquet refers to the development of the wine in the bottle. In wine, aromas may be **primary** or **varietal**, **secondary** or **tertiary**.

aromatic ***aromatique, aromatisé*** *adj*
Fragrant, offering a richness of aroma and taste. For example, Muscat is an aromatic grape variety.

arrak ***arak*** *nm*
Alcohol originating from Central Asia distilled from grapes, cereals or dates. Today iit usually refers to a drink flavoured with aniseed.

artichoke ***artichaut*** *nm*
Smell which may be found in wine.

asparagus ***asperge*** *nf*
Vegetal aroma which may be found in certain white wines.

aspect ***orientation, exposition*** *nf*
The direction in which a vine-covered slope faces. Many French wine regions Alsace, Burgundy… have an eastern aspect. This lets the rising sun warm the soil gradually and gives some protection against rain from the west.

aspect ***aspect*** *nm*
(See appearance).

aspersion ***aspersion*** *nf*
Method used in certain regions to fight against spring **frost**. The young shoots are sprayed at night with water, which freezes, thus forming a sort of protective cocoon. The latter prevents the vegetation from being irremediably damaged in the morning, when the sun's rays bring the temperature back above **zero**.

assemblage
French word meaning **blending**. In Champagne, this is the process of mixing wines from different plots and vintages to produce a balanced wine before the second final fermentation in the bottle.

Asti
Italian town famous for Asti **Spumante** DOC, a sparkling, often sweet, white wine.

astringency ***astringence*** *nf*
Character of bitterness conveyed by the tannins of a wine. However, the tannins should probably soften and mellow as the wine ages.

astringent ***astringent*** *adj*
Dry, mouth-puckering effect due to high tannin content. Young **Bordeaux** wines are often said to be astringent.

aszú *adj*
Hungarian word meaning 'sweet'. The most famous category of **Tokay** wines.

atomizer ***atomiseur*** *nm*
Motor-equipped apparatus that sprays insecticide or fungicide on the leaves of vines.

attach ***attacher*** *v*
To fix the shoots left after pruning, usually on two or three lines of wire. This task is carried out in spring.

attack ***attaque*** *nf*
In tasting, first impression made by a wine in the mouth.

Aube
French department situated between Dijon, to the south, and Reims, to the north. It is one of the five, and the most southerly, of the Champagne-producing areas. Its most famous village is les Riceys, famous for its rosé wines.

Auchentoshan
Strictly speaking, this is a **Lowland** malt whisky, even if the distillery uses water from north of the **Highlands** line. It is smooth, sweet and light, thanks perhaps to the three distillations it undergoes, something of an exception for Scotland.

Aude
French Mediterranean department whose capital is Narbonne. It produces vast quantities of wine, the best of which are undoubtedly some of the remarkable **Corbières** AOC which can now be found.

Auslese
German word meaning 'selection', which is one of the six sugar levels 83-105° Oechsle for the **QmP** appellation. The late-picked grapes give wines with high natural sugar content.

Ausone, Château
Famous red premier grand cru classé in the village of Saint-Émilion. Its total surface area is about 20 acres.

austere *austère adj*
Somewhat severe. This adjective may also refer to a simple, possibly undeveloped wine.

Australia *Australie nf*
Very dynamic wine-growing country where viticulture is restricted by strong sunshine and droughts. Because of its regular weather patterns, Australian producers claim that every year is a good year for wine. The main viticultural regions are **South Australia (Barossa Valley)**, **New South Wales** (**Hunter Valley**) and **Victoria**. The best wines are produced in the southernmost regions and on hills (**Adelaide** Hills, **Coonawara**, **Margaret River**, etc.).

Austria *Autriche nf*
Country characterized by a very varied relief. Austria produces a large variety of grapes giving light, fresh, sparkling or fruity white wines. The best wines are made with **Riesling** and **Traminer**.

autoclave *autoclave nm*
Italian name for the closed tank *cuve close* used in the Charmat method for making sparkling wines.

autofermenter *cuve autopigeante nf*
Stainless steel fermenting tank with a built-in cap-punching device.

autolysis *autolyse nf*
Destruction of cells of yeast, for example by their own enzymes

autovinifier *cuve autopigeante nf*
(See 'autofermenter').

Auxerrois Blanc
White grape variety, still found to some extent in **Alsace**, where it is often used for blending purposes to produce **Edelzwicker**.

Auxey-Duresses AOC
Village of the **Côte de Beaune** with its own AOC producing wines whose style is reminiscent of those of **Volnay** (red) and **Meursault (**white).

AVA (American Viticultural Area)
The US equivalent of the French AOC.

Avize
Village in **Champagne** producing one of the best wines of the **Côte des Blancs**.

Ay
Champagne village located near **Épernay** producing excellent red grapes.

AUSTRALIA / AUSTRALIE

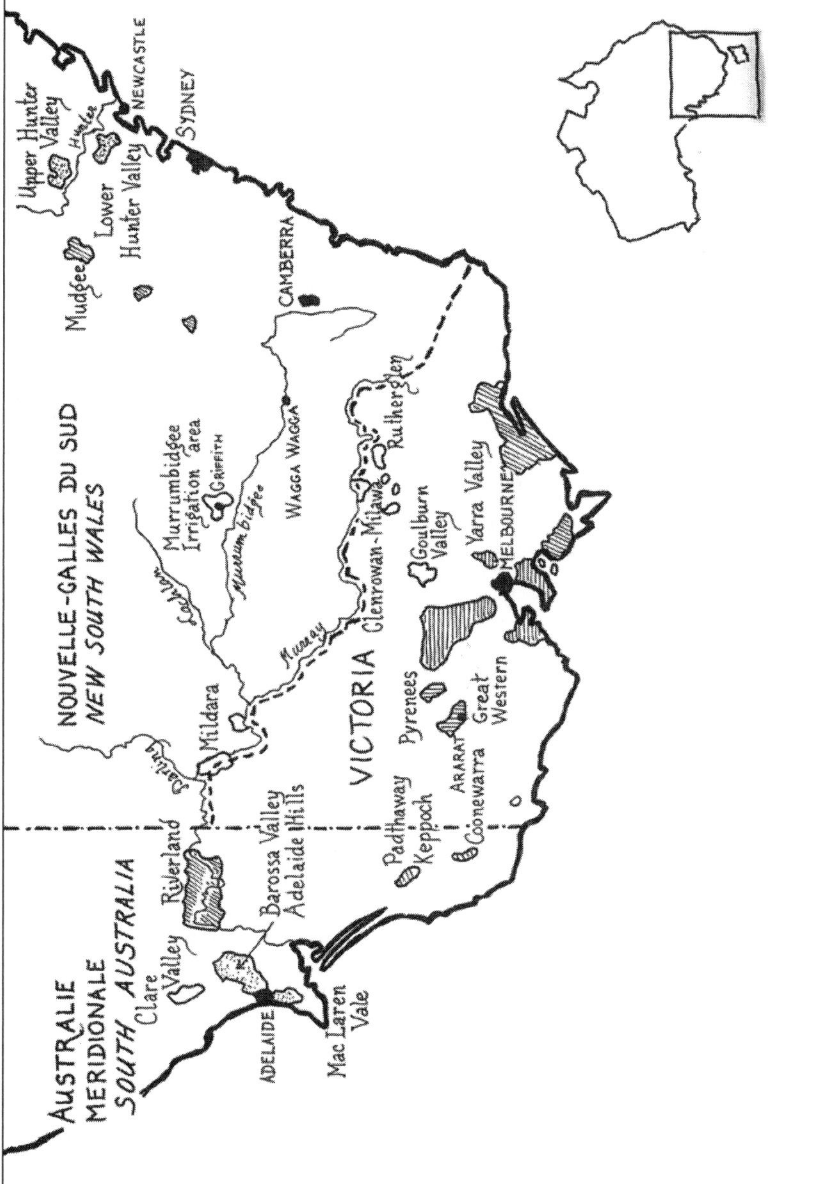

B

Bacchus
Roman God of wine. The Greek God, **Dionysus**, was adopted by the Romans under this name.

Bacchus
A German white grape variety originating from a crossing of **Silvaner** x **Riesling** with **Müller-Thurgau**. In the past, particularly, it was used for blending in order to produce the now notorious ***Liebfraumilch***.

back basket ***hotte (de vendangeur)*** *nf*
When grapes are picked by hand, there will be **cutters** *(les coupeurs)* – whose job it is to cut the bunches of grapes and put them into the small basket which they carry with them – and **carriers** *(les porteurs)*. The latter walk in the rows of vines with a much larger basket (or **hod**) on their backs in order to collect the grapes from the cutters when their baskets are full. The carriers empty their **back-baskets** into a **hopper** so that the grapes can be transported to the **winery**.

back-blend *v*
New Zealand term meaning to blend unfermented grape juice into fully fermented wine in order to give it a certain fresh fruitiness. The practice is associated with Germany originally.

back-blending *n*
Process of blending unfermented grape juice back into fully fermented wine. *(See 'back-blend').*

back label ***contre-étiquette*** *nf*
Small label on the 'back' of a wine-bottle (particularly), which gives the consumer – who is not necessarily a connoisseur – some more technical information about the wine: region of production, grape variety(-ies), type of soil, aromas, etc. The practice probably started in the '**new world**' wine-producing countries.

Baco
The name of the man who developed two hybrid grape varieties, Baco Noir and Baco Blanc (also known as Baco 22A). The latter, deriving from the crossing of Folle Blanche with Noah (a crossing of *vitis labrusca* x *vitis riparia*) can claim distinction as the only hybrid recommended in France. Indeed, it is one of the varieties used to make Armagnac.

bacterium (bacteria, *pl*) ***bactérie*** *nf*
They are naturally present in wine and beer and should not be considered as undesirable or harmful. On the contrary, they contribute to the evolution and ageing of these drinks and may influence their specific taste.

bag-in-box ***bag-in-box cubi (-tainer)*** *nm*

Bairrada (DOC)
Wine-producing area with its own **DOC**, situated to the west of the **Dão** region in **Portugal**, which produces mainly red wines.

balance ***équilibre*** *nm*
Something sought after in tasting, ie, a harmony between the different taste components. *(See 'balanced').*

balanced ***équilibré*** *adj*
This term is used in tasting, when there is a certain harmony (or balance), between the different taste components : acidity, sweetness, bitterness, astringency, etc.

Balling scale ***échelle de Balling*** *nf*
Scale for measuring the sugar content of **must**, both in winemaking and brewing. It has now generally been replaced by similar systems such as **Brix** or **ABV**.

balloon glass ***verre ballon*** *nm*
Fairly low-standing but well-rounded glass used particularly for drinking red **Burgundy**, or brandies such as **Cognac** and **Armagnac**.

balsamic ***balsamique*** *adj*
Having the woody, resinous aroma of balsam.

Balthazar
Large bottle used in Champagne, whose volume is equal to 16 normal-sized bottles, ie, 12 litres.

Balvenie, The
Full-flavoured Scottish malt whisky from **Speyside**.

Bandol (AOC)
French Mediterranean town with its own AOC, situated to the west of Toulon, whose vineyards produce wines of excellent quality. It is best known for its reds in which the Mourvèdre grape variety is dominant.

Banyuls (AOC)
Small French Mediterranean village, close to the Spanish border, which benefits from its own **AOC** for a fortified wine or **VDN**, as the French say. The vineyards, which overlook the sea, are in fact the most southerly in France. The wines can be red, white, rosé or tawny.

Barbaresco (DOCG)
A red DOCG wine made from the Nebbiolo grape variety in the Piemonte region of Northern Italy. The vineyards are located just to the east of those of the more prestigious Barolo, but the wine is generally softer and fruitier.

Barbera
Red grape variety originating from Italy, but now planted extensively also in California. These predominantly hot regions do not give it much chance to express any elegance it may have.

Bardolino (DOC)
DOC wine from the Veneto region of North-eastern Italy, which is red or rosé, dry and light and sometimes *frizzante*.

bark ***écorce*** *nf*
A very important substance in the beverage industry: the bark of certain oak-trees is of course used to make corks.

barley ***orge*** *nf*
This grain, in its malted form, is the key element in the productions of most beers and whiskies, as the starch it contains provides the fermentable sugar.

barley wine *n*
British term for a very strong beer.

Barolo (DOCG)
Undoubtedly one of Italy's top red wines, produced from the Nebbiolo grape variety. The vineyards are located close to the town of Alba in the Piemonte region of north-western Italy.

Barossa (Valley)
Located in the region of Adelaide, South Australia, this premium wine-producing area is probably best known for its red varietal wines, but many white grapes are grown there too.

barrel ***tonneau, fût*** *nm*, ***barrique, pièce*** *nf*
Normally made of oak for the storage of wine and spirits, but often of metal in the beer industry, barrels come in many different sizes, depending on the region and product.

Barsac (AOC)
Village situated to the north of the Sauternes vineyard, which has its own AOC, as well as being entitled to the Sauternes appellation. Its wines are similar in style and quality to those of Sauternes.

Bas-Armagnac
One of the three districts of the production area for **Armagnac**. Bas-Armagnac is the most westerly of the three districts, with sandy soils which produce the finest brandies. → *p. 25.*

base wine ***vin de base*** *nm*
Still wine made in Champagne or other regions or countries, which will be transformed into a sparkling wine (Champagne, *crémant*, etc.).

basket ***panier*** *nm*
Used for grape-picking by the cutter *'back-basket'* but now more commonly made unromantically of plastic.

basket press ***pressoir vertical*** *nm*
Traditional type of wine press, still used in **Champagne**, which presses grapes vertically in a sort of large wooden basket (or cage). The juice runs out through the gaps between horizontal wooden staves.

Bass
Famous English brewery founded in 1777 in Burton-upon-Trent *(see* **Burtonisation***)*. Its logo, a red triangle, was the first ever British trademark to be filed on 1st January 1876. The trademark became artists' shorthand for beer, in the same way as **Mumm's 'Cordon Rouge'** label became an easy way to represent a bottle of Champagne. In 1882, Édouard Manet's painting, *Bar at the Folies-Bergère*, features Bass's famous red triangle on a bottle standing on the bar.

Bâtard-Montrachet (AOC)
This grand cru vineyard which overlaps the boundary between Chassagne- and Puligny-Monrachet on the Côte de Beaune, is one of the satellites of Montrachet.

bâtonnage nm
Technique used in making white wines, particularly barrel-fermented **Chardonnays** from the **Côte de Beaune**, which consists in stirring up the lees in the barrel (with a sort of *bâton*) at regular intervals, in order to enhance their aromatic complexity.

Baumé
A system (or scale) used to determine the specific gravity (sugar content) of grape juice or must named after the French scientist who devised it. Other systems in common use are Brix and Oechsle.

bay *n*
(See 'delivery bay').

Beaujolais (AOC)
Wine-producing area situated to the north of the French city of Lyon, producing mainly red wine. Rightly or wrongly, Beaujolais is usually considered to be part of the larger wine-producing region of Burgundy. "Wrongly", because the vast majority of Beaujolais wines are produced in the Rhône department, which, from an administrative point of view, is part of the Rhône-Alpes region. Moreover, the volcanic subsoil of the foothills of the Massif Central is not very favourable to Pinot Noir, the emblematic grape variety of red Burgundies. This explains the predominance of Gamay in this area. But "rightly" perhaps: large quantities of Beaujolais wine is shipped by the wine merchants of Beaune. And let's not forget that the village of Saint-Amour, one of the ten "***crus***" of Burgundy, is situated in Saône-et-Loire (Burgundy). → *p. 34.*

Beaujolais nouveau
Undoubtedly the most popular of the '***nouveau***' wines which can be put on sale starting the third Thursday of November. In the 1970s and 1980s particularly, the arrival of the new Beaujolais *(le Beaujolais nouveau est arrivé!)* became something of a ritual around the world. Today, however, the product has lost some of its popularity and many people blame it for the relatively poor sales of the fine Beaujolais **crus**.

Beaujolais primeur
*(See '**Beaujolais nouveau**').*

Beaumes-de-Venise
Village located near Châteauneuf-du-Pape in the Southern Rhône Valley, famous for its fortified Muscat de Beaumes-de-Venise AOC which many consider to be the best Muscat in the world. It is also one of the villages entitled to add its name to the regional appellation Côtes-du-Rhône (Côtes-du-Rhône Beaumes de-Venise AOC). → *p. 74.*

Beaune (AOC)
City of Burgundy, France, which may not be the official capital of the region, but which can justifiably claim to be *capitale du Bourgogne*, ie, capital of Burgundy wine. Besides its magnificent ***hospices***, with their annual charity auction sale, Beaune is famous for its red wines. *(See also 'Côte de Beaune' and 'Hautes Côtes de Beaune').* → *p. 43.*

beer *bière nf*
The oldest-known alcoholic drink with a fairly low level of alcohol (usually around 4-5%); fermented from germinated grain, particularly barley, and flavoured with hops.

Beerenauslese n
German word meaning 'selection of berries', which is one of the six sugar levels (110-128° Oechsle) for the **QmP** appellation. The resulting wines will be very sweet.

beeswax *cire d'abeille nf*

bell pepper *poivron (vert) nm*
(See 'green pepper').

BEER MUGS AND GLASSES

Bellet (AOC)
Very small vineyard situated on the hills behind the city of Nice, benefiting from its own AOC. The wines may be red, white or rosé and feature among others, the Rolle grape variety.

bellows ***soufflet*** *nm*
May be used for the fire in a distillation process.

bentonite *nm* ***bentonite***
A form of clay containing volcanic ash, found particularly in Wyoming, used in the stabilisation of must and the fining of wine. It activates a precipitation of proteins.

Bereich *n*
A wine district in Germany, part of an ***Anbaugebiet***.

Bergerac (AOC)
Town located on the Dordogne River to the east of Bordeaux with its own AOC. Good quality red and rosé wines are made here using principally the same grape varieties as those found in the Bordeaux region. For white wines, two AOCs exist: Bergerac Sec AOC, made in the same way as the dry white wines of Bordeaux, and Côtes de Bergerac Moelleux AOC, similar in style to Sauternes.

berlandieri vitis
American **species** of vine with a good resistance to **phylloxera**, which has been used mainly in developing **hybrids**.

berry ***baie*** *nf*

berry set ***nouaison*** *nf*
(See 'fruit set').

Besserat de Bellefon
Famous **Champagne** house, established in **Ay** in 1843, which specialized in what used to be called **crémant** Champagnes.

beverage ***boisson*** *nf*
Often preferred to the word "drink", which, for some, may carry a pejorative connotation.

Beychevelle, Château
A *quatrième cru classé* of the Médoc region, located in the vineyards of Saint-Julien AOC.

Bèze
(See 'Chambertin-Clos de Bèze').

Bienvenues-Bâtard-Montrachet (AOC)
Like Bâtard-Montrachet, this white Burgundy ***grand cru*** wine is one of the satellites of Montrachet AOC. The entire vineyard is situated on the territory of Puligny-Montrachet.

Billecart-Salmon
Small but prestigious Champagne house established in Mareuil-sur-Ay in 1818. Well known for its speciality, rosé Champagne.

bin ***casier à bouteilles*** *nm*
The term is used particularly in the cellars of wine-shops and restaurants, whence **bin-end**, the few bottles remaining in a bin, which may be at a reduced price.

biodynamic viticulture ***biodynamie*** *nf*
Viticultural method based on the ideas presented in 1924 by Rudolf Steiner. Biodynamic viticulture respects the influence of the planets on the biological cycle of the vine and rejects any use of chemical products. It aims at regenerating the soil thanks to the dynamisation of the compost. Some famous producers use this method with convincing results.

bitter ***amer*** *adj*

bitter *n*
A generic term for strongly hopped, cask-conditioned ale, which was once the staple of the British pub. Also, name given to various liqueurs aromatised with bitter-tasting herbs, roots or peel.

bitter almond ***amande amère*** *nf*
Smell emanating from a badly fined wine. A wine with aromas of bitter almonds is usually drinkable but not sound.

bitterness ***amertume*** *nf*
One of the four basic tastes (with acidity, sweetness and saltiness) which the mouth can detect. Though it may be unpleasant in wine, for example, it is very much at home in most beers and many aperitifs.

black dead arm *n*
Cryptogamic disease which causes the vine to wither and die off. This disease represents a real problem for the vinegrower.

black rot ***black-rot, pourriture noire*** *nf*
Cryptogamic disease of the vine, coming originally from America. Grey blemishes, speckled wih black, develop on the green parts of the vine. The grapes become wrinkled, shrivel up and go brown. Traditionally, the disease is treated by spraying with **fungicides**.

Black Spanish
A hybrid grape variety made from *vitis vinifera* x *vitis aestivalis*. It was once popular in Madeira (where it goes under the name of Jacquet), and can still be found in Texas. As its name suggests, its grapes are dark in colour and also very sweet.

black velvet *n*
A drink, not designed for the faint-hearted, composed of one half of chilled Guinness and one half of chilled Champagne.

blackberry ***mûre*** *nf*
Its aroma may be found in wines made from the Grenache grape variety.

blackcurrant ***cassis*** *nm*
The aroma of its fruit is often characteristic of **Cabernet Sauvignon** grape in wines from Bordeaux. The aroma of its flowers or leaves is associated with the **Sauvignon Blanc** variety. The city of Dijon (capital of Burgundy) is naturally associated with blackcurrants due to its famous ***crème de cassis***, which, when mixed with the white wine, **Bourgogne-Aligoté**, provides the world famous aperitif, ***Kir*** (vin blanc-cassis). In Belgium, blackcurrants may be used to flavour certain ***lambic*** (spontaneous fermentation) beers, instead of the more frequently used cherries *(kriek)* or raspberries *(frambozen)*.

Blagny (AOC)
Small village located between Meursault and Puligny-Montrachet with its own AOC used only for red wines. The whites produced in these vineyards can be called either Meursault or Puligny-Montrachet AOC.

blanc de blancs *n*
This non-regulated term is used to describe a white (particularly sparkling) wine made exclusively from white grape varieties. For Champagne, this would mean a wine made from Chardonnay grapes only.

blanc de noirs *n*
See ***blanc de blanc***. In this case the grape varieties used are exclusively black. For Champagne, this would mean a white wine made only from Pinot Noir and/or Pinot Meunier grapes.

bland ***insipide*** *adj*
An undesirable quality in any drink!

Blanquette (de Limoux) (AOC)
The name Blanquette comes from the principal grape variety, also known as Mauzac. The appellation, Blanquette de Limoux AOC, is used for an excellent sparkling wine from Limoux, near Carcassonne, made using the traditional method.

Blaufrankisch
Red grape variety found in Germany (where it is called Blauer Limberger) and Central Europe, but most commonly associated with Austria. *(See 'Kékfrankos')*.

Blaye (AOC)
Together with **Côtes de Blaye** and **Premières Côtes de Blaye** (AOC), one of three appellations for an area located on the eastern side of the Gironde, opposite Médoc. Rather confusingly, Blaye and Premières Côtes de Blaye AOC can be used for red and white wines, while Côtes de Blaye concerns white wines only. The grape varieties planted are principally the same as those found elsewhere in the Bordeaux region. → *p. 341*.

blend ***assemblage*** *nm*

blend ***assembler*** *v*

blended ***assemblé, issu d'assemblage*** *adj*

blended whisky *n*
Refers to a product made by blending **malt whisky** and **grain whisky**. Blended whiskies are always sold under a **brand** name rather than the name of the distillery as is the case with **single malts**.

blending ***assemblage*** *nm*
Blending is, of course, a very common practice in the production of many drinks, particularly whisky *(see* **'blended'***)*. In winemaking, it may or may not be used, depending on the

region or the objective of the winemaker. Most Bordeaux wines are the result of the blending of different grape varieties, while many Champagnes are made by blending not only varieties, but wines of different vineyards and vintages. In other regions, like Burgundy, for example, the notion of blending is close to anathema.

Blenheim
Situated in the north of the South Island of New Zealand, this city is the capital of the Marlborough region which produces some of the country's best wines.

blind ***aveugle*** *adj*

blind tasting ***dégustation à l'aveugle*** *nf*
Theoretically, the only objective way to do a comparative tasting. The experience is always interesting and often embarrassing for the more prestigious products.

bloody Mary *n*
A cocktail composed of one measure of vodka, two dashes of Worcester sauce and a little lemon juice, topped up with tomato juice.

bloom ***fleur*** *nf*

bloom ***pruine*** *nf*
Thin layer of a waxy substance naturally covering grapes. Natural **yeasts** adhere to the bloom.

bloom ***fleurir*** *v*

blossom ***fleur*** *nf*

blossom ***fleurir*** *v*

blush ***rosé (très pale)*** *adj*
Word used to describe a very pale rosé wine.

bock (or bok) beer ***bière bock*** *nf*
A strong, dark beer, originating from Germany.

Bocksbeutel *n*
A round, flagon-shaped bottle used particularly in the region of Franconia (Franken) Germany.

bodega ***cave*** *nf*, ***chai*** *nm*, ***domaine*** *nm*
Spanish word meaning winery, cellar or wine firm.

body ***corps*** *nm*
The notion of "body" is a crucial one when tasting many wines or beers.

bodied, full – (wine) ***(vin) corsé*** *adj*

boil ***bouillir*** *v*

boiler ***chaudière*** *nf*
In a distillation process, the vessel containing the wine or other liquid, which is heated in order to evaporate the alcohol.

boiling point ***température d'ébullition*** *nf*
The different boiling-points of alcohol and water are at the very basis of the process of distillation. Water boils at 100°C; alcohol at about 70°C.

Bois Communs
One of the seven delimited districts of the region of **Cognac**, situated furthest from the three which are generally considered to produce the best brandies: **Grande Champagne**, **Petite Champagne** and **Borderies**. It is often simply "lumped together" with its neighbour, **Bois Ordinaires**.

Bois Ordinaires
One of the seven delimited districts of the production area for **Cognac**, situated to the north-west of the region's centre, representing 25% of the total vineyard area but generally considered to produce the best brandies. It is often "lumped together" with the **Bois Communs**, which lie further west along the Atlantic coast.

Bollinger
Undoubtedly one of the great Champagne houses, with its own large estate. Many of the base wines are fermented in oak casks.

Bonarda
Red grape variety which was very popular in the Italian **Piemonte** in pre-**phylloxera** days. It is now making something of a comeback in **Argentina**.

bonded cellar ***cave sous douane*** *nf*
In Britain, cellar, serving as a **warehouse**, in which wine can be stored in or under **bond** (without paying **excise duty** or VAT). These taxes are only payable when the wines are withdrawn from the cellar, unless, of course, they are re-exported.

bonded warehouse ***entrepôt sous douane*** *nm*

bond (in/under) ***sous douane*** *nf*

Bonnes-Mares (AOC)
Red Burgundy **grand cru** wine whose vineyard straddles the boundary between Morey-Saint-Denis and Chambolle-Musigny.

Bonnezeaux (AOC)
Small village in the Anjou region of the Loire Valley with its own AOC. Bonnezeaux is a top-quality botrytised wine made from the Chenin Blanc grape variety.

Bons Bois
One of the seven delimited districts of the production area for **Cognac**, which forms a sort of concentric circle around the district known as **Fins Bois**.

bootleg *v*
To make or distribute illicit alcohol. The word dates back to the period of the American Prohibition, when smugglers would conceal bottles in the legs of their boots.

bootleg *adj*
Word used to describe alcohol which has been made or distributed illicitly.

bootlegger *n*
Person who practises 'bootlegging'.

booze ***boissons alcoolisées*** *nfpl*

booze ***boire, picoler*** *v*

boozer ***ivrogne*** *nmf* ***pub*** *nm*

Bordeaux
City in the south-west of France, which has given its name to a region producing some of France's (and the world's) best wines. As for Burgundy (Bourgogne), there is a whole range of regional appellations for vast quantities of red, white and rosé wines. One is rarely disappointed and many Bordeaux AOCs represent excellent value for money. → *p. 41.*

Bordeaux mixture ***bouillie bordelaise*** *nf*
A copper sulphate-based product used to fight against cryptogamic diseases of the vine, particularly mildew and rot. Its characteristic blue colour can often be seen on vines, vineyard posts, etc.

Bordeaux spray *n*
(See 'Bordeaux mixture').

Borderies
One of the seven delimited districts of the region of **Cognac**, situated to the north-west of **Grande Champagne**, which produces high-quality brandies.

botanicals ***aromates*** *nmpl*
Generic word for aromatic plants macerated in alcohol before distillation is carried out. A secret mix of botanicals will give a unique flavour to a spirit or liqueur.

botrytis cinerea *n*
A fungus affecting grapes, which depending on the weather conditions can produce either grey or noble rot. The latter is responsible for what are often referred to as **botrytised** wines. The rot covers the grapes, with no damage to the skins, the juice slowly evaporates, concentrating the sugar, and the wines produced remain very sweet (eg, Sauternes).

botrytised, -ized ***botrytisé*** *adj*

bottle ***bouteille*** *nf*
Many countries, regions and products throughout the world have their own typically-shaped bottle. → *p. 45.*

bottle-ageing ***vieillissement en bouteille*** *nm*

bottle-opener ***ouvre-bouteille*** *nm*

bottle-sickness ***maladie de bouteille*** *nf*

bottle ***mettre en bouteille*** *v*

bottled ***en bouteille*** *adj*

bottled beer ***bière en bouteille*** *nf*
As opposed to '**draught beer**'.

bottler ***embouteilleur*** *nm*

bottling ***mise en bouteille*** *nf*

bottling line ***chaîne d'embouteillage*** *nf*

bottom fermentation ***fermentation basse*** *nf*
Term generally used to designate the fermentation process of **lager**. The **yeasts** used ferment at a relatively low temperature (between 46 and 52°F) compared with those used for top or ale **fermentation**, and they fall to the bottom of the fermenting vessel.

bottom fermenter ***fermentateur bas*** *nm*
(See 'bottom fermenting yeast').

bottom fermenting yeast ***levure basse*** *nf*
Yeast used for **lager** fermentation (see '**bottom fermentation**') known as *saccharomyces carlsbergensis*, now more commonly called *saccharomyces uvarum*.

bottoms up! ***cul sec !*** *excl*
This exclamation can be explained by the fact that when you drink something quickly in one go, your glass is turned upside down!

bouquet ***nez (d'un vin, en particulier)*** *nm*
This French word is used frequently in English, but less rigorously than the French connoisseur would like. It should normally refer only to the tertiary aromas developed by a wine which is well into its ageing process.

Bourbon ***bourbon*** *nm*
American whiskey, named after Bourbon County (Kentucky), distilled from a fermented mash of at least 51% corn (maize).

Bourboulenc
A white grape variety which is rapidly losing ground in the South of France and the Southern Rhône Valley

Bourg
Like Blaye, this town is situated on the eastern side of the Gironde, across from Médoc. It has two appellations – Bourg AOC and **Côtes de Bourg** AOC – but now most of its wines (both red and white) are sold as Côtes de Bourg AOC. The grape varieties are the same as those planted elsewhere in the Bordeaux region.

Bourgogne
(See 'Burgundy').

Bourgogne (AOC)
A family of regional appellations, which may apply to wines from anywhere within the region, like **Bourgogne-Aligoté** *(see Aligoté)* or **Bourgogne Passe-Tout-Grains** *(see Passe-Tout-Grains)* or from only a part of the region, like **Bourgogne Côtes d'Auxerre**, **Bourgogne Côte Chalonnaise** *(see Côte chalonnaise)* or **Bourgogne Hautes-Côtes de Nuits** *(see Hautes-Côtes de Nuits)*. In the second case, the notion of "regional" is not purely geographical but is more concerned with the level of quality of the wine within the hierarchy of AOCs. → *p. 43.*

Bourgueil (AOC)
Town located in the Touraine region of the Loire Valley with its own appellation for red (or rosé) wines. Here, the dominant grape variety is Cabernet Franc, which may be supplemented with a little Cabernet Sauvignon.

Bouzy
Town situated in the **Montagne de Reims** area of **Champagne**. It is particularly famous for its still red wine, made from Pinot Noir, which is in fact a **Coteaux Champenois** AOC. It is sometimes used to add the colour to rosé Champagne.

Bowmore
Scottish single malt whisky from the island of **Islay**. Peaty, but not to heavy for an Islay malt

bramble ***ronce*** *nf*
Can be a menace on the edges of certain vineyards.

brand ***marque*** *nf*

branded ***de marque*** *adj*
branded wine ***vin de marque*** *nm*
A branded wine is sold under a brand name rather than its appellation of origin.

brandy ***eau de vie de vin*** *nf*

breakage ***casse*** *nf*

breathalyser (test) ***alcootest*** *nm*

brettanomyces *nm*
Family of wild **yeasts** that play their part in the **spontaneous fermentation** of Belgian ***lambics***.

brew ***brasser*** *v*
Strictly speaking, the verb to brew, means the processing of heating a mixture of water and ground malted barley in order to extract the fermentable sugar. In a wider sense, however, the process of "brewing" refers to the production of beer.

brewer ***brasseur*** *nm*

brewery ***brasserie*** *nf*

brewery-conditioned ***bière stabilisée avant de quitter la brasserie*** *n* *(See also "**bright beer**").*

bright ***brilliant*** *adj*
In tasting, the adjective 'bright' is used to describe the appearance of a wine which is perfectly limpid and transparent.

bright beer ***bière stabilisée par refroidissement et filtration*** *nf*

brilliant ***brilliant, lumineux*** *adj*
Very similar in meaning to "bright", to be used when the degree of brightness is particularly impressive.

brilliance ***brilliance*** *nf*

brim ***bord (d'un verre ou de tout autre récipient), – (to the), à ras bord*** *nm*

brine ***eau salée, saumure*** *nf*
Used in the bottling of Champagne because of its low freezing-point. The bottle placed upside-down in brine, and a small amount of wine is frozen, enabling the sediment coming from the second fermentation to be ejected.

British wine
This term designates wine which is made n Britain from imported (dried) grapes or grape must. It should not be confused with the term **English wine**.

Brix
System (or scale) used to determine the **specific gravity** (sugar content) of grape juice or **must**, named after German scientist A.F.W. Brix. It is the preferred system in the USA.

broker ***courtier*** *nm*
Still an important figure in the Burgundy wine trade (particularly), where many very small producers remain.

brokerage ***courtage*** *nm*

brown ale ***bière brune*** *nf*
Generic term for a type of ale – dark brown in colour, mild in taste and low in alcohol –once popular in England. Brown ale has been experiencing something of a revival with small North American brewers.

brotherhood ***confrérie*** *nf*
Many brotherhoods exist to promote various regions or wines. They will also be found of course for other drinks or foods.

Brouilly (AOC)
With **Côte de Brouilly**, one of the two most southerly of the ten ***crus*** of **Beaujolais**.

Brulhois
(See 'Côtes du Brulhois').

Brunello di Montalcino (DOCG)
DOCG appellation from **Tuscany**, which is undoubtedly one of Italy's best red wines. The Brunello is in fact a clone of the **Sangiovese** grape variety.

bubble ***bulle*** *nf*

bubble ***être effervescent, pétiller,***

faire des bulles *v*

bubbly ***Champagne, vin effervescent*** *nm*
Familiar word to designate Champagne or any other sparkling wine.

Bucelas (DOC)
Small vineyard situated south of Lisbon with its own **DOC** for white wines only.

bucket ***seau (à vendange, par exemple)*** *nm*

Buck's fizz *n*
A drink composed of one half of chilled fresh orange juice and one half of chilled Champagne.

bud ***bourgeon, œil*** *nm*

budbreak ***débourement*** *nm*

budburst *n*
(See 'budbreak').

Budweiser
Anheuser-Busch, the US brewing giant, and a much smaller Czech brewery both lay claim to the name Budweiser. The latter has its roots in the Southern Bohemian town of Ceské Budejovice, and became a generic word for the type of **lager** beer brewed in that region. Anheuser-Busch registered it 20 years before the current Czech brewery was established. Beer connoisseurs must judge for themselves.

Bugey
The area of Bugey lies to the west of the **Savoie** region in eastern France. It has its own appellation, Vin de Bugey **VDQS**, within which a few villages are classified as ***crus***: **Cerdon**, **Manicle**, etc. Grape varieties commonly grown include **Chardonnay**, **Roussette**, **Poulsard**, **Gamay**, **Pinot Noir** and **Mondeuse**.

bulk ***vrac*** *nm*
Cheaper wines may be sold in bulk (en vrac).

Bull's Blood ***Sang de taureau*** *nm*
Rather awe-inspiring name of a full-bodied red wine, known locally as **Egri Bikavér**, originating from the area around the town of **Eger** in north-eastern Hungary. The principal grape variety used is the **Kadarka**.

bunch ***grappe*** *nf*

bung ***bonde*** *nf*
Used to stop the hole on the top of a barrel. This is very important if air is to be prevented from entering the barrel and oxidising the wine or beer it contains.

bung-hole ***trou de bonde*** *nm*

Burgundy ***Bourgogne*** *n*
Region of eastern-central France, producing some of France's best wines.

Burgundian ***bourguignon*** *adj* ***Bourguignon*** *nm*

Burtonisation *n*
Process which consists in adding mineral salts to the water used to brew beer iin order to make it as hard as that of **Burton-on-Trent**.

Burton-on-Trent
Town in the English Midlands, whose water is said to be ideal for brewing.

bush ***buisson*** *nm*

bush pruning ***taille en gobelet*** *nf*
A method of pruning which is not usually used in vineyards producing quality wines.

butt ***barrique, futaille*** *nf*
A 500-litre cask, used to store whisky.

butter ***beurre*** *nm*

buttery ***au gout de beurre, à l'arôme de beurre*** *adj*
An aroma often present in cask-matured Chardonnays of a certain age.

butterfly ***papillon*** *nm*

buy ***acheter*** *v*

buyer ***acheteur*** *nm,* ***acheteuse*** *nf*

Buzet
(See '***Côtes de Buzet***').

BYO Bring Your Own

Designates a practice common in some English-speaking countries particularly. A restaurant will allow clients to bring their own wine, rather than buy from the wine-list. A **corkage** fee is normally charged.

C

Cabernet Franc
Red grape variety commonly planted in the region of Bordeaux (particularly Saint-Émilion), where it is normally blended with other varieties such as Merlot and Cabernet Sauvignon, and the middle Loire Valley. Generally considered as less noble than Cabernet Sauvignon, it is also less tannic, more supple, with aromas of raspberry and violets. However, it should not be forgotten that it represents about 60% of the blend of Château Cheval Blanc.

Cabernet Sauvignon
One of the two or three undisputedly noble red grape varieties in the world today, it was originally associated first and foremost with the Bordeaux region (particularly Médoc and Graves), but is now planted across the New World too. It produces wines with high tannin, suited to ageing, and is often blended with "softer" varieties such as Merlot and Cabernet Franc. Its predominant aromas are those blackcurrant and cedar of wood.

café ***café*** *nm*
In Great Britain and the USA, not necessarily a place where alcoholic beverages may be sold.

Cahors (AOC)
A town in Southwest France, which gives its name to an AOC for red wines only. Its traditional deep hue, often referred to as black, can be accounted for by the use of the Malbec grape variety. However, with the introduction of other varieties, more modern Cahors are less black in colour.

calcareous ***calcaire*** *adj*
Used to describe a chalky, limestone soil or subsoil, containing calcium carbonate. As in Champagne, for example.

calcium sulphate ***sulphate de calcium*** *nm*
(See 'gypsum').

California
This state situated on the west coast of the USA needs no introduction. Wine was first made there in the 18th century by religious orders, but commercial vineyards began in the 19th century. It was in the 1980s, though, that Californian wines, as we know them today, really took off. California is a vast territory, extending approximately from the 42nd parallel in the north to the 32nd parallel in the south and consequently is home to a large variety of climatic regions (5, according to the rules of **heat summation** developed by the University of California at Davis). This means that many different varieties can be planted to produce a wide range of wines. Of the various wine-producing areas in this state, the valleys of Napa and Sonoma are no doubt the best known.

callus ***cal*** *nm*, ***callosité*** *nf*
On a vine, sort of hardening of the tissue which occurs after a wound.

Calvados (AOC)
Fruit spirit distilled from cider made from apples grown in Normandy, France. Like wine and other agricultural products, Calvados has its own appellation which designates the specific geographical areas where the apples must be grown. Calvados AOC can be made using a **continuous still**, but the young spirit must then be aged for a minimum of one year in oak casks. There are, however, certain crus, such as Calvados du Pays d'Auge AOC, for which the process is similar to that of **Cognac**: a double distillation in a Charentais **pot still**.

Campaign for Real Ale (CAMRA)
(See 'CAMRA').

Campbeltown
Town in Argyllshire, western Scotland, located on the Mull of Kintyre, which gives its name to a category of single malt whiskies. This is due to past history (32 distilleries were operating in the last century) rather than the present

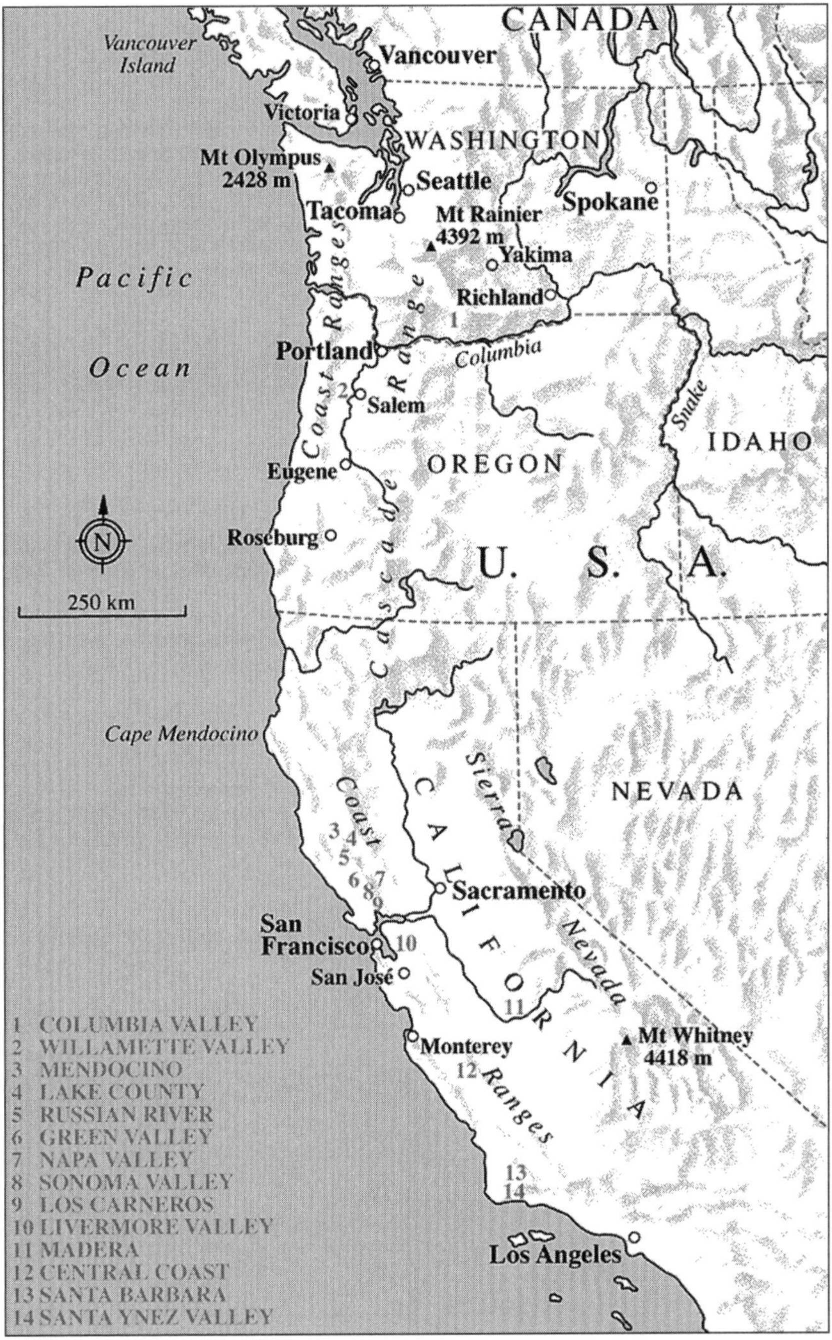
CANADA
Vancouver Island
Vancouver
Victoria
WASHINGTON
Mt Olympus
2428 m
Seattle
Tacoma
Spokane
Mt Rainier
4392 m
Yakima
Richland
Pacific
Ocean
Coast Ranges
Cascade Range
Portland
Columbia
Salem
Snake
IDAHO
OREGON
Eugene
Roseburg
N
250 km
U. S. A.
Cape Mendocino
Sierra Nevada
NEVADA
Coast Ranges
CALIFORNIA
Sacramento
San Francisco
San José
Monterey
Mt Whitney
4418 m
Los Angeles
1 COLUMBIA VALLEY
2 WILLAMETTE VALLEY
3 MENDOCINO
4 LAKE COUNTY
5 RUSSIAN RIVER
6 GREEN VALLEY
7 NAPA VALLEY
8 SONOMA VALLEY
9 LOS CARNEROS
10 LIVERMORE VALLEY
11 MADERA
12 CENTRAL COAST
13 SANTA BARBARA
14 SANTA YNEZ VALLEY

situation (only two today: **Glen Scotia** and **Springbank**).

Campden tablets *npl*
(See 'potassium metabisulphite').

camphor ***camphre*** *nm*
Spicy, balsamic aroma which may be found in certain wines or other drinks.

CAMRA (Campaign for Real Ale)
British consumer organisation, formed in 1971 to defend traditional cask-conditioned draught ale against the invasion of **bright** or **keg** beer.

cane ***baguette*** *nf*
In cane pruning, one or more canes are selected.

canopy *n*
Term used to designate the green **leaves** and **shoots** that grow on the vine at the same time as the fruit. It is important to 'manage' this canopy correctly, which means keeping a balance between the leaves and shoots and the bunches of **grapes**, which takes into account such factors as **photosynthesis**, shade from the sun and distribution of **nutrients**.

cantina *n*
Italian word used to designate a winery. *(See* **cantina social***).*

cantina sociale *n*
Italian term for 'cooperative winery'.

cap ***chapeau*** *nm*
In red wine making, the mass of crushed grapes which rises to the surface during the fermentation under the pressure of the carbon dioxide which is generated. It is necessary regularly to break up the cap and force it back down into the must. Or, at least, to keep spraying it with juice. *(See also 'crown cap').*

capsule ***capsule*** *nf*
Sort of wrapping covering the top of a wine bottle, designed – among other reasons – to conceal the cork. In France it is usually imprinted with the head of Marianne, meaning that the necessary tax has been paid on the bottle. *(See also 'foil').*

carafe ***carafe*** *nf*, ***pichet*** *nm*
French word designating a glass container used to decant certain (usually older) wines, particularly port and spirits. Also commonly used in restaurants in France to serve tap water or **house** wines.

caramel ***caramel*** *nm*
Aroma found in certain old red wines. Caramel is also used to give colour to certain spirits.

carbon dioxide ***gaz carbonique*** *nm*
Colourless, odourless gas (CO_2) which is generated naturally during fermentation. In certain drinks – sparkling wines, beer – this gas is trapped inside the bottle.

carbonate ***gazéifier*** *v*
The practice of adding CO_2 to drinks to make them fizzy is not acceptable in the realm of quality sparkling wines or beer.

carbonation *n*
The process of adding CO_2 to drinks to make them fizzy.

carbonic acid ***acide carbonique*** *nm*
Weak acid formed by dissolving carbon dioxide in water.

carbonic gas ***gaz carbonique*** *nm*
Synonym for **carbon dioxide**.

carbonic macération ***maceration carbonique*** *nf*

cardboard ***carton*** *nm*
Despite being made of paper, cardboard is now an extremely resistant material for packaging.

Cardhu
Scottish single malt whisky from **Speyside**.

Carignan
Red grape variety found mainly in the French **Languedoc-Roussillon** region and also California. It is undoubtedly associated more with volume, colour and alcohol than quality, and is generally blended with varieties such as **Grenache**, **Cinsault**, **Syrah**, etc. In Spain, it is called Cariñena or **Mazuelo**.

Carmenère
Red grape variety once very common in the Bordeaux region, which is today making something of a comeback in Chile.

carriage ***port*** *nm*, ***frais de port*** *nmpl*

carrier ***transporteur*** *nm*

cart ***charrette*** *nf*
Drawn by horses, the cart was once a favourite means of local delivery for **breweries**.

carton ***carton*** *nm*
Form of container, made of **cardboard**, usually containing six or twelve bottles.

casein ***caséine*** *nf*
Protein naturally present in milk, which may be used to **fine** white wines.

cash on delivery (COD) ***contre remboursement*** *adv exp*

cask ***fût, tonneau*** *nm,* ***barrique, pièce*** *nf*

casse *nf*
French word referring to a diastasic or chemical sickness, which causes a wine to become cloudy and to change colour. Several forms of this malady exist: **iron casse**, **copper casse**, **oxidic casse** and **protein casse**.

cassis
(See crème de cassis).

Cassis (AOC)
A small Mediterranean coastal town to the east of Marseille, which benefits from its own AOC. It is probably more reputed for its white wines than its reds or rosés. The whites, made from **Ugni Blanc, Sauvignon Blanc** and other varieties, usually have a nose reminiscent of the herbs which grow wild in the surrounding countryside. → *p. 212.*

cast iron ***fer forgé*** *nm*

castle ***château fort*** *nm*
Be careful! It is unwise to try and translate the French word 'château'. What is called a 'castle' in English corresponds to the French expression 'château fort'.

Catawaba
This is not a pure *vinifera* variety, but a hybrid of *vitis vinifera* and the American species *vitis labrusca*. This red grape may still be encountered in parts of the Eastern USA, but is probably best avoided.

caterpillar ***chenille*** *nf*
Certain caterpillars represent veritable pests for the vine.

Cava (DOC)
Sparkling wine from Spain, made using the traditional method. The appellation, unusually, does not refer to one specific viticultural area, but nonetheless, most of this wine is produced in Catalonia. In fact, the word *cava* means cellar in Catalan. The grape varieties used are **Macabeo**, **Parellada** and **Xarel-lo**, with a little **Chardonnay** usually being added.

cedar ***cèdre*** *nm*
Balsamic aroma found in some red wines.

cedar wood ***bois de cèdre*** *nm*
(See 'cedar').

cell ***cellule*** *nf*

cellar ***cave*** *nf*

Celsius
Scale used to express temperature invented by a Swedish astronomer of the same name. Water freezes at 0°C and boils at 100°C. Human body temperature is 37°C. In English, it is often simply called the **centigrade** scale.

cement ***ciment, béton*** *nm*
Material commonly used for fermenting vats. The inside of such a vat will have a glass or ceramic lining.

centigrade ***centigrade*** *adj*

centrifugal ***centrifuge*** *adj*
Centrifugal force is often used as a method of separating solid particles from a liquid.

centrifugation ***centrifugation*** *nf*

centrifuge ***centrifugeuse*** *nf*
Machine which uses centrifugal force to separate solid particles from a liquid.

centrifuge ***centrifuger*** *v*
To use centrifugal force to separate solid particles from a liquid. White grape juice is often centrifuged before being fermented, for example.

Cerdon
Village lying south east of Bourg-en-Bresse in

eastern France, which is allowed to add its name to **Vin de Bugey** VDQS. It produces a white sparkling wine made using the traditional method.

certificate ***certificat*** *nm*

Chablis (AOC)
Town located in the **Yonne** department of France, the northern part of the Burgundy region. Its AOC, which extends to Chablis Premier Cru and Chablis Grand Cru, can only be used for white wines made from the **Chardonnay** grape variety. Most producers in the area tend to eschew the use of oak casks for fermentation and storage, preferring to try and bring out the expression of the *terroir* of the Chablis vineyard. Unfortunately the name Chablis continues to be used in the USA to refer generically to any dry white wine.

chain ***chaîne*** *nf*

chalk ***craie*** *nf* ***calcaire*** *nm*
Calcium carbonate. Form of soft limestone

chalky ***crayeux, calcaire ; ayant les caractéristiques de la craie*** *adj*

Chalonnaise
(See 'Côte Chalonnaise').

Chambertin (AOC)
This *grand cru* (of about 32 acres) is located on the territory of **Gevrey-Chambertin**. The AOC is only for red wines produced from the **Pinot Noir** grape. → *p. 57.*

Chambertin-Clos de Bèze (AOC)
Thirty-seven-acre **grand cru** vineyard lying between **Mazis-Chambertin** to the north and **Chambertin** to the south. The red wines of this appellation may also be called simply Chambertin

Chambolle-Musigny (AOC)
Small village of the **Côte de Nuits** located between **Morey-Saint-Denis** and **Vougeot**. It has two grand cru vineyards, **Musigny** and **Bonnes Mares** (of which a tiny part is actually in Morey-Saint-Denis). The AOC Chambolle-Musigny can only be used for red wines (which are generally considered the most elegant of the Côte de Nuits) but a very small amount of white Musigny is produced.

Champagne (AOC)
Region in the north-east of France famous for its sparkling wine which, across the world, is associated with celebration. There are five areas of production within the region, the Montagne de Reims, the Côte des Blancs, the Marne Valley, the vineyards of the Aube department and the Côte de Sézanne, and three grape varieties are permitted for the production of Champagne, Chardonnay, Pinot Noir and Pinot Meunier. The traditional method used to make the wine – which is based on a second fermentation taking place in the bottle – is now used in many regions and countries in the production of quality sparkling wines.
Some will prefer the Champagnes of the big "houses", often based in Reims or Épernay, while others will prefer the personality of the wines of small producers. Everybody, though, will want to drink Champagne to mark those special occasions in life. → *p. 58.*

Champenois
(See 'Coteaux Champenois').

Chapelle-Chambertin (AOC)
Small (about 13 acres) *grand cru* appellation, which is one of the "satellites" of Chambertin (see above). It concerns red wine only, made from Pinot Noir.

Chaptal
French chemist and politician who invented the technique of **must enrichment**.

chaptalise ***chaptaliser*** *v*
To add sugar to grape juice or must before or during the fermentation, with the objective of producing a wine with a higher alcohol content than would be possible naturally. Its practice is strictly regulated within the European Union. Also known as 'must enrichment'.

chaptalisation ***chaptalisation*** *nf*
The practice of chaptalising grape must.

character ***caractère*** *nm*

characteristic ***caractéristique*** *adj & nf*

charcoal ***charbon de bois*** *nm*
May be used for filtering, as in the case of **Tennessee whiskey**.

Chardonnay
Probably the best-known white grape variety in the world today. Like Cabernet Sauvignon, it has become ubiquitous without losing any of its quality. Named after a village near Mâcon in Burgundy, it is no doubt on the Côte de Beaune that it produces its best wines: Montrachet, Puligny and Chassagne-Montrachet, Meursault and Corton-Charlemagne, etc. Depending on where it is grown and the method of vinification used, it produces wines with aromas of citrus fruit, tropical fruit, butter and honey.

Charlemagne (AOC)
A grand cru appellation on the territory of **Aloxe-Corton** which is no longer in use. It is part of the **Corton-Charlemagne** appellation.

Charmat method *méthode Charmat* *nf*
Method or process used to make sparkling wine in bulk, more quickly and more cheaply than with the **traditional method**. Invented in 1910 by Frenchman Eugène Charmat, it consists in carrying out the second fermentation in pressurised tanks ***(cuve close)***. The resulting sediment is then eliminated by filtration under pressure. The wines thus produced are generally branded, and of lower quality than those made with the traditional method.

Charmes-Chambertin (AOC)
A fairly large (about 75 acres) grand cru appellation, also known as **Mazoyères-Chambertin**. One of the "satellites" of **Chambertin**, this is red wine only, made from **Pinot Noir**.

Charentais still *alambic charentais* *nm*
Pot still used in the **Cognac** region to distil the local brandy. The principle closely resembles that of the Scottish pot still used to distil malt whisky.

Chartreuse
Liqueur which has been distilled for centuries by the Carthusian monks of Chartreuse in the French Alps. The herbs used in the preparation make it a remarkable *digestif* (in the true sense of the word). It exists in two strengths: 55% (green) or 43% (yellow).

chaser *n*
A drink taken straight after another drink of a different kind. For example, a tot of whisky drunk after a pint of beer. Not for the faint hearted!

Chassagne-Montrachet (AOC)
Village in the south of the Côte de Beaune. Its AOC is used for both white and red wines which are produced in roughly equal quantities. Chassagne is probably more associated with white wine production, however, because it shares with its northerly neighbour, Puligny, the *grands crus*, Montrachet and Bâtard-Montrachet and is home to the satellite Criots-Bâtard-Montrachet.

Chasselas
White grape variety, now best known as a table grape, thanks to its delicately thin skins. As a variety for wine production, it is now only planted to any extent in the French-speaking part of Switzerland (Vaud, Valais, Geneva) where it is often referred to as Fendant or Perlan.

château *nm*
French word often translated as '**castle**', but usually referring more to a mansion or stately home. For wine, particularly in the **Bordeaux** region, the word château often means little more than '**estate**' or '**winery**'.

Château-Chalon (AOC)
Small village in the Jura region of France, whose AOC is reserved for what is probably the best example of the local speciality, ***vin jaune***.

Châteauneuf-du-Pape (AOC)
Village situated north of Avignon, in the southern Rhone Valley. Its AOC can be used for either red or white wines, which can both be made from blending up to 13 different grape varieties. The wines, particularly the reds, are generally powerful and capable of ageing.

cheers! *santé ! tchin-tchin !* *excl*
Exclamation used before drinking with family, friends, colleagues, etc.

cheesy *qui sent le fromage* *adj*
Off-smell or taste found in wines, caused by lactic acid.

chemical ***(produit** nm**) chimique*** *n & adj*

Chénas (AOC)
Smallest of the ten crus of Beaujolais.

Chenin Blanc
White grape variety associated with the Loire Valley. It is often harvested late and may 'suffer from' noble rot, thus producing some remarkable wines such as Vouvray or Coteaux du Layon. It can also produce medium-sweet and even dry white wines, which is the case in South Africa, where it is known as Steen.

cherry *cerise nf*
Aroma commonly found in certain young red wines. In Belgium, cherry ***(kriek)*** is used to flavour ***lambic*** beers.

cherry brandy *cherry nm*
Fruit liqueur made by macerating cherries in brandy and then subsequently adding sugar. The French often call it simply 'cherry' and pronounce it in the same way as the English word "sherry", which can create confusion.

Cheval Blanc, Château
Premier grand cru classé of Saint-Émilion, in which the Cabernet Franc grape variety remains dominant. This is perhaps what makes it a rather special and much sought-after wine, with a price-tag beyond the reach of most wine enthusiasts.

Chevalier-Monrachet (AOC)
One of the satellites of the white Burgundy **grand cru**, **Montrachet**. The vineyard is situated on the territory of the village, **Puligny-Montrachet**.

chewy *qui a de la mâche adj*
Word used to describe dense, full-bodied wines, generally with a lot of tannin. One has the sensation of being able to chew on them.

Chianti (DOCG)
This red wine from the region of Tuscany, south of Florence has long been a staple of *pizzerias* across the world. Unfortunately, it has not always lived up to expectations. When buying this wine, made primarily from the Sangiovese grape variety, the consumer should go for the better examples of the region, sold as Chianti Classico, Chianti Rufina or Chianti Colli Fiorentini.

Chile (AOC)
Without doubt, this South American country is one of the new frontiers of wine production, a perfect example of the new world. Even more than **California**, Chile is a long, strung-out region, with a variety of climatic areas and the ability to produce a variety of styles of wines. However, its geographical situation, between the Pacific Ocean to the west and the Andes to the east, gives it a distinct immunity from many of the problems encountered elsewhere. For example, it has never experienced phylloxera, enabling its vines to remain ungrafted.

chill *refroidir (au réfrigérateur ou dans de la glace), mettre au frais v*

chilled *(très) frais, glace, frappé adj*
Many dinks are better chilled before being served.

chilling *réfrigération nf*

Chinon (AOC)
Small town in the **Touraine** area of the **Loire Valley**, known for its red wines produced principally from the **Cabernet Franc** grape variety. The AOC can also be used for rosé wines or whites (made from **Chenin Blanc**).

chip *copeau nm* Brit. Eng. : frite *nf*, Am. Eng. : chip *nm*
(See 'oak chip').

Chiroubles (AOC)
One of the ten crus of Beaujolais. The wines are generally light and elegant.

chlorine *chlore nf*
Powerful disinfectant.

chlorosis *chlorose nf*
Disease of the vine caused by an excess of calcium in the soil, which prevents iron from being assimilated. It can be detected by a yellowing of the vegetation and can often be avoided by choosing a more appropriate rootstock. It can also be treated by adding iron to the soil.

chocolate *chocolat nm*
Smell or taste found in certain mature red wines and **VDNs**. Some liqueurs are also flavoured with chocolate.

chocolaty *ayant l'arôme ou le goût du chocolat adj*

chromium *chrome nm*

CHILI/CHILE

SOUTH AMERICA/ AMERIQUE DU SUD

church window(s) ***larme(s)*** *nf*
(See leg[s]).

cider ***cidre*** *nm*
Drink made by the fermentation of apple juice. Its production is common in Britain, north-west Spain and the USA, amongst other places, but the world's largest producer of cider is France. Here, in the northern and western regions of Normandy and Brittany, cider can be made only from fresh apples or a mixture of apples and pears.

cigar box ***cèdre*** *nm*
(See 'cedar').

cinnamon ***cannelle*** *nf*
Spicy aroma present in certain wines.

Cinsault (or Cinsaut)
A red grape variety which is very widely planted today in the South of France (Provence, Languedoc-Roussillon), where it is usually blended with other varieties such as Carignan, Grenache, Mourvèdre, Syrah, etc. It is generally lacking in character, but if well vinified, can produce a fruity and refreshing rosé varietal. In South Africa it is known as Hermitage and was crossed with Pinot Noir in 1925 to produce the more interesting Pinotage.

citric acid ***acide citrique*** *nm*
Very small amounts of citric acid are naturally present in grape juice. It may be used however as an acidifying agent

citrus fruit ***agrumes*** *nfpl*
Fruit family which includes **lemon**, **lime**, **orange**, **grapefruit**, etc. The aroma and taste are frequently present in white wines. Citrus fruit is also commonly used to flavour spirits and liqueurs.

Clairette
White grape variety, once common in southern France, where its wines – high in alcohol and low in acidity – were often used for making vermouth.

Clairette de Die (AOC)
Family of appellations concerning sparkling wines, from the area of Die in the Vercors region of the Alpine foothills, so called because of the use of the Clairette grape variety. Perhaps the most interesting is Clairette de Die Tradition AOC, a sparkling wine made by what is known as the *méthode dioise*, consisting of a single fermentation interrupted before it is completed. The resulting wine is thus low in alcohol (around 7.5%), and the Muscat grapes used in the blend give it a deliciously grapey freshness, making it the ideal accompaniment for fresh strawberries.

claret *n*
In English, generic word to designate red Bordeaux wine.

clarification ***clarification*** *nf*
The process of making a liquid clear. This is an important quality for many drinks, particularly wine, and may be achieved by **sedimentation**, **centrifugation**, **fining**, **filtering**, etc.

clarify ***clarifier*** *v*
To make a liquid clear.

'classico' *adj*
Italian word which refers to the original, usually central, part of a **DOC** or **DOCG** zone, often located on hilly terrain, which usually produces the best wines.

classification ***classement*** *nm* ***classification*** *nf*
The classification of wines has always been important, as is reflected in the role played by appellations of various categories or levels. But long before the French AOC system existed, the wines of Bordeaux were classified in 1855. *(See Bordeaux classifications on p. 302).*

classify ***classer, classifier*** *v*

clay ***argile*** *nf*

clayey ***argileux*** *adj*
Soil which is too clayey is unsuitable for vine-growing because it will be badly drained.

clean ***propre*** *adj*
In tasting, word which is often used to describe the nose of a drink. Agreable with no defects.

clean ***nettoyer*** *v*

clear ***limpide*** *adj*
Word used to describe the appearance of a wine or other drink, which is perfectly limpid, with no haziness.

clear *v* ***se clarifier (un liquide); s'éclaircir (le temps)***

clear through customs ***dédouaner*** *v*

Clevner
Usually refers in Alsace to a Pinot Blanc wine to which some Auxerrois has been added. It may also be spelled Klevner.

climat *n*
French word meaning 'climate' used in Burgundy to refer to a '***cru***'.

climate ***climat*** *nm*
One of the key factors which determine whether a region is suitable for quality wine production.

climb ***grimper*** *v*

clip ***couper, tailler*** *v*

clonal selection ***sélection clonale*** *nf*
In viticulture, the practice of selecting vines which show certain desired qualities such as productivity, resistance or adaptability to certain growing conditions, etc. Cuttings are taken and a series of identical plants is produced in this way.

clone ***clone*** *nm*
In viticulture, a vine or series of vines, which has been developed by asexual propagation. Cuttings are taken from a **mother** (or **parent**) **vine** selected because of certain desired qualities such as productivity, resistance or adaptability to certain growing conditions, etc.

clone *v*
To produce **clones** through the practice of **clonal selection**.

clos *nm*
French word designating an area enclosed by walls. In Burgundy, for a ***cru*** or ***climat*** to be called a 'clos' (**Clos de Vougeot**, for example), an area must enclosed by walls on at least three sides.

Clos de Bèze
(See 'Chambertin-Clos de Bèze').

Clos de la Roche (AOC)
Most northerly of **Morey-Saint-Denis**' four ***grands crus***, lying just over the boundary from **Gevrey-Chambertin**. Just over forty acres producing red wine only from the **Pinot Noir** grape variety.

Clos de Tart (AOC)
Small (eighteen-and-a-half-acre) ***grand cru*** appellation for red wines only, situated in the centre of **Morey-Saint-Denis**.

Clos de Vougeot (AOC)
Fairly large *grand cru* appellation for red wines only situated on the **Côte de Nuits**. Until the French Revolution, it was the vineyard of the Cistercian monks of nearby Cîteaux, but it has become something of a symbol of the excessive splitting-up of Burgundy properties. Today, its 125 acres are shared by about eighty different owners. In the middle of the vines stands the impressive Château du Clos de Vougeot, once the winery of the Cistercians, and now the property of the **Confrérie des Chevaliers du Tastevin**. → *p. 66.*

Clos des Lambrays (AOC)
One of the four ***grand cru* clos** of **Morey-Saint-Denis**, which only gained its current status in 1981. Red wines only, made from the **Pinot Noir** grape variety.

Clos Saint-Denis (AOC)
Small (sixteen-acre) ***grand cru*** appellation which gives its name to the **Côte de Nuits** village of **Morey-Saint-Denis**. Red wines only, made from the **Pinot Noir** grape variety.

closed ***fermé*** *adj*
Word used to describe the nose of a wine or other drink, which does not reveal quickly or easily its aromas.

cloud ***nuage, voile*** *nm*
Could be in the sky, or simply in the glass, which is not usually a good sign for a drink

cloudy ***nuageux, (liquide) trouble, turbide*** *adj*

cloudiness ***aspect trouble*** *nm* ***turbidité*** *nf*

clove ***clou de girofle*** *nm*

clove of garlic ***gousse d'ail*** *nm*

cloying ***écœurant, pâteux*** *adj*
Rather unflattering description of a wine or other drink whose sweetness is not balanced by acidity.

cluster *nf* ***grappe (de raisins)***
Synonym of **bunch**.

CO_2
(See 'carbon dioxide').

coarse ***qui n'est pas fin; qui manque d'élégance de raffinement,*** *adj*
Unflattering description for a wine or other drink which is badly made or made from poor quality ingredients.

coaster ***dessous de verre, dessous de bouteille ou carafe*** *nm*

coating ***couche extérieure, supérieure*** *nf*, ***enrobage*** *nm*

cochylis moth ***cochylis*** *nm*
Vine pest whose caterpillar eats the buds and the grapes. Can be treated by using insecticides.

cocktail ***cocktail*** *nm*
Any of a vast, unending range of alcoholic drinks, made by mixing precise quantities of (usually) spirits, liqueurs and fruit juices. We could mention the Paradise, for example: one tenth of orange juice, three tenths of apricot brandy and six tenths of gin.

coffee ***café*** *nm*
Like chocolate, an aroma found in certain mature red wines and **VDNs**. Coffee may also be used to flavour certain liqueurs.

Coffey still ***alambic de Coffey*** *nm*
Still invented in 1831 by an Irish Customs Officer named Aeneas Coffey. It is also called the **column still**, the **continuous still** or the **patent still**. There are, in fact, two columns, the analyser and the rectifier. It is based on a system of heat exchange, in which the cold **wash**, entering the top of the rectifier, condenses the spirit coming from the analyser. The wash is gradually heated as it progresses into the analyser where the alcohol it contains is finally evaporated.

Cognac (AOC)
Town in South West France, lying to the north of the Gironde estuary, which gives its name to what is probably the most famous wine **brandy** of all. The area which produces the grapes is divided into seven districts as follows: **Grande Champagne**, **Petite Champagne**, **Borderies**, **Fins Bois**, **Bons Bois**, **Bois Ordinaires** and **Bois Communs**. The grape variety which dominates in these vineyards is **Ugni Blanc**, with a little **Colombard** and **Folle Blanche**. A double distillation is carried out using a **Charentais** pot still, a process which closely resembles that which is used to make Scottish malt whisky. The young brandy is matured in oak casks and in bottles, the length of time determining the terminology used to market the final product: **VSOP**, **XO**, etc.

coil ***serpentin*** *nm*
Coiled tube, part of a still, in which alcoholic vapours cool and are thus condensed into spirit.

Cointreau
A ***triple sec*** **Curaçao** liqueur, made by the company of the same name, established in Angers France. The distinctive flavour of the drink comes from the use of dried orange peel.

cold ***froid*** *adj*

cold ***froid*** *nm*

cold stabilisation ***stabilisation par le froid*** *nf*
In œnology, technique used to reduce the risk of precipitation of tartrate crystals in a bottled wine. The wine is refrigerated and then filtered. This practice is not normally used for quality wines.

colheita *n*
Portuguese word meaning 'vintage'. When used for Port, the term refers to a **tawny**, made from grapes harvested in a given year, and aged in wood for a minimum of seven years. But it is not a **vintage port**.

colloid ***colloïde*** *nm*

colloidal ***colloïdal*** *adj*

Collioure (AOC)
Small fishing village on the French Mediterranean coast, close to the Spanish border, which benefits from its own AOC. The vineyards are the same as those for the VDN, Banyuls, but Collioure AOC is a dark, full-flavoured red wine, made from the Grenache and Mourvèdre grape varieties blended with others. → *p. 151*

Colombard
A white grape, originally from the Charentes region of France, it was one of the traditional varieties for making Cognac and Armagnac. Over recent decades however, it has lost ground in France, often replaced by Ugni Blanc, but gained a new lease of life in New World vineyards, particularly those of California, where it is frequently referred to as French Colombard.

color
(Am. Eng. See colour).

colour ***couleur*** *nf*

colouring ***colorant*** *nm*
Not normally added to quality drinks.

colourless ***incolore, sans couleur*** *adj*

column still
(See Coffey still).

common ***commun, ordinaire*** *adj*
Unflattering way to describe a wine which is without interest. Ordinary.

communal appellation ***appellation communale*** *nf*
In France, an **AOC** which bears the name of a single commune. Eg, **Beaune** AOC. There are however exceptions to this rule, when a town or city gives its name to an area or region. Eg, **Mâcon** AOC or **Bordeaux** AOC which are **regional appellations**.

commune
The smallest territorial division in France. A village, town or city administered by a mayor and a council. Many *communes* give their names to AOCs.

compasses ***compas*** *nm*
Usually a pair of compasses. Useful instrument for the **cooper**.

complex ***complexe*** *adj*
Word used to describe a wine or other drink in which a wide range of aromas and tastes are present and well balanced

complexity ***complexité*** *nf*

component ***composant*** *nm*
Constituent part of a whole.

compost ***compost*** *nm*

compound ***composé*** *nm*
Substance formed from two or more elements.
compressor ***compresseur*** *nm*

concentrated ***concentré*** *adj*
Word used to describe a wine which is intensely aromatic.

concentration ***concentration*** *nf*
In œnology, technique which consists in concentrating (ie, reducing the quantity of water in) the must.

Concord
A native American grape variety of the *vitis labrusca* species, named after Concord, Massachusetts, found particularly in New York State. Its sweet, blue grapes are probably best used to make jelly.

condenser ***condenseur*** *nm*
Part of a still in which the alcoholic vapours are cooled and thus condensed into spirit.

Condrieu (AOC)
Vineyard named after a village located in the northern Rhône Valley. The AOC is for white wines only, produced from the Viognier grape variety.

confectionery ***confiserie*** *nf*
Aroma reminiscent of sweets or candy found in certain wines.

confrérie *nm*
French word meaning 'brotherhood'. Many confréries exist in the world of drink and food, their object normally being to promote a wine or beer, a cheese or type of sausage. The costumes and pageantry involved are often very colourful!

Confrérie des Chevaliers du Tastevin
Literally 'The Brotherhood of Knights of the **Wine Cup'**, this is one of the most famous ***confréries***. It was founded in the 1930s at a time when Burgundy wines were selling very badly, its objective being to promote these wines throughout the world. It is famous for its prestigious meetings (or dinners) called 'chapters' which take place at the Château du **Clos de Vougeot**, which the brotherhood owns. It also organises the annual **tastevinage**, a tasting in which local producers present their wines. Those selected are entitled to a special label which adds value to the bottle. → *p. 256.*

connoisseur ***connaisseur*** *nm*
Person who knows and appreciates wine, beer or spirits. Note the old French spelling used in English.

consejo regulador *n*
In Spain, each ***Denominación de Origen (DO)*** has its own governing body which implements the rules for that appellation.

consistency ***consistance, cohérence, conformité, concordance*** *nf*

container ***récipient, conteneur*** *nm*

content ***teneur*** *nf*

contents ***contenu*** *nm*

continuous (still)
(See 'Coffey still').

cooked ***ayant le goût de cuit*** *adj*
Unflattering description used for a wine made from grapes overheated by the sun, or which was fermented at too high a temperature.

cool ***frais*** *adj*

cool fermentation ***fermentation à basse temperature*** *nf*
Fermentation of wine (usually white) or beer (lager) in stainless-steel, temperature-controlled tanks. The result will be a fresher, more aromatic product.

cool ***rafraîchir, refroidir*** *v.*

cooler *n*
(See 'wine cooler').

cooling ***rafraîchissement, refroidissement*** *nm*

coolness ***fraîcheur*** *nf*

Coonawarra
Wine-producing district which is the most southerly of South Australia. Its relatively low heat summation enables it to produce some very fine Cabernet Sauvignon wines.
The Coonawarra region includes several other districts located to the north.

cooper ***tonnelier*** *nm*
Person who makes and repairs wooden casks or barrels. A trade very much in demand today more than ever.

cooperage ***tonnellerie*** *nf*
Art of making and repairing wooden casks and barrels, or a firm that does this.

cooperative ***cooperative*** *nf*
A winery or cellar (or other type of firm), owned and run by a group of small producers who benefit from collective investment in modern equipment, management, marketing etc. Cooperatives are very common in Europe, many of them being very old and very large, as is the **KWV** in South Africa.

copper *n*, ***cuivre*** *nm*
In the brewing and distilling industries, word used to designate a large vessel made of copper, used for boiling liquids.

copper sulphate ***sulfate de cuivre*** *nm*
Chemical substance, blue in colour, which is one of the main constituents of **Bordeaux mixture**, which is sprayed on vines to fight mildew, particularly powdery mildew. Its

coppery *adj* ***cuivré, ayant la couleur du cuivre*** *adj*

Corbières (AOC)
This is a fairly extensive region, situated in the Aude department of France to the south and west of Narbonne. It is probably best known for its reds in which the Carignan grape variety

dominates, but rosé and white Corbières will also be found. Despite a sometimes unflattering image, this region has some excellent estates producing some very fine wines.

cordial *n*
In America, this word is a synonym for a fruit liqueur. In Britain, however, it is now used to designate a type of flavoured drink, which may contain no alcohol.

cordon de Royat *nm*
Pruning system which consists in leaving a certain number of **spurs** (on a horizontal branch) from wine fruit-bearing **canes** will grow.

core *n*
In tasting, refers to the central area of the surface of a wine or other drink when the taster looks down into his/her glass. This is where the basic colour of the wine can be seen. The colour at the **rim**, or **meniscus**, will often be slightly different and perhaps give an indication as to the age of a wine.

coriander ***coriander*** *nf*
May be used as a **botanical** to flavour certain liqueurs or spirits such as **gin**.

cork ***liège, bouchon (de liège)*** *nm*

cork ***boucher*** (avec un bouchon de liège) *v*

corkage ***droit de bouchon*** *nm*
Most **BYO** restaurants will charge a small fee for each bottle brought in and consumed by the customer.

corked
(See 'corky').

corkscrew ***tire-bouchon*** *nm*

corky ***bouchonné, ayant l'arôme ou le goût de bouchon*** *adj*

corn (Am. Eng.) ***maïs*** *nm*

Cornas (AOC)

corn liquor *n*
Type of whiskey made in the USA from at least 80% corn, which need not be matured in casks or may only be stored in uncharred or old barrels. Hence its paleness, which can explain its popular name of '**white lightning**'.

corrugated cardboard ***carton ondulé*** *nm*
Very much used in packaging.

corrugated iron ***tôle ondulée*** *nf*

Corton (AOC)
Grand cru appellation of the Côte de Beaune which is shared by the villages of Aloxe-Corton, Ladoix-Serrigny and Pernand-Vergelesses. This AOC can be used for either red or white wines and the reds may add the name of the *climat* from which they come: eg, Corton-Perrières, Corton-Languettes, Corton-Renardes, etc. White Cortons, which represent a small amount, are simply called Corton AOC.

Corton-Charlemagne (AOC)
Grand cru appellation, shared by the same villages as Corton. Corton-Charlemagne, however, can only be white, made from the Chardonnay grape variety. → *p. 60.*

Costières de Nîmes (AOC)
The vineyards of this appellation lie, for the most part, south of the city of Nîmes. A little white and rosé is produced, but most of the production consists of soft, fruity, easy-drinking reds made from Carignan, Cinsault, Grenache, Mourvèdre and Syrah.

Cot
Synonym for the red grape variety Malbec.

Coteaux d'Aix-en-Provence (AOC)
The vineyards of this appellation are situated around the city of Aix-en-Provence. Over half of the production is rosé, with most of the rest being red. Very little white wine is produced. Red grape varieties are as follows: **Cabernet Sauvignon**, **Cinsault**, **Grenache**, **Mourvèdre** and **Syrah**.

Coteaux Champenois (AOC)
Appellation for still wines (red and white) from the Champagne region of France. The most famous is **Bouzy**, which is often used to add the colour to rosé Champagne.

Coteaux du Giennois (VDQS)
Appellation in the region of Cosne-sur-Loire for red and white wines.

Coteaux du Languedoc (AOC)
This appellation is used for red, rosé and white, wines from the area of Languedoc, which is spread over three French departments, Gard, Hérault and Aude. The dominant red great grape varieties are Carignan and Cinsault.

Coteaux du Layon (AOC)
This appellation from the Anjou area of the Loire Valley is used for medium-dry and sweet white wines produced from the Chenin Blanc grape variety. The grapes may or may not have been attacked by noble rot.

Coteaux du Lyonnais (AOC)
Area lying to the west of the city of Lyon at the southern tip of the region of **Beaujolais**. The wines are very similar in style to those of their better-known northerly neighbour.

Coteaux du Tricastin (AOC)
Apart from the vineyards of the area of **Die**, this is the most northerly of the appellations of the Southern Rhône. The wines (which are mainly red) are softer and less full-bodied than their big brother, **Côtes-du-Rhône**, and should be drunk earlier.

Côte Chalonnaise
Vineyard area within the region of Burgundy, lying to the west of the city of Chalon-sur-Saône. Both red and white wines are produced here, with the balance coming down in favour of the whites. There are four communal AOCs, **Rully**, **Mercurey**, **Givry** and **Montagny**, and two specific regional AOCs, **Bourgogne Côte Chalonnaise** and **Bourgogne Aligoté Bouzeron**.

Côte de Beaune
A succession of gently sloping hills, facing generally east or south-east and running from Ladoix in the north to Santenay, in the south, producing some of Burgundy's best red and white wines. It is possible to add the term, for red wines, to most of the communal AOCs of the Côte de Beaune, thus **Blagny**-Côte de Beaune, for example

Côte de Beaune-Villages (AOC)
Appellation which can be used for red wines from fourteen AOCs of the Côte de Beaune instead of using the name of the commune itself, ie, Côte de Beaune-Villages instead of Chorey-lès-Beaune.

Côte de Brouilly (AOC)
With **Brouilly**, one of the two most southerly of the ten crus of Beaujolais, characterised by its full-flavoured, fruity wines

Côte de Nuits
This wine-producing area situated south of Dijon in Burgundy, takes its name from a line of hills running from Fixin, in the north, to Corgoloin in the south. The vineyards planted on the east-facing slopes produce almost exclusively red wines, which are probably the best in Burgundy. Among the most prestigious villages, you can find Gevrey-Chambertin, Morey-Saint-Denis, Chambolle-Musigny, Vougeot and Vosne-Romanée.

Côte de Nuits-Villages (AOC)
A Burgundy communal appellation reserved for red or white wines from the following villages: Fixin, Brochon, Premeaux, Comblanchien and Corgoloin. The only one of these to possess its own communal appellation is Fixin.

Côte des Blancs
Vine-growing area within the region of Champagne, lying to the south of Épernay, so called because of the omnipresence of the Chardonnay grape variety here. The best vineyards, located between Cramant and Mesnil-sur-Ogier produce fine, elegant wines which are very much sought after in the blending of Champagne

Côte d'Or
One of the four departments which make up what is now the administrative region of **Burgundy**. **Dijon**, its capital city, is also the capital of the region. In terms of wine production, Côte d'Or is home to the world famous **Côte de Nuits** and **Côte de Beaune**.

Côte Rôtie (AOC)
Most northerly appellation of the Northern Rhône, located on the west bank of the river. Here, the Syrah grape variety, planted on steep, terraced slopes, literally roasted (rôties) by the sun, produces some world-class wines. Up to 20% of Viognier can be used to soften up these robust wines.

Côtes-Canon-Fronsac
*(See '**Fronsac**').*

Côtes de Blaye
*(See '**Blaye**').*

Côtes de Bourg

*(See '**Bourg**').*

Côtes de Buzet (AOC)

Appellation for a wine-producing area situated to the east of Agen in South-West France. The wines, both red, white and rosé are similar in style to those of Bordeaux. Moreover, the grape varieties used are the same.

Côtes de Duras (AOC)

Small wine-producing region situated south-west of Bergerac *(see above)*. The AOC can be used for red, white and rosé wines, which are made from the same grape varieties as the wines of Bordeaux.

Côtes de la Malepère (VDQS)

Vineyard area located to the south-west of Carcassonne in France. The red or rosé wines produced here are made from such grape varieties as Merlot, Malbec, Cinsault and Grenache.

Côtes de Provence (AOC)

The vineyards of this appellation are located in the French departments of Var and Bouches-du-Rhône in southern France. The rosé wines are the best known, but the region also produces some fruity reds and soft, dry whites.

Côtes de Saint-Mont (AOC)

This appellation situated in the Armagnac region of south west France produces deep coloured, well-structured red wines, dry and fruity whites and soft, dry rosés.

Côtes de Toul (VDQS)

The vineyards of Lorraine once flourished. The vineyards of this appellation now produce rosé wines especially, made from **Gamay**, **Pinot Meunier** and/or **Pinot Noir**. These are known as ***Gris de Toul*** and are delicious when young. The area also produces red wines (Pinot), smelling of cherries, and a small amount of white (**Aligoté**).

Côtes du Brulhois (VDQS)

Appellation of south west France (departments of Gers, Tarn-et-Garonne and Lot-et-Garonne) for red and rosé wines made from Bordeaux varieties plus Tannat. These wines are perhaps a little rustic compared with their neighbours from Bordeaux.

Côtes du Frontonnais (AOC)

Vineyard situated north of Toulouse in the south-west of France. The wines are usually red, sometimes rosé, and are dominated by the **Négrette** grape variety.

Côtes du Jura (AOC)

Generic appellation of the **Jura** region of eastern France, which can be used for red, white and rosé wines (the latter often being simply pale reds). It can also be applied to ***vin jaune*** and ***vin de paille***. Common red grape varieties are **Poulsard** and **Trousseau**, and white wines are made mainly from **Savagnin** and **Chardonnay**.

Côtes du Lubéron (AOC)

This appellation, located in the Vaucluse department, south east of Avignon, is best known for its deep-coloured, fruity red wines made from **Grenache**, **Syrah**, **Mourvèdre**, **Cinsault** and **Carignan**. White and rosé wines are also made here.

Côtes du Marmandais (AOC)

Appellation for red, rosé and white wines made in the region of Marmandes in the French department of Lot-et-Garonne. The red wines are similar in style to those of Bordeaux; the whites are soft and dry.

Côtes du Rhône (AOC)

Regional appellation for wines from the **Rhône** region which extends roughly from the town of Vienne, south of Lyon, to Avignon. The bulk of the production, however, comes from a vast area of vineyards north of Avignon. Red and rosé wines made from **Grenache** (around 40% of total plantings), **Syrah**, **Mourvèdre**, **Cinsault** and **Carignan** dominate, but some good quality whites from **Grenache Blanc**, **Clairette**, **Bourboulenc**, **Marsanne** and **Viognier** can be found. → *p. 74.*

Côtes du Rhône-Villages (AOC)

A superior version of **Côtes du Rhône**, with stricter **AOC** regulations concerning the soil, the proportion of the different grape varieties entering into the blend, the maximum yield, etc. This appellation covers 96 communes of which sixteen are allowed to put their name on the label: for example, Côtes du Rhône-Villages **Rasteau**.

Côtes du Roussillon (AOC)

Most of the vineyards of this communal

appellation lie between Perpignan and the Spanish border. The climate is hot, dry and windy (thanks to the Tramontane). Reds - often smelling and tasting of plum - and rosés represent about 95% of the production. The dominant grape variety is **Carignan**, blended with **Cinsault**, **Grenache** and **Mourvèdre**.

Côtes du Roussillon-Villages (AOC)
Superior version of **Côtes du Roussillon** involving stricter **AOC** regulations. Most of the vineyards are located in the valleys to the north of Perpignan.

Côtes du Ventoux (AOC)
Fairly recent AOC of the Southern Rhône region, which derives its name from the Mont Ventoux. The vineyards are planted on its slopes at an altitude of up to 500 metres. Red wine made from the classic Southern Rhône varieties – **Grenache**, **Syrah**, **Cinsault**, **Mourvèdre**, **Carignan**, etc. – dominates the production.

Côtes du Vivarais (VDQS)
This appellation is situated in Ardèche on the right (or west) bank of the Rhône. There are light, easy-drinking reds, as well as whites and rosés.

Coulée de Serrant
Grand cru of **Savennières** AOC made from the **Chenin Blanc** grape variety. The owner, Nicolas Joly, is a staunch believer in **biodynamic viticulture**.

coulure nf
French word describing the failure of grapes to develop after the flowering period. This happens when the flower is not pollinated because of cold and/or wet weather.

Courbu
Both Courbu Blanc and Courbu Noir exist. They are to be found in the southwest of France.

Cragganmore
Scottish single malt whisky from **Speyside**. Distinctive and complex.

cranberry *canneberge, airelle* nf

crate *caisse* nf, *cageot* nm

cream sherry
Term used to designate a fairly dark-coloured blend of ***oloroso*** sherries which have been heavily sweetened.

creamy *crémeux, onctueux, qui a le goût ou la consistance de la crème* adj

creeper *plante grimpante, plante rampante* nf
Many such plants are in fact members of the **vine** family.

crémant
French quality sparkling wine made using the ***méthode traditionnelle***. This means that crémants are made in the same way as Champagne, but in other regions of France. For example: Crémant d'Alsace AOC, Crémant de Bourgogne AOC, etc.

crémant de Champagne
Since the creation of AOC **sparkling wines** called **crémants**, this term can no longer be used in Champagne. It used to refer to a Champagne with less pressure in the bottle: 3.6 atmospheres instead of between five and six for a standard Champagne.

crème de cassis
Liqueur made by macerating blackcurrants (*cassis*, in French) in alcohol *(eau de vie)*. Sugar is subsequently added. According to French legislation, *crème de cassis* must have an alcoholic strength of at least 15% and contain at least 400 grams of residual sugar per litre. However, most connoisseurs would agree that the only acceptable strength for a *crème de cassis* is 20%. In France, this drink is inevitably linked with the Burgundian capital city of **Dijon**, where many producers are established. It is frequently mixed with white wine to produce a delightful aperitif known as **Kir** (or *vin blanc-cassis*).

creosote *créosote* nf
Tar-like aroma which may be found in certain old red wines.

Crépy (AOC)
Small vineyard of the French region of Savoie located on the south-eastern side of Lake

Geneva. The white wines produced here, made from the **Chasselas** grape variety, resemble their Swiss neighbours.

crianza
Spanish word meaning ageing or breeding (cf. 'élevage' in French), used to designate a wine which has been aged for at least two years and which has spent a minimum of one year in oak casks.

Criadera *n*
In the ageing process for **sherry**, a row of barrels at any level in a **solera system**. → *p. 489.*

crimson ***cramoisi*** *adj*

Criots-Bâtard-Montrachet (AOC)
One of the Montrachet *grand cru* satellites, situated on the territory of the village of Chassagne-Montrachet.

crisp ***croustillant, frais*** *adj*
In tasting, word used to describe a white wine (generally), in which the marked acidity is pleasant: fresh and clean.

crop ***récolte, moisson*** *nf*

crown cap ***capsule de bouteille*** *nf*
Capsule used to seal beer bottles, so called because when it is held upside down, it resembles a crown. It is also used to seal Champagne bottles during the ***prise de mousse***.

Crozes-Hermitage (AOC)
Fairly large vineyard located to the east of Tain-l'Hermitage in the northern Rhone valley. The appellation is used for both red and white wines made from Syrah (for the reds) and Roussanne and Marsanne for the whites.

cru
French word meaning 'growth', used to designate a homogeneous vineyard area which is normally part of a larger **appellation**. In Burgundy, some ***crus*** (or ***climats***) may constitute an appellation by themselves. This is true of the *grands crus* of Côte d'Or: for example, Bonnes-mares AOC. A *cru* may be classified as *premier* or *grand*, *classé*, etc.

crush *n*
Term used in the USA to designate the beginning of the vinification and by extension, the harvest and vinification.

crush ***fouler*** *v*
Verb that designates the splitting of the grape skins prior to fermentation in order to allow the juice to run freely

crusher-destemmer ***fouloir-égrappoir*** *nm*
Machine used at harvest-time at the beginning of the vinification process. The grapes pass through rollers, similar to a mangle, and fall into a rotating drum in which the grapes are detached from the stems which are then ejected.

cryptogamic ***cryptogamique*** *adj*
Generally used to describe diseases, caused by various forms of **fungus**, which – with the exception of **noble rot** – are harmful for the vine.

crystal *(pl : -aux)* ***cristal*** *nm*
A deposit of **bitartrate** crystals in a bottle of wine is harmless enough, but never a pleasant discovery for the consumer. Such crystals can be avoided by the technique of **cold stabilisation**.

crystalline ***cristallin, qui a la clarté et la brilliance du cristal*** *adj*
Adjective used to describe the aspect of a wine which is clear and brilliant. May also be used to describes certain types of rock: for example, granite.

cultivar ***cépage*** *nm*
Word originating from South Africa meaning 'grape variety'.

cultivate ***cultiver*** *v*

cupric ***cuprique*** *adj*

Curaçao
Liqueur originally made with fruit from the island of Curaçao in the Dutch West Indies, but now a generic word for any type of orange liqueur.

currant ***raisin sec*** *nm*
Etymologically, the word is a corruption of *(raisin de)* Corinthe. *(See also 'blackcurrant' and 'redcurrant').*

Customs and Excise
In Great Britain, the official department

concerned with the levying of duties on goods. Customs duties are imposed on goods when they cross a frontier; **excise** duties are imposed on certain 'sensitive' products on the domestic market: **alcohol**, tobacco, etc.

cut *couper* *v*

cutting *bouture* *n*
Short young **shoot**, taken from a **vineplant**, which when planted in soil, will form **roots** and become a new vineplant. Until the **phylloxera** crisis, vines were reproduced by using cuttings in a technique known as **layering**.

cuve close *nf*
A sealed tank used in the Charmat method of making sparkling wines.

cycle *cycle* *nm*
In the growing of grapes, the **vegetative** (or **growth**) cycle of the **vine** is all important.

D

Dalwhinne
Scottish **single malt** whisky from the northern **Highlands**. Light and aromatic.

damage ***dégâts*** *nmpl*
Natural damage, particularly from **frost** or **hail**, can be disastrous for a **vinegrower**.

damp ***humide*** *adj*

dampness ***humidité*** *nf*

Dão (DOC)
Fairly large wine-producing region of **Portugal**, with its own **DOC**, situated between **Porto** and Lisbon. It is best known for its red wines, usually considered to be the 'classic' red wines of this country. Here, the most important grape variety is the **Touriga Nacional**. → *p. 207*

dark ***foncé, sombre*** *adj*
Used in tasting to describe the colour of a wine or other drink. It may often be the sign of ageing.

dash ***goutte, larme*** *nf*
Many **cocktails** require a dash of **gin**, **vodka**, etc.

Davis
Small town, just west of Sacramento (the capital city of California), home to one of the campuses of the prestigious University of California. The Department of Viticulture and Enology at UC Davis is famous for its pioneering research in many areas, such as **heat summation** and **degree days** for example.

day labourer
(See 'day worker').

day worker ***journalier*** *nm*
Vineyard worker paid on a daily basis.

deacidify ***désacidifier*** *v*
To reduce the **acidity** of grape juice or wine. This can be done chemically, by adding an **alkaline** substance such as calcium carbonate, but this method is strictly controlled in the EU. A second method is the use of **cold stabilisation** which causes the **tartaric acid** to precipitate in the form of **crystals** of **tartrate**.

deacidification ***désacidification*** *nf*
The process of deacidifying. In wines, this deacidification may occur naturally thanks to the malolactic fermentation.

dead ***mort*** *adj*

dead arm *n*
(See 'black dead arm').

dealer ***marchard, négociant*** *nm*

debud ***ébourgeonner, évasiver*** *v*
In the vineyard in spring, to remove by hand the **suckers** growing on the old wood. Since they will bear no fruit, they hinder the development of the **fruiting cane**(s).

decant ***décanter*** *v*
To transfer a wine or other drink from the original bottle to a **decanter**. This may be done (for an old wine particularly) to separate it from its sediment. Another reason for decanting is to allow a wine to 'breathe' before being drunk, so that the fullness of its aromas can develop.

decanter ***carafe*** *nf*
Glass, often crystal, recipient used to **decant** and serve a wine or other drink instead of the original bottle. → *p. 53.*

declaration ***déclaration*** *nf*
For winegrowers in the European Union particularly, there are many declarations which need to filled in and filed.

declare ***déclarer*** *v*

decompose ***se décomposer, entrer en décomposition*** *v*

deep ***profond, intense, soutenu*** *adj*
In tasting, adjective used to describe the intensity of a colour. The opposite of 'light' or 'pale'.

deep-freeze ***congeler, surgeler*** *v*

defect ***défaut, problème*** *nm*
Something one should always look for when tasting, but hopefully not find.

deforestation ***déboisement*** *nm*
Something which may need to be done before extending a vineyard or planting a new one.

defrost ***dégivrer*** *v*

degeneration ***dégénérescence*** *nf*

degree days *npl*
Units of measurement used in the **heat summation** method devised by researchers at University of California, **Davis**. Degree days represent the sum of degrees of average temperature above 50°F or 10°C each day during the growing period. If on a given day, the average temperature (ie, the mean situated between the highest and lowest temperatures recorded on that day) is 60°F, then that represents ten degree days. The objective was to determine which grape varieties were suitable in different parts of California. For example, the area of Russian River Valley, Sonoma, is evaluated at 3,600 degree days Fahrenheit (2000 Celsius). → *p. 319.*

dehydrate ***déshydrater*** *v*

dehydration ***déshydratation*** *nf*

delicate ***délicat*** *adj*
In tasting, flattering term used to describe a wine or other drink that is fine, elegant, well balanced, etc.

delicious ***délicieux, délectable*** *adj*
In tasting, flattering term used to describe a (usually sweet) wine or other drink, which provides the drinker with an almost sensual pleasure.

delightful ***delectable, délicieux, exquis*** *adj*
Very similar in meaning to 'delicious'.

delimited ***délimité*** *adj*
Adjective used to describe a geographical area whose boundaries have been determined according to certain criteria (geological, topographical, etc.). The delimited area should produce an agricultural product with homogeneous characteristics. Cf, ***VDQS*** *(Vin délimité de qualité supérieure).*

deliver ***livrer*** *v*

delivery ***livraison*** *nf*

delivery bay ***quai de livraison, de déchargement*** *nm*

demijohn ***dame-jeanne*** *nf*

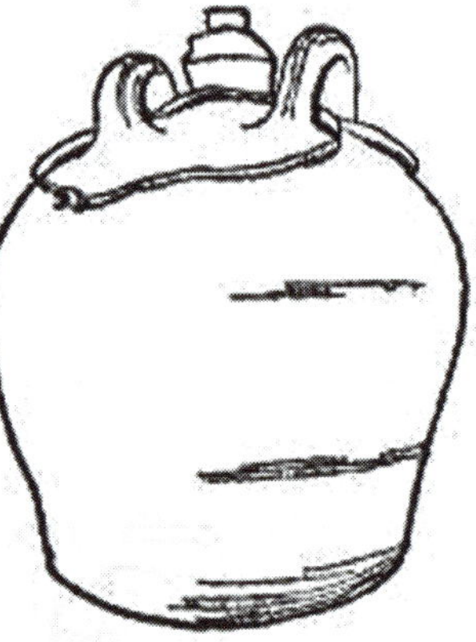

demi-sec
French expression meaning semi-sweet. For Champagne, the term designates a fairly sweet wine, which contains between 33 and 50 grams of **residual** sugar per litre.

denature ***dénaturer*** *v*
To render something (eg, alcohol) unfit for human consumption by adding some other substance.

densimeter ***densimètre*** *nm*
Device used to measure the sugar content of juice or must, based on the Archimedes principle. *(See also 'mustimeter').*

deposit ***dépôt, sédiment*** *nm*
Never pleasant when serving a wine or other drink, but often the sign of a natural product.

depth ***profondeur, intensité*** *nf*

dessert ***dessert*** *nm*

dessert wine ***vin moelleux, vin muté*** *nm*
Generic word to designate a sweet wine and, in the USA, a fortified wine. Traditionally, the sort of wine consumed with the dessert, though there is now a trend towards drier, often sparkling, wines to accompany this course of the meal.

dessication ***dessication*** *nf*
Drying of grapes, naturally or artificially, to produce either sweet wines (**late harvest**, ***vin de paille***, etc.) or raisins.

destalk *v*
(See 'destem').

destalker *n*
(See 'destemmer').

destem ***égrapper, érafler*** *v*
To separate the **grapes** from the **stems** (or **stalks**) prior to fermentation. This is generally done in the classic red wine vinification process.

destemmer ***égrappoir, érafloir*** *nm*
Machine used to separate the **grapes** from their **stems** (or **stalks**). It consists of a sort of rotating drum, in which blades gently hit the **bunches**. The stems are then ejected.

desucker ***ébougeonner, évasiver*** v
(See 'debud').

devat ***décuver*** *v*
To empty a vat, after the fermentation and maceration of a red wine, in order to separate the free-run wine from the pulp and skins which will need to be pressed.

developed ***développé*** *adj*
Adjective used to describe a wine which has matured sufficiently for its aromas to have reached their full expression.

dew ***rosée*** *nf*
Often celebrated by poets, but invariably cursed by early-morning grape pickers!

dextrose ***dextrose*** *nm*
Form of **glucose**.

diacetyl ***diacétyle*** *nm*
Volatile substance, produced during malolactic fermentation which confers to the wine aromas of butter and hazelnuts.

diastase *n*
Enzyme responsible for the **malting** process in which the **starch** molecules of barley are broken down into fermentable sugar.

diatoms ***diatomées*** *nfpl*
Microscopic algae whose skeletons form fossil deposits in a sedimentary rock called diatomite.

diatomaceous earth
(See 'kieselguhr').

dibble ***plantoir*** *nm*

Die
(See 'Clairette de Die').

dig ***creuser*** *v*

Dijon
The capital city of the region of **Burgundy** *(capitale de la Bourgogne)*, if not the capital of Burgundy wines *(see Beaune)*. Indeed, it is more readily associated with its mustard *(moutarde de Dijon)*, or its ***crème de cassis*** and **Kir**. Its university boasts an *Institut Jules Guyot de la Vigne et du Vin*, and its business school, *Groupe École Supérieure de Commerce Dijon Bourgogne*, runs an excellent master's programme in wine and spirit marketing.

dilute ***diluer*** *v*
This will happen in the making of spirits, but not wine or beer.

diluted ***dilué*** *adj*

dim ***faible, pâle*** *adj*

Dionysus
Greek god of wine and theatre. In mythology, he is attributed with the introduction of the vine into Greece.

dipsomania ***dipsomanie*** *nf*
Synonym for 'alcoholism'.

dipsomaniac ***dipsomane*** *nmf*
Synonym for 'alcoholic'.

direct producer ***producteur direct*** *nm*
Term used to designate an American **vine** or a **hybrid**, which could be planted directly, without **grafting**. Such vines were popular in France between the two world wars, because they produced easily a good **crop** of **grapes** from which to make wine for personal consumption. The practice has now virtually disappeared.

dirt ***saleté, crasse, (Am. Eng.) terre, boue*** *nf*

dirty ***sale*** *adj*
A word to avoid! To make quality wine, beer, or any other drink, all equipment, premises, etc. must be perfectly clean.

disagreeable ***désagréable*** *adj*
In tasting, adjective used to describe a smell or taste which is not pleasant.

disappoint ***décevoir*** *v*

disappointing ***décevant*** *adj*

disc ***disque*** *nm*

discount ***rabais*** *nm,* ***remise, reduction*** *nf*

disease ***maladie*** *nf*
Both vines and wines can suffer from diseases, some of which are more serious than others.

disgorge ***dégorger*** *v*
In the **traditional method** of making sparkling wines, as practised in **Champagne**, to disgorge is to expel the deposit of dead yeast which has formed in the bottle during the **second fermentation**. This has been coaxed down to the **crown cap** as the bottle has been turned upside down during the **riddling** (or ***remuage***) process. The neck of the bottle is frozen prior to **disgorging**.

disgorging ***dégorgeage*** *nm*

disinfect ***désinfecter*** *v*
It is essential to respect the basic rules of cleanliness when making wine, beer, etc. The antiseptic qualities of sulphur dioxide are greatly appreciated in wineries during the vinification process.

désinfectant ***disinfectant*** *nm*

disk (Am. Eng.)
(See 'disc').

distil ***distiller*** *v*
To heat a liquid containing a relatively low percentage of alcohol (eg, wine) in order to obtain a much more concentrated spirit. The alcohol vapour condenses at a lower temperature than steam.

distillate ***distillat*** *nm*
The spirit resulting from a **distillation**.

distillation ***distillation*** *nf*
Process or technique of **distilling**.

distiller ***distillateur*** *nm*
Person or firm involved in the activity of distilling.

distillery ***distillerie*** *nf*
Firm whose activity is distilling or place where this activity is carried on.

distinctive, distinctif *adj*

distinguished ***distingué*** *adj*
Flattering word used to describe a wine which has class: well-balanced and elegant.

distributor brand ***marque de distributeur*** *nf*
They never impress the drink snob, but some supermarket chains have excellent ranges of distributor brand wines, beers and spirits.

ditch ***fossé*** *nm*

DO ***Denominación de Origen***
Spanish equivalent of the French **AOC**.

doble pasta
Spanish term used to designate a red wine fermented with twice the normal quantity of skins in relation to the volume of grape juice.

DOC ***Denominação de Origen Controlada***
Portuguese equivalent of the French **AOC**.

DOC ***Denominazione di Origine Controllata***

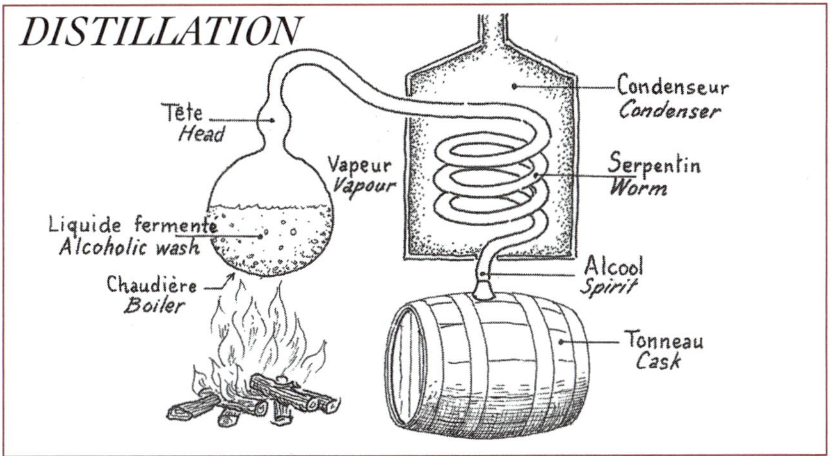

Italian wine appellation which together with **DOCG** can be considered as equivalent to the French AOC.

DOCa Denominación de Origen Calificada

A second, higher-level Spanish quality-wine appellation created in order to distinguish certain wines considered superior to many of the **DOs**. For example, **Rioja**, **Priorat** or **Cava** DOCa.

DOCG Denominazione di Origine Controllata e Garantita

A second, higher-level Italian quality wine appellation which was introduced at the end of the 1970s due to the increasingly poor image of many of the country's **DOCs**.

dog's nose *n*

Old British pub drink: a glass of ale with a dash of gin: not for the faint hearted!

dolce *adj*

Italian adjective meaning 'sweet'. Often used to refer to **dessert wines**.

Dolcetto

Black grape variety found mainly in the Piedmont region of Northern Italy. It is known for its characteristic sweet taste.

Dôle

Red wine produced in the Swiss canton of **Valais**, which is a blend of **Pinot Noir** (minimum 51%) and **Gamay**.

Dom Pérignon

Cellarmaster at **Hautvillers** Abbey, Champagne, in the second half of the seventeenth century, Brother Pierre, better known as Dom Pérignon, is said to have invented Champagne. This is definitely not true, but he was a painstaking winegrower and made many advances in both viticulture and winemaking. His contribution has been recognized by **Moët et Chandon's** creation of a prestige cuvee which bears his name.

dormancy *dormance nf*

State of being **dormant**. Period when a plant is **dormant**.

dormant *dormant adj*

Word used to describe a plant outside of its **growth cycle**: alive, but not active.

dosage n

French word used in the **traditional method** of making **sparkling wine**. This technique consists in adding a small amount of Champagne to each bottle to compensate for what was lost during the **disgorging**. A 'dose' of sugar is added at this stage which will determine the style of the final Champagne: ***brut***, ***demi-sec***, etc.

dose *doser v*

double curtain

(See 'Geneva double curtain').

double Guyot

Vine **pruning** technique which is simply – as its name suggests – a double version of the **single Guyot** technique. This means that the **vinegrower** will leave two **fruiting canes** and two **spurs** on each vine.

Douro
Region in the north of Portugal which draws its name from the river which runs from Spain (where it is called the Duero), across Portugal and into the Atlantic at Porto. The Upper Douro Valley is the area where the vineyards producing the world-famous fortified port wine are to be found. Further down stream, the area known as the Douro Litoral – like the Minho region to the north – produces *vinho verde.*

doux *adj*
French word, meaning 'sweet', used to refer to sweet fortified wines called ***vins doux naturels (VDN)*** in French.

down ***duvet*** *nm*, ***bourre*** *nf*

downy mildew ***mildiou*** *nm*
Form of mildew known as *peronospera*, originating in the USA and first observed in France in 1878. The spores penetrate the leaves and destroy the cells of the vegetal tissue. The leaves attacked turn brown, go dry and fall off. Bordeaux mixture has long been used to combat this disease.

draff *n*
In the **brewing** and **distilling** industries, word used to designate the spent **mash** which remains when the **wort** has been drawn off from the **mash tun**. It is generally recycled as cattle feed.

draft (Am. Eng.) *n*
(See 'draught').

drain ***égout, drain*** *nm*

drain ***drainer*** *v*

drain off ***(s')évacuer, (s')égoutter*** *v*

drainage ***capacité d'écoulement des eaux*** *nf*, ***drainage*** *nm*
Good drainage is usually desirable for land where vineyards are planted.

dram *n*
Small glass of spirit, particularly whisky. The word is very popular in Scotland, where reference is frequently made to a 'wee (small) dram'.

Drambuie
Scottish whisky-based liqueur, which is sweet with flavours of honey and fruit.

draught ***(à la) pression, gorgée*** *nf*
Many beers are better appreciated on draught.

draw ***tirer*** *v*

draw off ***soutirer (un liquide)*** *v*

drift ***dérive*** *nf*
Any drift from their normal trajectory – due to wind – of the droplets or particles of **pesticides**. This phenomenon is likely to put an end to **spray**ing by helicopter because of the pollution it entails.

drill ***perceuse*** *nf*, ***foret*** *nm*

drill ***forer, percer*** *v*

drink ***boisson*** *nf*, ***verre, pot*** *nm*

drink ***boire*** *v*
Be careful! The verb 'to drink' often implies excessive drinking and alcohol abuse.

drink up ***finir de boire*** *v*
This verb was frequently used in the British pub where it was important to finish one's drink before the official closing time.

drinking-up time ***Temps qui reste pour finir de boire avant la fermeture d'un pub*** *nm*
Usually ten minutes before the official closing time. Drinking-up time was preceded by shouts of "last orders please!"

drip ***goutte*** *nf*

drip irrigation ***irrigation goutte à goutte*** *nf*

drip ***goutter*** *v*

drizzle ***bruine*** *nf*, ***crachin*** *nm*

drizzle ***bruiner*** *v*, ***faire de la bruine***

drop ***goutte, larme*** *nf*

droplet ***gouttelette*** *nf*

drought ***sécheresse*** *nf*

drum ***tambour***, ***tonneau, fût*** *nm* ***(métallique)***

drunk ***ivre, soûl*** *adj*

drunkard ***ivrogne*** *nmf*

drunkenness ***ivresse, ivrognerie*** *nf*

dry ***sec, où on ne vend pas d'alcool*** *adj*
For drinks, opposite of sweet.

dry ***sécher*** *v*

dry hopping ***houblonnage à froid*** *nm*
Practice of adding a small amount of **hops** directly to a barrel of finished beer. This is done to enhance the **aroma** and **bitter** taste.

dryness ***sécheresse (de quelque chose), aridité*** *nf*

dry up ***se dessécher, tarir*** *v*

dubbel *nf*
Belgian ale which derives its name from the fact that its original density is roughly double that of Belgian Medieval beer known as 'simple'.

Dubonnet
French wine-based aperitif, deep red in colour, flavoured with cinchona and other bitter barks.
It was very popular after the Second World War thanks, in part, to its advertising slogan painted in the tunnels of the Paris metro: "*Dubo..., Dubon..., Dubonnet!*"

Dufftown
Scottish single malt whisky from **Speyside**. Light and flowery.

dulce *adj*

dull ***terne, qui manque d'intérêt*** *adj*
In tasting, often used to describe a drink that is acceptable but not very interesting.

dumb ***muet, qui ne s'exprime pas*** *adj*
In tasting, word used to describe a wine that is **closed**, ie, in which the aromas are not immediately forthcoming.

Duras
Red grape variety which has nothing to do with the vineyard of the same name, but is the main component of the red and rosé wines of Gaillac.

Duras
(See 'Côtes de Duras').

dust ***poussière*** *nf*
Unpleasant aroma which may be detected in a poorly vinified wine.

dusty ***poussiéreux*** *adj*
Adjective which could be used in tasting. *(See 'dust').*

duty ***droit, taxe*** *n*

duty free ***détaxé, hors taxe*** *adj/adv*
Used to describe goods which are sold more cheaply because no duty is levied on them.

E

early ***précoce, hâtif, tôt, de bonne heure*** *adj./adv*

early maturing ***qui mûrit tôt, précoce, hâtif*** *adj*

early ripening
(See 'early maturing').

earth ***terre*** *nf*, ***sol*** *nm*

earth down ***décavaillonner*** *v*
Operation carried out by the vinegrower in the spring. Opposite of '**earth up**'.

earth up ***butter (un pied de vigne)*** *v*
Operation carried out by the **vinegrower** in winter, which consists in **ploughing** up the earth round the foot of the **vine** so that it is ptotected against heavy **frosts**.

earthy ***qui sent la terre*** *adj*
May be used in tasting as a positive description of a wine.

east ***est*** *nm*
Usually a good orientation for vineyards planted on a slope.

eastern ***(de l')est, oriental*** *adj*

easy ***facile*** *adj*

easy-drinking *adj*
Word used to describe a drink which is pleasant and unpretentious.

eau de vie *nf*
French expression meaning 'water of life' used to designate a spirit distilled from fruit, grain or other vegetals. Cf, **uisge beatha**.

EBU (European Bitterness Units)
(See 'IBU').

ebulliometer ***ébulliomètre*** *nm*
Apparatus used to measure the boiling temperature of a liquid and thus determine its alcohol content.

Échezeaux; Grands-~ (AOC)
The vineyards of these two Burgundy **grand cru** appellations are to be found on the territory of a village called Flagey-Échezeaux, located between Vougeot and Vosne-Romanée. Both AOCs are reserved for red wines made from Pinot Noir. The village of Flagey, does not have its own AOC, but shares that of Vosne-Romanée AOC with its neighbour to the south.

Edelzwicker
An Alsace wine, which is a noble blend (if we can trust the translation of the word) of two or more authorised grape varieties. In reality, this is usually an "ordinary" wine, often sold in litre bottles, which has Sylvaner or Pinot Blanc as its main component.

Eden Valley
Small quality-wine-producing area located in South Australia, close to the Barossa Valley and Adelaide Hills.

edes *adj*
Hungarian word meaning 'sweet'.

edge ***bord*** *nm*, ***limite*** *nf* ***(avantage competitive)***

eelworm ***anguillule*** *nf*, ***nematode*** *nm*
Tiny worm, living in the soil, which bores into the roots of vines. The choice of rootstock is therefore crucial, but the soil can also be disinfected with fumigants.

Eger
Hungarian city situated between the capital Budapest and Tokay. The vineyards of the region are most famous for the red wine, Egri Bikaver, even though white wines are also produced here.

egg nog ***lait de poule alcoolisé*** *n*
Drink made from alcoholic spirit with which egg-yolk and milk have been mixed.

egg white ***blanc d'œuf*** *nm*, ***albumine*** *nf*

Egri Bikaver
Red wine from the area around Eger, Hungary. The name means "Bull's Blood of Eger". The main component of this wine is the red grape variety, Kadarka.

Eiswein
Wine made from grapes left on the vine until winter, then picked and pressed while actually frozen. The result is a very sweet wine, which should retain a reasonable level of acidity. Eisweins are found in Germany, Austria and even Canada, but are always very expensive. In the **QmP** sugar-level range, Eiswein is situated between **Beerenauslese** and **Trockenbeerenauslese** at 110-128° on the **Oechsle** scale.

EKU (Erste Kulmbacher Unionbrauerei)
The 'First Kulmbach Union Brewery' is a famous brewery located in the town of Kulmbach, Bavaria.

elderberry ***baie de sureau*** *nf*
The English have been known to make elderberry 'wine'.

elder flower ***fleur de sureau*** *nf*
Floral aroma which may be found in certain dessert wines.

elder tree ***sureau (l'arbre)*** *nm*
May be used in tasting *(see 'elder flower')*.

electrolysis ***électrolyse*** *nf*
Decomposition of a substance by the application of an electric current.

elegance ***élegance, finesse*** *nf*
In tasting, used to describe a wine or other drink which is very harmonious.

elegant ***elegant, racé*** *adj*
Well balanced, harmonious, possessing class.

Emerald Riesling
White grape variety resulting from the crossing of Riesling with Muscadelle. It may be found in California or, to a lesser extent, in South Africa or Australia

embryo bunch ***grappe*** *nf* ***(de raisins) embryonnaire***
Term used to describe the future grape clusters when they first appear on the vine prior to the flowering.

Emilia Romagna
Large region situated in eastern Central Italy, north-west and south-east of Bologna, which produces many wines, both white and red, from grape varieties such as Lambrusco, Trebbiano and Albana.

empties ***bouteilles vides*** *nfpl* ***(surtout consignées)***

empty ***vide*** *adj*
May (also) be used in tasting to describe a wine or other drink which lacks depth or body.

empty ***vider*** *v*

empyreumatic ***empyreumatique*** *adj*
Used to describe an aroma or family of aromas reminiscent of heating, drying, burning torrefaction, etc.

enamel ***émail*** *nm*
Material which may be used to line a vessel for fermenting, storage, etc.

English wine
This term refers to wine made in England from grapes which have been grown locally. It should not be confused with the term **British wine**.

enological (Am. Eng.)
(See 'œnological').

enologist (Am. Eng.)
(See 'œnologist').

enology (Am. Eng.)
(See 'œnology').

enophile (Am. Eng.)
(See 'œnophile').

enrich ***enrichir, améliorer*** *v*

enrichment ***enrichissement*** *nm*, ***amélioration*** *nf*

Entre-Deux-Mers (AOC)
Large wine-producing area which owes its name – literally between two seas – to the fact that it is situated between two rivers, the Dordogne and the Garonne. The AOC is reserved for dry white wines made principally from the same grape varieties as the white wines from other parts of the Bordeaux region. Within the Entre-Deux-Mers area, however, there exist several other appellations and an increasing amount of red wine is also produced. → *p. 41.*

enzymatic ***enzymatique*** *adj*
Pertaining to enzymes.

enzyme ***enzyme, diastase*** *nf*

Épernay
With the city of Reims, this is one of the capitals of Champagne wines. Situated in the Valley of the Marne, it is home to some of the major Champagne houses, including Moët et Chandon.

epicure ***gourmet*** *nm*
Someone who appreciates good food and drink.

Epitrapezios Inos *nm*
Greek term meaning **Table Wine**, equivalent to the French category ***Vin de Table***.

epoxy ***époxyde*** *nm/adj*

epoxy resin ***résine époxyde*** *nf*

equipment ***équipement, matériel*** *nm*

Erdbeergeist
German word designating a **fruit brandy** made from strawberries (erdbeer).

erode ***(s')éroder*** *v*

erosion ***érosion*** *nf*

Erzeugerabfüllung *n*
German term meaning literally 'producer bottling', ie, the equivalent of 'estate bottled'. However, in Germany even cooperatives can use this description.

esca ***esca*** *nf*
Cryptogamic disease of the vine, which can appear in either a slow form (necrosis which causes the death of a vineplant after a few years), or a rapid form (the sudden drying and death of a vineplant during the summer heat). A way of fighting this disease, which is considered as the oldest affecting the vine, must be found.

espalier ***espalier*** *nm*

espumante *adj*
Portuguese word meaning 'sparkling'.

espumoso *adj*
Spanish word meaning 'sparkling'.

Est! Est! Est!
Italian white wine from the region of Latium, whose full name is Est! Est! Est! di Montefiascone DOC. Its most interesting feature could well be its name.

estate ***domaine*** *nm*

estate bottled ***mis en bouteille au domaine*** *adj*
Used on the label for a wine which was bottled on the premises of the estate where it was produced. More and more, however, for small estates, the bottling may have been done by a professional bottler.

ester ***ester*** *nm*
Compound resulting from the action of acids on alcohol. For a wine, this may occur during both fermentation and maturation.

estufa *n*
Portuguese word used to designate a large vat used to heat Madeira wine.

estufado *adj*
Portuguese word designating a wine which has undergone the ***estufagem*** process.

estufagem *n*
Portuguese word referring to the process used to make Madeira. The wine is heated artificially in large vats called **estufas**.

eszencia *n*
In the process used to make Tokay dessert

wine, eszencia is the 'free-run' juice of the botrytised ***(aszú)*** grapes. It is sometimes fermented separately producing a very rare, very expensive wine.

ethanol ***éthanol, alcool éthylique*** *nm*

ether ***ether*** *nm*

ethyl alcohol ***alcool éthylique, éthanol***
Form of alcohol produced by the fermentation of sugar by the action of yeast. Ethyl alcohol accounts for the majority of alcohol present in wine.

Étoile, l'(AOC)
Small village in the French Jura region, so called because of the many star-shaped fossils which can be found in the limestone of its vineyards. Its white wines are no doubt among the best of the region.

eucalyptus ***eucalyptus*** *nm*
Aroma which may be encountered in certain red wines from the south of France or some dry white wines.

eudemis ***eudémis*** *nm*
Like the **cochylis**, vine pest whose caterpillar eats the buds and the grapes. Can be treated either by using insecticides or by sexual confusion.

eulia ***eulia*** *nm*
Small moth, whose caterpillar superficially attacks grapes, thereby spreading grey rot. Vines can be treated for this pest at the same times as for the **cochylis** and the **eudemis**.

eutypiosis ***eutypiose*** *nf*
Cryptogamic disease, which causes the vine to wither. It is still not fully known or understood, and remains an incurable disease.

euvites
Sub-genus of the ***vitis genus*** which comprises 60 different **species**, including ***vitis vinifera***, *v.* ***labrusca***, *v.* ***rupestris***, etc.

evaporate ***(s')évaporer*** *v*

evaporation ***évaporation*** *nf*

ex-cellars ***départ cave*** *adj./adv*
Common way of quoting the price of a wine. It does not include the cost of transport from the producer's or merchant's cellars.

Excise
(See 'Customs and Excise').

excise duties ***taxes*** *nfpl*
Duties or taxes levied on certain products – alcohol or tobacco, for example – in their country of origin.

experiment ***expérience (scientifique, etc.)*** *nf*

export ***exportation*** *nf*

export ***exporter*** *v*

exporter ***exportateur*** *nm*

expressive ***expressif*** *adj*

extract ***extrait*** *nm*

extract ***extraire*** *v*

extraction ***extraction*** *nf*

extra dry ***extra dry, extra sec*** *adj*
Used to describe a medium-dry Champagne, which contains between 12 and 20 grams of residual sugar per litre.

eye ***œil*** *nm (pl* ***yeux)***

F

Fahrenheit
German physicist who gave his name to a scale of temperature, still used today in the USA. Water freezes at 32°F and boils at 212°F.

faint ***faible, pâle, léger, vague*** *adj*
In tasting, may be used to qualify a sensation.

faintly ***faiblement, légèrement, vaguement*** *adv*
In tasting, may be used to modify a description.

fair ***foire, exposition*** *nf* **,** ***salon*** *nm*
(See 'trade fair').

fall (Am. Eng.) ***automne*** *nm*

fall bright *v*
(See 'fall clear').

fall clear ***devenir limpide par sédimentation*** *v*
Used when a liquid is clarified by simply allowing it to stand, so that the sediment settles at the bottom. Consequently, no mechanical or chemical intervention is necessary.

fallow ***en jachère*** *adj*
It is always preferable – though not necessarily economically viable – to allow land to lie fallow for a certain period before planting a vineyard.

fan ***ventilateur, éventail*** *nm*
Huge fans are sometimes used in vineyards to avoid spring frosts. Cool air tends to gather in low-lying areas, at the foot of a hill for example. Making the air circulate prevents it from freezing.

fan leaf ***court-noué*** *nm*
Viral disease of the vine, characterised by various deformations of the vegetation which cause the vineplant to wither.

farm ***ferme, exploitation*** *nf* ***(viticole, etc.), domaine*** *nm*

farmyard ***basse cour*** *nf*
(See 'farmyardy').

farmyardy ***qui sent la basse cour*** *adj*
In tasting, used to describe pronounced animal aromas, reminiscent of the farmyard. This is not necessarily a fault and may be found in some **Pinot Noirs** from **Burgundy**.

faro bière ***faro*** *nf*
Type of beer originating from the town of Faro in the Portuguese region of Algarve, but now also common in Belgium. The term designates a ***lambic*** which has been refermented by the addition of sugar candy. The result is a beer with a sort of **sweet** and **sour** flavour.

fasten ***attacher, fixer*** *v*

fat ***gras*** *adj*
Flattering description for a rich, concentrated white wine, high in glycerol. It is frequently applied to Chardonnay, which has been matured (and often fermented) in oak.

fatness ***gras*** *n*

fatty acid ***acide gras*** *nm*

Faugères (AOC)
The vineyards of this appellation are situated north of Béziers in the Languedoc region of France. The red wines are influenced by the character of the Cinsault and Carignan grape varieties.

fault ***défaut, problème*** *nm*
Best avoided in any drink.

faultless ***sans défaut, irréprochable*** *adj*
The way a drink should be.

fauna ***faune*** *nf*

feints ***queues*** *nfpl*
Term used in the Scottish malt-whisky dis-

tillation process to designate the third and last (undesirable) fragment of the second distillation, which is separated from the **potable spirit**. Together with the **foreshots**, the feints are redistilled. In Scottish grain-whisky distillation, the word 'feints' is used for both the first and last fragments (or runnings) from the patent still. They are similarly redistilled.

feminine *féminin* *adj*
Now politically incorrect description of a wine characterised by its grace and elegance. For example, let's say a **Volnay** as opposed to a **Vosne-Romanée**, which might be described by the politically incorrect as **masculine**.

fence *cloture, barrière* *nf*, ***grillage*** *nm*

Fendant (OA)
This is the "Official Appellation" for wines made from the Chasselas grape variety in the Swiss *canton* of Valais.

fennel *fenouil* *nm*
Vegetal aroma which might sometimes be found in some white wines.

Fer
Red grape variety still found in South-West France, where it may be used in such wines as Madiran or Gaillac.

ferment *levure* *nf*, ***ferment, agent de fermentation*** *nm*

ferment *fermenter* *v*
The action of **fermentation**.

fermentable *fermentiscible* *adj*

fermentation *fermentation* *nf*
Process by which **sugar**, through the action of **yeast**, is transformed into **ethyl alcohol** and **carbon dioxide**. Fermentation is at the basis of the production of all alcoholic beverages, not only wine, but also beer and spirits.

fermenter *cuve de fermentation* *nf*
Vessel used for the fermentation process. *(See also 'autofermenter').*

fern *fougère* *nf*
In tasting, discreet but rather austere vegetal aroma which may be encountered in certain white wines from the **Côte de Beaune** such as **Puligny-Montrachet**, for example.

Fernet Branca
Nineteenth-century Italian liqueur, made from alcohol and forty different herbs, which can be categorised as a **bitter**. It is often recommended to facilitate digestion after a particularly heavy meal or to cure a hangover.

ferric *ferrique* *adj*

ferrocyanide *ferrocyanure* *nm*
In œnology, substance used to cure the problem of copper or iron ***casse*** in wines.

fertilisation *fertilisation, pollinisation* *nf*

fertilise *fertiliser, engraisser* *v*

fertiliser *engrais* *nm*

feuillette *nf*
French word, used in Burgundy, to designate a **half-barrel** or half a ***pièce***. The capacity may vary from area to area, but should be in the region of 114 litres.

fiery *brûlant, qui brûle* *adj*
In tasting, used to describe a wine or other drink in which the burning sensation of alcohol, on the nose or the palate, is overpresent.

fig *figue* *nf*
Fruit aroma which may be found in some full-bodied red wines or fortified wines.

fight against *lutter contre, combattre* *v*
The vinegrower knows that he must fight constantly against pests, diseases and the natural elements (frost, hail, etc.).

fill up *remplir* *v* ***(complètement)***

film *pellicule, couche* *nf*, ***film*** *nm*
Used to describe the thin layer which may form on the surface of a liquid.

filter *filtre* *nm*

filter *filtrer* *v*

filtration *filtration* *nf*

fine *fin, élégant* *adj*
Flattering description for a good-quality wine or other drink, which is well balanced and possesses a certain elegance.

Fine (de Bourgogne, etc.)
Brandy produced by distilling wine or the lees of wine coming from certain areas such as Burgundy for example.

Fine Champagne
An appellation of **Cognac** resulting from a blend of **Grande Champagne** and **Petite Champagne**, in which Grande Champagne must represent at least 50% of the total.

fine ***coller*** *v*

fineness ***finesse, pureté*** *nf*

finesse *n*

fining ***collage*** *nm*
In winemaking particularly, a process in which a gelatinous substance is used for clarification. This **fining agent** will slowly sink to the bottom of the liquid, causing microscopic elements such as particles of protein to precipitate. This process prevents the wine from becoming hazy or cloudy.

fining agent ***colle*** *nf* ***agent de collage*** *nm*
Some of the most commonly used fining agents are albumin (in the form of egg white), gelatin and casein (in the form of powdered skimmed milk).

finish ***fin de bouche*** *nf*
Final impression of the flavour and/or texture of a wine or other drink, that a taster has just after swallowing or spitting it out.

fino *n*
Type of **sherry** that develops a thin layer of **flor** while it is in the **cask**. This protects it from oxidation and keeps it pale in colour. A fino sherry is very dry, as no sweetening wine is added. It is generally fortified to about 15% alcohol.

Fins Bois
One of the seven delimited districts of the production area for **Cognac**. Together with **Bons Bois**, it forms the first of two concentric circles around the heart of the region formed by **Grande Champagne**, **Petite Champagne** and **Borderies**. The word bois ('woods', in French) suggests that these lands were originally covered by trees which were cleared in order to plant vineyards. → *p. 25.*

firm ***ferme*** *adj*
Positive description for a wine which is well balanced, with a good level of **tannin** and **acidity**.

first fermentation *n*
First pressing

fish fining ***ichtyocolle*** *n*
Gelatinous substance obtained from fish which can be used as a fining agent. *(See also 'isinglass').*

fish glue ***ichtyocolle*** *n*
(See 'fish fining').

Fitou (AOC)
Appellation for red wines, whose vineyards are situated in the south of the Corbières region. Made mainly from Grenache and Carignan, these wines generally represent excellent value for money.

fix ***fixer, attacher, déterminer, réparer*** *v*

fixed acid ***acide fixe*** *nm*
Acid which is naturally present in the grape, such as **malic** or **tartaric** acid. Fixed acids give a certain fruitiness to the nose and palate of wines.

Fixin (AOC)
Fixin is the first village of the Côte de Nuits, and its AOC, which concerns almost exclusively red wines, (there is a small amount of white Fixin which is worth looking for) also has several *premiers crus.*

fizzy ***gazeux, mousseux, effervescent, pétillant*** *adj*
Unflattering description for quality drinks. Fizziness is more associated with soda and **carbonation** than with **sparkling** wine or beer.

flabbiness ***caractère plat*** *nm*
(See 'flabby').

flabby ***plat*** *adj*
In tasting, adjective used to describe a wine or other drink that lacks structure, generally because of a lack of acidity.

Flanders ***Flandre(s)*** *nf pl*
Region bordering on the North Sea, stretching from north-east France, across the border into Belgium as far as Antwerp. It is famous for its brewing tradition, and the excellent beers it produces, both in France and in Belgium. The use of hops to give beer its bitter taste is said to have been introduced into England from Flanders.

flake ***flocon*** *nm*

flash pasteurisation ***flash-pasteurisation*** *nf*
Process by which a liquid – wine, beer, etc. - is heated to a temperature close to 100°C for a few seconds before being immediately cooled. The objective is to optimise the microbiological stability of the drink.

flask ***flacon*** *nm*
Bottle or container, usually flat in shape, used to sell certain drinks, particularly spirits. Certain wine-producing regions – **Franconia** (Germany) or **Minho** (Portugal) also use a flask-style bottle. *(See also 'hip flask').*

flat ***plat*** *adj*
Adjective which can be used in several different contexts, but rarely a compliment. Flat land is rarely ideal for vinegrowing; in tasting, a wine which is flat lacks acidity and thus flavour; and beer which has gone flat does not have much gas left in it.

flavescence ***flavescence*** *nf*
(See 'flavescence dorée').

flavescence dorée *nf*
French name for a viral disease of the vine, known in English as **flavescence** or **grapevine yellows**. The vine produces no grapes, the canes do not harden and the leaves take on a yellow, golden colour. The only way to stamp out the disease is to kill off the **grapevine leafhoppers** which transmit it. It is necessary to spray the vineyard, to rip out the infected plants and to replant healthy, new vines.

flavonoid ***flavonoïde*** *nm*
Family of phenolic substances which are the yellow pigments found in the skins of red and white grapes.

flavour ***flaveur, saveur*** *nf,* ***goût, bouquet, arôme*** *nm*
Word used to designate the overall impression (nose and palate) which a taster has when smelling and tasting a wine or other drink.

flavoured ***au goût de, parfumé à*** *adj*

flaw ***défaut, problème*** *nm*
Synonym of 'fault'.

fleeting ***fugace, fugitif, éphémère*** *adj*
May be used in tasting to describe a sensation (particularly aromatic) which does not last for very long.

fleshy ***charnu*** *n*
Flattering description for a wine which is full bodied, with considerable extract.

Fleurie (AOC)
One of the ten crus of Beaujolais. The village is situated in the north of the area, close to the vineyards of the Mâconnais.

flint ***silex*** *nm,* ***pierre à fusil*** *nf*
(See also 'gunflint').

flinty ***à l'arôme, au goût de pierre à fusil*** *adj*
Rather smoky aroma or taste which will often be found in wines made from **Sauvignon Blanc**, such as **Pouilly-Fumé**, and even in some **Chablis**. *(See also 'gunflint').*

float ***flotter*** *v*

floater ***flotteur*** *nm*

floating ***flottant*** *adj*

Floc (de Gascogne) (VDL)
This ***vin de liqueur*** is made by adding **Armagnac** to unfermented grape juice. It is, in fact, the local equivalent of **Pineau des Charentes**.

flood ***inondation*** *nf*

flood irrigation *n*
Original method of irrigation which consisted in simply 'flooding' the surface of a vineyard with water. However, this method is wasteful

in terms of water consumption, and the vineyard must be flat and not too large.

flooded *inondé* *adj*

floor cloth *serpillère* *nf*
Undesirable aroma found in wine or other drinks which have been poorly made, using dirty equipment. Should not exist today.

flor* *fleur du vin *nf*
Known scientifically as the ***mycoderma*** viti, a thin film of **yeast** which develops naturally on the surface of a wine during fermentation. The cask cannot therefore be topped up. The best known examples of this phenomenon are ***fino*** **sherry** and ***vin jaune*** from the Jura. The flor protects the wine from oxidation.

flora *flore* *nf*

floral *floral* *adj*
In tasting, used to describe the family of aromas which are reminiscent of flowers.

flow *flux, débit* *nm*

flow *(s'é)couler* *v*

flower *fleur* *nf*

flower *fleurir* *v*, ***être en fleur***

flowering *à fleurs, florifère* *adj*

flowery *floral* *adj*
(See 'floral').

fluid *fluide* *adj*
May be used in tasting to describe either a watery wine or, on the other hand, a wine that is smooth and easy drinking.

flute *flûte* *nf*
High, narrow glass used to serve beer or Champagne. For the latter, it has gradually replaced the *coupe*, which never was the ideal glass to appreciate the world's top sparkling wine.

flying winemaker *winemaker volant* *nmf*
Term inspired by the original Australian expression 'flying doctor'. It was coined in the late 1980s, when Australian winemakers were brought into Europe to help with the harvest. However, it now refers more to a handful of international winemakers who each **vinify** literally dozens of prestigious **estates** around the world

foam *mousse* *nf*

FOB (free on board) *FOB franco à bord* *adj/adv*
Term used in international trade for quoting prices. The buyer must pay for all costs (transport, freight, etc.) from the port of loadng to the point of delivery.

fog *brouillard* *nm*
Can cause cryptogamic diseases in vineyard areas where it is common, but in the correct conditions, it is responsible for noble rot and sometimes superb botrytised wines.

foie gras *nm*

foil *capsule* *nf*
Wrapping, made of tin, plastic or paper, which covers the top of the neck of a wine bottle and the cork.

foil cutter *n*
Instrument designed to cut the foil capsule of a wine bottle before opening it. Two blades squeeze the neck of the bottle and the foil is cut by rotating them.

foliation *feuillaison* *nf*

foliage *feuillage* *nm*

Folle Blanche
Formerly the predominant grape variety of the Cognac and Armagnac regions, it has now been largely replaced there by Ugni Blanc. In the Nantes area, this white variety goes under the equally unflattering name of Gros Plant, which can surprise people with its remarkable freshness. Further south, in Languedoc, it is known as Piquepoul.

food *nourriture* *nf*

foot (*pl* feet) *pied* *nm*
As a unit of linear measure, still regularly used in the USA, one foot is equal to 30.48 cms.

foothills *avant-monts, contreforts* *nmpl*

force-pump ***pompe refoulante*** *nf*

forecast ***prévision*** *nf*
The weather forecast is always important for the vinegrower.

foreshots ***têtes*** *nf pl*
Term used in the pot-still distillation process to designate the first (undesirable) fragment of the second distillation, which is separated from the **potable spirit**. Together with the **feints**, the foreshots are redistilled.

foretaste ***avant-goût*** *nm*

fork-lift truck ***chariot élévateur*** *nm*

fortification ***mutage*** *nm*
Process by which alcohol is added to wine or grape must at some stage during the fermentation.

fortified ***muté*** *adj*

fortified wine ***vin muté, VDL, VDN, vin cuit*** *nm*
Wine which has been strengthened by the addition of alcohol.

fortify ***muter*** *v*
To add alcohol, either pure or in the form of grape brandy, to wine or grape must, at the beginning of, during or after the fermentation. The objective is to produce a stronger wine – roughly between 16 and 20% alcohol – which is also usually sweet.

forward ***faire suivre, expédier*** *v*

forwarding ***expédition*** *nf*

forwarding agent ***transitaire*** *nm*

fossil ***fossile*** *nm*
Commonly found in certain types of limestone which constitutes an ideal subsoil for some grape varieties.

foxy ***foxé*** *adj*
Strong and unpleasant animal aroma, reminiscent of the fox, present in some wines, particularly those made from non ***vitis vinifera*** grapes.

fragrance ***parfum*** *nm,* ***arôme(s)*** *- nmpl*

fragrant ***parfumé, aromatique, odorant*** *adj*

frambozen **n**
Dutch word for '**raspberry**' used to designate a **lambic** flavoured with that fruit.

frame ***cadre, chassis*** *nm*

France ***France*** *nf*
Country with a temperate climate which produces a wide range of quality wines: famous red wines from Bordeaux and Burgundy; great white wines like those from Burgundy; Champagne, the most famous sparkling wine; fortified wines, and brandies, such as Cognac and Armagnac. The main wine-producing areas are the regions of Bordeaux, Burgundy, Champagne, Alsace, the Rhône Valley, the Loire Valley and the South of France. In 1935, France adopted the system of ***appellation d'origine contrôlée (AOC)***. France also has a strong brewing tradition in the north, near the Belgian border, and Alsace. → *p. 113.*

Franconia
English word for the German **Franken**.

frank ***franc*** *adj*
In tasting, used to describe a wine which is straightforward without any problems.

Franken
German wine-producing area situated around the Bavarian city of Würzburg, famous also for its breweries. The wine is traditionally sold in the short, stubby, flask-shaped bottle called, in German, Bocksbeutel. Many of the vineyards are now occupied by the Müller-Thurgau grape variety, which has gradually replaced the traditional Silvaner

Frascati (DOC)
Usually dry (but sometimes semi-sweet, sweet or sparkling) white wine from the Latium region of Italy, made from Trebbiano and Malvasia grapes.

free SO_2 ***SO_2 libre*** *nm*
Œnological term to designate the quantity of **sulphur dioxide** which has not combined with a wine.

free sulphur dioxide *nm* ***anhydride sulfureux libre***
(See 'free SO_2').

free on board *adj/adv*
(See 'FOB').

free-run ***de goutte, qui coule librement*** *adj*

free-run juice ***jus de goutte*** *nm*
After the fermentation of a red wine, the juice (or wine) which runs freely from the vat before the pressing of the **pomace**.

free-run wine ***vin de goutte*** *nm*

freeze ***geler*** *v*

freight ***fret, transport*** *nm*, ***cargaison, merchandise(s) transportée(s)*** *nfpl)*

French Colombard
*(See '***Colombard***').*

French paradox *n*
Expression born in 1991, following the American TV broadcast 'Sixty Minutes', which linked the low level of coronary diseases in south west France to the consumption of **red** wine containing anti-oxidants. Several scientific studies, carried out internationally, show that the moderate consumption of wine, polyunsaturated fat and a well-balanced diet contribute to explaining the French paradox.

fresh ***frais (f : fraîche)*** *adj*
In tasting, often used to describe a (usually white) wine or other drink which has a good fruity acidity.

freshness ***fraîcheur*** *nf*

frizzante ***pétillant*** *adj*
Italian word meaning 'slightly sparkling'. It is, in fact the equivalent of the French word '*pétillant*', as used for certain wines of the Loire Valley, for example.

Fronsac (AOC)
Wine-producing area of the Libournais region, more famous for its Saint-Émilion and Pomerol. The red wine is made from the varieties planted elsewhere in the greater Bordeaux region. As well as Fronsac AOC, a second and perhaps superior appellation exists: Côtes-Canon-Fronsac (or Canon-Fronsac) AOC.

Frontignan (AOC)
Small town, lying close to the French Mediterranean city of Sète, which has given its name to a VDN or VDL made from the Muscat Blanc à Petits Grains, called locally Muscat de Frontignan, AOC.

Frontonnais
(See 'Côtes du Frontonnais').

frost ***gelée*** *nf*
Can be a serious problem for the vinegrower. *(See 'spring frost').*

frost pot ***chaufferette*** *nf*
Small, paraffin-burning stove, used to combat the damage caused by spring frost. They are placed at regular intervals between the rows of vines, and the heat they generate is usually sufficient to prevent freezing temperatures.

froth ***mousse*** *nf*
Synonym of 'foam'.

fructose ***fructose*** *nm*
Form of sugar, which together with **glucose**, is naturally present in grape juice. It is in fact sweeter than glucose.

fruit ***fruit*** *nm*, ***fruité*** *adj*

fruit beer ***bière à base de fruit*** *nf*
Generic term for beers - such as the famous Belgian fruit **lambics** - to which fruit (**cherry**, **raspberry**, etc.) has been added. The purpose of this is obviously to flavour the beer, but also to reactivate the fermentation thanks to the additional fruit sugar.

fruit drop ***bonbon acidulé, bonbon anglais*** *nm*
Aroma which is often present in wines such as **Beaujolais nouveau**, for example, which have been made using the process of **carbonic maceration**. *(See also 'pear drop').*

fruit fly ***drosophile, mouche à fruits*** *nf*

fruitiness *fruité* *nm*
Fruity character or quality.

fruiting cane *baguette* *nf* ***(fructifère)***
In pruning, fruiting canes are those which will bear the year's crop of fruit.

fruity *fruité* *adj*
In tasting, adjective used to describe a wine or other drink, in which aromas of fruit are dominant. For a wine, we may smell citrus fruit, soft red fruit, tropical fruit and sometimes even grapes.

fruit-bearing *fructifère* *adj*

fruit set *nouaison* *nf*
Term used to describe the stage, following flowering, in the annual development of the vine, when the future fruit will form and begin to swell. *(See also 'berry set').*

full *plein, ample* *adj*

full-bodied *ample* *adj*

fullness *ampleur, plénitude* *nf*

fumigant *fumigant* *nm*
Chemical substance used to disinfect soil in order to eliminate insects such as nematodes which carry viral diseases such as fan leaf. Using fumigation is not an ideal solution, because of the problem of pollution.

fungicide *fongicide* *nm/adj*
Used to designate a chemical (or its quality) capable of killing off **fungus**. **Bordeaux mixture**, for example, is a fungicide which has long been used to combat **cryptogamic** diseases of the vine.

fungus *champignon* *nm*, ***maladie cryptogamique*** *nf*

funnel *entonnoir* *nm*
Simple but very useful instrument when handling any liquid.

Furmint
A white grape variety planted in Central and Eastern Europe, particularly in Hungary, where it is the predominant variety in the making of Tokay. It ripens slowly and shrivels up under the influence of noble rot, hence its suitability for the sweet *(aszú)* wines of that region. But it is also commonly found as an off-dry white varietal across this same part of Europe

furrow *sillon* *nm*

furtive *furtif* *adj*
May be used in tasting. *(See 'fleeting').*

fusel oil *huile de fusel* *nf*
Type of alcohol produced at the beginning of the distillation process which is unfit for consumption. It is therefore eliminated – and redistilled – with the **foreshots**, in Scotland and the **heads** in Cognac.

G

Gaillac (AOC)
Small town, near Albi in south-west France, which has its own **AOC**. The wines may be red or rosé, made from the **Duras** grape variety, among others, or they may be white, either dry (sometimes ***perlé***) or sweet.

Galet, Pierre
(1921-) Leading French **ampelographer** from the École Nationale Supérieure Agronomique of Montpellier. His works on **ampelography** serve as a reference.

gallon ***gallon*** *nm*
Measure of capacity still used in the UK and (especially) the USA. But be careful! If the British (or '**imperial**') **gallon** is equal to 4.55 litres, the US gallon is only equal to 3.79 litres.

Gamay ***gamay*** *nm*
Also known as Gamay Noir à jus blanc, this red variety is found especially in **Beaujolais** and to a lesser extent in the **Loire Valley** and even **Burgundy**, where it may be blended with **Pinot Noir** to make **Bourgogne-Passetoutgrains**. Although it is usually considered as inferior to Pinot Noir, it produces pleasantly fruity quaffing wines, many of which are vinified using the method of **carbonic maceration**.

game ***gibier*** *nm*
In tasting, animal-type aroma frequently found in mature red wines.

gamey ***qui a l'arôme ou le goût du gibier*** *adj*

garlic ***ail*** *nm* ***(pl 'ails' or 'aulx')***
When this aroma, often combined with the smell of rotten eggs, is present in wine, it is the sign of bad winemaking. It is caused by the development of **hydrogen sulphide** (H_2S) due to a lack of oxygen during the maturation process.

Garnacha
Spanish synonym for **Grenache**.

garnet ***grenat*** *nm*, ***de couleur grenat*** *adj*
Dark red colour which may be found in some older red wines.

gas ***gaz*** *nm*

gas chromatography ***chromatographie en phase gaseuse*** *nf*
Technique used to separate and quantify the components present in a complex substance. In wine, for example, it makes it possible to verify the presence of organic acids.

gaseous ***gazeux*** *adj*
Pertaining to gas.

gassy ***(trop) gazeux*** *adj*
For a drink, this is not a compliment, because it tends to suggest that the quantity of carbon dioxide present is excessive.

gauge ***jauge*** *nf*
Instrument used to measure the capacity or the contents of a recipient.

gauge ***jauger*** *v*
To measure using a gauge.

Gay-Lussac
French chemist and physicist (1778-1850), whose work on **alcoholmetry** and sulphuric acid was a contribution to progress made in the field of vinification.

Geisenheim
Small village in the **Rheingau** region of **Germany**, famous for its viticultural research station where many of Germany's more recent ***vitis vinifera*** **crossings** were born.

gelatin(e) ***gélatine*** *nf*
Animal protein derived from collagen used as a **fining agent** for wine

gene ***gene*** *nm*

generic *générique* *n/adj*
In the US, a generic (wine) refers to a wine labelled as **Champagne**, **Burgundy**, **Chablis**, **Port**, **Sherry**, **Sauternes**, etc. These names are intended to indicate the broad style of the wine, ie, Chablis, a dry white, Burgundy a strong red, etc. This practice justifiably angers most Europeans. On one transatlantic flight, the Chablis turned out to be Californian **Sauvignon Blanc**, the Burgundy Californian **Cabernet Sauvignon**!

genetic *génétique* *adj*

genetically modified organism (GMO) *organisme génétiquement modifie (OGM)* *nm*

Geneva double curtain *double rideau de Genève* *nm*
Vine **pruning** and **training** method which uses a three-dimensional **trellis**. The fruit hangs down on either side of the row like two curtains. Someone once referred to it as 'Geneva double jungle'.

genever
Term for Dutch **gin**, which is made differently from American or British gin. The distillate which is subsequently redistilled using the same **botanicals** (mainly **juniper** berries) results from the **pot-still** distillation of a **mash** containing a large proportion of **malt**. This obviously gives the end product a very distinctive flavour.

gentian *gentiane* *nf*
Plant possessing blue, violet or yellow flowers, which grows in mountain meadowland. When its roots are steeped in alcohol, they generate a very bitter flavour, which can be found in various *apéritifs* such as **Suze**, for example.

gentle *doux* *adj*
For a **vinegrower**, a gentle slope is preferable to a steep one, because it renders his work – particularly the use of mechanical equipment – much easier and safer.

genus (*pl* genera) *genre* *nm*
In botanical classification, the genus is a subdivision of the family. For example, the vitis genus of plants belongs to the ***ampelidaceae*** family.

geography *géographie* *nf*

geographic(al) *géographique* *adj*
The notion of geographic(al) indications was traditionally linked with European wines. In France, the concept of ***terroir*** is at the very basis of the appellation system. In Italy, we find the appellation **IGT** *(**I**ndicazione **G**eografica **T**ipica)* and in Spain, **VCIG** *(**V**ino de **C**alidad con **I**ndicación **G**eográfica)*. However, since 1994, the **GI** (**G**eographical **I**ndications) system, based on state or regional boundaries, has existed even in Australia.

geology *géologie* *nf*
The notion of geology, like that of geography, is very important in French viticulture, because it is one of the key factors in the concept of ***terroir***. The soil, and more especially, the subsoil has an important influence on the vine, whose roots are very long.

geological *géologique* *adj*

geologist *géologue* *nm*
The opinions of geologists are fundamental in decisions made by the **INAO** to award or not a given appellation.

geranium *géranium* *nm*
Aroma reminiscent of geranium leaves, which may be found in red wines. It indicates the degeneration of **sorbic acid**, which may be used during the fermentation to inhibit yeast activity.

germ *germe* *nm*
They need to be eliminated at all stages when making wine, beer, etc.

Germany *Allemagne* *nf*
Wine-producing country of the European Union, with a relatively cool climate, which produces mainly white wines from the **Riesling**, **Silvaner**, **Müller-Thurgau** and other grape varieties. The vineyards are situated on either side of the Rhine and its tributaries, from Lake Constance, in the south, to Bonn. The wines are classified under four different categories: ***Deutsche Tafelwein***, ***Landwein***, ***Qualitätswein bestimmter Anbaugebiet (QBA)***, coming from specified quality regions and ***Qualitätswein mit Prädikat (QnP)***, made according to very strict rules. →

GERMANY
ALLEMAGNE

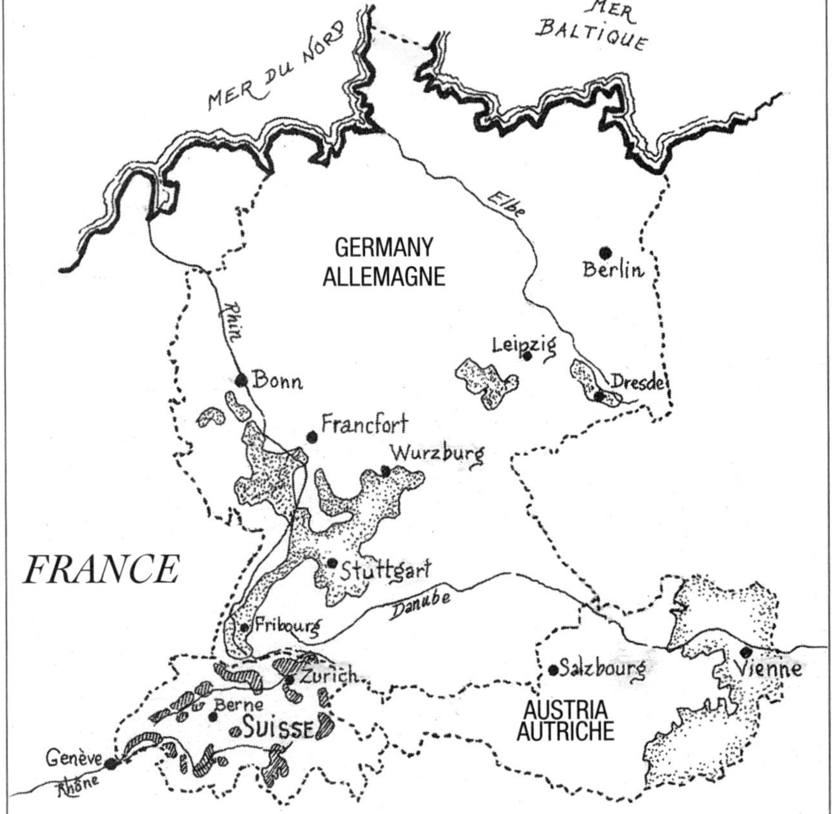

germinate ***(faire) germer*** *v*
In the preparation of **malt** for the **brewing** and **distilling** industries, germination is extremely important. Barley is steeped in water until germination begins. This enables the **starch** molecules to be broken down into fermentable sugar. The germination is stopped by heating the germinated barley.

germination ***germination*** *nf*

geropiga *n*
Portuguese word for a syrupy form of partially fermented grape juice used to sweeten wines during the blending of **port**.

Gevrey-Chambertin (AOC)
One of the larger villages of the **Côte de Nuits** located less than ten miles south of Dijon. Its wines are exclusively red, made from the **Pinot Noir** grape variety. Gevrey has many ***premier cru*** vineyards as well as several ***grands crus*** such as **Chambertin**.

Gewürztraminer ***gewürztraminer*** *nm*
White grape variety coming originally, no doubt, from the Italian **Tyrol**, but now generally associated with **Alsace**, where it produces its best wines. Its aromatic nose may surprise newcomers, as it is both **floral** and **fruity**, frequently reminiscent of **lychees**. In Alsace, it can produce some excellent ***grands crus*** and some truly great ***vendanges tardives*** and ***sélections de grains nobles***. It is found in many of the European countries, as well as some regions of the **New World**: **California**, **New Zealand**, etc.

GI (Geographical Indications)
(See 'geographic[al]').

Gigondas (AOC)
A village situated north-east of Avignon in the southern **Rhone Valley** which has its own AOC. This appellation is used for red and rosé wines in which the **Grenache** grape variety is dominant.

gill *n*
Unit of liquid measure, once common in the British pub, equal to one quarter of a **pint**, or about 14 centilitres.

gillyflower ***giroflée (jaune)*** *nf*
Aroma which might be found in some white wines.

gin ***gin*** *nm*
The name is a contraction of the word '***genever***', which in Dutch designates the juniper tree whose berries are the principal flavouring for this spirit. Today, **London** dry gin is made from almost pure spirit, flavoured with juniper berries and other herbs and spices such as **coriander**. Most gin is now consumed with Indian **tonic**, and one can sometimes wonder whether the thirst-quenching 'gin and tonic' (or G&T) has not become England's national beverage.

ginger ***gingembre*** *nm*
Aroma which may be encountered in certain fortified and dessert wines.

gingerbread ***pain d'épice*** *nm*
Speciality of the French city of Dijon. In tasting, aroma which may be detected in certain wines. *(See also 'spice bread').*

Gironde
The name of the estuary, formed by the Garonne and Dordogne rivers, which flows about fifty miles from just north of the city of Bordeaux to the Atlantic Ocean. The vineyards of the **Médoc** area are located on the left (or west) bank, while to the right lie the vineyards of **Bourg** and **Blaye**.

Gisborne
The Gisborne, or **Poverty Bay** region, on the east coast of the north island of **New Zealand**, is warm and sunny and well known for its **Chardonnay** and **Gewürztraminer** wines.

Givry (AOC)
One of the four villages of the **Côte Chalonnaise** area of Burgundy to have its own AOC. The production is shared fairly equally between red and white wines which generally represent excellent value for money.

glass ***verre*** *nm*
The glass industry has very close links with the drink industry. The glass bottle still remains the best option for packaging most quality drinks, while the glass itself (made of glass or crystal) remains unbeaten for serving and (especially) tasting.

glassful ***(plein) verre*** *nm*

glassware ***verres*** *nmpl*, ***verrerie*** *nf*

glassy ***qui a l'aspect du verre*** *adj*

glassy-winged sharpshooter *n*
Sort of **leafhopper** responsible for the spread of **Pierce's disease** in California.

glaze ***vitrifier*** *v*
This may be done in order to line the inside of a fermentation or storage vat.

gleam ***luire, miroiter*** *v*
In tasting, a wine which gleams always makes a good first impression.

glen ***vallée*** *nf*
Word of Scottish origin meaning valley. It is very common in the names of Scottish single malt whiskies.

Glen Ellen
Village situated in **Sonoma** Valley, California, where writer Jack London acquired Beauty Ranch in 1906. His estate included vineyards which his heirs still farm today. They even make Jack London wine.

Glenfarclas
Scottish single malt whisky from **Speyside**. Generally considered as one of the classic Highland malts.

Glenfiddich
Perhaps the world's best-known Scottish single malt whisky. The distillery, located on Speyside, has always known how to market this soft light whisky.

Glengoyne
Most southerly of the Scottish Highland malt whisky distilleries located in Stirlingshire. Light and pleasant.

Glen Grant
Scottish single malt whisky from **Speyside**. Light and dry.

Glenlivet, The
Scottish single malt whisky from **Speyside**. The rather superlative-sounding definite article results from a successful court case brought against distillers who tried to benefit from this distillery's success by copying its name. Well-balanced and never disappointing.

Glenmorangie
Scottish single malt whisky from the northern **Highlands**. Smooth and delicate and increasingly popular today.

Glen Ord
Scottish single malt whisky from the northern **Highlands**. Smooth and dry.

Glen Scotia
With **Springbank**, one of the two remaining **Campbeltown** malt-whisky distilleries. Oily and peaty.

glint ***scintillement, reflet*** *nm*

glint ***étinceler, miroiter*** *v*
Very similar in meaning to 'gleam'.

glisten ***luire, scintiller, miroiter*** *v*
Very similar in meaning to 'gleam'.

global ***mondial*** *adj*

global warming ***réchauffement de la planète*** *nm*

globalisation ***mondialisation*** *nf*
The globalisation (or standardisation) of taste is becoming a cause of concern for many experts and **connoisseurs**.

glögg *n*
Swedish spiced wine, often given an extra 'kick' by the addition of **aquavit** or **brandy**, served hot, particularly for advent.

glow ***lueur, rougeur, sensation de chaleur*** *nf*
In tasting, a wine or other drink might have a sort of glow (cf, 'gleam', 'glint'), but more usually, the 'glow' will be for drinker.

glow ***rayonner*** *v*

gluconic acid ***acide gluconique*** *nm*
Acid formed by the oxidation of **glucose**.

glucose ***glucose*** *nm*
Together with **fructose**, one of the two sugars naturally present in grape juice. It is, in fact less sweet than fructose, though the two are present in roughly equal proportions. In grape juice, glucose is present in the form of **dextrose**.

glue ***colle*** *nf*

glug-glug ***glouglou*** *nm*
Onomatopoeia for the gurgling sound which a liquid makes when poured slowly from a bottle.

Glühwein *n*
Sort of German **mulled wine**. A literal translation would be 'glow wine' which confirms the explanation above *(see 'glow')*.

glutamic acid ***acide glutamique*** *nm*
Amino acid naturally present in many proteins.

glutinous ***glutineux*** *adj*

glycerin(e) ***glycérine*** *nf*
(See 'glycerol').

glycerol ***glycérol*** *nm*
Trialcohol which develops in wine during the alcohol fermentation. It gives an impression of sweetness and a tactile sensation of smoothness, fatness and viscosity.

glycol ***glycol*** *nm*
Diol present in wine, which – like glycerol – has a certain sweetness and contributes to its viscosity. Ethylene glycol is used as anti-freeze.

gneiss ***gneiss*** *nm*
Metamorphic rock composed mainly of feldspar, quartz and ferromagnesian minerals.

goblet ***verre à pied*** *nm*, ***coupe*** *nf*

gobelet *n*
French word, meaning 'tumbler', used to describe a method of vine **pruning** and **training**. The trunk is left with three or four arms, which carry the spurs pruned with two eyes each. The arms are then tied together, giving the vine the appearance of a bush and the shape of a goblet.

Goisses, (Clos des)
One of Champagne's most famous vineyards, in Mareuil-sur-Ay, belonging to the Philiponnat Champagne house. The grapes from the Clos are vinified separately into a superb *cuvée*.

gold ***(d')or, doré*** *n/adj*
Colour of certain wines or other drinks. For a white wine, the colour gold will often indicate maturity.

golden ***doré, ayant la couleur d'or*** *adj*

gönc *n*
Hungarian word for an oak cask containing 140 litres of wine. The gönc is of importance in the making of **Tokay** wine.

gondola ***gondole, benne à vendanges*** *nf*
A set of shelves in a supermarket used for displaying (among other products) wines, beers and spririts. In the USA, the word is also used to designate a sort of **truck** used to transport the grape **harvest**.

gooseberry ***groseille à maquereau*** *nf*
Term used to describe the tart, almost sour taste of some young white wines, particularly those made from **Sauvignon Blanc**.

gorgeous ***magnifique, superbe, délicieux*** *adj*
Very flattering description for a wine or other drink.

gourmet ***gourmet*** *nm*
Person who appreciates good food and drink.

graceful ***élégant, plein de grâce*** *adj*
Very flattering description for a wine or other drink.

gradient ***pente, dénivellation*** *nf*

graft ***greffe*** *nf*
The joining together of two pieces of plant tissue (**scion** and **rootstock**). The word also refers to the place on the resulting plant where the graft was made.

graft ***greffer*** *v*
To join two pieces of plant tissue together, so that they become one plant. In viticulture, this is done in order to propagate vineplants which are resistant to **phylloxera**. A **scion** of ***vitis vinifera*** is grafted onto rootstock developed principally from American vine **species**.

grafted ***greffé*** *adj*

grafting ***greffage*** *nm*

grafting knife *greffoir nm*

grain spirit
Generic term for spirits which are distilled from a **wash** resulting from the fermentation of various grains (**barley**, **maize** [**corn**], **rye**, etc.). It can therefore be applied to any type of **whisky** (or **whiskey**).

grain whisky
Type of whisky developed in the 1830s following the invention of the **Coffey still**. This continuous distillation process was used to make whisky from grains other than malted barley, notably **maize**, **unmalted barley**, **wheat**, **millet**, etc. The product was lighter, and from the 1860s onwards, was blended with **malt whisky** to create **blended whisky**. Grain whisky is not normally sold to the end-consumer, but a whole range of blended whisky brands, some of them household names, exists on the market.

graisse, maladie de la n
French term for a malady affecting wines, which take on a **greasy** appearance. It is caused by an accident which may occur during the **malolactic fermentation**.

gram *gramme nm*
Unit of weight which is equal to one thousandth of a **kilogram**.

grand cru nm
Within the French AOC system, an appellation is often broken down into a number of homogeneous areas known as ***crus***. Those producing the best wines will be called ***grands crus***. This system exists in several quality wine-producing areas such as **Bordeaux**, **Alsace** or **Burgundy**. In this last area, though, the name of the ***grand cru*** becomes in fact the name of the AOC. For example, **Richebourg** is one of the six ***grands crus*** of the commune of **Vosne-Romanée**.

grand clu classé n
Term used in the region of Bordeaux for certain wines from Médoc, **Saint-Émilion** and **Sauternes**, which have been selected in various **classifications**. But here, it is the estate which is classified and the name of the AOC does not change. For example, **Château Latour** is a **Pauillac** AOC.

Grand Marnier
Curaçao style (orange-flavoured) **liqueur**, which dates back to 1880, and whose spirit base is exclusively **Cognac**. One wonders whether more is not now consumed as a flavouring for crêpes (pancakes), ice cream or other desserts, than drunk as a digestif.

Grande Champagne
The most central of the seven districts of the region of **Cognac**, representing about 11% of the total surface area. Here the soils are composed of soft chalk and they produce undoubtedly the spirit with the greatest finesse. When blended with **Petite Champagne**, another appellation, **Fine Champagne**, can be used, though the blend must contain at least 50% of Grande Champagne. → *p. 25.*

Grande Rue, la (AOC)
One of the six ***grand cru*** appellations on the territory of **Vosne-Romanée**. It is the second smallest of the six and is located between the Romanée vineyards to the north and **La Tâche** to the south.

Grands Échezeaux (AOC)
(See Échezeaux).

granite *granit(e) nm*
Granular crystalline rock composed of mica, quartz, feldspar, etc.

gran reserva n
In Spain, a top-quality wine which has spent a minimum of eighteen months in **oak**, and which cannot be released before a total period of five years.

grape brandy *eau de vie de vin*
Rather vague generic term designating those types of brandy distilled from grape wine as opposed to **pomace brandy** (or ***marc***) or ***fine***.

grape *raisin nm*
Berry or fruit of the vine, growing in **bunches** and which can be consumed as fruit or transformed into wine. A grape is made up of **skin**, **pulp** and **seeds**.

grapefruit *pamplemousse nm*
Aroma of the **citrus fruit** family, frequently found in young white wines which have undergone low-temperature fermentation.

grape grower ***producteur de raisins*** *nm*
A person who cultivates the vine in order to produce grapes for eating or for making wine. He or she may or may not be a winegrower.

grape harvest ***vendanges*** *nfpl*

grape picker ***vendangeur*** *nm*, ***vendangeuse*** *nf*

grape picking ***vendanges*** *nfpl*
(See 'grape-harvest').

grape variety ***cépage*** *nm*

grapevine ***vigne (produisant des raisins)*** *nf*
Any vine of the ***vitis*** **genus**, especially of the ***vitis vinifera*** **species**.

grapevine leafhopper ***cicadelle*** *nf* ***(dite 'de la vigne')***
Vineyard pest, originating in America, which carries the virus known as ***flavescence dorée***.

grapevine yellows ***flavescence dorée*** *n*
Popular Australian term for *flavescence dorée*.

grape worm ***ver de la grappe*** *nm*
Generic name for certain **caterpillars**, such as those of the **cochylis**, the **eudemis** or the **eulia** moths, which eat the flowers and berries of the vineplant.

grapey ***à l'arôme ou au goût de raisins*** *adj*
Yes, some wines do actually smell or taste of grapes! For example, those made from the **Muscat** grape variety.

grappa
Italian word for **pomace brandy** (or ***marc***).

grass ***herbe*** *nf*
Aroma of cut grass or hay, which may be found in some white wines, such as those made from **Sauvignon blanc**.

grassy ***herbacé*** *adj*
Used to describe the aroma of 'grass'.

gravel ***gravier*** *nm*

gravelly *adj*
Word used to describe a clean **earthy** smell in a wine.

graves *nfpl*
Type of alluvial soil which contains gravel, shingle or pebbles. Such soil gave its name to the Bordeaux appellation **Graves** AOC.

Graves (AOC)
Large vineyard area extending to the south and west of the city of Bordeaux and producing some excellent red and white wines. Since September 1987, the best wines of Graves have carried – rather confusingly, as always – the **Pessac-Léognan** appellation. The best estate is undoubtedly Château **Haut-Brion**.

gravity ***densité*** *nf*
(See specific gravity).

gravy ***jus de viande*** *nm*, ***sauce*** *nf*

gray ***gris*** *adj*
Alternative and usually American spelling of **grey**.

grayish *adj*
(See 'greyish').

grease ***graisse*** *nf*

greasy ***ayant l'aspect ou la consistance de la graisse*** *adj*
Could perhaps be used to describe a wine suffering from *maladie de la graisse*.

great ***grand*** *adj*
Word best kept for truly great tasting moments.

Greece ***Grèce*** *nf*
Southern European wine-producing country, with vineyards scattered around the mainland and islands. Eleven regions in total produce a wide range of wines, both red and white, dry and sweet. There are twenty-eight quality growing areas known as Appellations of Origin (AO), of which twenty are for dry wines – Appellations of High-Quality Origin (OPAP) - and eight for sweet wines – Appellations of Controlled Origin (OPE).

green ***vert, herbacé*** *adj*
Used to describe a wine, particularly **Champagne**, which has excessive **acidity**, due to **unripe** grapes. In tasting, of course, there are also hints of the colour green in many young white wines.

green harvest ***vendange verte*** *nf* ***(or 'en vert')***
Term used to designate the elimination of a certain number of bunches of immature (and therefore green) grapes in a vineyard, in early summer, when the potential harvest seems to be excessive.

green pepper ***poivron*** *nm* ***(vert)***
Aroma frequently encountered in red wines, made from **Cabernet Franc** or **Cabernet Sauvignon** particularly. Called **bell pepper** in American English.

green pruning ***taille en vert*** *nf*
Operation carried out in late spring and early summer consisting in removing excess vegetation (suckers, shoots, leaves) from the vine so that the fruit can receive more sunshine and nutrients.

greenhouse ***serre*** *nf*

greenhouse effect ***effet de serre*** *nm*

greenhouse gas ***gaz à effet de serre*** *nm*

greenish ***verdâtre*** *adj*

Grenache ***grenache*** *nf*
Red variety originating from and extensively planted in **Spain**, where it is known as **Garnacha**. It can make elegantly fruity wines, with a nose reminiscent of **blackberries**, but it is also frequently blended with other varieties. It is found all over the South of France (Lower **Rhône Valley**, **Provence**, **Languedoc-Roussillon**) and its remarkable sugar levels means that it is often used to make ***vins doux naturels (VDN)***.

grey ***gris*** *adj*

greyish ***grisâtre*** *adj*

grey rot ***pourriture grise*** *nf*
Disease caused by the fungus **botrytis cinerea**, developing in warm damp weather.

grid ***grille*** *nf*, ***grillage, quadrillage*** *nm*

grill ***griller*** *v*

grilled ***grillé*** *adj*
Grilled aromas may be found in some wines or other drinks, reminiscent of grilled **almonds**, etc.

Grillet (Château) (AOC)
Tiny estate (about seven and a half acres) forming an enclave within the vineyards of **Condrieu**. As such, it has the curiosity of being the only estate with its own AOC. The wine is made exclusively from the **Viognier** grape variety.

grind ***moudre*** *v*
In the **brewing** and **whisky-distilling** industries, **malt** must be ground into **grist**, before being steeped in warm water in order to extract the sugars.

Griotte-Chambertin (AOC)
Tiny (about six and a half acres) ***grand cru*** appellation which is one of the satellites of **Chambertin**. It is much sought after and famous for its distinctive **morello cherry** aromas, whence its name.

grip *n*
Term used to describe the almost tactile sensation of **firmness** procured by a wine with a good level of **tannin** and **acidity**.

grist *n*
Word used in the brewing and whisky-distilling industries to designate the ground malt which is mixed with hot water in a process known as **mashing**. The purpose of this operation is to convert the **starch** into sugar and produce a fermentable liquid known as **wort**.

grit ***grès*** *nm*
Sort of coarse sandstone.

grog ***grog*** *m*
Drink made by mixing spirit (particularly rum) with water. *(See also 'toddy')*.

Gros Manseng ***gros manseng*** *nm*
(See 'Manseng').

Gros Plant ***gros plant*** *nm*
Synonym for **Folle Blanche**.

Grosslage *n*
German word meaning 'large site'. It refers, in fact, to a group of vineyards with similar characteristics, producing similar wines. In the name Piesporter Michelsberg, for instance, Michelsberg is a *Grosslage* of the town of Piesport

ground ***moulu*** *adj*

ground ***sol, terrain*** *nm*, ***terre*** *nf*

grove ***bosquet, bocage*** *nm*

grow ***pousser, cultiver, faire pousser*** *v*

grower ***cultivateur, viticulteur, vigneron*** *nm*

growth ***croissance*** *nf*

grub ***larve*** *nf*, ***asticot ver*** *nm*

guava ***goyave*** *nf*

gueuze *nf*
Type of Belgian beer, sweet and sour in taste, which results from the blending and bottling together of a mature **lambic** and a young lambic.

guild ***association, guilde, corporation*** *nf*

Guinness
Irish brewery, first founded by Arthur Guinness in the County of Kildare in 1756, before being moved to Dublin three years later. The firm prospered over the years, thanks to good management and good marketing, and is now a huge operation. Who does not know this almost black **stout**, with its white creamy head, which is no doubt best drunk on **draught**?

gully ***ravine*** *nf*, ***petit ravin*** *nm*
A gully is caused by erosion due to the action of water.

gulp ***gorgée*** *nf*

gulp ***avaler, boire goulûment*** *v*

gum ***gencive*** *nf*

gunflint ***pierre à fusil*** *nf*
Smoky aroma, reminiscent of flint striking steel, which is commonly found in some **Chablis** and wines made from **Sauvignon Blanc** such as **Pouilly-Fumé** or **Sancerre**.

gurgle ***glougouter, faire glouglou*** *v*
(See 'glug-glug').

gust ***rafale, bourrasque*** *nf*, ***fort coup de vent*** *nm*

gust ***souffler en rafales*** *v*

gustation ***gustation*** *nf*
The act or capacity of tasting.

gustatory ***gustatif*** *adj*
Pertaining to taste and tasting.

gut rot ***tord-boyaux*** *nm*, ***mal de ventre***

gutsy ***vigoureux*** *adj*

Guyot pruning ***taille Guyot*** *nf*
Pruning method inspired by Doctor Guyot (1807-1872). Each year, the **vinegrower** keeps only two branches: the **cane**, with 5 or 6 **eyes**, which is fixed horizontally to the lower trellis wire, and the **spur**, with two eyes, from which will grow the replacement branches for the following year. But be careful, the Guyot system may be **single**, as described here, or **double**.

gypsum ***gypse*** *nm*
Form of crystallised, hydrated **calcium sulphate**. In the making of sherry, crushed grapes used to be dusted with gypsum, which enabled the **tartrates** to precipitate more easily.

gyropallet ***giropalette*** *nf*
Word used to designate a sort of large metal rack or crate, containing 500 bottles, used in the **traditional method** for making **sparkling wine**. These gyropallets are moved, in regular stages, from a horizontal to a vertical position, thus mechanising the task of **remuage** or **riddling**. → *p. 129.*

H

hail ***grêle*** *nf*
Often synonymous with disaster for vinegrowers, as the **hailstones** can cause untold damage to the leaves, the branches and, of course the fruit. **Anti-hail guns** exist, which fire rockets containing **silver iodide** into the hail clouds. This will often provoke a precipitation before the clouds threaten the vineyards. But sometimes, good insurance coverage is the only solution. → *p. 191.*

hailstone ***grêlon*** *nm*

hailstorm ***orage de grêle*** *nm*

half-barrel ***demi-pièce, feuillette*** *nf*
Quite common in Burgundy, a half-barrel or **feuillette** contains about 114 litres or 150 bottles.

half-bottle ***demi-bouteille*** *nf*
For wine, a half-bottle contains 37.5 centilitres. They may be appreciated in restaurants, given the price of wine in recent years, but experts will usually say that the wine does not mature as well in the smaller container.

halbsüss *adj*
German word meaning literally 'half sweet' or 'semi-sweet'. It is used in Austria to designate a wine containing between 9 and 18 grams per litre of residual sugar.

halbtrocken *adj*
German word meaning literally 'half dry' or '**off-dry**'.

hand-picked ***cueilli à la main / manuellement*** *adj*
Term used to describe grapes (or any other **crop**) which have been picked by hand, as opposed to mechanically (using a machine). This may be a choice (for reasons of quality) on the part of the vinegrower, but in some regions (**Beaujolais** or **Champagne**, for example), hand picking is imposed by appellation regulations. In other regions, the choice may be dictated by **topography**.

hand picking ***cueillette / vendange(s) à la main / manuelle*** *nf(p*

handle ***poignée, anse, queue*** *nf* ; ***bras, manche*** *nm*

handle ***toucher, manier, manipuler ; traiter, prendre en main, s'occuper de*** *v*

handling ***manipulation, manutention*** *nf,* ***maniement*** *nm ;* ***traitement*** *nm*

hangover ***gueule de bois*** *nf*
Can usually be avoided, if the two basic rules of drinking are respected: drink only quality products and drink only in moderation.

Haraszthy, Agoston
Hungarian, known as the 'father of Californian viticulture', who arrived in the state in the mid-1800s. He founded the Buena Vista Winery in **Sonoma** and was instrumental in introducing ***vitis vinifera*** varieties to **California**.

hard ***dur*** *adj*
In tasting, such a description would usually refer to an excessively tannic wine, or one with an excessive amount of tartaric acid.

hard cider ***cidre traditionnel*** *nm*
(See 'scrumpy').

harden ***(se) durcir, (s')endurcir*** *v*

hardening ***aoûtement*** *nm,* ***lignification*** *nf* ***(des sarments de la vigne)***

hardness ***dureté*** *nm*

hardy ***vivace, de pleine terre, résistant*** *adj*
Quality in vines and other plants which is sought after in certain circumstances.

harm ***dégâts, mal, tort*** *nmpl*

harm ***nuire à, causer des dégâts à, faire du mal à*** *v*

harmful ***nuisible, nocif, dangereux*** *adj*

harmless ***inoffensive, anodin*** *adj*

harmonious ***harmonieux, bien équilibré*** *adj*
Very flattering description for a wine or other drink in which the basic taste elements, **sweetness**, **acidity**, **astringency**, **bitterness** and alcohol are perfectly balanced.

harrow ***herse*** *nf*

harsh ***dur*** *adj*
Synonym for 'hard'.

harshness ***dureté*** *nf*

Hárslevelü ***harslevelü*** *nm*
White grape variety which is blended with **Furmint** to produce the remarkable **Tokay** wines of **Hungary**. It no doubt contributes more to the nose and palate of these wines than the other variety.

harvest ***vendange(s), cueillette, récolte*** *nf(pl)*, ***moisson*** *nm*

harvest ***vendanger, cueillir, récolter, moissonner*** *v*

haulage ***transport commercial de marchandises*** *nm*

haulier ***transporteur*** *nm*

Haut-Armagnac
One of the three districts of the production area for **Armagnac**, running south from the town of Agen down the eastern side of the area. The soils are predominantly **chalky**.

Haut-Brion ***Château***
Undoubtedly the best estate of the **Graves** area. In 1855, it was the only non-**Médoc** red wine to figure in the famous **classification**. It is one of the (now) five *premiers* ***grands crus classés***. → *p. 131*.

Haut-Médoc (AOC)
As the name suggests, the Haut-Médoc, with its own appellation, is part of the larger **Médoc** area. Within the Haut-Médoc, several other more prestigious AOCs are to be found: **Margaux**, **Saint-Julien**, **Pauillac**, **Saint-Estèphe**, **Moulis**(-en-Médoc) and **Listrac**. Nonetheless, several *châteaux* classified in 1855, such as Camensac and Cantemerle, carry the Haut-Médoc appellation.

Haut-Poitou (VDQS)
Vineyard area situated to the north of the city of Poitiers, considered as part of the **Loire Valley** region. These VDQS wines enjoy a certain popularity.

Hautes Côte de Nuits
The vineyards of this sub-region are spread over the territory of 18 villages, situated above the prestigious **Côte de Nuits**. Mainly red and white wines are produced here, carrying the regional AOC **Bourgogne Hautes-Côtes de Nuits**, and some of them represent excellent value for money.

Hautes Côtes de Beaune
The vineyards of this sub-region are spread over the territory of 29 villages. They are situated at the top of or above those of the more prestigious **Côte de Beaune**, thus at a higher altitude. Some excellent red and white wines, often representing good value for money, are to be found there, carrying the regional AOC **Bourgogne Hautes-Côtes de Beaune**.

Hautvillers
The Abbey of Hautvillers, situated just north of **Épernay**, is now the property of the Moët et Chandon champagne house. It used to be a Benedictine abbey, where – the legend goes – cellarmaster, **Dom Pérignon** developed the art of Champagne-making.

Hawkes Bay
Wine-producing area located on the east coast of the North Island of **New Zealand**, producing some top-class red and white wines.

hawthorn ***aubépine*** *nf*
Floral aroma which may be found in certain young dry white wines.

hay ***foin*** *nm*
Aroma, reminiscent of hay, which may be found in certain wines. It is mellower than the aroma of fresh cut grass, and consequently more flattering.

haze ***voile*** *nm*
In tasting, lack of limpidity found in a wine or other drink, which has been badly fined or filtered. In some juices, the haze will be due to the **pectin** present in the ripe fruit.

hazelnut ***noisette*** *nf*
Aroma frequently found in certain dry white wines, particularly those made from the **Chardonnay** grape variety.

hazy ***voilé, trouble*** *adj*

heads ***têtes*** *nf pl*
Term used in the pot-still distillation process to designate the first (undesirable) fragment of the second distillation, which is separated from the **heart** *(cœur)*. Together with the **tails** *(queues)*, the heads are redistilled. In Scottish malt whisky distillation, they heads are called **foreshots**.

heady ***capiteux, qui monte à la tête*** *adj*
Used to describe a wine or other drink in which there is a lot of (perhaps too much) alcohol.

health ***santé*** *nf*

healthy ***sain*** *adj*

heart ***cœur*** *nm*
During the second distillation of **cognac** and **malt whisky**, the first and last runnings from the still are separated from what is called the heart, ie, the spirit which is considered **potable**. The **foreshots** (or ***'têtes'***) and **feints** (or ***'queues'***) are returned to the **pot still** for redistillation. (*see* '***middle cat***').

hearty ***robuste, vigoureux*** *adj*
Used in tasting to describe a robust very fruity wine, with a good level of alcohol.

heat ***chaleur*** *nf*

heat exchange ***échange thermique*** *nm*
System which makes it possible to raise or lower quickly the temperature of a liquid.

heat exchanger ***échangeur thermique*** *nm*
In winemaking, this apparatus has often been replaced by the use of stainless steel, temperature-controlled fermentation and storage vats.

heat extraction ***extraction à chaud*** *nf*
Vinification technique designed to extract a maximum of colour from the grapes, by heating the must.

heat summation
(See 'degree days').

heat treatment ***traitement par la chaleur*** *nm*
Technique which makes it possible to stabilise microbiologically a wine or other drink by heating it. *(See 'flash pasteurisation').*

heater ***radiateur, chauffe-eau*** *nm*

heather ***bruyère*** *nf*
Very much associated with the Scottish **Highlands**, aroma found in certain malt whiskies but also some white wines.

heather ale ***bière de bruyère*** *nf*
One of the oldest types of beer known in the British Isles, said to have been invented by the Picts in 200 BC. In recent years, it has been reproduced commercially from an old recipe and one of the main ingredients is heather.

heating ***chauffage*** *nm*

heavy ***lourd*** *adj*
In tasting, word used to describe a wine or other drink which is badly balanced, due to excessive alcohol and insufficient **acidity**.

heavy toast ***forte chauffe*** *nf*
In barrel-making, refers to the degree to which the **staves** of a **barrel** are heated. Heavy toasting will give to the wine **smoky**, burnt aromas.

hectare ***hectare*** *nm*
Surface area measuring 100 metres x 100 metres, equal to 10,000 m^2 or 2.47 acres.

hectolitre ***hectolitre*** *nm*
Volume equal to 100 litres.

hedge ***haie*** *nf*

height ***hauteur, altitude*** *nf*

helical ***hélicoïdal*** *adj*

helicopter ***hélicoptère*** *nm*
In viticulture, may be used for **spraying** vines. Other (rather costly) uses which have been found are keeping cold air circulating to avoid spring frosts, or drying out rain-soaked vines prior to harvest.

hemisphere ***hemisphère*** *nm*
Once a monopoly of the **old world** (ie, the northern hemisphere), commercial winemaking is now an important activity in the southern hemisphere, thanks to **new world** countries such as **Chile**, **Argentina**, **South Africa**, **Australia** and **New Zealand**.

herb ***herbe (aromatique et / ou comestible)*** *nf*
Many herbs are used to flavour **liqueur**s and **spirit**s. Moreover, the aroma of fresh or wild herbs is present in some white wines from the South of France.

herbaceous ***herbacé*** *adj*
Used to describe a wine smelling of herbs, grass or leaves. *(See 'grassy').*

herbal ***à base d'herbes / de plantes*** *adj*
Used to describe a drink (tea, infusion) or medicine made from herbs. Also, the aroma of herbs in a wine or other drink.

herbicide ***herbicide*** *nm*
Chemical product used to kill **weed**s. In modern **viticulture** (and agriculture in general), herbicides are used as sparingly as possible.

herby ***herbacé*** *adj*
(See 'herbaceous').

Hermitage (AOC)
One of the stars of the northern Rhone Valley, the steep-sloping vineyards overlook the town of Tain-l'Hermitage on the left bank of the river. The wines are mainly red, made from **Syrah** grapes with the addition, sometimes, of a little **Marsanne** and **Roussanne**. These last two varieties are used to make the white wines of Hermitage. → *p. 74.*

Hessen
(see Rheinhessen).

Hessische Bergstrasse
The smallest German wine-producing region situated south of the city of Darmstadt. The white wines are usually **fruity** and **acidic**.

high ***haut, élevé*** *adj*

high-culture system ***vigne haute*** *nf*
System of **training** in which the vine has a trunk about one metre high. In this way the vegetation and fruit grow much higher from the ground than in many other systems, thus exposing them more to the sunshine. In this system, the **spacing** between the vines and the rows is wider, and the number of vines per hectare is consequently much lower (about 3,500 per hectare).

high-toned *adj*
In tasting, used to describe a wine that has been made with a small amount of **volatile acidity** in order to enhance its **nose** and **palate**.

Highland Park
Scottish **single malt** whisky from the **Orkney Islands**. **Smoky** and **peaty**.

Highland whisky
Generic term for whisky coming from those distilleries situated in the Highlands, or north of the Highland Line imagined by **Customs and Excise** to categorise different styles of whisky. Many of the Highland distilleries fall within a sub-division called **Speyside**.

Highlands, the
Part of Scotland lying to the north of an imaginary line from Greenock to Dundee. The Highlands are home to many **malt whisky** distilleries.

hill ***colline, coteau*** *nf*
The side of a gently-sloping hill is no doubt the best location for a vineyard, provided that the orientation is good and the altitude not excessive.

hill up ***butter*** *v*
Before the heavy winter frosts arrive, it is good to hill up the soil around the vine stocks in order to protect them from the severe cold.

hillock ***petite colline, butte*** *nf*

hillside ***flanc de coteau, coteau*** *nm*

hilltop ***sommet d'une colline*** *nm*

Himbeergeist
German **fruit brandy** made by the maceration of raspberries *(Himbeeren)* in alcohol followed by distillation.

hint ***pointe, touche, nuance*** *nf* ; ***reflet*** *nm*
Very useful word in tasting, which refers to the subtle suggestion of a colour, an aroma or a taste. Tasting is frequently the art of describing subtleties.

hoarfrost ***givre*** *nm*, ***gelée blanche*** *nf*

hock ***vin du Rhin*** *nm*
Generic word for a German wine from the Rhine regions, particularly **Rheingau**. It is said to be a deformation of the name of the Rheingau town of Hochheim, which Queen Victoria had difficulty pronouncing.

hod ***hotte (de vendangeur)*** *nf*
(See 'back-basket').

hoe ***pioche, binette*** ***nf***, ***sarcloir, fessou*** *nm*

hoe ***piocher, biner, sarcler*** *v*

hogshead ***fût, tonneau*** *nm* ***pièce, barrique*** *nf*
Barrel or **cask** used for transporting wine or spirit, whose capacity should correspond roughly to the old English measure of one hogshead or 50 imperial **gallon**s or about 228 litres, the capacity of the Burgundy ***pièce***.

holding tank ***cuve de stockage*** *nf*

hollow ***creux*** *adj*
May be used in tasting to describe a wine or other drink which lacks depth or body. *(See also 'empty' and 'shallow').*

home brewing ***brassage de bière à la maison*** *nm*
Hobby popular in Britain, particularly, consisting in brewing one's own beer at home, from kits bought in shops.

home distiller ***bouilleur de cru*** *nm*
Approximate translation of the French expression *bouilleur de cru*, a vinegrower or fruit farmer who had the right to distil ten litres of his own **marc** or **fruit brandy** without paying any taxes. Many French people regret that this right can no longer (since 1960) be passed down from generation to generation. But it is fair to speculate about the considerable stocks of brandy which must exist in cellars and attics across France.

home winemaking ***élaboration de vin à la maison*** *nf*
Like home brewing, hobby popular with some British people. The wine is often made using concentrated grape must bought in stores.

honest ***honnête*** *adj*
In tasting, used to describe a wine which is unpretentious but well made, without any problems.

honey ***miel*** *nm*
Aroma frequently found in sweet white wines, but also in **Chardonnay**s from Burgundy, such as **Meursault**, which have been matured (and often fermented) in **oak**.

honeyed ***mielleux, miellé, à l'arôme / au goût de miel*** *adj*

honeysuckle ***chèvrefeuille*** *nm*
Floral aroma, sometimes found in young white wines.

hooch ***gnôle*** *nf*
American slang word for alcoholic liquor, particularly poor-quality or illicit whiskey.

hook ***crochet*** *nm*

hoop ***cercle (d'un tonneau)*** *nm*

hoop ***cercler*** *v*

hooping ***cerclage*** *nm*

hop(s) ***houblon*** *nm*
The hop plant is cultivated for the cones formed by its flowers which secrete a substance known as **lupulin** which gives beer its characteristic **bitter** taste. But hops have not always been used in English brewing and the practice was probably learnt from the Flemish who adopted hops as early as 1500.

hop back ***panier à houblon*** *nm*
In traditional **ale** brewing, the **wort**, after being boiled in a **copper** with **hops**, is transferred to a vessel called a hop back, which acts as a sort of filter, separating the wort – which will now be fermented – from the spent hops.

hopper ***conquet*** *nm* ***trémie*** *nf*

horizontal press ***pressoir horizontal*** *nm*
A wine press having a horizontally cylindrical form, that works by means of two large discs inside, which gradually move towards each other, pressing the grapes as they do so. At the same time, the press turns on itself in both directions. *(See 'Vaslin').*

horizontal tasting ***dégustation horizontale*** *nf*
Tasting which consists in comparing different wines of the same vintage. These may be from the same producer or the same region, for example. In opposition to **vertical tasting** in which different vintages of the same wine are compared.

horse ***cheval*** *nm*

horseradish ***raifort*** *nm*

hose ***tuyau (d'arrosage), jet*** *nm*

hose pipe *n*
(See 'hose').

Hospices de Beaune
Originally a hospital for the poor, the famous Hôtel-Dieu in **Beaune** was founded in 1443. Over the years, the Hospices have received, in the form of donations, many fine vineyard plots. The wines from these are sold in a famous auction sale which takes place every year on the third Sunday of November. It is usually said that the trend of prices in this annual event sets the trend for prices in **Burgundy** in general.

Hospices de Nuits
The principle is much the same as that of the **Hospices de Beaune**. The charity auction sale, which is less prestigious, takes place on the Sunday before Palm Sunday.

hot ***chaud ; épicé, relevé, fort*** *adj*
Usually unflattering description for a badly balanced wine dominated by the excessive presence of alcohol.

house ***maison*** *nf* ***; société*** *nf* ***; bar, restaurant*** *nm*
Often used when referring to a **Champagne** firm *(maison de Champagne).*

house! it's on the ***c'est offert par la maison*** *exp*
Sometimes heard in bars or restaurants, though perhaps not frequently enough.

house wine ***cuvée de la maison / du patron*** *nf*
Despite its rather pejorative connotations, the house wine can represent excellent value for money in many restaurants. The question is, does the restaurant owner love his job? So does he do it properly?

hue ***couleur ; teinte, nuance*** *nf*
Useful word for tasting. A young Beaujolais might have a purple hue, for example.

humid ***humide*** *adj*

humidity ***humidité*** *nf*

humus ***humus, terreau, (arôme de) sous-bois*** *nm*
In mature wines, particularly reds, this aroma is not unpleasant.

Hungary ***Hongrie*** *nf*
Central European country which has recently entered the EU. It has a long wine-making history and is no doubt best known for the **botry-**

tised wines of **Tokay** and full-bodied red wine called **Egri Bikavér**, or **Bull's Blood**. Both of these come from the north-east, but quality wines may also be found in the south, the north-west and in the region of Lake Balaton.

hungover *avec la gueule de bois adj*
Way of describing the state of having a hang-over.

Hunter Valley
The vineyards of the Hunter Valley are situated north of the city of Sydney in **New South Wales**, Australia. In fact, there are two distinct areas, the Upper and the Lower Hunter Valley, both of which produce some of Australia's finest wines.

hut *hutte, cabane, cabotte, cadole nf*
In Burgundy, often built of stone in the middle of the vineyard. Ideal for sheltering from the rain or hail, or for taking a break to eat and drink in the days when vineyard workers did not necessarily go home for lunch. → *p. 50.*

Huxelrebe *Huxelrebe nm*
A white variety resulting from the **crossing** of **Chasselas** with Courtiller Musqué. It can be found in Germany and even England, and is often used for blending.

hyacinth *jacinthe nf*
Aroma sometimes found in white wines. A sign that a wine is no doubt past its best.

hybrid *hybride nm*
Term used to designate a type of vine resulting from the crossing of varieties of different **species**, usually ***vitis vinifera*** with American species. Also known as **direct producers**, because they did not need to be **grafted**, they were popular after the **phylloxera** crisis because of their resistance. Unfortunately their grapes and the wines made from them were rarely pleasant. They have now disappeared from all European quality wine appellations with the exception of **Baco 22A**, still authorised for **Armagnac**.

hybridisation *hybridation nf*
Practice of developing hybrids.

hybridise *hybrider v*

hydrate *hydrater v*

hydraulic *hydraulique adj*

hydrocarbon *hydrocarbure nf*
Aroma of petroleum which, strangely enough, is commonly found in maturing and mature **Riesling**s from **Alsace**. This is in no way the indication of a problem.

hydrochlorate *chlorhydrate nm*

hydrochloric acid *acide chlorhydrique nm*

hydrogen *hydrogène nm*

hydrogen sulphide (H_2S) *hydrogène sulfuré nm*
Substance which develops in a wine insufficiently oxygenated during storage in a **cask** or a **vat**. Its characteristic smell of bad eggs and **garlic** is very unpleasant, but will tend to disappear if the wine is aired in the glass.

hydrolase *hydrolase nf*
Type of enzyme.

hydrolysis *hydrolyse nf*
Chemical reaction of a substance with water, usually resulting in its decomposition.

hydrometer *hydrometer nm*
Instrument used for measuring the density of liquids and, therefore, the amount of sugar contained in **must**, for example. *(See also 'densimeter').*

hygiene *hygiène nf*
Vital element today in the making of quality wines or other drinks.

hygienic *hygiénique adj*

hygrometry *hygrométrie nf*
Both the level of humidity in the air and the study thereof.

I

IBU (International Bitterness Units)
Sometimes referred to as **EBU** (**E**uropean **B**itterness **U**nits), this scale – now also used in North America – is designed to measure the **bitterness** of beer. While an American **lager** may be situated at about 10 IBUs, an Irish **stout** will be closer to 60.

ice ***glace*** *nf ;* ***verglas*** *nm*

ice beer *n*
Popular in Canada and fashionable elsewhere for a while, these beers are a commercial imitation of the Bavarian **ice bock**. The freezing and filtering is done far too quickly to allow any real aromas or flavours to develop.

ice bock *n*
Bavarian speciality, brewed in the town of **Kulmbach**. The beer is stored in vessels for a long time and at very low temperatures. Ice forms in the beer which is then filtered. Given that alcohol freezes at a lower temperature than water, the volume of alcohol (or **ABV**) in the finished product increases.

ice box ***glacière*** *nf,* ***compartiment à glace, freezer*** *nm ;* ***(Am. Eng.) réfrigérateur*** *nm*

ice bucket ***seau à glace*** *nm*
Still the best way to serve Champagne or many white wines.

ice cube ***glaçon*** *nm*

iced ***glacé, frappé*** *adj*
Many drinks are best served this way, but it is rarely the case for wines and beers.

iced tea ***thé glace*** *nm*
Very popular drink in the southern United States. It often provides an alternative to basic tap water in restaurants.

ice wine ***vin de glace*** *nm*
English translation of the German ***Eiswein***.

icy ***glacial, glace ; verglacé*** *adj*

IGT ***(Indicazione Geografica Tipica)***
Italian appellation which belongs to the European category of **Table wine**s, ie, non-**QWPSR** wines. The classification IGT is the equivalent of the French ***Vin de Pays***.

ill-smelling ***nauséabond, qui sent mauvais*** *adj*
Never a good description for a wine or other drink.

illegal ***illégal, clandestin*** *adj*

illicit ***illicite, clandestin*** *adj*
Illicit distilling was very common during the period of prohibition in the USA

immature ***immature, pas mûr*** *adj*

immerse ***immerger, plonger (dans un liquide)*** *v*

immersed cap ***chapeau immergé*** *nm*
Technique used in the fermentation of red wines, which enables the cap to remain immersed. This overcomes the problem of **punch**ing, **break**ing **up** and **spray**ing **the cap**. The technique is made possible because of a sort of mesh within the vat which keeps the cap immersed.

immune ***immunisé*** *adj*

immune system ***système immunitaire*** *n*

imperial gallon ***gallon impérial*** *nm*
(See 'gallon').

imperial ***impériale*** *nf*
The Bordeaux equivalent of the **Methuselah**, ie, a Bordeaux-type bottle containing six litres (or eight standard bottles) of wine.

impervious ***imperméable, étanche*** *adj*

import ***importation*** *n*

import ***importer*** *v*

importer ***importateur*** *n*

improve ***améliorer, bonifier*** *v*
Most drinks improve with age. At least, within certain limits.

improvement ***amélioration*** *nf*

impurity ***impureté*** *nf*
A small volume of impurities (about 2%) will remain in spirits.

in-bottle ***dans la bouteille*** *adj*
The principle of the **traditional method** for making **sparkling wines** is in-bottle second fermentation.

inaccurate ***faux, erroné, imprécis*** *adj*

INAO ***(Institut National des Appellations d'Origine)***
French public organisation set up in 1935 in order to determine and control the conditions of production of French ***appellation contrôlée*** wines.

INAO glass ***verre INAO*** *nm*
Tasting glass developed by the INAO and approved by the *Association française de normalisation (AFNOR)*. Also known as the **ISO glass**, it is supposed to be the ideal shape for tasting wines of all kinds

inch ***pouce*** *nm*
Unit of linear measure, equal to 2.54 centimetres, still commonly used in the USA. Twelve inches equal one **foot**.

Inchgower
Scottish single malt whisky from **Speyside**. Distinctive and sweet-flavoured.

incisive ***incisif*** *adj*
In tasting, word used to describe the almost tactile sensation (or 'bite') given by a wine with high levels of acidity and tannins.

incubation ***incubation*** *nf*

incubator ***incubateur*** nm

indefinable ***indéfinissable*** *adj*
Adjective which may prove useful in tasting when one is at a loss for words to describe a sensation.

indemnification ***indemnisation, indemnité*** *nf* ***dédommagement*** *nm*

indemnity ***indemnité*** *nf*

India pale ale (IPA) *n*
Traditional English ale, so called because it was popular with the British soldiers stationed in India. Its higher level of alcohol and stronger flavour of hops allowed it to travel more easily.

Indian tonic water ***tonique*** *m*
(See 'tonic water').

Indicação de Proveniencia Regulamentada **(IPR)**
(See 'IPR').

Indicazione Geografica Tipica **(IGT)**
(See 'IGT').

indigenous adj indigène

INDO ***(Instituto Nacional de Denominaciónes de Origen)***
(See 'Instituto Nacional de Denominaciónes de Origen').

inedible ***non comestible, immangeable*** *adj*

inert ***inerte*** *adj*

infection ***infection, contamination, contagion*** *nf*

infectious ***inféctieux, contagieux*** *adj*

inflorescence ***inflorescence*** *nf*
Term referring to the grouping together of flowers on a plant around a single stem. The vine is a good example of this.

infrared ***infrarouge*** *adj*

infusion ***infusion*** *n*
Sort of herbal tea, often drunk at the end of a heavy meal to facilitate digestion, made with such herbs as verbena or camomile. Also used to describe the aroma, reminiscent of such infusions, which may be found in certain white wines.

inheritance ***heritage*** *nm*, ***succession*** *nf*
The laws of inheritance contributed to the splitting up of many large Burgundy estates.

ink ***encre*** *nf*
In tasting, rather unpleasant metallic aroma considered as a problem in a wine. But the word may also be used to describe the appearance of some very deep red (almost black) wines.

inky ***qui a l'arôme ou l'apparence de l'encre*** *adj*

inn ***auberge*** *nf*
Public house, where alcoholic beverages were served and accommodation was sometimes available.

innkeeper ***aubergiste*** *nm*
Person in charge of the running of an inn.

innocuous ***inoffensif*** *adj*

inn sign ***enseigne d'auberge*** *nf*
Many English inn signs were (and still are) works of popular art.

inoculation ***ensemencement*** *nm*
Winemaking technique which consists in adding selected **yeasts** to the **must** in order to activate the fermentation. May also be used to refer to the adding of **lactic bacteria** to a wine in order to activate the **malolactic** fermentation.

inodorous ***inodore*** *adj*

inquiry ***demande (de renseignement) ; enquête*** *nf*

INRA (Institut National de la Recherche Agronomique)

insect ***insecte*** *nm*
Many insects can be considered as serious pests for the vine, including aphids, caterpillars, beetles, etc.

insecticide ***insecticide*** *nm*
Chemical product used to destroy harmful insects. In modern viticulture, and agriculture in general, insecticides are used as sparingly as possible.

insipid ***insipide*** *adj*
Unflattering description for a wine or other drink which is noticeably lacking in taste. *(See 'bland').*

insoluble ***insoluble*** *adj*

insolvable
(See 'insoluble').

Institute of Masters of Wine
(See 'Master of Wine').

Institut National des Appellations d'Origine **(INAO)**
(See 'INAO').

Instituto do Vinho do Porto
Controlling body which plays an important part in the production and marketing of port wines, particularly concerning vintages.

Instituto Nacional de Denominaciónes de Origen **(INDO)**
Organisation responsible for the regulations which apply to Spanish ***Denominación de Origen (DO)*** wines. It is the equivalent of the French **INAO**.

insulate ***isoler*** *v*

insurance ***assurance(s)*** *nf pl*

intense ***intense*** *adj*
Useful word in tasting. The colour, the nose and the palate can all be intense.

intensity ***intensité*** *nf*
In tasting, it is important to evaluate the intensity of the colour, the nose and the palate.

International Bitterness Units (IBU)
(See 'IBU').

internode ***entre-nœud*** *nm*
Space between two nodes on the stem of a plant.

interprofession ***interprofession*** *nf*
Organisation existing in most wine-producing regions in France, whose role is determine and implement policies designed to defend and promote the local wines. Wine producers and wine merchants are equally represented in these organisations. In Burgundy, for example, the *interprofession* is called the Comité Interprofessional des Vins de Bourgogne (CIVB).

interval ***intervalle*** *nm*

intoxicate ***enivrer, rendre ivre*** *v*

intoxicated ***ivre, soûl*** *adj*

intracellular fermentation ***fermentation intracellulaire*** *nf*
When wine is made using the technique known as **carbonic maceration**, the uncrushed grapes are placed in a fermentation vat. An intracellular fermentation, caused by **enzymes**, and which can produce between two and three per cent of alcohol, begins within each grape. This process, which generates very specific aromas, is used in the production of ***nouveau*** wines such as **Beaujolais nouveau**.

intrinsic ***intrinsèque*** *adj*

invertase ***invertase*** *nf*
Enzyme which separates saccharose into glucose and levulose.

invest ***investir*** *v*

investment ***investissement*** *nm*

invoice ***facture*** *nf*

iodine ***iode*** *nm*
Aroma which may be found in certain wines (**Muscadet**, for example) and also in many Scottish whiskies. Iodine is of course present in sea water, the spray from the sea and the sea-weed left on the beach at low tide.

ion ***ion*** *nm*

ionisation ***ionisation*** *nf*

IPA (India pale ale)
(See 'India pale ale').

IPR ***Indicação de Proveniencia Regulamentada***
Second level of Portugal's **QWPSR** category for wines which have the potential to be promoted to the higher level, **DOC**. In that respect, it can be compared to France's **VDQS** appellation.

Irancy (AOC)
Village located south-east of the city of Auxerre in northern **Burgundy** in a vineyard area known as the Auxerrois. The recently created AOC can be used for red wines made from the **Pinot Noir** grape variety.

Ireland ***Irlande*** *nf*
Member state of the European Union, which is reputed not only for its beer but also its whiskey. One thinks immediately of Guinness and its world-famous stout, but Irish **red ale**, made with **toasted malt**, should not be overlooked. Many fine examples of **Irish whiskey** are now widely available.

iridescent ***iridescent*** *adj*
Not a good sign if the drink in your glass is iridescent.

Irish coffee *n*
Drink consisting of black coffee and **Irish whiskey**, topped with cream.

Irish whiskey
Irish whiskey may well be older than Scotch whisky, as it is now believed that the art of distillation was brought to Scotland by Irish monks. However, although the basic product is the same, there are some important differences concerning both the ingredients and the distillation process. Irish whiskey is closer to a Scottish grain whisky, in that not only **malted barley** is used, but also some **unmalted** barley and other **grains**, like **wheat**, **rye** or **oats**. Yet the **pot still** process is used and three distillations are carried out. This gives Irish whisky its traditional smoothness. NB The spelling of 'whiskey' here.

iron ***fer*** *nm*

A small amount of iron is naturally present in wine, since the vine will have absorbed it through its roots. Too much iron is bad for wine however, because it increases the risk of the malady known as iron or ferric ***casse***.

Irouléguy (AOC)
The vineyards of Irouléguy are situated in the French Pyrénées close to the town of Bayonne. The red wine is better known than the white or rosé and is dominated by the character of the **Tannat** grape variety.

irrigable ***irrigable*** *adj*

irrigate ***irriguer*** *v*

irrigation ***irrigation*** *nf*
Although irrigation has often been frowned upon, it can be a viticultural solution in regions where there is insufficient **rainfall**. The old technique of **flood irrigation** has now been largely replaced by **drip** or **sprinkler** irrigation.

isinglass ***ichtyocolle*** *nf*
Form of **gelatin(e)** extracted from the air bladder of certain fish, which was once a commonly used **fining agent** for wines. Today the gelatin(e) is more likely to be of bovine origin.

Islay
Island off the west coast of Scotland, which is home to several excellent **malt whisky** distilleries. It is generally considered that the **single malts** they produce – **Bowmore**, **Lagavulin**, **Laphroaig**, etc. – are among the most distinctive whiskies of all, with a strong peaty dryness to them.

Isle of Jura
Scottish single malt whisky which, as the name suggests, originates from the Island of Jura just to the north of **Islay**.

ISO (International Organization for Standardization) glass ***verre ISO*** *nm*

isotope ***isotope*** *nm*

Italy ***Italie*** *nf*
Undoubtedly one of the world's leading producers of wine, in terms of volume at least, but like **France**, Italy has been losing ground on certain export markets. Its climate and topography make it possible to grow wines just about everywhere in the country, and there is a seemingly endless range of appellations, grape varieties, styles and colours. Like most EU wine-producing countries, Italy now has a four-level classification system, with **DOCG (Denominazione di Origine Controllata e Garantita)** and **DOC (Denominazione di Origine Controllata)** representing the **QWPSR** level, and **IGT (Indicazione Geografica Tipica)** and **VdT (Vino da Tavola)** representing non-QWPSR wines. While keeping its traditions, Italy has shown in recent years that it is capable of producing more modern wines, more adapted to the world market. → *p. 141.*

J

Jack ***cric, vérin*** *nm*

Jack Daniel's
American **whiskey** made in the "oldest registered distillery" (established 1866) in the USA, in Lynchburg, Tennessee. The firm is proud to point out that Jack Daniel's whiskey is not a **Bourbon**, but a Tennessee whiskey, which means that it is slowly filtered through ten feet of **charcoal** (made from hard sugar maple) before being aged in new charred oak barrels.

jacket ***manteau (de cuve)*** *nm*
Some **stainless steel** vats have a sort of jacket around them, which is in fact a cooling system, enabling the winemaker to control the fermentation temperature.

Jacquère
A fairly productive white grape variety found in **Savoie**, where it produces wines which are typical of the region.

jam ***confiture*** *nf*
Aroma which may be found in some wines or other drinks. Characterised by a concentrated fruitiness which is reminiscent of jam or jam-making, in wines, it is an indication of very ripe fruit.

Jamaica
Island in the British West Indies which produces good-quality golden pot-still **rum**.

jammy ***dont l'arôme ou le goût rappelle la confiture, confituré*** *adj*

J & B ***Justerini and Brooks***
Firm of wine merchants, established in St James Street, London, since the mid-eighteenth century, which is now better known for its **blended whisky**. Who does not know the famous yellow label of its J & B Rare Blend, on which no fewer than eight royal warrants appear?

jar ***pot, bocal*** *nm* ***jarre*** *nf*
Usually made of glass, sometimes earthenware, jars come in many sizes and even shapes. The word is even used in British beer-drinkers' slang to designate a beer. So perhaps a colleague might suggest going for a jar after work.

jasmine ***jasmin*** *nm*
Floral aroma present in certain white wines.

Jasnières (AOC)
Small appellation north of the city of Tours in the **Loire Valley**. The vineyards of Jasnières form an enclave within the larger, but little known, Coteaux du Loir appellation. They produce a usually dry, white wine from **Chenin Blanc**, which in some years can be sweet, thanks to the action of **noble rot**. Jasnières AOC is sometimes described as the **Savennières** of **Tourraine**.

jaune *adj*
(See 'vin jaune').

Jenlain
Small village south-east of Valenciennes in the north of France, which is home to the Duyck brewery, a family-run operation founded in 1922, which has played an important part in the revived interest for the brewing tradition of this region. Its beers of excellent quality are sold under the name of Jenlain.

jelly ***gelée*** *nf*
Grape jelly was very popular in the 19th century America, and horticulturalist, T.V. Munson, sold many vines for that reason.

Jerez (de la Frontera)
City situated just north east of Cadiz, in the region of Andalusia in south west Spain. It is the 'capital' of the **sherry**-producing area and gives its name to the drink.

jeroboam
Oversize wine bottle containing the equivalent of three litres or four standard wine bottles. A double-**magnum**, in other words.

jeropiga *n*
(See 'geropiga').

jobber ***quelqu'un qui travaille à la journée ou à la tâche, journalier, tâcheron*** *nm*

jobbing ***travail à la journée ou à la tâche*** *n*

Johannisberg Riesling
German synonym for Riesling, which may also be used in California.

Johannisberger
German synonym for Riesling, but also - confusingly – a synonym for **Silvaner** in Switzerland.

Johannisberg, Schloss
Superb ***château*** located just next to the village of Johannisberg in the **Rheingau** region of Germany. The 50th parallel crosses its vineyards

Johnnie Walker
One of Scotland's most famous whisky-blending firms, created originally in 1820. Its Red Label and Black Label blends are known the world over.

judge ***juge*** *nm*

judge ***juger*** *v*

jug ***pichet, pot*** *nm* ***cruche*** *nf*

jug wine ***vin ordinare*** *nm*
Term used in California particularly to refer to cheap, basic wine sold in large, often plastic, bottles. It is a reference to the time when people would take their own jug along to the winery to have it filled.

juice ***jus*** *nm*
Made from fruits and vegetables. Many will make healthy, refreshing drinks as they are. Some of them are commonly fermented -- especially grape juice – in order to make equally healthy, but alcoholic beverages.

juicy ***juteux*** *adj*
Strangely enough, juicy is more commonly used to describe food, particularly fruit, but sometimes even meat.

julep
Sort of cocktail, served in a tumbler, made from spirit, sugar and mint leaves with crushed ice. Mint julep is particularly popular in southern USA, from the Kentucky Derby to the bars of New Orleans.

Juliénas (AOC)
One of the ten **crus** of Beaujolais situated in the north of the region close to Saint-Amour.

Jumilla (DO)
Spanish appellation located in the **Levante** region, east of Alicante. It is traditionally associated with overpowering red wines made from the **Monastrell (Mourvèdre)** grape variety, but some producers are now attempting to produce more attractive wines.

juniper ***genièvre*** *nm*
Tree, whose berries are used to give their distinctive flavouring in the distillation of **gin**. Known as **genever** in Dutch.

Jupiler
Leading ***Pils*** beer on the Belgian market. The brand name is cleverly chosen, as the uninitiated tend to read 'Jupiter'. However, the name 'Jupiler' derives from the town of Jupille-sur-Meuse, where the brewery was founded in 1854.

Jura
Region of eastern France which has demonstrated in the last 20-30 years, that it is capable of producing some superb wines, which are an ideal accompaniment for its fine Comté cheese.
Distinctively flavoured white wines and pale red wines are made, along with some remarkable specialities such as ***vin jaune*** ('yellow wine'), ***vin de paille*** ('straw wine') and **Macvin**. *(See also Côtes du Jura).*

Jura, Isle of
Island off the west coast of Scotland lying to the north of Islay. The Isle of Jura distillery produces a single malt whisky of the same name.

Jurançon (AOC)

The vineyards concerned by this appellation are located close to the city of Pau in the south-west of France. The wine, made from the **Petit** and **Gros Manseng** and **Courbu** grape varieties must be sweet. The dry version of Jurançon is known as Jurançon Sec (AOC).

Jurassic *jurassique* *adj*

Pertaining to the second period of the Mesozoic era. The word now inevitably conjures up images of dinosaurs, but it should not be forgotten that Jurassic limestone, formed some 60 million years ago, is the **bedrock** of the **Côte de Nuits** and **Côte de Beaune**.

K

Kabinett n
German word meaning 'cupboard' or 'closet', which is the least sweet (67-85° **Oechsle**) of the six sugar levels for the **QmP** appellation. Originally, it was a wine which could be stored, or laid down.

Kadarka
Red grape variety which is grown all over **Hungary**, including the region of **Eger**.

Kanzler
Müller-Thurgau x **Silvaner** crossing which has achieved very limited success.

kaolin *kaolin* nm
Soft white clay used for making porcelain and in medicines.

keep *conserver, garder* v

keeping *conservation* nf

keg *barril en métal* nm
Hermetically sealed metal container used to transport beer.

keg beer n
Beer distributed in this way is first **filtered** before having **carbon dioxide** injected into it. More C02 is necessary to pump it from the keg to the bar. In the 70s, keg beer became the target of much criticism from **CAMRA**, who believed that this fizzy, insipid product was gradually killing off traditional British **ale**.

Kékfrankos
Hungarian synonym for the red variety **Blaufränkisch**.

Kent
County of south east England, traditionally associated with the cultivation of **hops** for the brewing industry. **Oast houses**, where hops were dried, used to be a familiar sight on the Kent landscape.

Kentucky
State of the southern USA, whose **Bourbon** County gave its name to a type of American **whiskey** made from a mash of at least 51% **corn** (maize)

Kerner
White grape variety, originating from the crossing of **Trollinger** (a red variety) with **Riesling**. It has been reasonably successful in Germany and can also be found in South Africa. It produces wines of good quality.

kernel *intérieur* nm, *partie comestible (d'une noix, etc)* nf ; *amande (dans un noyau)* nf

kieselguhr *kieselguhr* nm
German word for a type of powdered porous sedimentary rock called **diatomite**, formed from the fossil deposits of microscopic algae. It is added to wine or other liquids in order to facilitate the **filtration** process. It is also known as **diatomaceous earth**.

Kilkenny
Irish town, situated between Dublin and Cork, which is home to Smithwick's Brewery, whose draught is sold under the name of Kilkenny Ale

kill *tuer* v

kiln *four* nm
Sort of furnace or oven in which **malt** is dried to halt the **germination** process. In Scotland, the kiln will be **peat** fired, which has an important influence on the flavour of Scottish malt whisky. These malt kilns traditionally have a pagoda-style roof.

kilogram *kilo(gramme)* nm
Basic unit of mass in the metric system, equal to 2.205 lbs. One litre of pure water weighs one kilogram.

kilometre ***kilomètre*** *nm*
Unit of measurement equal to 1,000 metres. One kilometre is equal to 0.62 miles.

Kimmeridgian limestone ***calcaire kimméridgien*** *nm*
The stuff of which true Chablis is made, if we are to believe the **INAO**. The less prestigious **Portlandian** limestone of the area should only be used to produce **Petit Chablis**.

Kir
The traditional *apéritif* of Burgundy and more particularly Dijon (Chanoine Kir was mayor of Dijon from 1944 to 1968). The drink is made by adding a little **crème de cassis** to dry white wine, preferably a Bourgogne-Aligoté. The more upmarket version of this *apéritif* is the **Kir royal**, in which the **Aligoté** is replaced by **Crémant** de Bourgogne. → *p. 147.*

Kirschwasser
German speciality (of the Black Forest, particularly) made from cherries (Kirsch, in German). The term *Wasser* means that it is made by the distillation of the fermented fruit mash, rather than alcohol in which fruit has been macerated *(Geist).*

kitchen ***cuisine*** *nf*

kithcen foil ***papier aluminium*** *nm*

kitchenware ***vaisselle de cuisine*** *nf*

kiwi ***kiwi*** *nm*

Klein Karoo
South African wine-producing region lying just inland from the south coast. It is associated above all with the production of port-style **fortified** wines, which may perhaps be explained by the similarity of the climate here with that of the **Douro** Valley in Portugal.

Klevner
Swiss synonym for the Pinot Noir grape variety. In Alsace, it is a variation of Clevner.

Kloster Eberbach
Former Cistercian monastery, founded in the 12th century, in the village of Hattenheim in the **Rheingau** district of Germany. The vineyard, called Steinberg and given to the monks by the Archbishop of Mainz in 1155, still produces top-quality wines. The Kloster is now the headquarters of the German Wine Academy and was, some years ago, the location for the filming of "The Name of the Rose", directed by Jean-Jacques Annaud.

knife ***couteau*** *nm*

knob ***bouton*** *nm* / ***manette*** *nf* ***(d'un appareil ou d'une machine)***

Knockando
Scottish single malt whisky from **Speyside**. Medium-bodied; nutty.

know-how ***savoir-faire*** *nm*

knowledge ***connaissance, science*** *nf*

Kooperatieve Wijnbouwers Veriniging
(See 'KWV').

kosher wine ***vin kasher*** *nm*
The word 'kosher' derives from Hebrew and means 'pure'. The wine is made under the direction of a rabbi following Jewish religious rites.

kriek ***(bière à la) cerise*** *nf*
Flemish word for cherry, which is also used to designate a type of fruit beer made in Belgium by adding cherries to a **lambic** beer (one kilo for five litres). The sugar in the fruit creates an additional fermentation and the skins and pips give the finished *kriek* a pleasant dryness.

Kronenbourg
Very large French **brewery**, founded in Strasbourg by Jérôme Hatt in 1664. The year of its creation is now used for one of the brewery's products, Kronenbourg 1664, while the firm's name is derived from the suburb of Strasbourg, Cronenbourg, where the brewery is now headquartered. Its standard offering is a *bière blonde*, or **lager**, which is very popular with many French drinkers who affectionately (if unpoetically) refer to it as ***la 'Kro'***.

Krug
Prestigious Champagne house established in **Reims**, and first created in 1843. Some would say that all its ***cuvées*** are *cuvées de prestige*.

Kulmbach
Bavarian town located north of Bayreuth, known for its breweries. As well as the now famous **EKU**, there is also the Kulmbacher Reichelbraün, which makes a fine **ice bock**.

kummel ***kummel*** *nm*
Sweet **liqueur**, made mainly in Germany and Northern Europe, flavoured with caraway and cumin seeds. In German the word *'Kümmel'* means cumin.

KWV (Kooperatieve Wijnbouwers Veriniging)
Once a huge growers' cooperative which, with the government's blessing, controlled export sales and stabilised prices. The KWV has been a private company since 1997, but it is still a power to be reckoned with.

L

lab ***labo*** *nm*
Abbreviation for the word 'laboratory'.

lab assistant ***laborantin(e)*** *nmf*

label ***étiquette*** *nf*
Can be a very important element in the marketing of a wine or other drink.

label ***étiqueter*** *v*

labelling ***étiquetage*** *n*

labelling machine ***étiqueteuse*** *nf*

labor *n*
American spelling of 'labour'.

laboratory ***laboratoire*** *nm*

laborer *n*
American spelling of 'labourer'.

labour ***main-d'œuvre*** *nf*

labourer ***ouvrier, travailleur*** *nm*

labrusca, vitis *n*
American **species** of vine, originating from New England and Canada. It is probably best known for the **Concord** variety, found particularly in New York State, and some **hybrids** such as **Catawba**, but unfortunately, it tends to stamp a rather **foxy** taste on wines

lacking in ***qui manque de*** *adj*
Term which is often very useful when tasting.

lactase ***lactase*** *nf*
Enzyme which converts lactose into glucose and galactose.

lactate ***lactate*** *nm*
Salt or ester of lactic acid.

lactic ***lactique*** *adj*
Word used to describe an aroma which is common in wines during the **malolactic fermentation**.

lactic acid ***acide lactique*** *nm*
Mild-tasting acid, present in wine, produced by the action of **lactic bacteria** on **residual sugar** or **malic acid**. The latter, much harsher tasting and naturally present in grapes and other fruits, is converted into lactic acid during what is called the **malolactic fermentation**.

lactic bacteria ***bactéries lactiques*** *nfpl*
Present on the skins of grapes and in vinicultural equipment, they are responsible for the malolactic fermentation and may react with the **residual sugar** in wines to create an unpleasant, milky aroma.

lactose ***lactose*** *nm*
Form of sugar naturally present in milk.

Ladoix (AOC)
The first village on the Côte de Beaune, as you drive south from Nuits-Saint-Georges to Beaune. The appellation concerns mainly red wines, but white Ladoix may also be found. The wines of Ladoix may also be referred to as Côte de Beaune-Villages.

ladybird ***coccinelle*** *nf*
Insect now widely respected by horticulturalists and gardeners alike because of its appetite for **aphid**s of all kinds.

ladybug (Am. Eng.) *n*
See **ladybird**.

Lafite-Rothschild (Château)
One of the five *premiers grands crus classés* of Médoc, and one of the four original "first growths" classified in 1855. This prestigious Pauillac AOC is dominated by the Cabernet Sauvignon grape variety.

lagar(es) *n(pl)*

Portuguese word designating a sort of low stone trough for the **treading** and fermenting of port wine. Today, generally speaking, the *lagar* is more an element of **Douro** Valley folklore.

Lagavulin

Scottish single malt whisky from the island of **Islay**. Heavy, powerful and peaty.

lager *bière blonde nf*

Word originating from German (meaning 'store'), used as a generic term for beer made using the **bottom fermentation** process. As such, it may be opposed to ale, made using the top fermentation process. Unfortunately (many connoisseurs would say), 90% of beer brewed in the world today is lager. In Great Britain, one of the homes of **ale**, lager is now by far the dominant type of beer, particularly with younger generations. It has even spawned that very British social phenomenon known as the **lager lout.**

lager lout *voyou (imbibé de 'lager') nf*

lake *lac nm*

In Europe, politicians may talk of the 'wine lake'. This refers to the excess quantity of wine produced in the EU, which finds no buyer and ends up being distilled.
From a geographical point of view, the presence of a lake may often cause a mésoclimate suitable for viticulture, and perhaps also create the climatic conditions necessary for the development of **noble rot**.

Lalande de Pomerol (AOC)

Satellite of the more prestigious Pomerol.

lambic n

Type of Belgian beer made from **barley** and **wheat** (at least 30%), which undergoes a **spontaneous fermentation** caused by natural **yeasts** and **bacteria**. Lambics are sometimes flavoured with cherries **(kriek)** or other fruits. The name *lambic* derives from the town of Lembecq in the Brabant region of Belgium.

Lambrays

(See 'Clos des Lambrays').

Lambrusco (DOC)

This red variety should not be confused with the species ***vitis labrusca*** *(see 'labrusca')*. It originates from the **Emilia Romagna** region of Italy, but has given rise to a large number of sub-varieties, found virtually all over Italy. In recent years, it has been used to produce slightly sparkling, slightly sweet wines, popular with newcomers to wine-drinking.

land *terre nf, terrain nm ; pays nm*

landmass *masse de terre nf*

Important factor in determining climate and particularly in creating a continental climate.

landlady *propriétaire ou gérante (d'un pub) nf femme du propriétaire ou gérant nf*

landlord *propriétaire ou gérant (d'un pub) nm*

Term used traditionally for the owner or manager of a British public house.

landslide *glissement de terrain, éboulement nm*

Landwein n

In Germany, one of the two sub-categories for non-**QWPSR** wines. It is the equivalent of the French term ***vin de pays***.

Languedoc

(See 'Coteaux du Languedoc').

Languedoc-Roussillon

The largest wine-producing region in France which stretches from the Camargue to the Spanish border. In the past, it was often more associated with quantity than with quality, but in recent years, its wines have improved considerably. The region also produces many excellent fortified wines. → *p. 151.*

Lanson

Old-established Champagne house founded in 1760 and located in the city of Reims.

Laphroaig

Scottish single malt whisky from the island of **Islay**. Full-bodied and peaty, with a taste of the sea.

larva *larve nf*

Immature but active insect. The stage between the egg and the pupa.

Laski Rizling *n*
A synonym for the Welschriesling, used in the former Yugoslavian countries, particularly Slovenia.

late ***tardif, tard, en retard*** *adj*

late-bottled vintage (LBV) *n*
Type of port made from a single vintage, but which is aged between four and six years in wood. Unlike **vintage port**, aged in wood for only two years, LBV is filtered before being bottled.

late harvest ***vendange tardive*** *nf*
Practice common in certain countries or regions (**Alsace**, **Germany**, etc.) which consists in harvesting the grapes as late as possible (October or November in the northern hemisphere). The grapes gradually dry and the juice becomes concentrated, thus producing wines with a higher level of alcohol and often some residual sweetness. In some cases, the grapes may be **botrytised**.

late-picked ***vendangé/cueilli tardivement*** *adj*
Term used to describe grapes picked for **late harvest** wines, (**vendanges tardives** or ***Spätlese***, for example).

latent ***latent*** *adj*

lateral ***entre-cœur*** *nm*
On a **vineplant**, small secondary **shoot** which is best eliminated when **green-pruning**.

lath ***latte*** *nf*
Thin flat strip of wood, such as those used for stabilising stacks of wine bottles in a cellar, particularly during the ***prise de mousse*** in Champagne. → *p. 152.*

latitude ***latitude*** *nf*
Vitis vinifera, which provides nearly all the wines in the world today, will grow satisfactorily only in temperate climates. It is usually said that quality wines can be produced only between the latitudes of 30° and 50°, in both the northern and southern hemispheres.

Latour, Château
One of the four original *premiers crus* classified in 1855. The estate, producing red wine only, is a Pauillac (AOC). The dominant grape variety in the blend is Cabernet Sauvignon.

Latricières-Chambertin (AOC)
One of the *grand cru* satellites of Chambertin with a total surface area of about 18 acres.

laurel ***laurier*** *nm*

Laurent-Perrier
One of the biggest Champagne houses founded in 1812 and located in Tours-sur-Marne.

law ***loi, droit*** *nm*

lay down ***garder, metre en cave*** *v*
Some wines are best laid down; some are best drunk quickly.

layer ***couche, strate*** *nf*

layer ***bouturer, marcotter, provigner*** *v*

layering ***bouturage, marcottage, provignage*** *nm*
Method of propagation for the vine or other plants which consists in planting a branch in the ground, before separating it from the main plant when it has taken root.

Layon
(See 'Coteaux du Layon ').

LBV (late-bottled vintage)
(See 'late-bottled vintage').

lead ***plomb*** *nm*
Minute quantities of lead may be naturally present in wine, since it occurs in the soil as a trace element. However, it is now banned in the making of foils, or capsules. Lead is also present in crystal, so any prolonged contact – in a decanter, for example – should be avoided.

leaf (*pl.* **leaves**) ***feuille*** *nf*
Leaves are not without their importance for the healthy development of the vine, since they are responsible for the photosynthesis of the plant, and also provide shelter from the hot sun for the maturing grapes. But the number of leaves should be kept under control because they will consume the nutrients necessary for the grapes. The leaves and shoot system of a vine are known collectively as the canopy.

leafing ***feuillaison*** *nf*

leaflet ***prospcectus, dépliant*** *nm*

leafy ***qui a l'arôme ou le goût des feuilles*** *adj*
Used to describe an aroma, reminiscent of green leaves, which may be found in some young white wines. It is often an indication of unripe fruit.

leak ***fuite*** *nf*
Never welcome in a bottle of wine which has been laid down to age.

leak ***fuire*** *v*

leakage ***fuite*** *nf*

lean *adj* ***maigre***
Used to describe a wine which is lacking in body and fruit.

lease ***bail*** *nm*

leather ***cuir*** *nm*
Animal-type aroma which may be found in certain red wines which have been matured in oak, particularly those made from the **Cabernet Sauvignon** grape variety, such as those of the **Médoc**.

Lebanon ***Liban*** *nm*
Middle-eastern country which is one of the oldest wine-producers in the world. While indigenous grape varieties still remain, varieties from the South of France or the Bordeaux region now dominate. The vineyards are located in the relatively cool Bekaa Valley.

lees ***lie*** *nf*
Sediment which forms after a fermentation at the bottom of a container (vat, cask or even bottle). The first (or gross) lees are separated from the liquid by racking, but a wine is often left on its fine lees. This increases their fatness and the complexity of their nose. *(See 'bâtonnage').*

legal ***legal, licite*** *adj*

leg(s) ***larme(s)*** *nf (pl)*
Used in tasting to describe the trace(s) left on the inside of a glass, as a wine runs slowly back down after being swirled. The presence of legs (or **tears**, or **church windows**) indicates a wine which contains a fairly high level of alcohol.

lemon ***citron*** *nm*
Fruit aroma of the citrus family which is often present in young white wines, particularly those made from the Chardonnay grape variety.

lemonade ***limonade*** *nf*
Fizzy drink made from sugar, lemon juice and carbon dioxide, which is often mixed with alcoholic beverages. For example, **shandy** is half beer and half lemonade

lemony ***citronné, qui rappelle l'arôme ou le goût du citron*** *adj*

length ***longueur, persistence*** *nf*
Important element in a quality wine, which corresponds to the length of time the taste lingers in the mouth once a wine or other drink has been swallowed. It is measured in seconds and basically, the longer the better.

Léognan
Small town, just south of Bordeaux, situated in the heart of the best vineyards of Graves. The best wines of the area now carry the Pessac-Léognan appellation.

leuconostoc ***leuconostoc*** *nm*
Type of lactic bacterium.

level ***de niveau, au niveau de*** *adj*

level ***niveau*** *nm*

level ***niveler, égaliser, araser*** *v*

levelling ***nivellement*** *nm*

levulose ***levulose*** *nm*
Form of fructose.

lias ***lias*** *nm*
Lower strata of the **Jurassic** system of rocks, consisting of **shale** and **limestone**, rich in fossils.

Libournais
Wine-producing area centring on the town of **Libourne**, to the east of Bordeaux, on the right bank of the Dordogne river. The red wines produced here include **Saint-Émilion** and **Pomerol** and are dominated by the **Merlot** grape variety.

Libourne
(See Libournais).

licence ***licence*** *nf*, ***permis*** *nm*
In many countries, a licence is necessary to sell alcohol. In Britain, this may be an off-licence or an on-licence.

license ***accorder une licence (à un magasin, un bar, un restaurant, etc.)*** *v*

licensed ***qui détient une licence*** *adj*
Used to describe a restaurant or any other premises which has been authorised to sell alcoholic beverages.

licensing hours ***heures d'ouverture (d'un bar, etc.)*** *nfpl*

licensing laws ***lois relatives aux débits de boissons alcoolisées*** *nfpl*

Liebfraumilch
Originally named after the Liebfrauenstift vineyard in Worms, it became a sort of generic name for rather bland, rather sweet (between 18 and 40 grams per litre of **residual sugar**) white wine from the regions of **Rheinhessen**, **Pfalz**, **Rheingau** or **Nahe**. It must be made from at least 70% of **Riesling**, **Kerner**, **Silvaner** or **Müller-Thurgau**. Fortunately, many would say, it is now in decline.

light ***léger, allégé*** *adj*
In tasting, used to describe a wine or other drink which lacks body. Also applied to a food product or drink in which the quantity of what may be viewed as a harmful ingredient (fat, sugar, alcohol, etc). We may find for example, 'light' wine or 'light' beer.

lightness ***légèreté*** *nf*

lightning ***éclair(s)*** *nm (pl)*, ***foudre*** *nf*

light toast ***chauffe légère*** *nf*
(See 'heavy toast').

lignification ***lignification*** *nf* ***aoûtement*** *nm*
Refers to the hardening of the branches of a vineplant.

lignified ***lignifié, aoûté*** *adj*
Which has hardened and taken on the appearance of wood.

lignous ***ligneux*** *adj*
Which has the appearance of wood. May be used to describe a **stalky** or **stemmy** aroma in wine.

lily ***lis*** *nm*
In Burgundy, it s said that the lily flowers at the same time as the vine.

lime ***tilleul*** *nm*

lime ***citron vert*** *nm*

A slice of lime is a pleasant and tasty embellishment for many drinks. Lime juice is also commonly used for mixing and flavouring. It was also formerly given to the sailors of the British navy as a form of prevention against scurvy on long sea voyage, hence the nickname of 'limey' given to British people by Americans. Also a fruit aroma of the citrus family which may be found in some white wines.

lime ***(pierre à) chaux*** *nf*

limestone ***calcaire*** *nm*
Sedimentary rock composed principally of calcium carbonate. Limestone is the bedrock of the slopes of the vineyards of Burgundy.

limit ***limite, borne*** *nf*

limitation ***limitation, restriction*** *nf*

Limousin, Forest of
Located around the French city of Limoges, one of the principal sources of French oak for cask-making.

Limoux (AOC)
Village south of Carcassonne, which gives its name to an appellation for still white wines made from the Mauzac grape variety. There also exist sparkling wines – Blanquette and Crémant de Limoux – which contain also some Chardonnay and Chenin Blanc.

limp *mou adj*
Used to describe a wine or other drink which lacks acidity.

limpid ***limpide, clair, transparent*** *adj*
Used to describe a wine or other drink, whose appearance is perfectly clear and transparent.

limpidity ***limpidité*** *nf*

line ***ligne*** *nf*, ***trait*** *nm*

linen ***linge, (toile de) lin*** *nm*

linger ***persister, perdurer*** *v*
Used particularly for the finish of a wine or other drink. We say that the taste 'lingers'.

lingering ***qui persiste, qui perdure*** *adj*

lip ***lèvre*** *nf* ; ***bord, bec*** *nm*

liqueur ***liqueur*** *nf*
Strong (usually sweet) alcoholic drink, made for drinking after a meal. Liqueurs will usually be made from spirits and sold under a brand name.

liqueur d'expédition *nf*
In the **traditional method** of making **sparkling wine**, syrupy liquid composed of wine and sugar which is added to the Champagne or other wine when it is bottled. This compensates for the small amount of wine lost when disgorging the bottle, and, according to the ***dosage***, determines the sweetness of the final wine: ***brut***, ***demi-sec***, etc.

liqueur de triage *nf*
In the **traditional method** of making **sparkling wine**, syrupy liquid composed of wine and sugar which is added to the **base wine** when it is bottled prior to the ***prise de mousse***. Thanks to the yeast, added at the same time, the extra sugar will ferment and produce carbon dioxide which remains trapped in the bottle.

liquid ***liquide*** *nm*

liquor ***alcool*** *nm* ; ***eau*** *nf*
In America particularly, liquor is a generic word for alcoholic drink. In the brewing industry in Britain, however, the word is used to refer – simply – to water.

liquorice ***réglisse*** *nf*
Aroma which is present in certain robust red wines, particularly those of the **Côte de Nuits**.

liquor store ***(Am. Eng.) magasin de vins et spiritueux*** *nm*

Lirac (AOC)
Village with its own appellation located close to Châteauneuf-du-Pape, in the southern Rhône Valley. Its wines are red or rosé, dominated by the Grenache grape variety, or white, with Clairette as the dominant grape variety.

Listrac (AOC)
Lstrac is a small town in the Médoc which like Moulis-en-Médoc – its neighbour – has no *châteaux* which were classified in 1855.

literature ***documentation*** *nf*, ***documents publicitaires*** *nmpl*

little ***petit, léger, court*** *adj*
In tasting, a wine or other drink which is lacking in body, depth and length.

Little Karoo
(See 'Klein Karoo').

lively *vif adj*
In tasting, used to describe a wine which has a refreshing fruitiness and acidity.

liveliness ***vivacité*** *nf*

living ***vivant*** *adj*

load ***chargement*** *nm*, ***cargaison*** *nf*

load ***charger*** *v*

loaded ***chargé*** *adj*

loading bay ***quai de chargement*** *nm*

loaf *(pl* ***loaves)*** ***pain*** *n*

loam ***terreau*** *nm*
Fertile soil of clay and sand, which contains humus

loamy ***riche en terreau*** *adj*

located ***situé*** *adj*

lodge ***chai*** *nm*
Derived from the Portuguese word *loja*, sort of large warehouse, like those in **Vila Nova de Gaia**, where port is stored and matured.

loess ***loess*** *nm*
Sort of very fertile wind-blown alluvium.

Loire Valley
Vast region, stretching from the Massif Central to the Atlantic Ocean which is home to a variety of vineyards producing a variety of wines, which may be red or white, dry or sweet, still or sparkling.

long ***long*** *adj*
Used to refer to a wine or other drink which has good **length**, ie, a **linger**ing **finish**.

long drink ***long drink*** *nm*
Any **thirst-quenching** drink served in a tall glass, or **tumbler**, with ice cubes, and made from some type of wine or spirit to which water or soda has been added.

longevity ***longévité*** *nf*

London (dry) gin
The term used to designate dry gin distilled in or near London. Now, it has no real geographical connotation, as most dry gins are fairly similar, wherever they are made.

lop off ***élaguer, ébrancher*** *v*

lorry (Brit. Eng.) ***camion*** *nm*

Loupiac (AOC)
Small town located on the right bank of the Garonne River, in the Entre-Deux-Mers region south of Bordeaux. The appellation is used for sweet white wines made from the same grape varieties as Sauternes.

louse (*pl* **lice**) ***pou(x)*** *nm (pl)*

low ***bas*** *adj*

low-alcohol ***à basse teneur en alcool*** *adj*
Used to describe wines or beers, for example, in which the volume of alcohol has been reduced, either for health reasons or for reasons of taxation and price.

lower ***baisser, abaisser, réduire*** *v*

Lowlands, the
Part of Scotland lying to the south of an imaginary line from Greenock to Dundee. The Lowlands are home to several malt whisky distilleries – Auchentoshan – for example, whose products are known as Lowland malts.

Luberon
(See 'Côtes de Luberon').

lull ***accalmie*** *nf*, ***moment de calme, répit*** *nm*

lumber ***bois de construction, de charpente*** *nm*

lump sum ***somme globale, forfaitaire*** *nf*

Lunel
Small town to the east of Montpellier, famous for its sweet, fortified Muscat de Lunel (AOC).

lupulin ***lupulin(e)*** *nmf*
Yellow powder produced by the female flower of the hop plant containing bitter resins used for flavouring beer.

luscious ***succulent*** *adj*

lusciousness ***succulence*** *nf*

lush ***plein de sève, luxuriant*** *adj*

Luxembourg ***Luxembourg*** *nm*
Despite its rather unfavourable climate and the difficult topography of the **Moselle** Valley, wine has been produced on the west bank, close to the border with Germany, for many centuries. The **Rivaner** (or **Müller-Thurgau**) was once dominant, but is now losing ground in favour of more noble varieties. Most of the wine is consumed locally or exported to Belgium.

luxuriant *adj*

luxury ***luxe*** *nm*
Unfortunately, many top-quality and spirits have become something of a luxury.

LVMH (Louis Vuiton Moët Hennessey)
Leading French luxury goods group, which owns a number of prestigious Champagne and Cognac houses.

lychee ***litchi*** *nm*

Lyon(s)
Large city of south-east France, lying south of the Beaujolais wine-producing area, famous for its good eating and drinking. It is sometimes said to have three rivers: the Rhône, the Saône (the latter flows into the former in Lyon) and Beaujolais!
NB Sometimes spelt with an 's' in English.

lyre ***lyre*** *nf*
Method of training the vine on a trellis system which opens out into a sort of 'v' shape towards the top. This enables better exposition of the grapes to sunlight. For winegrowing, it is used mainly in the de new world.

M

Macabeo *macabeu nm*
White grape variety, found all over Northern Spain, which is particularly popular in the **Rioja** region, where it is called **Viura**. It can produce light, crisp, pleasantly perfumed wines, suitable for early consumption. It is also frequently found in the **Roussillon** region of France, where it goes under the name of **Macabeu**.

Macallan, The
Scottish single malt whisky from **Speyside**. Smooth, silky, sherry-tasting.

Macabeu *n*
French synonym for **Macabeo**.

Macedonia, Republic of *Macédonie nf*
Wine-producing country of former Yugoslavia. Vines, which almost disappeared following the Turkish invasion, are well represented there today. The country produces mainly red wines and some strong rosés from the Vranac and Prokupac grape varieties, but **Grenache**, **Gamay**, **Cabernet Sauvignon** and **Merlot** are also grown.

macerate *macérer v*

maceration *macération nf*
Important parameter in the making of red wines, because the period of time during which the **must** remains in contact with the crushed **grapes** determines the **intensity** of the colour, the complexity of the aromas and the **tannicity** of a red wine. *(See also 'carbonic maceration' and 'pellicular maceration').*

machine-harvested *vendangé mécaniquement adj*
Opposite of '***hand-picked***'.

Mâcon (AOC)
City in southern Burgundy with its own appellation for red, white and rosé wines. A fair amount of Gamay is found here – as well as Pinot Noir – while the white wines are made from Chardonnay. Several villages can now add their name to that of Mâcon, such as Mâcon-ugni AOC.

Mâconnais
Vineyard area of southern Burgundy, centring on the city of **Mâcon**. As well as the regional AOC of Mâcon and its variants, there also exist a number of communal appellations for the better white wines, such as **Pouilly-Fuissé** or **Saint-Véran**.

Macvin du Jura (AOC)
Not the wine served in fast-food restaurants, but a kind of **ratafia** or ***vin de liqueur***, made in the French **Jura**, by adding alcohol to unfermented grape juice.

Madeleine-Angevine
French white table grape, which is planted for wine production in England.

Madeira
Island belonging to Portugal which lies in the Atlantic Ocean off the coast of Morocco, famous for its fortified wine. The latter is produced using a unique process called ***estufagem***, which consists in heating the wine in an ***estufa*** (or oven).

Madeira cask *fût /tonneau à Madère nm*
Scottish whisky distillers have always used 'second-hand' barrels, which had previously contained fortified wines such as Madeira. Some distilleries even market specialist malts, matured in Madeira (or other) casks.

Madeira wood *fût /tonneau à Madère nm*
Synonym for 'Madeira cask'.

maderisation *madérisation nf*
Oxidation of a wine, which has been badly made or which is simply too old. It will take on a brownish colour and begin to acquire Madeira-like aromas.

maderised ***madérisé*** *adj*

Madiran (AOC)
Vineyard area in South-West France producing dark, heavy, tannic red wines which are dominated by the Tannat grape variety.

magnesium ***magnésium*** *nm*

magnificent ***magnifique, somptueux*** *adj*
Like 'great', this is a word which should be used sparingly. Keep it for the really magnificent tasting experiences.

magnum ***magnum*** *nm*
Bottle size, equivalent to two standard bottles, ie, one and a half litres.

mahogany ***acajou*** *nm*
Term used to describe the colour of certain old reds or port wines.

Maipo
One of Chile's best wine-producing areas located in the Central Valley region. It is famous for its red wines made from some of the classic French grape varieties such as Cabernet Sauvignon and Merlot.

maize ***maïs*** *nm*
Grain frequently used in the **whiskey** industry, particularly in the preparation of **Bourbon**.

Málaga (DO)
Mediterranean coastal town in Andalucia, southern Spain, famous for its fortified wines logically reminiscent of sherry.

Malbec ***malbec*** *nm*
Red grape variety, found in some parts of the Bordeaux region and also in the vineyards of Cahors, where it produces very tannic wines, almost black in colour. It has been planted in certain New World countries, particularly Argentina, where it is very popular. It may also go under the name of Cot.

Malepère, Côtes de la
(See Côtes de la Malepère).

malic acid ***acide malique*** *nm*
Acid occurring naturally in grapes, as in other fruits. Its taste, reminiscent of green apples, is very tart, but in wines, this will diminish with time. In many cooler regions of the world, where wines begin their existence with a fairly low pH, the malic acid will naturally transform itself into lactic acid during what is known as the malolactic fermentation.

mallet ***maillet*** *nm*

Malmsey
Type of Madeira wine, named after the grape variety from which it is made. It is, in fact, a synonym for Malvasia.

malolactic fermentation ***fermentation malolactique nf***
Non-alcoholic fermentation which occurs (or is allowed to occur) naturally in wines. The rather tart malic acid is transformed into milder-tasting lactic acid, by the action of lactic bacteria present in the wine. The winemaker will usually be happy to have it finished as early as possible and will encourage it to start by keeping the wine in relatively 'warm' surroundings. It is important though (but never easy), to know for sure when it is complete.

malt ***malt*** *nm*
Barley or other grains which have been subjected to the process of malting. Malt is a basic ingredient for the brewing and whisky-distilling industries, because it provides the fermentable sugar to produce beer or the wash for distillation. When used with unmalted barley or other grains, it will act as a catalyst in breaking down their starch molecules.

malt ***malter, transformer en malt*** *v*

Malta ***Malte*** *nf*
Mediterranean island, boasting a small wine industry, which until recently has supplied local consumption and the tourist industry with wines made from table grapes, local grape varieties and grapes imported from Italy. Today, wineries like Meridiana are using more international varieties and this trend will no doubt continue now that Malta has joined the EU.

malted ***malté*** *adj*
We talk about malted (or unmalted) barley, for example.

malting ***maltage*** *nm*
Process by which the **starch** molecules in **barley** or other grains are broken down into fermentable sugar. The grains are first

steeped in water until they begin to germinate. The germination is then halted by heating the grains. The process takes place thanks to **diastase**.

maltose ***maltose*** *nm*
Form of sugar produced by the hydrolysis of starch during the malting process.

maltster ***fabricant de malt*** *nm*
Person or firm whose activity is the production of malt for the brewing and whisky-distilling industries.

Malvasia ***malvoisie*** *nf*
White grape variety which can be traced back to ancient times. It is still found in many European countries, particularly Italy and Spain, but is declining in popularity. In **Madeira**, the British christened it **Malmsey**.

Malvoisie ***malvoisie*** *nf*
French synonym for **Malvasia**. But be careful! This name is also used as a synonym for several other grapes.

Mancha, la (DO)
Vast area in Central Spain, south of Madrid, perhaps more famous for its windmills and Don Quixote than for its wine. However, the latter has improved considerably in recent years.

mandarin(e) ***mandarine*** *nf*
Small orange used for flavouring certain liqueurs and an fruity aroma of the citrus family which may be encountered in certain dessert and fortified wines.

Mandarine Napoléon *n*
Name of a Belgian liqueur; made by macerating mandarin(e) peel in alcohol, sold in France under the name Mandarine Impériale.

manganate ***manganate*** *nm*

manganese ***manganèse*** *nm*
Naturally present in wines, but in very small quantities.

mango ***mangue*** *nf*
Aroma of the tropical fruit family, which may be found in certain white wines, both dry and sweet.

manly ***viril, mâle*** *adj*
(See 'masculine').

Manseng ***manseng*** *nm*
White grape variety which evokes the Jurançon region of South-West France. In fact, there are two varieties, the Petit Manseng, the main contributor to the dessert wine Jurançon, and the Gros Manseng, which may be blended with Petit Manseng, but is more commonly used to produce Jurançon Sec. The variety Manseng noir also exists.

manual ***manuel*** *adj*

manure ***engrais, fumier*** *nm*
Animal aroma, reminiscent of the farmyard, which may be found in certain mature red wines. It is not necessarily considered as a problem.

manurey ***qui rappelle l'odeur du fumier*** *adj*

Manzanilla (DO)
A type of sherry produced in the area around Sanlúcar de Barrameda, north of Cadiz. The wines are generally 100% Palomino and the *finos* often have a distinctive salty aftertaste. When a Manzanilla *fina* ages, it becomes known as a *passada*.

map ***carte*** *nf*, ***plan*** *nm*

Maranges (AOC)
This is the southernmost AOC of the **Côte de Beaune**. It was created in 1989 and its 600 or so acres are spread over the villages of Cheilly-lès-Maranges, Dezize-lès-Maranges and Sampigny-lès-Maranges. The wines are almost exclusively red.

marc *n*
French word meaning **pomace**, which is also used to designate French brandy made by distilling the pomace of grapes. Eg, marc de Bourgogne.

***marc* brandy** *n*
(See pomace brandy).

Marches, the
Region on the eastern coast of Italy, known locally as Marche. It produces a lot of dry, white **Verdicchio**, but also has some red

DOCs made mainly from **Motepulciano** and, to a lesser extent, **Sangiovese**.

Marcillac (AOC)
A fairly recent AOC reserved for red and rosé wines from a vineyard area north-west of Rodez in South-West France. The principal grape variety is the **Fer**.

Maréchal Foch
Hybrid resulting from the crossing of a *riparia-rupestris* vine with Goldriesling; what the French formerly referred to as a *producteur direct*, ie, a vine which did not need to be grafted onto a rootstock.

Margaret River
Undoubtedly one of Australia's best wine-producing areas located south of Perth in the south-western corner of **West Australia**. It was the first area to set up an appellation of origin system, and today produces some excellent wines from **Cabernet Sauvignon**, **Merlot**, **Syrah**, **Chardonnay**, **Sémillon** and other varieties.

margarita *margarita nf*
Very popular Mexican cocktail which, despite its numerous variations, relies on more or less the same basic ingredients: tequila, orange liqueur, lime juice, ice and salt.

Margaux, Château
One of the four original *premiers crus* in the 1855 classification of the red wines of the Gironde. This Margaux AOC is predominantly Cabernet Sauvignon (about 75%).

Marie Brizard
French **anisette** liqueur. The firm was founded in Bordeaux in 1755 by Marie Brizard, who was given the recipe for the beverage by a sailor whom she looked after.

marjoram *marjolaine nf*

mark *marque nf*

mark *marquer v*

mark out *tracer, jalonner v*

marked *marqué, prononcé adj*
In tasting, word which is useful when qualifying a sensation.

marl *marne nf*
Sedimentary rock formed from clay and limestone, which is well adapted to certain grape varieties. For example, the marl of the Côte de Beaune is ideal for Chardonnay.

Marlborough
Wine-producing region situated in the north-eastern corner of the South Island of New Zealand and centring on the town of Blenheim. The climate is warmer and drier than elsewhere in the country and the region produces mainly white wines from the Chardonnay, Riesling and Sauvignon Blanc grape varieties.

marmalade *confiture (d'oranges ou d'agrumes) nf*
Aroma which may be found in certain sweet or fortified white wines.

Marmandais
(See 'Côtes du Marmandais').

Marne
French department, whose capital is Châlons-en-Champagne and largest city is Reims. It can be considered as the home of Champagne: most of the prime vineyards are located here (**Montagne de Reims**, **Côte des Blancs** and part of the **Vallée de la Marne**) as well as the town of **Épernay**.

maroon *rouge foncé, bordeaux adj*

marry *se marier, se mélanger v*
In whisky blending the blend is allowed to rest for a certain time so that the various elements can marry, or blend harmoniously together.

Marsala (DOC)
Town situated at the western tip of the island of Sicily, which has given its name to a DOC for what is Italy's oldest fortified wine. The fortification takes place after the complete fermentation of a base wine and Marsalas may be dry, semi-sweet or sweet; golden amber or red. They may sometimes have flavouring, such as almonds, coffee, or egg.

Marsannay-la-Côte
Small town just south of Dijon, which – strictly speaking – is part of the Côte de Dijon. Since 1987, it has boasted two communal

appellations, Marsannay AOC and Marsannay Rosé AOC, the area of the former being included within that of the latter. Although it is very much associated with rosé wines, it produces some excellent reds and whites.

Marsanne
White grape variety found especially in the northern Rhone Valley, where it is used to make white Hermitage, Crozes-Hermitage, Saint-Joseph, etc. It may also be encountered in Switzerland and Australia. *(See also Roussanne).*

marsh ***marais, marécage,*** *nm*

marsh mallow ***guimauve*** *nf*
Aroma which may be found in certain wines.

marshy ***marécageux*** *adj*

Martini
Best known of all cocktails consisting of dry gin with a little vermouth.

Martini & Rossi
Founded in Turin in 1863 by Alessandro Martini and Luigi Rossi, this firm's Martini brand is now famous throughout the world. As well as the red *(rosso)* **vermouth**, the *apéritif* now also exists in white *(bianco)* and rosé *(rosato)* versions.

marzipan ***pâte d'amandes*** *nf*
Aroma which may be found in certain mature white wines.

mas *nm*
(Southern) French word meaning house or estate.

masculine ***viril, mâle*** *adj*
Politically incorrect description for certain firm, full-bodied wines which perhaps lack elegance.

mash *n*
In the brewing and whisky-distilling industries, mixture of ground **malt** (or **grist),** - and perhaps other grains - and hot water. This is done so that the soluble **starch** can be converted into sugar, and produce a sweet liquid known as **wort**, which will then be fermented.

mash *v*
To prepare the **mash** by mixing **grist** and hot water.

mashing *n*
Process of preparing the **mash**.

mash tun *n*
In the brewing and whisky-distilling industries, lage circular vessel used for preparing the **mash**.

mask ***masquer, couvrir*** *v*
In tasting, it sometimes happens that one aroma (oak, for example) or taste (perhaps alcohol) is too strong and prevents the taster from appreciating other, more delicate aromas or tastes.

mass ***masse*** *nf*

mass selection ***sélection massale*** *nf*
Method of selecting vines from which **cuttings** are taken in order provide new vineplants. It differs from **clonal selection** in that cuttings are taken from a large number of vines, and it is generally less scientific, more empirical, relying on the judgement of the vinegrower. It is also called 'field selection'.

Master of Wine (MW)
Prestigious title awarded by the British **Institute of Masters of Wine** (established in the 1950s). The lucky few who gain the award each year must have a minimum number of years of experience in the wine trade and pass a series of very tough theoretical and practical exams.

matter ***matière*** *nf*

mattock ***pioche*** *nf*

maturation ***maturation*** *nf*

mature ***mûr, mature*** *adj*

mature ***mûrir, évoluer, vieillir, (se) bonifier*** *v*

maturing ***élevage (d'un vin)*** *n*

maturity ***maturité*** *nf*

The maturity of the grapes is a very important factor in good winemaking. Top-quality wines cannot be made from grapes which are either too young or overripe.

Maury (AOC)
Small town situated in the Pyrénées-Orientales department, north-west of Perpignan, which has given its name to an AOC reserved for a range of fortified wines (VDN), which are made mainly from Grenache.

mauve ***mauve*** *adj*
Some young red wines, made from certain grape varieties (Gamay, for example), may have a mauve tinge, particularly on the rim.

Mauzac
Grape variety which can be either *blanc* or *noir*. The white is no doubt better known, though, and cultivated in the Gaillac area, as well the vineyards of Limoux (where it is called *Blanquette*).

mawkish ***doucereux*** *adj*
Rather unflattering description for a wine in which excessive sweetness is not balanced by sufficient acidity.

Mazis-Chambertin (AOC)
Small *grand cru* appellation (about 22 acres) of Gevrey-Chambertin which lies just south of this village.

Mazoyères-Chambertin (AOC)
(See 'Charmes-Chambertin').

Mazuelo
A **Rioja** synonym for the Cariñena (or **Carignan**).

mead ***hydromel*** *nm*
Very ancient drink made by fermenting honey in water. Not very common now.

meadow ***prairie*** *nf*, ***pré*** *nm*

meagre ***maigre*** *adj*
Unflattering description for a wine or other drink which is lacking in taste, body, depth, etc.

meal moth ***pyrale*** *nf*
(See 'pyralid').

measure ***mesure*** *nf*

measure ***mesurer*** *v*

measurement ***mesure*** *nf* ; ***mesurage*** *nm*

measuring glass ***verre gradué / doseur nm***

meaty ***charnu*** *adj*
In tasting, word used to describe a wine (usually red) which is deep and full bodied

mechanical ***mécanique*** *adj*

mechanical harvesting ***vendange mécanique*** *nf*

mechanically harvested ***vendangé mécaniquement*** *adj*
(See 'machine harvested').

mechanism ***mécanisme*** *nm*

mechanisation ***mécanisation*** *nf*

mechanised ***mécanisé*** *adj*

medal ***médaille*** *nf*
Most producers of wines or other drinks are happy when their products are awarded medals.

medal-winning ***médaillé*** *adj*

medicinal ***médicinal*** *adj*
In a wine, an aroma of this type may not be perceived to be pleasant, but in some malt whiskies, particularly those from **Islay**, it is welcome and appreciated.

medium ***moyen*** *adj*
In tasting, a useful way to qualify sensations and impressions.

Médoc (AOC)
Regional appellation of Bordeaux, which draws its name from the fairly large area situated on the left (or eastern) bank of the **Gironde**. It is the home of some of the best red wines of the region.

melon ***melon*** *nm*
Fruit aroma which may be found in certain dry white and even fortified wines.
With a dash of port wine, half a cantaloupe melon is a staple summer starter in France.

Melon (de Bourgogne)
White grape variety originally from Burgundy, as its name indicates. It is now associated with the lower Loire Valley, where it is better known as Muscadet. Here it produces a crisp dry white wine, ideal with oysters and other seafood.

mellow ***moelleux, velouté, fondu, rond, bien évolué*** *adj*

mellowness ***moelleux, velouté nm, rondeur*** *nf*

melt *v* ***fondre***

membrane filter ***filtre à membrane*** *nm*

Mendocino, County
Wine-producing area of California, with afairly cool climate situated north of San Francisco. It has several **AVA**s, including Mendocino AVA, Anderson Valley AVA and Redwood Valley AVA.

Mendoza
The largest of Argentina's wine-producing areas, situated in the west of the country and accounting for at least two thirds of its production.

Menetou-Salon (AOC)
Small town to the west of Sancerre in the Central Loire Valley. The wines of this appellation may be red or rosé (from Pinot Noir) or white (from **Sauvignon Blanc**).

meniscus ***ménisque*** *nm*
In tasting, refers to the **rim** of the surface of a wine, particularly, where it touches the side of the glass and is slightly curved. The colour, as perceived here, is an indicator of the grape variety and, especially, the age of the wine.

mend ***réparer*** *v*

menthol ***menthol*** *nm*
Organic alcohol found in the oil of peppermint sometimes used for flavouring.

menu ***menu*** *nm*, ***carte*** *nf*

mercaptan ***mercaptan*** *nm*
In tasting, unpleasant smell (**garlic**, rotten eggs, etc.) resulting from the combination of **hydrogen sulphide** (H_2S) with components in the wine. The cause may be an excessive use of **sulphur dioxide** (SO_2), a lack of oxygen or prolonged contact with the **lees**, all indications of bad winemaking.

merchandise ***marchandise(s)*** *nf (pl)*

merchant ***marchand, commerçant, négociant*** *nm*

Mercurey (AOC)
The biggest of the four communal appellations of the **Côte Chalonnaise** (formerly called **Région de Mercurey**). There are more than 1,350 acres of vineyards which produce mainly red wines from Pinot Noir. A little white is made from Chardonnay.

mercury ***mercure*** *nf*

meritage ***méritage*** *nm*
Resulting from a competition organised in 1981 by the Los Angeles Times, term used to designate American-only Bordeaux-style blends. Wineries which use it must be members of the Meritage Association.

Merlot
Red grape variety which has gradually become one of the world's most popular, thanks, no doubt, to its remarkable fruitiness. On its home territory, the Bordeaux region, it has long been considered as a runner-up to Cabernet-Sauvignon, but it is often dominant in the blends of Saint-Émilion and Pomerol. One should not forget that Château Pétrus is 95% Merlot! A white version, Merlot blanc, does exist.

mescal
Mexican spirit made by distilling the **agave** plant. The finest form of mescal is known as **tequila**.

mesh ***maille*** *nf*
May be found in certain fermenting vats to keep the cap in permanent contact with the must. *(See 'immersed cap').*

mesoclimate ***mésoclimat*** *nm*
Situated between the macroclimate and the microclimate, refers to the particular climatic conditions which exist in a small area (perhaps one vineyard or two or three neighbouring vineyards).

Mesozoic ***mésozoïque, secondaire*** *adj*

metabisulphite ***métabisulphite*** *nm*
(See 'potassium metabisulphite').

metal ***métal*** *nm*

metallic ***métallique*** *adj*
In tasting, unpleasant aroma or taste probably caused by contact of the drink with a metal container.

Metaxa *n*
Greek brandy flavoured with botanicals and slightly sweet-tasting.

meteorological ***météorologique*** *adj*

meteorology ***météorologie*** *nf*
Study of atmospheric phenomena and the laws that govern them, particularly with a view to forecasting the weather.

methanol ***méthanol*** *nm*
Form of alcohol often used as a solvent.

méthode champenoise *nf*
French term designating the vinification process used to make Champagne wine. Previously it was possible to apply it to wines made in this way outside of the region of Champagne, like French ***crémants*** or Spanish Cava. The term has now been officially replaced – within Europe, at least – by traditional method (***méthode traditionnelle***).

méthode dioise *nf*
Variation of the rural method. *(See 'Clairette de Die').*

méthode gaillacoise *nf*
Synonym for *'méthode rurale'.*

méthode rurale *nf*
(See 'rural method').

méthode traditionnelle *nf*
(See 'méthode champenoise').

Methuselah ***Mathusalem*** *nm*
Oversize bottle containing six litres of wine or the equivalent of eight standard wine bottles.

methyl alcohol ***alcool méthylique*** *nm*
(See 'methanol').

methylated spirit ***alcool à brûler / dénaturé*** *nm*

methylic ***méthylique*** *adj*

meter ***compteur (d'électricité, etc.)*** *nm*

meter ***(Am. Eng.) mètre*** *nm*
(See 'metre').

metre ***mètre*** *n*
Basic unit of linear measure in the metric system. One metre is equal to 39.4 inches.

metric ***métrique*** *adj*

Meunier, Pinot
(See Pinot Meunier).

Meursault (AOC)
Village located south of Beaune, famous for its white wines which are among the best that Burgundy has to offer. The *premiers crus* are difficult to find and very expensive. There are also some very elegant red wines made here.

Mexico ***Mexique*** *nm*
Latin American country, probably better known for its tequila, its margaritas and its fashionable beers than for its wines. By the end of the 16th century, its viticulture had probably already known its hour of glory. Today, however, even though most of its vines produce table grapes and wine for brandy, the region of Baja California is progressing and is home to some fine wineries.

microbe ***microbe*** *nm*
Microorganism, such as a bacterium, usually causing disease.

microbial ***microbien*** *adj*

microbic ***microbien*** *adj*

microbiological ***microbiologique*** *adj*

microbiologist ***microbiologiste*** *nmf*

microbiology ***microbiologie*** *nf*
Branch of biology concerned with microorganisms such as bacteria, viruses, yeasts, etc., and therefore not without its importance in winemakng and brewing.

microbrewery ***micro-brasserie*** *nf*
(See 'microbrewing').

microbrewing ***micro-brasserie*** *nf*
Recent, but growing phenomenon, very popular in North America and several European countries. The concept usually consists of a miniature (or micro) brewery created by a café or bar to supply its own needs. It obviously leaves much room for creativity and innovation.

microclimate ***microclimat*** *nm*
Refers to particular climatic conditions existing in a very small area, perhaps only a handful of vines within a vineyard.

microorganism ***micro-organisme*** *nm*
Microscopic organism such as a bacterium or a virus.

microporous ***microporeux*** *adj*

microscope ***microscope*** *nm*

microscopic ***microscopique*** *adj*

middle cut *n*
In malt whisky distilling, term referring to the **potable spirit** from the second distillation that is considered acceptable and run into the **spirit receiver**. It is called the 'middle cut' because it comes between the first runnings, known as the **foreshots**, and the last runnings, called the **feints**. (see also '**heart**').

mignonette ***mignonette*** *nf*
Miniature bottle for spirits, etc., commonly used for in-flight service.

mignonette ***réséda odorant*** *nm*
Floral aroma.

mild ***doux ; clément, tempéré*** *adj*

mild ***bière brune anglaise, peu houblonnée*** *nf*
Generic term for dark brown, lightly-hopped English ale.

mildew ***mildiou*** *nm*
Cryptogamic disease of the vine, which originated in the USA and appeared for the first time in France in 1878. The fungus *(plasmopara viticola),* which develops in warm but humid weather conditions, penetrates the leaves and destroys the cells of the vegetal tissue. The parts of the plant affected turn brown, dry up and die. Bordeaux mixture (copper sulphate and sulphur) has long been used to fight against mildew.

mile ***mil(l)e)*** *nm*
Unit of linear measurement, still used in the USA. One mile is equal to 1,609 kilometres.

milestone ***borne (kilométrique)*** *nf ;* ***événement marquant*** *nm*

milk ***lait*** *nm*

milk stout *n*
Type of stout once popular in Britain. The most famous was Mackeson, which was brewed from a wort containing mainly milk sugars such as lactose. It is no longer possible to use this term commercially as it might be misinterpreted by the consumer.

milky ***laiteux*** *adj*

mill ***moudre*** *v*

millerandage *nm*
In viticulture, refers to an unsatisfactory berry or fruit set caused by the partial pollination of the flowers. The bunches are composed of grapes of different sizes, with some very small berries.

milligram ***milligramme*** *nm*
One thousandth of a gram.

millilitre ***millilitre*** *nm*
One thousandth of a litre.

millimetre ***millimètre*** *nm*
One thousandth of a metre.

milling ***concassage*** *nm*
Term used to designate the first step in the **brewing** or **distilling** process, in which the malt is milled or ground into what is known as **grist**.

mineral ***minéral*** *adj*
In tasting, used to describe an aroma or taste reminiscent of stone or rocks, as in certain Chablis or wines made from Sauvignon Blanc.

mineral water ***eau minérale*** *nf*
Apparently gaining in popularity all the time.

mineralise *v*
To add certain minerals to water, as in the process known as **Burtonisation**. Well water is sometimes mineralised before being used for irrigation, in order to bring the correct amount of certain minerals to the vine.

Minervois (AOC)
A fairly large wine-producing area north of Corbières in the Languedoc region of France. Carignan dominates the red and rosé wines produced here, while some whites will be found, made from Grenache Blanc, Bourboulenc and Macabeo. There also exists a tiny appellation, Muscat de Saint-Jean-de-Minervois, reserved for VDNs.

Minho
Wine-producing area situated north of the **Douro** Valley in Northern Portugal. This is the home of ***vinho verde***.

minimum age ***âge minimum*** *nm*
Could apply to both the drinker and the drink. Most countries impose a minimum age for the consumption and purchase of alcohol, and many drinks, wines and spirits particularly, must be aged for a certain number of years before being sold.

mint ***menthe*** *nf*
Aromatic plant of the *mentha* genus, which is often used as flavouring for liqueurs. The aroma may sometimes be found in certain wines, both white and red.

mirabelle *n*
Small, yellow plum common in eastern France, Germany, Switzerland, etc. The word is also used to designate the delicious **fruit brandy** distilled from the fermented fruit.

Mireval
Small town, south-west of Montpellier, which has its own appellation – Muscat de Mireval AOC – for a fortified wine (VDN) made from the Muscat Blanc à Petits Grains grape variety.

mist ***brume*** *n*

mistella
(See mistelle).

mistelle *n*
French word for grape juice to which alcohol has been added to stop or prevent fermentation. The result is officially called ***vin de liqueur (VDL)***, and we could give as examples, **ratafia**, **Pineau des Charentes** AOC or **Macvin** AOC. The Spanish equivalent is ***mistella***.

mix ***mélange, assemblage*** *nm*
Word normally used for finished drinks. For example, we would mix drinks for a cocktail, or when drinking unwisely. When making wines or spirits, the word 'blend' is more correct.

mix ***mélanger, brasser*** *v*

mixer ***boisson non alcoolisée servant à allonger certains alcools*** *nf*
Soft drink, such as lemonade, tonic water, ginger ale, tomato juice, etc., which is mixed with alcoholic drink(s) to make a long drink or a cocktail.

mixture ***mélange*** *nm*

mocha ***moka*** *nm*
Sometimes used to make cream liqueurs.

moderation ***modération*** *nf*
With drinking, as with most of life's pleasure, moderation is probably the wisest approach.

moelleux
French word meaning 'soft', 'smooth' or 'mellow'. In fact, it is a generic term for a sweet wine with some residual sugar. *(See 'vin moelleux').*

Moët et Chandon
The biggest of the Champagne houses in terms of volume, founded in 1743 and established in Épernay. Now the owner of the Abbey of Hautvillers and producer of the prestigious Dom Pérignon champagne.

moist ***humide, moite*** *adj*

moisture ***humidité*** *nf*

molasses ***mélasse*** *nf*
Syrup extracted during the refining of raw sugar. It may be distilled to produce rum.

Moldova ***Moldavie*** *nf*
Tiny country of the former Soviet Union which has a long tradition of winemaking and a huge potential as investments and modernisation bear fruit.

molecular ***moléculaire*** *adj*

molecule ***molécule*** *nf*

Monastrell ***monastrell*** *nm*
Red grape variety which is found in many parts of Spain and is particularly at home in warmer climates. It is also common in the South of France, where it is called **Mourvèdre**.

Monbazillac (AOC)
Appellation whose vineyards lie to the south of the town of Bergerac, across the Dordogne River. The wines are made in the style of Sauternes, using the same grape varieties (Sémillon, Sauvignon Blanc and Muscadelle) but are much cheaper than their more prestigious neighbours further west.

Mondavi, Robert
One of the leading figures in Californian viticulture and winemaking. He founded his world-famous winery in Oakville, Napa Valley in 1966. Also co-founder (with Baron Philippe de Rothschild) of the Opus One Winery.

Mondeuse ***mondeuse*** *nf*
Red grape variety found particularly in Savoie (France) and Italy's Friuli region, where it goes under the name of Refosco. Its wines are deep in colour and high in acidity, and make for ideal drinking with the hearty mountain cuisine of Savoie.
There also exists a *Mondeuse Blanche*.

monitor ***suivre, surveiller, contrôler*** *v*

monopoly ***monopole*** **nm**

Montagne de Reims
One of the wine-producing areas of Champagne. The vineyards which often face north or north-east are dominated by the Pinot Noir grape variety and the wines often form the backbone of the standard cuvees of the big Champagne houses.

Montagne-Saint-Émilion (AOC)
This area is often described as one of the satellites of Saint-Émilion and the vineyards lie to the north of those of its more prestigious brother. Some of the wines, made from Cabernet Sauvignon, Cabernet Franc, Merlot and Malbec represent excellent value for money.

Montagny (AOC)
One of the four communal appellations of the Côte Chalonnaise which can only be used for white wines made from Chardonnay grapes. It is something of a curiosity in that all of the *crus* are classified as *premiers*, which makes one wonder about the logic underlying the French AOC system.

Montepulciano (d'Abruzzo)
Originating in Tuscany, Montepulciano is a widely-planted red grape variety in Italy, even if it is most commonly associated with Abruzzo. It should not be confused with Vino Nobile di Montepulciano, which is made mainly from Sangiovese.

Monthélie (AOC)
Village situated between Volnay and Meursault, with its own appellation for red or white wines, even though the latter are very much in the minority. This is one of the villages of the Côte de Beaune which can sometimes still represent good value for money.

Montilla-Moriles (DO)
Sherry-style but non-fortified wine coming from the vineyards south of Córdoba. It is naturally very strong and (in Southern Spain, at least) very dry. An excellent wine to drink with *tapas*.

Montlouis (AOC)
A small, little-known appellation which centres on the town of Montlouis-sur-Loire, just east of the city of Tours. Like Vouvray, its more famous neighbour across the river, it can be dry, semi-sweet or sweet, and may also be slightly sparkling *(pétillant)* or sparkling.

Montpellier
Capital city of Hérault, an important wine-producing department in the region of Languedoc, France. The University of Montpellier is one of the world's leading teaching and research institutions in the fields of viticulture and œnology.

Montrachet (AOC)
A ***grand cru*** appellation which is shared between the lucky villages of Puligny and

Chassagne south of Beaune. Given the size of the vineyard – about 20 acres – and the excellence of the wine, Montrachet is extremely expensive and very hard to find. The word 'rachet', in old French, meant bald. There are in fact no trees at the top of the slope.

Montravel (AOC)
One of three appellations for a vineyard area west of Bergerac in south-west France. Montravel AOC is reserved for dry white wines made from Sémillon, Sauvignon and Muscadelle, while Côtes de Montravel AOC and Haut-Montravel AOC are sweet.

moonshine *n*
Popular name in the USA for illicitly distilled whiskey
moraine

moraine ***moraine*** *nf*
Land covered by debris and rocks, brought down and deposited by a glacier.

Moravia ***Moravie*** *nf*
Region of the Czech Republic, lying east of Bohemia, which has a brewing tradition going back centuries.

morello cherry ***griotte*** *nf*
Fruit aroma, which may be found in many red Burgundies. *(See 'Griotte-Chambertin AOC').*

Morey-St.Denis (AOC)
Small village of the Côte de Nuits, just south of Gevrey-Chambertin, producing only red wines from the Pinot Noir grape variety. The village boasts four excellent *grand crus*: Clos de la Roche, Clos Saint-Denis, Clos des Lambrays and Clos de Tart.

Morgon (AOC)
Second largest of the ten *crus* of Beaujolais. Morgon has the reputation of being able to age more than most of its counterparts.

Mort Subite, la
Rather awe-inspiring name (meaning 'sudden death') of both a café in Brussels, popular with beerdrinkers, and a brand of ***lambics*** and ***gueuze***s brewed in Belgium's capital city.

Moscatel ***moscatel*** *nm*
Spanish synonym for the **Muscat** grape variety.

Moscato ***moscato*** *nm*
Italian synonym for the Muscat grape variety *(see below)*.

Mosel (-Saar-Ruwer)
This German region consists of the valleys of the Mosel river (Moselle, in French) and of two of its tributaries, the Saar and the Ruwer. The region is famous particularly for its elegant Riesling wines, among the best to be found in Germany.

Moselle ***Moselle*** *nf*
The name of a river (and a French department) which has its source in eastern France and flows through Luxembourg and into Germany where it finally joins the Rhine. Vineyards are found all along the valley, but the best wines are probably produced in Germany.

moss ***mousse*** *nf*
Vegetal aroma found in certain wines, including some better-quality Chablis.

moth ***papillon nocturne / de nuit*** *nm*

mother of vinegar ***mère de vinaigre*** *nf*

motor ***moteur*** *nm*

motorisation ***motorisation*** *nf*

motorise ***motoriser*** *v*

mould ***moisi*** *nm*, ***moisissure*** *nf*

mouldy ***moisi, qui a l'odeur ou le goût du moisi*** *adj*
Unpleasant aroma, sometimes found in wines, which may come from the grapes, or result from the use of dirty wine-making equipment.

Moulin-à-Vent (AOC)
One of the ten *crus* of Beaujolais, and undoubtedly one of the most reputed. Its wines are usually powerful, with a good ageing potential.

Moulis (AOC)
This is the smallest of the communal appellations of Médoc situated to the north west of Margaux. However, none of its châteaux has

the *grand cru classé* status. Its most famous wine is perhaps Château Chasse-Spleen.

mount ***mont*** *nm*
Now used mainly in geographical names, such as Mount Veeder in California.

mountain ***montagne*** *nf*

mountain side ***flanc, versant*** *nm*
Depending on altitude and climate, may be a good location for a vineyard.

mountain range ***chaîne de montagnes*** *nf*
Can be a determining factor in the climate of a region or country.

Mourvèdre
A red grape variety which is well known in the South of France, particularly in the vineyards of Bandol. Indeed, it must represent a minimum of 50% of the wines of this appellation. It is known for its strength coupled with its high acidity and tannins. It may also be found in California and Australia, where it is called Mataro. *(See also 'Monastrell').*

mouse ***souris*** *nf*

mous(e)y ***qui sent la souris*** *adj*
Unpleasant acetic smell or taste caused by bacterial contamination.

mousse ***mousse*** *nf*
Dessert which may be flavoured with liqueur.

mouser ***chasseur de souris*** *nm*
Important position in many Scottish distilleries, occupied by a cat, whose job consists in catching mice and other rodents.

mousseux
Generic name for French sparkling wine. However, it gradually took on a rather pejorative connotation and the better French sparkling wine, made in the traditional method are now officially called ***crémants***.

mouth ***bouche*** *nf,* ***palais*** *nm*
May be used to describe the sum of the different sensations which a taster may detect in his/her mouth, such as acidity, tannins, alcohol, body, etc. *(See also 'palate').*

mouthfeel ***bouche*** *nf,* ***palais*** *nm*

mouth-filling ***ample*** *adj*
Flattering description for a wine that is big, full-bodied but soft and rich with a degree of complexity

Mouton-Rothschild, Château
One of the five *premiers grands crus classés* of Médoc, situated on the territory of Pauillac. In the 1855 classification, it was ranked a second growth, but was upgraded in 1973. The wine is dominated by the Cabernet Sauvignon grape variety (about 85%) and the label is particularly famous. Each year, an original work of art is commissioned, and artists whose works adorn the labels include Picasso, Dali, Miró and Chagall.

mud ***boue, bourbe*** *nf*

muddy ***boueux, bourbeux*** *adj*

muggy ***(temps) lourd*** *adj*

Mull
Island off the west coast of Scotland, home of the **Tobermory** malt whisky distillery.

mulled wine ***vin chaud épicé*** *nm*
(Usually) red wine which is heated with citrus fruit, spices and sugar. Sometimes brandy or ***aquavit*** is added. A warming drink for winter celebrations. *(See also 'Glühwein' and 'glögg').*

Müller-Thurgau
Probably the best known and most successful of modern crossings, this white grape variety was developed from Riesling and Silvaner in 1882 at the remarkable Geisenheim Institue, by a certain Dr Müller of the Swiss canton of Thurgau. Its wines are generally uninspiring, but it was widely planted in Germany as one of the ingredients of *Liebfraumilch* and has also had a fair degree of success in English vineyards.

Mumm
Famous Champagne house founded in Reims in 1827 by the sons of a German wine-merchant from Cologne. The label of its Cordon Rouge Champagne, with the red sash of the French *légion d'honneur* crossing the label diagonally, is known the world over and serves to evoke the notion of Champagne in many circumstances.

Munson, T.V.
American horticulturist (1843-1913), who settled in Denison Texas, in 1876, where he did extensive work on classifying grape species and on breeding new grape varieties. He was instrumental in reviving France's wine industry after the phylloxera crisis by grafting French vines onto resistant American rootstock.

Murfatlar
Wine-producing area which is part of the Dobrogea region, located in eastern Romania on the coast of the Black Sea. It is best known for its whites, including some remarkable late-harvest wines.

murky ***trouble*** *adj*

Muscadelle ***muscadelle*** *nf*
White grape variety from the Bordeaux area, which has a distinct aroma of grapes, reminiscent of Muscat, hence its name. It is usually blended with the superior Sauvignon Blanc and Sémillon varieties.

Muscadet ***muscadet*** *nm*
Loire Valley synonym of the Melon de Bourgogne rape variety (see above).

Muscadine
The Muscadiniae sub-genus of vines is found in the region of the Gulf of Mexico, but has never really been commercially cultivated. One variety of the *vitis rotundifolia* species, called Scuppernong, was once grown for winemaking.

Muscat
This is really a family of grape varieties, found just about everywhere, and grown either for table groups or to make wine. For the uninitiated who lack patience, and say "Why can't wine just taste of grapes?" Muscat is the variety to recommend, for it always has that characteristic taste of fresh grapes. The main varieties are Muscat Blanc à Petits Grains and its inferior brother Muscat of Alexandria, often used for liqueur wines, Muscat Ottonel, now planted in Alsace, and the Hamburg Muscat, black in colour, used mainly for table grapes.

mushroom ***champignon*** *nm*
Word of French origin (*mousseron*). Aroma which may be found in certain well-matured red wines.

Musigny (AOC)
A relatively small (just over 25 acres) *grand cru* appellation situated on the territory of Chambolle-Musigny. A small amount (less than 5%) of white Musigny is produced but it is even more expensive and difficult to find than the red.

musk ***musc*** *nm*
Animal aroma which may be found in certain mature red wines.

musky ***musqué, qui rappelle le musc*** *adj*

mussel ***moule*** *nf*
Delicious with a light white wine or beer.

must ***moût*** *nm*
Juice which runs freely from crushed grapes or which is obtained by pressing grapes. The term is used for unfermented or partly fermented juice.

mustard ***moutarde*** *nf*
In France, this condiment is generally associated with the city of **Dijon**, where most of it is made.

mustimeter ***mustimètre*** *nm*
Instrument used to measure the quantity of sugar contained in must. *(See also 'densimeter').*

mustiness ***(caractère) moisi*** *nm*

must weight ***quantité de sucre (présent dans le moût)*** *nf*

musty ***moisi*** *adj*

mutage *n*
French word which is used to designate the process of stopping a fermentation by adding either sulphur dioxide, or grape alcohol or brandy. In the case of SO_2, the objective is to

achieve a high level of residual sugar, while the addition of alcohol is a way of fortifyinthe wine.

muzzle ***muselet*** *nm*
In Champagne, the wire 'basket', which holds the cork tightly in place.

N

Nahe

Small German wine-producing region which takes its name from the Nahe River, a tributary which flows into the **Rhine** at Bingen. The mesoclimate of the region makes it possible to produce some very elegant wines.

nail polish *vernis à ongles nm*

Aroma found in some young red wines, particularly those made using the **carbonic maceration** technique, which is reminiscent of nail polish, or perhaps rather the solvent (acetone) used to remove it.

nail varnish *vernis à ongles nm*

(See 'nail polish').

Nantais, Pays

The Pays Nantais is the area located on both sides of the **Loire** river around the French city of Nantes, close to the Atlantic Ocean. It is the home of **Muscadet** (AOC)and **Gros-Plant du Pays Nantais** (VDQS), both dry and fairly acidic white wines which are ideal with oysters and other seafood.

Napa Valley (AVA)

Located north of San Francisco Bay, this is undoubtedly **California**'s best-known wine-producing area, which takes its name from the Napa River, though there is also a town, and a county, called Napa. The Valley runs roughly north to south and climates vary. The dominant grape variety is **Cabernet Sauvignon**, but **Merlot**, **Syrah** and **Zinfandel** are also common, not to mention **Chardonnay** and **Sauvignon Blanc** for white wines. → *p. 349.*

Napoléon

For Cognacs, Armagnacs and even Calvados, a spirit labelled 'Napoléon' has undergone at least five or six years' ageing.

native *indigène adj*

natural *naturel adj*

Navarra

Wine-producing region of north-east Spain, long overshadowed by its more prestigious neighbour Rioja. Over the last 20 years, it has progressed enormously, thanks to the introduction of some non-indigenous grape varieties. However, some fine traditional Tempranillo wines still exist alongside more modern Cabernet Sauvignons. White wines are made from Garnacha Blanca, but also Chardonnay and other white varieties.

neat *sec; sans addition d'eau adv.*

neat whisky *whisky sec*

Nebbiolo *nebbiolo nm*

Excellent red grape variety most at home in the **Piemonte** region of Italy, where it produces such splendid wines as **Barbaresco** and **Barolo**. These are usually deep in colour, high in acidity and tannin, which gives them a good ageing potential. There is also plenty of fruit on the nose.

Nebuchadnezzar *nabuchodonosor nm*

This is the biggest of the oversize **Champagne** bottles containing 15 litres (the equivalent of 20 bottles)! Great skill is required when opening it and pouring the numerous glasses it will fill.

neck *col (d'une bouteille) nm*

neck label *colerette nf*

Once commonly used by wine producers to indicate the **vintage** of the wine, but the concept of the neck label seems to be losing ground.

necrosis *nécrose nf*

Death of (vegetal) tissue caused by injury or disease.

nectar *nectar, jus de fruit(s) nm*

nectarine ***nectarine*** *nf*, ***brugnon*** *nm*

needle ***aiguille*** *nf*

negligible ***négligeable*** *adj*

négociant *n*
French word meaning '**wine merchant**', as opposed to 'wine producer' or '**winegrower**'.

Négrette ***négrette*** *nf*
Red **grape variety** from south-western France, associated above all with **Côtes du Frontonnais**, just north of Toulouse

nematode ***nématode*** *nm*, ***anguillule*** *nf*
(See 'eelworm').

nerve ***nerf*** *nm*, ***nervure*** *nf*

nervous ***nerveux*** *adj*
English translation of French tasting term, used to describe a wine that is full-bodied, lively and well balanced.

nervousness ***nervosité*** *nf*

nervy ***nerveux*** *adj*

net ***filet (de protection)*** *nm*

Netherlands, the ***Pays Bas, les*** *nmpl*
Even if this country has no winegrowing tradition, it played an important part in developing the viticulture of certain regions of south-western France, namely **Bordeaux**, **Cognac** and **Armagnac**. The Dutch encouraged growers to produce sweet wines or to distil their production (in Armagnac, for example) as a way of ensuring satisfactory transport conditions for the long sea voyage. The Netherlands also produces its own spirits – brandy and ***genever*** – and we should not forget its long brewing tradition.

nettle(s) ***ortie(s)*** *nf (pl)*
Aroma which may be found in some young white wines made from the **Sauvignon Blanc** grape variety.

neutral ***neutre*** *adj*
In tasting, rather unflattering description for a wine or other drink which is satisfactory, but rather bland and ordinary.

New South Wales ***Nouvelle-Galles du Sud*** *nf*
This state is located in south-eastern **Australia** and is home to the country's capital, Canberra, as well as its largest city, Sydney. It also boasts Australia's most famous wine-producing region, the **Hunter Valley**. New South Wales is probably best known for its **Chardonnays** and **Semillons**, but it also produces some remarkable **Shiraz** wines.

new world ***nouveau monde*** *nm*
Unofficial term, used increasingly in recent decades to designate the relatively new wine-producing countries of the world – **Australia**, **Chile**, **New Zealand**, **South Africa**, etc. – as opposed to the **'old world'** countries of Europe.

New Zealand ***Nouvelle-Zélande*** *nf*
Wine-producing country of the Southern Hemisphere, part of the **new world**, but possessing natural growiing conditions fairly similar to those of Europe. Originally, vineyards were concentrated around Auckland, but they spread down the coast of the North Island (**Gisborne** and **Hawkes Bay**). Viticulture on the South Island, with its cooler climate, is more recent, but holds a lot of promise thanks to regions such as **Marlborough** and **Central Otago**.

Nielluccio ***nielluccio*** *nm*
Red grape variety which is a native of Corsica. However, it is thought to be closely related to **Sangiovese**.

nip ***petite quantité (d'alcool), goutte*** *nf*
No doubt an abbreviation of the old English word 'nipperkin', meaning 'small measure'.

nip ***pincer, éborgner*** *v*

nitrate ***nitrate*** *nm*
Used in fertilisers. Unfortunately, when the latter are overused, nitrates frequently pollute the **water table**.

nitric ***nitrique*** *adj*

nitrogen ***azote*** *nm*
Neutral gas which is often used as a 'blanket' to protect wine and other liquids against oxidation.

NEW ZEALAND
NOUVELLE ZÉLANDE

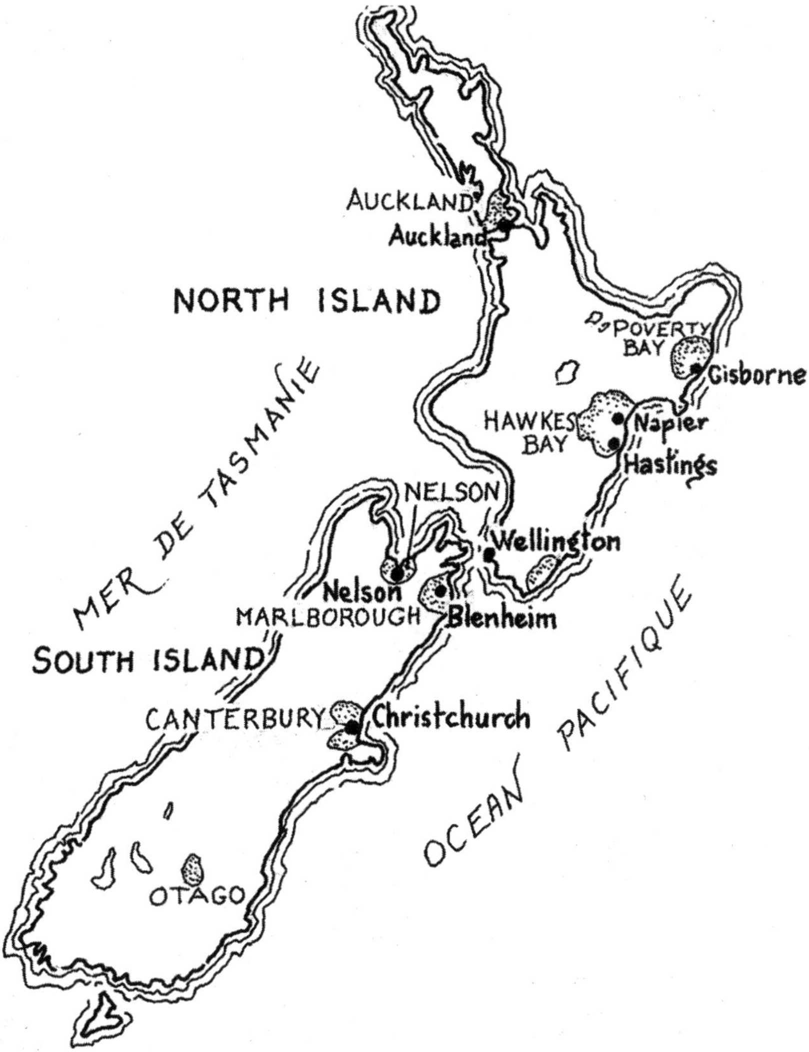

Noah ***noah*** *nm*
A ***labrusca*** x ***riparia*** **direct producer**. *(See also 'Maréchal Foch').*

noble ***noble*** *adj*
Word often used in egalitarian France to describe certain grape varieties *(cépages nobles)*, which are generally considered to produce the best wines. Jancis Robinson calls them 'classic grape varieties and identifies nine of them: **Cabernet Sauvignon**, **Pinot Noir**, **Syrah**, **Merlot**, **Riesling**, **Chardonnay**, **Sémillon**, **Sauvignon Blanc** and **Chenin Blanc**. The word may also be used in tasting to describe certain wines or other drinks which have real class.

noble rot ***pourriture noble*** *nf*
One of the forms of rot caused by the fungus known as ***botrytis cinerea***. Noble rot develops in certain climatic conditions and is therefore common in certain wine-producing regions such as **Sauternes**, the **Loire Valley** or parts of **Germany**. When the grapes are ripening, damp, misty mornings are followed by warm, sunny afternoons. The berries shrivel up, the sugar in the juice is concentrated but the acidity level remains high.

noctua ***noctuelle*** *nf*
Moth whose caterpillars represent a harmful parasite for the vine. Also known as the **owlet moth**.

noctuid ***noctuelle*** *nf*
(See 'noctua').

node ***nœud*** *nm*
Point on the stem of a plant from which one or more leaves grow.

nodule ***nodule*** *nm*, ***petite nodosité*** *nf*

Noilly-Prat
Extra-dry French **vermouth** which is often used in cooking for the preparation of sauces.

non-alcoholic ***non alcoolisé*** *adj*
Used to describe a drink which contains no alcohol. We also talk about a **soft drink**.

non-dosage ***sans sucre, extra-brut*** *adj*
Term used to designate a style of **Champagne** popular in the early 1980s which had zero sugar added to it in the ***liqueur d'expédition***. *(See 'dosage').*

non-vintage (NV) ***non millésimé*** *adj*
In Champagne, it is traditional to blend the wines of different vintages in order to produce the standard ***cuvées*** such as Moët & Chandon's Brut Impérial or Mumm's Cordon Rouge. These wines are referred to as 'non-vintage'. Champagnes made exclusively from the wines of one year are called vintage (or ***millésimé***).

norm ***norme*** *nf*

north ***nord*** *nm*

North Africa ***Afrique du Nord*** *nf*

northern ***septentrional, du nord*** *adj*

nose ***nez*** *nm*
In tasting, used to refer to the smell of a wine or other drink. It can give us a lot of clues about a wine, for example: its age, whether it has been well made, how it has been matured, its grape variety (-ies), etc.

nose ***sentir, humer*** *v*

nosing *glass* ***verre de dégustation*** *nm*
Sort of tasting glass, specially designed to nose a drink (particularly whisky), in optimum conditions.

nostril ***narine*** *nf*

noticeable ***sensible*** *adj*
In tasting, can be useful to qualify certain sensations.

nouveau *adj*
According to the INAO, a wine labelled 'nouveau' may be released on the third Thursday of November and sold during the year following the harvest. Deliveries must stop on August 31st of the following year. Only certain regions are allowed to sell their wines in this way, the most famous of which is **Beaujolais**. *(See also 'primeur').*

nozzle ***bec*** *nm,* ***buse, douille*** *nf*

noxious ***nocif*** *adj*

nuance ***nuance*** *nf*

nucleus ***noyau*** *nm*

Nuits-Saint-Georges (AOC)
Small town situated about 15 miles south of **Dijon**. It gives its name to the **Côte de Nuits**, but also possesses its own **communal appellation**, which mainly concerns red wines. Although the village has no ***grand cru*** vineyards, its powerful and complex ***premiers crus*** are much sought after by wine lovers. *(See also 'Côte de Nuits', 'Côte de Nuits-Villages' and 'Hautes-Côtes de Nuits').*

nursery ***pépinière*** *nf*
Of great importance in viticulture for the production of vineplants (both grafted and **ungrafted**).

nurseryman ***pépiniériste*** *nm*

nut ***noix, noisette, cacahuète, etc.*** *nf*
Generic word for a fruit consisting of an edible kernel inside a hard shell. A 'nut' could be a **hazelnut**, a **walnut**, a **peanut**, etc.

nutmeg ***noix de muscade*** *nf*
Aroma which may be found in certain wines from the **Rhône Valley** and the South of France.

nutrient ***nutritif*** *adj*

nutrient ***matière / substance nutritive*** *nf*

nutrition ***nutrition*** *nf*

nutritious ***nutritif, nourissant*** *adj*

nutty ***qui sent la noisette / la noix*** *adj*
Adjective used to descriibe an aroma of nuts, usually either **hazelnut** or **walnut**.

NV (non-vintage)
(See 'non-vintage').

O

oast house

oak ***chêne*** *nm*
Wood used for making barrels, which plays an essential role in the evolution and maturing of many quality wines and spirits. Several countries are important producers of oak for cooperage, such as France, or the United States. Even within France, oak of different origins – Tronçais, Limousin, Vosges, etc. – imparts its own particular character.

oak aged ***vieilli en fût de chêne*** *adj*

oak chips ***copeaux de chêne*** *nm pl*
Oak chips or shavings, added to a wine during fermentation or storage, provide a quick and cheap way to obtain the **oakiness** which the consumer often expects. *(See 'oaking').*

oaked ***qui sent le chêne, boisé*** *adj*
oaking *n*
Method of obtaining an **oaky** character by macerating **oak chips** or even **staves** in a wine. However, wines made in this way lack the complexity of those which are aged in oak casks and the practice is banned in many countries.

oak matured ***élevé en fût de chêne*** *adj*

oakiness ***(arôme / goût / caractère) boisé*** *nm*

oaky ***qui sent le chêne, boisé*** *adj*

oast house *n*
Once a common sight in the Kent countryside, these 'houses' with their distinctive cowled roofs, were used for drying hops.

oatmeal stout *n*
Type of stout which includes some oats or malted oats in its **mash**.

oats ***avoine*** *nf*
Grain which may be used as an ingredient in the **mash** for certain beers or whiskies (-eys).

Oban
Scottish Highland malt whisky distillery located on the west coast of Scotland. The single malt combines characteristics of the Islands and the Highlands.

Oberlin
Hybrid grape variety, once commonly planted in France.

octave ***quartaut*** *nm*, ***caque*** *nf*
In Britain, a wine cask which contains one eighth of a **pipe** or a quarter of a hogshead, about 57 litres.

odour ***odeur*** *nf*
In tasting, word generally used for an unpleasant smell or aroma.

odourless ***inodore, sans odeur*** *adj*

Oechsle
System for measuring the **specific gravity** (sugar level) of grape juice or **must** developed by the German scientist Christian Ferdinand Oechsle. This scale is used to determine the *Prädikat* of German **QmP** wines. Other systems commonly used elsewhere in the world are **Balling**, **Baumé** and **Brix**.

œnological ***œnologique*** *adj*

œnologist ***œnologue*** *nmf*
The œnologist's job begins at harvest time and finishes when the wine is bottled and sold.

œnology ***œnologie*** *nf*
Science or study of wine and winemaking.

œnophile ***œnophile*** *nmf*
Person who likes and enjoys wine, and is knowledgeable about it.

off ***pas / plus bon, pas frais, avarié, tourné, éventé*** *adj*
For food and drink, used to describe something that is not / no longer edible or drinkable. Perhaps there is a problem; perhaps it is past its best. Comes from the verb 'to go off' *(tourner, se gâter, se détériorer).*

off dry *adj*
In tasting, adjective used to describe a wine or other drink that has a very small amount of residual sugar giving just a hint of sweetness.

off-flavour ***mauvais goût*** *nm*
(See 'off-taste').

off licence
In Great Britain, licence required to sell alcoholic beverages for consumption off the premises (*en-dehors du lieu de vente*), in one's home for example. The term is also used to designate a shop specialising in the sale of alcoholic beverages.

off-sales
Those sales which are made through **off-licence** outlets.

off-smell ***mauvaise odeur*** *nf*
Used to designate an unpleasant smell which indicates that a wine or other drink is spoilt.

off-taste ***mauvais gout*** *nm*
Used to designate an unpleasant taste which indicates that a wine or other drink is spoilt.

off the skins ***sans les peaux*** *adv*

off-trade
That part of the overall trade in alcoholic beverages carried out through **off-licence** outlets.

oidium ***oïdium*** *nm*
Cryptogamic disease of the vine, also known as **powdery mildew** or *uncinula necator*, which originated from the USA and first appeared in France in 1848. The green parts of the vine are covered with a sort of white powder, but the disease can be cured by regular treatment with sulphur.

oidium tuckeri *n*
(See 'oidium').

oil ***pétrole*** *nm*, ***huile*** *nf*
Aroma reminiscent of petroleum oil, which may be found in some mature Rieslings.

oily ***huileux*** *adj*
In tasting, adjective used to describe a wine which gives the almost tactile impression that it has the consistency of oil. This may be good, as in the case of a **'fat'** wine. *(See 'glycerol').* On the other hand, this sensation may be caused by *'maladie de la **graisse**'.*

okra ***okra*** *nm*

Oktoberfest *n*
Biggest and most famous of the world's beer festivals which takes place each year in Munich in October.

Olaszrizling
Hungarian synonym for the Welschriesling.

old world
Term used to refer to the wine-producing regions and countries of Europe, the Middle East and North Africa in opposition to the new world, which includes the Americas, South Africa; Australia and New Zealand.

olfactory ***olfactif*** *adj*
Pertaining to the all-important sense of smell.

Olifants River
South Africa's most northerly wine-producing region, located on the west coast of the country. The land on either side of the river is flat and rich, and the region was long associated with low-quality wines. Progress has been made, however, resulting in better wines, including reds made from Shiraz and Pinotage.

olive ***olive*** *nf*
Aroma which may be found in certain red wines, particularly those made from the **Cabernet Sauvignon** grape variety.

olive green ***vert olive*** *adj*

oloroso *n / adj*
One of the basic types of sherry, which unlike ***fino***, does not develop a layer of **flor**. Since the barrel is not topped up, the wine oxidises, which means that it is darker in colour and fuller bodied with a rather **nutty** character.

on-licence
In Great Britain, licence required to sell alcoholic beverages for consumption on the premises (*sur le lieu de vente*), in a bar or restaurant, for example.

on-sales
Those sales which are made through **on-licence** outlets.

on-trade
That part of the overall trade in alcoholic beverages carried out through on-licence outlets.

onion ***oignon*** *nm*

onion peel ***pelure d'oignon*** *nf*
(See 'onion skin').

onion skin ***pelure d'oignon nf***
Refers to the orange-pink colour of certain rosé wines. Today, the wine-drinker prefers a paler, pinker rosé.

oolite ***oolithe*** *nm*
Small spherical concretion, found in sedimentary rock such as limestone, consisting of concentric layers around a core.

opacity ***opacité*** *nf*
Rarely a good quality for a drink.

OPAP (Onomasía Proeléfseos Anotéras Piótitos)
Greek appellation meaning 'Appellation of Origin of Superior Quality', corresponding to the European QWPSR category. Twenty appellations exist at this level.

opaque ***opaque*** *adj*

opaqueness ***opacité*** *nf*
(See 'opacity').

OPE (Onomasía Proeléfseos Eleghoméni)
Greek appellation meaning 'Controlled Appellation of Origin', corresponding to the European QWPSR category. Unlike the OPAP appellation, OPE is for sweet wines such as Muscat of Samos. Eight appellations exist at this level.

open ***ouvert, épanoui*** *adj*
In tasting, adjective used to describe a wine or other drink which readily expresses its character, particularly on the nose.

opener *n*
(See 'bottle-opener').

opening ***ouverture*** *nf*

opening ***attaque*** *nf*
In tasting, the first impressions that a wine or other drink gives, particularly in the mouth.

opening hours ***heures d'ouverture*** *nfpl*

Oporto
English name for the Portuguese city of Porto.

opulent ***opulent*** *adj*
In tasting, adjective used to describe a wine or

other drink which is smooth, full bodied and rich in alcohol.

orange ***orange*** *nf*
Fruit aroma of the citrus family which may be found in some sweet white or fortified wines.

orange blossom ***fleur d'oranger*** *nf*
Floral aroma which may be found in some white wines.

orange peel ***écorce d'orange*** *nf*
The peel of bitter or Seville orange is sometimes used to flavour liqueurs. One example would be the French *apéritif* **Ambassadeur**.

Orange River (WO)
The most northerly vineyard area in South Africa situated inland from the coastal regions. The climate is hot and dry.

orange skin ***peau / écorce d'orange*** *nf*
(See 'orange peel').

orangy ***dont l'arôme ou le goût rappelle l'orange ; de couleur plus ou moins orange*** *adj*

order ***commande*** *nf*

order ***commander*** *v*

order form ***bon de commande*** *nm*

oregano ***origan*** *nm*
Aroma which may be found in certain red or white wines from the South of France.

Oregon
State situated on the west coast of the USA, between California and Washington. The climate, much less favourable than in California, has led many growers to follow Burgundian practices, and Pinot Noir has enjoyed considerable success here.

organ ***organe*** *nm*

organic ***biologique*** *adj*

organic wine ***vin biologique*** *nm*

organoleptic ***organoleptique*** *adj*
Refers to the examination of a wine or other drink, by using the senses of sight, smell and taste rather than scientific analysis.

origanum ***origan*** *nm*
Wild marjoram, from which oregano is made.

origin ***origine*** *nf*

original density ***densité primitive*** *nf*
(See 'original gravity').

original gravity ***densité primitive*** *nf*
Measure of the amount of raw materials (or fermentable matter) expressed in relation to the quantity of water used. The original gravity of water is taken to be 1000, which puts the original gravity of a typical English draught bitter at around 1040.

Originalabfüllung
German term meaning 'estate bottled', replaced in 1971 by the term ***Erzeugerabfüllung***, which means 'bottled by the owner'.

Orkney Islands ***Îles Orcades*** *nfpl*
Archipelago consisting of about 90 islands lying off the north coast of Scotland, which connoisseurs would include in the Islands category of malt whiskies. The Orkneys are home to two distilleries, **Highland Park** and **Scapa**.

Ortega
White grape variety resulting from the crossing of Müller-Thurgau with Siegerrebe, capable of achieving good sugar levels. Its plantings (mainly in Germany) remain limited.

Orval
Belgian Trappist beer brewed at the Abbey of Notre Dame d'Orval. Only one type of beer is brewed, but it undergoes three fermentations.

Orvieto (DOC)
Small town in Umbria, between Florence and Rome, which gives its name to a light, dry white wine. However, more and more sweet Orvietos will now be found.

osmosis ***osmose*** *nf*

Otago, Central
Situated in New Zealand's South Island, between 45 and 46°S, this is the planet's most southerly wine-producing region. The

very temperate climate favours such grape varieties as Pinot Noir.

Ottonel
(See Muscat).

ounce (oz.) ***once*** *nf*
Unit of weight equal to one sixteenth of a pound or 28.35 grams.

outdoor(s) ***(à l')extérieur, en plein air*** *adv*
The opposite of 'indoor(s)'.

outlet ***point de vente*** *n*

outside ***(à l')extérieur (de), en dehors (de)*** *n / adj / adv. / prep.*

outstanding ***exceptionnel, qui sort de l'ordinaire*** *adj*
In tasting, description which should be used sparingly. Keep it for memorable wines or other drinks.

Ouzo *n*
Greek aniseed-flavoured liqueur, made from alcohol, essence of aniseed and sugar.

overgrafting ***surgreffage*** *nm*

over-the-row tractor ***tracteur-enjambeur*** *nm*
Common equipment in densely-planted low-trellised vineyards such as those in certain parts of Burgundy.

overalls ***bleus de travail*** *nmpl*

overcrop ***trop produire*** *v*

overcropping ***surproduction*** *nf*
Overcropping is usually the result of bad pruning. It is less common now, thanks to the practice of green harvesting, and anyway, there now exists in France what is known as the PLC (or *plafond limite de classement*). This is a maximum yield which takes into account a possible supplement decided in certain years.

overflow ***trop-plein*** *nm*

overflow ***déborder*** *v*

overripe ***trop mûr, en état de surmaturation*** *adj*
In tasting, overripe grapes can be detected in a wine by a lack of balance: insufficient acidity and too much alcohol or residual sweetness. This is often accompanied by a smell and taste of oxidation or even pomace.

overtone ***nuance, note*** *nf*
Useful word for expressing tasting impressions.

owlet moth ***noctuelle*** *nf*
(See 'noctua').

own brand, distributor's ***marque de distributeur*** *nf*

own ***posséder, être propriétaire de*** *v*

owner ***propriétaire*** *nmf*

oxalate ***oxalate*** *nm*

oxalic acid ***acide oxalique*** *nm*
Potentially very poisonous acid found in **sorrel** and **rhubarb**.

ox blood ***sang bovin*** *nm*
Once used as a fining agent for red wines, in either liquid or powdered form, but now prohibited.

oxidant ***oxydant*** *adj*
(Agent) capable of oxidising.

oxidase ***oxydase*** *nf*
Enzyme which activates oxygen.

oxidation ***oxydation*** *nf*
Deterioration of a wine or other drink caused by exposure to oxygen.

oxidise ***(s)oxyder*** *v*

oxidised ***oxydé*** *adj*
In tasting, description which is not usually flattering as it refers to a wine or other drink whose colour, aromas and taste have been spoilt through exposure to oxygen. Some wines, however, such as those of the French Jura or certain sherries, for example seem to oxidise naturally and the taster expects to find a certain oxidised character.

oxygen ***oxygène*** *nm*
It has been said that oxygen is the enemy of wine. However, when a wine is young, particularly at the beginning of the fermentation, a certain oxygenation is useful and even necessary.

oxygenate ***oxygéner*** *v*

oxygenation ***oxygénation*** *nf*

oyster ***huître*** *nf*
Very popular shellfish in many countries, accompanied by white wine, stout or even whisky, depending on local preferences.

oyster stout *n*
Type of stout, once popular in Britain and Ireland, which was specially brewed as the ideal accompaniment for oysters. Some breweries even added oysters to the stout!

ozone ***ozone*** *nm*

ozone layer ***couche d'ozone*** *nf*

P

Paarl (WO)
Town in **South Africa**, east of Cape Town, which gives its name to a wine-producing region, part of the coastal region. It is home to the headquarters of the huge cooperative, **KWV**. The region has a variety of climates, and although traditionally associated with the **Steen** grape variety, it now produces a wide range of wines.

Pacherenc du Vic-Bilh (AOC)
A sweet white wine produced in South West France from several varieties, including **Ruffiac**, **Petit** and **Gros Manseng**. The vineyard area is the same as that of **Madiran**.

pack ***pack*** *nm*
The four or six-pack has become the norm for many cheaper bottled drinks such as beer.

pack ***emballer*** *v*

packaging ***conditionnement*** *n*

packing ***emballage*** *nm*

pad filtration ***filtration par tamisage*** *nf*

padding ***rembourrage*** *nm*

paille *nf*
(See 'vin de paille').

pair ***harmoniser (plats et vins)*** *v*

palatable ***acceptable, agréable, qui se laisse boire / manger*** *adj*

palate ***palais*** *nm*, ***bouche*** *nf*

Palatinate
English name for **Pfalz**.

pale ***pâle*** *adj*
In tasting, very useful for describing different shades of colour.

pale ale *n*
Type of bronze-coloured British ale, referred to as 'pale' by comparison with darker drinks, such as **brown ale**. It is generally well hopped.

Palette (AOC)
Small appellation of about 85 acres, located south of Aix-en-Provence. Red, white and rosé wines are produced from a very long list of possible grape varieties. The wines of Château **Simone**, which accounts for about three quarters of this appellation, are remarkable.

pallet ***palette*** *nf*

palo cortado *n*
Fairly rare and expensive style of **sherry**. It is in fact a ***fino*** in which the **flor** dies off, and which then develops as an ***oloroso***. It therefore combines some of the qualities of these two styles.

Palomino ***palomino*** *nm*
White grape variety which has its origins in Andalusia, where it is considered as the most important contributor to **sherry** wine. However, outside of the Jerez region, it has never produced wines of any great interest. This could perhaps be explained by the soil, and/or the unique method of vinification.

papaya ***papaye*** *nf*

paper chromatography ***chromatographie sur papier*** *nf*

paraffin ***paraffine*** *nf*
Aroma which may be found in certain mature **Rieslings**.

paraffin wax ***paraffine*** *nf*
Used on newly grafted vine cuttings to retain moisture.

parallel ***parallèle*** *nm*

parameter ***paramètre*** *nm*

parasite ***parasite*** *nm*
Nature has created many, which makes life difficult for vinegrowers and farmers in general.

parasitic ***parasite*** *adj*

parcel ***paquet*** *nm* ; ***parcelle de terrain*** *nf*

parcel out ***morceler, parceller, distribuer*** *v*

Parellada ***parellada*** *nf*
White grape variety which is a native of Spanish Catalonia. Its acidity and fruitiness give it the qualitative edge over both **Macabeo** and **Xarel-lo** in the blending which is carried out to produce local sparkling (**Cava**) and still wines.

particle ***particule*** *nf*
It's always better if there are no particles in suspension in the tasting glass.

partridge eye ***œil de perdix*** *nm*
English translation of the French term *œil de perdix*, used to describe the pale pink colour of certain wines.

passerillage *n*
French word which refers to the practice of leaving grapes to dry - either on the vine, or once they have been picked – with the objective of concentrating the sugar in the juice.

Passe-Tout-Grains, Bourgogne -~ (AOC)
A Burgundy regional appellation for red and rosé wines, made from a blend of **Pinot Noir** and **Gamay**. Pinot Noir must represent at least one third of the blend.

passion fruit ***fruit de la passion*** *nm*
Aroma which may be found in certain white wines whose nose is dominated by tropical fruit.

passito *adj*
Italian word used to describe a wine made from grapes which have undergone ***passerillage***. *(See 'amarone' and 'recioto').*

past its best ***passé*** *adj*
Used to describe a wine (or any other drink) which has been kept for too long. Its qualities are beginning to decline.

pasta ***pâtes*** *nfpl*

paste ***pâte*** *nf*

Pasteur, Louis
Famous French chemist and biologist (1822-1895), whose study of microorganisms - particularly bacteria and **yeast**s – was crucial to the wine and brewing industries for the understanding of fermentation. He is known as the 'father of œnology'.

pasteurisation ***pasteurisation*** *nf*
Process of sterilisation named after Louis Pasteur, consisting in heating food or drink to a temperature sufficient to kill any micro-organisms and then cooling it. This technique is commonly used in the wine and brewing industries, but not for quality wines, as it would prevent their satisfactory ageing *(See also 'flash pasteurisation').*

pasteurise ***pasteuriser*** *v*
To carry out the process of **pasteurisation**.

pastille ***pastille*** *nf*
Sulphur may be presented in this form.

pastis *n*
Alcoholic drink, very popular as an *apéritif* in France (diluted with water), made from pure alcohol mixed with essence of **aniseed** and powdered **liquorice**. The word means 'mixture' in Provençal, which is a reminder that it was often home made by people seeking a replacement for **absinth**. Today its production is dominated by French beverages multinational, **Pernod-Ricard**.

pastry ***pâtisserie*** *nf*
Sometimes used in tasting to refer to an aroma reminiscent of cakes and pastries.

pasty ***pâteux*** *adj*
In tasting, rather unflattering description for a sweetish wine or other drink which is flat and lacking in acidity. *(See 'cloying').*

patch ***(petite) parcelle de terrain*** *nf*

patchwork ***patchwork*** *nm*
The vineyards of **Côte d'Or** have been described as a patchwork of appellations.

patent still *n*
(See 'Coffey still').

path ***chemin, sentier*** *nm*

Patrimonio (AOC)
One of the two specific communal appellations of Corsica. The vineyards are situated west of the city of Bastia. It is best known for its red wines, produced almost exclusively from the **Nielluccio** grape variety, said to be related to the Tuscan **Sangiovese**.

patron ***client*** *nm*
In Britain, word used to designate the customers of a restaurant, bar, pub, etc. Parking will often be reserved 'for patrons only'.

patron saint ***saint patron*** *nm*
Saint Vincent is the patron saint of vinegrowers, for example.

Pauillac (AOC)
The most prestigious of the communal appellations of **Médoc**, which boasts no fewer than three of the five premiers ***grands crus classés*** (Châteaux **Lafite-Rothschild**, **Latour** and **Mouton-Rothschild**).

pawpaw ***papaye*** *nf*
(See 'papaya').

pea ***(petit) pois*** *nm*

peach ***pêche*** *nf*
Aroma found in certain white wines.

peacock's fan / tail ***queue de paon*** *nf*
English translation of a French expression used to describe the phenomenon in which a wine demonstrates remarkable length and seems to develop – at the end of the tasting process – a whole range of sensations which were not perceptible earlier.

peak ***apogée*** *nf* ; ***sommet*** *nm* ; ***pic*** *nm*
In tasting, used to describe the point at which a wine or other drink is at its best.

peanut ***cacahuète, arachide*** *nf*

pear ***poire*** *nf*
Fruit aroma which may be found in certain dry or sweet white wines.

pear drop ***bonbon anglais*** *nm*
(See 'acid drop').

pearl ***perle*** *nf*
English translation of the French term '**perle**'.

pearling ***perlant*** *adj*
English translation of the French term '**perlant**'.

peat ***tourbe*** *n*
Peat can have an important influence on the smell and taste of a **whisky**. The spring water used to make the spirit may flow over beds of peat. It may also be used as a combustible to heat and dry the germinating **barley**.

peatreek ***fumée de tourbe*** *nf*
Term used in Scotland to designate illicit whisky or alcohol in general. *(See also 'moonshine').*

peaty ***tourbé*** *adj*
Smelling or tasting of **peat**. This characteristic is usually present in the malt whiskies of **Islay**.

pebble ***caillou*** *nm*

pebbly ***caillouteux, de galets*** *adj*

pecan ***noix de pécan*** *nf*

Pécharmant (AOC)
Small appellation for red wines only, situated within the larger **Bergerac** area. The wines made from **Cabernet Franc**, **Cabernet Sauvignon**, **Merlot** and **Malbec** are generally of good quality.

pectin ***pectine*** *nf*
Gelatinous polysaccharides, found in ripe fruit, which make it possible to turn fruit juice into jelly.

pectinase ***pectinase*** *nf*
Type of enzyme.

pedicel ***pédicelle*** *nf*
Small peduncle which connects the grapes to the main **stalk** of the **bunch**

pedological ***pédologique*** *adj*

pedologist ***pédologue*** *nmf*

pedology ***pédologie*** *nf*
Scientific study of **soil**s and their composition.

Pedro Ximénez ***pedro ximenez*** *nm*
White grape variety associated, like **Palomino**, with the production of **sherry**. Its traditional role was to provide sweet wines or wines for sweetening, but it is gradually losing ground. It is, however, widely planted in southern Spain to produce dry white wines.

peduncle ***pédoncule*** *nm*
Stalk which connects a flower fruit or **cluster** of fruit to a main **stalk**.

pedunculated ***pédonculé*** *adj*

peel ***pelure, épluchure*** *nf ;* ***écorce*** *nf,* ***zeste*** *nm*
The peel of certain **citrus fruit**s is sometimes used to flavour **liqueur**s.

peel ***peler, éplucher*** *v*

pellicular maceration ***macération pelliculaire*** *nf*
Technique consisting in allowing white grapes to macerate in their juice before the fermentation begins. This is done in an atmosphere of **carbon dioxide** and the temperature must be kept low. The objective is to extract both **aroma**s and 'colour' from the skins.

Penedès (DO)
A large wine-producing area situated between Barcelona and **Tarragona** in Spanish Catalonia. This region is now dominated by white grape varieties (**Parellada**, **Macabeo**, **Xarel-lo** and also **Chardonnay**). This can be explained by the importance of this region for the production of **Cava** DO.

peony ***pivoine*** *nf*

pepper ***poivre*** *nm*

peppery ***poivré*** *adj*
Tasting of pepper. This is common in some red wines, particularly those made from the **Syrah** (**Shiraz**) grape variety.

pepsin ***pepsine*** *nf*
Digestive enzyme.

peptic ***peptique*** *adj*
Pertaining to digestion.

peptide ***peptide*** *nm*

peptone ***peptone*** *nf*

perceive ***percevoir*** *v*

perceptibility ***perciptibilité*** *nf*

perception ***perception*** *nf*

percolation ***percolation*** *nf*
Refers to the gradual penetration of rainwater into the soil.

perennial *adj* ***vivace, perpétuel, pérenne*** *adj*

perfume ***parfum*** *nm*
Sometimes used to refer to the smell (or nose) of a wine or other drink.

perfume ***parfumer*** *v*

perfumed ***parfumé*** *adj*
In tasting, sometimes used to refer to the **pungent**, almost perfume-like floral-fruity aroma of certain white wines, from Alsace, for example.

perfumy ***parfumé*** *adj*
(See 'perfumed').

pergola ***pergola*** *nm*
Traditional way of *training* vines, which is less common in modern viticulture.

Pérignon, Dom
(See Dom Pérignon)

perish ***périr*** *v*

perishable ***périssable*** *adj*

perlant *adj*
French word used to describe a wine which has been bottled with a small amount of **CO_2** present.

perle *nf*
French word meaning 'pearl', used to designate (a) small bubble(s) of **CO_2** present in a bottle of wine.

perlé *adj*
(See 'perlant').

perlite ***perlite*** *nf*
Sort of volcanic rock, which, in powdered form, – like ***Kieselguhr*** – can be used to facilitate the **filtration** of wines, beers, etc.

permanganate index ***indice de permanganate*** *nm*
Way of expressing the quantity of **polyphenols** (**tannins**) present in a wine. Also called the tannin index.

permeable ***perméable*** *adj*

permit ***permis*** *nm*

Pernand-Vergelesses (AOC)
Small village, just north of Beaune, which gives its name to an appellation for both red and white wines, of which the latter represent about 20% of the total. It shares with its neighbours, **Aloxe-Corton** and **Ladoix**, the superb ***grand cru*** appellations of **Corton** and **Corton-Charlemagne**.

Pernod Ricard
French family firm formed by the merger of two ***pastis*** producers, which is now a giant global beverages conglomerate, owner of an extensive range of brands, particularly spirits.

peroxide ***peroxyde*** *nm*

Perrier-Jouët
Famous **Épernay** Champagne house founded in 1811.

perry ***poiré*** *nm*
Like cider, but made from the fermented juice of pears.

persimmon ***kaki*** *nm*

persist ***persister, perdurer*** *v*

persistence ***persistance*** *nf*
The length of time during which a **sparkling** wine produces **bubble**s. Also the time during which the aromas of a wine or other drink last once it has been swallowed.

persistent ***qui persiste, qui (per)-dure*** *adj*
Always a good description for a wine or other drink.

personality ***personnalité*** *nf*
It is good for a wine or other drink to have a certain personality which distinguishes it from products of the same appellation or type.

Peru ***Pérou*** *nm*
One of the oldest wine-producing countries of South America, even though neither the climate, nor the soils of Peru are favourable to viticulture. The country produces some red wines (**Cabernet Sauvignon**, **Malbec** and **Grenache**) and some fortified wines in the style of **Port** or **Madeira**. The Indians appreciate *chicha* (brewed from molasses and maize), and of course Peru is probably best known for ***pisco***, a spirit obtained by distilling Muscat which is often drunk with egg-white and **Angostura**.

Pessac-Léognan (AOC)
This communal appellation was created in 1987 and derives its name from two towns close to **Bordeaux**. The area extends south and west from the city of Bordeaux and represents the northern part of the larger **Graves** area. Pessac-Léognan AOC takes in the most famous *châteaux* including **Haut-Brion**.

pest ***animal / insecte nuisible, parasite*** *nm*

pest control ***lutte antiparasitaire*** *nf*
In modern viticulture (or agriculture in general), the use of pesticides is kept to the strict minimum, and **organic** wines are produced without them. Many producers today practise what the French call *'lutte raisonnée'*, which respects scrupulously the ecological balance.

pesticide ***pesticide*** *nm*
Chemical product designed to kill various harmful parasites of the vine.

petal ***pétale*** *nf*

petiole ***pétiole*** *nm*
Stalk which connects a **leaf** to the **stem** of a plant.

Petit Chablis (AOC)
Appellation which is generally considered to be an inferior version of **Chablis**. This is probably unfair, but it is true that the minimum alcohol content requirement is slightly lower than for Chablis AOC. Moreover this appellation is located on terrains where the quality of the **limestone** is indeed inferior (ie, **Portlandian** as opposed to **Kimmeridgian**).

Petit Manseng ***petit manseng*** *nm*
(See Manseng).

Petit Verdot ***petit verdot*** *nm*
Red grape variety with a long history in **Médoc**. It has many qualities as a wine for blending and tends to be found in the south of this region. However, it has the problem of being a late ripener.

Petite Champagne
One of the seven districts of the **Cognac** region, representing about 10% of the total surface area. The soil is calcareous, though less chalky than the **Grande Champagne** district. When spirit from **Petite Champagne** is blended with Grande Champagne, the resulting Cognac is entitled to the **Fine Champagne** appellation, but the blend must contain at least 50% of Grande Champagne. → *p. 25.*

Petite Sirah ***petite sirah*** *nf*
Red grape variety which is also known as Durif, after the name of the man who propagated it. It is found mainly in **California**, and it should be stressed that it bears no relation to **Syrah**.

petrol ***essence*** *nf*
Aroma which might be found in old Alsatian **Riesling**s.

petrolly *adj*
Smelling of petrol or petroleum.

petroleum ***pétrole*** *n*
(See petrol).

Petrus, Château
This **Pomerol** AOC, made almost exclusively from Merlot grapes, has become one of the dream wines of the world, which many would like to taste one day.

pewter ***étain*** *nm*
Alloy made of copper and antimony which is often used to make decorative **tankard**s.

Pfalz ***Palatinat*** *nm*
The German name for the Palatinate. It is Germany's second largest quality-wine-producing region, bordering on northern **Alsace**, to the south, and the **Rheinhessen** to the north. This relatively warm region is capable of producing some rich and powerful **Riesling**s.

pH ***pH*** *nm*
Abbreviation for '**p**otential **H**ydrogen'. It is in fact a way of measuring and expressing **acidity** or alkalinity on a scale of 0 to 14. A pH of under 7 represents acidity and the ideal range for wines is roughly between 3 and 3.6.

phenol ***phénol*** *nm*
Name for a **phenolic** compound naturally occurring in grape **skin**s, **stalk**s and **seed**s, as well as **oak** barrels. Phenols include tannins and *pigments* and may be responsible for astringency, colour capacity to age, etc. Also called **polyphenol**s.

phenolic ***phénolique*** *adj*

phenyl ***phényle*** *nm*

phial ***fiole*** *nf*

Phillipponat
Champagne house established in 1912 and located in Mareuil-sur-Aÿ, where it is the lucky owner of the superb **Clos des Goisses**.

phosphate ***phosphate*** *nm*
Frequently used to make **fertiliser**s.

phosphatic ***phosphaté*** *adj*

phosphoric ***phosphorique*** *adj*

phosphorous ***phosphoreux*** *adj*

phosphorus ***phosphore*** *nm*

photosynthesis ***photosynthèse*** *nf*
Important factor in the ripening of the grapes, since the sun's light is absorbed by the green

leaves and this energy transforms **carbon dioxide** into **starch** and **sugar**, among other things. It is therefore important to maintain a good balance between fruit and leaves, so that the latter can do their job, without consuming too many of the nutrients required by the grapes.

phylloxera vastatrix *n*
Rather awe-inspiring name of a tiny vine louse that can cause irreparable damage to the vine by attacking its **root**s and leaves. In the second half of the nineteenth century, it virtually wiped out Europe's vineyards, until it was discovered that ***vitis vinifera*** could resist phylloxera if it was **grafted** onto American **rootstocks**.

phytosanitary ***phytosanitaire*** *adj*
Pertaining to the health of plants.

Pic St.-Loup
An identified climatic zone situated within the large **Coteaux du Languedoc** area. The name Pic St.-Loup can be added to this AOC appellation.

pick ***cueillir, ramasser, vendanger*** *v*

pick-me-up ***remontant*** *nm*
Most drinkers have their own favourite pick-me-up.

picker ***vendangeur (-se)*** *nmf*

pickle ***saumurer, conserver au vinaigre*** *v*

pickled ***saumuré, conservé au vinaigre*** *adj*

pickles ***conserves au vinaigre*** *nfpl,* ***pickles*** *nmpl*

Picpoul de Pinet (VDQS)
An old **Languedoc** appellation for a rather uninteresting wine made from the **Piquepoul** grape variety, which is, in fact, a synonym for **Folle Blanche**.

pièce *n*
Standard **barrel** size for transactions in **Burgundy** containing 228 litres or about 300 bottles of wine. The term may be used in other regions, but the volume may differ slightly.

Piemonte ***Piedmont*** *nm*
Wine-producing region of Northwest **Italy**, known throughout the world for its red DOCGs, **Barolo** and **Barbaresco**, made from the **Nebbiolo** grape variety. It is also the region of **Asti,** famous for its ***spumante*** wines..

Pierce's disease ***maladie de Pierce*** *nf*
Bacterial disease, fatal for the grapevine, that takes its name from scientist Newton Pierce, who first studied it in California in the late nineteenth century. It can be a serious problem in climates which lack any real chilling period such as parts of California, where it is carried by the **glassy-winged sharpshooter**.

pigment ***pigment*** *nm*
In wines, the pigments come from the **phenolic** compounds in the grape **skins**. In white grapes, they are called **flavone**s and in black grapes, **anthocyanin**s, and as the wine ages, they oxidise and their colour changes.

pile ***pile*** *nf* ***tas*** *nm*

pile up ***empiler ; amasser, (s')accumuler*** *v*

Pils ***bière Pils*** *nf*
German version of the Pilsner, usually drier, lighter and more strongly hopped.

Pilsen *n*
Former name of the Czech town of **Plzen**.

Pilsner ***bière Pilsner*** *nf*
Type of lager originating from the Czech city of **Plzen**. The style has often been imitated, but rarely equalled. A good Pilsner, such as that made by **Urquell,** is dry with a perfect balance between **malt** and **hops**.

Pimms No. 1
A gin-based beverage frequently referred to as a 'fruit cup'. Normally diluted with lemonade, it is still the summer favourite of many English people.

pina colada *n*
Cocktail made from **rum**, pineapple juice and coconut.

Pineau d'Aunis ***pineau d'Aunis*** *nm*
Red grape variety originating in the **Loire**

Valley, where it is found principally in **Anjou** and **Touraine**. It bears no relation to the **Pinot** family

Pineau des Charentes (VDL)
A French ***vin de liqueur*** (VDL) or ***mistelle***, made by adding **Cognac** to unfermented grape juice. The resulting red, rosé or white liqueur is a pleasant **apéritif**, very similar to **ratafia** or **Floc de Gascogne**, which are made in the same way.

pine ***pin*** *nm*
Balsamic aroma which may be found in certain wines. In the Greek region of Attica, a wine flavoured with pine resin, known as **Retsina**, is still made. If once the pine aroma was overpowering, more delicately flavoured retsinas are now more popular.

pineapple ***ananas*** *nm*
Aroma which may be present in certain white wines, such as **Chardonnay**s coming from warm-climate regions.

pink ***rose, rosé*** *adj*

pink gin *n*
Cocktail made from **gin**, flavoured (and coloured) with **Angostura** bitter.

Pinot Beurot ***pinot beurot*** *nm*
Burgundy synonym for the **Pinot Gris**. Its name 'beurot' comes from its colour resembling that of sackcloth *(bure)*, as worn by monks.

Pinot Blanc ***pinot blanc*** *nm*
White grape variety which was frequently confused with *Chardonnay* and often referred to as Pinot Chardonnay. It is however a distinct variety which is more commonly found in **Alsace** than in Burgundy. Other countries with significant plantings of Pinot Blanc are **Germany** *(see **Weissburgunder**)* and **Italy**.

Pinot Gris ***pinot gris*** *nm*
Another member of the prestigious Pinot family, commonly planted in **Alsace**, where it used to go under the misleading name of **Tokay**. In this region, it produces some really superb wines, notably at the ***grand cru*** or **late harvest** levels. It is also found in **Germany** (where it is called ***Ruländer***) and Italy *(Pinot Grigio)*.

Pinot Meunier ***pinot meunier*** *nm*
Black grape variety which is one of the "trinity" of **Champagne** varieties along with **Pinot Noir** and **Chardonnay**. Its reputation in terms of quality is inferior to that of its two more noble partners, but it is in fact widely planted in the **Marne** Valley and the department of Aisne. It brings a fruitiness to Champagnes designed for early drinking.

Pinot Noir ***pinot noir*** *nm*
Red grape variety which is the undisputed king of **Burgundy**. It was referred to by Burgundian geologist Robert Lautel as a *vieux garçon*, like a bachelor set in his ways, who does not like to travel. It is true that as a producer of red wines, it has not been very successful outside of its native region, with the exception, perhaps, of **Oregon** or **New-Zealand**, both fairly temperate regions. When young, Pinot Noirs from Burgundy have aromas reminiscent of soft red fruit, particularly **raspberry**, but as they age, they take on more animal aromas, sometimes reminiscent of the farmyard. It should be noted, that despite the name 'noir', it rarely produces wines of deep colour. The Pinot Noir is also a major player in the production of **Champagne**. It is particularly at home on the **Montagne de Reims** and the department of **Aube**, where it produces wines which bring body and what the French call *'classe'*.

Pinotage ***pinotage*** *nm*
Red grape variety which is associated above all with **South Africa**. It is in fact a fairly recent **crossing** of **Pinot Noir** with **Cinsaut** (known in South Africa as **Hermitage**). To many European wine amateurs, it is something of an acquired taste.

pint ***pinte*** *nf*
Standard unit of measurement for British **beer** drinkers. One pint equals (in Britain) 0.568 litres.

pip ***pépin*** *nm*
Word used to designate the seed of various fruits, such as the apple, the pear or the orange. It can be used for the grape too, though it is probably more common to talk about **seed**s.

pipe ***pipe*** *nf*
Word deriving from the Portuguese pipa (barrel) which refers to a barrel used for trading

various wines in Portugal. In the Douro region, a pipe holds 550 litres, but in **Madeira**, only 418.

pipette ***pipette*** *nf*
Instrument used in the laboratory or in the cellar for drawing off a small quantity of liquid. In the cellar, it is also called a **(wine) thief**.

Piquepoul ***piquepoul*** *nm*
This grape variety may be either 'Noir' or 'Gris'. It is one of the 13 varieties which may be used for **Châteauneuf-du-Pape** and is also found in **Languedoc**. It is in fact a synonym for **Folle Blanche**.

pisco
Type of **brandy**, distilled from **Muscat** wine, which originated in **Peru** but is also common in Chile.

pistachio ***pistache*** *nf*

pistil ***pistil*** *nm*

pitcher ***pichet*** *nm*, ***cruche*** *nf*

plant ***plante*** *nf*, ***plant*** *nm*

plant ***planter*** *v*

plantation ***plantation*** *nf*

planter's punch ***planteur, punch de planteur*** *nm*
Type of **punch**.

plastered ***beurré, bourré, pinté*** *adj*
One of the many terms used to describe a state of drunkenness.

plastering ***plâtrage*** *nm*
Practice consisting in adding **gypsum** or **calcium sulphate** – used to make plaster of Paris – to wines in order to increase their acidity and to facilitate their **clarification**. This was once common in the production of **sherry**, but is generally no longer used.

plateau ***plateau*** *nm*

pleasant ***agréable, plaisant*** *adj*
In tasting, description used for a wine or other drink which is perhaps not memorable, but which gives the taster pleasure.

pleasing ***agréable, plaisant, qui fait plaisir*** *adj*

pleasure ***plaisir*** *nm*
This is what the taster should be looking for.

plenty ***abundance*** *nf*
In winemaking, a year of plenty is rarely an excellent vintage.

plonk ***vin (très) ordinaire, pinard*** *nm*, ***picrate, piquette*** *nf*
Slang for cheap, poor-quality wine. People sometimes talk about 'Château Plonk'. It is said that the word is a deformation of the French word **blanc**.

plot ***lot (de terrain)*** *nm*, ***parcelle*** *nf*

plough ***charrue*** *nf*

plough ***labourer*** *v*

ploughman's lunch *n*
Popular pub snack composed of bread, cheese and **pickles**.

Ploussard ***ploussard*** *nm*
(See 'Poulsard').

plug ***bonde*** *nf*

plum ***prune*** *nf*
Aroma which may be encountered in certain red wines. Some varieties of plum such as **mirabelle** or **quetsch**, for example, are fermented and then distilled into delicious **fruit brandies**.

plummy *adj*
Smelling or (particularly) tasting of plums.

pluviometer ***pluviomètre*** *nm*
(See 'rain gauge').

pluviometric ***pluviométrique*** *adj*

Plzen *n*
City in the Czech Republic lying south east of **Prague**, close to the border with Bavaria, famous for its very fine type of **lager** called **Pilsner**.

pneumatic press ***pressoir pneumatique*** *nm*
Type of horizontal wine press in which a sort of bladder inflates slowly, pressing the grapes against the side of a rotating, perforated drum.

pocheen
(See poteen).

poisoning *n* ***intoxication*** *nf*

poison ***intoxiquer, empoisonner*** *v*

poisonous ***toxique, venimeux, vénéneux*** *adj*

Pol Roger
Prestigious **Champagne** house founded in **Aÿ** in 1849 and established in **Épernay** since 1951. It was Sir Winston Churchill's favourite champagne and in 1975, to celebrate the tenth anniversary of his death, the house created the famous "Cuvée Winston Churchill".

pole ***échalas, tuteur*** *nm*

pollen ***pollen*** *nm*

pollinate ***polliniser*** *v*

pollination ***pollinisation*** *nf*

polyester ***polyester*** *nm*

polymer ***polymère*** *nm*

polyphenol ***polyphénol*** *nm*
(See 'phenol').

polyphenolic ***polyphénolique*** *adj*

pomace ***marc*** *nm*
Residue of fruit (particularly grapes) which is left after a pressing to extract the juice. The pomace may subsequently be used in a distillation process in order to produce **pomace brandy**.

pomace brandy ***(eau de vie de) marc*** *nf*
The best-known are French **marc** and Italian **grappa**.

pomegranate ***grenade*** *nf*

Pomerol (AOC)
Small town, north-east of Libourne, which gives its name to a wine-producing area adjacent to the **Saint-Émilion** vineyards. Here, only red wines are made, with the **Merlot** grape variety dominating the **Cabernet Sauvignon**. Some superb wines are made here, including the now legendary **Château Petrus**.

Pommard (AOC)
Village of the **Côte de Beaune**, giving its name to a communal appellation which concerns red wines only. There are no *grand cru* vineyards here, but some excellent ***premiers crus***. The wines of Pommard are often tannic and need to age a few years in order to be appreciated.

Pommery
The company, Pommery and Greno, was founded in **Reims** in1836, but it was Louise, the founder's widow, who really built up the **Champagne** house after his death in 1856. It is remarkable not only for its wines, but also for the architecture of its buildings, whose Scottish influence gives the place an almost Disney-like flavour.

poor ***pauvre ; médiocre, de mauvaise qualité*** *adj*
In tasting, a wine or other drink may be poor. At the same, poor soil is often the best for viticulture.

pop ***(faire) péter, sauter*** *v*
Onomatopoeia for the sound of a cork being removed. Particularly a Champagne cork. People sometimes say "let's pop the cork!"

pore ***pore*** *nm*

porous ***poreux*** *adj*

port ***port*** *nm*

port ***(vin de) Porto*** *nm*
Sweet Portuguese fortified wine produced in the **Douro** Valley from a rumba of grape varieties including **Touriga Nacional,** Touriga Franca, Touriga Roriz, Tinta Barroca, Tinta Cão and Tinta Amarela. There are many different styles of port, depending on the source and quality of the wine, but above all on the way it is aged. The two basic styles are **tawny**,

which gets its colour from its prolonged stay in oak casks, and **ruby**, which is bottled earlier. The best, and most expensive port is the **vintage**, made from the wine of a single year, and bottled without filtration after about two years.

port cask *fût à Porto nm*
It has long been a tradition in the Scottish **whisky** industry to mature this spirit in casks which have already been used to hold not only port, but also **sherry** and **Madeira**. The original use of these casks obviously confers a specific taste and style to the malt whiskies matured in them. Some distilleries even market premium malts which have been matured in this way.

Port Ellen
Scottish single malt whisky from the island of **Islay**. Not as strongly distinctive as some of the Islay single malts.

porter *porter nm, bière brune nf*
Forerunner of **stout**, made originally by adding young **brown ale** to ale which had been aged in casks.

Portlandian limestone *calcaire portlandien nm*
Type of limestone found in the region of **Chablis**, particularly. The vineyards planted on it are generally only classified as **Petit Chablis** AOC. *(See 'Kimmeridgian limestone').*

Porto *n*
Portuguese city, often called 'Oporto' in English, which gives its name to port wine.

Portugal
Southern European country with a long wine-producing tradition. Historically, Portugal was known especially for its fortified wines, **port** and **Madeira**, which were very popular in Great Britain, but the country has many more wines to offer. Among these, we could mention **vinho verde** from the **Minho** region in the north, the full-bodied reds of the **Douro** and **Daõ**, and the famous **Muscat** from **Setúbal**. Portugal is also remarkable for the wide range of local grape varieties which are planted there: **Touriga Nacional**, **Tinta Roriz**, **Verdelho** and **Alvarinho**, to name but four. Since joining the European Union in 1986, Portugal has made huge investments and the quality of its wines is rapidly improving. In conclusion, let's not forget that this country is the world's leading producer of cork.

Portugieser *portugais bleu nm*
Despite its name, this red grape variety seems to have its origins in Austria, where it is commonly planted for red-wine production. It is also found in Germany and certain Central European vineyards.

port wood *bois à Porto nm*
(See 'port cask').

post *piquet, poteau nm*

pot *pot nm ; casserole, marmite nf*

pot still *n*
Type of still, resembling a large copper pot, used in the distillation of **malt whisky**.

potable spirit *alcool potable / buvable nm*

potash *potasse nf*
May be used as fertiliser.

potassium bitartrate *bitartrate de potassium nm*
By-product of the **tartaric acid** contained in wine which will sometimes precipitate in the form of **crystals** when a wine is stored at too low a temperature. The sure way to avoid this problem is **cold stabilisation**.

potassium metabisulphite *métabisulfite de potassium nm*
White powder which, when added to wine, releases **sulphur dioxide**. It is therefore used as an anti-oxidant or even as a means to stop a fermentation. Often comes in the form of **Campden tablets**.

potato *pomme de terre nf*
May be used for its starch in the distillation of certain spirits such as **vodka**.

poteen *n*
Irish whiskey resulting from illicit distillation.

Pouilly-Fuissé (AOC)
This communal appellation of the region of **Mâcon** in **Burgundy** derives its name from

PORTUGAL

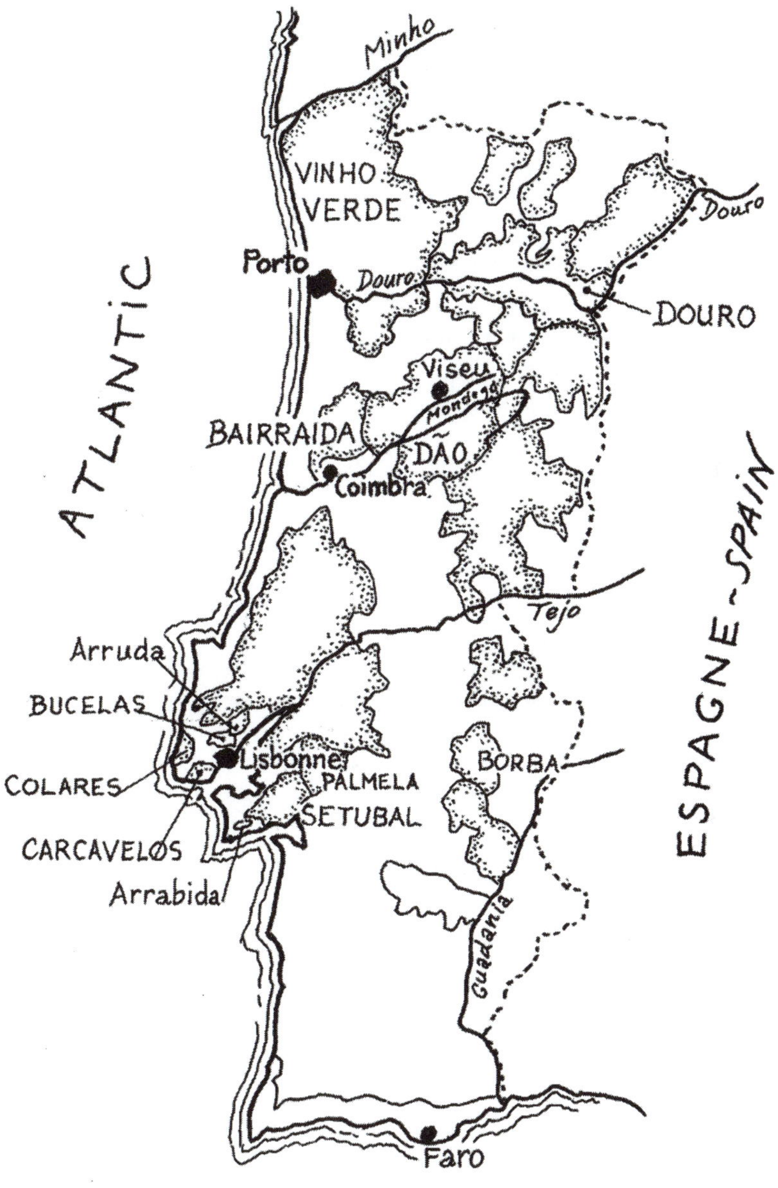
Minho
VINHO
VERDE
Douro
Porto
Douro
DOURO
ATLANTIC
Viseu
Mondego
BAIRRAIDA
DÃO
Coimbra
Tejo
ESPAGNE-SPAIN
Arruda
BUCELAS
Lisbonne
COLARES
PALMELA
BORBA
SETUBAL
CARCAVELOS
Arrabida
Guadania
Faro

two villages, Solutré-Pouilly and Fuissé. The wines produced here, from the **Chardonnay** grape variety, are generally excellent.

Pouilly Fumé (AOC)
Appellation which – rather confusingly – bears no relation to **Pouilly-Fuissé**. The name is derived from the town of **Pouilly-sur-Loire** (which is itself a different AOC!), located in the Central **Loire Valley**. The term *fumé* is a reference to the use of the **Sauvignon Blanc** grape variety here, as in nearby **Sancerre**. Some say that the variety conveys a sort of **gunflint** aroma to the wine, others that colour of the Sauvignon grapes is almost smoky.

Pouilly-Loché (AOC)
Small satellite appellation of **Pouilly-Fuissé**, producing wines which are very similar in style. The vineyards of Pouilly-Loché are, in fact, part of the larger **Pouilly-Vinzelles** area, itself another satellite appellation.

Pouilly-sur-Loire (AOC)
The village of Pouilly-sur-Loire is probably better known for **Pouilly Fumé** AOC, but the appellation Pouilly-sur-Loire exists for wines made from the **Chasselas** grape variety.

Pouilly-Vinzelles (AOC)
Satellite appellation of **Pouilly-Fuissé** producing wines which are similar in style. The smaller **Pouilly-Loché** appellation is, in fact, part of this vineyard.

Poulsard ***poulsard*** *nm*
Red grape variety from the **Jura** region of France, where it is also frequently referred to as **Ploussard**. It produces very pale red wines which are often called 'rosés', but it does have a fairly elegant nose.

poultry ***volaille*** *nf*

pound ***livre*** *nf*
Unit of weight, equal to sixteen ounces or 0.4536 kg.

Poverty Bay *n*
(See 'Gisborne').

powder ***poudre*** *nf*

powdery *adj* ***poudreux, qui ressemble à de la poudre***

powdery mildew ***oïdium*** *nm*
(See 'oidium').

Prädikat *n*
German word meaning 'distinction'. It is used to designate the various categories of quality wines depending on the **must weight** of the grapes based on the **Œchsle** scale. (See 'QmP').

Prague
Capital city of the Czech Republic with a long brewing history. Its breweries, the largest of which is **Staropramen**, make excellent **lager**-style beers.

praline ***pralin*** *nm* ***; pralinée, praline*** *nf*

precipitate ***précipiter*** *v*

precipitation ***précipitation*** *nf*
Used for both the (usually unwelcome) presence of particles, crystals, etc. in a wine or other drink, and the (usually welcome) fall of rain, etc.

predator ***prédateur*** *nm*

pre-fermentary ***pré-fermentaire*** *adj*

Premières 'Côtes (de Blaye)' (AOC)
(See Blaye).

Premières Côtes (de Bordeaux) (AOC)
A narrow strip of vineyards on the right bank of the Garonne River in the **Entre-deux-Mers** area. Both red and white wines are made here using the same grape varieties as those used elsewhere in the Bordeaux region.

premises ***lieu de vente*** *nm*
(See 'off-licence' and 'on-licence').

pre-pruning ***pré-taille*** *nf*

preservative ***agent conservateur / de conservation*** *nm*

preserve ***confiture, conserve (de fruits)*** *nf*

press ***pressoir*** *nm*
Machine used to press the juice from fruit. For grapes, several different kinds of press exist. They may be **vertical**, as in Champagne - with a screw system or hydraulic - **horizontal** or now, frequently, **pneumatic**.

press ***presser, pressurer*** *v*

press house ***chai*** *nm* ***cuverie*** *nf*

pressing ***pressurage*** *nm*

press juice ***jus de presse*** *nm*
Term used to designate the grape juice which is extracted by pressing the grapes. As opposed to **free-run juice**, which flows freely from the grapes.

pressure tank ***cuve close / sous pression*** *nf*

press wine ***vin de presse*** *nm*
Term used to designate the wine which is extracted by pressing red grapes at the end of their fermentation. As opposed to **free-run wine**, which flows freely from the fermenting vessel.

preventive ***préventif*** *adj*

price ***prix*** *nm*

price list ***tarif*** *nm*

prickle ***picoter, piquer*** *v*
Describes the sensation felt in the mouth when there is a small amount of CO_2 present in a wine.

prickling ***(sensation de) picotement*** *nm*

prickly ***qui picote*** *adj*

primary ***primaire*** *adj*
In tasting, used to qualify the aromas which come from the grapes themselves rather than their fermentation or the evolution of the wine.

prime ***amorcer (une pompe)*** *v*

primeur *adj*
A *primeur* is like a ***nouveau*** wine. It may be released as of the third Thursday of November following the harvest, but cannot be delivered after January 31st of the next (calendar) year. *(See also 'en primeur').*

Primitivo ***primitivo*** *nm*
Red grape variety from the South of Italy, which may possibly be an ancestor of Californian **Zinfandel**.

primrose ***primevère*** *nf*
Could be used to describe a nuance of colour.

Priorat (DOCa)
Small region in Spanish Catalonia, lying to the west of Tarragona, believed by many to be producing some of Spain's best wines today.

prise de mousse *nf*
Important stage in the process of making **Champagne** and traditional-method sparkling wines. The **base wine** is bottled with the addition of a little ***liqueur de triage*** (wine, sugar and yeast). A **secondary fermentation** takes place in the bottles which are left piled up on **lath**s for a minimum number of months, which depends on the quality of the final product.

problem ***problème, défaut*** *nm*
Always unwelcome in a wine or other drink.

process ***procédé, processus*** *nm*

produce ***produire, fabriquer, élaborer*** *v*

produce ***produit*** *nm*
More commonly used than 'product' for goods of agricultural origin.

producer ***producteur*** *nm*

product ***produit*** *nm*

prohibition ***prohibition*** *nf*
From January 1920 to December 1933, the manufacture, transportation and sale of alcoholic beverages were prohibited in the USA. The Federal Prohibition Law was enacted thanks to the Eighteenth Amendment to the US Constitution.

pronounced ***prononcé*** *adj*
In tasting, useful word for qualifying various sensations and impressions.

proof *n/adj*
Standard of strength of distilled alcoholic spirits.

propagate ***propager, multiplier*** *v*

propagation ***propagation*** *nf*

propeller ***hélice*** *nm*
May be used as means of fighting **spring frost** in low-lying vineyards at the foot of a slope for example. The air is forced to circulate which prevents it from freezing.

property ***propriété*** *nf*, ***domaine*** *nm*

proprietor ***propriétaire*** *nmf*

protease ***protéase*** *nf*
Enzyme able to hydrolyse proteins.

protein ***protéine*** *nf*

Provence, Côtes de (AOC)
This appellation was created in 1977. Prior to that, the vineyards had only VDQS status. Although 80% of the production of this area is rosé wine, consumed largely in summer, the discerning consumer should look for the reds and even whites, of which some excellent examples are to be found. For the reds and rosés, a number of grape varieties are used, including **Carignan**, **Cinsault**, **Grenache** and **Syrah**, while the most common white varieties are **Clairette**, **Sémillon** and **Ugni Blanc**.

Prüfungsnummer *n*
(See 'Amtliche Prüfungsnummer').

Prugnolo ***prugnolo*** *nm*
(See Sangiovese).

prune ***pruneau*** *n*
Aroma which may be present in some mature red wines and also in **Armagnac**.

prune ***tailler*** *v*

pruning ***taille*** **nf**

prussic acid ***acide prussique*** *nm*

pub ***pub*** *nm*
Very common diminutive form of 'public house'.

public house ***pub*** *nm*
In Britain, **inn** which sells alcoholic beverages for consumption on the premises. Restaurant service is now also extremely common.

publican ***propriétaire ou gérant de pub*** *nmf*

Puisseguin-St.-Émilion (AOC)
One of the four satellite appellations of **Saint-Émilion**, all situated to the north of the principal vineyards. **Merlot** is the dominant grape variety, but the wines tend to be rather more rustic.

Puligny-Montrachet (AOC)
Village of the **Côte de Beaune** which gives its name to a communal appellation for white wines made from the **Chardonnay** grape variety. These wines are among the best in **Burgundy**, and the *premiers* and *grands crus* (**Montrachet**, **Chevalier-Montrachet**, etc.) are among the best in the world.

pull out ***arracher*** *v*
Term used in viticulture

pull up ***arracher*** *v*
(See 'pull out').

pulley ***poulie*** *nf*

pulp ***pulpe*** *nf*
The soft, fleshy part of a fruit.

pulpy ***pulpeux*** *adj*
Used to describe a round, full-bodied wine with a certain sensuality.

pulque *n*
Mexican drink made by fermenting the juice of the **agave**.

pump ***pompe*** **nf**
Useful piece of equipment in any cellar.

pumping over ***remontage, arrosage (du chapeau)*** *nm*
Technique which consists in pumping **must** from the bottom of the fermenting vessel back over the **cap**, to prevent it from drying and to ensure maximum extraction.

pumpkin ***potiron*** *nm*
Popular at Halloween and Thanksgiving.

punch ***punch*** *nm*
Sort of cocktail originating from the Caribbean, usually made from **rum**, cane syrup, fruit juice, spices, etc.

punch the cap ***enfoncer le chapeau, piger*** *v*
When **fermenting** red wine in an open **vat**, it is important to prevent the cap from forming a solid mass above the surface of the **must**. This prevents it from drying and ensures maximum **extraction** of colour and **tannins**. This task used to be performed (often dangerously) by a group of men who would push the cap down with their legs, but it is now often done mechanically.

puncheon ***demi-muid*** *nm*
Large oak barrel, varying in size, but usually containing around 300 litres.

pungent ***aromatic*** *adj*
In tasting, used to describe a fairly acidic, but intensely aromatic wine, such as certain wines from Alsace.

punt *n*
Sort of indentation in the bottom of quality-wine bottles. As well as strengthening the glass, it enables the drinker to see more easily any **deposit** and stop pouring before reaching the top of the 'punt'.

punted bottom *n*
Describes the bottom of a bottle which has a **punt** in it.

purchase ***acheter*** *v*

purchasing ***achats (dans une entreprise)*** *nmpl*

purple ***pourpre, violet*** *adj*
Colour of some wines particularly those made from certain red grape varieties.

purplish ***violacé*** *adj*

putton *n*
Hungarian word for a sort of wooden tub, associated with the making of sweet *(aszú)* **Tokay** wine. A *putton* is filled with 30 lbs. of grapes affected by **noble rot**, which are kneaded into a sort of (very sweet) paste. The paste is then added to a ***gönc*** (a 140-litre cask) of dry wine. The final sweetness of a Tokay **Aszú** obviously depends on the number of ***puttonyos*** added to one *gönc* (between two and six). The level of residual sugar ranges from 50-60 grams per litre for a 2-Puttonyos Tokay to 150-180 grams per litre for a 6 Puttonyos.

puttonyos *npl*
(See 'putton'). Not simply the plural of ***putton***, but the quantity of grapes a *putton* can hold, ie, 30 lbs.

pyralid ***pyrale*** *nf*
Small **moth** whose caterpillars are very harmful for the vine. The traditional way to fight this **parasite** has been the use of **insecticide**s.

Pyrénées-Orientales *nfpl*
Department in the South of France, extending from north of Perpignan to the border with Spain. It corresponds roughly to the former province of **Roussillon**. As well as some excellent **Côtes-du-Roussillon**, the department is particularly famous for its excellent ***vins doux naturels*** *(VDN)*: **Banyuls**, **Maury** and **Rivesaltes**.

pyruvic acid ***acide pyruvique*** *nm*

Q

QbA *Qualitätswein bestimmter Anbaugebiete*
Second and lower level of **Germany**'s two quality-wine sub-categories, roughly equivalent to France's **VDQS**. The term means 'quality wine from a specified region'. However, as with **QmP**, the determining factor for this classification is the sugar content of the grape juice or must (50-72° **Oechsle**)

QmP *Qualitätswein mit Prädikat*
Germany's first and higher-level quality-wine sub-category, roughly equivalent to France's **AOC**. However, it should be noted that the notion of quality in Germany depends on the sugar level of the grapes at harvest time, based on the **Oechsle** scale. The word ***Prädikat*** can be translated as 'distinction', and six different levels are identified (from the least sweet to the sweetest): **Kabinett**, **Spätlese**, **Auslese**, **Beerenauslese**, **Eiswein** and **Trockenbeerenauslese**.

quadrupel *n*
Type of Belgian ale as brewed in certain Trappist monasteries, which owes its name to the fact that its original gravity is particularly high. *(See also 'dubbel' and 'tripel').*

quaff *boire à longs traits* *v*
To drink deeply, taking long draughts.

quaffing wine *vin de soif* *nm*
Not necessarily a very flattering term, but it might be applied to a pleasant, unpretentious wine, low in alcohol, and served in a carafe.

qualitative *qualitatif* *adj*

***Qualitätswein bestimmter Anbaugebiete* (QbA)**
(See 'QbA').

***Qualitätswein mit Prädikat* (QmP)**
(See 'QmP').

quality control *contrôle de qualité* *nm*

***Quality Wine Produced in a Specified Region* (QWPSR)**
(See 'QWPSR').

quantify *quantifier, évaluer, calculer* *v*

quantitative *quantitatif* *adj*

quarry *carrière* *nf*

quarter *quart* *nm* ; ***quartier*** *nm* ; ***trimestre*** *nm*

quarter barrel *quartaut* *nm*
Variable in size, depending on the region, but basically contains one quarter of the standard cask (***pièce***, ***barrique***, etc.).

quarter bottle *quart (de bouteille)* *nm*
Strictly speaking, 18.75 centilitres in volume, but frequently is in fact 25 centilitres.

quarter cask *n*
(See 'quarter barrel').

Quarts-de-Chaume (AOC)
Named after the village of Chaume in the **Anjou** area of the **Loire Valley**, this appellation is actually part of **Coteaux-du-Layon**. The wine is produced from the **Chenin Blanc** grape variety, harvested late - sometimes **botrytised** - by successive ***tries***.

quartz *quartz* *nm*

quartzite *quartzite* *nm*
Sort of metamorphic rock that consists mainly of **quartz**.

quaternary *quaternaire* *nm*
Most recent period in the Cenozoic era, which

began less than three million years ago. The quaternary period was marked by several ice ages and the appearance of man on Earth.

quay *quai* *nm*

Queensland

Despite its tropical latitude, the State of Queensland does have some old-established wineries, which benefit from cooler mesoclimates thanks to their altitude or other geographical conditions.

quetsche* *nf

Large violet-coloured plum common in eastern France, Germany, Switzerland, etc. The word is also used to designate the **fruit brandy** distilled from the fermented fruit.

quicklime *chaux vive* *nf*

White alkaline substance (calcium oxide) made by heating limestone.

quince *coing* *nm*

Aroma commonly found in certain white wines.

Quincy (AOC)

Small appellation, lying to the west of **Sancerre** in the Central **Loire Valley**. It concerns white wines only, produced from the **Sauvignon Blanc** grape variety.

quinine *quinine* *nf*

Bitter-tasting substance found in the bark of the cinchona tree, used as a drug to combat malaria. In British colonial times, it was consumed for its medicinal qualities in **tonic** water (cf. **Schweppes** Indian Tonic). Its bitter taste was commonly masked by the addition of **London dry gin**, whence the origin of one England's favourite drinks, the gin and tonic.

quinta* *n

Portuguese word meaning 'farm' or 'estate', a rough equivalent of the French word ***château***. In the **Douro** Valley, wines from the different *quintas* would be shipped down the river to the **lodge**s of the big **port** houses, where they would often be blended. Today, however, ports from single *quintas* are becoming extremely popular.

quota *quota* *nm*

Sometimes imposed by importing countries on agricultural produce such as wine or spirits.

quotation *devis* *nm* ; *cote* *nf*, *cours, prix* *nm*

QWPSR *Quality Wine Produced in a Specified Region*

In European wine regulations this is the category of quality wines, as opposed to that of **Table Wine** (TW). In most European wine-producing countries, this category is divided into two sub-categories. For example, in France **AOC** and **VDQS**; in Germany **QmP** and **QbA**. The French equivalent of this term is **VQPRD**.

R

rack ***casier (à bouteilles)*** *nm*

rack (off) ***soutirer*** *v*

racking ***soutirage*** *nm*

racy *adj* ***racé***
In tasting, used to describe both a fruity wine, with a good level of acidity, and a well-balanced top-quality wine.

radiator ***radiateur*** *nm*

radicle ***radicule, radicelle*** *nf*

rail ***rail*** *nm*, ***voie ferrée*** *nf*

railing(s) ***grille (de clôture), palissade*** *nf*

rain ***n pluie nf***

rain gauge ***pluviomètre*** *nm*
Instrument designed to measure rainfall.

rainwater ***eau de pluie*** *nf*

rainfall ***pluviométrie, pluie, précipitation(s)*** *nfpl*
Important parameter in determining the suitability of a region for viticulture. An ideal annual rainfall would be about 700 millimetres.

rainstorm ***pluie(s) torrentielle(s)*** *nfpl*

rainy *adj* ***pluvieux***

raise ***élever, augmenter, soulever*** *v*

raisin ***raisin sec*** *nm*

rake ***râteau*** *nm*

rake ***ratisser***

raki ***raki*** *nm*
Aniseed and **liquorice**-flavoured liqueur, originally from Turkey. Now a generic term for this type of drink, throughout the eastern Mediterranean.

ramification ***ramification*** *nf*

ramp ***rampe*** *nf*

rancid ***rance*** *adj*

rancio ***rancio*** *adj*
Style produced by intentionally oxidising a wine by storing it in small barrels exposed to the sun. The wine takes on a tawny colour and develops a nutty flavour. This is done frequently in Spain and in the South of France.

range ***amplitude, gamme*** *nf*

rank ***fétide, qui sent fort*** *adj*

rank ***rang*** *nm*

ranking ***classement*** *nm*

rankness ***forte odeur*** *nf*, ***caractère fétide*** *nm*

Rapel Valley
Wine-producing area in **Chile**'s Central Valley zone. The Rapel Valley area represents over one quarter of the country's total surface area. There are, in fact, two districts: the Cachapoal Valley and Colchagua Valley. The area is dominated by red-wine production and the **Cabernet Sauvignon** and **Merlot** grape varieties produce excellent results.

raspberry ***framboise*** *nf*
Aroma very common in young red wines made from certain grape varieties such as **Pinot Noir**, for example. It is not uncommon to make liqueur or ***eau de vie*** from raspberries and they may also be used to flavour certain **Lambic** beers.

rasping ***âpre, astringent, rugueux*** *adj*

Rasteau (AOC)
Village in the Southern **Rhône** Valley, which gives its name to a communal appellation, created in 1944 for a fortified **VDN** made principally from the **Grenache** grape variety. It should not be confused with the other local **AOC**, **Côtes-du-Rhône-Villages** Rasteau, as this village is entitled to add its name to the regional **Côtes-du-Rhône** appellation.

ratafia *n*
A sweet apéritif made by adding ***marc*** to unfermented grape juice. It is found in **Champagne** and **Burgundy**, where it is more common for family consumption, but in other regions, it is made on a more commercial basis and will have a specific local name: **Pineau des Charentes** (Cognac), **Floc de Gascogne** (Armagnac), **Macvin** (Jura). Technically speaking, the resulting beverage is a ***mistelle*** or ***vin de liqueur*** *(VDN).*

rate ***taux*** *nm* ***cadence*** *nf*

rating ***classement*** *nm*

ratio ***rapport, ratio*** *nm* ***proportion*** *nf*

Rauchbier ***bière (de) fumée*** *nf*
German word meaning literally 'smoke beer', originating from the town of Bamberg in Bavaria. The smoky taste comes from the malt which is dried in a kiln fired by oak and beech logs.

ravage ***ravage*** *nm*

ravine ***ravin*** *nm*

raw ***cru*** *adj*

raw material ***matière première*** *nf*
The quality of the raw materials is fundamental to the quality of the finished product.

ray ***rayon*** *nm*

react ***réagir*** *v*

reactive ***réactif*** *adj*

reagent ***réactif*** *nm*

real ale ***ale authentique*** *nf*
Term coined in the early seventies to designate traditionally brewed draught beer in Britain, in opposition to the keg and bright beers brewed by a handful of national breweries. At this time, the **Cam**paign for **R**eal **A**le (**CAMRA**) was formed to fight against the phenomenon.

reap ***moissonner, récolter*** *v*

receipt ***réception*** *nf ;* ***reçu, récipissé, accuse de réception*** *nm*

reception ***réception*** *nf ;* ***accueil*** *nm*

recioto *adj*
Italian word used to describe sweet wines (both red and white) made from dried grapes.

recipe ***recette (de cuisine)*** *nf*

reconstitute ***reconstituer*** *v*

recork ***reboucher*** *v*

rectified alcohol ***alcool rectifié*** *nm*
Alcohol which is close to 100% pure and which has had most of its impurities eliminated.

rectification ***rectification*** *nf*
Process of purifying alcohol during a distillation. This can be done by carrying out a second distillation and eliminating the **feints** and **foreshots** each time. In the continuous distillation system it occurs automatically in part of the still called the rectifier.

rectifier ***rectificateur*** *nm*

rectify ***rectifier*** *v*

red ***rouge*** *adj*
Red wine is made by fermenting the juice of black grapes with the skins, which give the wine its colour. For wines, there are two basic shades of red: **ruby** and **garnet**.

red ale ***bière rouge*** *nf*
Type of beer brewed in Belgium, which draws its colour from the Vienna malt used to make it. The high acidity of this Belgian red ale comes from its long storage iin oak barrels.

red spider ***araignée rouge*** *nf*
Tiny mite (***panocnychus ulmi***) which bores holes in the leaves of the vine, weakening the vegetation and hindering the development of the grapes.

redcurrant ***groseille (rouge)*** *nf*
Aroma which may be found in certain young red or rosé wines.

redden ***rougir, devenir rouge*** *v*

reddish ***rougeâtre*** *adj*

redolent (of) ***qui exhale, qui évoque*** *adj*

redox potential ***potentiel d'oxydoréduction*** *nm*
Way of expressing the balance between a wine's oxidation and reduction capacities.

reduce ***réduire*** *v*
To combine or cause to combine with hydrogen. Opposite of 'oxidise'.

reduced ***réduit*** *adj*
In tasting, unflattering description of a smell, reminiscent of bad eggs and **garlic**, which occurs due to a lack of oxygen in a wine. The cause may be either poor vinification methods or unsatisfactory storage conditions.

reducing ***réducteur*** *adj*

reduction ***réduction*** *nf*

reek ***odeur forte*** *nf*
Often used to refer to an unpleasant smell.

reek ***sentir fort*** *v*
See also **peatreek**.

refill ***n même chose*** *nf* ***; recharge*** *nf*
In drinking slang, used when one's glass is refilled with the same thing.

refill ***remplir, recharger*** *v*

refined ***raffiné, élégant, distingué*** *adj*
In tasting, very flattering description for a wine or other drink which has real class.

refinement ***raffinement*** *nm,* ***distinction, élégance*** *nf*

reflect ***refléter*** *v*
A well-made wine should always reflect the light.

reflection ***reflet*** *nm*

refractometer ***réfractomètre*** *nm*
Instrument used to measure the **sugar** content of grape juice or must, which is easy to use in the vineyard. A drop of **juice** is placed between two prisms and the angle at which the light refracts is measured. A reading is given in one of the **must weight** scales (**Baumé**, **Brix** or **Oechsle**).

refresh ***rafraîchir, rajeunir*** *v*

refreshing ***rafraîchissant*** *adj*
Some drinks are more refreshing than others.

refreshment(s) ***rafraîchissement(s)*** *nm (pl)*

refrigerate ***réfrigérer*** *v*

refrigeration ***réfrigération*** *nf*

refrigerator ***réfrigérateur, frigo, frigidaire*** *nm*

regenerate ***régénérer*** *v*

region ***région*** *nf*
Important notion in wine production. In Europe, at least, the concept of ***terroir*** underlies the **QWPSR** appellation category: 'quality wine produced in a specified region'.

Région de Mercurey
This is the old name for what is now more commonly called the **Côte Chalonnaise**.

regional ***régional*** *adj*
In France, most regions have regional **AOC**s, such as **Bourgogne**, **Bordeaux**, **Côtes-du-Rhône**, etc.

register ***registre*** *nm*

register ***inscrire, (faire) enregistrer*** *v*

registered ***recommandé (courrier)*** *adj*

registration ***inscription*** *nf*

Regnié (AOC)
This is the tenth ***cru*** of **Beaujolais**, created only in 1988. It is situated roughly between **Morgon**, to the north, and **Brouilly** and **Côte de Brouilly**, to the south.

regroup ***remembrer*** *v*

regrouping ***remembrement*** *nm*

regulate ***réglementer*** *v*

regulation ***règlement*** *nm*

Rehoboam *n*
An large wine bottle, no longer used, which could contain four and a half litres, or the equivalent of six standard wine bottles.

Reichensteiner ***reichensteiner*** *nm*
White grape variety resulting from the crossing of **Müller-Thurgau** with the French table grape, **Madeleine Angevine** and the Italian Early Calabrese. It has been planted mainly in Germany and England, but has never been known to produce spectacular wines.

Reims
Principal city of the region of Champagne. Together with Épernay, it is one of the two capitals of the Champagne industry.

Reinheitsgebot *n*
German expression meaning 'law of purity'. In 1516, Bavarian Duke William IV passed a law which stipulated that beer could only be brewed from the following ingredients: barley (or wheat), hops and water. It was not until 1987, that Germany was overruled by the European Court of Justice on the basis of protectionism, since the Reinheitsgebot prevented the brewers of other countries from exporting their (impure) beers.

release ***sortie, mise en vente*** *nf*, ***déblocage*** *nm*

release ***sortir, mettre en vente, débloquer*** *v*
Beaujolais nouveau cannot be released until 0h on the third Thursday of November.

relish ***goût*** *nm*, ***délectation*** *nf* ; ***condiments, pickles*** *nmpl*

relish ***goûter / savourer avec plaisir, apprécier*** *v*

remove ***enlever, éliminer, supprimer*** *v*

remuage *n*
One of the steps of the Champagne winemaking process. This technique, often called '**riddling**' in English, is said to have been invented by Nicole-Barbe Ponsardin, who became Veuve Clicquot. The French verb *remuer* means literally 'to shake' or 'to stir', and *remuage* consists in rotating the bottle, rather violently, which enables the sediment of dead yeast, resulting from the second (in-bottle) fermentation, to be coaxed gradually towards the neck. This is made possible by the fact that in the process, the bottle moves from a horizontal position to a vertical (but upside-down) position. The neck is then frozen and the sediment can be expelled. Traditionally, *remuage* was carried out manually, but today use of the **gyropalette** is very common

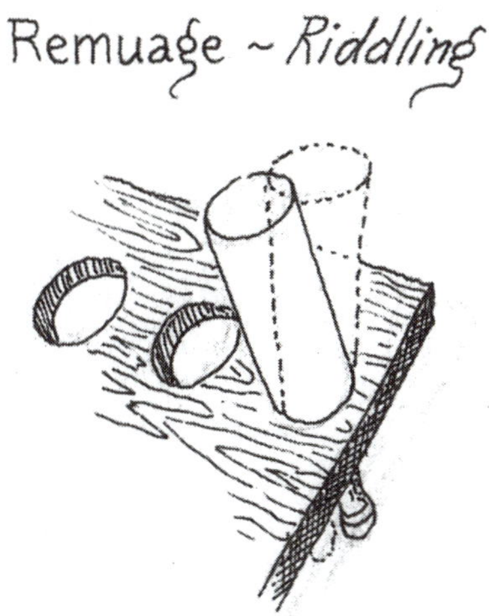

Rémy-Cointreau
Family-owned group, based in Cognac, which also owns several Champagne houses.

repel ***éloigner, repousser*** *v*

repellent ***(produit) qui éloigne / qui repousse*** *adj*

replace ***remplacer*** *v*

replacement ***remplacement*** *nm*

replacement spur ***courson*** *nm*

replant ***replanter*** *v*

reputable *adj* ***réputé, qui jouit d'une bonne réputation***

repute ***réputation*** *nf*, ***renom*** *nm*

requirement ***exigence, condition*** *nf*, ***besoin*** *nm*

research ***recherche*** *nf*

researcher ***chercheur (-euse)*** *nmf*

reserva *n*
Term used in both Spain and Portugal for wines which meet specific quality requirements. For example in Spain, a red *reserva* has been aged for at least three years before being released, including a minimum of one full year in oak.

reserve ***réserve*** *nf*
Term which is frequently used on wine labels to suggest superior quality, but which has no legally-binding significance

reserve wine ***vin de réserve*** *nm*
In Champagne, wine which is held over from a given year to be used for blending in the future.

residual sugar ***sucre résiduel*** *nm*
Term which refers to the amount of sugar which is present in a wine once it has been bottled. This sugar may have remained unfermented from the original grape juice, or been added through ***liqueur d'expédition*** (Champagne) or back-blending (***Süssreserve***).

residue ***résidu, reliquat*** *nm*

resin ***résine*** *nf*
In the Greek region of Attica, a wine flavoured with pine resin, known as **Retsina**, is still made.

resistance ***résistance*** *nf*
The level of resistance of certain grape varieties and rootstocks to diseases, pests, climatic conditions, etc. is a major parameter in viticultural decisions.

resistant ***résistant, qui résiste*** *adj*

restaurant ***restaurant*** *nm*
Important outlet for wines and spirits in many countries. Alas, prices are sometimes prohibitive.

restock *v* ***réapprovisionner***

restore *v* ***restaurer, rétablir***

resveratrol ***résvératrol*** *nm*
Phenolic compound, present in grape skins, no doubt partly responsible for the **French paradox**. Resveratrol is concentrated particularly in red wines and research has shown that it possesses anti-cholesterol, anti-inflammatory and anti-carcinogenic qualities. It is now generally believed, therefore, that red wine, consumed in moderation, is good for the health.

retail ***(vente au) détail*** *nm*

retailer ***détaillant(e)*** *nm(f)*

retailing ***vente au détail, distribution*** *nf*

retaining wall ***mur de soutènement / de retenue*** *nm*

reticent ***fermé, discret*** *adj*
In tasting, could be used to describe a wine or other drink which does not reveal its nose (particularly) very readily.

retractable ***escamotable, rétractable*** *adj*

retro-olfaction ***rétro-olfaction*** *nf*
Physiological phenomenon in which aromas of food or drink are detected in the mouth and not with the nose. This is because the aromas travel to the nose thanks to the retronasal passage.

Retsina
Greek wine which has been made for 3000 years by adding resin from pine trees, originally to prevent oxidation. The result is a wine with a pungent aroma of resin, which many drinkers find overpowering. Retsina may be white or rosé (called *kokineli*), the dominant grape variety being Savatiano.

Reuilly (AOC)
Small town, west of Sancerre in the Central Loire Valley, which has its own appellation for red, white and rosé wines. The red is made from Pinot Noir or Gris and the white from Sauvignon, a small amount of rosé being made from Pinot Gris.

reverse ***inverser*** *v*

reverse osmosis ***osmose inverse*** *nf*
Vinification technique consisting in reducing the amount of water in must by making the latter more concentrated. This is done by separation through a selective membrane, thanks to pressure which is higher than the osmotic pressure of the must.

Rheims
English spelling for the French city of **Reims**.

Rheingau *nm*
Small but prestigious wine-producing region in Germany, located on the northern side of the Rhine, roughly between Mainz and Bingen, where the river flows east–west. The slopes, facing south, produce some of the best Riesling wines in Germany. There are some superb estates here, with long histories.

Rheinhessen *nm*
This is the largest of Germany's quality wine-producing regions, lying west and south of the Rhine roughly between Worms to the south and Bingen to the west. Many of the vineyards lie opposite the Rheingau, but Rheinhessen is more associated with quantity than quality.

Rheinpfalz *nm*
Former name of the region now known simply as Pfalz.

Rhine
English spelling of Rhein, a river which is inevitably associated with wine. As it flows through Germany, its sloping banks are so often lined with quality wine-producing areas.

Rhine Riesling ***riesling du Rhin***
Synonym for the Riesling grape variety often used in Australia and New Zealand.

Rhône (Valley) ***vallée du Rhône*** *nf*
The wine-producing region known as the Rhône Valley lies, roughly speaking, between Vienne, south of Lyon, and the Mediterranean. In fact, it can be divided into two distinct areas, the northern Rhône and the southern Rhône. The Northern Rhône is fairly small compared with the southern part, but produces some superb white and red wines such as Condrieu, Côte Rôtie or Hermitage. The area is dominated by the Viognier and Syrah grape varieties. The Southern Rhône, on the other hand is associated more with robust red wines, often marked by the Grenache grape variety. A whole range of appellations are to be found here, running from the regional Côtes-du-Rhône to the communal *cru* AOCs such as Châteauneuf-du Pape, Gigondas, Lirac, Tavel (rosé) and Vacqeyras. *(See Côtes-du-Rhône).* → *p. 74.*

rhubarb ***rhubarbe*** *nf*
Vegetal aroma which may be found in certain wines.

Ribera del Duero (DO)
Spanish quality wine area, situated to the north of Madrid, and part of the larger Castilla y León region. The vineyards lie along the banks of the Duero River, which becomes the Douro once it enters Portugal. In the last twenty years or so, it has built up a worldwide reputation for excellent red wines in which the Tempranillo (known here as Tinto Fino or Tinto del País) grape variety dominates.

Riceys, les
Small village in the French department of Aube. Its vineyards produce Champagne, but also a rosé wine, made from Pinot Noir, which goes under the name of Rosé des Riceys AOC. Production is very small and quality varies from year to year.

rich *fertile ; ample, riche adj*
For food, word often associated with sugar and sweetness, but in tasting, it often describes a wine or other drink which is full bodied, well balanced with a good concentration of fruit and a high level of alcohol.

Richebourg (AOC)
Burgundy *grand cru* appellation for red wine only. Its 20 acres are situated on the territory of Vosne-Romanée.

richness ***richesse, ampleur*** *nf*

riddle
(See 'remuer').

riddler *n*
(See 'remueur').

riddling *n*
(See 'remuage').

ridge ***crête, arête*** *nf* ***; chaîne (de collines ou de montagnes)*** *nf*

Riesling ***riesling*** *nm*
One of the world's five "classic" white grape varieties, according to British wine writer, Jancis Robinson. It no doubt has its origins in Germany and it is here that it produces its greatest wines. It is also generally considered to be the noblest variety of Alsace. However, it adapts well to other soils and climates and will be found not only across Central and Eastern Europe, but also throughout the "new world". When young, Riesling wines should have a very aromatic, often floral nose, but older Rieslings often take on a distinctive aroma which many tasters compare to petroleum.

rift ***fissure, crevasse*** *nf*

rigorous ***rigoureux*** *adj*
Could be used both for the respect or control of quality and for the climate. A rigorous winter is by no means harmful to the vine.

rim ***bord, ménisque*** *nm*
Like **meniscus**, refers to the edge of the surface of a wine in a tasting glass. The colour, as perceived here, is an indicator of the grape variety and, especially, the age of the wine.

rim colour ***couleur du bord*** *nf*
The colour as it appears at the rim of the surface of a wine or other drink in a tasting glass. Opposite of the **core**.

ring ***anneau*** *nm,* ***bague*** *nf*

rinse ***rincer*** *v*

rinser ***rinceuse*** *nf* ***rince-bouteilles*** *nf*

Rioja (DOCa)
This is no doubt Spain's best-known wine producing region. It lies south of the Ebro River in Northern Spain, and can be subdivided into three distinct areas. Running from north-west to south-east, these are Rioja Alta, Rioja Alavesa and Rioja Baja. Altitudes, soils and grape varieties differ from one sub-region to another. Rioja is most commonly associated with red wines, in which the Tempranillo grape variety dominates, but there are also rosé (rosado) and white wines (Macabeo, Malvasia, Garnacha Blanca).

ripasso *adj*
Italian word used to describe certain **Valpolicella** wines which have been placed on the lees of **amarone** wine, made from **passito** grapes which have been dried after harvesting. Ripasso wines are fuller-bodied.

ripe ***mûr*** *adj*

ripen ***mûrir, arriver à maturité*** *v*

ripeness ***maturité*** *nf*

ripening ***maturation*** *nf,* ***mûrissement*** *nm*

riserva *n*
Italian word meaning 'reserve'. The term can be used for a **DOC** or **DOCG** wine which has been aged for a minimum number of years (which varies from appellation to appellation).

Rivaner ***rivaner*** *nm*
Name given to the **Müller-Thurgau** grape variety in Luxembourg.

Rivesaltes (AOC)
Small town south-west of Perpignan, which gives its name to an appellation for fortified wines (VDN), which can be red, white, rosé, tawny or ***rancio***. The appellation Muscat de Rivesaltes also exists.

rivulet ***petit ruisseau, ruisselet,*** *nm*

river shingles ***graviers / galets roulés*** *nmpl*, ***graves*** *nfpl*

Rizling
Spelling variation for Riesling, used in several Central European countries.

roast ***rôtir, griller, torréfier*** *v*

roasted ***rôti, grillé, torréfié*** *adj*

roasting ***torréfaction*** *nf* ; ***rôtissage*** *nm*

robust ***robuste*** *adj*
In tasting, used to describe a full-bodied wine with plenty of fruit.

Roche
(See 'Clos de la Roche').

rock ***roche, pierre*** *nf* ***roc, rocher*** *nm*

rocks, on the ***servi avec des glaçons*** *adv*

rocky ***rocailleux, rocheux, pierreux*** *adj*

rod ***baguette, canne, tige*** *nf*

rodent ***rongeur*** *nm*

Roederer, Louis
Old-established Champagne firm, based in Reims, whose origins go back to the mid-eighteenth century. It is particularly famous for its prestigious Cristal *cuvée*.

Rolin, Nicolas
Chancellor of Philippe le Bon, Duke of Burgundy, who in 1443, built the **Hospices de Beaune**.

roll ***rouler*** *v*

Rolle ***rolle*** *nm*
Red grape variety found particularly in the vineyards of the Bellet AOC near Nice.

roller ***rouleau*** *nm* ***roulette*** *nf*

rolling ***ondulant, onduleux (terrain, collines, etc.)*** *adj*

Romanée, la (AOC)
Smallest of the six *grand cru* appellations (red wine only) of Vosne-Romanée on the Côte de Nuits in Burgundy. Its surface area is a little more than two acres.

Romanée-Conti (AOC)
Perhaps the most prestigious of Vosne-Romanée's *grand cru* appellations and undoubtedly one of the world's most expensive wines. Its four and a half acres are a monopoly of the Domaine de la Romanée-Conti.

Romanée-Saint-Vivant (AOC)
With its twenty-three acres, this is the largest of the six grand cru appellations of Vosne-Romanée.

Romania ***Roumanie*** *nf*
Wine-producing country of Eastern Europe, which has adopted Fench and Italian grape varieties such as **Pinot Gris**, **Sauvignon Blanc** and **Riesling** (for the whites) and **Merlot**, **Cabernet Sauvignon** and **Pinot Noir** (for the reds). However, it continues to produce some excellent wines from local grape varieties. Some of the better-known producing regions of this continental country, situated on the same latitude as France, are - from west to east - Transylvania (sweet wines), the vineyards of Cotnari, in the foothills of the Carpathians, producing a sweet wine with a fine aroma, and Drobudja (Riesliing).

Romorantin ***romorantin*** *nm*
White grape variety which is still planted in the Loire Valley, west of the city of Blois, and used for the appellation Cour-Cheverny AOC.

room temperature, at ***chambré*** *adv*
Popular wisdom has it that red wines should be served at room temperature. However, given the temperature of most modern dining rooms this is perhaps excessive.

root ***racine*** *nf*
The roots of mature vines are very long, which enables them to resist very dry conditions relatively easily.

rootlet ***radicelle, radicule*** *nf*

rootstock ***porte-greffe*** *nm*
In grafting, part of the vine which will provide the root system of the plant. Since the object

of grafting is to protect ***vitis vinifera*** vines from attacks of **phylloxera**, rootstocks are developed by hybridisation of *vinifera* varieties with resistant American species.

rose ***rose*** *nf*
Floral aroma present in some white wines from Alsace or Germany, for example.
Rose bushes are sometimes planted in vineyards at the end of rows of vines. As well as being decorative, the rose is very susceptible to oidium and therefore serves as a sort of early warning system for attacks from this disease.

Rosé de Marsannay
(See 'Marsannay-la-Côte').

rosé de pressurage *n*
(See 'rosé wine').

rosé de saignée *n*
(See 'rosé wine').

rosehip ***gratte-cul, cynorhodon*** *nm*
May be used to make syrup or even liqueur.

rosemary ***romarin*** *nm*

rosé wine ***vin rosé*** *nm*
Increasingly popular in France, at least, and from April-May onwards, supermarket shelves fill up with rosé wine from many different regions. The phenomenon can no doubt be explained by better winemaking techniques which produce light, fruity rosés, ideally suited to more modern eating habits: barbecues, more exotic, spicy dishes, etc. There are two basic ways of making rosé wine. First, by a short maceration of black grapes. When the juice has reached the required colour, it is drawn off and fermented as if it were a white wine. A wine made this way is called a ***rosé de saignée*** (literally 'bleeding'). Second, the ***rosé de pressurage*** is made by fermenting juice which has taken on its rosé colour from a very slow pressing of black grapes. Despite popular belief, blending red and white wine is usually forbidden, one notable exception being rosé Champagne, which can be made by adding some red **Coteaux Champenois** to a white Champagne.

Roseworthy
Australian university, famous for its studies in oenology and viticulture.

rosy ***rose, rosé*** *adj*
Good quality wines, beers or spirits will often make things look rosy, but only when consumed in moderation.

rot ***pourriture*** *nf*
Grape rot, caused by the fungus **botrytis cinerea**, may be either **grey** (harmful and destructive) or **noble** (potentially very beneficial).

rot ***pourrir*** *v*

rot gut ***tord-boyaux*** *nm* ***; mal de ventre*** *nm*

Rôtie
(See 'Côte Rôtie').

roto-fermenter ***cuve à fermentation rotative*** *nf*
(See 'roto-tank').

roto-tank ***cuve rotative*** *nf*

rotten ***pourri*** *adj*

rotten eggs ***œufs pourris*** *nmpl*

rottenness ***pourri*** *nm,* ***pourriture*** *nf,* ***caractère pourri*** *nm*

rough ***bourru, grossier, râpeux, rude*** *adj*
Unflattering description for a wine or other drink that is badly balanced: probably too much acid or tannin. But this roughness may soften up with ageing.

round ***rond*** *adj*
Flattering description for a well-balanced wine or other drink, in which there is a good concentration of fruit, a good level of alcohol and a certain fatness.

rounded ***rond*** *adj*
(See 'round').

roundness ***rondeur*** *nf*

Roussanne ***roussanne*** *nf*
White grape variety from the northern Rhone Valley, where it is normally blended with Marsanne to produce such wines as Hermitage, Crozes-Hermitage, Saint-Joseph,

etc. However, it is the more delicate of the two. It is also one of the four white grapes authorised for Châteauneuf-du-Pape.

Roussette ***roussette*** *nf*
White variety found in Savoie, France, also commonly known as Altesse.

Roussillon *nm*
Former province of France, whose capital was Perpignan, corresponding roughly to the present-day department of Pyrénées-Orientales. This predominantly Catalan area produces some excellent **VDN**, as well as many good red, rosé and white wines. *(See also 'Côtes du Roussillon' and' Côtes du Roussillon-Villages').*

row ***rang (de vignes)*** *nm*

Royan
(See 'Cordon de Royat').

rubber ***caoutchouc*** *nm*
Aroma which may be unpleasant, in which case it is no doubt the sign of **reduction**, ie, poor vinification or storage. On the other hand it could be the (not unpleasant) aroma found in certain older **Rieslings**.

rubbery ***qui sent / rappelle le caoutchouc*** *adj*

ruby ***rubis*** *nm*
Probably the most common colour for young red wines. Also, together with **tawny**, one of the two basic styles of **port wine**.

Ruby Cabernet ***ruby cabernet*** *nm*
A crossing, carried out by the University of California, Davis, of Cabernet Sauvignon with Carignan. It is to be found particularly in California's Central Valley, but the wines it produces are uninspiring.

Ruchottes-Chambertin (AOC)
Second smallest (about eight and a half acres) of the Chambertin ***grand cru*** satellites. Red wines only, produced from the Pinot Noir grape variety.

Rüdesheim
Small village of the Rheingau. The surrounding vineyards produce some excellent wines, but Rüdesheim is probably best (or most) known as a quintessentially German tourist attraction. In the steep and narrow Drosselgasse ('Thrush Street') much serious drinking takes places daily during the tourist season.

Ruffiac
White grape variety, also known as Arrufiat, which is used in south-west France to make Pacherenc de Vic Bilh.

Ruinart
Old-established Champagne house, founded in Reims in1729. It was taken over by Moët & Chandon in 1963 and is now part of the LVMH group.

Ruländer ***ruländer*** *nm*
(See Pinot Gris).

Rully (AOC)
One of the communal appellations of the Côte Chalonnaise, Rully produces slightly more white wine than red.

rule ***règle*** *nf,* ***règlement*** *nm*

rum ***rhum*** *nm*
Generic word for spirits made by distilling the fermented juice of sugar cane or molasses. Most countries in the world which produce sugarcane make rum, but the spirit is above all associated with the Caribbean.

run off ***écouler, tirer*** *v*

rupestris, vitis
American species of the ***vitis*** family which is frequently used in the development of **phylloxera**-resistant rootstocks.

rural ***rural*** *adj*

rural method ***méthode rurale*** *nf*
Method for making sparkling wine, also known as the ***'méthode gaillacoise'***, which consists in slowing down or stopping the fermentation by chilling the must. The wine, whose level of alcohol is generally quite low, is bottled and continues to ferment. The drawback of this method, which is not much used today, is that the wine throws a sediment which cannot be eliminated. The ***méthode dioise*** is a variant which enables the wine to be racked and filtered under pressure.

rush ***jonc*** *nm,* ***paille*** *nf ;* ***hâte, ruée*** *nf,* ***empressement*** *nm*

russet ***brun roux*** *adj*
Perhaps the colour of certain fortified wines.

Russia
Large Eastern European wine-producing country. Viticulture developed especially around the Black Sea and was encouraged as part of the anti-alcohol campaign advocated by Gorbachev. The splitting-up of the Soviet Union resulted in the independence of many regions of the former empire: Moldova, Crimea (which became part of Ukraine), Azerbaijan, Georgia, Armenia, etc. Today, vines are cultivated in the Lower Don Valley (reds and whites) on the slopes of the Caucasus mountains, in the region of Stavropol (whites) and the region of Krasnodar. The latter region also produces sparkling wines, dessert wines and some fortified wines. Russia also produces a lot of beer and is well-known for its vodka.

Russian River Valley (AVA)
Wine-producing area located in Sonoma County, California. The climate is generally fairly cool and white wines are common, as well as some reds such as Zinfandel.

rust ***rouille*** *nf*

rust ***rouiller*** *v*

rusty ***rouillé*** *adj*

rustic ***rustique*** *adj*

rut ***ornière*** *nf*

Ruwer
(See Mosel).

rye ***seigle*** *nm*
Grain which may be used in the preparation of the mash for certain whiskeys. In the US, straight rye whiskey must have at least 51% of the grain in its mash.

S

Saar
(See 'Mosel-Saar-Ruwer').

Saaz
Variety of **hops** named after the town of Zatec (Saaz in German) in the Czech Republic, now used to brew the finest **Pils** beers of the world.

saccharide *saccharide nm*
Chemical name for a sugar.

saccharification *saccharification nf*
Conversion of a substance, eg. starch, into sugar.

saccharify *saccharifier v*
To convert into sugar

saccharin *saccharine nf*

saccharometer *saccharomètre nm*
Instrument used to measure the quantity of sugar in solution in a liquid.

saccharomyces *saccharomyces nm*
Yeast which causes the alcoholic fermentation of sweet juices. Used in the production of wine, beer, and cidre.

sack
White wine once imported from Spain, Portugal and the Canary Islands. The word derives, perhaps, from the French 'sec'.

sacramental wine *vin de messe nm*
The wine used for the holy sacraments has never been noted for its quality, but it should be remembered that during the prohibition in the USA, some wineries survived thanks to the need for sacramental wine.

Sacy *sacy nm*
White grape variety which can still be found in the Yonne department of France. The rather acidic wines it produces are used for making sparkling wines.

saffron *safran nm*
Aroma which might be found in certain wines.

sage *sauge nf*

Sagres
Brand of Portuguese beer, brewed by La Central de Cervejas in Lisbon.

Saint-Amour (AOC)
Most northerly of the ten *crus* of Beaujolais, whose vineyards border on those of the communal *crus* of Mâcon. The wine is often as elegant as its name.

Saint-Aubin (AOC)
One of the lesser-known communal appellations of the Côte de Beaune, whose wines can still represent excellent value for money. The production is approximately two-thirds red and one third white.

Saint-Bris (AOC)
Small village in the vineyards south of Auxerre, which gives its name to a brand new AOC appellation for wines made from the **Sauvignon Blanc** grape variety. In Burgundy, the home of **Chardonnay**. This had always been something of a curiosity, and until 2003, the wine was known as Sauvignon de Saint-Bris **VDQS**.

Saint-Chinian (AOC)
Small town, north-west of Béziers in the Languedoc region, which gives its name to an appellation for red and rosé wines made from Carignan, Cinsault and Grenache, and – increasingly – Mourvèdre and Syrah.

Saint-Denis
(See 'Clos Saint-Denis').

Saint-Émilion (AOC)
Small Medieval town, just north of the Dordogne River, which gives its name to a wine-producing area which is the second largest in the Bordeaux region, after Médoc.

Merlot is the dominant grape variety, as in neighbouring Pomerol, followed by Cabernet Franc and then Cabernet Sauvignon. About 65 per cent of the production is actually sold as Saint-Émilion Grand Cru AOC. The *châteaux* were first classified in 1955, and the classificaton is reviewed every ten years. Voir → p. 302 et suivantes.

Saint-Estèphe (AOC)
One of the communal appellations of the Médoc, home to only five of the *crus classés* of 1855, of which the most famous is no doubt Château Cos d'Estournel.

Saint-Jean de Minervois
Tiny village in the Minervois area of Languedoc, which gives its name to an appellation for a high quality fortified Muscat wine (VDN), Muscat de Saint-Jean-de-Minervois AOC

Saint-Joseph (AOC)
Fairly extensive appellation (relatively speaking) of the Northern Rhône, strung out along the west bank of the river. The wines are mainly red, made from Syrah with a little Marsanne and Roussanne, as for Hermitage. About 10% of the wines are white.

Saint-Julien (AOC)
One of the communal appellations of the Médoc, home to eleven of the *crus classés* of 1855, including Châteaux Beychevelle, Ducru-Beaucaillou and Talbot.

Saint-Nicolas-de-Bourgueil (AOC)
Small town located within the larger Bourgueil appellation for red (or rosé) wines. The dominant grape variety is Cabernet Franc, which may be supplemented with a little Cabernet Sauvignon, but the sandier soils produce wines which are lighter than those of Bourgueil but still of excellent quality.

Saint-Péray (AOC)
The most southerly appellation of the Northern Rhône, Saint-Péray is for white wines only, made from Marsanne and Roussanne grapes. There also exists an appellation for sparkling wines, Saint-Péray Mousseux AOC.

Saint-Pourçain (VDQS)
These vineyards of the Central Loire Valley area lie just south of the town of Moulins. The reds (and rosés) are made from Gamay and Pinot Noir, while the whites are made from the Sacy grape variety, known locally as the Tressallier, blended with Chardonnay and Sauvignon Blanc.

Saint-Romain (AOC)
One of the lesser known communal appellations of the Côte de Beaune, whose wines can represent excellent value for money. The vineyards lie above those of Auxey-Duresses and produce slightly more red wine than white.

Saint-Saturnin
Village in the French department of Hérault, which gives its name to one of the *terroirs* which can be added to the appellation **Coteaux du Languedoc**, thus giving Coteaux du Languedoc Saint-Saturnin AOC.

Saint-Véran (AOC)
Communal appellation of the Mâconnais for white wines made from the Chardonnay grape variety. One of the many mysteries of the French AOC system is why Saint-Véran AOC should be spelt without a final 'd', while the village which gives its name to the appellation is Saint-Vérand.

Saint Vincent
The patron saint of winegrowers. His feast day, January 22nd, is celebrated in many wine-producing areas, including Burgundy with its famous Saint-Vincent Tournante, which takes place in a different village each year.

Sainte-Croix-du-Mont (AOC)
Small town, located in the Entre-Deux-Mers area of Bordeaux, which gives its name to an appellation for sweet or semi-sweet white wine, made from Sémillon, Sauvignon Blanc and Muscadelle.

saké
Japanese alcoholic drink, made by fermenting rice. It is drunk warm.

sale ***vente*** *nf*

salicylate ***salicylate*** *nm*

salicylic acid ***acide salicylique*** *nm*
Bitter-tasting substance which may be used as a fungicide and also in the manufacture of the painkiller aspirin.

salinity ***salinité*** *nf*
Refers to the degree of saltiness of a liquid, etc.

saliva ***salive*** *nf*

salivary ***salivaire***
Pertaining to saliva. We talk about the salivary glands, for example.

Salmanazar
Oversize Champagne bottle containing nine litres, the equivalent of twelve standard bottles.

salmon ***saumon*** *nm*
Could be used to describe the shade of pink which certain rosé wines acquire if they are left to mature.

salt ***sel*** *nm*

saltiness ***salinité*** *nf*

salty ***salé*** *adj*
One of the four basic tastes or flavours detectable in the mouth. Not many alcoholic drinks can be described as salty, one exception, perhaps, being **Manzanilla** sherry.

Salvagnin
Red wine produced in the Swiss canton of **Vaud** by blending **Pinot Noir** and **Gamay**.

Samos
Greek island famous for its Muscat, which carries the Greek OPE appellation (for sweet wines).

sample ***échantillon*** *nm*

sample ***échantillonner*** *v*

sampling ***échantillonnage*** *nm*

San Luis Obispo
San Luis Obispo County is part of the Central Coast AVA in California, but it has some excellent AVAs of its own. Climatic and topographical conditions vary and several grape varieties (both red and white) are common.

San Miguel
Well-known brand of Spanish lager.

Sancerre (AOC)
Small town lying on the left (or western) bank of the Loire River, which gives its name to an appellation for white, but also red and rosé wines. The red and rosé are both made from the Pinot Noir grape variety, but Sancerre is probably best known for its whites, made from Sauvignon Blanc, which are fresh and crisp and often extremely aromatic.

sand ***sable*** *nm*
Form of sedimentary rock, which is usually found in loose granular form. As a soil for the vine, it provides an excellent protection against phylloxera, but does not retain humidity or nutrients.

sand-pit ***sablière*** *nf*

sandal wood ***bois de santal*** *nm*
Wood aroma found in certain elegant red wines.

sandstone ***grès*** *nm*

sandy ***sableux, sablonneux adj***

Sangiovese ***sangiovese*** *nm*
Red grape variety originating from Tuscany, where it is the mainstay of Chianti. Clones of Sangiovese are also responsible for two other famous Tuscan wines: **Brunello** di Montalcino and **Vino Nobile di Montepulciano** (**Prugnolo**). The variety is also found in many other regions of Italy.

sangria *nf*
Popular drink of Spanish origin made from sweetened red wine and fruit.

sanitary ***sanitaire*** *adj*
The sanitary state or condition of grapes is a key factor in the quality of wines.

Sanlucar de Barrameda
Seaside town on the estuary of the Guadalquivir River in Andalusia. Some of the best fino sherries, known as manzanillas are matured here, and are said to have a slightly salty taste.

Santa Barbara
Santa Barbara County lies to the south of San Luis Obispo County in California. Its development as a wine-producing area is fairly recent

but it has demonstrated that its valleys, running east-west and cooled by maritime breezes, are capable of producing some very fine wines here, including Pinot Noir.

Santa Ynez Valley (AVA)
One of the AVAs of Santa Barbara County.

Santenay (AOC)
Before the creation of Maranges AOC, this was the most southerly communal appellation of the Côte de Beaune. The wines are nearly all red and often considered to resemble those of the Côte de Nuits.

Saône-et-Loire
One of the four departments which make up the modern administrative region of Burgundy. In terms of wine production, it is home to the Côte Chalonnaise, Mâconnais and the northernmost vineyards of Beaujolais.

sap ***sève*** *nf*

sapid ***sapide*** *adj*
Word used to describe a wine or other drink which has plenty of flavour.

sapidity ***sapidité*** *nf*

sappy ***qui a de la sève*** *adj*
Usually used to describe a young wine which has all it needs in terms of aromas and flavours, and which shows promise for the future.

Saumur (AOC)
City located on the Loire River between Tours and Angers which gives its name to a generic appellation for red, white and rosé wines. The reds are made from Cabernet Franc, Cabernet Sauvignon and Pineau d'Aunis *(see above)*, while the rosés must be made from Cabernets only. The whites are mainly Chenin Blanc. Saumur has long been associated with sparkling wines, but the best of the production is now sold as Crémant de Loire.

Saumur-Champigny (AOC)
This appellation is for red wines only and concerns a more restricted area south east of Saumur. This wine is very popular in the bars and restaurants of Paris and is generally considered to be the best red wine of the Loire Valley. → *p. 156.*

Sauternes (AOC)
Small town, south east of Bordeaux, which gives its name to one of the most famous appellations in the world. The wines are luscious dessert wines, made from the Sémillon, Sauvignon Blanc and Muscadelle grape varieties, and are no doubt the prime illustration of the astonishing effect of noble rot. The most famous estate is Château d'Yquem, which – already in 1855 – was classified as a *premier cru "supérieur"*, in other words, in a class of its own.

Sauvignon blanc
White grape variety which has become as popular and ubiquitous as Chardonnay. It is originally from France, of course, where it is widely planted in the Loire Valley and Bordeaux regions. Depending on where they come from, Sauvignon wines may have aromas reminiscent of blackcurrant leaves and flowers, or a characteristic gunflint smokiness. In the Bordeaux region, it is normally blended with other varieties, but Sancerre and Pouilly-Fumé are pure Sauvignon Blanc. More recently, it has established itself as one of the most successful varieties in New Zealand.

Savagnin
White grape variety cultivated almost exclusively in the Jura region of France, where it is the sole ingredient of the famous *vin jaune*. It is, however, often blended with Chardonnay to produce standard white wine of Jura and even a small percentage of Savagnin is sufficient to leave on them its distinctive oxidised, nutty taste.

Savennières (AOC)
Appellation whose vineyards cover a small area to the south west of Angers. The white wines made here from the Chenin Blanc grape variety may be dry or semi-sweet. Two *grands crus* exist, which fetch high prices: la **Coulée de Serrant** and la Roche-aux-Moines.

Savigny-lès-Beaune (AOC)
Small village, lying to the north of Beaune, which gives its name to an appellation for mainly red wine, but a tiny volume of white is also produced. The best reds possess a soft, fruity elegance.

Savoie *nf*
This wine-producing area of south-east France lies roughly between Lake Geneva and the city of Grenoble. The main appellation is Vin de Savoie AOC, which can be used for white, red and rosé wines. The reds and rosés are made from Gamay, Mondeuse and Pinot Noir, while the principal grape variety for the whites is Jacquère *(see above)*. Several other appellations exist, such as **Crépy** AOC, **Seyssel** AOC or Vin de **Bugey** VDQS.

savory ***sarriette*** *nf*

savour ***saveur*** *nf*
Characteristic flavour or taste.

savour ***savourer*** *v*
What tasting is all about.

savoury ***savoureux, appétissant ; salé*** *adj*
Used in English to refer to food which is not sweet. Prepared with salt, but not necessarily salty.

saw ***scie*** *nf*

saw ***scier*** *v*

sawdust ***sciure*** *nf*
Still spread on the floor at certain gargantuan tastings.

scale ***échelle, graduation*** *nf*

scale insect ***cochenille*** *nf*
Sort of aphid which is harmful for the vine.

scales ***balance*** *nf*

Scapa
Scottish malt-whisky distillery located at Kirkwall in the Orkney Islands. Distinctly heathery.

scar ***cicatrice*** *nf*

scarecrow ***épouvantail*** *nm*

scent ***parfum*** *nm,* ***odeur, senteur*** *nf*
More often used to describe a floral smell, reminiscent of perfume.

scented ***parfumé, aromatique*** *adj*

Scheurebe *nm*
German white grape variety resulting - like Müller-Thurgau - from the crossing of Riesling with Silvaner. Yet even though it is capable of producing some good wines, like most crossings, it will never represent a serious alternative to the classic varieties.

schist ***schiste*** *nm*
Metamorphoric rock composed of layers of different minerals.

schistous ***schisteux*** *adj*

Schloss
German word meaning castle. Eg, Schloss Johannisberg, the famous estate in the **Rheingau**.

schnapps
Variant of the German word **Schnaps** commonly used in certain Northern European countries.

Schnaps
German word designating a grain, potato or fruit spirit, often consumed as a chaser with beer. The really skilled Schnaps drinker would hold both glasses in one hand, the Schnapps above the beer, so that the two drinks could flow together.

Schönberger *nm*
White grape variety, whose berries are pink, resulting from a rather complex crossing carried out in Geisenheim. It has been planted in Germany and England.

Schweppes *n*
Eponymous brand of Indian tonic water. The company, with its famous yellow label, was founded in 1783.

scientist ***scientifique*** *nmf*

scion ***scion*** *nm*
Cutting taken from a vine to be **grafted** onto a **rootstock** cutting. **Grafting** has been a very common practice since the **phylloxera** crisis.

scorch ***brûler, roussir*** *v*

scorched grains ***céréales roussies / brûlées*** *nfpl*

Commonly used as an adjunct in the brewing industry to augment malted barley when preparing the mash for certain beers. They obviously give colour and flavour.

scorching ***brûlant, torride*** *adj*

Scotch
Commonly used as a shorter form of Scotch whisky.

Scotch ale ***ale écossais*** *nm*
Scottish version of English bitter, but richer and warmer and generally much darker iin colour.

Scotch whisky
Term designating a distillate made in Scotland from grain, water and yeast. It may be used to refer to malt, grain and blended whiskies.
NB The spelling differs between Scotch (or Scottish) whisk**y** and Irish or American whisk**ey**. However, the pronunciation remains the same.

Scotland ***Écosse*** *nf*
Scotland is synonymous with whisky. Its malts, from the Highlands, the Lowlands and the Islands, are top-class products, increasingly popular around the world. We should not forget, however, that the country has a long tradition of brewing ale, with few or no hops. Whether it was the Scottish or the Irish who discovered whisky is of little importance. In the same way that the French developed their brandies (Cognac and Armagnac) by distilling wine, the Scottish (or the Irish) developed whisky by distilling ale.

Scottish ale ***ale écossais*** *nm*
(See 'Scotch ale').

scourge ***fléau*** *nm*

scrape ***gratter, racler, griffer*** *v*

scraping ***griffage, raclage*** *nm*

scree ***éboulis*** *nm*

screen ***écran*** *nm*

screw ***visser*** *v*

screw cap ***capsule / bouchon à vis*** *nf/m*
A simple and safe way of sealing bottles and one which will no doubt gain ground against the cork. The latter is not in unlimited supply and sometimes gives the wine a corky off-smell. Although frequently used for liqueurs and spirits, however, there is still a lot of opposition to the screw cap for wines, particularly in the 'old world' producing countries.

screw press ***pressoir à vis continue*** *nm*
Both vertical basket presses and horizontal cylindrical presses once used a screw system to increase or decrease pressure, but more modern versions will work hydraulically. The screw press usually refers to a press which uses the continuous Archimedean screw principal to press vast quantities of grapes for the production of ***vin ordinaire***.

scrub ***broussailles*** *nfpl ;* ***garrigue, brousse*** *nf*

scrub ***récurer, frotter*** *v*

scrubland
(See 'scrub').

scrumpy
Word used to designate a type of British **cider** made in the traditional method from apples only. It could be described as '**hard**' or 'real'

cider, because it is darker, cloudier, less sparkling and stronger than industrially produced cider.

seafood ***fruits de mer*** *nmpl*
White wines are usually the best accompaniment.

seal ***capsule de surbouchage*** *nf*

seal ***sceller, surboucher*** *v*

sealed tank ***cuve close*** *nf*
(See 'cuve close' and 'Charmat method').

seam ***veine, couche*** *nf*, ***filon*** *nm* ; ***couture*** *nf*

season ***saison*** *nf*

season ***assaisonner*** *v*

seasonal ***saisonnier*** *adj*

seasonal worker ***ouvrier (-ière) / travailleur (-se) saisonnier(-ère)*** *nmf*

seasoning ***assaisonnement*** *nm*

seaweed ***algue(s)*** *nfpl*
Aroma which may be found in certain Scottish malt whiskies.

secateurs ***sécateur*** *nm*
Very useful for pruning and harvesting.

second wine ***deuxième vin*** *nm*
Now a common practice among the prestigious estates of Bordeaux and other regions, consisting in marketing a second wine from the same château, etc., but under a slightly different name. This wine is often made from the grapes of the younger vines, and enables the winery to have a product to sell earlier and more cheaply, thus generating cash flow. We could mention, among the châteaux of Sauternes, 'Y' de Château d'Yquem or Le Dauphin de Guiraud from Château Guiraud.

secondary aroma ***arôme secondaire*** *nm*
Aroma resulting from the alcoholic fermentation of a wine.

secondary fermentation ***fermentation secondaire*** *nf*
The majority of sparkling wines are made using the technique of secondary fermentation. Additional yeast and sugar are added to a base wine and the secondary fermentation takes places either in the bottle or in a sealed tank. Secondary fermentation is also a common practice in the brewing industry in certain countries.

secrete ***sécréter*** *v*

section ***section, coupe*** *nf*

sediment ***sédiment, dépôt*** *nm*
Usually used to describe deposit which forms at the bottom of a bottle of wine or beer. A sediment is usually the sign of a quality product which has not undergone too much treatment before being bottled. It should be allowed to settle before decanting or careful pouring.

sedimentary ***sédimentaire***
Used to refer to rock which is formed by geological matter deposited on land by water or wind. For example, **limestone**.

sedimentation ***sédimentation*** *nf*
Process by which a sediment sinks naturally to the bottom of a liquid. In white wine fermentation, freshly pressed juice will often be clarified by simple sedimentation before being fermented.

seed ***graine*** *nf* ***pépin*** *nm*
For grapes it is more common to talk about seeds than pips. It is important not to crush them during the pressing because they will release bitter-tasting substances. However, grape-seed oil is becoming a popular and healthy form of comestible oil.

seed ***ensemencer*** *v*

seeding ***ensemencement*** *nm*
Used to describe the winemaking technique which consists in adding yeast to must in order to trigger a fermentation.

seedless ***sans graines / pépins, apyrène adj***
Seedless varieties may be cultivated as table

grapes or for making raisins. For example, **Thompson seedless**.

seedling ***jeune plant (de semis)*** *nm*

seep ***suinter, (s')infiltrer*** *v*

Sekt
German word used to designate sparkling wine made in German-speaking wine-producing areas. While the term **Deutscher Sekt** can only be used to describe sparkling wine made exclusively from German grapes, the vast majority of Sekt, from Germany or elsewhere, can be made from base wines originating from various European countries. Moreover, the **tank method** is the most frequently used.

selected yeast ***levure sélectionnée*** *nf*
Opposite of natural or indigenous yeast, the term is used to designate yeasts sold commercially. A winemaker may prefer to eliminate the natural yeasts and use selected yeasts in order to impart specific qualities to his wine.

selection ***sélection*** *nf*, ***choix*** *nm*
Vines are selected in two ways: by **mass selection** or **clonal selection**.

selection de grains nobles *nf*
Type of wine made in Alsace from botrytised grapes. The equivalent of the German ***Trockenbeerenauslese***.

self-adhesive ***autocollant, autoadhésif*** *adj*
More and more wine labels are self-adhesive which makes them difficult to remove, much to the frustration of collectors.

self-cleaning ***autonettoyant*** *adj*

self-emptying ***autovidangeant*** *adj*

sell ***vendre*** *v*

selling ***vente*** *nf*

semi-dry ***demi-sec*** *adj*
Closer in meaning to the German ***halbtrocken***, and usually drier than '**semi-sweet**'.

semi-sweet ***demi-sec***

semitrailer ***semi-remorque*** *nf*

Sémillon ***sémillon*** *nm*
White grape variety associated with the great sweet white wines of the Bordeaux region, thanks to its susceptibility to noble rot. It has a zesty, lemon taste when young, but matures to a rich lanolin type character. It is now fairly popular in the new world, particularly Australia, where it may be blended with Chardonnay.

send ***expédier, envoyer, adresser***

sender ***expéditeur*** *nm*

sensation ***sensation*** *nf*
The very basis of tasting.

sense ***sens*** *nm*
Tasting calls on at least three senses, sight, smell and taste. Some would add touch, because tactile sensations may be important for certain wines or other drinks.

sensitive ***sensible*** *adj*

sensory analysis ***analyse sensorielle*** *nf*
Alternative term for 'tasting'. Sensory analysis, which uses the senses (sight, smell and taste), is the opposite of chemical or scientific analysis.

sensual ***sensuel*** *adj*

sequence ***ordre*** *nm*

Sercial ***sercial*** *nm*
White grape variety found principally on the island of Madeira, where it gives its name to one of the four types of this wine. It is light and delicate and generally considered to be the best Madeira.

serve ***servir, verser*** *v*

service ***service*** *nm*

sesame seed ***graine de sésame*** *nf*

settle ***se déposer, retomber ; régler, payer***

settling ***sédimentation*** *nf,* ***débourbage*** *nm*

Setúbal (DOC)
The Setúbal Peninsula, south of Lisbon in Portugal, gives its name to an appellation for fortified wines made from the Muscat (Moscatel) grape variety. If wines contain at least 85% of Muscat (the rest being made up by the Arinto), they may be called Moscatel de Setúbal DOC.

severe ***sévère***
Used to describe a rather austere wine or other drink, which is perhaps a little tannic and lacking in fruit.

Sèvre-et-Maine *nf*
Vineyard area to the south and east of Nantes, which takes its name from two tributaries of the Loire River. Some eighty-five per cent of Muscadet wine from the Nantes area is grown here, and a considerable amount of this is sold *sur lies*. This means that the wine has remained in contact with its lees for at least one winter prior to being bottled.

sewer ***égout*** *nm*

Seyssel (AOC)
Village in **Savoie** which possesses its own appellation for white wines made (mainly) from the **Altesse** (or **Roussette**) grape variety.

Seyval Blanc ***seyval blanc*** *nm*
French white hybrid variety once common in English vineyards, where its wines were of quite acceptable quality.

Seyve-Villard ***seyve-villard*** *nm*
The Seyve-Villard 5276 is in fact the more scientific name of the **Seyval Blanc**.

shade ***ombre*** *nf ;* ***nuance*** *nf,* ***ton*** *nm*

shadow ***ombre*** *nf*

shaft ***puits, conduit*** *nm,* ***cage*** *nf*

shake ***agiter, secouer*** *v*

shaker ***shaker*** *nm*
Indispensable for making cocktails.

shale ***schiste argilleux*** *nm*

shallot ***échalote*** *nf*

shallow ***creux*** *adj*
(See 'hollow').

shandy ***panaché*** *nm*
Very popular drink in Britain and elsewhere, consisting of half beer and half lemonade.

shape ***forme*** *nf*

share ***part*** *nf ;* ***soc (de charrue)*** *nm*

sharecropper ***métayer (-euse)*** *nm (f)*

sharecropping ***métayage*** *nm*

sharp ***acide, aigre, âpre, piquant*** *adj*
Used to describe a drink which is excessively acidic.

sharpen ***aiguiser*** *v*

shears ***sécateur*** *nm*
Bigger than secateurs, requiring two hands rather than one, (garden) shears would be used for pre-pruning for example.

shed ***remise, cabane, cabotte*** *nf ;* ***hangar*** *nm* → *see p. 50.*

shed ***perdre (ses feuilles, etc.)*** *v*

sheet ***bâche, feuille*** *nf*

shelf (*pl* **-ves**) ***étagère*** *nf;* ***rayon, rayonnage, linéaire*** *nm*

shelf life ***durée de conservation (sur les rayons)*** *nf*

shellfish ***mollusque, crustacé, coquillage*** *nm*
White wines are usually the best accompaniment.

shelter ***abri*** *nm*

shelter ***abriter*** *v*

sheltered ***abrité*** *adj*

Sherry
(see Jerez) English name for **Jerez (de la Frontera)** or **Xérès**, in French. Should not be confused with cherry brandy, often shortened to 'cherry' in French and pronounced in the same way as 'sherry'.

shift ***poste*** *nm,* ***équipe*** *nf*

shiftwork ***travail par équipe / roulement*** *nm*

shingle ***galets*** *nmpl*

shingly ***avec des galets*** *adj/adv*

ship ***bateau, navire***

ship ***expédier, envoyer***

shipper ***négociant, expéditeur*** *nm*

shipping ***expédition*** *nf,* ***envoi*** *nm*

Shiraz ***syrah*** *nf*
Synonym for Syrah, used in Australia and South Africa.

shive ***esquive*** *nf*
Small wooden plug used to stopper the **tap hole** of a barrel.

shoot ***pousse*** *nf,* ***rejet, rameau, sarment, pamper*** *nm*

shop ***magasin*** *nm,* ***boutique*** *nf*

shop around ***faire le tour des magasins pour comparer les prix***

short ***court*** *adj*
Used to describe a wine or other drink which lacks aftertaste and finish.

shortcoming ***défaut*** *nm,* ***imperfection*** *nf*

shorten ***raccourcir, écourter, abréger*** *v*

shovel ***pelle*** *nf*

shovel ***pelleter*** *v*

show ***salon*** *nm,* ***(foire-)exposition*** *nf*

showcase ***vitrine (d'exposition)*** *nf*

showroom ***salle / salon d'exposition*** *nf/m*

shredder ***broyeur (de sarments)*** *nm*

shrink ***rétrécir*** *v*

shrink-wrap ***film plastique rétractable (pour emballage)*** *nm*

shrinkage ***retrait, rétrécissement*** *nm*

sickle ***faucille*** *nf*

Siegerrebe *nm*
White German grape variety whose nose is usually too aromatic to allow it to be used for varietal wines. Its sugar-rich musts, however, make it useful for blending.

sign ***signe, indice*** *nm,* ***indication*** *nf ;* ***enseigne*** *nf,* ***panneau*** *nm*

silex ***silex*** *nm*
(See 'flint', 'flinty', 'gunflint').

silica ***silice*** *nf*
Silicon dioxide occurring as quartz or as a constituent of certain rocks.

silicate ***silicate*** *nm*

siliceous ***silicieux*** *adj*
Pertaining to silica.

silicone ***silicone*** *nf*

silk ***soie*** *nf*

silky ***soyeux*** *adj*
Adjective used to describe the very smooth taste or flavour (almost a tactile sensation) found in certain wines or whiskies.

silo ***silo*** *nm*

silt ***limon*** *nm,* ***vase, boue*** *nf*

silty ***limonneux*** *adj*

Silvaner *nm*
White grape variety found particularly in Germany and Alsace, where it is used to make simple '**quaffing wines**', ideal with *sauerkraut* or *choucroûte* (depending on which side of the Rhine you are located). It is refreshingly acidic in the mouth, but has a rather neutral nose, which will no doubt limit its future. It is also widely planted in Central Europe.

simmer ***mijoter, frémir (liquide)*** *v*

Simone, (Château)
This estate accounts for about three quarters of the tiny **Palette** appellation. The vineyards are cultivated organically and the wine-making methods remain very traditional.

sinewy ***nerveux, musclé*** *adj*
Used to describe a wine which is lean in terms of fruitiness but well balanced in alcohol and acidity.

single malt *n*
Term used in Scotland to designate a malt whisky which has been distilled in a single distillery.

single Guyot ***Guyot simple*** *n*
Basic **Guyot pruning** system.

sip ***petite gorge*** *nf*

sip ***boire à petites gorgées, siroter*** *v*
Pleasant way to drink.

siphon ***siphon*** *nm*

siphon off ***siphonner*** *v*

site ***site*** *nm*

size ***taille, superficie, grandeur, grosseur*** etc. *nf*

skim ***écrémer***

skin ***peau, pellicule*** *nf*
Grape skins not only contain pigments, tannins and aromas, but are covered with a waxy substance called the bloom, which retains the natural yeasts necessary for the fermentation.

skin contact ***macération pelliculaire*** *nf*
(See 'pellicular maceration').

skip ***benne*** *nf*

Skye
Island off the north-west coast of Scotland, home of the **Talisker** malt whisky distillery.

slaked lime ***chaux éteinte*** *nm*
White substance (calcium hydroxide) made by adding water to quicklime.

slate ***ardoise*** *nf*
Dark grey schistous metamorphic rock, which can be easily split into plaques used for roofing and writing. Who would have believed that in our multimedia age, the slate would still be so popular in bars and restaurants for communicating 'today's specials' or 'suggestions'.

sleet ***neige fondue, pluie mêlée de neige*** *nf*

slight ***léger, faible*** *adj*

slightly ***légèrement, faiblement, un peu***
Very useful for modifying tasting impressions and sensations.

slippery ***glissant, qui glisse*** *adj*

sloe berry ***prunelle*** *nf*
Fruit of the blackthorn bush.

sloe gin ***gin à la prunelle*** *nm*
Traditional English speciality made by steeping sloe berries in gin.

slope ***pente, côte, inclinaison*** *nf*

sloping ***en pente, pentu*** *adj*

slurp ***boire bruyamment, faire du bruit en buvant*** *v*
Not for the serious drink lover.

smell ***odeur*** *nf ;* ***odorat*** *nm*
Used both for the sense of smell, the second step in sensory analysis, and what can be detected thanks to it. But be careful. The word is often associated with bed smells.

smell ***sentir*** *v*

smoke ***fumée*** *nf*
Aroma which is commonly found in wines spirits and even in certain beers. In wines, it results from either the grape variety used or the oak barrels in which they have been matured. In malt whisky and beer, it is probably the result of the way in which the malt has been dried. Malt whiskies will frequently smell of peat, for example

smoke ***fumer*** *v*

smoked ***fumé*** *adj*

smokiness ***caractère fumé*** *nm*

smoky ***qui sent la fumée*** *adj*

smooth ***souple, soyeux, suave***
Flattering description for a perfectly balanced wine or other drink, which is like silk or velvet in the mouth. The tannins, the acidity and the alcohol are not aggressive in any way.

smoothness ***caractère souple, soyeux, suave*** *nm*

smudge pot ***poêle, réchaud*** *nm,* ***chaufferette*** *nf*
(See 'stove').

snail ***escargot*** *nm*

sniff ***humer, renifler*** *v*
In tasting, it is important to take one's time for this.

snifter ***petit verre / goutte d'alcool*** *nmf ;* ***(Am. Eng.) verre à cognac*** *nm*

snow ***neige*** *nf*

snowy ***neigeux*** *adj*

snowstorm ***tempête de neige*** *nf*

SO^2
(See sulphur dioxide).

soak ***(faire) tremper*** *v*

soaking ***trempé*** *adj*

soap ***savon*** *nm*
Aroma which may be found in some wines, and generally results from fermentation problems.

soapy ***savonneux, qui sent le savon*** *adj*

soapiness ***arôme / goût de savon*** *nm*

Soave (DOC)
Dry, white Italian wine named after a small town near Verona in the Veneto region of Italy and made (principally) from the Garganega grape variety. There is a *classico* zone within the Soave area, which is entitled to the appellation Soave Superiore DOCG

sober ***sobre*** *adj*
The opposite of drunk.

soda ***soude*** *nf ;* ***soda*** *nm*
In the USA, generic word for a sweet, carbonated soft drink.

soda *water* ***eau de Seltz*** *nf,* ***soda*** *nm*
Carbonated water often added to spirits. When added to wine we refer to a 'spritzer'.

sodium ***sodium*** *nm*

soft ***doux, souple*** *adj*
In tasting, word used to describe a wine or other drink which does not aggress the nose or palate in any way. On the contrary, it is well balanced without too much acidity, astringency or alcohol.

soft drink ***boisson non alcoolisée*** *nf*

soften (up) ***s'assouplir, (s')adoucir***
Describes the slow, gradual process by which the taste of a wine or other drink will become softer (ie, less acidic, less astringent, etc.) with ageing.

softness ***souplesse, douceur (de goût)*** *nf*

soggy ***(dé)trempé, imbibé***

soil ***terre*** *nf* ***sol*** *nm*

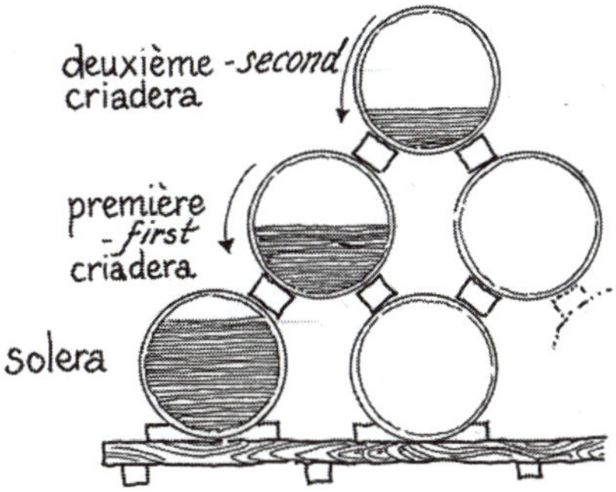

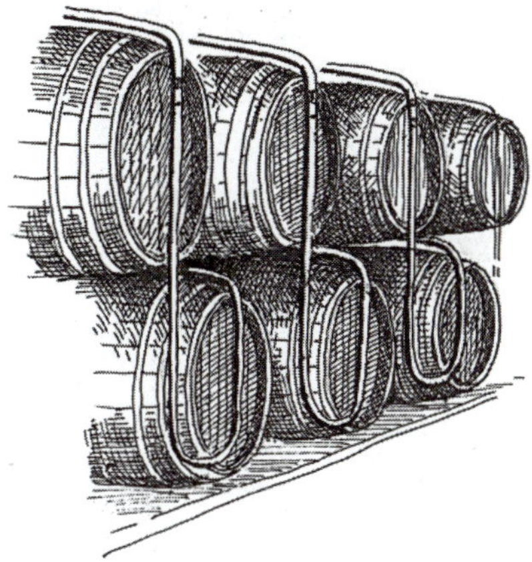

solera system
Used particularly in the blending and maturing of Sherry wines. The system consists in stacking barrels in levels (or tiers) according to their age. The row of barrels at the bottom of the system (which is, strictly speaking, the solera) contains the oldest wine, and as you move up through the stack, from row to row (known as ***criaderas***), the wines are increasingly younger. When wine is bottled, it is taken from the *solera* row, but each barrel is only partly emptied. It is then refilled with wine from the next level up, and so on.

solid ***solide, robuste, charpenté*** *adj*
In tasting, used to describe a wine or other drink, which is full bodied, well structured but well balanced.
solids ***matières solides*** *nfpl* ; ***aliments solides*** *nmpl*

solidify ***solidifier*** *n*

solidity ***solidité, robustesse*** *nf*

soluble ***soluble*** *adj*

solubility ***solubilité*** *nf*

solumological ***solumologique***
Concerning the science of the soil, and particularly the relationship between soils and grape varieties.

solution ***solution*** *nf*

solvent ***(dis)solvant*** *adj/nm* ; ***solvable*** *adj*

sommelier (-ère) *nmf*
Often called a wine-waiter, but this French word is also in common use.

Sonoma
Sonoma County is a fairly large, fairly diverse wine-producing area which lies to the west of the Napa Valley region. Its reputation for producing top-quality wines is now almost equal to that of its more prestigious neighbour. It boasts a fair number of **AVA**s.

soot ***suie*** *nf*
Aroma which may be found in certain mature red wines.

sooty ***qui sent la suie*** *adj*

sorbate ***sorbate*** *nm*

sorbic acid ***acide sorbique*** *nm*
Used as a preservative because of its capacity to prevent the development of mould in fruit juice and wine. It also blocks the fermenting capacity of yeast without killing it and is therefore used in sweet white wines during storage and prior to bottling.

sorrel ***oseille*** *nf*

sort ***trier*** *v*

sorting ***tri nm***
To make quality wines, the sanitary condition

of the grapes is a key factor. That is why the practice of sorting the harvest is now essential in order to eliminate unripe or rotten grapes. This is done on a **sorting table**.

sorting ***trie*** *nf*
In the production of sweet wines from botrytised grapes, sorting refers to the practice of picking regularly only those grapes which have dried and shrivelled.

sorting table ***table de tri*** *nf*

sound ***solide, sans défaut*** *adj*
In tasting, used to describe a wine or other drink which has no apparent problems.

souped up *adj*
In tasting, used to describe a not unpleasant, but not entirely convincing wine, which was probably blended with a richer or more robust wine.

sour ***aigre, acide*** *adj*
A wine which is sour is no doubt in the process of turning into vinegar. However, the sourness of certain beers, such as ***gueuzes*** or ***lambics*** is not unusual or problematical.

sour mash ***moût acide*** *nm*
Term referring to a technique used in making **Bourbon**, **Tennessee** and **rye whiskey**s, which consists in adding the (very sour) residue of a previous distillation during the **mashing** process in a proportion of up to 25%

sourness ***aigreur, acidité*** *nf*

source ***source, provenance, origine*** *nf*
In these days of '**traceability**', the source or origin of agricultural products is a key factor.

south ***sud*** *nm*

South Africa ***Afrique du Sud*** *nf*
New world country where winegrowing was established as early as 1650. The Huguenots, who left France in the wake of the Edit de Nantes, contributed to the development of South African viticulture. The best regions of production are located in the coastal area near Capetown, which has a temperate climate: Constantia, Stellenbosch, Paarl, Tulbagh and Worcester. South Africa produces twice as much white as red wine, from grape varieties such as Chenin Blanc (called Steen), Chardonnay and Sauvignon Blanc, for the whites, and Cabernet Sauvignon, Syrah, Cinsault and Pinotage for the reds. The country introduced a system of appellations of origin in 1973. → *p. 108.*

South Australia ***Australie méridionale*** *nf*
Australia's largest wine-producing state, located in the central part of the south coast, whose capital city is Adelaide. It is home to some of the country's premium viticultural regions, including Barossa Valley, Coonawarra, Eden Valley and McClaren Vale.

southerly ***du sud (vent) ; qui va vers le sud (direction)*** *adj*

southern ***du sud, du midi*** *adj*

southward(s) ***vers le sud*** *adj*

sow ***semer, ensemencer*** *v*

soya ***soja*** *nm*

soy sauce ***sauce de soja*** *nf*

space ***espace*** *nm*, ***distance, intervalle*** *nf*

spacing ***écartement, espacement*** *nm*
The spacing between the rows of a vineyard and between the vines in each row is an important parameter when making decisions about pruning, determining yield, etc.

spade ***bêche, pelle*** *nf*

Spain ***Espagne*** *nf*
Mediterranean country producing a wide variety of wines, and possessing the largest surface area devoted to viticulture in the world. Since the 1970s, Spain has moved from mass production to quality production. Southern Spain has long been famous for its fortified sherry, but other regions are experiencing success with still wines or sparkling wines (Cava from Catalonia). Rioja has been the locomotive of this revival, but some excellent red wines are produced in other regions such as Ribera del Duero, Priorat , Calatayud or Somontano.

sparge ***arroser d'eau ; gazéifier***
In the brewing and whisky industries, action which consists of sprinkling hot water on the spent **grist** left in the **mash tun** after the **mashing** process has taken place. The objective is to extract a maximum of sugar.
The word may also be used to refer to the adding of a small amount of **carbon dioxide** gas to a wine just before bottling, ie, a form of **carbonation**.

sparging ***arrosage*** *nm*

sparkle ***pétiller*** *v*

sparkling wine ***vin effervescent*** *n*
Wine which bubbles when opened because of the presence of carbon dioxide (CO_2) which has been trapped inside the bottle. This can be achieved by using one of several methods. The **traditional method**, that of Champagne, undoubtedly produces the best sparkling wines, but the **tank method** is very common for cheaper, often branded products. Other possibilities include the **transfer method** or the ***méthode dioise***.

Spätburgunder
One of the German synonyms for Pinot Noir.

Spätlese *n*
German word meaning 'late harvest', which is one of the six sugar levels (76-95° Oechsle) for the **QmP** appellation. The notion is very close to that of ***vendanges tardives*** in Alsace.

spearmint ***menthe verte*** *nf*

speciality ***spécialité*** *nf*

species ***espèce*** *nf*
A species of vine should not be confused with a variety. **Chardonnay**, for example, is a variety of the species, ***vitis vinifera***. ***Vitis labrusca*** and ***vitis rupestris***, like vitis vinifera, belong to the ***euvites*** sub-genus.

specific gravity ***densité*** *nf*
Measure of the weight of grape juice, must etc. obtained by comparing it to an equal volume of water. The weight of water is taken to be 1,000. *(See 'original gravity').*

spectrograph ***spectographe*** *nm*

spectrometer ***spectromètre*** *nm*

spectrometry ***spectrométrie*** *nf*

spell ***période*** *nf*
We talk about a hot or a cold spell of weather.

spent ***usagé, utilisé, épuisé*** *adj*
Describes an ingredient which has been used in the preparation of a wine, beer, whisky etc., and which can be eliminated as waste or as a by-product. We refer to spent grain, spent hops, etc.

Spey River
River in north east Scotland, which gives its name to the area known as **Speyside**.

Speyside
Meaning literally the banks of the **Spey**, the term is used to describe an area extending on both sides of this river in the Scottish Highlands close to the towns of Elgin and Dufftown. Here can be found between forty and fifty malt whisky distilleries, which include such famous names as **The Glenlivet**, **Knockando** or **The Macallan**.

spice ***épice*** *nf*
The aromas of several spices are frequently encountered in tasting.

spicy ***épicé*** *adj*

spider ***araignée*** *nf*
Both the **red spider** and the **yellow spider** are feared by vinegrowers.

spile ***fausset*** **nm** ***cheville, broche (d'un tonneau)*** *nf*

spile ***pratiquer un trou de fausset dans un tonneau*** *v*

spin ***fier, tourner, essorer*** *v*

spineless ***mou, flasque***
Unflattering description for a wine or other drink which lacks acidity and structure. *(See also 'flabby')*.

spirit ***spiritueux, esprit*** *nm* ***eau de vie*** *nf*
Generic term for a strong alcoholic drink made either by distillation or by maceration in alcohol. Spirits can be divided into two main categories: fruit spirits (including grape and other fruit brandies, etc.) and grain spirits (various types of whisky or whiskey). Other spirits exist though such as rum, distilled from sugar-cane syrup or molasses, and vodka, often distilled from potatoes.

spit (out) ***cracher*** *v*
It is always advisable, when tasting wines (or any other alcoholic beverage seriously, to spit out them out once they have been tasted.

spittoon ***crachoir*** *nm*
Essential equipment for professional (and serious amateur) tastings.

split ***fendu*** *adj*
In cooperage, stavewood is never sawed, but always split.

split ***fente, fissure, crevasse*** *nf*

split ***(re)fendre, cliver*** *v*

spoil ***(s')abîmer, (se) gâter, (s')altérer*** *v*

spoilage ***altération*** *nf*

spontaneous ***spontané*** *adj*

spontaneous fermentation ***fermentation spontanée*** *nf*
Phenomenon which takes place in the brewing of **Lambic** beer in Belgium, thanks to a whole range of wild yeasts and bacteria. It is Brettanomyces yeasts, though, that create the very special character of these beers.

spore ***spore*** *nm*

spray ***vaporiser, pulvériser, atomiser ; traiter ; asperger*** *v*

sprayer ***vaporisateur, pulvérisateur*** *nm*

spraying ***vaporisation, pulverisation*** *nf* ***; traitement*** *nm*

spread ***étendre, étaler, épandre***

spreader ***épandeur*** *nm*, ***épandeuse*** *nf*

spreading ***propagation*** *nf*

spring ***printemps*** *nm* ; ***source*** *nf*

Springbank
With **Glen Scotia**, one of the two remaining **Campbeltown** malt-whisky distilleries. A classic single malt whisky, full bodied and full flavoured.

spring frost ***gelée de printemps*** *nf*
Very harmful after budbreak, as the shoots affected will wither and die. There are, however, several ways to try and fight it.

spring water ***eau de source*** *nf*

spritz *n*
Popular term designating a slight sparkle in a wine.

spritzer *n*
Word of German origin used to designate a drink made from white wine (one third) and sparkling water (two thirds).

spritzig *adj*
German adjective meaning 'sparkling'.

sprout ***pousse*** *nf* ***germe*** *nm*

sprout ***pousser, germer*** *v*

spumante *adj*
Italian word meaning **sparkling**, as in Asti Spumante.

spur ***courson*** *nm*
In pruning, a short cane which is pruned to no more than two to four buds. Pruning systems can be classified in two basic categories: cane (or long) pruning, spur (or short pruning).

spurt ***jaillir, gicler***

squash (Brit. Eng.) ***sirop de fruit*** *nm*

squash (Am. Eng.) ***courge*** *nf*

squeeze ***presser, pressurer, serrer, comprimer*** *v*

squirt ***jaillir, gicler*** *v*

stabilisation ***stabiilisation*** *nf*
It is important for a wine or beer to be stabilised physically, chemically and microbiologically before being bottled. This can be done in a number of ways, including fining, filtration, refrigeration and even pasteurisation.

stable(s) ***écurie(s)*** *nf(s)*
Animal aroma which may be found iin certain mature red wiines.

stack ***pile*** *nf*, ***tas*** *nm*

stack ***empiler, entasser*** *v*

stage ***stade*** *nm*, ***étape*** *nf*

stagnant ***stagnant, qui stagne, croupi*** *adj*

stain ***tacher, teinter, colorer*** *v*

stained ***taché*** *adj*
Literal 'translation' of the French word 'taché', used to describe a white wine, made from black grapes, which has a very pale pink colour originating from the pressing.

stainless steel ***acier inoxydable, inox*** *nm*
The advantages of stainless in the modern winery are numerous.

stake ***pieu, jalon, piquet, tuteur*** *nm*

stale ***rassis, éventé, passé, qui n'est pas frais*** *adj*

stalk ***tige, rafle, queue*** *nf*

stalky ***qui sent la rafle*** *adj*
Used to describe a wine which has the rather vegetal, tannic taste of stalks. *(See also **'stemmy'**).*

stamen ***étamine*** *nf*
Male fertilising organ of a flowering plant.

stand ***stand, étal, étalage*** *nm*

standard ***standard*** *nm*, ***norme*** *nf*

staple ***agrafe*** *nf*

stapler ***agrafeuse*** *nf*

starch ***amidon*** *m*
Important element in the **brewing** and **whisky**-distilling industries. The starch contained in **barley** is broken down into fermentable sugar during the **malting** process.

starling ***étourneau*** *nm*
Flocks of them can be seen in the vineyards around harvest time.

Staropramen
Czech brewery, established in Prague in 1869, and famous for its fine lagers. Staropramen means 'old spring'.

stave ***douelle, douve*** *nf*
Piece of wood used to make a barrel.

stavewood ***merrain (ou mairain)*** *nm*
Piece(s) of wood, split in the direction of the grain, and used as staves for barrels.

steam ***vapeur d'eau*** *nf*

steam beer *n*
Type of beer which originated in San Francisco during the Gold Rush. Lager beer was subjected to a second fermentation in barrels. When the beer was poured the carbon dioxide escaping from the fermenting beer made a hissing sound reminiscent of beer. Today, steam beer is still brewed by Anchor Brewing of San Franciscco.

steel ***acier*** *nm*

Steen
South African synonym for **Chenin Blanc**.

steep ***escarpé, raide (pente) ; exorbitant, excessif (prix)*** *adj*

steep ***macérer, tremper*** *v*

Stein
(See Steen).

Stellenbosch (WO)
Town lying to the east of Cape Town in South Africa which gives its name to one of the country's best-known wine-producing districts. It has long been famous for its red wines, but excellent whites are also produced here.

stem ***tige, rafle, queue*** *nf*
Synonym of '**stalk**'.

stemmer ***égrappoir, érafloir*** *nm*
(See also 'destemmer').

stemmy ***qui sent la rafle*** *adj*
Synonym of '**stalky**'.

stepladder ***escabeau*** *nm*

sterilise ***stériliser*** *v*
To kill microorganisms by heating. *(See also' pasteuriser').*

sterilisation ***stérilisation*** *nf*
(See 'pasteurisation').

sterilising ***stérilisant, qui stérilise***
Filtration can be 'sterilising'. *adj*

stew ***ragoût*** *nm*

stew ***faire cuire en ragoût, mijoter*** *v*

stewed fruit ***fruits cuits*** *nmpl,* ***compote de fruits*** *nf*
In tasting, aroma which may be found in certain red wines. Synonym of 'jammy'.

stick ***bâton, piquet, tuteur*** *nm*

stick ***coller*** *v*

sticker ***autocollant*** *nm*

sticky ***collant, qui colle, gluant***

still ***alambic*** *nm*
Machine designed to distil spirit from a liquid containng alcohol. The liquid is heated, the alcohol evaporates (at a lower temperature than water) and is collected by condensation. Various types of still exist: the **pot still**, the **continous** (**Coffey**, **column** or **patent**) still.
→ *p. 15 et 371.*

still wine ***vin tranquille*** *nm*
Opposite of sparkling wine.

stink ***mauvaise odeur, puanteur*** *nf*
Hopefully not found too frequently in quality drinks.

stink ***puer, sentir mauvais*** *v*

stinking ***puant, dégueulasse*** *adj*

stir ***remuer, touiller, tourner, agiter ; bouger*** *v*

stock ***pied de vigne, cep*** *nm,* ***souche*** *nf ;* ***stock(s)*** *nm pl*

stock ***stocker ; vendre*** *v*

stocktaking ***inventaire*** *nm*

stone ***pierre*** *nf,* ***caillou*** *nm ;* ***noyau (de fruit)*** *nm*

stony ***pierreux, rocailleux*** *adj*

stoniness ***nature pierreuse*** *nf*

stopper ***bouchon*** *nm* ***bonde*** *nf*

storage ***stockage*** *nm* ***conservation*** *nf*

store ***magasin*** *nm*

store ***stocker, conserver, entreposer*** *v*

storm ***orage*** *nm,* ***tempête*** *nf*

stout ***stout*** *nm,* ***bière brune forte*** *nf*
A strong, heavy brown ale, virtually opaque and brewed using a high proportion of toasted raw grain.

stove ***poêle, réchaud*** *nm,* ***chaufferette*** *nf*
Small stoves are sometimes used in the vineyards of Chablis in particular to fight against spring frost. They use either glowing embers or paraffin oil to heat the atmosphere. *(See also 'smudge pots').*

stow ***ranger, arrimer*** *v*

straddler ***tracteur enjambeur*** *nm*
Synonym of '**over-the-row tractor**' or '**vineyard tractor**'.

strain ***souche (de levure)*** *nf ;* ***variété*** *nf*

strain ***tamiser, filtrer, passer*** *v*

strainer ***passoire*** *nf*

Strathisla
Scottish single malt whisky from **Speyside.** Full-flavoured and fruity.

stratification ***stratification*** *nf*

stratum *(pl -a)* ***strate, couche*** *nf*

straw ***paille*** *nf*
In tasting, frequently used to describe the colour of white wines.
In the French Jura, straw was traditionally used to spread out grapes during the winter to enable them to dry out. The subsequent wine was given the name of ***'vin de paille'***.

strawberry ***fraise*** *nf*
Aroma or flavour that may be found in certain red wines, particularly **Pinot Noir** produced in cooler regions. The fruit may be used to make fruit brandy (***Erdbeergeist***, in Germany).

stream ***ruisseau, torrent*** *nm ;* ***flot, courant*** *nm*

strength ***force*** *nf ;* ***titre*** *nm*
We often talk about the strength of an alcoholic drink, meaning the percentage of alcohol by volume.

strengthen ***renforcer, consolider*** *v*

stretch ***(s')étendre, (s')étirer*** *v*

string ***ficelle*** *nf* ***cordeau*** *nm*

strip ***bande, langue (de terrain)*** *nf*

strong ***fort, puissant*** *adj*
In tasting, normally refers to a wine or other drink which has a high alcohol level. Can also be used to qualify tasting sensations and impressions.

strongly ***fortement*** *adv*
In tasting, useful to modify tasting sensations and impressions.

structure ***structure, charpente*** *nf*
The structure of a wine refers to the way it is constructed. In other words, how the various components (acidity, tannins, alcohol, etc.) fit together. Tannin is an important factor here, though.

strut ***étai, nm, traverse, jambe de force*** *nf*

stuck fermentation ***fermentation bloquée*** *nf*
Term used to designate a phenomenon in which the yeasts stop working before the

expected end of a fermentation leaving a quantity of undesirable residual sugar.

stunted ***rabougri, chétif*** *adj*

sturdy ***robuste, solide*** *adj*
In tasting, similar in meaning to '**solid**' or 'robust'.

style ***style*** *nm*
In tasting, difficult to define but easy to identify. We know when a wine or other drink has style.

stylish ***élégant*** *adj*
Very flattering description for a wine or other drink. Synonym for 'elegant'.

suave ***suave, souple, soyeux*** *adj*
(See 'suave').

subsoil ***sous-sol*** *nm*
Longer term, the subsoil is more important to the vine than the topsoil.

substance ***substance*** *nf*

subtle ***subtil*** *adj*
In tasting, useful qualifier for sensations and impressions.

sucker ***gourmand*** *nm*
Shoot which grows on a vineplant below the level of the **graft**. It must be eliminated when pruning, as its fruit would be of the **rootstock**'s variety and not that of the **scion**.

sucrose ***saccharose*** *nm*
Synonym of saccharose. Form of sugar, which hydrolyses into fructose and glucose.

suction ***succion, aspiration*** *nf*

Südtirol ***Tyrol du Sud*** *nm*
(See 'Alto Adige').

sugar ***sucre*** *nm*
Without sugar, there would be no alcoholic drinks. It is transformed by the action of yeast into alcohol and carbon dioxide.

sugar beet ***betterave sucrière*** *nf*

sugar cane ***canne à sucre*** *nf*

sugared almond ***dragée*** *nf*

sugary ***sucré, saupoudré de sucre*** *adj*

sulphate ***sulfate*** *nm*
Copper sulphate is commonly used to fight against cryptogamic diseases of the vine.

sulphating ***sulfatage*** *nm*
The action of spraying or dusting vines with copper sulphate.

sulphide ***sulfure*** *nm*
Certain wines which have been badly made or badly matured will smell of **hydrogen sulphide**.

sulphite ***sulfite*** *nm*
In the USA, on the **back label** of a bottle of wine, one can always read the warning: 'This wine contains sulphites'. In fact, all wines contain sulphites, which originate from the sulphur dioxide used in strictly controlled quantities at various stages of the vinification process.

sulphiting ***sulfitage*** *nm*
Refers to the adding of **sulphur dioxide**, at various stages of the vinification process, to the must or the wine.

sulphur ***soufre*** *nm*

sulphur ***soufrer, sulfiter ; mécher***

sulphur dioxide ***(SO_2) anhydride sulfureux***
Substance used in winemaking because of its antiseptic and anti-oxidant qualities. It will eliminate or inhibit the growth of bacteria, wild yeasts, mould, etc. and will protect grape juice, must or wine from oxidation. According to the regulations in force in various countries, it must be used within strictly imposed limits. However, it would be difficult to make wine without it.

sulphuric acid ***acide sulfurique*** *nm*

sulphuring ***méchage*** *nm*
The burning of sulphur wicks in empty or partially filled.barrels

sulphurous ***sulfureux*** *adj*

sulphur wick ***mèche soufrée / de soufre*** *nf*
Can be burnt in empty barrels to generate sulphur dioxide in order to prevent the growth of mould.

Sultana
White grape variety originating in Turkey, now grown mainly for the production of a type of raisin known as the sultana. It is very popular in California, where it goes under the name of the **Thompson Seedless**.

summation ***somme, sommation*** *nf,* ***total*** *nm*

summer ***été*** *nm*

sun ***soleil*** **nm**

sunflower ***tournesol*** *nm*

sunshine ***(lumière du) soleil*** *nm*

sunlight ***(lumière du) soleil*** *nm*

sunny ***ensoleillé*** *adj*

supermarket ***supermarché*** *nm*
In many countries this is now an ideal place for buying wines, beers and spirits.

superstore ***hypermarché*** *nm*

supple ***souple*** *adj*
In tasting, a description of a wine or other drink which is not at all aggressive in the mouth. The levels of acidity and astringency are reasonable.

suppleness ***souplesse*** *nf*

surface ***surface, étendue, superficie*** *nf ;* ***revêtement*** *nm*

surface area ***superficie*** *nf*

sur lie *adj/adv*
French expression meaning, literally, 'on the lees'. It refers to a technique used by both winemakers and brewers, in which the wine or beer is left to mature in a barrel which has not been racked. In other words, the lees are left in the barrel.

surplus ***surplus, excédent*** *nm*

surroundings ***environnement, milieu*** *nm ;* ***alentours, environs*** *nmpl*

suspension ***suspension*** *nf*
Fining and filtration are two commonly-used ways of avoiding particles in suspension in a wine.

Süssreserve *n*
German expression, meaning literally 'sweet reserve', which designates a winemaking practice which consists in keeping a quantity of muted unfermented grape juice to back blend into fully fermented wine at a later stage. This enables the wine to have a low alcoholic level and at the same time to be slightly sweet.

Suze
French *apéritif* made by macerating roots of **gentian** in alcohol and then adding sugar, water and other botanicals. Its taste is bitter and some people prefer to drink it with a dash of **cassis**, a mixture known as Suze-cassis.

swallow ***avaler*** *v*

swamp ***marais, marécage*** *nm*

sweat ***transpiration, sueur*** *nf*

sweet ***sucré, doux*** *adj*

sweet pea ***pois de senteur*** *nm*

sweeten ***sucrer, adoucir*** *v*

sweetness ***sucré, caractère sucré, moelleux*** *nm* ***douceur*** *nf*
Together with sourness, bitterness and saltiness, one of the four basic tastes which can be detected in the mouth.

sweets ***bonbons*** *nmpl,* ***confiserie*** *nf*
*(See '**confectionery**').*

swig ***lampée*** *nf*

swig ***boire avidement/ à grands traits*** *v*

swill ***boire avidement/ à grands***

traits *v*
Synonym of **'swig'**.

swirl ***(faire) tourner, (faire) tourbillonner*** *v*
The action of turning a wine or other drink in one's tasting glass, iin order to release the aromas.

Switzerland ***Suisse*** *nf*
Country with a long wine-producing tradition, best known for its white wines from **Vaud** and **Valais** (especially **Fendant**). Swiss winegrowers, who pay particular attention to viticulture, have to face difficult growing conditions: steep slopes and tiny terraces. Swiss wines are characterised by their diversity, due to the wide range of soils and mesoclimates. Grape varieties include **Müller-Thurgau**, a Riesling-Silvaner crossing developed in the canton of Thurgau by Professor Müller, **Pinot Gris** (or **Malvoisie**) and **Chasselas**, for white wines and **Pinot Noir**, **Gamay** and **Merlot** for red wines. Very little Swiss wine is in fact exported.

Sylvaner ***sylvaner*** *nm*
French spelling variation of Silvaner.

synclinal ***synclinal*** *adj*
Having the characteristics of a '**syncline**'.

syncline ***synclinal*** *nm*
Rock-bed having the form of a trough. Opposite of an **'anticline'**.

Syrah ***syrah*** *nf*
Also known as **Shiraz**, particularly in Australia and South Africa, this red variety no doubt achieves its best performance in the northern Rhône Valley, where it is the main component of Hermitage and Côte-Rôtie, for example. Its characteristic blackberry nose and dry, peppery flavour also makes it popular for blending further south. In new world countries, it is now often blended with Cabernet Sauvignon.

syringa ***seringa*** *nm*

syringe ***seringue*** *nf*

syrup ***sirop*** *nm*

syrupy ***sirupeux, liquoreux*** *adj*
In tasting, used to describe a wine or other drink that is rich, sweet and almost thick in the mouth.

systemic ***systémique*** *adj*

Adjective used to describe phytosanitary products which are carried by the sap and act on all of a plant's organs.

szamorodni *adj*
Hungarian term which can be translated roughly by 'as it comes'. It refers to a type of **Tokay** wine which is made from unsorted grapes. In other words, the **botrytised** grapes have not been separated from the healthy grapes. The resulting wine is therefore only semi-sweet at best.

T

table ***table*** *nf*

table cloth ***nappe*** *nf*
A white table cloth is always preferable for serious tastings.

table grape(s) ***raisin(s) de table*** *nm(pl)*
Cultivated as grapes to eat at table (or elsewhere) as opposed to grapes for making wine. Some varieties are used exclusively for eating, while others may be cultivated as table and wine grapes. For example, we could mention **Chasselas**.

table wine ***vin tranquille*** *nm*
Be careful. In English this term is often used to designate still wine which will accompany a meal (whence 'table'), as opposed to sparkling or fortified wine.

Table wine ***Vin de Table*** *nf*
This is the less prestigious of the two basic categories of wine according to European Union regulations, the other being **QWPSR**. In most European wine-producing countries, this category is further sub-divided into two levels of quality: in France, for example, the most basic ***Vin de Table*** and the higher-level ***Vin de Pays***.

tablet ***comprimé, cachet*** *nm*, ***pastille*** *nf*
Some chemical substances may come in the form of tablets. For example, **Campden tablets**, (or **potassium metabisulphite**).

Tâche, la (AOC)
Small (15-acre) ***grand cru*** appellation for red wines only, located on the territory of **Vosne-Romanée**.

tactile ***tactile***
Pertaining to the sense of touch. Certain tasting sensations are certainly tactile. For example, the bubbles in a sparkling or (supposedly still) wine, the thick smoothness of a sweet, dessert wine, etc.

Tafel *n*
German word meaning 'table'.

Tafelwein *n*
German equivalent of the term **Table wine**.

tails ***queues*** *nfpl*
Term used in the pot-still distillation process to designate the third and last (undesirable) fragment of the second distillation, which is separated from the **heart** *(cœur)* or **middle cut**. Together with the **heads** (*têtes*), the tails are redistilled. In Scottish malt whisky distillation, the tails are called **feints**.

tail-ends
(See 'tails').

Talisker
Scottish malt whisky distillery situated on the Island of **Skye**, off the north-west coast of Scotland. Full-flavoured and peaty.

Tamdhu
Scottish single malt whisky from **Speyside**. Light to medium and sweet.

Tamnavulin
Scottish single malt whisky from **Speyside**. Light and sweetish.

tang ***saveur / persistance acide*** *nf*
In tasting, refers to a pleasant sensation created by the acidity of citrus fruit.

tangential filtration ***filtration tangentielle*** *nf*
Filtration technique, fairly recent and not commonly used, in which the flow of the liquid is parallel to the surface of the filter.

tangerine ***mandarine*** *nf*
(See 'mandarin[e']).

tangle ***(s')embrouiller, (s')emmêler, (s')enchevêtrer*** *v*

tangled ***embrouillé, emmêlé*** *adj*

tangy ***avec une saveur acide*** *adv*
Used to describe a wine or other drink that has tang to it.

tank ***cuve, citerne*** *nf*, ***réservoir*** *nm*
Generic word for any sort of fermenting or storage vessel.

tankard ***chope (à bière)*** *nf*

tanked up ***bourré, bituré*** *adj*

tank method *n*
(See Charmat method).

tanker lorry ***camion-citerne*** *nm*

tanker truck *n*
American English for **'tanker lorry'**.

Tannat ***tannat*** *nm*
Deeply-coloured red grape variety from the Basque country of south-western France, where it is the principal component of such wines as **Madiran**, Tursan, **Irouléguy**, etc.

tannic ***tannique*** *adj*
Containing or tasting of **tannin**(s). Used in tasting to describe the presence of tannin(s), frequently detected in young red wines by their astringency in the mouth.

tannin ***tan(n)in*** *nm*
Astringent-tasting **phenolic** compounds occurring naturally in the stalks, seeds and skins of grapes, as well as in oak barrels. White wines, which are not fermented with the skins, are not usually tannic, whereas most reds contain a certain amount of tannin. The presence of tannin is necessary, if a wine is going to age well, and its astringency will generally soften up with time.

tap ***robinet*** *nm*
Fitted to a barrel when the wine is to be drawn off.

tap ***percer, mettre en perce*** *v*
Action of fitting a tap on a barrel so that the wine can be drawn off for **racking** or bottling. Each year in February, in the French region of Jura, the *'percée du **vin jaune**'* is celebrated.

tap hole ***trou de robinet (sur un tonneau)*** *nm*

tap water ***eau du robinet, eau courante*** *nf*
Frequently referred to by the French as Château la Pompe.

tar ***goudron*** *nm*
In tasting, the aroma of hot tar may be found in certain mature red wines.

tarry ***qui sent le goudron (chaud)*** *adj*

tarragon ***estragon*** *nm*

Tarragona (DO)
Spanish wine-producing region situated in the southern part of Catalonia, near the city of the same name. Both white and red wines are produced here from the classic Catalan varieties, such as **Macabeo**, **Parellada**, **Xarel-lo**, for the whites, and **Garnacha** and **Cariñena** for the reds.

tart ***acide, âpre, aigre*** *adj*
Adjective used in tasting to describe the sensation of excessive acidity, present perhaps in some white wines.

Tart
(See 'Clos de Tart').

tartar ***tartre*** *nm*
Usually refers to the hard substance, consisting mainly of potassium bitartrate, which is deposited inside various recipients which have been used for storing wine.

tartaric acid ***acide tartrique*** *nm*
This organic acid is present in the grape and is the main fixed acid present in wine. It contributes to the crisp taste of many wines and may be added to certain wines which lack acidity. However, in Europe, it is forbidden to add tartaric acid to a wine which has already been **chaptalised**.

tartrate ***tartrate*** *nm*
Salt of **tartaric acid**, which is often precipitated in wines in the form of **potassium**

bitartrate crystals, or deposited in recipients in the form of **tartar**.

taste ***goût*** *nm*, ***saveur*** *nf*
In tasting, the sense of taste is, strictly speaking, limited to the mouth (or palate), but in fact, physiologically, taste is very much concerned with the nose. *(See 'retro-olfaction').*

taste ***goûter, déguster*** *v*

tasteless ***insipide, fade, sans goût*** *adj*

taster ***dégustateur (-trice)*** *nmf*

tastevin *nm*
French word designating a small metal wine cup designed for wine-tasting, and used traditionally by wine brokers. It is easier to carry around than a glass.

Tastevinage
Tasting and selection of wines presented by Burgundian producers and merchants, organised twice a year by the Confrérie des Chevaliers du Tastevin in their famous Château du Clos de Vougeot. The selected wines are awarded a superb numbered label featuring the seal of the Brotherhood.

tasting ***dégustation*** *nf*

tasting card ***fiche de dégustation*** *nf*
Many different presentations exist, but they are always useful for serious tasting sessions.

tasting cellar ***caveau de dégustation*** *nm*
Many larger wineries have them.

tasting room ***salle de dégustation*** *nf*
Ideally will be set up with partitions, sinks, running water and good lighting.

tasty ***qui a du goût, savoureux, succulent*** *adj*

Tavel (AOC)
Small town lying a few miles north west of Avignon, which gives its name to an appellation for rosé wines only made principally from Grenache blended with a number of other red and white varieties. The wines of Tavel are generally fuller-bodied than other rosés and command a higher price.

tavern ***taverne*** *nf*
Inn or public house serving alcoholic beverages and (often) food.

tavola *nf*
Italian word meaning 'table'. *(See 'Vino da Tavola').*

tawny ***(couleur fauve) ; tawny (vin de porto)*** *nm*
(See'port').

tax ***taxe*** *nf*, ***impôt*** *nm*
Alcohol and alcoholic beverages are huge generators of tax revenue for certain countries, whence a sometimes hypocritical or lukewarm attitude towards the undeniable health hazard

tear ***larme*** *nf*
(See 'leg[s']).

technical ***technique*** *adj*

technique ***technique*** *nf*

technological wine ***vin technologique*** *nm*
Term sometimes used rather condescendingly

by the French to describe new world wines. The implication is that they are made using high-tech winemaking equipment which produces a standardised style of wine, rather than one which is a reflection of its *terroir*. At the end of the day, there are two types of wine, good ones and bad ones, wherever they come from.

teetotaller ***quelqu'un qui ne boit jais d'alcool, abstème*** *nmf*
Somebody who never drinks alcohol.

temperance ***tempérance, sobriété, abstinence*** *nf*
Many would argue that a better way is moderation.

temperate ***tempéré*** *adj*
A temperate climate is required for the cultivation of ***vitis vinifera*** grapes. This explains the geographical situation of wine-producing regions and countries.

temperature ***température*** *nf*

Tempranillo ***tempranillo*** *nm*
Red grape variety, associated above all with the **Rioja** region of Spain. Here it is planted mainly in the Alta and Alavesa sub-regions. It does better in cooler areas and ripens earlier than the other major Rioja red variety, **Garnacha**. It produces wine deep in colour, low in alcohol but capable of ageing. In the region of **la Mancha**, it is known as **Cencibel**.

Ténarèze
One of the three districts of the production area for **Armagnac**, situated between **Bas–Armagnac** and **Haut-Armagnac**. The clay soils found here produce lighter brandies which age more quickly.

tender ***tendre, délicat*** *adj*
Flattering description for a wine or other drink that is supple, round and delicate.

tendril ***vrille*** *nf*
Curly shoot growing from the branches of a vine, which enables it to attach itself to wires, posts, etc.

Tennessee whiskey
This appellation is reserved for whiskey distilled in the State of Tennessee. It is made in the same way as **Bourbon**, except that it is filtered through ten feet of **charcoal** (made from hard sugar maple).

tent *n*
Popular (old) English word designating a strong red wine from Spain, for example. It is believed that the word is probably a deformation of the Spanish 'tinto' (red).

tepid ***tiède*** *adj*

tequila ***tequila*** *nf*
Mexican spirit distilled from the blue **agave** *(agave tequilana Weber)*. It is, in fact, a sort of ***mescal***, which has its own specified region of production, centring on the State of Jalisco, where the town of Tequila is located. Tequila is also produced in the State of Tamauilpas in north east Mexico.

terpene ***terpène*** *nm*
Hydrocarbon present in the essential oils of plants. Terpenes, are important contributors to the aromas of many grape varieties.

terrace ***terrasse*** *nf*

terraced ***(cultivé) en terrasses*** *adj*

terracing ***culture en terrases*** *nf*
Viticultural technique used in steep-sided valleys, which consists in making flat **terraces** at regular intervals parallel to the valley, in order to plant rows of vines on steep slopes.

Terret ***terret*** *nm*
Red grape variety which is one of the thirteen permitted for Châteauneuf-du-Pape. However, it is not widely planted. Terret Blanc and Terret Gris also exist and will be found especially in Languedoc.

territory ***territoire*** *nm*

terroir *nm*
Untranslatable French word which expresses the idea that agricultural products, particularly wines, are in some way a reflection of the land which produces them. The word *'terroir'*, however, includes much more than simply the soil: the **mesoclimate** and the **topography** of the vineyard are also important parameters. It should be noted that the concept of *terroir* is the cornerstone of all European appellation systems.

tertiary ***tertiaire*** *adj*

tertiary aroma ***arôme tertiaire*** *nm*
Aroma which results from the ageing of a wine.

test ***test*** *nm,* ***analyse*** *nf*

test tube ***éprouvette*** *nf*

texture ***texture*** *nf*

thaw ***dégel*** *nm ;* ***fonte (des neiges)*** *nf*

thaw (out) ***dégeler, fondre*** *v*

thermal ***thermal, thermique*** *adj*

thermolisation ***thermolisation*** *nf*
Winemaking technique used to stabilise wines micro-biologically, which is a sort of low-temperature pasteurisation. The wine is heated to about 50°C, which is sufficient to kill any remaining yeast.

thermometer ***thermomètre*** *nm*

thermoregulation ***thermorégulation*** *nf*
Term used to designate the regulation of the temperature during the fermentation of a wine. This is an easy operation thanks to stainless-steel thermoregulated tanks.

thermostat ***thermostat, calorstat*** *nm*

thermovinification ***thermovinification*** *nf*
Winemaking technique consisting in heating the must of red wine, prior to the fermentation, in order to obtain a better colour extraction.

thick ***épais*** *adj*
In tasting, used to describe a wine which is rather heavy and lacking in acidity, but at the same time rich and concentrated.

thief ***pipette*** *nf*
(See 'pipette' and 'wine thief').

thin ***maigre, fluet*** *adj*
In tasting, unflattering description for a wine which lacks body.

thin ***diluer, délayer, allonger*** *v*

thinner ***diluant*** *nm*

thirst ***soif*** *nf*

thirst-quenching ***désaltérant, rafraîchissant, qui étanche la soif*** *adj*

thirsty ***qui a soif, assoiffé*** *adj*

thistle ***chardon*** *nm*
National emblem of Scotland.

Thompson seedless
Californian name for the white grape variety, ***Sultana***, used mainly for making raisins and as a table grape.

thorn ***épine*** *nf*

threat ***menace*** *nf*

threaten ***menacer*** *v*

threatening ***menaçant*** *adj*

threshold ***seuil*** *nm*

thrive ***prospérer, (bien) se développer****v*

thriving ***vigoureux*** *adj*

thunder ***tonnerre*** *nm*

thunderbolt ***coup de tonnerre*** *nm /* ***foudre*** *nf*

thyme ***thym*** *nm*
Aroma which may be found in certain wines from the South of France.

Tia Maria
Brand of liqueur made from Jamaica **rum**, coffee extracts and local spices.

Tibouren ***tibouren*** *nm*
Red grape variety popular in Provence, where it is often used to make rosé wine. Its nose is reminiscent of the herbs that grow wild in that area.

tie ***attache, accolure, ligature*** *nf* ***lien*** *nm*

tie ***attacher, accoler, lier*** *v*

tie down ***accoler*** *v*
Vineyard task which consists in fixing young vine shoots to a support - a wire for example – with straw, staples or ties.

tie up ***relever*** *v*
Vineyard task which consists in placing young branches, which grow in all directions, between two central wires and holding them together with ties. This action facilitates work with the tractor and enables the grapes to be correctly aired.

tied house ***pub appartenant à une brasserie*** *nm*

tight ***serré, tendu*** *adj*

tighten ***(re)serrer, tendre*** *v*

tile ***tuile*** *nf,* ***carreau*** *nm*

tile red ***tuilé*** *adj*
In tasting, used to describe the shade of red, reminiscent of roofing tiles, that red wines acquire with age.

tiling ***carrelage*** *nm*

till ***labourer*** *v*

till ***labourer, cultiver*** *v*

tillage ***labour, labourage*** *nm,* ***culture*** *nf*

tinge ***nuance, note*** *nf*
In tasting, useful for describing colours.

tingle ***picoter*** *v*

tingly ***qui picote*** *adj*

tint ***nuance, teinte*** *nf*
In tasting, useful for describing colours.

tip ***bout*** *nm,* ***extrémité, pointe*** *nf*

tip ***décharge*** *nf,* ***dépotoir*** *nm*

tip ***pourboire*** *nm*

tip (up) ***verser, déverser, renverser ; faire pencher*** *v*

tip ***donner un pourboire*** *v*

tip-up truck ***camion à benne basculante*** *nm*

tipper truck *n*
(See 'tip-up truck').

tipping ***à bascule, basculant*** *adj*

tipple ***boisson alcoolisée*** *nf*

tipple ***picoler*** *v*

tipsy ***pompette*** *adj*
Slightly intoxicated.

tired ***fatigué***
In tasting, used to describe a wine or other drink that is past its best, or that has suffered from temperature changes, transportation, etc.

toast ***pain grillé*** *nm*
Aroma that may be found in certain wines.

toast ***(faire) griller, brûler*** *v*

toasted ***grillé*** *adj*

toasting ***chauffe*** *nf*
In cooperage, the barrel is given its shape by heating the staves over a fire. The wood inside the barrel is therefore toasted and imparts a particular aroma to the wine. (See 'light toast', 'heavy toast').

toasty ***qui rappelle le (pain) grillé*** *adj*

tobacco ***tabac*** *nm*
In tasting, aroma found in certain red wines.

Tobermory
Scottish malt whisky distillery situated on the Island of **Mull**, off the north-west coast of Scotland. Delicate, well balanced.

toddy, (hot) ***grog*** *nm*
Drink, meant to cure colds and chills, made by mixing spirits with hot water and sugar or spices.

toffee ***caramel (au beurre)*** **nm**
In tasting, aroma which may be found in certain red wines.

Tokay
Undoubtedly one of the world's top sweet wines, made in the area around the town of Tokaj in Hungary from the **Furmint** and **Hárslevelü** grape varieties. A **putton** is filled with 30 lbs. of grapes affected by **noble rot**, which are kneaded into a sort of (very sweet) paste. The paste is then added to a ***gönc*** (a 140-litre cask) of dry wine. The final sweetness of a Tokay **Aszú** obviously depends on the number of ***puttonyos*** added to one *gönc* (between two and six). The level of residual sugar ranges from 50-60 grams per litre for a 2-Puttonyos Tokay to 150-180 grams per litre for a 6 Puttonyos.

Tokay d'Alsace ***tokay d'Alsace*** *nm*
The name Tokay d'Alsace was traditionally used in that area to designate the Pinot Gris variety unjustified. The legislators in Brussels put an end to this unjustified practice.

Tomatin
Scottish malt whisky distillery situated in the **Highlands**. Light and pleasant.

tomato ***tomate*** *nf*

tomato juice ***jus de tomate*** *nm*
Without it, the Bloody Mary would not exist.

Tomintoul-Glenlivet
Scottish malt whisky distillery situated on **Speyside**. Light and delicate.

ton ***tonne*** *nf*
Unit of weight which varies, as is often the case, from one side of the Atlantic to the other. The British ton is equal to 1,016 kg, the US ton only 907 kg. The more reason for preferring the metric tonne which is equal to 1,000 kg.

tongue ***langue*** *nf*
In tasting, the role of the tongue is fundamental. It is here that the four basic tastes – acidity, bitterness, saltiness and sweetness – are detected.

tonic (water) ***tonique*** *nm*
Carbonated soft drink containing **quinine**. The most famous is undoubtedly **Schweppes** Indian Tonic.

tonnage ***tonnage*** *nm*

tonne ***tonne (métrique)*** *nf*
(See 'ton').

tool ***outil*** *nm*

top ***haut, sommet, dessus*** *nm*

top fermentation ***fermentation haute*** *nf*
In the beer industry, term often used to designate a type of fermentation used in the brewing of **ale**. The key factor is the use of **top fermenting yeast**, *saccharomyces cerevisiae*, which not only ferments at a fairly high temperature (between 15 and 25°C), but also rises to the top of the fermenting vessel.

top fermenter *n*
(See 'top fermenting yeast').

top fermenting yeast ***levure de fermentation haute*** *nf*
Yeast (*saccharomyces cerevisiae)* used for brewing ale, which is so called because it ferments at a fairly high temperature and also rises to the top of the fermenting vessel. *(See 'top fermentation').*

top ***rogner, écimer*** *v*

top up ***remplir, ouiller*** *v*
It is important to top up barrels and storage vats on a regular basis to avoid the oxidation of wine. Exceptions do exist, though. For example: ***fino*** **sherry** and ***vin jaune*** from the Jura.

Topikos inos
Greek appellation, meaning 'local wine', which is equivalent to the French ***Vin de Pays***.

topography ***topographie*** *nf*
Important parameter (which includes altitude, slope, exposure to the sun, etc.) when assessing the role of *terroir*.

toponymy ***toponymie*** *nf*
Study of the place names of a particular region. The names of the *crus* of Burgundy are always a source of great interest.

topper ***rogneuse*** *nf*

topping ***rognage, écimage*** *nm*

topping-up ***ouillage, remplissage*** *nm*

Tormore
Scottish malt whisky distillery situated on **Speyside**. Medium bodied.

tornado ***tornade*** *nf*

torrefaction ***torréfaction*** *nf*
In tasting, aroma which may be found in some mature (especially red) wines.

torrent ***torrent*** *nm*

torrid ***torride*** *adj*
Not necessarily the best climate for making quality wines.

Torrontes ***torrentes*** *nm*
White grape variety of Spanish origin which is proving quite successful in Argentina.

tot ***(petite) goutte*** *nm*
Often used for a small drink of whisky (particularly). *(See'dram').*

touch ***touche, pointe, note*** *nf*, ***soupçon*** *nm*
In tasting, very useful word for expressing impressions and sensations;

touch ***toucher***

tough ***dur, astringent*** *adj*
In tasting, unflattering description for a wine which is excessively tannic.

Touraine (AOC)
Area around the French city of Tours, well known for its wine production. Touraine AOC is a "blanket" generic appellation covering dry, semi-sweet and sweet, still and sparkling white red and rosé wines. Several communes are allowed to add their name, such as Touraine-Amboise. However, the better wines of the area have a distinct communal appellation: **Bourgueil**, **Chinon**, **Vouvray**, etc.

Touriga Nacional ***touriga nacional*** *nm*
Red grape variety from Portugal which is usually considered as the most important component of red port. Its wines are very deep in colour. It is also fairly common in the region of Dão.

trace element ***oligo-élément*** *nm*
Chemical element required in only minute quantities by a living organism.

trace ***tracer*** *v*

traceability ***traçabilité*** *nf*

track ***trace, piste, voie*** *nf* ; ***sentier, chemin,*** *nm*

tractor ***tracteur*** *nm*
For work in the vineyard, depending on the spacing, the **over-the-row tractor**, or **straddler**, is commonly used. → *p. 264.*

trade ***commerce, négoce*** *nm*, ***affaires*** *nfpl* ; ***échanges (commerciaux)*** *nmpl*

trade association ***syndicat professionnel*** *nm*

trade fair ***foire-exposition*** *nf*, ***salon professionnel*** *nm*

trading ***commerce, négoce,*** *nm*

tradition ***tradition*** *nf*

traditional method ***méthode traditionnelle*** *nf*
(See 'méthode champenoise').

trail ***trace, piste, voie*** *nf* ; ***sentier, chemin,*** *nm*

trailer ***remorque*** *nf*

train ***train*** *nm*

train ***conduire (la vigne) ; entraîner, former*** *v*

training ***conduite (de la vigne)*** *nf ;* ***entraînement, formation*** *nf*

Traminer ***traminer*** *nm*
Original name for the white grape variety, Gewürztraminer.

transaction ***transaction, opération, affaire*** *nf*

transfer method ***méthode du transvasage*** *nf*
Method used to make sparkling wines which elminates the technical stages of *remuage* (or riddling) and *dégorgemant*. After the second fermentation in the bottle, the wine is transferred to a pressurised tank, where the sediment is removed by filtration. In some countries, sparkling wines made in this way will be labelled – misleadingly – 'bottle-fermented'.

transfer ***transférer, transvaser*** *v*

transform ***transformer, convertir*** *v*

transit ***transit*** *nm*

translucent ***translucide*** *adj*

transparency ***transparence, limpidité, translucidité*** *nf*

transparent ***transparent, limpide, translucent*** *adj*

transport ***transport*** *nm*

transport ***transporter*** *v*

transportation ***transport*** *nm*

transporter ***transporteur*** *nm*

trap door ***trappe*** *nf*

Trappist beer ***bière trappiste bière*** *nf*
Description which refers to the beers of six monasteries in Belgium and the Netherlands. These ales are refermented in the bottle and are therefore fairly strong in terms of their alcoholic volume. The term Trappist should not be confused with that of '**abbey**'.

travel ***voyage(s)*** *nmpl*

travel ***voyager, se déplacer*** *v*

tray ***plateau*** *nm*

tread ***bande de roulement / chape / sculpture (d'un pneu)*** *nf*

tread ***fouler*** *v*

treading ***foulage*** *nm*
This used to be a major activity at harvest-time in some regions, particularly the **Douro**, but is now more a part of the folklore.

treat ***traiter*** *v*

treatment ***traitement*** *nm*

Trebbiano ***trebbiano*** **nm**
Italian synonym for the white grape variety, Ugni Blanc.

tree ***arbre*** *nm*

trellis ***palissage, treillis*** *nm*

trellis ***palisser*** *v*

trellising ***palissage*** *nm*, ***conduite*** *nf*

trench ***tranchée, rigole*** *nf* ***fossé*** *nm*

Trentino (AOC)
Italian-speaking southern part of the Trentino-**Alto Adige** region in northern Italy. The appellation covers almost twenty varietal wines, as well as one or two blends.

Tressot ***tressot*** *nm*
Red grape variety which has virtually disappeared from the Yonne department of France where it was grown more extensively in pre-phylloxera days.

trestle ***tréteau, chevalet*** *nm*

trial ***essai*** *nm ;* ***procès, jugement*** *nm*

Tricastin
(See 'Coteaux du Tricastin').

trickle ***ruissellement*** *nm*
trickle ***ruisseler*** *v*

trickling ***ruissellement*** *nm*

Trie *nf*
(See 'sorting').

trim ***rogner, tailler, élaguer, émonder*** *v*

trimmer ***rogneuse (mécanique)*** *nf*

Tripel *nf*
Name given to a type of **abbey** or **Trappist** beer which is fairly strong (between 7 and 10% alcohol).

triple sec *nf*
Despite its name, a sweet liqueur flavoured with orange peel.

trocken *adj*
German word meaning 'dry', which is used to describe a wine with very little residual sugar. However, when tasting, one should bear in mind that the level of residual sugar may, by law, be as high as 9 grams per litre, provided that the total acidity is at least 7 grams per litre.

Trockenbeerenauslese *n*
German word meaning 'selection of dry berries', which is the sweetest of the six sugar levels (150-154° Oechsle) for the **QmP** appellation. Of course, the word dry *(trocken)* here does not refer to the absence of sugar. On the contrary, the **botrytised** berries have been shrivelled (or 'dried') up by noble rot and the sugar has been concentrated in the juice.

Trollinger ***trollinger*** *nm*
Red grape variety found in southern Germany, Austria and northern Italy (where it is called Schiava Grossa). In England it is sometimes grown as a table grape and takes on the name of Black Hamburg.

Tronçais, (Forest of) ***Forêt de Tronçais*** *nf*
Forest located to the east of the town of Châteauroux in Central France, which is one of the main sources of French oak for cask-making.

trough ***auge, mangeoire*** *nf,* ***abreuvoir*** *nm ;* ***dépression, zone dépressionnaire*** *nf*

Trousseau ***trousseau*** *nm*
Red grape variety found in France's Jura region and also in Portugal, where it goes under the name of Bastardo and is used in the production of port and Dão, among other wines.

truck ***(Am.Eng.) camion wagon, wagonnet*** *nm ;* ***benne*** *nf*

true ***vrai, véritable, authentique ; exact, fidèle, loyal, sincère, conforme, juste***

truffle ***truffe*** *nf*

trunk ***tronc*** *nm ;* ***malle*** *nf ;* ***(Am.Eng.) coffre (de voiture)*** *nm*

try ***essayer, goûter, tenter*** *v*

tub ***bacquet, bac*** *nm*

tufa ***tuf calcaire*** *nm*
Sort of porous rock formed from limestone deposits round mineral springs.

tulip glass ***verre tulipe*** *nm*
Long-stemmed tasting glass in the shape of a tulip, which is supposed to 'capture' efficiently the aromas of a wine.

Tullibardine
Scottish malt whisky distillery located in Perthshire in the Scottish Highlands. Not heavy, but full bodied, sweet and fruity.

tumbler ***verre (sans pied)*** *nm*
Drinking glass which has no base and no handle.

tun ***tonneau, fût*** *nm,* ***foudre*** *nm,* ***cuve*** *nf*
(See 'mash tun').

turbid ***trouble, bourbeux*** *adj*
In tasting, never a good sign.

turbidity ***turbidité*** *nf*

turnover ***chiffre d'affaires*** *nm,* ***ventes*** *nfpl*

turpentine ***térébenthine*** *nf*

turps *n*
Popular diminutive of 'turpentine'.

Tuscany ***Toscane*** *nf*
Region of the western side of central Italy, known locally as Toscana. It produces some excellent wines, such as **Chianti**, **Brunello di Montalcino** and **Vino Nobile di Montepulciano**, made from **Sangiovese** or local clones of this variety.

twig ***brindille*** *nf*

twine ***ficelle*** *nf*

twist ***tordre*** *v*

tying-down ***accolage***
(See '*tie down*').

tying-up ***relevage*** *nm*
(See 't*ie up*').

type ***type, genre*** *nm,* ***sorte*** *nf*

typical ***typique*** *adj*

typicity ***typicité*** *nf*

U

Ugni blanc ***ugni blanc*** *nm*
White grape variety which is no doubt one of the world leaders in terms of the acreage of vines planted. It is found particularly in central and southern **Italy**, as well as the South of France and the region of **Cognac**, where it is also called the Saint-Émilion. Unfortunately it tends to produce rather ordinary wines of no great interest.

uisge beatha *n*
Gaelic term meaning **water of life**, which over the centuries developed into the word '**whisky**'.

uiskie *n*
Early form of the word '**whisky**', first officially recorded in 1618.

Ull de Llebre ***ull de llebre*** *nm*
Catalan synonym for the red grape variety, **Tempranillo**.

ullage ***vide (dans une bouteille ou un fût)*** *nm*
Amount of liquid lost from a bottle or cask because of leakage or evaporation.

Umbria ***Ombrie*** *nf*
Region of the western part of central **Italy**, lying just south east of **Tuscany**. The best known wines are the white **Orvieto** DOC, made from **Trebbiano**, and the red wines of Torgiano and Montefalco.

unbalanced ***qui manque d'équilibre, déséquilibré*** *adj*
Used in tasting to describe a wine or other drink in which the basic elements – **acidity**, **alcohol**, **tannin**(s), etc. – are not in harmony. In other words, one of the elements dominates the others.

uncork ***déboucher, ouvrir*** *v*
Used when the bottle is sealed with a cork.

unctuous ***onctueux*** *adj*
In tasting, used to describe a wine or other drink which is full bodied, fat and often sweet.

underground ***sous terre, souterrain*** *adj, adv*

undergrowth ***broussailles*** *nf pl,* ***sous-bois*** **nm**
In tasting, the French use the term *'sous-bois'*. This would probably be better expressed as 'humus', 'moss' or even '**truffle**', because the English word 'undergrowth is more evocative of uncontrolled vegetation.

undertone ***nuance, note, pointe*** *nf*
In tasting, similar to the word **'hint'**, but more likely to be used for aroma or taste than colour.

undrinkable ***imbuvable*** *adj*
To be avoided.

undulating ***vallonné*** *adj*

unfiltered ***non filtré*** *adj*
Many tasters will argue that unfiltered wines and beers are the best. This is often true, no doubt, since filtering does not remove only the particles in suspension. However, many consumers around the world prefer a perfectly bright and limpid drink, with no deposit.

ungrafted ***non greffé*** *adj*
Used to describe vines (or other plants), which have not been assembled from **cutting**s of two different varieties (**rootstock** and **scion**). This generally means that the vine is 100% ***vitis vinifera***.

unlawful ***illicite, illégal*** *adj*

unload ***décharger*** *v*

unloading ***déchargement*** *nm*

unmalted ***non malté*** *adj*
Used to describe **barley** which has not under-

gone the **malting** process. Some unmalted barley may be used in the production of **grain whisky**, for example.

unpack ***déballer*** *v*

unpleasant ***désagéable, déplaisant***

In tasting, this should never be the case, but unfortunately, it sometimes is.

unproductive ***improductif, stérile*** *adj*

unripe ***pas mûr, vert*** *adj*

unscrew ***dévisser*** *v*

unstable ***instable*** *adj*

unsteady ***instable, irrégulier*** *adj*

up-front ***franc*** *adj*

(See 'frank').

upright ***droit, debout*** *adv/adj*

uproot ***déraciner, arracher*** *v*

uprooted ***déraciné*** *adj*

Urquell, ***Pilsner***

Archetypal Czech **Pilsner**, first brewed in the city of **Plzen** in 1842 by brew master Josef Groll. His **lager**, light but strongly hopped, brilliantly clear and golden in colour, rapidly became the reference around the world for this type of beer.

Utiel-Requena (DO)

Small wine-producing area lying east of Valencia on the Mediterranean coast of **Spain**, named after the towns of Utiel and Requena. Thanks to the altitude of the vineyards (as much as 800 metres) some interesting red wines are made using principally the Bobal grape variety.

usque baugh

Irish Gaelic term meaning '**water of life**', which over the centuries developed into the word '**whiskey**'. *(See also 'uisge beatha').*

V

Vaccarèse
Red grape variety which is authorised for making **Châteauneuf-du-Pape** but which is not widely planted, even in that area.

Vacqueyras (AOC)
Most recent of the communal appellations of the Southern **Rhône**, "promoted" in 1990. The village which gives its name to this AOC is located between Vaison-la-Romaine and Avignon, close to **Gigondas** and **Beaumes-de-Venise**. The wines are mainly red and dominated by the **Grenache** grape variety.

vacuum-pump ***pompe à vide*** *nf*

Vacuvin *nm*
Trademark name for a device which makes it possible to remove the air from a bottle of wine which has already been opened, thus creating a vacuum which prevents the wine from oxidising and acquiring an **off-taste**. In wine bars, more sophisticated methods exist, such as filling the bottle with an inert gas litre **nitrogen**.

Val de Loire *nm*
(See 'Loire Valley').

Valais *nm*
Canton of French-speaking, south-western Switzerland, with a climate which is favourable to wine production. The vineyards are in fact located in the upper Rhône Valley and the **Chasselas** grape variety, known locally as **Fendant**, is very popular. Also common is a blend of **Pinot Noir** and **Gamay** known as **Dôle**.

Valdepeñas (DO)
Wine-producing area in the Spanish region of Castilla-**la Mancha**, which is associated with value-for-money red wines in which the **Tempranillo** grape variety (known locally as **Cencibel**) dominates.

Vallée de la Marne *nf*
The Valley of the Marne River (from Tours-sur-Marne, east of **Épernay**, to Sacy-sur-Marne, some way to the west) is one of the vine-growing areas of the **Champagne** region. Here, the vineyards are dominated by the **Pinot Meunier** grape variety.

valley ***vallée*** *nf*, ***vallon*** *nm*
Often a good location for a vineyard, but the vines are usually better off on the sloping valley sides, rather than the flat valley bottom.

Valpolicella (DOC)
Well-known wine-producing area situated in the Veneto region of north-east Italy. The wine is red and made from three main grape varieties: Corvina, Molinara and Rondinella.

valve ***valve, soupape*** *nf* ***clapet*** *nm*

van ***fourgonnette, camionnette*** *nf*

vanilla ***vanille*** *nf*

vanillin ***vanilline*** *nf*
Aromatic **aldehyde** present not only in vanilla but also in **oak**. This fact can explain why vanilla or vanillin aromas are characteristic of a wine matured in new oak.

vapour ***vapeur*** *nf*

varietal ***variétal*** *adj*
Characteristic of a wine made from a specific grape variety. We may talk about the **varietal character** of wine, or simply about a **varietal wine** (ie, made predominantly from one grape variety and sold under its name).

variety ***cépage*** *m*
In the family tree of the **vine**, the variety is the level with which the ordinary drinker is familiar. Virtually all wines sold in the world today are made from varieties of the ***vitis vinifera*** **species**, such as Chardonnay, **Sauvignon**, **Merlot**, **Shiraz**, etc.

Vaslin
Name of a French company, now almost an eponym for the yellow rotating wine-**presses** it manufactures and which are a familiar sight in French wineries.

vat *cuve* nf
Vessel used in the wine and whisky industries for fermentation, storage or blending. Vats may be made from various materials, but should be easy to clean.

vat *mettre, laisser en cuve* v
Used to describe the stage in the vinification of red wines, when the crushed grapes are transferred to the vat and the must is left to ferment.

vatted malt whisky n
Malt whisky made by blending the whiskies of two or more malt distilleries. The term is rarely seen on the label, but the product will be called just 'malt whisky' as opposed to **'single malt'**.

vatting *cuvaison* nf
The process of allowing the must of red wine to ferment in a vat together with the skins.

Vaud nm
French-speaking Swiss canton lying to the north of Lake Geneva. The wines of Vaud resemble those of its southerly neighbour, **Valais**. The most popular grape varieties are **Chasselas**, known locally as Dorin, and **Pinot Noir** and **Gamay**, which may be blended to produce a wine known as **Salvagnin**.

vault *voûte* nf

vaulted cellar *cave voûtée* nf

VCIG *(Vino de Calidad con Indicación Geográfica)*
Category of Spanish wines created in 2003 and situated just below that of **DO (Denominación de Origen)**.

VDL Vin de Liqueur
Like **VDN**, one of the official French appellations for a **fortified** wine. A VDL is muted before the fermentation process begins. As an example, we could quote **Pineau des Charentes**

VDN Vin Doux Naturel
Like **VDL**, an official French appellation for a **fortified** wine. A VDN is muted during the fermentation process. As examples, we could quote the wines from **Banyuls**, **Maury** or **Rivesaltes**.

VDQS Vin Délimité de Qualité Supérieure
With its big brother **AOC**, VDQS is one of the two French quality-wine appellations, ie, belonging to the European **QWPSR** (or ***VQPRD***) category. The percentage of wines classified as VDQS is small and falling. It seems to be used as a sort of purgatory or staging-post before wines are promoted to AOC status, and few new VDQS appellations are created now.

vecchio
Italian word meaning 'old', which may be found on certain wine labels to describe a wine which has been aged according to certain regulations.

vegetable *légume* nm

vegetal *végétal* adj
Adjective used to describe a group of aromas – **asparagus**, **green-pepper**, etc. – which may be found in certain wines.

vegetate *végéter* v

vegetation *végétation* nf

vegetative *végétatif* adj

vein *nervure, veine* nf ; *filon* nm

velvet *velours* nm ; *velouté* (caractère) nm/adj

velvety *ayant les caractéristiques du velours ; velouté* adj
Used to describe the almost **tactile** sensation of smoothness encountered in rich, intense, well-balanced wines

vendange tardive
French expression meaning '**late harvest**'. This practice, common in **Alsace** and **Germany** *(see 'Spätlese')*, consists in leaving the grapes as long as possible on the vines, so that their sugar content may be increased. Dry sunny autumns are necessary.

Vendemmia n
Italian word meaning '**vintage**' or '***millésime***'.

venison ***venaison*** *nf* ***chevreuil*** *nm*

vent ***ouverture*** *nf* ***orifice, event*** *nm*

Ventoux
(See 'Côtes du Ventoux').

véraison *nf*
French word designating the stage in the ripening process when red grapes change colour from green to red, and when white grapes cease to be opaque and take on an almost translucent quality.

verbena ***verveine*** *nf*
Plant with fragrant flowers, commonly used in France to make herb tea. There also exists a liqueur known as **Verveine du Velay**, reputed for its digestive qualities.

Verdelho ***verdelho*** *nm*
White grape variety which is **Madeira**'s most widely planted. It will also be encountered in mainland **Portugal**.

Verdicchio ***verdicchio*** *nm*
White grape variety found especially in the Marches region of central-eastern Italy. It produces dry white wines, unremarkable but popular locally.

Verdot, (Petit) ***petit verdot*** *nm*
(See 'Petit Verdot').

verjuice ***verjus*** *nm*
Acid liquid obtained from sour grapes, formerly used in cooking and medicine. In Burgundy, the word is used to designate the grapes, which have not ripened at harvest time.

Vermentino ***vermentino*** *nm*
White grape variety, resembling Malvasia, quite widely grown in Corsica. It will also be found in Sardinia and in the region of Liguria in northern Italy.

vermilion ***vermillon*** *nm* ; ***vermeil*** *nm*

vermouth *nm*
Generic word for ***apéritifs*** made from wine which has been **fortified** with alcohol and aromatised with various bitter-tasting botanicals. The word is a corruption of the German *Wermut (see 'wormwood').*

Versinthe ***Versinth*** *nf*
Unsweetened aniseed-flavoured drink, first launched in Paris in May 1999, made according to an original complex formula which includes more than twenty plants such as aniseed, absinth, angelica and verbena. Unlike pastis, it can also be consumed as a digestive liqueur at the end of a meal.

vertical (tasting) ***dégustation verticale*** *nf*
Tasting which consists in comparing different **vintages** of the same wine, usually beginning with the youngest and then working back. In opposition to **horizontal tasting** in which different wines of the same vintage are compared.

Verzenay
Grand cru **Champagne** village situated in the **Montagne de Reims** area. It is famous for its windmill which can be seen from the A4 motorway.

Veuve Cliquot-Ponsardin
Famous **Reims Champagne** house, dating back to 1772, whose standard Brut *cuvée* is immediately recognisable thanks to its orange label. The widow *(veuve)*, Nicole-Barbe Clicquot (née Ponsardin) became something of a legend and invented the process called ***remuage*** (or **riddling**).

vicinity ***voisinage, environs, alentours*** *nmpl*

Victoria
Australian state, lying at the south-eastern tip of the continent, where wine production dates back to the mid-nineteenth century. Victoria is notable for its diversity of designated wine regions, climatic conditions and styles of wine. There are also numerous vineyards throughout the state.

Vieille Cure
Very old French *digestif*, made at the Abbey of Cenon in Gironde from aromatic plants steeped in Cognac and Armagnac.

vieilles vignes *nfpl*
French expression meaning literally 'old vines', which is now more and more common on wine bottles. Unfortunately, no official definition exists as to how old 'old' is, though it is generally taken to be at least 15 years, which is not really that old.

vigour ***vigueur*** *nf*

Can be a problem in vinegrowng if the soil is too rich.

vigorous *vigoureux* *adj*

Vila Nova de Gaia
Town in Portugal, lying on the southern side of the river at the mouth of the Douro, opposite the city of Porto. It is part and parcel to the port wine trade, as traditionally, wine was shipped down the river to Vila Nova de Gaia. Here, it was classified, stored and aged in the town's '**lodge**s'.

Villafranca del Penedés
Principal town of the **Penedés** area of Spanish **Catalonia**, and home to the well-known Torres winery.

village *nm*
French word for village. In Burgundy it is common to speak about *'appellation village'*, or **communal appellation**.

Villard
A French **hybrid** red variety which was widely planted in the South and Southwest of France at the beginning of the last century.

vin blanc *nm*
'White wine' made by fermenting the juice of white or red grapes without skin contact.

Vincent, Saint
(See 'Saint Vincent').

vin chaud *nm*
(See 'mulled wine').

vin cuit *nm*
Used to refer to a wine which has been concentrated by evaporating some of the water contained in the must, a practice which was common in the Middle Ages. Today, this term is often wrongly used to designate a fortified wine.

Vin Délimité de Qualité Supérieure (VDQS)
(See 'VDQS').

***Vin de Liqueur* (VDL)** *nm*
(See 'VDL').

***vin de paille* nm**
French expression meaning literally '**straw wine**'. The origin of the term is the straw mats on which grapes used to be spread out to dry. Today, other methods may be used, but the objective remains the same: to concentrate the sugar in the grapes, before they are finally pressed in December or January. *Vin de paille*, which is still fairly common in the French **Jura** region, is sweet and strong (about 15% alcohol).

Vin de Pays *nm*
With ***vin de table***, one of the two sub-categories of the European wine category **Table Wine**. The statutory requirements for *vin de pays* are of a similar nature to those for **VDQS** and **AOC** wines, but less stringent in terms of minimum alcohol content and maximum **yield**s. *Vin de Pays* can bear the name of a region *(Vin de Pays d'Oc)*, of a department *(Vin de Pays de l'Aude)* or of a 'zone' *(Vin de pays de la Cité de Carcassonne).*

***Vin de Qualité Produit dans une Région Déterminée* (VQPRD)**
(See 'VQPRD').

Vin de Table *nm*
French equivalent of the European wine category called **Table wine**. In France, however, this category is further sub-divided into two quality levels. The term *Vin de Table* is also used to designate the lower of these two levels, as opposed to the higher-quality *Vin de Pays.*

***Vin Doux Naturel* (VDN)**
(See 'VDN').

vine *vigne* *nf*
Plant of the botanical family called ***vitaceae***. The most important genus for the wine drinker is ***vitis***.

vine weevil *péritèle grise* *nf*

vinegar *vinaigre* *nm*

vinegary *qui sent le vinaigre* *adj*
In wine-tasting, an indication that acetic acid is present and the wine is beginning to turn into vinegar.

vinegrower *viticulteur (-trice), vigneron(ne)* *nmf*

vineplant *vigne* *nf*, ***plant / pied de vigne*** *nm*

vineyard *vignoble* *nm*

vineyard tractor *tracteur enjambeur* *nm*
Tractor designed specifically for work in densely planted vineyards. It literally straddles a row, even two, sometimes. *(See also 'over-the-row tractor' and 'straddler').*

vin gris* *nm
French term meaning literally 'grey wine', used to designate pale ***rosés de pressurage*** made by lightly pressing red grapes such as **Cabernet Sauvignon**, **Pinot Noir** or **Gamay**.

Vinho de Mesa* *nm
Portuguese equivalent of the term **Table Wine**.

***Vinho Verde* (DOC)**
'Green wine' from the **Minho** region of northern **Portugal** which is, in fact, either white or red. These wines are slightly effervescent, quite low in alcohol (8.5 – 11.5 %), but usually very acidic, whence the name *'Verde'*.

viniculture *viniculture* *nf*

vinifera
(See 'vitis vinifera').

vinification *vinification* *nf*
Process and economic activity of transforming grape juice into wine.

vinify *vinifier* *v*

vinimatic *vinimatic* *nm*
Rotating fermentation vat with interior blades designed to break up the pomace, the idea being to extract maximum colour from the skins. Now less popular than they were twenty to thirty years ago, they may also be used for prefermentary maceration of white grapes.

vin jaune* *nm
'Yellow wine', made in the French region of **Jura** from the **Savagnin** grape variety. The wine is aged in a cask for six years, without being topped up. In a process similar to that of **fino** sherry, a layer of **flor** forms on the surface of the wine, thus preventing oxidation. The best *vin jaune* is undoubtedly **Château-Chalon** AOC.

vin moelleux* *nm
(See 'moelleux').

vin muté* *nm
(Usually sweet) wine which has been made by interrupting the alcoholic fermentation by the addition of alcohol or SO_2.

Vino da Tavola* *nm
Italian equivalent of the term **Table Wine**.

Vino de la Tierra *nm*
Spanish equivalent of the French ***Vin de Pays***.

Vino de Mesa *nm*
Spanish equivalent of the term **Table Wine**.

Vino Nobile di Montepulciano (DOCG)
First **DOC** in Italy to be promoted to the superior category of **DOCG**. This appellation takes its name from a small town near Siena, in Tuscany. This red wine, one of Italy's very best, is made from a minimum of 70% of **Prugnolo**, a local **Sangiovese** clone.

vin ordinaire *nm*
Term used in France to designate what is strictly speaking (according to European legislation) ***vin de table***. This 'ordinary wine' is low in alcohol (around 10-11%) and was traditionally sold in 'six-star' litre bottles. Sales of *vin ordinaire* have steadily fallen in recent years.

vinosity *vinosité* *nf*

vinous *vineux* *adj*
In tasting, used to describe a full-bodied wine, characterised by a fairly high (but not excessive) level of alcohol.

vin rosé* *nm
(See 'rosé wine').

vin rouge* *nm
Red wine is made by fermenting the juice of red grapes in contact with the skins.

vin santo* *nm
Special dessert wine from **Tuscany**, made from grapes which have been dried during the winter following the harvest. In the spring, the grapes are pressed, and the juice is traditionally fermented in small barrels which contain the **yeast** remaining from the previous year (known as *madre*). The wine is aged for a minimum of three years.

Vinsobres
One of the sixteen villages that are allowed to add their name to the generic **Côtes-du-Rhône** appellation, thus giving Côtes-du-Rhône-Vinsobres AOC.

vintage *millésime* *nm*, ***vendanges*** *nfpl*
Usually refers to the year in which a wine was made, meaning the year in which the grapes were picked. In Europe, the blending of different vintages is - with a few exceptions - extremely rare. 'Vintage' can also mean the grape harvest itself.

vintitulist *collectionneur (-se) d'étiquetttes de bouteilles de vin* *nmf*

vintner *vigneron(ne)* *nmf* ; ***marchand de vin*** *nm(See 'viscous').*

Viognier
White grape variety capable of producing two great white wines from the Northern **Rhône Valley: Condrieu** and **Château Grillet**. It can also be added to **Syrah** when making **Côte Rôtie**. Its wines have a yellow-golden hue and a complex nose, which is both floral and fruity. However, despite some more recent Rhône Valley plantings to produce varietal wines, Viognier remains something of a rarity.

violet *violet (-ette)* *adj*
Some red wines may show violet-coloured tinges on the rim.

violet(s) *violette(s)* *nf(pl)*
In tasting, floral aroma which may be found in certain young red wines.

Virginia creeper *vigne vierge* *nf*
(See also 'creeper').

virus *virus* *nm*
Microscopic organism containing only one nucleic acid, capable of developing only within a living cell. Unfortunately many plant viruses exist, forcing the viticulturalist to be constantly vigilant. As an example, we could mention **fan leaf**.

viscosity *viscosité* *nf*
(See 'viscous').

viscous *visqueux* *adj*
In tasting, used to describe a wine or other drink with a rich texture, proven by the legs, tears, etc. left on the side of the glass. But be careful. In French, the word tends to be unflattering and may be used to describe a wine suffering from *maladie de la graisse.*

visit *visite* *nf*

visit *visiter, rendre visite (à quelqu'un)*

visitor *visiteur* *nm*
Many wineries, breweries and distilleries welcome visitors, and many of those will offer the possibility to taste.

visual *visuel* *adj*
Tasting begins with the visual examination of the wine or other drink, particularly its colour and its clarity. This first stage in the tasting process can give the taster a lot of clues about the drink: its age, its grape variety(-ies), – for a wine – its condition, etc.

vitaceae* *vitacées *nfpl*
Name of the botanical family to which the vine belongs. *(See also 'ampelidaceae').*

vitamin *vitamine* *nf*
Certainly present in some drinks such as wine, but not in sufficient quantities to justify heavy drinking.

viti-vinicultural *viti-vinicole* *adj*
Concerned with the growing of vines and the making of wines. The two activities are obviously directly linked, and often carried on by the same people.

viticultural *viticole* *adj*

viticulturalist *viticulteur (-trice)* *nmf*
Person who carries on the activity of viticulture.

viticulture *viticulture* *nf*
Economic activity consisting in the cultivation of the vine for the production of grapes. These may be for consumption as table grapes or for the production of raisins, or, of course, for winemaking.

vitis *n*
Genus of the botanical family known as the

vitaceae (or **ampelidaceae**). It is to this family that all vines (be they wine-producing or not) belong.

vitis vinifera ***vitis vinifera*** *nm*
Species of the *vitis* genus of the vine family. As the Latin name suggests, *vitis vinifera* is the (but not only) species of vineplant used to produce wine. Its origins are in Europe and east and central Asia, but varieties of **vitis vinifera** are now planted all over the wine-producing world and account for about 99% of the wines consumed today.

Viura
In **Rioja**, the name given to the **Macabeo** grape variety.

Vivarais
(See 'Côtes du Vivarais').

vivid ***vif, éclatant, brillant*** *adj*
In tasting, word used more for the visual description of a wine or other drink, than for its lively acidity.

VO Very Old
Term which may be found on some Armagnacs to indicate the age of the spirit.

vodka ***vodka*** *nf*
Colourless spirit, often associated with Russia, but 'vodka' is in fact a diminutive of the Polish word *'woda'*, meaning water. It used to be distilled from potatoes or molasses, but now distillation from grain is more common. As well as Poland and Russia, other northern European countries produce the drink, including Finland and Sweden. In the producing countries, vodka will usually be drunk neat but chilled – from the refrigerator - whereas in many places around the world, it serves as the basis of cocktails such as **Bloody Mary**.

volatile acidity ***acidité volatile*** *nf*
The principal volatile acid present in wine is **acetic acid**. It only becomes a problem when it is excessive, a phenomenon which is usually caused by the action of bacteria following oxidation during vinification or storage. When this is the case, the wine will begin to smell of vinegar, and the taste will be sour.

Volnay (AOC)
Village located between **Pommard** and **Meursault** on the **Côte de Beaune** for red wines only, made from the **Pinot Noir** grape variety. Some of the vineyards, Volnay-Santenots, are actually situated on the territory of Meursault. The wines are among the most elegant of Burgundy.

Vosne-Romanée (AOC)
Village on the **Côte de Nuits**, just north of **Nuits-Saint-Georges**, which gives its name to an appellation for red wines only. They are undoubtedly among the best of the Burgundy region. The village is also home to six ***grand cru*** appellations: **la Romanée**, **Romanée-Conti**, **Romanée-Saint-Vivant**, **Richebourg**, **la Tâche** and **la Grande Rue**.

volume ***volume*** *nm*

Vougeot (AOC)
Village on the **Côte de Nuits**, just south of **Chambolle-Musigny**, with its own appellation for red (and a little white) wine. In reality, however, there is little of it (barely 40 acres), as the larger part of Vougeot's territory is taken up by the ***grand cru*** appellation **Clos de Vougeot** AOC.

Vouvray (AOC)
Small town just east of Tours on the Loire River, which gives its name to an appellation for white wines made from the **Chenin Blanc** grape variety. These may be dry, semi-sweet or sweet; still, ***pétillant*** or **sparkling**.

VQPRD *Vin de Qualité Produit dans une Région Déterminé*
French version of the European quality wine category **QWPSR**.

VSO *Very Superior Old*
(See VSOP).

VSOP *Very Superior Old Pale*
A term used to describe a style of Cognac. The word pale originally indicated a brandy which has not been too heavily treated with caramel.

VVSOP *Very, Very Superior Old Pale*
(See 'VSOP').

W

waiter ***serveur*** *nm*

waitress ***serveuse*** *nf*

walnut ***noix*** *nf*
Aroma found in certain white wines, particularly those of the French **Jura**. But this impression is no doubt most intense in the region's ***vin jaune***.

warehouse ***entrepôt, magasin*** *nm*
(See 'bonded warehouse').

warm ***chaleureux*** *adj*
In tasting, used to refer to a wine (usually red) or other drink, which is soft and pleasing in the mouth.

warm (up) ***(se) réchauffer ; faire plus chaud*** *v*

warming(-up) ***réchauffement*** *nm*
(See 'global warming').

wash *n*
Term used in the **whisky** distilling industry to designate the fermented liquid (similar in composition to beer) which is subsequently distilled to produce whisky.

wash still *n*
In **whisky** distilling, name given to the pot still in which the **distillation** of the **wash** (ie, the first distillation) takes place.

washback *n*
Large tank used in the **whisky** distilling industry in which the **wort** is fermented.

Washington
State in the north west of the USA, lying between **Oregon**, to the south, and British Columbia (Canada), to the north. The vineyards lie to the east of the Cascade Mountains which protect them, making climatic conditions dry, with a good amplitude of temperatures from day to night. Some excellent **Chardonnays** are produced here, as well as more and more quality reds.

washy ***dilué, insipide*** *adj*
Rather unflattering description for a wine or any other drink.

wasp ***guêpe*** *nf*

water ***eau*** *nf*
Water is extremely important in the distilling and brewing industries, but in fact, brewers call water 'liquor'. It is also frequently said, that to make good wine, you need a lot of water.

water of life ***eau de vie*** *nf*
English version of the expression, which exists in many languages to designate a spirit or brandy. As well as the French 'eau de vie', we could mention **uisge beatha**, **usque baugh**, ancient forms of whisky and whiskey, respectively, and **aquavit** or **akvavit**.

water table ***niveau hydrostatique*** *nm*, ***nappe phréatique*** *nf*

water ***arroser*** *v*

watering ***arrosage*** *nm*

watermelon ***pastèque*** *nf*

watertight ***étanche*** *adj*

watery ***aqueux, qui ressemble à de l'eau*** *adj*
Word used to describe the appearance or taste of a wine or other drink. A very young white wine from a cool climate may look like water. Or the taste of certain drinks may be thin, lacking in body or very insipid.

wax ***cire*** *nf*
Aroma or taste which may be found in some white wines, particularly **Chardonnay** which has been aged in **oak**.

wax ***cirer*** *v*
Some producers of wines or brandies like to cover the top of their bottles with wax. This practice is common for ***vin jaune*** from the French **Jura**, for example.

waxy ***qui a les caractéristiques de la cire*** *adj*
In tasting, term used to describe a wine which smells or tastes of **wax**.

weak ***faible, dilué; qui manqué de puissance, de goût, qui manque, de concentration*** *adj*
Could be used to describe a drink lacking in alcohol, in flavour, etc.

weaken ***affaiblir, diluer*** *v*

weather ***temps*** *nm*, ***météo*** *nf*
Of the utmost importance to **vinegrower**s, as it is to all farmers.

weather forecast ***prévisions météo (-rologiques)*** *nfpl*

weather ***vieillir par exposition au temps*** *v*

weathered ***vieilli par exposition au temps*** *adj*

weed ***(mauvaise) herbe*** *nf*
Wild herb or plant which intrudes in cultivated areas where it is not wanted.

weed ***désherber*** *v*

weeding ***désherbage*** *nm*

weedkiller ***désherbant, herbicide*** *nm*
Should be used as little as possible.

weep ***pleurer, fuire*** *v*

weevil ***scarabée*** *nf*, ***charançon*** *nm*
(See 'vine weevil').

weigh ***peser*** *v*

weight ***poids*** *nm*

Weissburgunder (or Weisser Burgunder) ***pinot blanc*** *nm*
Germanic synonym for the **Pinot Blanc**.

well ***puits*** *nm*
May be of capital importance for the **irrigation** of a vineyard.

well balanced ***(bien) équilibré***

Welschriesling / Wälschriesling ***welschriesling*** *nm*
White grape variety which should not be confused with the nobler **Riesling**, even though it is capable of producing some interesting wines. It is found mainly in Central European vineyards and is called **Laski Rizling** in the former Yugoslavian countries and **Olaszrizling** in **Hungary**.

Western Australia ***Australie-Occidentale*** *nf*
This is the largest state of the continent. Generally speaking, the climate is much too hot for viticulture, but some vineyards thrive along the coast, mostly to the south of Perth. The best-known area is probably **Margaret River**, where superb wines are made from the classic **Bordeaux** grape varieties.

wet ***humide, mouillé*** *adj*

wheat ***blé, froment*** *nm*
Cereal often used in **brewing** and **distilling**.

wheat beer ***bière blanche*** *nf*
Very old type of beer, dating back to the time when people would brew beer from the cereals they had to hand. Today, wheat beers from **Germany** and especially **Belgium** are extremely popular, thanks to their lightness and flavour.

wheel ***roue*** *nf*
Anne Noble of University of California, **Davis**, invented what is called the Wine Aroma Wheel.

wheelbarrow ***brouette*** *nf*
In Burgundy, a sort of wheelbarrow, homemade from a metal barrel in which holes have been pierced, that is used to burn vine **prunings**. The ash falls onto the earth.

whiff ***odeur*** *nf*, ***parfum*** *nm* ; ***bouffée*** *nf*

whiskey ***whiskey*** *nm*
Spelling which is now commonly used for whiskey distilled in **Ireland** and North America.

whisky ***whisky*** *nm*
Spelling which is used for **Scotch** (or Scottish) whisky as opposed to **whiskey** (from Ireland and North America). This usage is relatively recent, as originally, both spellings were used indifferently. It should be noted, however, that the pronunciation is the same.

white ***blanc, blanche*** *adj*

white beer ***bière blanche*** *nf*
(See 'wheat beer').

white lightning *n*
Rather imaginative slang term for **corn liquor**.

whiten ***blanchir, rendre plus blanc*** *v*

whitish ***blanchâtre, presque blanc*** *adj*

wick ***mèche*** *nf*
Cloth impregnated with **sulphur**, used to disinfect **barrels**.

wick holder ***méchoir*** *nm*
Device used to disinfect **barrels**, composed of a wooden part, which closes the **bung-hole**, and a metal part, to which the **sulphur** wick is attached.

wicker basket ***panier en osier*** *nm*
Once commonly used for grape-picking. It has the advantage of allowing both air and water to pass through it.

wide ***large*** *adj*

widen ***élargir*** *v*

width ***largeur*** *nf*

wild ***sauvage*** *adj*

wild cherry ***merise*** *nf*
The wood of the *merisier* is more interesting than the fruit.

wild rose ***eglantine*** *nf*
Rosehips may be used to make **liqueur**.

willow ***saule*** *nf*

winch ***treuil*** *nm*

wind ***vent*** *nm*

wine ***vin*** *nm*
Beverage obtained from the total or partial **fermentation** of fresh **grapes**, which may or may not have been trodden, or grape **must**. Various types of wine can be distinguished including **still wine**, **sparkling wine** and **fortified wine**. By extension the word 'wine' is also used for drinks made from other fruits, often macerated in 'grape wine'. Elderberry wine *(vin de sureau)* was once popular in England.

Wine and Spirit Educational Trust (WSET)
Founded over forty years ago, the WSET is "the principal source of product knowledge for those employed in the drinks industry in the United Kingdom". It organises examinations at ther levels for the industry's professionals.

wine cup ***tastevin*** *nm*
(See 'tastevin').

winegrower ***vigneron(ne) producteur (-trice) de vin*** *nmf*
Term used to designate a person who grows vines with the objective of making wines from the grapes produced.

winegrowing ***viti-viniculture*** *nf*
Activity carried on by the winegrower.

wine lake ***excédent de production de vin*** *nm*
In Europe, there has traditionally been a large surplus of wine produced each year, which generally ends up being distilled. As consumers drink less but better wine, the problem has increased and measures have been taken by the EU to keep production of low-quality wine at a minimum. For example, vine-growers are offered subsidies in return for pulling up their vines.

winelover ***amateur (-trice) de vin*** *nmf*
Person who passionately appreciates wine drinking. True winelovers always drink in moderation.

winemaker ***vinificateur*** *nm*
Often something of a star in US wineries. Today, there is a fashion for **flying winemakers**, who jet around the world to take care of the winemaking at different wineries.

winemaking ***vinification*** *nf*

wine merchant ***marchand de vins, négociant*** *nm*

Wine of Origin (WO)
Sort of appellation used in South Africa which guarantees that a wine is made from the grapes of a given region and that it meets certain requirements in terms of quality.

winery ***cuverie*** *nf*, ***chais*** *nm* ; ***maison de vin*** *nf*
Word which is used to describe both the building(s) where wine is made and the estate or firm itself.

wine thief ***pipette*** *nf*
(See 'pipette').

wine-saver *n*
(See 'vacuvin').

winter ***hiver*** *nm*
Winter frosts are not generally a problem for the vine, provided they are not too severe or prolonged.

wire ***fil (de fer)*** *nm*

WO Wine of Origin
(See 'Wine of Origin').

wood ***bois*** **nm**
In the drinks industry, this word is often synonymous with **oak**, the wood from which most **casks** are made. When a wine or spirit tastes of wood, this is a sure sign that it has been matured in oak casks.

wooded ***boisé*** *adj*
Used to describe a drink where the aroma or taste of wood (or **oak**) is present.

wooden ***en bois, de bois*** *adj*

woodiness ***(caractère) boisé*** *nm*

woody ***boisé*** *adj*
Used to describe a drink where the aroma or taste of wood is present and perhaps too dominant.

work ***travail*** *nm*

work ***travailler ; fonctionner*** *v*

workhorse ***cheval de labour*** *nm*

workhorse grapes *npl*
Term used by Jancis Robinson to designate certain grape varieties which are worked too hard in terms of acreage and yield in areas like the South of France, usually to produce vast quantities of very ordinary wine. Fortunately over the last two or three decades, varieties like **Aramon** (one example she gives) have been steadily losing ground.

worm ***ver*** *nm*
Some worms can be harmful for the vine. The **eelworm** or **nematode** spreads viruses, while the grape worm *(ver de la grappe)* is in fact a caterpillar which eats the flowers and the berries.

wormwood *n*
Family of woody shrubs, such as **absinth**, with a **bitter** aromatic taste, also used in making **vermouth**.

worn out ***usé*** *adj*
In tasting, description for a wine or other drink that is more than past its best. It has lost its character and style.

wort ***moût*** *nm*
In both brewing and **whisky** distilling, the liquid drawn off after the mashing process in which ground malt (or **grist**) is mixed with water. The wort is then fermented to produce either beer or what is called **wash**, the liquid which will be distilled into **whisky**.

wrap ***emballer*** *v*

wrapping ***emballage*** *nm*

WSET Wine and Spirit Education Trust

(See 'Wine and Spirit Education Trust').

Württemburg

Wine-producing region of southern **Germany**, centring on the cities of Heilbronn and Stuttgart, best known for its red wines. The **Trollinger** grape variety makes a wine which is very popular locally.

X

Xarel-lo *xarel-lo nm*
White grape variety which has its origins in Spanish **Catalonia**, where it is usually blended with **Macabeo** and **Parellada** in order to produce sparkling ***(Cava)*** or still white wines.

Xérès *nm*
French equivalent of **Jerez** or **sherry**.

Ximenes, (Pedro) *pedro Jimenez nm*
(See Pedro Ximenes)

XO *extremely Old*
A term used to designate a **Cognac** which is exactly as its name implies.

XX stout porter *n*
Name originally used by **Guinness** to designate its Double Stout, which was reserved for export.

Y

Y
Rather enigmatic name given to the **second wine** of **Château d'Yquem**.

yard ***unité de mesure linéaire ; équivalente à 0,914 m***

yard ***(Am. Eng.) cour*** *nf*, ***jardin*** *nm*

year ***an, année*** *nf* ***; millésime*** *nm*

yeast ***levure(s)*** *nfpl*

yeasting ***levurage*** *nm*

yeasty ***qui a l'arôme ou le goût de levure(s)*** *adj*
In tasting, word used to describe certain wines (eg, **Champagne**) or beers.

yellow ***jaune*** *adj*
Colour which may be observed in some more mature white wines.

yellow spider ***araignée jaune*** *nf*
Like the **red spider**, this tiny acarid damages the leaves of the vines, weakens their vegetation and slows down the ripening of the grapes.

yellowish ***jaunâtre, qui s'approche du jaune*** *adj*

yield ***rendement nm***
In most quality appellation systems, the maximum yield – ie, the quantity of grapes or the volume of wine produced from a given area – is a key factor, since quantity is rarely synonymous with quality. The yield may be expressed in tons of grapes per acre or in hectolitres of wine per hectare (hl/ha).

yield ***produire (en termes de rendement)*** *v*
(See 'yield').

Yonne *nf*
One of the four departments which make up what is now the administrative region of **Burgundy**. It is best known for the wines of **Chablis**, but other vineyards exist – for example, in the area near Auxerre and Tonnerre – and some red wines are also made.

young ***jeune***
For some drinks, particularly wine, this is not necessarily a quality. It will often be used to describe a wine which has not matured sufficiently to be ready to drink.

youth ***jeunesse*** *nf*
Not necessarily a quality for some drinks. *(See 'young').*

youthful ***jeune, immature, qui manque de maturité*** *adj*
Not necessarily a quality for some drinks. *(See 'young').*

Yquem, (Château d')
Most famous of the wines of **Sauternes**, this property was classified in 1855 as a *premier cru supérieur*, which put it in a class of its own. Between 1785 and 1996, it remained in the hands of the Lur-Saluces family, but it now belongs to the **LVMH** Group. Unfortunately, its price now puts it beyond the reach of most genuine **winelovers**.

Z

zero ***zero*** *nm*
On the **Celsius** (or **centigrade**) scale, water freezes at zero degree. It is therefore an important notion for the **vinegrower**.

zest ***zeste*** *nm*
The finely shredded peel of **citrus fruit**, which may be used to aromatise certain drinks. In tasting, an aroma which may be found in some young white wines.

zesty ***qui a l'arôme ou le goût de zeste, ou d'agrumes*** *adj*
In tasting, word used to describe the **tangy** freshness of **zest** or citrus fruit.

zinc ***zinc*** *nm*

Zinfandel ***zinfandel*** *nm*
Red grape variety, which more than any other, is associated with **California**, where it was 'discovered' and made popular. It is often referred to familiarly as 'Zin'. However, it almost certainly has its origins in southern **Italy** and appears to be related to **Primitivo**. Its best wines will be fairly high in alcohol, with reasonable acidity and a fruity, spicy nose.

zing *n*
In tasting, an informal word for the refreshing character of a wine (or other drink), which combines **acidity**, **fruitiness** and perhaps a little **CO_2**.

zingy *adj*
Used to describe a drink which has '**zing**'.

zip *n*
A synonym for '**zing**'.

zippy
A synonym for '**zingy**'.

Zubrowka
Polish **vodka** which derives its name from the zubrowka grass (bison grass), which is steeped in itt. A blade of this grass is left in the bottle and gives the vodka a greenish hue.

zucchini ***courgette*** *nf*
American English for what is called 'courgette' in British English.

zymase ***zymase*** *nf*
Enzyme present in yeast, capable of transforming sugar into alcohol and CO_2.

zymotechnology ***zymotechnologie*** *nf*
Technique of fermentation.

Composé par DÉCLINAISONS, Atelier JOMI et IMAGEM

Achevé d'imprimer en juillet 2005
par Normandie Roto Impression s.a.s., 61250 Lonrai
N° d'imprimeur : 05-1777 - Dépôt légal : juillet 2005

Imprimé en France